Informationspflichten im Aktienrecht

Forum Unternehmens-, Steuer- und Bilanzrecht

Deutsche, europäische und internationale Rechtsfragen

Herausgegeben von Oliver Fehrenbacher / Michael Stöber

Band 29

PETER LANG

Berlin - Bruxelles - Chennai - Lausanne - New York - Oxford

Erik Jensen

Informationspflichten im Aktienrecht

Das aktienrechtliche Informationssystem und die Neuregelungen im ARUG II

PETER LANG

Berlin - Bruxelles - Chennai - Lausanne - New York - Oxford

Bibliografische Information der Deutschen Nationalbibliothek
Die Deutsche Nationalbibliothek verzeichnet diese Publikation in der Deutschen Nationalbibliografie; detaillierte bibliografische Daten sind im Internet über http://dnb.d-nb.de abrufbar.

Zugl.: Kiel, Univ., Diss., 2024

D 8
ISSN 2366-293X
ISBN 978-3-631-92131-9 (Print)
E-ISBN 978-3-631-92135-7 (E-PDF)
E-ISBN 978-3-631-92136-4 (E-PUB)
DOI 10.3726/b21972

Verlegt durch: Peter Lang GmbH, Berlin, Deutschland

info@peterlang.com http: www.peterlang.com

Diese Publikation wurde begutachtet.

Meiner Großmutter
Hildegard Liebig

Vorwort

Die vorliegende Arbeit wurde im Sommersemester 2023 von der Rechtswissenschaftlichen Fakultät der Christian-Albrechts-Universität zu Kiel als Dissertation angenommen.

Für die Unterstützung bei der Umsetzung meines Promotionsvorhabens, die hilfreiche Betreuung und die Erstellung des Erstgutachtens danke ich meinem Doktorvater Herrn Prof. Dr. *Michael Stöber* recht herzlich. Für die Erstellung des Zweitgutachtens bedanke ich mich bei Herrn Prof. Prof. h.c. Dr. Dr. h.c. *Alexander Trunk*.

Ein großer Dank gebührt darüber hinaus meiner gesamten Familie, welche mich während all der Zeit bedingungslos unterstützte, mir immer mit Rat und Tat zur Seite stand und den Rücken freihielt.

Ferner gilt mein besonderer Dank meiner Großmutter Frau *Hildegard Liebig*, welche mir eine große Stütze war und besonders in der Korrekturphase der Arbeit keine Mühen scheute und sich aufopfernd einbrachte. Ihr widme ich diese Arbeit. Ihre Hilfe machte die erfolgreiche Fertigstellung der Arbeit in dieser Art erst möglich.

Ferner danke ich meinen Freunden Dr. *Christoph Franzenburg*, Dr. *Fynn Dunka* und Dr. *Stefan Kinzel*, die mir als Weggefährten beistanden und die zahlreichen Stunden in der Bibliothek zu angenehmen machten, welche ich nicht missen möchte.

Inhaltsverzeichnis

Literaturverzeichnis

Assmann, Heinz-Dieter/*Schneider*, Uwe H./*Mülbert*, Peter O. — Wertpapierhandelsrecht Kommentar – WpHG, MAR, PRIIP, MiFIR, LeerverkaufsV-VO, EMIR, 7. Auflage, Köln 2019 (zitiert: Assmann/Schneider/Mülbert-*Bearb.*, WertpapierhandelsR, §/Art., Rn.)

Assmann, Heinz-Dieter/*Schütze*, Rolf A./*Buck-Heeb*, Petra — Handbuch des Kapitalanlagerechts, 5. Auflage, München 2020 (zitiert: Assmann/Schütze/Buck-Heeb-*Bearb.*, HdB KapAnlR, §, Rn.)

Atanasov, Vladimir/*Black*, Bernard/*Ciccotello*, Conrad S. — Law and Tunneling, Journal of Corporation Law 2011, Volume 37, Issue 1, 1 ff.

Arnold, Michael — Einreichung umfassender Fragenkataloge vor der HV, AG 2004, R423 f.

Bachmann, Gregor/*Pauschinger*, Philipp — Die Neuregelung der Vorstands- und Aufsichstsratsvergütung durch das ARUG II, ZIP 2019, 1 ff.

Badura, Peter — Mitbestimmung und Gesellschaftsrecht – Verfassungsrechtliches Korollarium zur Rolle des Privatrechts in der Rechtsordnung –, in: Beiträge zum Handels- und Wirtschaftsrecht, Festschrift für Fritz Rittner zum 70. Geburtstag, herausgegeben von Löwisch, Manfred/Schmidt-Leithoff, Christian/Schmiedel, Burkhard, München 1991 S. 1 ff. (zitiert: *Badura*, FS Rittner, S.)

Baetge, Jörg — Rechnungslegungszwecke des aktienrechtlichen Jahresabschlusses, in: Bilanzfragen – Festschrift zum 65. Geburtstag von Prof. Dr. Ulrich Leffson, herausgegeben von Baetge, Jörg/Moxter, Adolf/ Schneider, Dieter Düsseldorf 1976 S. 11 ff. (zitiert: *Baetge*, FS Leffson, S.)

ders. Begrüßung anläßlich des 10. Münsterischen Tagesgespräches am 29. April 1994, in: Die deutsche Rechnungslegung vor dem Hintergrund internationaler Entwicklungen, herausgegeben von Baetge, Jörg Düsseldorf 1994 S. 1 ff. (zitiert: Baetge-*Bearb.*, Die deutsche Rechnungslegung vor dem Hintergrund internationaler Entwicklungen, S.)

Baetge, Jörg/*Kirsch*, Hans-Jürgen/*Thiele*, Stefan Bilanzen, 14. Auflage Düsseldorf 2017 (zitiert: Baetge/Kirsch/Thiele, Bilanzen, S.)

dies. Bilanzrecht – Handelsrecht mit Steuerrecht und den Regelungen der IASB, 98. Aktualisierung, Bonn 2021 (zitiert: Baetge/Kirsch/Thiele-*Bearb.*, §, Rn.)

Barg, Dorothee Thérèse Regulierung von Related Party Transactions im deutschen Aktienrecht, AG 2020, 149 ff.

Bartmann, Niklas Ad-hoc-Publizität im Konzern, Berlin 2017 (zitiert: *Bartmann*, Ad-hoc-Publizität im Konzern, S.)

Bateson, Gregory Steps to an ecology of mind, San Francisco 1987 (zitiert: *Bateson*, Steps to an ecology of mind, S.)

Baumbach, Adolf/*Hopt*, Klaus J. Handelsgesetzbuch mit GmbH und Co., Handelsklauseln, Bank- und Kapitalmarktrecht, Transportrecht (ohne Seerecht), 39. Auflage, München 2020 (zitiert: Baumbach/Hopt-*Bearb.*, §, Rn.)

Bayer, Walter Informationsrechte bei der Verschmelzung von Aktiengesellschaften, AG 1988, 323 ff.

ders. Materielle Schranken und Kontrollinstrumente beim Einsatz des genehmigten Kapitals mit Bezugsrechtsausschluss, ZHR 168 (2004), 132 ff.

ders. Aktienrechtsnovelle 2012 – Kritische Anmerkungen zum Regierungsentwurf, AG 2012, 141 ff.

ders. Grundsatzfragen der Regulierung der aktienrechtlichen Corporate Governance, NZG 2013, 1 ff.

ders. Die Vergütung von Vorstands- und Aufsichtsratsmitgliedern börsennotierter Gesellschaften nach dem RefE für das ARUG II, DB 2018, 3034 ff.

Bayer, Walter/*Habersack*, Mathias Aktienrecht im Wandel,
– Band 1: Entwicklung des Aktienrechts Tübingen 2007
– Band 2: Grundsatzfragen des Aktienrechts Tübingen 2007 (zitiert: Bayer/Habersack-*Bearb.*, AktienR im Wandel, Band, Kap., Rn.)

Bayer, Walter/*Selentin* Philipp Related Party Transactions: Der neueste EU-Vorschlag im Kontext des deutschen Aktien- und Konzernrechts, NZG 2015, 7 ff.

Bär, Oliver E. Informationelle Selbstbestimmung einer Partei im Gefüge der wehrhaften Demokratie? – Anmerkung zum Beschluss des BayVGH Az. 5 CE 93.2327 vom 7. Oktober 1993 („Republikaner Beschluss"), BayVbl. 1994, 115, BayVBl. 1994, 427 ff.

Beck'scher Bilanz-Kommentar Beck'scher Bilanz-Kommentar – Handels- und Steuerbilanz: §§ 238 bis 339, 342 bis 342e HGB 12. Auflage, München 2020 (zitiert: BeckBilK-*Bearb.*, §, Rn.)

Beck'scher Online-Kommentar BeckOK HGB, 27. Edition, München 2020 (BeckOK-HGB-*Bearb.*, §, Rn.)

ders. BeckOK OWiG, 31. Edition, München 2021 (zitiert: BeckOK-OWiG-*Bearb.*, §, Rn.)

Beck-online. Großkommentar — Großkommentar BGB, 1. Auflage, München 2020 (zitiert: BeckOGK-BGB-*Bearb.*, §, Rn.)

ders. — Großkommentar AktG, 1. Auflage, München 2021 (zitiert: BeckOGK-AktG-*Bearb.*, §, Rn.)

Behme, Caspar — Die Vergütung der Mitglieder von Vorstand und Aufsichtsrat – gesellschaftsrechtliche Rahmenbedingungen und Haftungsrisiken, BB 2019, 451 ff.

Behn, Lars — Ad-hoc-Publizität und Unternehmensverbindungen – Informationszugang des Emittenten im faktischen Aktienkonzern, 1. Auflage, Baden-Baden 2011 (zitiert: *Behn*, Ad-hoc-Publizität und Unternehmensverbindungen, S.)

Beisel, Daniel/*Andreas*, Friedhold E. — Beck'sches Mandats Handbuch Due Diligence, 3. Auflage, München 2017 (zitiert: Beisel/Andreas-*Bearb.*, Mandatshandbuch Due Diligence, §, Rn.)

Benner-Heinacher, Jella — Kollidiert die Auskunftspflicht des Vorstands mit dem Insidergesetz?, DB 1995, 765 f.

Beyer, Maximilian — § 161 AktG und der DCGK – Eine Analyse des deutschen Corporate Governance-Systems, Hamburg 2014 (zit.: *Beyer*, S.)

Bezzenberger, Tilmann — Das Bezugsrecht der Aktionäre und sein Ausschluss, ZIP 2002, 1917 ff.

Bork, Björn — Die Regelungen zu „know-your-shareholder“ im Regierungsentwurf des ARUG II, NZG 2019, 738 ff.

Bork, Reinhard — Beschlußverfahren und Beschlußkontrolle nach dem Referentenentwurf eines Gesetzes zur Bereinigung des Umwandlungsrechts, ZGR 1993, 343 ff.

Bosse, Christian Grünes Licht für das ARUG: das Aktienrecht geht online, NZG 2009, 807 ff.

Boujong, Karlheinz Rechtliche Mindestanforderungen an eine ordnungsgemäße Vorstandskontrolle und -beratung – Konsequenzen aus den Entscheidungen des Bundesgerichtshofs BGHZ 114, 127 und BGHZ 124, 111, AG 1995, 203 ff.

Böttcher, Leif/*Carl*, Peter Steffen/*Schmidt*, Detlef/*Seibert*, Ulrich Die Aktienrechtsnovelle, 1. Auflage, München 2016 (zitiert: Böttcher/Carl/Schmidt/Seibert-*Bearb.*, §, Rn.)

Böttcher, Lars/*Habighorst*, Oliver/*Schulte*, Christian Umwandlungsrecht – Gesellschaftsrecht, Steuerrecht, Verfahrensrecht, 2. Auflage, Baden-Baden 2019 (zitiert: Böttcher/Habighorst/Schulte-UmwG-*Bearb.*, §, Rn.)

Brandeis, Louis D. Other people's money and how the bankers use it, New York 1914 (zitiert: *Brandeis*, other people's money and how the bankers use it, S.)

Bungert, Hartwin Unternehmensvertragsbericht und Unternehmensvertragsprüfung gemäß §§ 293a ff. AktG (Teil 1), DB 1995, 1384 ff.

Busche, Jan Die Information der Aktionäre über Angelegenheiten der Gesellschaft, in: Festschrift für Dieter Reuter zum 70. Geburtstag am 16. Oktober 2010, herausgegeben von Martinek, Michael/Rawert, Peter/ Weitemeyer, Birgit, Berlin/New York 2010, S. 939 ff. (zitiert: *Busche*, FS Reuter, S.)

Bungert, Hartwin/*Berger*, Lucina Say on Pay und Related Party Transactions: Der RefE des Gesetzes zur Umsetzung der zweiten Aktionärsrechterichtlinie (Teil 1), DB 2018, 2801 ff.

dies. Say on Pay und Related Party Transactions: Der RefE des Gesetzes zur Umsetzung der zweiten Aktionärsrechterichtlinie (Teil 2), DB 2018, 2860 ff.

Bungert, Hartwin/*Wansleben*, Till Umsetzung der überarbeiteten Aktionärsrechterichtlinie in das deutsche Recht: Say on Pay und Related Party Transactions, BB 2017, 1190 ff.

Bungert, Hartwin/*Wansleben*, Till ARUG II: Say on Pay und Related Party Transactions im Regierungsentwurf aus Sicht der Praxis, BB 2019, 1026 ff.

Bungert, Hartwin/*Wettich*, Carsten Kleine Aktienrechtsnovelle 2011 – Kritische Würdigung des Referentenentwurfs aus Sicht der Praxis, ZIP 2011, 160 ff.

dies. Aktienrechtsnovelle 2012 – Der Regierungsentwurf aus Sicht der Praxis, ZIP 2012, 297 ff.

Bürgers, Tobias/*Körber*, Torsten Aktiengesetz, 3. Auflage, Heidelberg [u.a.] 2014 (zitiert: Bürgers/Körber-*Bearb.*, §, Rn.)

Calliess, Christian/*Ruffert*, Matthias EUV/AEUV – Das Verfassungsrecht der Europäischen Union mit Europäischer Grundrechtecharta, 5. Auflage, München 2016 (zitiert: Calliess/Ruffert-*Bearb.*, Art., Rn.)

Camfferman, Kees/*Zeff*, Stephen Financial Reporting and Global Capital A. Markets: A History of the International Accounting Standards Committee, 1973–2000, Oxford 2007 (zitiert: *Camfferman/Zeff*, Financial Reporting and Global Capital Markets, S.)

Cichy, Patrick/*Krawinkel*, Arne „Know Your Shareholder“ nach ARUG II – Inpflichtnahme der Intermediäre bei der Aktionärsidentifizierung und Informationsübermittlung, DB 2020, 602 ff.

Cloppenburg, Christian — Erwerbsgrundrechte im Unionsrecht – Zum Verhältnis der Berufsfreiheit und der unternehmerischen Freiheit in der Charta der Grundrechte der Europäischen Union, Tübingen 2020 (zitiert: *Cloppenburg*, Unionsgrundrechte, S.)

Coenenberg, Adolf/*Haller*, Axel/*Schultze*, Wolfgang — Jahresabschluss und Jahresabschlussanalyse: Betriebswirtschaftliche, handelsrechtliche, steuerrechtliche und internationale Grundlagen – HGB, IAS/IFRS, US-GAAP, DRS, 24. Auflage, Stuttgart 2016 (zitiert: *Coenenberg/Haller/Schultze*, Jahresabschluss und Jahresabschlussanalyse, S.)

DAV- — Stellungnahme zum Referentenentwurf eines Gesetzes zur Umsetzung der zweiten Aktionärsrechterichtlinie (ARUG II), NZG 2019, 12 ff.

ders. — Stellungnahme zum Referentenentwurf eines Gesetzes zur Änderung des Aktiengesetzes (Aktienrechtsnovelle 2011), NZG 2011, 217 ff.

Decher, Christian E. — Die Information der Aktionäre über die Unternehmensbewertung bei Strukturmaßnahmen in der Hauptversammlungs- und Gerichtspraxis, in: Festschrift für Michael Hoffmann-Becking zum 70. Geburtstag, herausgegeben von Krieger, Gerd/Lutter, Marcus/Schmidt, Karsten München 2013 S. 295 ff. (zitiert: *Decher*, FS Hoffmann-Becking, S.)

Degenhart, Christoph — Staatsrecht I: Staatsorganisationsrecht – Mit Bezügen zum Europarecht, 36. Auflage, Heidelberg 2020 (zitiert: *Degenhart*, Rn.)

Dicken, André Jacques/*Henssler*, Martin — Bilanzrecht, 1. Auflage, München 2015 (zitiert: *Dicken/Henssler*, BilR, Rn.)

Diekmann, Hans/*Nolting*, Andre	Aktienrechtsnovelle 2011, NZG 2011, 6 ff.
Dörner, Dietrich/ *Schwegler*, Iren	Anstehende Änderungen der externen Rechnungslegung sowie deren Prüfung durch den Wirtschaftsprüfer, DB 1997, 285 ff.
Dreier, Horst	Grundgesetz Kommentar, – Band 1: Präambel, Art. 1–19 3. Auflage, Tübingen 2013 (zitiert: Dreier-*Bearb.*, Band, Art., Rn.)
Drinhausen, Florian/ *Eckstein*, Hans-Martin	Beck'sches Handbuch der AG, Gesellschaftsrecht – Steuerrecht – Börsengang, 3. Auflage, München 2018 (zitiert: Drinhausen/Eckstein-*Bearb.*, Beck'sches HdB der AG, §, Rn.)
Drinhausen, Florian/ *Keinath*, Astrid	Referentenentwurf einer „kleinen Aktienrechtsnovelle", BB 2011, 11 ff.
Drygala, Tim	Nur noch Namensaktien für die nicht börsennotierten Aktiengesellschaften?, ZIP 2011, 798 ff.
Ebenroth, Carsten Thomas	Das Auskunftsrecht des Aktionärs und seine Durchsetzung im Prozeß. Bielefeld 1970 (zitiert: *Ebenroth*, Auskunftsrecht, S.)
Ebenroth, Carsten Thomas/*Wilken*, Oliver	Zum Auskunftsrecht des Aktionärs im Konzern, BB 1993, 1818 ff.
Ebenroth, Carsten Thomas/*Koos*, Stefan	Die Verfassungsmäßigkeit des Auskunftsverweigerungsrechts gem. § 131 Abs. 3 AktG bei Aktionärsfragen bezüglich stiller Reserven, BB Beilage 1995, Nr. 8, 1 ff.

Ebenroth, Carsten Thomas/*Boujong*, Karlheinz/*Joost*, Detlev/*Strohn*, Lutz	Handelsgesetzbuch, Band 1: §§ 1–342e 4. Auflage, München 2020 Band 2: §§ 343–475h 4. Auflage, München 2020 (zitiert: E/B/J/S-*Bearb.*, §, Rn.)
Eggenberger, Jens	Gesellschaftsrechtliche Voraussetzungen und Folgen einer due-diligence Prüfung, Frankfurt a.M. [u.a.] 2001 (zitiert: *Eggenberger*, S.)
Einsele, Dorothee	Inhaberaktien vs. Namensaktien: Publizität und Legitimation der Aktionäre, JZ 2019, 121 ff.
dies.	Wertpapierrecht als Schuldrecht – Funktionsverlust von Effektenurkunden im internationalen Rechtsverkehr, Tübingen 1995 (zitiert: *Einsele*, Wertpapierrecht als Schuldrecht, S.)
Eisele, Alexander/*Oser*, Peter	RegE ARUG II: Ausgewählte Anwendungsfragen der neuen Zustimmungs- und Publizitätspflichten für Geschäfte mit nahestehenden Personen, DB 2019, 1517 ff.
Emmerich, Volker/*Habersack*, Mathias	Aktien- und GmbH-Konzernrecht 9. Auflage, München 2019 (zitiert: Emmerich/Habersack-*Bearb.*, §, Rn.)
Enders, Christoph	Die Menschenwürde in der Verfassungsordnung: Zur Dogmatik des Art. 1 GG, Tübingen 1997 (zitiert: *Enders*, S.)
Engert, Andreas/*Florstedt*, Tim	Which Related Party Transactions Should Be Subject to Ex Ante Review? Evidence from Germany, ECGI Working Paper Series in Law 2019, Working Paper N° 440/2019 (zitiert: *Engert/Florstedt*, ECGI Working Paper Series in Law 2019, Working Paper N° 440/2019, Teil).

Enriques, Luca — Related Party Transactions: Policy Options and Real-World Challenges (with a Critique of the European Commission Proposal), European Business Organization Law Review 2015, Volume 16, Issue 1, 1 ff.

Enriques, Luca/*Tröger*, Tobias — The Law and (Some) Finance of Related Party Transactions: An Introduction, ECGI Working Paper Series in Law, July 2018, Law Working Paper No. 411/2018, online abrufbar unter: https://www.ecgi.global/sites/default/files/working_papers/documents/finalenriquestroger.pdf (zitiert: *Enriques/Tröger*, ECGI Working Paper Series in Law 2018, S.)

Epping, Volker/*Hillgruber*, Christian — Beck'scher Online-Kommentar, 41. Edition, München 2019 (zitiert: BeckOK-GG-*Bearb.*, Art., Rn.)

Epiney, Astrid — Zur Abgrenzung der Kompetenzen zwischen EU und Mitgliedstaaten in der „Europäischen Verfassung", Jura 2006, 755 ff.

Erichsen, Hans-Uwe/*Scherzberg*, Arno — Verfassungsrechtliche Determinanten staatlicher Hochschulpolitik, NVwZ 1990, 8 ff.

Fischer, Kristian/*Fluck*, Jürgen — Informationsfreiheit versus Betriebs- und Geschäftsgeheimnisse, NVwZ 2013, 337 ff.

Fleischer, Holger — Covenants und Kapitaleinsatz, ZIP 1998, 313 ff.

ders. — Informationspflichten im Europäischen Kapitalmarkt- und Verbraucherschutzrecht: Versuch einer Synthese, in: Europäisches Vertragsrecht im Gemeinschaftsrecht, Hrsg. v. Schulte-Nölke, Hans/Schulze, Reiner, Köln 2002 (zitiert: *Fleischer*, Informationspflichten im Europäischen Kapitalmarkt- und Verbraucherschutzrecht, S.)

ders. Konkurrenzangebote und Due Diligence – Vorüberlegungen zu einer übernahmerechtlichen Gelichbehandlung der Bieter, ZIP 2002, 651 ff.

ders. Zur aktienrechtlichen Verantwortlichkeit faktischer Organe, AG 2004, 517 ff.

ders. Investor Relations und informationelle Gleichbehandlung im Aktien-, Konzern- und Kapitalmarktrecht, ZGR 2009, 505 ff.

ders. Zur GmbH-rechtlichen Verantwortlichkeit des faktischen Geschäftsführers, GmbHR 2011, 337 ff.

ders. Related Party Transactions bei börsennotierten Gesellschaften: Deutsches Aktien(konzern)recht und Europäische Reformvorschläge, BB 2014, 2691 ff.

Fleischer, Holger/*Körber*, Torsten Due diligence und Gewährleistung beim Unternehmenskauf, BB 2001, 841 ff.

Florstedt, Tim Die wesentlichen Änderungen des ARUG II nach den Empfehlungen des Rechtsausschusses, ZIP 2020, 1 ff.

ders. Der Aktionärsschutz bei Geschäften mit nahestehenden Personen gem. § 107 AktG und §§ 111a–c AktG, ZHR 184 (2020), 10 ff.

ders. Die neuen Aktionärsvoten zur Organvergütung – Zur Umsetzung von Art. 9a, b der geänderten Aktionärsrechterichtlinie nach dem Regierungsentwurf eines ARUG II, ZGR 2019, 630 ff.

Franken, Paul/*Heinsius*, Theodor — Das Spannungsverhältnis der allgemeinen Publizität zum Auskunftsrecht der Aktionäre, in: Rechenschaftslegung im Wandel, Festschrift für Wolfgang Dieter Budde, herausgegeben von Förschle, Gerhart/Kaiser, Klaus/Moxter, Adolf München 1995 S. 213 ff. (zitiert: *Franken/Heinsius*, FS Budde, S.)

Franzen, Martin/*Gallner*, Inken/*Oetker*, Hartmut — Kommentar zum europäischen Arbeitsrecht, 3. Auflage, München 2020 (zitiert: Franzen/Gallner/Oetker-*Bearb.*, Art., Rn.)

Frenz, Walter — Handbuch Europarecht, – Band 4: Europäische Grundrechte, 1. Auflage, Berlin 2009 (*Frenz*, Handbuch Europarecht, Band 4, Rn.)

Frenz, Walter/*Ehlenz*, Christian — Rechtsangleichung über Art. 114 AEUV und Grenzen gem. Art. 5 EUV nach Lissabon, EuZW 2011, 623 ff.

Gallwas, Hans-Urlich/*Wolff*, Amadeus — Bayrisches Polizei- und Sicherheitsrecht, 3. Auflage, Stuttgart [u.a.] 2004 (zitiert: *Gallwas/Wolff*, Rn.)

Gantenberg, Philipp — Die Reform der Hauptversammlung durch den Regierungsentwurf eines Gesetzes zur Unternehmensintegrität und Modernisierung des Anfechtungsrechts – UMAG, DB 2005, 207 ff.

Ganske, Joachim — Reform des Umwandlungsrechts – Ein Bericht –,WM 1993, 1117 ff.

ders. — Umwandlungsrecht, 2. Auflage, Düsseldorf 1995 (zitiert: *Ganske*, Umwandlungsrecht, S.)

Ganzert, Siegfried/*Kramer*, Lutz — Due Diligence Review – eine Inhaltsbestimmung, Wpg 1995, 576 ff.

Germann, Michael — Das Allgemeine Persönlichkeitsrecht, Jura 2010, 734 ff.

Geßler, Ernst/*Hefermehl*, Wolfgang/*Eckardt*, Ulrich/*Kropff*, Bruno — Aktiengesetz, – Band II: §§ 76–147 München 1974 (zitiert: Geßler/Hefermehl/Eckardt/Kropff-*Bearb.*, Band, §, Rn.)

Goldhammer, Michael/*Sieber*, Ferdinand — Juristische Person und Grundrechtsschutz in Europa, JuS 2018, 22 ff.

Götz, Heinrich — Zustimmungsvorbehalte des Aufsichtsrates der Aktiengesellschaft, ZGR 1990, 633 ff.

Götz, Jürgen — Die unbefugte Weitergabe von Insidertatsachen – Anmerkungen zu § 14 Abs. 1 Nr. 2 WpHG, DB 1995, 1949 ff.

Götze, Cornelius — Auskunftserteilung durch GmbH-Geschäftsführer im Rahmen der Due Diligence beim Beteiligungserwerb, ZGR 1998, 202 ff.

Götze, Cornelius/*Nartowska*, Urszula — Der Regierungsentwurf der Aktienrechtsnovelle 2014 – Anmerkungen aus der Praxis, NZG 2015, 298 ff.

Grigoleit, Hans Christoph — Aktiengesetz Kommentar, 1. Auflage, München 2013 (zitiert: Grigoleit-*Bearb.*, §, Rn.)

ders. — Regulierung von Related Party Transactions im Kontext des deutschen Konzernrechts, ZGR 2019, 412 ff.

Groß, Wolfgang — Informations- und Auskunftsrecht des Aktionärs, AG 1997, 97 ff.

Groß, Wolfgang/*Royé*, Claudia — EU-Marktmissbrauchsverordnung: Ergebnisse einer Umfrage und Versuch einer Präzisierung, BKR 2019, 272 ff.

Großfeld, Bernhard — Internationales und Europäisches Unternehmensrecht – Das Organisationsrecht transnationaler Unternehmen, 2. Auflage, Heidelberg 1995 (zitiert: *Großfeld*, Internationales und Europäisches Unternehmensrecht, S.)

ders. — Vergleichendes Bilanzrecht, AG 1995, 112 ff.

Großkommentar der Praxis — Aktiengesetz Großkommentar,
– Vierter Band Teilband 1: §§ 76–91 5. Auflage, Berlin [u.a.] 2015
– Vierter Band Teilband 2: §§ 92–94 5. Auflage, Berlin [u.a.] 2012
– Siebter Band Teilband 2: §§ 131–146 5. Auflage, Berlin [u.a.] 2020 (zitiert: GK-AktG-*Bearb.*, §, Rn.)

Grunewald, Barbara — Information als Grundalge für Leitung und Überwachung, ZGR 2020, 469 ff.

Grunewald, Barbara/ *Schlitt*, Michael — Einführung in das Kapitalmarktrecht, 4. Auflage, München 2020 (zitiert: Grunewald/Schlitt-*Bearb.*, Einführung in das Kapitalmarktrecht, §, lit.)

Grüneberg, Christian — Bürgerliches Gesetzbuch: BGB, 82. Auflage, München 2023 (zitiert: Grüneberg-*Bearb.*, §, Rn.)

Gundel, Jörg — Der Schutz der unternehmerischen Freiheit durch die EU-Grundrechtecharta, ZHR 180 (2016), 323 ff.

Guntermann, Lisa Marleen — Die Publizitätspflicht gem. § 111c AktG und ihr Zusammenspiel mit Art. 17 MAR, ZIP 2020, 1290 ff.

Habersack, Mathias — Referentenentwurf eines Gesetzes zur Änderung des Aktiengesetzes, BB 1/2011, die erste Seite

Habersack, Mathias/ *Mülbert*, Peter O./ *Schlitt*, Michael — Handbuch der Kapitalmarktinformation, 1. Auflage, München 2008 (zitiert: Habersack/Mülbert/Schlitt-*Bearb.*, HdB Kapitalmarktinformation, 1. Auflage, §, Rn.)
3. Auflage, München 2020 (zitiert: Habersack/Mülbert/Schlitt-*Bearb.*, HdB Kapitalmarktinformation, §, Rn.)

dies. — Unternehmensfinanzierung am Kapitalmarkt, 4. Auflage, Köln 2019 (zitiert: Habersack/Mülbert/Schlitt, Unternehmensfinanzierung, Rn.)

Handschin, Lukas — Rechnungslegungs- und Revisionsrecht in a nutshell, 2. Auflage, Zürich/St. Gallen 2013 (zitiert: *Handschin*, Rechnungslegungs- und Revisionsrecht, S.)

Harrer, Herbert — Die Bedeutung der Due Diligence bei der Vorbereitung eines Unternehmenskaufs, DStR 1993, 1673 ff.

Havermann, Hans — Internationale Entwicklungen in der Rechnungslegung, in: Bilanzrecht und Kapitalmarktrecht, Festschrift zum 65. Geburtstag von Professor Dr. Dr. h.c. Dr. h.c. Adolf Moxter, Herausgegeben von Ballwieser, Wolfgang/Böcking, Hans-Joachim/Drukarczyk, Jochen/Schmidt, Reinhard H., Düsseldorf 1994 S. 656 ff. (zitiert: *Havermann*, FS Moxter, S.)

Häublein, Martin/ *Hoffmann-Theinert*, Roland — HGB Kommentar, 1. Auflage, Baden-Baden 2017 (zitiert: Häublein/Hoffmann-Theinert-HGB-*Bearb.*, §, Rn.)

Herfermehl, Wolfgang — Umfang und Grenzen des Auskunftsrechts des Aktionärs in der Hauptversammlung, in: Festschrift für Konrad Duden zum 70. Geburtstag, herausgegeben von Pawlowski, H.-M./Wiese, Günther/Wüst, Günther München 1977 S. 109 ff. (zitiert: *Hefermehl*, FS Duden, S.)

Heidel, Thomas	Aktienrecht und Kapitalmarktrecht, 4. Auflage, Baden-Baden 2014 (zitiert: Heidel-*Bearb.*, §, Rn.)
Heidel, Thomas/*Schall*, Alexander	Handelsgesetzbuch Handkommentar, 3. Auflage, Baden-Baden 2020 (zitiert: Heidel/Schall-*Bearb.*, §, Rn.)
Heißl, Gregor	Können juristische Personen in ihrem Grundrecht auf Datenschutz verletzt sein? Persönlicher Schutzbereich von Art. 8 GRC, EuR 2017, 561 ff.
Heldt, Cordula	„Say on Pay“ und „Related Party Transactions“ im Referentenentwurf des ARUG II aus gesellschafts-rechtspolitischer Sicht, AG 2018, 905 ff.
Hellgardt, Alexander/*Hoger*, Andreas	Transatlantische Konvergenz der Aktionärsrechte – Systemvergleich und neuere Entwicklungen –, ZGR 2011, 38 ff.
Hemeling, Peter	Gesellschaftsrechtliche Fragen der Due Diligence beim Unternehmenskauf, ZHR 169 (2005), 274 ff.
Hengeler, Hans	Zum Beratungsgeheimnis im Aufsichtsrat einer Aktiengesellschaft, in: Gesellschaftsrecht und Unternehmensrecht, Festschrift für Wolfgang Schilling zum 65. Geburtstag, herausgegeben von Fischer, Robert/Hefermehl, Wolfgang Berlin 1973 S. 175 ff. (zitiert: *Hefermehl*, FS Duden, S.)
Hennrichs, Joachim	Formwechsel und Gesamtrechtsnachfolge bei Umwandlungen – Einschließlich Verschmelzung und Spaltung, Berlin 1995 (zitiert: *Hennrichs*, Formwechsel und Gesamtrechtsnachfolge bei Umwandlungen, S.)
Henssler, Martin/*Strohn*, Lutz	Gesellschaftsrecht, 5. Auflage, München 2021 (zitiert: Henssler/Strohn-*Bearb.*, GesR, §, Rn.)

Heselhaus, Sebastian M./*Nowak*, Carsten — Handbuch der Europäischen Grundrechte, 2. Auflage, München 2020 (zitiert: Heselhaus/Nowak-*Bearb.*, HdB der Europäischen Grundrechte, §, Rn.)

Heuer, Carl-Heinz — Wer kontrolliert die „Kontrolleure“? – Anmerkungen zur Kochs-Adler-Entscheidung des Bundesgerichtshofs –,WM 1989, 1401 ff.

Heymann, Ernst — Handelsgesetzbuch Großkommentar, Dritter Band: §§ 238 bis 342e, 3. Auflage, Berlin/Boston 2020 (zitiert: Heymann-HGB-*Bearb.*, §, Rn.)

Hirte, Heribert — Kapitalgesellschaftsrecht, 8. Auflage, Köln 2016 (zitiert: *Hirte*, KapGesR, Rn.)

ders. — Der Aufsichtsrat der AG und sein Vorsitzender in der Hauptversammlung – Einige bekannte und weniger bekannte Aspekte, NZG 2017, 281 ff.

Hobusch, Alexander — Der moderne Eingriffsbegriff in der Fallbearbeitung, JA 2019, 278 ff.

Holz, Wilfried — Grundrechtsimmunes Gesetzesrecht, NVwZ 2007, 1153 ff.

Hommelhoff, Peter — Minderheitenschutz bei Umstrukturierungen, ZGR 1993, 452 ff.

Hopt, Klaus J./*Kumpan*, Christoph — Insidergeschäfte und Ad-hoc-Publizität bei M&A – Unternehmenskäufe und Übernahmeangebote und Marktmissbrauchsverordnung (MAR), ZGR 2017, 765 ff.

Hopt, Klaus J./*Will*, Michael R. — Europäisches Insiderrecht – Einführende Untersuchung, Ausgewählte Materialien, 1. Auflage, Stuttgart 1973 (zitiert: *Hopt/Will*, Europäisches Insiderrecht, S.)

Hölters, Wolfgang — Kommentar zum Aktiengesetz, 3. Auflage, München 2017 (zitiert: Hölters-*Bearb.*, §, Rn.)

Hüffer, Uwe — Minderheitsbeteiligung als Gegenstand aktienrechtlicher Auskunftsbegehren, ZIP 1996, 401 ff.

ders. — Ausgleichsanspruch und Spruchverfahren statt Anfechtungsklage beim Verschmelzungs- oder Kapitalerhöhungsbeschluss des erwerbenden Rechtsträgers, ZHR 172 (2008), 8 ff.

Hüffer, Uwe/*Koch*, Jens — Kommentar zum Aktiengesetz, 13. Auflage, München 2018 (zitiert: Hüffer/Koch-*Bearb.*, §, Rn.)

Ihrig, Hans-Christoph/*Wandt*, Andre P.H. — Die Aktienrechtsnovelle 2016, Betriebs-Berater 2016, 6 ff.

Isensee, Josef/*Kirchhof*, Paul — Handbuch des Staatsrechts der Bundesrepublik Deutschland,
– Band VII: Grundfreiheiten 3. Auflage, Heidelberg 2009
– Band IX: Allgemeine Grundrechtslehren 3. Auflage, Heidelberg 2011 (zitiert: HStR-*Bearb.*, Band, §, Rn.)

Jarass, Hans D. — Das allgemeine Persönlichkeitsrecht im Grundgesetz, NJW 1989, 857 ff.

ders. — Charta der Grundrechte der Europäischen Union – unter Einbeziehung der sonstigen Grundrechtsregelungen des Primärrechts und der EMRK, 4. Auflage, München 2021 (zitiert: Jarass-*Bearb.*, Charta der Grundrechte der EU, Art., Rn.)

ders. — Zum Verhältnis von Grundrechtecharta und sonstigem Recht, EuR 2013, 29 ff.

Jarass, Hans D./*Pieroth*, Bodo — Grundgesetz für die Bundesrepublik Deutschland – Kommentar, 15. Auflage, München 2018 (zitiert: Jarass/Pieroth-*Bearb.*, Art., Rn.)

Jarass, Hans D./*Kment*, Martin — EU-Grundrechte, 2. Auflage, München 2019 (zitiert: Jarass/Kment, EU-Grundrechte, §, Rn.)

Jauernig, Othmar/*Stürner*, Rolf — Bürgerliches Gesetzbuch Kommentar – hrsg. von mit Rom-1-, Rom-II-VO, EuUnthVO/HUntProt und EuErbVO, 17. Auflage, München 2018 (zitiert: Jauernig-*Bearb.*, §, Rn.)

Joussen, Peter — Auskunftspflicht des Vorstands nach § 131 AktG und Insiderrecht, DB 1994, 2485 ff.

Jung, Stefanie/*Krebs*, Peter/*Stiegler*, Sascha — Gesellschaftsrecht in Europa – Handbuch, 1. Auflage, Baden-Baden 2019 (zitiert: Jung/Krebs/Stiegler-*Bearb.*, Gesellschaftsrecht in Europa, §, Rn.)

Kallmeyer, Harald — Umwandlungsgesetz Kommentar, 6. Auflage, Köln 2017 (zitiert: Kallmeyer-UmwG-*Bearb.*, §, Rn.)

Kau, Wolfgang M./*Kukat*, Klaus — Haftung von Vorstands- und Aufsichtsratsmitgliedern bei Pflichtverletzungen nach dem Aktiengesetz, BB 2000, 1045 ff.

Kersting, Christian — Anmerkung zu dem BGH Beschluss vom 05.11.2013 – II ZB 28/12, ZIP 2013, 2460 ff.

ders. — Ausweitung des Fragerechts durch die Aktionärsrechterichtlinie, ZIP 2009, 2317 ff.

ders. Erforderlichkeit der Auskunft und Aktionärsrechterichtlinie, in: Festschrift für Michael Hoffmann-Becking zum 70. Geburtstag, herausgegeben von Krieger, Gerd/Lutter, Marcus/Schmidt, Karsten München 2013 S. 651 ff. (zitiert: *Kersting*, FS Hoffmann-Becking, S.)

Kiethe, Kurt Das Recht des Aktionärs auf Auskunft über riskante Geschäfte (Risikovorsorge), NZG 2003, 401 ff.

ders. Vorstandshaftung aufgrund fehlerhafter Due Diligence beim Unternehmenskauf, NZG 1999, 976 ff.

Kingreen, Thorsten/ *Poscher*, Ralf Grundrechte Staatsrecht II, 35. Auflage, Heidelberg 2019 (zitiert: *Kingreen/Poscher*, Rn.)

dies. Polizei- und Ordnungsrecht mir Versammlungsrecht, 11. Auflage, München 2020 (zitiert: *Kingreen/Poscher*, POR, §, Rn.)

Kittner, Michael Unternehmensverfassung und Information – Die Schweigepflicht von Aufsichtsratsmitgliedern, ZHR 163 (1972), 208 ff.

Kleinert, Ursula/ *Mayer*, Volker Related-Party-Transactions nach dem Referentenentwurf zum ARUG II – Neue Haftungsfallen für Organmitglieder und wesentliche Änderungen im Recht des faktischen Konzerns, EuZW 2019, 103 ff.

Klöhn, Lars Ad-hoc-Publizität und Insiderverbot im neuen Marktmissbrauchsrecht, AG 2016, 423 ff.

ders. Die (Ir-)Relevanz der Wissenszurechnung im neuen Recht der Ad-hoc-Publizität und des Insiderhandelsverbots, NZG 2017, 1285 ff.

ders. Der Aufschub der Ad-hoc-Publizität zum Schutz der Finanzstabilität (Art. 17 Abs. 5 MAR), ZHR 181 (2017), 746 ff.

ders. Der Aufschub der Ad-hoc-Publizität wegen überwiegender Geheimhaltungsinteressen des Emittenten (§ 15 Abs. 3 WpHG), ZHR 178 (2014), 55 ff.

ders. Marktmissbrauchsverordnung – Verordnung (EU) Nr. 596/2014 über Marktmissbrauch, 1. Auflage, München 2018 (zitiert: Klöhn-*Bearb.*, MAR, Art., Rn.)

Klöhn, Lars/*Schmolke*, Klaus Ulrich Der Aufschub der Ad-hoc-Publizität nach Art. 17 Abs. 4 MAR zum Schutz der Unternehmensreputation, ZGR 2016, 866 ff.

Knöfler, Kathrin Rechtliche Auswirkungen der Due Diligence bei Unternehmensakquisitionen, Frankfurt a.M. [u.a.] 2001 (zitiert: *Knöfler*, S.)

Koch, Jens Das Gesetz zur Unternehmensintegrität und Modernisierung des Anfechtungsrechts (UMAG), ZGR 2006, 769 ff.

ders. Die Neufassung der Aktionärsrechte-Richtlinie – alles halb so schlimm?, BB 2017, Heft Nr. 15–16, S. 1.

ders. Die Ad-hoc-Publizität: Veröffentlichungs- oder Wissensorganisationspflicht? AG 2019, 273 ff.

ders. Informationsweitergabe und Informationsasymmetrien im Gesellschaftsrecht, ZGR 2020, 183 ff.

Kocher, Dirk/*Lönner*, Andreas Das Auskunftsrecht in der Hauptversammlung nach der Aktionärsrechterichtlinie, AG 2010, 153 ff.

Kocher, Dirk/*Sambulski*, Yanick — Insiderinformation in der Hauptversammlung, DB 2018, 1905 ff.

Koller, Ingo/*Kindler*, Peter/*Roth*, Wulf-Henning/*Drüen*, Klaus-Dieter — Handelsgesetzbuch Kommentar 9. Auflage, München 2019 (zitiert: Koller/Kindler/Roth/Drüen-*Bearb.*, §, Rn.)

Kölner Kommentar — Kommentar zum Aktiengesetz
- Band 1: §§ 1–147 AktG, 1. Auflage, Ingolstadt 1970
- Band 2/1: §§ 76–94 AktG, 3. Auflage, Köln 2010
- Band 3, 1. Teillieferung: §§ 131, 132 AktG 3. Auflage 2010
- Band 3 Teilband 1a: §§ 131–141 AktG 3. Auflage, Hürth 2021 (zit.: KK-AktG-*Bearb.*, §, Rn.)

ders. — Kommentar zum UmwG, 1. Auflage, Köln 2009 (zitiert: KK-UmwG-*Bearb.*, §, Rn.)

Körber, Torsten — Geschäftsleitung der Zielgesellschaft und due diligence bei Paketerwerb und Unternehmenskauf, NZG 2002, 263 ff.

Kugelmann, Dieter — Polizei- und Ordnungsrecht, 2. Auflage, Heidelberg 2012 (zitiert: *Kugelmann*, POR, Kap., Rn.)

Kumpan, Christoph — Ad-hoc-Publizität nach der Marktmissbrauchsverordnung – Untersuchung wesentlicher Neuerungen und deren Auswirkungen auf Emittenten –, DB 2016, 2039 ff.

Kraakman, Reinier [u.a.] — The Anatomy of Corporate Law – A Comparative and Functional Approach, 2. edition, Oxford 2009 (zitiert: Kraakman [u.a.]-*Bearb.*, The Anatomy of Corporate Law, S.)

Krause, Hartmut | Kapitalmarktrechtliche Compliance: neue Pflichten und drastisch verschärfte Sanktionen nach der EU-Marktmissbrauchsverordnung, CCZ 2014, 248 ff.

Krenberger, Benjamin/ *Krumm*, Carsten | Ordnungswidrigkeitengesetz, 6. Auflage, München 2020 (zitiert: Krenberger/Krumm-*Bearb.*, §, Rn.)

Kropff, Bruno | Aktiengesetz 1965, Düsseldorf 1965 (zitiert: *Kropff*, BegrRegE AktG 1965, S.)

Krüger, Dirk/*Kalbfleisch*, Eberhard | Due Diligence bei Kauf und Verkauf von Unternehmen – Rechtliche und steuerliche Aspekte der Vorprüfung beim Unternehmenskauf –, DStR 1999, 174 ff.

Kubis, Dietmar | Auskunft ohne Grenzen? – Europarechtliche Einflüsse auf den Informationsanspruch nach § 131 AktG, ZGR 2014, 608 ff.

Kumpan, Christoph | Ad-hoc-Publizität nach der Marktmissbrauchsverordnung, – Untersuchung wesentlicher Neuerungen und deren Auswirkungen auf Emittenten –, DB 2016, 2039 ff.

Kunig, Philip | Der Grundsatz informationeller Selbstbestimmung, Jura 1993, 595 ff.

Kuntz, Thilo | Kommunikation mit Aktionären nach ARUG II, AG 2020, 18 ff.

Lanfermann, Georg | Zustimmung des Aufsichtsrats zu Geschäften mit nahestehenden Personen nach dem ARUG II-RefE, BB 2018, 2859 ff.

Lange, Knut Werner | Grundsätzliche und unbegrenzte Pflicht zur Berichterstattung im Lagebericht?, BB 1999, 2447 ff.

Lange, Oliver | Zustimmungsvorbehaltspflicht und Kataloghaftung des Aufsichtsrats nach neuem Recht, DStR 2003, 376 ff.

Langenbucher, Katja | Aktien- und Kapitalmarktrecht, 3. Auflage, München 2015 (zit.: *Langenbucher*, Teil, §, Rn.)

dies. | In Brüssel nichts Neues? – Der „verständige Anleger" in der Marktmissbrauchsverordnung, AG 2016, 417 ff.
Zum Begriff des Insiderinformation nach dem Entwurf für eine Marktmissbrauchsverordnung, NZG 2013, 1401 ff.

Leyens, Patrick C. | System der Aktionärsinformation – Auskunft, Sonderprüfung, Sondervertretung, Investorendialog und horizontale Kommunikation –, ZGR 2019, 544 ff.

Lieder, Jan | Auskunftsrecht und Auskunftserzwingung Höchstrichterliche Fingerzeige in Sachen Porsche/VW-Beteiligungsaufbau, NZG 2014, 601 ff.

Lieder, Jan/*Wernert*, Lukas | Related Party Transactions: Ein Update zum Regierungsentwurf des ARUG II, ZIP 2019, 989 ff.

dies. | Related Party Transactions nach dem Referentenentwurf eines ARUG II, ZIP 2018, 2441 ff.

dies. | Grundsatz- und Anwendungsfragen zu Related Party Transactions nach neuem Aktienrecht, DB 2020, 882 ff.

Lindner, Josef Franz | Grundrechtsschutz in Europa – System einer Kollisionsdynamik, EuR 2007, 160 ff.

ders. | Grundrechtsschutz gegen gemeinschaftsrechtliche Öffnungsklauseln – zugleich ein Beitrag zum Anwendungsbereich der EU-Grundrechte, EuZW 2007, 71 ff.

Linker, Anja Celina/*Zinger*, Georg — Rechte und Pflichten der Organe einer Aktiengesellschaft bei der Weitergabe vertraulicher Unternehmensinformationen, NZG 2002, 497 ff.

Loges, Rainer — Der Einfluss der „Due Diligence“ auf die Rechtsstellung des Käufers eines Unternehmens, DB 1997, 965 ff.

Löbbe, Marc/*Fischbach*, Jonas — Die Neuregelungen des ARUG II zur Vergütung von Vorstand und Aufsichtsrat börsennotierter Aktiengesellschaften, AG 2019, 373 ff.

Lutter, Marcus — Umwandlungsgesetz Kommentar,
Band 1: §§ 1–122 I, 5. Auflage, Köln 2014
Band 2: §§ 123–325, SpruchG 5. Auflage, Köln 2014
(zitiert: Lutter-UmwG-*Bearb.*, §, Rn.)

ders. — Die Business Judgment Rule und ihre praktische Anwendung, ZIP 2007, 841 ff.

ders. — Due diligence des Erwerbers beim Kauf einer Beteiligung, ZIP 1997, 613 ff.

ders. — Due diligence des Erwerbers beim Kauf einer Beteiligung, in: Festschrift für Helmut Schippel zum 65. Geburtstag, herausgegeben von der Bundesnotarkammer, München 1996 S. 455 ff. (zitiert: *Lutter*, FS Schippel, S.)

ders. — Information und Vertraulichkeit im Aufsichtsrat, 2. Auflage, Köln [u.a.] 1984 (zitiert: *Lutter*, Information und Vertraulichkeit, S.)

Lutter, Marcus/*Hommelhoff*, Peter — GmbH-Gesetz: Kommentar, 20. Auflage, Köln 2020, (zitiert: Lutter/Hommelhoff-*Bearb.*, §, Rn.)

Lutter, Marcus/*Semler*, Johannes — Rechtsgrundlagen freiheitlicher Unternehmenswirtschaft: Unternehmensrecht, Arbeitsrecht, Wirtschaftsrecht, Finanzierungsrecht, Planung und Rechtslegung, EG-Recht, Köln 1991 (zitiert: Lutter/Semler-*Bearb.*, S.)

Lutter, Marcus/*Krieger*, Gerd/*Verse*, Dirk A. — Rechte und Pflichten des Aufsichtsrats, 6. Auflage, Köln 2014 (zitiert: *Lutter/Krieger/Verse*, Rn.)

Lutter, Marcus/*Bayer*, Walter/*Schmidt*, Jessica — Europäisches Unternehmens- und Kapitalmarktrecht – Grundlagen, Stand und Entwicklung nebst Texten und Materialien, 6. Auflage, Berlin 2018 (zitiert: Lutter/Bayer/Schmidt, Europäisches Unternehmens- und Kapitalmarktrecht, Rn.)

Manssen, Gerrit — Staatsrecht II – Grundrechte 16. Auflage, München 2019 (zitiert: *Manssen*, §, Rn.)

Markworth, David — Der Aufsichtsrat-Ausschuss zu Related Party Transactions nach § 107 Abs. 3 Sätze 4–6 AktG, AG 2020, 166 ff.

Marsch-Barner, Reinhard — Zum Auskunftsrecht des Aktionärs in der Hauptversammlung, zugleich Anmerkung zum Beschluss des OLG Frankfurt vom 22.07.1983, WM 1984, 41 ff.

Marsch-Barner, Reinhard/*Schäfer*, Frank — Handbuch börsennotierte AG – Aktien und Kapitalmarktrecht 4. Auflage, Köln 2018 (zitiert: Marsch-Barner/Schäfer-*Bearb.*, §, Rn.)

Massumi, Shirin Maria — Quo vadis – Unternehmenskaufverträge? Unternehmenskaufverträge nach der Deutschen Schuldrechtsreform, München 2008 (zitiert: *Massumi*, Quo Vadis Unternehmenskaufverträge, S.)

Maunz, Theodor/*Dürig*, Günter — Grundgesetz Kommentar, – Band 1: Texte, Art. 1–5 87. Ergänzungslieferung, München 2019 (zitiert: Maunz/Dürig-*Bearb.*, Band, Art., Rn.)

Meilicke, Heinz/*Heidel*, Thomas — Das Auskunftsrecht des Aktionärs in der Hauptversammlung (Teil I), DStR 1992, 72 ff.

dies. — Das Auskunftsrecht des Aktionärs in der Hauptversammlung (Teil II), DStR 1992, 113 ff.

Meincke, Eberhardt — Geheimhaltungspflichten im Wirtschaftsrecht, WM 1998, 749 ff.

Merkt, Hanno — Due Diligence und Gewährleistung beim Unternehmenskauf, BB 1995, 1041 ff.

ders. — Der Kapitalschutz in Europa – ein rocher de bronze? ZGR 2004, 305 ff.

ders. — Rechtliche Bedeutung der „due diligence" beim Unternehmenskauf, WiB 1996, 145 ff.

Merten, Detlef/*Papier*, Hans-Jürgen — Handbuch der Grundrechte in Deutschland und Europa,
– Band VI/1: Europäische Grundrechte 1. Auflage 2010, Heidelberg [u.a.] (zitiert: Merten/Papier-*Bearb.*, HdB GR, Band, §, Rn.)

Mertens, Hans-Joachim — Die Gestaltung von Verschmelzungs- und Verschmelzungsprüfbericht, AG 1990, 20 ff.

ders. — Zur Verschwiegenheitspflicht der Aufsichtsratsmitglieder – Anmerkung zum Urteil des BGH zur Geschäftsordnung des Aufsichtsrats der Bayer AG, AG 1975, 235 ff.

Mertens, Kai — Die Information des Erwerbers einer wesentlichen Unternehmensbeteiligung an einer Aktiengesellschaft durch deren Vorstand, AG 1997, 541 ff.

Meyer, Jürgen/*Hölscheidt*, Sven — Charta der Grundrechte der europäischen Union, 5. Auflage, Baden-Baden 2019 (zitiert: Meyer/Hölscheidt-*Bearb.*, Art., Rn.)

Meyer, Andreas/*Rönnau*, Thomas/*Veil*, Rüdiger — Handbuch zum Marktmissbrauchsrecht, 1. Auflage, München 2018 (zitiert: Meyer/Veil/Rönnau-*Bearb.*, HdB MarktmissbrauchsR, §, Rn.)

Mitsch, Wolfgang — Karlsruher Kommentar zum Gesetz über Ordnungswidrigkeiten, 5. Auflage, München 2018 (zitiert: KK-OWiG-*Bearb.*, §, Rn.)

Möllers, Thomas M. J. — Anlegerschutz durch Aktien- und Kapitalmarktrecht – Harmonisierungsmöglichkeiten nach geltendem und künftigem Recht – ZGR 1997, 334 ff.

Müller, Hans-Friedrich — Related Party Transactions nach dem ARUG II, ZIP 2019, 2429 ff.

ders. — Related Party Transactions im Konzern, ZGR 2019, 97 ff.

ders. — Die Angemessenheit von Related Party Transactions, in: Festschrift für Eberhard Vetter zum 70. Geburtstag, herausgegeben von Grunewald, Barbara/Koch, Jens/Tielmann, Jörgen, Köln 2019, S. 479 ff. (zitiert: *Müller*, FS Vetter, S.)

Münchener Handbuch des Gesellschaftsrechts — Münchener Handbuch des Gesellschaftsrechts,
– Band 2: Kommanditgesellschaft, GmbH & Co. KG, Publikums-KG, Stille Gesellschaft, 5. Auflage, München 2019
– Band 4: Aktiengesellschaft 4. Auflage, München 2015
(zitiert: MüHdB-GesR-*Bearb.*, Band, §, Rn.)

Münchener Kommentar — Kommentar zum Aktiengesetz
- Band 1: §§ 1–75 5. Auflage, München 2019
- Band 2: §§ 76–117, 5. Auflage, München 2019
- Band 3: §§ 118–178, 4. Auflage, München 2018
- Band 5: §§ 278–328, SpruchG – ÖgesAusG – Österreichisches Konzernrecht, 5. Auflage, München 2020
- Band 6: §§ 329–410, WpÜG, Österreichisches Übernahmerecht, 4. Auflage, München 2017
- Nachtrag zum ARUG II: §§ 67, 67a–f, 87, 87a, 107, 111a–c, 113, 162 AktG, 5. Auflage München 2021

(zitiert: MüKo-AktG-*Bearb.*, Band, §, Rn.)

ders. — Kommentar zum Bürgerlichen Gesetzbuch
- Band 6: Schuldrecht – Besonderer Teil III, §§ 631–704 8. Auflage, München 2020 (zitiert: MüKo-BGB-*Bearb.*, Band, §, Rn.)

ders. — Kommentar zum Handelsgesetzbuch,
- Band 4: 238–342e 3. Auflage, München 2013

(zitiert: MüKo-HGB-*Bearb.*, Band, §, Rn.)

ders. — Kommentar zum Bilanzrecht,
- Band 1: IFRS 5. Ergänzungslieferung, München 2014
- Band 2: Bilanzrecht, §§ 238–342e HGB, 1. Auflage, München 2013 (zitiert: MüKo-BilR-*Bearb.*, Band, §, Rn.)

Müller, Klaus J. — Gestattung der Due Diligence durch den Vorstand der Aktiengesellschaft, NJW 2000, 3452 ff.

Nietsch, Michael — Emittentenwissen, Wissenszurechnung und Ad-hoc-Publizitätspflicht, ZIP 2018, 1421 ff.

Nitschke, Manfred/ *Barsch*, Hans-Jürgen — Über Bedeutung und Umfang des Auskunftsrechts, insbesondere im Zusammenhang mit Entlastungsbeschlüssen, AG 1969, 95 ff.

Noack, Ulrich	ARUG: das nächste Stück der Aktienrechtsreform in Permanenz, NZG 2008, 441 ff.
ders.	Identifikation der Aktionäre, neue Rolle der Intermediäre – zur Umsetzung der Aktionärsrechterichtlinie II, NZG 2017, 561 ff.
ders.	Aktienrechtsnovelle 2011, DB 2010, 2657 ff.
Noack, Ulrich/*Zetzsche*, Dirk	Die Informationsanfechtung nach der Neufassung des § 243 Abs. 4 AktG, ZHR 170 (2006), 218 ff.
Obermüller, Walter/*Winfried*, Werner/*Winden*, Kurt	Aktiengesetz 1965, Stuttgart 1965 (zitiert: Obermüller u.a., Aktiengesetz 1965, S.)
Oetker, Hartmut	Verschwiegenheitspflichten des Unternehmers als Schranke für die Unterrichtungspflichten gegenüber Wirtschaftsausschuss und Betriebsrat in wirtschaftlichen Angelegenheiten, in: Arbeitsrecht im sozialen Dialog – Festschrift für Hellmut Wissmann zum 65. Geburtstag, herausgegeben von Kohte, Wolfhard/Dörner, Hans-Jürgen/Anzinger, Rudolf, München 2005 S. 396 ff. (zitiert: *Oetker*, FS Wissmann, S.)
Oliver, Peter	Companies and their fundamental rights: a comparative perspective, ICLQ 2016, 661 ff.
Ottmann, Hans Paul	Die Vereinigungsfreiheit als Richtmaß und Schranke der unternehmensverfassungsrechtlichen Gesetzgebung, (zitiert: *Ottmann*, S.)
Paccioli, Luca	Summa de arithmetica, geometria, proportioni et proportionalita, Paganino de Paganini 1494 (zitiert: *Paccioli*, Summa de arithmetica, geometria, proportioni, proportionalita, 1494)

Palmes, Christina — Der Lagebericht – Grundfragen und Haftung, 1. Auflage, München 2008 (zitiert: *Palmes*, Der Lagebericht, S.)

Paschos, Nikolaos/ *Goslar*, Sebastian — Der Referentenentwurf des Gesetzes zur Umsetzung der zweiten Aktionärsrechterichtlinie (ARUG II) aus Sicht der Praxis, AG 2018, 857 ff.

dies. — Der Regierungsentwurf des Gesetzes zur Umsetzung der zweiten Aktionärsrechterichtlinie (ARUG II), AG 2019, 365 ff.

dies. — Der Referentenentwurf des Gesetzes zur Umsetzung der Aktionärsrechterichtlinie (ARUG) aus Sicht der Praxis, AG 2008, 605 ff.

dies. — Die Aktienrechtsnovelle 2016 – Ein Überblick, NJW 2016, 359 ff.

Pecaut, Daniel/ *Wrenn*, Corey — University of Berkshire Hathaway – 30+ Years of Lessons Learned from Warren Buffet & Charlie Munger at the Annual Shareholders Meeting, 1. Auflage, Sioux City 2017 (zitiert: *Precaut/Wrenn*, University of Berkshire Hathaway, S.)

Pechstein, Matthias/ *Nowak*, Carsten/ *Häde*, Ulrich — Frankfurter Kommentar zu EUV, GRC und AEUV, Band 1: EUV, GRC 1. Auflage, Tübingen 2017 (zitiert: Pechstein/Nowak/Häde-*Bearb.*, Art., Rn.)

Petersen, Jens — Der Gläubigerschutz im Umwandlungsrecht, 1. Auflage, München 2001 (zitiert: *Petersen*, Der Gläubigerschutz im Umwandlungsrecht, S.)

Poelzig, Dörte — Die Neuregelungen der Offenlegungsvorschriften durch die Marktmissbrauchsverordnung, NZG 2016, 761 ff.

Priester, Hans-Joachim Strukturänderungen – Beschlußvorbereitung und Beschlußfassung, ZGR 1990, 420 ff.

Raiser, Thomas/*Veil*, Rüdiger Recht der Kapitalgesellschaften: Ein Handbuch für Praxis und Wirtschaft, 6. Auflage, München 2015 (zitiert: *Raiser/Veil*, §, Rn.)

Rasch, Dennis Der Nachweis der haftungsbegründenden Kausalität bei fehlerhafter Ad-hoc-Publizität – Anwendungsmöglichkeit der Vermutung aufklärungsrichtigen Verhaltens?, 1. Auflage, Frankfurt a.M. [u.a.] 2016 (zitiert: *Rasch*, Der Nachweis der haftungsbegründenden Kausalität bei fehlerhafter Ad-hoc-Publizität, S.)

Reuter, Alexander Das Auskunftsrecht des Aktionärs – neuere Rechtsprechung zu § 131 AktG, DB 1988, 2615 ff.

Rieble, Volker Verschmelzung und Spaltung von Unternehmen und ihre Folgen für Schuldverhältnisse mit Dritten, ZIP 1997, 301 ff.

Riegger, Bodo Hauptversammlung und Internet, ZHR 165 (2001), 204 ff.

Rockel, Werner Fair Value-Bilanzierung versicherungstechnischer Verpflichtungen: Eine ökonomische Analyse, 1. Auflage, Wiesbaden 2004 (zitiert: *Rockel*, Fair Value-Bilanzierung, S.)

Rodewald, Jörg Zur Ausgestaltung von Verschmelzungs- und Verschmelzungsprüfungsbericht – Transparenzgebot versus Unternehmensschutz, BB 1992, 237 ff.

Roschmann, Christian/*Frey*, Johannes Geheimhaltungsverpflichtungen der Vorstandsmitglieder von Aktiengesellschaften bei Unternehmenskäufen, AG 1996, 449 ff.

Rozijn, Michael — Geheimhaltungspflichten und Kapitalschutz beim Abschluss von M&A-Dienstleistungsverträgen, NZG 2001, 494 ff.

Rubner, Daniel — Der Vorstand der Zielgesellschaft bei M&A-Transaktionen, KSzW 2011, 412 ff.

Sachs, Michael — Grundgesetz Kommentar, 8. Auflage, München 2018 (zitiert: Sachs-*Bearb.*, Art., Rn.)

Säcker, Franz Jürgen — Aktuelle Probleme der Verschwiegenheitspflicht der Aufsichtsratsmitglieder, NJW 1986, 803 ff.

Saenger, Ingo — Gesellschaftsrecht, 4. Auflage, München 2018 (zitiert: *Saenger*, GesR, Rn.)

Sasse, Thorsten — Die Grundrechtsberechtigung juristischer Personen durch die unternehmerische Freiheit gemäß Art. 16 der Europäischen Grundrechtecharta, EuR 2012, 628 ff.

Schäfer, Carsten — Gesellschaftsrecht, 5. Auflage, München 2018 (zitiert: *Schäfer*, GesR, §, Rn.)

Schäfer, Peter — Publizitätsgesetz, 2. Auflage, Baden-Baden 2016 (zitiert: Schäfer-*Bearb.*, §, Rn.)

Schäfers, Stefan — Informationsrechte von Aktionären, Baden-Baden 2007 (zitiert: *Schäfers*, Informationsrechte von Aktionären, S.)

Schenke, Wolf-Rüdiger — Polizei- und Ordnungsrecht, 11. Auflage, Heidelberg 2021 (zitiert: *Schenke*, POR, Rn.)

Schiefelbein, Anna Katharina — Transitorische Rechnungsabgrenzung nach Handels-/Steuerbilanz und IAS/IFRS, 1. Auflage, Berlin 2016 (*Schiefelbein*, Transitorische Rechnungsabgrenzung nach Handels-/Steuerbilanz und IAS/IFRS, S.)

Schiller, Andreas — Die Gründungsbilanz der Aktiengesellschaft, Betriebs-Berater 1991, 2403 ff.

Schimansky, Herbert/*Bunte*, Herrmann-Josef/*Lwowski*, Hans-Jürgen — Bankrechts-Handbuch, Band 1, 5. Auflage, München 2017 (zitiert: Vgl. Schimansky/Bunte/Lwowski-*Bearb.*, Bankrechts-HdB, §, Rn.)

Schmidlin, Nicolas — Unternehmensbewertung & Kennzahlenanalyse – Praxisnahe Einführung mit zahlreichen Fallbeispielen börsennotierter Unternehmen, 3. Auflage, München 2020 (zitiert: *Schmidlin*, Unternehmensbewertung & Kennzahlenanalyse, Kap., S.)

Schmidt, Jessica — Die Umsetzung der Aktionärsrechte- Richtlinie 2017: Der Referentenentwurf für das ARUG II, NZG 2018, 1201 ff.

dies. — Related Party Transactions nach dem RegE zum ARUG II, EuZW 2019, 261 ff.

Schmidt, Karsten — Gesellschaftsrecht, 4. Auflage, Köln [u.a.] 2002 (zitiert: *K. Schmidt*, GesR, §)

ders. — Handelsrecht: Unternehmensrecht I, 6. Auflage, Köln 2014 (zitiert: *K. Schmidt*, HandelsR: UnternehmensR I, §, Rn.)

ders. — Informationsrechte in Gesellschaften und Verbänden – Ein Beitrag zur gesellschaftsrechtlichen Institutionenbildung, Heidelberg 1984 (zitiert: *K. Schmidt*, Informationsrechte, S.)

ders.	Gläubigerschutz bei Umstrukturierung – Zum Referentenentwurf eines Umwandlungsgesetzes –, ZGR 1993, 366 ff.
Schmidt, Karsten/*Lutter*, Marcus	Aktiengesetz Kommentar, 1. Band: §§ 1–149 3. Auflage, Köln 2015 (zitiert: K. Schmidt/Lutter-*Bearb.*, §, Rn.)
Schmitt, Joachim/ *Hörtnagl*, Robert/ *Stratz*, Rolf-Christian	Umwandlungsgesetz – Umwandlungssteuergesetz, 8. Auflage, München 2018 (zitiert: Schmitt/Hörtnagl/ Stratz-UmwG-*Bearb.*, §, Rn.)
Schnabel, Christoph	Das Recht der informationellen Selbstbestimmung für Unternehmen, WM 2019, 1384 ff.
Schneider, Uwe H.	Internationales Kapitalmarktrecht: Regelungsprobleme, Methoden und Aufgaben, AG 2001, 269 ff.
Scholz, Philipp	Ad-hoc-Publizität und Freiverkehr, NZG 2016, 1286 ff.
Schön, Wolfgang	Entwicklung und Perspektiven des Handelsbilanzrechts: vom ADHGB zum IASC, ZHR 161 (1997), 133 ff.
ders.	Informationspflichten der Unternehmensleitung zwischen Aktionärsinteressen, Kapitalmarktinformation und sozialer Verantwortung, in: Festschrift für Karsten Schmidt zum 80. Geburtstag, herausgegeben von Boele-Woelki, Katharina/Faust, Florian/Jacobs, Matthias/Kuntz, Thilo/ Röthel, Anne/Thorn, Karsten/ Weitemeyer, Birgit Band 2 München 2019 S. 391 ff. (zitiert: *Schön*, FS K. Schmidt II, S.)
Schroeder, Ulrich	Darf der Vorstand der Aktiengesellschaft dem Aktienkäufer eine Due Diligence gestatten?, DB 1997, 2161 ff.

Schulze, Reiner [u.a.]	Bürgerliches Gesetzbuch Handkommentar, 10. Auflage, Baden-Baden 2019 (zitiert: Schulze [u.a.]-*Bearb.*, HK-BGB, §, Rn.)
Schwark, Eberhard	Gesellschaftsrecht und Kapitalmarktrecht, in: Festschrift für Walter Stimpel zum 68. Geburtstag am 29. November 1985, herausgegeben von Lutter, Marcus/Mertens, Hans-Joachim/Ulmer, Peter, Berlin 1985 S. 1087 ff. (zitiert: *Schwark*, FS Stimpel, S.)
Schwark, Eberhard/ *Zimmer*, Daniel	Kapitalmarktrechts-Kommentar, 5. Auflage, München 2020 (zitiert: Schwark/Zimmer-*Bearb.*, KapitalmarktR, §/Art., Rn.)
Schwarz, Hansjürgen	Umwandlung mittelständischer Unternehmen im Handels- und Steuerrecht – Erläuterungen zum neunen UmwG und UmwStG mit Hinweisen zur Wahl der optimalen Rechtsform, Bielefeld 1995 (zitiert: *Schwarz*, Umwandlung mittelständischer Unternehmen, S.)
Schwarze, Jürgen	Der Grundrechtsschutz für Unternehmen in der Europäischen Grundrechtecharta, EuZW 2001, 517 ff.
Schwarze, Jürgen/ *Becker*, Ulrich/*Hatje*, Armin/*Schoo*, Johann	EU-Kommentar, 4. Auflage, Baden-Baden 2019 (zitiert: Schwarze/Becker/Hatje/Schoo-*Bearb.*, Art., Rn.)
Schwintowski, Hans-Peter	Verschwiegenheitspflicht für politisch legitimierte Mitglieder des Aufsichtsrats, NJW 1990, 1009 ff.
Seibert, Ulrich/*Böttcher*, Leif	Der Regierungsentwurf der Aktienrechtsnovelle 2012, ZIP 2012, 12 ff.
Seibert, Ulrich/*Florstedt*, Tim	Der Regierungsentwurf des ARUG – Inhalt und wesentliche Änderungen gegenüber dem Referentenentwurf, ZIP 2008, 2145 ff.

Seibt, Christoph H. — Richtlinienvorschlag zur Weiterentwicklung des europäischen Corporate Governance-Rahmens – Vorschlag der EU-Kommission zur Änderung der Aktionärsrechterichtlinie und Empfehlung zur Qualität der Berichterstattung über die Unternehmensführung –, DB 2014, 1910 ff.

ders. — Europäische Finanzmarktregulierung zu Insiderrecht und Ad-hoc-Publizität, ZHR 177 (2013), 388 ff.

Seibt, Christoph H./*Wollenschläger*, Bernward — Revision des Marktmissbrauchsrechts durch Marktmissbrauchsverordnung und Richtlinie über strafrechtliche Sanktionen für Marktmanipulation, AG 2014, 593 ff.

Seidel, Andreas — Konzerninterne Related Party Transactions nach der Aktionärsrechte-Richtlinie II, AG 2018, 423 ff.

Selzner, Harald — Related Party Transactions – Fortschritt oder Bedrohung?, ZIP 2015, 753 ff.

Semler, Johannes — Leitung und Überwachung der Aktiengesellschaft – Die Leitungsaufgabe des Vorstands und die Überwachungsaufgabe des Aufsichtsrats, 2. Auflage, Köln [u.a.] 1996 (zitiert: *Semler*, Leitung und Überwachung der Aktiengesellschaft, Rn.)

Semler, Johannes/*Stengel*, Arndt/*Leonard*, Nina — Umwandlungsgesetz, 5. Auflage, München 2021 (zitiert: Semler/Stengel/Leonard-UmwG-*Bearb.* §, Rn.)

Seulen, Günther — RefE für das ARUG II – Umsetzung der zweiten Aktionärsrechterichtlinie, DB 2019, 2915 ff.

Simon, Stefan — Die neue Ad-hoc-Publizität, Der Konzern 2005, 13 ff.

Söhner, Matthias — Praxis-Update Marktmissbrauchsverordnung: Neue Leitlinien und alte Probleme, BB 2017, 259 ff.

Spieker, Wolfgang — Die Verschwiegenheitspflicht der Aufsichtsratsmitglieder, NJW 1965, 1937 ff.

Spindler, Gerald/*Stilz*, Eberhard — Kommentar zum Aktiengesetz,
- Band 1: §§ 1–149 4. Auflage, München 2019
(zitiert: Spindler/Stilz-*Bearb.*, Band, §, Rn.)

Spitze, Peter Alexander/*Diekmann*, Hans — Verbundene Unternehmen als Gegenstand des Interesses von Aktionären – Inhalt des Auskunftsanspruchs nach § 131 Abs. 1 Satz 1 und 2 AktG, ZHR 158 (1994), 447 ff.

Staub, Hermann — Handelsgesetzbuch Großkommentar,
- Dritter Band, 1. Teilband: §§ 238–289 4. Auflage, Berlin/New York 2002 (zitiert: Staub-*Bearb.*, Auflage, §, Rn.)
- Fünfter Band: §§ 238–289a 5. Auflage, Berlin/Boston 2014 (zitiert: Staub-*Bearb.*, §, Rn.)

Stern, Klaus — Das Staatsrecht der Bundesrepublik Deutschland,
- Band III/1: Allgemeine Lehren der Grundrechte, München 1988 (zitiert: *Stern*, StaatsR, Band, S.)

Stern, Klaus/*Becker*, Florian — Grundrechte-Kommentar, 3. Auflage, Köln 2019 (zitiert: Stern/Becker-*Bearb.*, Art., Rn.)

Stern, Klaus/*Sachs*, Michael — Europäische Grundrechte-Charta GRCh – Kommentar, München 2016 (zitiert: Stern/Sachs-*Bearb.*, GRCh, Art., Rn.)

Stiegler, Sascha — Aktionärsidentifikation nach ARUG II, WM 2019, 620 ff.

Stoffels, Markus	Grenzen der Informationsweitergabe durch den Vorstand einer Aktiengesellschaft im Rahmen einer „Due Diligence“, ZHR 165 (2001), 362 ff.
Stohn, Lutz	Faktische Organe – Rechte, Pflichten, Haftung, Der Betrieb 2011, 158 ff.
Stöber, Michael	Das Auskunftsrecht der Aktionäre und seine Beschränkung im Lichte des Europarechts, DStR 2014, 1680 ff.
ders.	Die Aktienrechtsnovelle 2016, DStR 2016, 611 ff.
ders.	Die Informationsrechte von Genussrechtsinhabern, NZG 2017, 1401 ff.
ders.	Neuerungen im Aktienrecht durch das ARUG II, DStR 2020, 391 ff.
Szczekalla, Peter	Grenzenlose Grundrechte, NVwZ 2006, 1019 ff.
Tarde, Andreas	Geschäfte mit nahestehenden Personen nach dem ARUG II-Regierungsentwurf, NZG 2019, 488 ff.
Ter Steeg, Marcus	Eine neue Kompetenzordnung für die EU – Die Reformüberlegungen des Konvents zur Zukunft Europas, EuZW 2003, 325 ff.
Thomale, Chris	Zum subjektiven Tatbestand der Unterlassungshaftung nach § 97 WpHG, AG 2019, 189 ff.
Tröger, Tobias	Germany's reluctance to regulate related party transactions: An industrial organization perspective, SAFE Working Paper No. 202, 1 ff.
Tröger, Tobias/*Roth*, Andreas/*Strenger*, Christian	Effektiver Aktionärsschutz bei Related Party Transactions: wider die „weiße Salbe“ des ARUG II-Referentenentwurfs, BB 2018, 2946 ff.

Ulmer, Peter
HGB-Bilanzrecht – Rechnungslegung, Abschlussprüfung, Publizität, Großkommentar,
– 1. Teilband: §§ 238–289 HGB, 1. Auflage, Berlin 2002 (zitiert: Ulmer-HGB-*Bearb.*, §, Rn.)

Veil, Rüdiger
Transaktionen mit Related Parties im deutschen Aktien- und Konzernrecht – Grundsatzfragen der Umsetzung der Aktionärsrechte-Richtlinie, NZG 2017, 521 ff.

ders.
Europäisches Insiderrecht 2.0 – Konzeption und Grundsatzfragen der Reform durch MAR und CRIM-MAD, ZBB 2014, 85 ff.

Velte, Patrick
Der Vergütungsbericht und die Vergütungsvoten nach dem ARUG II-RefE – Eine erste Zwischenbilanz, DStR 2018, 2445 ff.

ders.
Ausweis und Prüfung des neuen Vergütungsberichts nach § 162 AktG-E – Plädoyer für eine Einbettung in die Erklärung zur Unternehmensführung und eine materielle Einbeziehung in die externe Abschlussprüfung, NZG 2019, 335 ff.

Vetter, Jochen
Zur Bewertung von Geschäften mit nahestehenden Personen – Überlegungen zur Auslegung des § 111b Abs. 1 AktG, AG 2019, 853 ff.

Vetter, Jochen/*Engel*, Daniel/*Lauterbach*, Theresa
Zwischenschritte als ad-hoc-veröffentlichungspflichtige Insiderinformationen, AG 2019, 160 ff.

von der Groeben, Hans/*Schwarze*, Jürgen/*Hatje*, Armin
Europäisches Unionsrecht, 7. Auflage, Baden-Baden 2015, (zitiert: von der Groeben/Schwarze/Hatje-*Bearb.*, Art., Rn.)

von der Linden, Klaus — Das neue Marktmissbrauchsrecht im Überblick, DStR 2016, 1036 ff.

von Mangoldt, Hermann/*Klein*, Friedrich/*Starck*, Christian — Grundgesetz Kommentar, – Band 1: Präambel, Art. 1–19 7. Auflage, München 2018 (zitiert: von Mangoldt/Klein/Starck-*Bearb.*, Band, Art., Rn.)

von Münch, Ingo/*Kunig*, Philip — Grundgesetz Kommentar, – Band 1: Präambel bis Art. 69 GG 6. Auflage, München 2012 (zitiert: von Münch/Kunig-*Bearb.*, 6. Auflage 2012, Band, Art., Rn.)

dies. — Grundgesetz-Kommentar,
– Band 1: Präambel bis Art. 69 GG 7. Auflage, München 2021 (zitiert: von Münch/Kunig-*Bearb.*, Band, Art., Rn.)

von Staudinger, Julius — Kommentar zum Bürgerlichen Gesetzbuch mit Einführungsgesetz und Nebengesetzen,
– Buch 1: Allgemeiner Teil – Einleitung zum BGB; §§ 1–14; Verschollenheitsgesetz (Natürliche Personen, Verbraucher, Unternehmer) Berlin 2018
– Buch 1: Allgemeiner Teil – §§ 90–124; 130–133 (Sachen und Tiere, Geschäftsfähigkeit, Willenserklärungen) Berlin 2017 (zitiert: Staudinger-BGB-*Bearb.*, §, Rn.)

von Stebut, Dietrich — Geheimnisschutz und Verschwiegenheitspflicht im Aktienrecht, Köln [u.a.] 1972 (zitiert: *von Stebut*, S.)

Wachter, Thomas — Kommentar zum Aktiengesetz, 3. Auflage, Köln 2018 (zitiert: Wachter-*Bearb.*, §, Rn.)

ders. — Anmerkung zum BGH Beschluss vom 05.11.2013 – II ZB 28/12, NJW 2014, 547.

Wagner, Jens — „BGH-Rechtsprechung erhöht die Mitverantwortung der Aktionäre in der Hauptversammlung“ – Kommentar zum BGH-Beschluss zu dem Az: II ZB 28/12, BB 2014, 337.

Weber, Klaus — Creifelds, Rechtswörterbuch, 24. Edition, München 2020 (zitiert: Creifelds-*Bearb.*, Rechtswörterbuch, Begriff)

Weißhaupt, Frank — Ad-hoc-Publizität des Zwischenschritts – Naht Praktikabilität? Zur Capital Market Compliance bei mehrstufigen Strategieprojekten, NZG 2019, 175 ff.

Wentz, Jasper — Das Gesetz zur Umsetzung der zweiten Aktionärsrechterichtlinie – von der Aktionärsrechterichtlinie über den Referentenentwurf zum Regierungsentwurf, WM 2019, 906 ff.

Wessing, Kurt/*Hölters*, Wolfgang — Die Verschwiegenheitspflicht von Aufsichtsratsmitgliedern nach dem Inkrafttreten des Mitbestimmungsgesetzes, Der Betrieb 1976, 1671 ff.

Wiedemann, Herbert — Gesellschaftsrecht: Ein Lehrbuch des Unternehmens- und Verbandsrechts,
– Band 1: Grundlagen München 1980 (zitiert: *Wiedemann*, GesR, Band 1, §)

Wilde, Christian — Informationsrechte und Informationspflichten im Gefüge der Gesellschaftsorgane, ZGR 1998, 423 ff.

Wilms, Jan/*Roth*, Jan — Die Anwendbarkeit des Rechts auf informationelle Selbstbestimmung auf juristische Personen i.S. von Art. 19 III GG, JuS 2004, 577 ff.

Wilsing, Hans-Ulrich — Der Regierungsentwurf des Gesetzes zur Unternehmensintegrität und Modernisierung des Anfechtungsrechts, DB 2005, 35 ff.

Widmann, Siegfried/ *Mayer*, Dieter — Umwandlungsrecht – Umwandlungsgesetz, Umwandlungssteuergesetz, 190. Erg.-Lfg., Bonn 2021 (Widmann/Mayer-UmwR-*Bearb.*, §, Rn.)

Winnefeld, Robert — Bilanz-Handbuch – Handels- und Steuerbilanz, Rechtsformspezifisches Bilanzrecht, Bilanzielle Sonderfragen, Sonderbilanzen, IAS/IFRS-Rechnungslegung, 5. Auflage, München 2015 (zitiert: Winnefeld-BilHdb-*Bearb.*, Kapitel, Rn.)

Wohlleben, Herrmann Peter — Informationsrechte des Gesellschafters, München 1989 (zitiert: *Wohlleben*, S.)

Wüsthoff, Andreas — Der Auskunftsanspruch des Aktionärs nach § 131 Aktiengesetz zwischen Insider-Verboten und Ad-hoc-Publizität nach dem Wertpapierhandelsgesetz, Aachen 2000 (zitiert: *Wüsthoff*, S.)

Zetzsche, Dirk — Know Your Shareholder, der intermediärsgestütze Aktionärsbegriff und das Hauptversammlungsverfahren – Zur Umsetzung des Kapitels Ia der reformierten AktionärsrechteRL –, ZGR 2019, 1 ff.

Ziegler, Ole — „Due Diligence“ im Spannungsfeld zur Geheimhaltungspflicht von Geschäftsführern und Gesellschaftern, DStR 2000, 249 ff.

Ziemons, Hildegard — Die Weitergabe von Unternehmensinterna an Dritte durch den Vorstand einer Aktiengesellschaft, AG 1999, 492 ff.

Zipperle, Madeleine/ *Lingen*, Gero — Das Gesetz zur Umsetzung der zweiten Aktionärsrechterichtlinie im Überblick, BB 2020, 131 ff.

Zöllner, Wolfgang — Gerechtigkeit bei der Kapitalerhöhung, AG 2002, 585 ff.

ders. Vereinheitlichung der Informationswege bei Aktiengesellschaften, NZG 2003, 354 ff.

ders. Aktienrechtsreform in Permanenz – Was wird aus den Rechten des Aktionärs? AG 1994, 336 ff.

ders. Bemerkungen zu allgemeinen Fragen des Referentenentwurfs eines Umwandlungsgesetzes, NZG 1993, 334 ff.

Zumbansen, Peer/*Lachner*, Constantin Die Geheimhaltungspflicht des Vorstands bei der Due Diligence: Neubewertung im globalisierten Geschäftsverkehr, BB 2006, 613 ff.

Zülch, Henning/*Hendler*, Matthias Bilanzierung nach IFRS, 2. Auflage, Weinheim 2017 (zitiert: *Zülch/Hendler*, Bilanzierung nach IFRS, S.)

Einführung

Informationen sind in der heutigen globalisierten und vernetzten Gesellschaft die Basis, auf der Entscheidungen getroffen werden. Mit ihrer Hilfe werden aus Entscheidungen, die ad libitum ins Blaue hinein getroffen werden, solche, die nach umfassender Auswertung auf einer substantiierten Grundlage erfolgen. Ohne die Möglichkeit, durch vorherige Informationen das Für und Wider einer zu treffenden Entscheidung abzuwägen, ist eine ausgereifte, stichhaltige Entscheidung kaum möglich. Den Begriff der Information in dieser Hinsicht einer stimmigen Definition zuführend, statuiert *Gregory Bateson*: „*Information* [...] *is a difference which makes a difference*".[1]

Gerade in der Wirtschaft und insbesondere bei der Teilhabe an einem Unternehmen – in der ein einzelner Entschluss oft weitreichende Folgen haben kann – ist es unabdingbar, Entscheidungen fernab der Wankelmütigkeit in der Art zu treffen, dass kurzfristige unvorhergesehene Entwicklungen, beispielsweise in der gegenwärtigen wirtschaftlichen Lage, die getroffene Entscheidung nicht nachhaltig erschüttern können. Eine zuverlässige, informationsbasierte Beurteilung eines Sachverhalts ist folglich die Essenz einer fundierten Entscheidung. Um es mit den Worten des US-Amerikanischen Ökonoms *George J. Stigler* zu sagen: „[...] *information is a valuable resource: knowledge is power*".[2]

Es verwundert mithin nicht, dass in der Rechtspolitik und der täglichen Praxis der Kapitalgesellschaften – insbesondere der Aktiengesellschaft – die Frage, wie mit Informationen und deren Bereitstellung umzugehen ist, eine überragende Rolle spielt. Gerade in der Aktiengesellschaft als grundsätzlich anonyme Publikumsgesellschaft[3] mit ihrer dreigliedrigen Organisationsstruktur, in der dem Vorstand gemäß § 76 Abs. 1 AktG die Leitung der Gesellschaft obliegt, dem Aufsichtsrat gemäß § 111 Abs. 1 AktG eine Überwachungsfunktion zukommt und die Hauptversammlung im Sinne des § 118 AktG als Organ der Willensbildung der Aktionäre fungiert,[4] ist die Bedeutung eines zuverlässigen Systems im Hinblick auf Informationen enorm.

---

1 *Bateson*, Steps to an Ecology of Mind, S. 460; s. auch *Schön*, FS K. Schmidt II, 391 (391).

2 *Stigler*, Journal of Political Economy, Volume 69 (June 1961), 213 (213).

3 *K. Schmidt*, GesR, § 26 III 2 a; *Wiedemann*, GesR, Band 1, § 2 II c; *Raiser/Veil*, § 4, Rn. 26; MüKo-AktG-*Kubis*, Band 3, § 118, Rn. 7; vgl. auch *Drygala*, ZIP 2011, 798 (798).

4 Lutter/Semler-*Lutter*, S. 23; *Groß*, AG 1997, 97 (97); *Hüffer*, ZIP 1996, 401 (404 f.).

Diese klare Kompetenzverteilung spiegelt sich gerade in den jeweiligen Informationsinteressen wider. Auf der einen Seite haben die eigentlichen Anteilseigner bzw. Aktionäre (engl. *shareholder*) – welche wirtschaftlich gesehen die Eigentümer der Aktiengesellschaft sind[5] – sowie auch andere betroffene Personen, beispielsweise Arbeitnehmer, Gläubiger, Handelspartner (engl. *stakeholder*) wie auch die Teilnehmer des Kapitalmarkts und die allgemeine Öffentlichkeit, ein großes Interesse daran, stets über die aktuellen Vorgänge und Entscheidungen innerhalb der Gesellschaft informiert zu sein. Auf der anderen Seite hat auch die Gesellschaft selbst, vertreten durch ihren Vorstand, ein Interesse daran – im Hinblick auf Informationen – ein gewisses Maß an Selbstbestimmung und Eigenverantwortlichkeit zu wahren, um den bürokratischen Aufwand so gering wie möglich zu halten, um sich selbst nicht in der eigenen Handlungsfähigkeit einzuschränken und insbesondere um mögliche vertrauliche Informationen nicht, bzw. nicht vorschnell, publik werden zu lassen. Ein Übermaß an Informationen kann insoweit, insbesondere wenn es sich um vertrauliche, sensible Informationen handelt, der Gesellschaft und deren wirtschaftlichen Aktivitäten großen Schaden zufügen.

Diesem Umstand trägt die bereits 1937 im Aktienrecht normierte Pflicht zur Verschwiegenheit – als Teil bzw. Präzisierung der organschaftlichen Treuepflicht – Rechnung.[6] Diese Pflicht, welche heutzutage in § 93 Abs. 1 S. 3 AktG ihre einfachgesetzliche Normierung erfahren hat, sieht vor, dass über vertrauliche Angaben und Geheimnisse der Gesellschaft, namentlich Betriebs- oder Geschäftsgeheimnisse, die den Vorstandsmitgliedern durch ihre Tätigkeit im Vorstand bekanntgeworden sind, Stillschweigen zu bewahren ist. Selbiges gilt über § 116 AktG in der dreigliedrigen Organisationsstruktur der Aktiengesellschaft auch für die Mitglieder des Aufsichtsrats. Unternehmensbezogene Tatsachen sind somit grundsätzlich im aktienrechtlichen System zunächst einmal im Sinne der Gesellschaft zu behandeln, sodass Informationen nicht ohne Weiteres an Außenstehende weitergegeben werden müssen und bisweilen sogar nicht weitergegeben werden dürfen.

---

5 S. mit Blick auf das wirtschaftliche Eigentum: *Ebenroth/Koos*, BB 1995, Beilage Nr. 8, 1 (3); vgl. auch *Nitschke/Bartsch*, AG 1969, 95 (95).

6 *von Stebut*, S. 81 ff.; Spindler/Stilz-*Fleischer*, Band 1, § 93, Rn. 160; *Hölters*, § 93, Rn. 133; MüKo-AktG-*Spindler*, Band 2, § 93, Rn. 130; a.A. *Spieker*, NJW 1965, 1937 (1937), welcher die Verschwiegenheitspflicht, welche zum damaligen Zeitpunkt noch in § 84 Abs. 1 und § 99 AktG normiert war, als unselbstständige Nebenpflicht der allgemeinen Sorgfaltspflicht auffasst.

Um hier jedoch den auf Informationen angewiesenen Aktionär nicht ohne rechtliche Mittel zu lassen, hat sich der deutsche Gesetzgeber dafür entschieden, dem Aktionär die Instrumente an die Hand zu geben, sich selbst die für seine Entscheidungen und sinnvolle Ausübung seiner Rechte relevanten Informationen zu beschaffen.[7] So ist er grundsätzlich gemäß §§ 118, 131 AktG berechtigt, in der Hauptversammlung Fragen zu stellen, welche sodann von dem Vorstand als Leitungsorgan der Gesellschaft vor allen Teilnehmern zu beantworten sind.[8]

Mit Blick auf die bestehende Informationsasymmetrie bietet das Auskunftsrecht in dieser Ausgestaltung insoweit eine Kompensation für den Wegfall jeglicher sonstiger Auskunfts- und Einsichtsrechte, um den Aktionären – die gerade nicht zur Informationsgewinnung zu jedwedem Zeitpunkt auf eine Vorschrift wie § 51a GmbHG zurückgreifen können[9] – dennoch die Möglichkeit der Informationsbeschaffung in zumutbarem Maße zu bieten.[10] So wird sichergestellt, dass die Aktionäre die zur Ausübung ihrer Rechte in der Hauptversammlung notwendigen Informationen erhalten[11] und anhand dieser bei den jeweiligen Entschlüssen substantiiert von ihrem Stimmrecht Gebrauch machen können.

Der Informationsaustausch im Aktienrecht stellt die wesentliche Grundlage für die Mitwirkung der Aktionäre in der Hauptversammlung und somit auch in der Aktiengesellschaft dar. Gerade hieraus ergibt sich jedoch auch das aufgezeigte Spannungsfeld, welches in jüngster Vergangenheit einen nennenswerten Platz auf der Agenda von Wirtschaftspraxis, Politik und Wissenschaft eingenommen hat.

Treiber dieser erneut aufbrandenden Diskussionen ist der Umstand, dass das aktienrechtliche Informationssystem nicht bloß aus der Verschwiegenheitspflicht einerseits und aus dem Fragerecht der Aktionäre andererseits besteht. Um gewährleisten zu können, dass zum einen die jeweiligen Organe bzw. Aktionäre diejenigen Informationen haben, die sie gemäß der Kontroll- und Entscheidungsverfassung in der Aktiengesellschaft für die ihnen zugewiesenen Kontroll- und Entscheidungsfunktionen benötigen, und zum anderen auch andere Beteiligte hinreichend mit Informationen versorgt werden, ist das

---

7 *Hüffer*, ZIP 1996, 401 (405 f.); Hüffer/Koch-*Koch*, § 131, Rn. 1.

8 *Schäfer*, GesR, § 43, Rn. 9; *Saenger*, GesR, Rn. 562.

9 Ein allgemeines Informationsrecht außerhalb der Hautversammlung besteht nicht: Heidel-*Heidel*, § 131, Rn. 1; Bayer/Habersack-*Casper*, AktienR im Wandel, Band 2, Kap. 12, Rn. 2.

10 Hüffer/Koch-*Koch*, § 131, Rn. 1.

11 Vgl. *Saenger*, GesR, Rn. 562.

Aktienrecht überdies mit Informations- und Publikationspflichten gespickt. Diese erlegen der Gesellschaft auf, über bestimmte Sachverhalte und Ereignisse bereits von sich aus – ohne die vorherige Fragestellung in der Hauptversammlung – Bericht zu erstatten und diese Informationen zur allgemeinen Zugänglichkeit zu veröffentlichen.[12]

Unter Berücksichtigung des mit den Informationspflichten einhergehenden bürokratischen Mehraufwands, der zweifelhaften Systemkohärenz solcher Pflichten im Aktienrecht und der unüberschaubaren Haftungsrisiken wurde und wird in Literatur und Praxis gerade die Notwendigkeit vermehrt in Frage gestellt. Aufgrund von unübersichtlichen und undeutlichen gesetzlichen Bestimmungen erhöhte sich der mit der Erfüllung der Pflichten verbundene Arbeitsaufwand für die Gesellschaften. Oft unklar blieb, wie die inhaltliche Ausgestaltung der geforderten Informationen und Berichte letztendlich zu erfolgen hatte, sodass sich auch in praktischer Hinsicht eine Umsetzung derartiger Pflichten für die Verantwortlichen als problematisch erwies.[13]

Der Gesetzgeber hat jedoch, nachdem er in den 1980er und 1990er Jahren die ersten Erfahrungen mit Vorabberichten der Gesellschaft, beispielsweise bei der Verschmelzung von Unternehmen oder bei dem Bezugsrechtsausschluss, gesammelt hat – trotz der sich ergebenden Unsicherheiten und Nachteile für die Gesellschaften – den Willen bekundet, die Verpflichtung zur Vorabinformation auf viele weitere Strukturmaßnahmen im Unternehmen auszuweiten.[14] So sind über die Jahre mehr und mehr sowohl formell aktienrechtliche als auch kapitalmarkt- und handelsrechtliche Informationspflichten in den jeweiligen Gesetzen implementiert worden, welche zum Großteil auf Richtlinien und Verordnungen des europäischen Gesetzgebers zurückzuführen sind.

Zu einem erneuten Auflodern der Diskussion hat jüngst die 2. Aktionärsrechterichtlinie der Europäischen Union vom 17.05.2017 geführt. In dem Gesetz zur Umsetzung der zweiten Aktionärsrechterichtlinie (ARUG II), durch welches die Vorgaben des europäischen Gesetzgebers in deutsches Recht umgesetzt wurden, sind weitere solcher Pflichten enthalten, welche zugunsten einer gesteigerten Transparenz die Interessen der Gesellschaften beeinträchtigen und das aktienrechtliche Informationssystem weiter einseitig ausweiten.

---

12 Lutter/Semler-*Lutter*, S. 23 f.; *Hüffer*, ZIP 1996, 401 (405); *Groß*, AG 1997, 97 (99 f.).

13 BGH, NJW 1989, 2689 (2689 ff.); *Bayer*, AG 1988, 323 (325 ff.); *Mertens*, AG 1990, 20 (26 f.); Lutter/Semler-*Lutter*, S. 24.

14 BR-Drs. 75/94, S. 83 f.; vgl. *Noack/Zetsche*, ZHR 170 (2006), 218 (219 f.); Lutter/Semler-*Lutter*, S. 24.

Aus diesem gegebenen Anlass stellt sich nun mehr denn je die Frage, ob das aktienrechtliche Informationssystem überhaupt noch dem entspricht, was dogmatisch und praktisch vertretbar und wünschenswert ist. Dieser Frage widmet sich die vorliegende Bearbeitung. Ziel der Arbeit ist es – gerade im Hinblick auf den sich abzeichnenden Trend hin zur Transparenz und die damit einhergehende Fortentwicklung des Aktienrechts – das aktienrechtliche Informationssystem kritisch zu beleuchten.

1. Teil: Überblick

A. Problemstellung

Grundsätzlich stellt es sich so dar, dass Informationspflichten im Aktienrecht nur sehr vereinzelt vorgesehen sind. Der Gesetzgeber hat zu der Zeit, in der er das Aktienrecht aus der Wiege gehoben hat, den Interessen der Gesellschaften sowie denen der Aktionäre durch seine regulatorische Ausgestaltung Rechnung getragen und dafür gesorgt, dass die jeweiligen Interessen an Information zur bestmöglichen Geltung kommen. Hier wurde gerade durch die Pflicht, über bekanntgewordene Betriebs- oder Geschäftsgeheimnisse Stillschweigen zu bewahren, der Ausgangspunkt im aktienrechtlichen Informationssystem festgelegt. Das Fragerecht der Aktionäre ergänzt diese aktienrechtliche Grundkonzeption, um den Aktionären eine adäquate Wahrnehmung ihrer Rechte und Pflichten zu ermöglichen.

Nun stellt es sich jedoch so dar, dass über die Jahre mehr und mehr Informationspflichten in das vorhandene aktienrechtliche Informationssystem Einzug gefunden haben. Einen maßgeblichen Einfluss übt in dieser Beziehung die Europäischen Union aus, welche im Wege ihrer in den Mitgliedsstaaten unmittelbar geltenden Verordnungen einerseits und ihren in nationales Recht umzusetzenden Richtlinien andererseits zahlreiche neue Pflichten bestimmt hat, die heutzutage die nationalen Informationssysteme bedeutsam prägen. Dieses Mehr an Pflichten, welche den Gesellschaften einseitig auferlegt werden, ohne dass selbige im Gegenzug eine Kompensation erfahren, markiert den Ausgangspunkt der hier durchzuführenden Studien.

Die Informationspflichten, welche vorrangig dem Schutz von Minderheitsaktionären dienen und insgesamt die Mitwirkung der Aktionäre bei börsennotierten Gesellschaften verbessern sollen, sind bereits in ihrem Kern fragwürdig. Wenngleich die Stärkung der Rechte der Aktionäre ein nachvollziehbares Ziel darstellt, so darf bei diesen Überlegungen nicht aus den Augen verloren werden, dass jeder Schritt weg von den Unternehmensinteressen und jede mit kostenträchtigem Arbeitsaufwand verbundene Pflicht gleichzeitig eine Gefahr für die Attraktivität des deutschen Aktienmarktes birgt.[15] In diesem Zuge können die im Interesse der bestehenden und zukünftigen Aktionäre normierten Pflichten auch genau entgegen dem intendierten Effekt – eine Stärkung der

15 S. hierzu *Schön*, FS K. Schmidt II, 391 (394 f.).

Aktionärsstellung durch mehr Transparenz – durch die Belastung der Unternehmen indirekt gerade die Stellung der Aktionäre schwächen.

Eine fortwährende Belastung der Aktiengesellschaften in Deutschland durch ein überschießendes Mehr an kompensationslosen Pflichten bedeutet für die beteiligten und zukünftigen Aktionäre eine zwar potentere Stellung, bringt jedoch im selben Zuge die jeweiligen Unternehmen in eine prekäre Lage. So ist bereits die Anzahl der börsennotierten Gesellschaften in Deutschland in den zehn Jahren von 2007 bis 2017 jedes Jahr rückläufig und von einst 761 auf 450 gefallen.[16] Erst jüngst konnte sich dieser langanhaltende Abwärtstrend in den Jahren 2018 und 2019 mit einem marginalen Anstieg der gelisteten Unternehmen auf 465 im Jahr 2018 und 470 im Jahr 2019 auf diesem tiefen Stand stabilisieren.[17] Im Pandemiejahr 2020 wurde das bisherige Tief bei 450 nunmehr mit nur noch 438 gelisteten Unternehmen jedoch wieder unterschritten.[18]

Großes Anliegen der Politik müsste hier sein, den Kapitalmarktzugang kostengünstiger und einfacher auszugestalten, um insbesondere für kleine und mittlere Unternehmen (KMU), welche oft noch nicht über die finanziellen Mittel und den Sachverstand verfügen, jeglichen Pflichten vollumfassend nachzukommen, den Schritt in die Börsennotierung attraktiver zu gestalten.[19] Das bloße Zum-Vorbild-Nehmen von in anderen Rechtsystemen verankerten Regulierungsmethoden, die mit ihrem speziellen Zuschnitt auf die jeweils vorliegenden Gegebenheiten möglicherweise ihren Sinn und Zweck erfüllen, kann nicht ohne Weiteres und erst recht nicht unreflektiert erfolgen.[20] Die immer weiter voranschreitende Regulierung der kapitalmarktorientierten Unternehmen stellt insofern zumindest eine bedenkliche Entwicklung dar, welche es zu untersuchen gilt.

Es ist in diesem Sinne insbesondere die Frage zu beleuchten, ob und inwieweit sich die Informationspflichten, welche mit den Jahren das aktienrechtliche

---

16 https://data.worldbank.org/indicator/CM.MKT.LDOM.NO?end=2017&locations=DE&name_desc=true&start=2007&view=chart.

17 https://data.worldbank.org/indicator/CM.MKT.LDOM.NO?end=2019&locations=DE&name_desc=true&start=2007&view=chart.

18 https://data.worldbank.org/indicator/CM.MKT.LDOM.NO?end=2020&locations=DE&name_desc=true&start=2007&view=chart

19 So bereits: Europäische Kommission, Aktionsplan zur Schaffung einer Kapitalmarktunion, COM (2015) 468 final, 30.09.2015, abrufbar unter: https://eur-lex.europa.eu/legal-content/DE/TXT/PDF/?uri=CELEX:52015DC0468&from=EN [zuletzt abgerufen am 08.05.2023]; zu den die KMUs belastenden Kosten vgl. *Schön*, FS K. Schmidt II, 391 (394 f.).

20 Vgl. *Hellgardt/Hoger*, ZGR 2011, 38 (67 ff.); vgl. *Leyens*, ZGR 2019, 544 (553 f.).

Informationssystem ergänzt und ausgeformt haben, im Hinblick auf ihre Systemkohärenz in das bestehende System einfügen oder ob es sich vielmehr um Fremdkörper handelt, die dem eigentlichen Grundgedanken des Informationssystems mit seinen immanenten Informationsasymmetrien zuwiderlaufen. Gerade das sich ergebende Spannungsverhältnis zwischen Kommunikation, Informationsfluss und Transparenz auf der einen Seite und Systemkohärenz, Handlungsfähigkeit und Vertraulichkeit auf der anderen Seite gilt es in dieser Arbeit wissenschaftlich aufzuarbeiten.

B. Gesetzliche Ausgestaltung des aktienrechtlichen Informationssystems als „Querschnittsrecht"

Um für die weitere Bearbeitung ein Fundament zu schaffen, ist zunächst darauf einzugehen, was unter Informationspflichten zu verstehen ist und wie diese ausgestaltet sind. Eine Informationspflicht im Aktienrecht ist – entsprechend ihrem weiten Wortsinn – eine die Aktiengesellschaften treffende Pflicht, bestimmte, durch die jeweilige Pflicht näher konkretisierte Umstände zu veröffentlichen und den Adressaten so die entsprechenden Informationen zur Verfügung zu stellen.[21]

So eingängig wie sich noch der Begriff „Informationspflicht" bzw. „Veröffentlichungs- oder Offenlegungspflicht" darstellt, so umfangreich und undurchsichtig ist die sich dahinter versteckende gesetzliche Ausgestaltung. Heutzutage finden sich Informationspflichten, welche die Gesellschaften in ihrem Geschäftsbetrieb berücksichtigen müssen, keineswegs nur im Aktiengesetz. Die formell aktienrechtliche Ausgestaltung wurde durch kapitalmarktorientierte Pflichten im HGB und WpHG sowie durch Pflichten erweitert, welche ihren Ursprung in europäischen Verordnungen – hier insbesondere die Marktmissbrauchsverordnung (MMVO) – haben. Im Aktien- und Kapitalmarktrecht, das zwar über die Jahre eine immer weitergehende europarechtliche Harmonisierung erfahren hat,[22] ist durch ebendiese fortwährende Ergänzungsflut ein Flickenteppich an Vorschriften entstanden, welcher von den Betroffenen nur noch mit Mühe zu überblicken ist. Die Bestrebungen weder des europäischen noch des nationalen

---

21 Vgl. Habersack/Mülbert/Schlitt-*Götze/Wunderlich*, HdB Kapitalmarktinformation, § 9, Rn. 1 f.

22 Vgl. *Fleischer*, Informationspflichten im Europäischen Kapitalmarkt- und Verbraucherschutzrecht, S. 171 ff.; *Schön*, FS K. Schmidt II, 391 (393 ff.); Baetge-*Baetge*, Die deutsche Rechnungslegung vor dem Hintergrund internationaler Entwicklungen, 1 (1 ff.).

Gesetzgebers haben es bislang vermocht, ein zusammenhängendes Rechtsgebiet zu formen, in dem kohärent und komprimiert die aktien- und kapitalmarktrechtlichen Bestimmungen hinsichtlich eines einheitlichen aktienrechtlichen Informationssystems kodifiziert sind.

Als Ursache für diese diskontinuierliche Normierung wird in der Rechtspolitik und Literatur bisweilen die unzureichende Berücksichtigung der Zusammenhänge von Kapitalmarktrecht und Gesellschaftsrecht angeführt. Das Kapitalmarktrecht hat zum Gegenstand, die Funktionsfähigkeit und die gute Ordnung im Kapitalmarkt zu gewährleisten, das Maß des Vermögensschutzes der Kapitalanleger zu erhöhen und für unverzerrte Wettbewerbsbedingungen zu sorgen.[23] Demgegenüber schützt das Gesellschaftsrecht vornehmlich den Aktionär und diesen nicht nur in seiner Eigenschaft als wertschöpfungsorientierten Anleger, sondern es fokussiert sich in erster Linie auf die Schaffung von gerechten und zweckmäßigen Regelungen, die das Verhältnis der Mitglieder untereinander und in ihrem vereinten Auftreten nach außen regeln.[24] Wenngleich das Gesellschaftsrecht in jüngerer Vergangenheit mehr und mehr an wirtschafts- und sozialpolitischen Zwecken ausgerichtet wird, besteht trotz dessen nicht bloß bei den jeweiligen Regelungsgegenständen der unterschiedlichen Rechtsgebiete eine Divergenz, sondern insbesondere auch in ihren übergeordneten Zielsetzungen.[25]

Bisweilen wird dieses Rechtsgebiet, welches die Informationspflichten einer Gesellschaft zum Gegenstand hat, deshalb auch als „Querschnittsrecht" bzw. als gemischtes Rechtsgebiet bezeichnet.[26]

Ein weiterer Grund für die nicht zusammenhängende Regelung der einzelnen Pflichten kann zudem in dem in der Europäischen Union geltenden Grundsatz der begrenzten Einzelermächtigung aus Art. 5 Abs. 2 EUV gesehen werden. Dieser sieht gerade vor, dass der europäische Gesetzgeber nur aufgrund einer speziellen Handlungsermächtigung der Mitgliedstaaten in einem bestimmten Tätigkeitsfeld zur Erreichung konkreter Ziele tätig werden darf.[27] Der Europäischen Union fehlt – in negativer Abgrenzung zu einem Bundesstaat – die

---

23 *Schneider*, AG 2001, 269 (271); *Schwark*, FS Stimpel, 1985, 1087 (1090 ff.).

24 *Schneider*, AG 2001, 269 (271); *Schwark*, FS Stimpel, 1985, 1087 (1090 ff.).

25 Zu den unterschiedlichen Zielrichtungen: *Schwark*, FS Stimpel, 1985, 1087 (1090 ff.).

26 *Schneider*, AG 2001, 269 (271); *Schön*, FS K. Schmidt II, 391 (394): „Geflecht von Informationspflichten".

27 Caliess/Ruffert-*Caliess*, Art. 5 EUV, Rn. 6; Pechstein/Nowak/Häde-*Pache*, Art. 5 EUV, Rn. 17; Grabitz/Hilf/Nettesheim-*Bast*, Art. 5 EUV, Rn. 14b; Streinz-*Streinz*, Art. 5 EUV, Rn. 8.

sogenannte „Kompetenz-Kompetenz".[28] Sie ist gerade kein souveräner Staat und kann dementsprechend nicht selbst entscheiden, welche Materie sie einer Regelung unterzieht, sondern verfügt nur dort über die jeweilige Zuständigkeit, wo ihr diese von den Mitgliedstaaten übertragen worden ist.[29] Die EU-Organe bedürfen für ihr Tätigwerden somit stets vor jedwedem Erlass eines Rechtsaktes einer vertraglichen oder einer aus den Verträgen abgeleiteten Kompetenzgrundlage, welche als Rechtsgrundlage für den jeweiligen Rechtsakt herangezogen werden kann.[30] Alle Zuständigkeiten, die der EU nicht explizit übertragen worden sind, verbleiben ohne jedwede Zugriffsmöglichkeit bei den Mitgliedstaaten.[31]

Dieses Prinzip der begrenzten Einzelermächtigung dient einer Stabilisierung der föderalen Balance zwischen der Europäischen Union als Staatenbund einerseits und den eigenständigen Mitgliedstaaten andererseits und sichert beiden Ebenen ihre eigenen Gestaltungschancen, die grundsätzlich gegen irreguläre Interferenzen der jeweils anderen abgeschirmt sind.[32] Insoweit geht es über einen bloßen europarechtlichen Grundsatz hinaus, indem es, gleichläufig mit der Pflicht, die nationale Identität der jeweiligen Mitgliedstaaten zu achten – Art. 6 Abs. 3 EUV – auch das mitgliedstaatliche Demokratieprinzip berücksichtigt.[33] Dieser Grundsatz versperrt insoweit zwar den Weg für eine einheitliche europarechtlich geführte Rechtsetzung, schützt jedoch auch im gleichen Zug vor einer solchen.[34] Im weiteren Verlauf der Bearbeitung gilt es gerade zu untersuchen, inwieweit die auf die Bestrebungen der Europäischen Union zurückzuführenden Informationspflichten überhaupt mit dem deutschen Verständnis eines punktuell ausgestalteten, praxisnahen Informationssystems übereinstimmen.

---

28 Caliess/Ruffert-*Caliess*, Art. 5 EUV, Rn. 6; Pechstein/Nowak/Häde-*Pache*, Art. 5 EUV, Rn. 18; Grabitz/Hilf/Nettesheim-*Bast*, Art. 5 EUV, Rn. 14b; von der Groeben/Schwarze/Hatje-*Kadelbach*, Art. 5 EUV, Rn. 4.

29 Vgl. EuGH, EuZW 2000, 694 (699); *Frenz/Ehlenz*, EuZW 2011, 623 (623). Grabitz/Hilf/Nettesheim-*Bast*, Art. 5 EUV, Rn. 14b; Pechstein/Nowak/Häde-*Pache*, Art. 5 EUV, Rn. 18; Streinz-*Streinz*, Art. 5 EUV, Rn. 8; von der Groeben/Schwarze/Hatje-*Kadelbach*, Art. 5 EUV, Rn. 4.

30 Grabitz/Hilf/Nettesheim-*Bast*, Art. 5 EUV, Rn. 14b; Pechstein/Nowak/Häde-*Pache*, Art. 5 EUV, Rn. 17; *Epiney*, Jura 2006, 755 (756); *Ter Steeg*, EuZW 2003, 325 (326); von der Groeben/Schwarze/Hatje-*Kadelbach*, Art. 5 EUV, Rn. 4.

31 Pechstein/Nowak/Häde-*Pache*, Art. 5 EUV, Rn. 17.

32 Grabitz/Hilf/Nettesheim-*Bast*, Art. 5 EUV, Rn. 15; vgl. von der Groeben/Schwarze/Hatje-*Kadelbach*, Art. 5 EUV, Rn. 4.

33 Vgl. BVerfGE, 267 (349 ff.).

34 Grabitz/Hilf/Nettesheim-*Bast*, Art. 5 EUV, Rn. 14b.

C. Sinn und Zweck von Informationspflichten

Um hierfür eine Grundlage zu schaffen, ist zunächst zu erörtern, welche Beweggründe generell für die vermehrte Einführung von Informationspflichten sprechen und welcher übergeordnete Zweck mit solchen Pflichten verfolgt wird. Die Gründe für die jeweiligen Informationspflichten sind bisweilen vielfältig.

Als gewichtiger Grund wird zunehmend die Steigerung der Transparenz innerhalb der Unternehmen angeführt. Die Aktiengesellschaften sollen bereits von sich aus dazu angehalten sein, über relevante Unternehmensentscheidungen und Vorkommnisse umgehend Bericht zu erstatten.[35] Hinter dieser Überlegung steht mitunter die Annahme, dass hierdurch die an dem Unternehmen beteiligten Aktionäre und der allgemeine Kapitalmarkt in ihrer Position gestärkt werden und so eine bessere Ausübung der mitgliedschaftlichen Rechte ermöglicht wird sowie ausgereiftere Anlageentscheidungen getroffen werden können.[36]

Eine solche gesteigerte Transparenz, gerade auch im Hinblick auf eine erhöhte Transaktionspublizität, welche von der Rechtspolitik und Teilen der Literatur als überarbeitungswürdige Schwachstelle im deutschen Aktienrecht herausgearbeitet wurde,[37] eröffnet Aktionären die Möglichkeit, ihre Rechte auf der Basis von Informationen ausüben zu können. Es wird hier in der Art argumentiert, dass selbst die schärfsten Regelungsmechanismen stumpf werden, wenn sie in der Rechtspraxis aufgrund von Informationsdefiziten nicht durchgesetzt werden können.[38] So können beispielsweise Schadensersatzklagen, welche grundsätzlich bei unlauteren Geschäftspraktiken der Gesellschaften eine Schadloshaltung in Aussicht stellen, nicht erhoben werden, wenn die betroffenen und geschädigten

---

35 Sogenannte *push*-Lösung, s. dazu *Koch*, ZGR 2020, 183 (186); vgl. auch *Noack/Zetsche*, ZHR 170 (2006), 218 (219 f.).

36 Vgl. Erwägungsgrund 3 und 55 der Richtlinie (EU) 2017/828 des Europäischen Parlaments und des Rates vom 17. Mai 2017 zur Änderung der Richtlinie 2007/36/EG im Hinblick auf die Förderung der langfristigen Mitwirkung der Aktionäre; vgl. ebenso den geänderten Art. 1 Nr. 1 a) der RL, wo explizit die Erleichterung der Ausübung der Aktionärsrechte und eine erhöhte Transparenz in den Richtlinientext aufgenommen wurden.

37 *Bayer/Selentin*, NZG 2015, 7 (11); vgl. auch bereits den Entwurf der (gescheiterten) 9. gesellschaftsrechtlichen (Konzern-)Richtlinie, in der zur Steigerung der Transparenz in konzerninternen Verbindungen zwischen Mutter- und Tochterunternehmen die Offenlegung eines „Sonderberichts“ vorgesehen war, ZGR 3 (1985), 446 (451 f.).

38 *Bayer/Selentin*, NZG 2015, 7 (11).

Aktionäre und Gläubiger gar keine Kenntnis von den anspruchsbegründenden Tatsachen haben.[39]

Eine weitere bedeutende Erwägung, welche für ein Mehr an den Gesellschaften auferlegten Informationspflichten vorgebracht wird, ist eine Erhöhung des Schutzniveaus der Minderheitsaktionäre. Gerade durch einen gesteigerten Informationsfluss zugunsten aller Beteiligten versucht der Gesetzgeber, der gesteigerten Gefahr eines Missbrauchs der Herrschaftsmacht der Mehrheitsaktionäre entgegenzuwirken.[40] Es soll so dem Risiko vorgebeugt werden, dass aufgrund von bestehenden Informationsasymmetrien relevante Informationen zunächst über engere Beziehungen den einflussreichen Mehrheitsaktionären zukommen und erst nachrangig die übrigen Minderheitsaktionäre die Möglichkeit haben – etwa durch Fragen in der Hauptversammlung – an die jeweiligen Informationen zu gelangen.[41]

Fleischer hat – bezogen auf die informationelle Gleichbehandlung der *share-* und *stakeholder* sowie des allgemeinen Publikums als Kernproblem des Gesellschafts- und Kapitalmarktrechts – zusammenfassend – frei nach der Vorlage des Romans Animal Farm von *George Orwell* – konstatiert: „*All investors are equal, but some investors are more equal than others*[42]".[43]

Eines solchen möglichen Ungleichgewichts zwischen den einzelnen Aktionären und deren Möglichkeiten, sich selbst mit elementaren Informationen zu versorgen, wird versucht, mittels eines sich stets erweiternden Pflichtenkatalogs Herr zu werden. Genau diese Stoßrichtung verfolgt auch der europäische Gesetzgeber mit seinen Richtlinien und Verordnungen. Insbesondere die neu beschlossene und im weiteren Verlauf der Arbeit noch näher zu untersuchende 2. Aktionärsrechterichtlinie enthält in dieser Hinsicht wesentliche Neuerungen zum Schutz der Aktionärsinteressen. Neben den Kontrollaktionären soll zusätzlich auch in Bezug zu anderen der Gesellschaft nahestehenden Personen („*related parties*") das Schutzniveau erhöht werden. Als Begründung wird hier angeführt, dass solche der Gesellschaft nahestehenden Personen ihren Einfluss bei Geschäften mit der Gesellschaft ausnutzen könnten, um sich zu Lasten der

---

39 *Bayer/Selentin*, NZG 2015, 7 (11).

40 Hier am Beispiel der Kapitalerhöhung unter Ausschluss des Bezugsrechts: *Bezzenberger*, ZIP 2002, 1917 (1928); *Bayer*, ZHR 168 (2004), 132 (168); *Zöllner*, AG 2002, 585 (586); *Hüffer*, ZHR 172 (2008), 8 (16 f.).

41 Vgl. *Koch*, ZGR 2020, 183 (189 ff.)

42 Frei nach *George Orwell*, Animal Farm, 1945, Chapter 10, S. 87.

43 *Fleischer*, ZGR 2009, 505 (505).

Gesellschaft und ihrer außenstehenden Aktionäre Vermögenswerte anzueignen.[44] Dieser international als „*tunneling*" bezeichneten Praxis[45] soll durch engmaschigere Publikationspflichten beigekommen werden.[46]

Als weiteres Ziel der Publikationspflichten wird die Verbesserung der Corporate Governance der Aktiengesellschaften angeführt. Die Überlegungen beruhen auf der Annahme, dass ein stärkerer Informationsfluss indirekte positive, gesellschaftliche Auswirkungen hat und damit dem Interesse aller Beteiligten dient.[47] Unter Corporate Governance werden allgemeine Grundsätze guter Unternehmensführung verstanden, welche den Mechanismus der Führung und Überwachung der Aktiengesellschaft einschließlich der Beziehungen zwischen den Leitungsorganen, den Aktionären und sonstigen Beteiligten nach innen und außen betreffen.[48] Vertreter der Wirtschaft und Praxis haben diesen Deutungsansatz vereinfacht als allgemeine Grundsätze guter und verantwortungsvoller Unternehmensführung zusammengefasst.[49]

Durch ein Mehr an Informationspflichten und somit durch eine Stärkung der Corporate Governance der in Rede stehenden Gesellschaften soll gerade das Vertrauen der Aktionäre, Arbeitnehmer, Gläubiger und des Kapitalmarktpublikums in diese gestärkt werden. Durch ein größeres Vertrauen in die Leitung der Aktiengesellschaften sollen indirekt die Attraktivität des deutschen Aktienmarktes und die Rechtssicherheit gesteigert werden. Dort, wo wenige Unsicherheiten das Verhältnis zwischen den Beteiligten belasten, soll im Ergebnis ein Mehrwert für alle generiert werden und das gesellschaftliche und wirtschaftliche Bestreben florieren.

---

44 Vgl. Erwägungsgrund (42) der Richtlinie (EU) 2017/828 des Europäischen Parlaments und des Rates vom 17. Mai 2017 zur Änderung der Richtlinie 2007/36/EG im Hinblick auf die Förderung der langfristigen Mitwirkung der Aktionäre; *Veil*, NZG 2017, 521 (522); *Tarde*, NZG 2019, 488 (488); *Leyens*, ZGR 2019, 544 (566 f.); vgl. auch *Bezzenberger*, ZIP 2002, 1917 (1928); *Florstedt*, ZHR 184 (2020), 10 (18).

45 *Atanasov/Black/Ciccotello*, Journal of Corporation Law, 2011, Vol. 37, Issue 1, 1 (2); *Enriques*, European Business Organization Law Review 2015, Volume 16, Issue 1, 1 (3 und 4 ff.); *Enriques/Tröger*, ECGI Working Paper Series in Law 2018, S. 3 f.; *Leyens*, ZGR 2019, 544 (567).

46 S. dazu unten unter Teil 5; *Leyens*, ZGR 2019, 544 (567).

47 *Veil*, NZG 2017, 521 (522)

48 Vgl. *Bayer*, NZG 2013, 1 (2); *Beyer*, S. 9.

49 *Bayer*, NZG 2013, 1 (2); *Langenbucher*, Einleitung, § 1, Rn. 33a.

2. Teil: Verfassungs- und unionsrechtliche Grundlagen

Nachdem nunmehr ein Überblick über die Thematik der Informationspflichten und die sich hier ergebenden Probleme gewährt wurde, ist in einem nächsten Schritt ein Blick auf die verfassungs- und unionsrechtlichen Grundlagen im Hinblick auf Informationspflichten zu werfen.

Dem Verfassungs- und Unionsrecht kommt bei der Betrachtung der einzelnen Informationspflichten insoweit eine erhebliche Bedeutung zu, als sich die jeweiligen Pflichten – im Hinblick auf ihre Verfassungsmäßigkeit bzw. ihre Vereinbarkeit mit geltendem Unionsrecht – an diesem messen lassen müssen.

Sofern autonome nationale Rechtsakte in Rede stehen, ist das Grundgesetz der maßgebliche Prüfungsmaßstab. An diesem ist zu messen, ob eine Informationspflicht noch verhältnismäßig ist und damit nicht gegen geltendes Verfassungsrecht verstößt oder ob sie unverhältnismäßig ist und somit Verfassungsrecht verletzt. Als möglicherweise verletzte Grundrechte kommen hier zum einen das Recht auf informationelle Selbstbestimmung in Betracht, zum anderen die in Art. 12 GG garantierte Berufsfreiheit sowie die Eigentumsgarantie aus Art. 14 GG.

Nach dem informationellen Selbstbestimmungsrecht steht dem Grundrechtsträger grundsätzlich die Befugnis zu, selbst über die Offenlegung und Verwendung seiner persönlichen Daten zu bestimmen.[50] Um welche Daten es sich hierbei handelt, ist nicht von Bedeutung, vielmehr kann jedem Datum eine entsprechende Relevanz zukommen.[51] Es ist jedoch in Bezug auf das informationelle Selbstbestimmungsrecht nicht abschließend geklärt, wie weit dessen persönlicher Schutzbereich tatsächlich reicht. In dieser Beziehung gilt es somit zu untersuchen, ob Aktiengesellschaften als juristische Personen Träger des Rechts auf informationelle Selbstbestimmung sein können oder ob aufgrund seiner Verankerung in Art. 2 Abs. 1 in Verbindung mit Art. 1 Abs. 1 GG – und der dadurch zum Ausdruck gebrachten Nähe zur Menschenwürde – lediglich natürliche Personen Träger dieses Grundrechts sein können.

---

50 Maunz/Dürig-*Di Fabio*, Band 1, Art. 2 Abs. 1 GG, Rn. 175.

51 Vgl. BVerfG, NJW 1984, 419 (422); *Schnabel*, WM 2019, 1384 (1385); Dreier-*Dreier*, Band 1, Art. 2 Abs. 1 GG, Rn. 81; von Münch/Kunig-*Kunig/Kämmerer*, Band 1, Art. 2, Rn. 88.

Anders als bei dem Recht auf informationelle Selbstbestimmung sind Art. 12 und 14 GG ohne Weiteres auch auf juristische Personen anwendbar.[52] Sowohl über Art. 12 GG als auch über Art. 14 GG genießen Betriebs- und Geschäftsgeheimnisse einen auf verfassungsrechtlicher Ebene gewährleisteten Schutz.[53] Informationspflichten, welche die Offenlegung entsprechender Geheimnisse zum Gegenstand haben, greifen in die jeweiligen Schutzbereiche ein und sind hinsichtlich ihrer Vereinbarkeit mit höherrangigem Recht somit auch an diesen Grundrechten zu messen.

Eine Prüfung anhand des Grundgesetzes kann jedoch nicht ungesehen bei allen Informationspflichten durchgeführt werden. Im Rahmen der Prüfung der Verfassungsmäßigkeit ergibt sich dort eine Besonderheit, wo Informationspflichten unionsrechtlich vorgegeben sind. Bei Pflichten, welche auf EU-Sekundärrecht zurückzuführen sind, etwa solchen, die im Rahmen der Umsetzung einer Richtlinie ihren Weg in das deutsche Recht gefunden haben, ist entsprechend der Solange-II Rechtsprechung des Bundesverfassungsgerichts[54] eine Prüfung am Maßstab deutscher Grundrechte ausgesetzt.

In Bezug auf derartige Rechtsakte ist sodann herauszuarbeiten, ob hier auf die EU-Grundrechtecharta und die dort festgeschriebenen Grundrechte zurückgegriffen werden kann. In Betracht kommen hier insbesondere der Schutz personenbezogener Daten aus Art. 8 sowie die gewährleistete unternehmerische Freiheit aus Art. 16 der EU-Grundrechtecharta.

A. Recht auf Informationelle Selbstbestimmung von juristischen Personen

Bevor untersucht wird, ob die EU-Grundrechtecharta einen tauglichen Prüfungsmaßstab für Informationspflichten, die auf Sekundärrecht der EU zurückzuführen sind, darstellt und in welchem Verhältnis das Recht auf informationelle Selbstbestimmung zu den Grundrechten aus Art. 12 und 14 GG steht, ist zunächst die Frage zu beantworten, ob und inwiefern für juristische Personen des Privatrechts das im Grundgesetz verankerte Recht auf informationelle

52 BeckOK-GG-*Ruffert*, Art. 12, Rn. 38; von Münch/Kunig-*Kämmerer*, Band 1, Art. 12, Rn. 23; BeckOK-GG-*Axer*, Art. 14, Rn. 37 f.; Sachs-*Wendt*, Art. 14, Rn. 16.

53 BVerwG, NVwZ 2009, 1114 (1114 ff.); BVerfG, NVwZ 2006, 1041 (1042); *Fischer/Fluck*, NVwZ 2013, 337 (338); *Jarass*, NJW 1989, 857 (860); vgl. Dreier-*Wieland*, Band 1, Art. 12, Rn. 132.

54 BVerfG, NJW 1987, 577 (577 ff.).

Selbstbestimmung angewendet werden kann und insbesondere ob diese Träger des Grundrechts sein können.

Es stellt sich in dieser Diskussion grundsätzlich so dar, dass – mit Blick auf die aktuellen Diskussionen zum Thema Datenschutz, in der der Schutz personenbezogener Daten international mehr und mehr in den Fokus gerückt wird – Unternehmen so gut wie ausschließlich als (mittelbar) Grundrechtsverpflichtete angesehen werden.[55]

In Zeiten einer voranschreitenden Globalisierung und eines beeindruckenden Fortschritts der technischen Möglichkeiten ist die moderne Datenverarbeitung mittlerweile dazu in der Lage, eine enorme Masse von Informationen ohne großen Aufwand zu erheben und auszuwerten. Berücksichtigt man die immense technische Fortentwicklung, so bedarf es auch eines ähnlich adaptiven, umfassenden Schutzes gerade dieser Informationen, sodass mit den Jahren auch die Bedeutung des Grundrechts der informationellen Selbstbestimmung stetig gestiegen ist.[56] Wenn auch die Stoßrichtung in der Datenschutzdiskussion eine andere ist, so spielt die Frage, ob sich auch juristische Personen auf das Datenschutz-Grundrecht der informationellen Selbstbestimmung berufen können, gerade bei den hier im weiteren Verlauf zu untersuchenden Informationspflichten eine elementare Rolle. Sollte das Grundrecht auch die juristischen Personen und hier wiederum insbesondere die Aktiengesellschaften schützen, so müssten die ins Auge gefassten autonomen nationalen Informationspflichten sich gerade im Hinblick auf ihre Verfassungsmäßigkeit auch an diesem messen lassen.

I. Rechtslage für natürliche Personen

Für die einzelne natürliche Person gilt bisweilen, dass die Instrumente zur Abwehr ungerechtfertigter Ausforschung umso wichtiger werden, je weiter der Staat in die persönliche Freiheitssphäre eingreift.[57] Dies hat bereits 1983 das Bundesverfassungsgericht in seinem wegweisenden *Volkszählungsurteil* erkannt, indem das Recht auf informationelle Selbstbestimmung als Ausfluss des allgemeinen Persönlichkeitsrechts, welches seinerseits dogmatisch in Art. 2 Abs. 1

---

55 Vgl. BVerfG, NVwZ 2012, 748 (748 ff.); vgl. BVerfG, NJW 2013, 3086 (3086 ff.); vgl. *Schnabel*, WM 2019, 1384 (1384).

56 Vgl. *Wilms/Roth*, JuS 2004, 577 (577).

57 Vgl. *Wilms/Roth*, JuS 2004, 577 (577).

und Art. 1 Abs. 1 GG verankert ist,[58] als Produkt richterlicher Rechtsfortbildung etabliert wurde.[59]

Das Bundesverfassungsgericht hat zwar in seinem Volkszählungsurteil bei der Entwicklung des Rechts auf informationelle Selbstbestimmung zunächst vorrangig die neuartigen Gefahren der Datenverarbeitung in seine Erwägungen mit einfließen lassen,[60] jedoch bereits im Tenor der prominenten Entscheidung das Recht auf informationelle Selbstbestimmung als die Befugnis jedes Einzelnen verstanden, über die Preisgabe und Verwendung seiner persönlichen Daten selbst zu bestimmen.[61] Heutzutage geht der Schutz in diesem Sinne weit über die automatisierte Datenverarbeitung hinaus und erfasst generell die staatliche Erhebung und Verarbeitung personenbezogener Daten.[62]

Einhergehend mit diesem in Literatur und Rechtsprechung vertretenen weiten Verständnis, schützt das Recht auf informationelle Selbstbestimmung den Einzelnen vor jeder Form der Erhebung, schlichter Kenntnisnahme, Speicherung, Verwendung, Weitergabe oder Veröffentlichung von persönlichen – sowohl individualisierten als auch individualisierbaren – Informationen.[63] In diesem Sinne kann daher heutzutage das informationelle Selbstbestimmungsrecht als Zusammenfassung aller auf Informationen über die Persönlichkeit und insbesondere über die Privatsphäre der Einzelnen bezogenen Aspekte des Persönlichkeitsschutzes verstanden werden.[64] In der Folge sind bei den unterschiedlichsten Arten von Informationseingriffen einheitliche Maßstäbe für die Prüfung der Zulässigkeit einer Grundrechtsbeschränkungen anzulegen.[65]

---

58 Sachs-*Murswiek/Rixen*, Art. 2, Rn. 72; Maunz/Düring-*Di Fabio*, Band 1, Art. 2 Abs. 1, Rn. 128; Dreier-*Dreier*, Band 1, Art. 2 Abs. 1, Rn. 69; vgl. *Germann*, Jura 2010, 734 (734 ff.); BVerfGE 27, 344 (350 f.); BVerfG, NJW 2001, 879 (879); OLG Hamburg, NJW 1975, 649 (650); OVG Schleswig, NJW 1993, 807 (807).

59 BVerfG, NJW 1984, 419 ff.

60 BVerfGE 65, 1 (41 f.).

61 BVerfGE 65, 1 (1).

62 BVerfGE 78, 77 (84); BVerfG, NJW 1988, 3009 (3009 f.); OLG Frankfurt a.M., NJW 1996, 1484 (1484 f.); Maunz/Düring-*Di Fabio*, Band 1, Art. 2 Abs. 1, Rn. 176; vgl. im europäischen Kontext zu Art. 8 GRCh: *Frenz*, Handbuch Europarecht, Band 4, Rn. 1380.

63 BVerfGE 68, 100 (143); BVerfGE 84, 239 (279); BVerfGE 92, 191 (197); Maunz/Düring-*Di Fabio*, Band 1, Art. 2 Abs. 1, Rn. 176; von Münch/Kunig-*Kunig/Kämmerer*, Band 1, Art. 2, Rn. 76.

64 Sachs-*Rixen*, Art. 2, Rn. 73; vgl. HStR-*Horn*, Band VII, § 149, Rn. 47 ff.

65 Sachs-*Rixen*, Art. 2, Rn 73; von Münch/Kunig-*Kunig*, 6. Auflage 2012, Band 1, Art. 2, Rn. 38.

II. Rechtslage für juristische Personen

Es bedarf jedoch einer endgültigen Klärung, in welchem Maß sich auch juristische Personen, bzw. in diesem Fall die Aktiengesellschaften, auf dieses Grundrecht berufen können. Gerade im Hinblick auf die Publikationspflichten ist entscheidend, inwieweit auch den juristischen Personen, die, wie natürliche Personen auch, ein großes Interesse an dem Schutz ihrer Daten haben können, das Recht auf informationelle Selbstbestimmung zur Seite steht und diese schützt. Besondere Bewandtnis kommt dieser Frage auch dadurch zu, dass der deutsche Gesetzgeber bei der Einführung von Informationspflichten grundsätzlich deren Vereinbarkeit mit dem Grundgesetz beachten muss und bei Informationspflichten, die auf Richtlinien und Verordnungen der Europäischen Union beruhen, grundsätzlich der europäische Gesetzgeber deren Vereinbarkeit mit dem EU-Primärrecht gewährleisten muss. Je größer der durch das Grundgesetz garantierte Schutz für die juristischen Personen ist, desto zurückhaltender müssen im Ergebnis auch die Informationspflichten ausgestaltet sein.

1. Recht auf informationelle Selbstbestimmung und Art. 19 Abs. 3 GG

Es ist jedoch bis heute streitig, ob das Recht auf informationelle Selbstbestimmung tatsächlich direkt für juristische Personen gilt. In der rechtsdogmatischen Diskussion kommt eine direkte Anwendbarkeit, wenn überhaupt, lediglich über den Art. 19 Abs. 3 GG in Frage.[66] Art. 19 Abs. 3 GG statuiert selbst kein subjektives Recht, sondern enthält eine nähere objektiv-rechtliche Bestimmung darüber, wer grundrechtsfähig ist, also Träger von Grundrechten sein kann.[67] Er ordnet in diesem Sinne gerade die Geltung der Grundrechte des Grundgesetzes außer für natürliche Personen auch für inländische juristische Personen an, soweit sie ihrem Wesen nach auf diese anwendbar sind.[68] Bei den juristischen Personen handle es sich gerade um von der Rechtsordnung zur Verfolgung wirtschaftlicher oder ideeller Zwecke ermöglichte rechtlich-organisatorischer Funktionseinheiten, denen in Entsprechung zur Rechtsfähigkeit der natürlichen Person ebenso eigene Rechte und Pflichten zugeordnet sind,[69] die im Ergebnis auch der Verwirklichung individueller Freiheiten

---

66 *Schnabel*, WM 2019, 1384 (1386).

67 BeckOK-GG-*Enders*, Art. 19, Rn. 34; vgl. von Münch/Kunig-*Kunig/Kämmerer*, Band 1, Art. 2, Rn. 84.

68 *Schnabel*, WM 2019, 1384 (1386); Staudinger-BGB-*Kannowski*, Vorb. § 1, Rn. 30.

69 BeckOK-GG-*Enders*, Art. 19, Rn. 34; von Mangoldt/Klein/Starck-*Huber*, Band 1, Art. 19, Rn. 226; vgl. Grüneberg-*Ellenberger*, Einf v § 21, Rn. 1.

dienen.[70]

a. Bedeutung des Art. 19 Abs. 3 GG neben Art. 9 Abs. 1 GG

Die überragende Schutzwürdigkeit von Zusammenschlüssen mehrerer Personen und einer damit einhergehenden kollektiven Grundrechtsausübung ist insoweit auch Gegenstand des materiellen Grundrechts der Vereinigungsfreiheit aus Art. 9 Abs. 1 GG. Unter Vereinigung als Oberbegriff von Vereinen und Gesellschaften ist jeder Zusammenschluss zu verstehen, zu dem sich eine Mehrheit natürlicher und juristischer Personen oder Personenvereinigungen für längere Zeit zur Verfolgung eines gemeinsamen Zwecks auf freiwilliger Basis zusammenschließt und einer einheitlichen Willensbildung unterwirft.[71] Der Art. 9 Abs. 1 GG schützt somit explizit den freien Zusammenschluss des Einzelnen mit anderen zu beliebigen selbstgewählten Zwecken in Vereinen, Verbänden und Assoziationen aller Art.[72] Hierunter ist insbesondere auch die wirtschaftliche Vereinigungsfreiheit zu verstehen, welche gerade das rechtssichere Zusammenwirken in Personen- und Kapitalgesellschaften ermöglicht.[73] Das spezifische Schutz- und Ordnungsziel ist insoweit in der Gewährleistung der auf Kooperation und Assoziation gerichteten Privatautonomie zu sehen.[74] Die Vereinigungsfreiheit wird in dieser Hinsicht vom Bundesverfassungsgericht als „Doppelgrundrecht“ gedeutet. Geschützt sei nicht bloß der einzelne Bürger, sondern auch – in diesem Fall ohne Rückgriff auf Art. 19 Abs. 3 GG – die Vereinigung selbst.[75] Neben der Ermöglichung des bloßen Zusammenschlusses wird über Art. 9 Abs. 1 GG die Garantie der kollektiven Vereinigungsfreiheit anerkannt, sodass neben dem Bestand auch die aktive Betätigung der Vereinigung gewährleistet ist.[76] Es könnte somit

---

70 *Goldhammer/Sieber*, JuS 2018, 22 (23).

71 Jarass/Piertoth-*Jarass*, Art. 9, Rn. 3; BVerwGE 106, 177 (181); Dreier-*Bauer*, Band 1, Art. 9, Rn. 19.

72 BVerfGE, 38, 281 (303); Dreier-*Bauer*, Band 1, Art. 9, Rn. 19.

73 *Badura*, FS Rittner, 1 (14); Dreier-*Bauer*, Band 1, Art. 9, Rn. 20.

74 *Ottmann*, S. 138 ff. und S. 180; *Badura*, FS Rittner, 1 (14)

75 BVerfGE 50, 290 (354), BVerfGE 62, 354 (372), BVerfGE 80, 244 (253), BVerfGE 84, 372 (378); Dreier-*Bauer*, Band 1, Art. 9, Rn. 34; BeckOK-GG-*Cornils,* Art. 9, Rn. 3; andere Ansicht hier *Höfling*, welcher die Lehre des Doppelgrundrechts als unvereinbar mit der Konzeption des Grundrechtssystems ansieht, da gerade zwischen Individualgrundrechten und Erstreckungsregeln differenziert wird. Die Vereinigungsfreiheit soll nur i.V.m. Art. 19 Abs. 3 GG normative Wirkung zugunsten des Kollektivs entfalten, Sachs-*Höfling*, Art. 9, Rn. 27; so auch *Dreier*, Band 1, Art. 19 Abs. 3, Rn. 89; HStR-*Isensee*, Band IX, § 199, Rn. 108.

76 BVerfGE 13, 174 (175); BVerfGE 80, 244 (253).

argumentiert werden, dass es eines Rückgriffs auf die Konstruktion mit Art. 19 Abs. 3 GG gar nicht bedürfe, wenn doch bereits über Art. 9 Abs. 1 GG die Vereinigung einen umfassenden Schutz herleiten kann.

Um jedoch die kollektive Zweckverfolgung nicht umfangreicher zu schützen als die des Einzelnen,[77] erschöpft sich der über die kollektive Vereinigungsfreiheit gewährte Schutz auf den „Kernbereich" der Vereinstätigkeit, namentlich die Sicherung ihrer Existenz und ihrer Funktionsfähigkeit[78] sowie ihre Selbstbestimmung über die eigene Organisation, das Verfahren ihrer Willensbildung und die Führung der Geschäfte.[79] Tätigkeiten, die dagegen nicht vereinsspezifisch sind, ihrem Gegenstand nach demnach auch ohne Weiteres von natürlichen Personen ausgeführt werden können, bleiben mithin dem jeweils sachlich einschlägigen Grundrecht zugeordnet.[80] Gerade hier, wo der von der Vereinigungsfreiheit gewährleistete Schutz aufhört, kommt die Erstreckungsregel[81] des Art. 19 Abs. 3 GG zum Tragen und erstreckt den persönlichen Schutzbereich der jeweiligen Grundrechte auch direkt auf inländische juristische Personen, sodass ein solcher Schutz nicht über einen Durchgriff auf die Mitglieder der Vereinigung konstruiert werden muss.[82]

b. Menschenwürdebezug des Rechts auf informationelle Selbstbestimmung

Wo die Erweiterung des Kreises der Grundrechtsberechtigten – als Primärzweck des Art. 19 Abs. 3 GG – noch auf Zustimmung stößt, bleibt jedoch in Literatur und Rechtsprechung offen, inwieweit das Recht auf informationelle Selbstbestimmung aus Art. 2 Abs. 1 in Verbindung mit Art. 1 Abs. 1 GG auch tatsächlich für juristische Personen Anwendung findet.

Ursprung dieser Zweifel ist die dogmatische Verankerung des allgemeinen Persönlichkeitsrechts in Art. 2 Abs. 1 in Verbindung mit der Menschenwürdegarantie aus Art. 1 Abs. 1 GG. Diese rührt daher, dass es sich in der ursprünglichen Konzeption des allgemeinen Persönlichkeitsrechts um ein die freie Entfaltung

---

77 Vgl. HStR- *Isensee*, Band IX, § 199, Rn. 108.

78 BeckOK-GG-*Cornils*, Art. 9, Rn. 12 f.; Dreier-*Bauer*, Band 1, Art. 9, Rn. 36.

79 BVerfGE 80, 244 (253); BVerfGE 50 290 (354); BVerfGE 124, 25 (34); Jarass/Piertoth-*Jarass*, Art. 2, Rn. 52, Art. 9, Rn. 8.

80 BVerfGE 70, 1 (25); BGH, NJW 1999, 3552 (3553 f.); Jarass/Piertoth-*Jarass*, Art. 9, Rn. 9; HStR-*Isensee*, Band IX, § 199, Rn. 108.

81 *Stern*, StaatsR, Band III/1, S. 1079.

82 *Erichsen/Scherzberg*, NVwZ 1990, 8 (10); *Wilms/Roth*, JuS 2004, 577 (578).

der Persönlichkeit gewährleistendes Individualrecht handelt, welches seine Grundlage auch in dem Schutz der Menschenwürde findet.[83] Das allgemeine Persönlichkeitsrecht wird bis heute allgemein auch als Schutz der engeren persönlichen Lebenssphäre und ihrer Grundbedingungen aufgefasst.[84]

Dieser durch die gemeinsame Zitation hervorgehobene Menschenwürdebezug lässt Zweifel an einer generellen Anwendbarkeit dieses Rechts auf juristische Personen zu. Die Menschenwürdegarantie aus Art. 1 Abs. 1 GG kann gerade nicht auf juristische Personen übertragen werden,[85] sodass auch ein Recht, welches im Ergebnis ihr Fundament in der Menschenwürdegarantie hat, nicht entsprechend übertragen werden kann.[86]

Diese Argumentation kann jedoch einer Übertragbarkeit des Rechts auf informationelle Selbstbestimmung auf juristische Personen nicht vorschnell entgegengehalten werden. Es gilt hier zu beachten, dass die Menschenwürde als fundamentales Konstitutionsprinzip in einer mal mehr, mal weniger stark ausgeprägten Beziehung zu allen anderen im Grundgesetz normierten Grundrechten steht.[87] Eine solche Brücke zwischen der Menschenwürde aus Art. 1 Abs. 1 GG und den nachfolgenden Grundrechten wird durch den Art. 1 Abs. 3 GG konstituiert. Aus diesem Bezug ließe sich ansonsten der Schluss ziehen, dass die Grundrechte mit ihrem inhärenten Bezug zur Menschenwürde gar nicht auf juristische Personen angewendet werden können, da die Menschenwürde aus Art. 1 Abs. 1 GG eben ihrem Wesen nach nicht auf juristische Personen übertragbar ist.[88]

Folgt man dieser Ansicht, würde man im Ergebnis des Art. 19 Abs. 3 GG jeglichen Anwendungsbereich absprechen und ihn in der Folge ad absurdum führen.[89]

---

83 BVerfGE 106, 28 (43); vgl. *Germann*, Jura 2010, 734 (741); Staudinger-BGB-*Kannowski*, Vorb. § 1, Rn. 30.

84 BVerfGE 54, 148 (153); BVerfGE 79, 256 (268); *Germann*, Jura 2010, 734 (741).

85 BVerfGE 149, 160 (Rn. 92); Jarass/Pieroth-*Jarass*, Art. 1, Rn. 6 f.; von Münch/Kunig-*Kunig/Kotzur*, Art. 1, Rn. 25; Sachs-*Höfling*, Art. 1, Rn. 66; Staudinger-BGB-*Kannowski*, Vorb. § 1, Rn. 30.

86 Vgl. Staudinger-BGB-*Kannowski*, Vorb. § 1, Rn. 30; vgl. *Wilms/Roth*, JuS 2004, 577 (578); *Germann*, Jura 2010, 734 (741).

87 BVerfGE 87, 209 (228); BVerfGE 96, 375 (398); vgl. BVerfGE 6 32 (34); *Wilms/Roth*, JuS 2004, 577 (578).

88 BVerfGE 149, 160 (Rn. 92); *Germann*, Jura 2010, 734 (741); vgl. Staudinger-*Kannowski*, BGB, Vorb. § 1, Rn. 30; Jarass/Pieroth-*Jarass*, Art. 1, Rn. 6 f.; von Münch/Kunig-*Kunig/Kotzur*, Art. 1, Rn. 25; Sachs-*Höfling*, Art. 1, Rn. 66.

89 *Stern*, StaatsR, Band III/1, S. 1098.

Es ist zwar der Tatsache zuzustimmen, dass Art. 1 Abs. 1 GG als Grundlage des Wertesystems fungiert und sich gerade wegen der Garantie der Menschenwürde und deren Unantastbarkeit das deutsche Volk in Art. 1 Abs. 2 GG auch zu unverletzlichen und unveräußerlichen Menschenrechten bekennt.[90] Jedoch darf trotz dieser Umstände nicht der Sinn und Zweck des Art. 19 Abs. 3 GG aus den Augen verloren werden. Der Art. 19 Abs. 3 GG erstreckt gerade den Anwendungsbereich der Grundrechte unter der Voraussetzung, dass diese ihrem Wesen nach auf diese angewendet werden können, auch auf juristische Personen. Bereits die Ausgestaltung der Norm und der damit verfolgte Zweck sprechen dafür, dass nicht jeder Bezug eines Grundrechts zur Menschenwürde dessen Anwendbarkeit auf juristische Personen ausschließt.[91] Vielmehr hat der Gesetzgeber mit Art. 19 Abs. 3 GG als Grundrechtserstreckungsnorm eine Brücke geschaffen, die es in unserer wirtschaftlich orientierten Welt einem Zusammenschluss einer Mehrzahl von Personen ermöglicht, Zugang zu einem möglichst umfangreichen Grundrechtsschutz zu haben.

c. *Wesensformel*

Diese Brücke hat jedoch mit dem eingangs bereits erwähnten 2. Halbsatz des Art. 19 Abs. 3 GG eine Einschränkung dahingehend erfahren, dass die Geltung der Grundrechte nur dann erweitert wird, wenn sie ihrem Wesen nach auch auf die juristischen Personen anwendbar sind. Diese integrierte Einschränkung der übertragbaren Grundrechte wird bisweilen unter dem Begriff „Wesensformel“ diskutiert.

Bei der Beurteilung, ob ein Grundrecht „seinem Wesen nach“ anwendbar ist, werden im Sinne eines doppelten Wesenskriteriums verschiedene Ebenen unterschieden. Es ist hier zum einen auf das Wesen des Grundrechts und zum anderen auf das Wesen der juristischen Person abzustellen.[92] Zwischen dem Wesen der Grundrechte und dem Wesen der juristischen Person besteht in dieser Hinsicht ein Korrespondenzverhältnis.[93]

---

90 Vgl. „*darum*“ im Gesetzestext des Art. 1 Abs. 2 GG.

91 Vgl. *Germann*, Jura 2010, 734 (741); vgl. *Wilms/Roth*, JuS 2004, 577 (578).

92 Dreier-*Dreier*, Band 1, Art. 19 III, Rn. 30; *Goldhammer/Sieber*, JuS 2018, 22 (24); vgl. *Schnabel*, WM 2019, 1384 (1386).

93 Dreier-*Dreier*, Band 1, Art. 19 III, Rn. 30.

aa. Wesen des Grundrechts

Auf der einen Ebene ist die Frage zu beantworten, inwiefern das jeweilige Grundrecht seinem Wesen nach auf juristische Personen angewendet werden kann. In negativer Abgrenzung sind hiernach Grundrechte, die die tatsächliche, physische Existenz einer natürlichen Person bzw. eines Menschen voraussetzen und auf einen menschlichen Lebens- und Freiheitsvollzug gerichtet sind, ebenso wenig wesensmäßig anwendbar wie solche, die eigens auf Menschen zugeschnittene Rechtspositionen schützen.[94] Deutlich wird dies beispielsweise bei dem Recht auf Leben und körperliche Unversehrtheit aus Art. 2 Abs. 2 S. 1 GG oder auch bei der Unverletzlichkeit der Freiheit einer Person i.S.v. Art. 2 Abs. 2 S. 2 in Verbindung mit Art. 104 GG. Diese Grundrechte setzen zur Entfaltung ihres Schutzes zwingend die physische Existenz eines Menschen voraus. Eine wesensmäßige Anwendbarkeit, wie sie Art. 19 Abs. 3 GG voraussetzt, ist mangels realer Körperlichkeit der juristischen Personen hier abzulehnen.[95] Selbiges gilt ebenso beispielsweise für Art. 6, Art. 7 Abs. 2, Art. 4 Abs. 1 – bezogen auf das Gewissen – und Abs. 3 GG und einige weitere.[96]

Entscheidend für die Frage, ob ein Grundrecht seinem Wesen nach anwendbar ist oder nicht, ist hier, inwieweit der in Rede stehende Freiheitsbereich korporativer Betätigung zugänglich ist.[97] Sofern dem jeweiligen Grundrecht ein solcher korporativer Charakter zukommt, sinngemäß demnach fungibel für natürliche und auch juristische Personen anzuwenden ist, spricht auf dieser Ebene nichts gegen eine entsprechende – auch auf Teilbereiche des Grundrechts beschränkte[98] – Anwendung auch auf juristische Personen. Dies ist beispielsweise infolge des auf Geschäfts- und Betriebsräume erstreckten Wohnungsbegriffs bei der Unverletzlichkeit der Wohnung aus Art. 13 GG und aufgrund der Tatsache, dass auch juristische Personen – genau wie natürliche Personen auch – Träger von Vermögensrechten sein können, für den Schutz des Eigentums aus Art. 14 GG der Fall.[99]

---

94 Sachs-*Sachs*, Art. 19, Rn. 68; *Goldhammer/Sieber*, JuS 2018, 22 (24).

95 *Kingreen/Poscher*, Rn. 213; von Münch/*Kunig*, Band 1, Art. 2, Rn. 45; Sachs-*Murswiek/Rixen*, Art. 2, Rn. 39.

96 Vgl. die katalogartigen Aufzählungen bei *Stern*, StaatsR, Band III/1, S. 1126 und Sachs-*Sachs*, Art. 19, Rn. 68.

97 BVerfG, NJW 2002, 3619 (3622); *Wilms/Roth*, JuS 2004, 577 (578); *Schnabel*, WM 2019, 1384 (1386).

98 S. „*soweit*" im 2. Halbsatz des Art. 19 Abs. 3 GG.

99 Vgl. für viele weitere Beispiele den Katalog in Sachs-*Sachs*, Art. 19, Rn. 69 ff.

bb. Wesen der juristischen Person

Neben dem Kriterium, welches das Wesen des Grundrechts in den Vordergrund stellt, ist im Sinne des doppelten Wesenskriteriums zusätzlich die Frage zu beantworten, welche Art von juristischer Person sich tatsächlich auf das Grundrecht berufen kann.

(1) Lehre vom personalen Substrat

Das Bundesverfassungsgericht hat hier den weiteren Aspekt entwickelt, dass eine Einbeziehung der juristischen Personen nur dann gerechtfertigt ist, wenn deren Bildung und Betätigung gerade Ausdruck der freien Entfaltung der hinter der Gesellschaft stehenden natürlichen Personen sind.[100] Eine wesensmäßige Anwendung ergibt sich hier gerade deshalb, weil der Durchgriff auf die hinter den juristischen Personen stehenden Menschen dies rechtfertigt.[101]

Dieses zusätzlich aufgestellte Erfordernis eines „personalen Substrats" erntet im Schrifttum jedoch nicht nur Zustimmung. Die Grundrechtserstreckungsnorm des Art. 19 Abs. 3 GG begründet für juristische Personen gerade eine eigenständige Grundrechtsberechtigung und erweitert somit die Geltung der Grundrechte über den Kreis der natürlichen Personen hinaus. Würde man nun in der Art eines Durchgriffs für eine wesensmäßige Anwendbarkeit eines Grundrechts auf die hinter der Gesellschaft stehenden natürlichen Personen abstellen, würde man den durch Art. 19 Abs. 3 GG gewährten Schutz direkt zurücknehmen und schon in sich konterkarieren.[102]

(2) Grundrechtstypische Gefährdungslage

Um diesen dogmatischen Bruch aufzulösen, hat sich in der Literatur – entgegen der vom Bundesverfassungsgericht vertretenen Lehre vom personalen Substrat – das Kriterium der „grundrechtstypische Gefährdungslage" herausgebildet. Nach dieser Auffassung, welche sich auf funktionale und objektiv-rechtliche Überlegungen stützt,[103] ist für eine wesensmäßige Anwendung lediglich zu eruieren, ob die Lage der juristischen Person mit der Lage einer natürlichen Person, welche gegen den freiheitsgefährdenden Staat den Schutz von Grundrechten genießt,

---

100 BVerfGE 21, 362 (369), MüKo-GG-*Krebs*, Art. 19, Rn. 43 ff.; *Kingreen/Poscher*, Rn. 215.

101 BVerfGE 143, 246 (313); *Goldhammer/Sieber*, JuS 2018, 22 (23); Stern/Becker-*Brüning*, Art. 19 GG, Rn. 59; Dreier-*Dreier*, Band 1, Art. 19 III, Rn. 32.

102 *Kingreen/Poscher*, Rn. 215; Stern/Becker-*Brüning*, Art. 19 GG, Rn. 59; Dreier-*Dreier*, Band 1, Art. 19 III, Rn. 32 f.

103 *Goldhammer/Sieber*, JuS 2018, 22 (24).

vergleichbar ist.[104] Sobald eine solche Vergleichbarkeit bejaht werden kann, steht das Wesen der juristischen Person einer entsprechenden Anwendung nicht mehr entgegen. Diese Ansicht verzichtet somit – anders als die Rechtsprechung – auf einen Durchgriff auf die hinter den juristischen Personen stehenden natürlichen Personen, um die Erforderlichkeit eines Grundrechtsschutzes anzunehmen oder abzulehnen. Hiernach steht die juristische Person für sich gesehen im schutzwürdigen Vordergrund und die Belange der natürlichen Personen, welche in dieser Hinsicht als sachfremde Erwägungen anzusehen sind, werden außer Acht gelassen.

(3) Stellungnahme

Dieser zweiten Ansicht ist im Ergebnis der Vorzug zu gewähren, sodass für eine wesensgemäße Anwendung im Hinblick auf das Wesen der juristischen Person primär der Maßstab der grundrechtstypischen Gefährdungslage anzulegen ist. Diese weitere Auffassung des Art. 19 Abs. 3 GG wird zum einen durch den weiten Wortlaut gestützt, welcher lediglich pauschal statuiert, dass Grundrechte anwendbar sind, „soweit sie ihrem Wesen nach auf diese anwendbar sind". Dieser Wortlaut verzichtet auf einen differenzierteren Ausnahmenkatalog und lässt damit einen weiten Anwendungsbereich zu. Zum anderen spricht die Systematik des Art. 19 Abs. 3 GG für diese weite Auslegung. Diese erweitert gerade den Kreis der durch Grundrechte geschützten Personen auch auf juristische Personen. Würde man nun im Wege des doppelten Wesenskriteriums annehmen, dass es für eine Anwendung der Grundrechte weiter auf die sich im Hintergrund befindlichen natürlichen Personen ankommt, würde man dem Art. 19 Abs. 3 GG seine schutzbereichserweiternde Funktion aberkennen und ihm einen wesentlichen Teil seines Aufgabenbereiches entziehen. In der heutigen wirtschaftlich orientierten Welt ist es unumgänglich, auch den juristischen Personen als rechtsunterworfenen Vehikeln der wirtschaftlichen Betätigung einen größtmöglichen Schutz zukommen zu lassen, ohne dass dieser noch von den natürlichen Personen abhängig ist. Das hochkomplexe und vielfältig vernetzte Wirtschaftsgeschehen in der modernen Gesellschaft bedarf wegen seiner funktionalen Eigengesetzlichkeit und der Gefährdung durch staatliche Eingriffe umso mehr des grundrechtlichen Schutzes.[105] So ist in der Folge nach der hier vertretenen Auffassung den juristischen Personen, als elementarem Bestandteil der

---

104 *Kingreen/Poscher*, Rn. 215; Dreier-*Dreier*, Band 1, Art. 19 III, Rn. 34; Stern/Becker-*Brüning*, Art. 19 GG, Rn. 59.

105 So auch Dreier-*Dreier*, Band 1, Art.19 Abs. 3, Rn. 34.

Wirtschaft, in dieser Hinsicht ein Maximum an Schutz zuzusprechen. Jedwede künstliche Beschneidung und Beeinträchtigung des Schutzniveaus ist abzulehnen. Das flexiblere Erfordernis einer grundrechtstypischen Gefährdungslage ist somit der Lehre vom personalen Substrat vorzuziehen.

2. *Anwendbarkeit des Rechts auf informationelle Selbstbestimmung im Lichte der Wesensformel*

Fraglich ist nun, wie sich dieses Wesenskriterium im Hinblick auf das Recht auf informationelle Selbstbestimmung auswirkt. Dieses folgt gerade aus dem allgemeinen Persönlichkeitsrecht, welches sich seinerseits aus dem Menschenbild des Grundgesetzes ergibt und dogmatische seine Grundlage in der Verhaltens- bzw. Handlungsfreiheit des Art. 2 Abs. 1 GG und der Menschenwürdegarantie des Art. 1 Abs. 1 GG hat.[106] Für die Anwendbarkeit der allgemeinen Handlungsfreiheit auf juristische Personen wird dies noch ohne Weiteres bejaht.[107] Für die Menschenwürdegarantie aus Art. 1 Abs. 1 GG gilt dies jedoch nicht. Diese kommt explizit nur Menschen als natürlichen Personen zugute, sodass juristische Personen gerade nicht deren Träger sein können.[108] Bei dem allgemeinen Persönlichkeitsrecht, welches aus einer Verbindung dieser zwei Grundrechte hervorgeht, ist somit eine differenzierte Betrachtungsweise notwendig.

a. *Eine Ansicht*

Nach einer im Schrifttum vertretenen Ansicht spreche gegen die Einbeziehung juristischer Personen in den persönlichen Schutzbereich des allgemeinen Persönlichkeitsrechts gerade der Umstand, dass das Grundrecht durch seine Bereichsüberschneidung mit Art. 1 Abs. 1 GG erst seine fassbaren Konturen erhält und sich gerade dadurch qualitativ von der allgemeinen Handlungsfreiheit abhebt, welche gerade nicht auf einer Verbindung mit der Menschenwürde basiert.[109] Eben aus dieser untrennbaren Verbindung von Verhaltensfreiheit

---

106 S. o. 2. Teil; *Schnabel*, WM 2019, 1384 (1386).

107 BVerfGE 10, 89 (99); BVerfGE 20, 323 (326); BVerfGE 23, 12 (30); BVerfGE 44, 353 (372); *Schnabel*, WM 2019, 1384 (1386); *Manssen*, § 10, Rn. 249; Dreier-*Dreier*, Band 1, Art. 2 Abs. 1, Rn. 44; von Münch/*Kunig*, Band 1, Art. 2, Rn. 7; Jarass/Piertoth-*Jarass*, Art. 2, Rn. 8; von Mangoldt/Klein/*Starck*, Band 1, Art. 2, Rn. 47; Stern/Becker-*Brüning*, Art. 19 GG, Rn. 60; BeckOK-GG-*Enders*, Art. 19, Rn. 41.

108 BeckOK-GG-*Enders*, Art. 19, Rn. 40; BeckOK-GG-*Hillgruber*, Art. 1, Rn. 6; *Goldhammer/Sieber*, JuS 2018, 22 (24); Sachs-*Sachs*, Art. 19, Rn. 68; BVerfG, BeckRS 2018, 18810, Rn. 92; BVerfGE 95, 220 (242).

109 Maunz/Düring-*Di Fabio*, Band 1, Art. 2 Abs. 1, Rn. 224.

und Menschenwürde, welche nur in Summe das allgemeine Persönlichkeitsrecht als „unbenanntes Freiheitsrecht“[110] hervorbringe, lasse sich schließen, dass sich juristische Personen nicht auf das allgemeine Persönlichkeitsrecht berufen können.[111] Die Kernaufgabe dieses Rechts sei es, ganz im Sinne des obersten Verfassungsgrundsatzes der Menschenwürde den Schutz der engeren, „inneren“ Voraussetzungen der äußeren Persönlichkeitsentfaltung zu gewährleisten.[112] Im Gegensatz zu der auch auf dynamisch-wirtschaftliches Handeln ausgerichteten Handlungsfreiheit aus Art. 2 Abs. 1 GG orientiere sich das allgemeine Persönlichkeitsrecht an der Existenz natürlicher Personen. Es ziele gerade auf den Schutz der individuellen und sozialen Identität ab und stelle somit ein Instrument des personalen Integritätsschutzes dar.[113]

Aufgrund des Umstandes, dass eine juristische Person nicht die mit der Würde des Menschen verknüpfte Persönlichkeit aufweise, die sich erst durch eine kontinuierliche, kommunikative Identitätsbildung und -erhaltung im Leben einer natürlichen Person entwickele,[114] könne sie gerade nicht in ihrer „persönlichen Ehre“ gekränkt werden.[115] Die juristische Person habe folgerichtig auch keinen personalen Anspruch auf widerspruchsfreie Selbstdarstellung,[116] sodass bereits der Hauptanwendungsbereich des allgemeinen Persönlichkeitsrechts seinem Wesen nach nicht ohne Weiteres auf juristische Personen angewendet werden könne.

Eine Anwendbarkeit des allgemeinen Persönlichkeitsrechts und somit auch des Rechts auf informationelle Selbstbestimmung auf juristische Personen scheide mithin nach dieser Ansicht von vornherein vollumfänglich aus.[117]

---

110 von Mangoldt/Klein/*Starck*, Band 1, Art. 2, Rn. 87.

111 Vgl. *Jarass*, NJW 1989, 857 (860); BeckOK-GG-*Enders*, Art. 19, Rn. 40; *Kunig*, Jura 1993, 595 (599); vgl. HStR- *Kube*, Band VII, § 148, Rn. 75.

112 Dies, indem es die in besonderem Maße persönlichkeitskonstituierenden Elemente der individuellen Entfaltung in seinen Tatbestand mit aufnimmt, das heißt die engere persönliche Lebenssphäre und die Erhaltung ihrer Grundbedingungen gewährleistet, BVerfGE 54, 148 (153); BVerfGE 220 (241); BeckOK-GG-*Enders*, Art. 19, Rn. 40.

113 BeckOK-GG-*Lang*, Art. 2, Rn. 50.

114 *Enders*, S. 450 f.

115 BVerfGE 93, 266 (291).

116 BVerfGE 95, 220 (241 f.).

117 So auch *Bär*, BayVBl. 1994, 427 (430).

b. Andere Ansicht

Nach anderer Ansicht sei eine komplette Versagung des allgemeinen Persönlichkeitsrechts für juristische Personen zu weitreichend. Es wird sich hier in Rechtsprechung und Literatur für eine differenziertere Betrachtungsweise ausgesprochen, um das immanente Spannungsverhältnis zwischen Handlungsfreiheit und Menschenwürde im Hinblick auf die in dieser Hinsicht sonst schutzlosen juristischen Personen bestmöglich und trotzdem dogmatisch vertretbar aufzulösen.

Um eine differenzierte Betrachtungsweise zwischen den verschiedenen Ausprägungen des allgemeinen Persönlichkeitsrechts zu ermöglichen, wird in der Dogmatik zwischen verschiedenen Sphären mit unterschiedlicher Schutzintensität unterschieden:[118] auf der einen Seite der Intimsphäre und auf der anderen Seite der Sozialsphäre. Nach der hier dargestellten Ansicht scheidet eine Anwendung auf juristische Personen dann aus, wenn der Schutz vorrangig im Interesse der Menschenwürde gewährt werde bzw. sonstige menschliche Belange betroffen seien.[119] Ist eben diese Intimsphäre betroffen, sei für eine Erstreckung des Schutzbereichs kein Platz, da hier Schutzaspekte im Vordergrund stünden, die ausschließlich an lebende Menschen anknüpften und daher nur natürlichen Personen wesenseigen sein könnten.[120] Je eher die Menschenwürde und damit die Intimsphäre maßgeblich seien, desto eher scheide damit einhergehend auch eine korporative Betätigung des jeweiligen Teilbereiches aus.[121] Eine entsprechende Anwendung auf juristische Personen als bloße „Zweckgebilde der Rechtsordnung" sei dann in der Folge abzulehnen.[122]

Gerade auf diese korporative Betätigung kommt es nach dieser Ansicht in Bezug auf das allgemeine Persönlichkeitsrecht jedoch an. Eine Anwendung der jeweiligen Ausprägung des allgemeinen Persönlichkeitsrechts komme grundsätzlich in den Fällen in Betracht, in denen auch der Schutz von juristischen Personen denkbar ist und in erster Stelle die Sozialsphäre betroffen ist.[123] Diese

---

118 *Wilms/Roth*, JuS 2004, 577 (578); vgl. Stern/Becker-*Brüning*, Art. 19 GG, Rn. 61.

119 Sachs-*Sachs*, Art. 19, Rn. 70; Stern/Becker-*Brüning*, Art. 19 GG, Rn. 61.

120 Jarass/Piertoth-*Jarass*, Art. 2, Rn. 52; Maunz/Düring-*Di Fabio*, Band 1, Art. 2 Abs. 1, Rn. 224; Stern/Becker-*Brüning*, Art. 19 GG, Rn. 61.

121 BVerfGE 27, 1 (6); BVerfGE 80 367, (373 f.); *Schnabel*, WM 2019, 1384 (1386); Sachs-*Sachs*, Art. 19, Rn. 70; Stern/Becker-*Brüning*, Art. 19 GG, Rn. 61.

122 Maunz/Düring-*Di Fabio*, Band 1, Art. 2 Abs. 1, Rn. 224.

123 BVerfGE 106, 28 (42 f.); BVerfGE 118, 168 (203); *Schnabel*, WM 2019, 1384 (1386); *Germann*, Jura 2010, 734 (741); Stern/Becker-*Brüning*, Art. 19 GG, Rn. 61.

Auffassung deckt sich insbesondere mit der Ausgestaltung des Art. 19 Abs. 3 GG, welcher durch die Formulierung „soweit“ signalisiert, dass eine Übertragung und Anwendung von Grundrechten und somit auch des allgemeinen Persönlichkeitsrechts auch in Teilen möglich ist. Einer Beschränkung auf die Teilaspekte, in denen lediglich die Sozialsphäre in Rede steht, steht somit nach dieser Ansicht nichts im Wege. Im Gegensatz zu der Intimsphäre ist bei der Sozialsphäre der Bezug zur Menschenwürde weniger stark ausgeprägt, da hier gerade auch der Bereich der sozialen Interaktion mitumfasst wird.[124]

Stellt man sodann allein auf die sinnvoll übertragbaren Inhalte des allgemeinen Persönlichkeitsrechts ab, ist in der Zitierweise des allgemeinen Persönlichkeitsrechts nach dieser Ansicht die nicht bestehende Verbindung zu der Menschenwürde aus Art. 1 Abs. 1 GG hervorzuheben. So werde, sofern das allgemeine Persönlichkeitsrecht über Art. 19 Abs. 3 GG auf juristische Personen angewendet wird, Art. 2 Abs. 1 GG ohne die sonst immer mitzitierte Verbindung zu Art. 1 Abs. 1 GG zitiert.[125] Der Persönlichkeitsschutz juristischer Personen folge demnach allein aus Art. 2 Abs. 1 GG.[126]

So sei insbesondere unter Rückbezug auf die informationelle Selbstbestimmung festzuhalten, dass auch für juristische Personen staatliche informationelle Maßnahmen Gefährdungen oder Verletzungen der grundrechtlich geschützten Freiheit bedeuten und eine einschüchternde Wirkung im Hinblick auf die Ausübung von Grundrechten haben könnten.[127] Eine korporative Betätigung sei demnach möglich. Die informationelle Selbstbestimmung sei somit gerade ein Teilbereich des allgemeinen Persönlichkeitsrechts, welcher sich mangels eines entgegenstehenden persönlichen Bezuges sinnvoll auch auf juristische Personen übertragen lässt.[128]

---

124 *Wilms/Roth*, JuS 2004, 577 (578); vgl. *Germann*, Jura 2010, 734 (741).

125 BVerfGE 118, 168 (203); BVerfGE 106, 28 (43 f.); *Germann*, Jura 2010, 734 (741); HStR-*Kube*, Band VII, § 148, Rn. 75; Jarass/Piertoth-*Jarass*, Art. 2, Rn. 52.

126 Sachs-*Murswiek/Rixen*, Art. 2, Rn. 77.

127 BVerfGE 113, 29 (46); BVerfGE 118, 168 (203 ff.); *Schnabel*, WM 2019, 1384 (1386); Stern/Becker-*Brüning*, Art. 19 GG, Rn. 61; Dreier-*Dreier*, Band 1, Art. 19 Abs. 3, Rn. 38.

128 BVerfGE 118, 168 (203 ff.); OVG Münster, NVwZ, 2015, 304 (304 f.); Dreier-*Dreier*, Band 1, Art. 19 III, Rn. 38; Jarass/Piertoth-*Jarass*, Art. 2, Rn. 52; Stern/Becker-*Brüning*, Art. 19 GG, Rn. 61.

c. Stellungnahme

Im Ergebnis ist hier der zuletzt genannten Ansicht der Vorzug zu gewähren. Durch ebendiese differenzierte Übertragung der einzelnen Aspekte des allgemeinen Persönlichkeitsrechts kann für die juristischen Personen mit den vorhandenen rechtlichen Mitteln und Möglichkeiten das Schutzniveau sinnvoll erhöht werden. Obwohl gerade Teilaspekte des allgemeinen Persönlichkeitsrechts ohne Weiteres auch auf ihren juristischen Konterpart angewendet werden können, ist insoweit eine Beschränkung des Grundrechts nur auf natürliche Personen abzulehnen. Wo im Jahre 1983 mit dem wegweisenden Volkszählungsurteil noch die natürlichen Personen mit ihren Daten im Vordergrund standen, hat sich in den seither vergangenen 35 Jahren viel verändert. Die kollektive wirtschaftliche Beteiligung in Gesellschaften hat an Bedeutung gewonnen und steht in ihrer Schutzbedürftigkeit der des Einzelnen in nichts nach. Auch juristische Personen können, genau wie natürliche Personen, individuelle Daten besitzen, deren Erhebung, Kenntnisnahme, Speicherung, Verwendung, Weitergabe oder Veröffentlichung ihren Interessen zuwiderlaufen kann.[129] Eine eiserne Fixierung des Rechts auf informationelle Selbstbestimmung an Art. 1 Abs. 1 GG, welche in der Folge eine Anwendbarkeit dogmatisch ausschließen würde, würde hier zu einer Begrenzung des Anwendungsbereiches führen, die nicht mit den Gegebenheiten der heutigen Zeit vereinbar wäre.[130]

Das der Sozialsphäre zuzuordnende Recht auf informationelle Selbstbestimmung mit seiner gesetzlichen Grundlage in Art. 2 Abs. 1 GG lässt sich mithin nach der hier vertretenen Auffassung im Interesse eines flexiblen und wertungsoffenen Grundrechtsschutzes über Art. 19 Abs. 3 GG seinem Wesen nach auch auf juristische Personen anwenden.

III. Zwischenergebnis

Die Aktiengesellschaften als juristische Personen sind mithin Träger des Rechts auf informationelle Selbstbestimmung. Sofern die Verfassungsmäßigkeit autonom nationaler Informationspflichten in Frage steht, durch welche in den grundrechtlich geschützten Bereich eingegriffen wird, erfolgt eine Prüfung dieser Pflicht am Maßstab des Grundrechts auf informationelle Selbstbestimmung.

---

129 Vgl. *Wilms/Roth*, JuS 2004, 577 (578).

130 Vgl. BVerfGE 118, 168 (203 ff.); *Germann*, Jura 2010, 734 (741).

IV. Das Konkurrenzverhältnis zu Art. 12 und Art. 14 GG

Fraglich ist jedoch, in welchem Verhältnis das Recht auf informationelle Selbstbestimmung zu den Grundrechten aus Art. 12 und Art. 14 GG steht und ob diese überhaupt nebeneinander zur Anwendung kommen können. Sofern eine juristische Person ein Gewerbe betreibt, ist der Schutz vor Ausspähung und Weitergabe von Geschäfts- und Betriebsgeheimnissen auch bzw. bereits von Art. 12 und Art. 14 GG erfasst, sodass nach dem Grundsatz *lex specialis derogat legi generali* ein Rückgriff auf das Recht auf informationelle Selbstbestimmung entbehrlich sein könnte.[131]

1. Art. 12 GG

Der sachliche Schutzbereich von Art. 12 GG umfasst in erster Linie auf Dauer angelegte Tätigkeiten, welche der Schaffung und Erhaltung einer Lebensgrundlage dienen, wobei zugleich auch der Schutz von persönlichen Informationen vermittelt wird sowie die Freiheit, diese nicht zusammen- und bereitstellen zu müssen.[132] Sowohl die Berufsfreiheit als auch das Recht auf informationelle Selbstbestimmung vermittelt demnach einen Schutz hinsichtlich einer vorgeschriebenen Informationsweitergabe. In Fällen, in denen ein Verhalten eines Grundrechtsträgers durch mehrere Grundrechte geschützt wird, gilt es zu erörtern, in welchem Verhältnis die Schutzgewährleistungen zueinander stehen. Insbesondere aufgrund der unterschiedlichen Schrankenziehung stellen sich Fragen der Spezialität bzw. Subsidiarität sowie der Idealkonkurrenz.[133] Ein Grundrecht ist speziell, wenn der weiter gefasste Tatbestand den engeren vollständig mit einschließt, weil der engere Tatbestand zusätzliche spezialisierende Tatbestandsvoraussetzungen enthält.[134] Sofern ein Spezialitätsverhältnis vorliegt, ist sodann entsprechend der *lex specialis*-Regel für die verfassungsrechtliche Beurteilung grundsätzlich das speziellere Grundrecht maßgeblich,[135] wobei bei einer Idealkonkurrenz beide Grundrechte zur Anwendung kommen, da sich diese

---

131 Vgl. *Jarass*, NJW 1989, 857 (860); vgl. *Fischer/Fluck*, NVwZ 2013, 337 (338); Sachs-*Sachs*, Vorb. Abschn. I, Rn. 136; Dürig/Herzog/Scholz-*Di Fabio*, Art. 2, Rn. 225.

132 BVerfG, NvWZ 2006, 1041 (1042); BVerwG, NJW 1991, 1246 (1247); *Wilms/Roth*, JuS 2004, 577 (579); Dreier-*Wieland*, Band 1, Art. 12, Rn. 36.

133 Dreier-*Dreier*, Band 1, Vorb. Art. 1, Rn. 155; Sachs-*Sachs*, Vorb. Abschn. I, Rn. 136.

134 *Wilms/Roth*, JuS 2004, 577 (579); Sachs-*Sachs*, Vorb. Abschn. I, Rn. 136.

135 Sachs-*Sachs*, Vorb. Abschn. I, Rn. 136; Dreier-*Dreier*, Band 1, Vorb. Art. 1, Rn. 155.

inhaltlich ergänzen und insofern ein Nebeneinander der Grundrechte möglich ist aufgrund von sich nicht vollkommen überlagernden Tatbeständen.[136]

Ein Spezialitätsverhältnis besteht beispielsweise zwischen der allgemeinen Handlungsfreiheit aus Art. 2 Abs. 1 GG als subsidiärem Auffanggrundrecht im Verhältnis zu anderen Freiheitsgrundrechten.[137] Anders stellt es sich jedoch in dem Verhältnis zwischen dem Recht auf informationelle Selbstbestimmung und der Berufsfreiheit dar. Ersteres hat seine verfassungsrechtliche Verankerung zwar auch in Art. 2 Abs. 1 GG, jedoch überlagern sich die Grundrechte hinsichtlich ihrer Schutzbereiche nur in dem eng abgesteckten Bereich, in dem sich durch die Offenlegung oder Weitergabe von Informationen nachteilige Folgen für die Ausübung des Berufs ergeben.[138] In Fällen, in denen keine eindeutige Spezialität zwischen den in Rede stehenden Grundrechten herrscht und eine Überlagerung, wie hier, lediglich in einem geringen Ausmaß besteht, ist im Interesse eines effektiven Grundrechtsschutzes sodann ein Nebeneinander der betroffenen Grundrechte anzunehmen, um ein Höchstmaß an Schutz für das grundrechtlich geschützte Verhalten zu gewährleisten.

Durch die strikte Heranziehung nur des vermeintlich spezielleren Grundrechts kann den teilweise besonderen Gegebenheiten im Hinblick auf Informationspflichten nicht Genüge getan werden. Dies gilt erst recht vor dem Hintergrund, dass die verfassungsrechtlich zu überprüfenden Informationspflichten primär die Offenlegung von Informationen zum Gegenstand haben, mithin das Recht auf informationelle Selbstbestimmung in seinem Kern betroffen ist, wohingegen die Berufsfreiheit mitunter lediglich im Randbereich tangiert wird. In das Recht auf informationelle Selbstbestimmung wird demnach bisweilen deutlich intensiver eingegriffen als in das Recht der Berufsfreiheit. Insbesondere auf der Ebene der Rechtfertigung derartiger Eingriffe sind durch die Intensität der unmittelbaren, finalen Eingriffe in den Schutzbereich des Rechts auf informationelle Selbstbestimmung höhere Anforderungen zu stellen, als bei unfinalen, mittelbaren Eingriffen in die Berufsfreiheit. Es wäre aus Wertungsgesichtspunkten unbillig und unsachgemäß, wenn durch die unbesehene Anwendung des *lex specialis*-Grundsatzes den juristischen Personen mit Gewinnerzielungsabsicht im Bereich

---

136 *Wilms/Roth*, JuS 2004, 577 (579); Sachs-*Sachs*, Vorb. Abschn. I, Rn. 136.

137 BVerfGE 30, 296 (336); BVerfGE 65, 237 (248); *Wilms/Roth*, JuS 2004, 577 (579); Dürig/Herzog/Scholz-*Di Fabio*, Art. 2, Rn. 21.

138 Und dies auch nur für den Fall, dass die juristische Person mit Gewinnerzielungsabsicht handelt, da ansonsten der Schutzbereich des Art. 12 GG von vornherein nicht berührt wäre, *Wilms/Roth*, JuS 2004, 577 (579).

des Schutzes vor Informationspreisgabe ein geringer Schutz zuteil wird, weil das Grundrecht, welches in der Schutzgewährung intensiver ist, bereits im Vorfeld verdrängt wird.[139] Bei ein und derselben Eingriffsmaßnahme würde ansonsten die Gewinnerzielungsabsicht einer juristischen Person darüber entscheiden, ob Schutz über Art. 12 GG oder über das Recht auf informationelle Selbstbestimmung gewährt wird.[140] Im Ergebnis kommen somit die beiden Grundrechte mit ihren unterschiedlichen Schutzgütern nebeneinander zur Anwendung und verstärken gegenseitig ihre Schutzfunktion.[141]

2. Art. 14 GG

Selbiges gilt hinsichtlich des Verhältnisses zu der Eigentumsgarantie aus Art. 14 Abs. 1 GG. Die Eigentumsgarantie schützt als Eigentum die rechtliche Zuordnung eines vermögenswerten Gutes zu einem Rechtsträger.[142] Sofern Informationen betroffen sind, bleibt als einzige Überschneidung der Schutzbereiche insofern das geistige Eigentum. Beispielhaft seien hier vermögenswerte Forschungsergebnisse einer juristischen Person genannt. Würden diese durch eine staatliche Maßnahme bekannt, wäre sowohl Art. 14 Abs. 1 GG als auch das Recht auf informationelle Selbstbestimmung betroffen.[143] Da jedoch nicht jede Information als geistiges Eigentum zu qualifizieren ist, verbleibt es bei einem Großteil der Eingriffe in möglicherweise betroffene Informationen bei einer alleinigen Anwendung des Rechts auf informationelle Selbstbestimmung. Ein Spezialitätsverhältnis kann ohne den Verlust an Schutzgewährung nicht angenommen werden.[144] Etwas anderes kann sich auch nicht durch die Heranziehung des eingerichteten und ausgeübten Gewerbebetriebs als Schutzgut des Art. 14 Abs. 1 GG ergeben, da das Recht am eingerichteten und ausgeübten Gewerbebetrieb nicht die gewerbliche Tätigkeit als solche schützt, sondern die Gesamtheit der sachlichen, persönlichen und sonstigen Mittel in allen ihren Erscheinungsformen, die in der Hand des Betriebsinhabers zu einem einheitlichen Organismus

---

139 So auch *Wilms/Roth*, JuS 2004, 577 (580).

140 *Wilms/Roth*, JuS 2004, 577 (580).

141 *Wilms/Roth*, JuS 2004, 577 (580); vgl. Sachs-*Sachs*, Vorb. Abschn. I, Rn. 136; *Stern*, StaatsR, Band III/1, S. 1398.

142 BeckOK-GG-*Axer*, Art. 14, Rn. 42; Dreier-*Wieland*, Band 1, Art. 14, Rn. 27 ff.; von Münch/Kunig-*Bryde/Wallrabenstein*, Art. 14, Rn. 23 ff.

143 *Wilms/Roth*, JuS 2004, 577 (580).

144 *Wilms/Roth*, JuS 2004, 577 (580).

zusammengefasst sind.[145] Sofern Informationen betroffen sind, geht das Recht am eingerichteten und ausgeübten Gewerbebetrieb mangels gesonderter Erfassung demnach nicht über das ohnehin vom Schutzbereich erfasste geistige Eigentum hinaus.[146] Zudem ist Art. 14 Abs. 1 GG als normgeprägtes Grundrecht unter deutlich geringeren Anforderungen durch den Gesetzgeber einschränkbar und anders als bei dem Recht auf informationelle Selbstbestimmung hat der Gesetzgeber bei der Inhalts- und Schrankenbestimmung die schutzwürdigen Interessen des Eigentümers in ein gerechtes Verhältnis zu den Belangen des Allgemeinwohls zu bringen.[147]

Im Ergebnis bleibt festzuhalten, dass, wie auch bei Art. 12 GG, aufgrund der Schrankendivergenz und der abweichenden Struktur der Grundrechte die Eigentumsgarantie aus Art. 14 Abs. 1 GG neben dem Recht auf informationelle Selbstbestimmung zur Anwendung kommt. Nationale Informationspflichten sind demnach im Hinblick auf ihre Vereinbarkeit mit höherrangigem Recht sowohl an Art. 12 und 14 GG als auch an dem Recht auf informationelle Selbstbestimmung aus Art. 2 Abs. 1 GG zu messen.

B. Die unionsrechtliche Rechtslage

An die Feststellung, dass für Informationspflichten autonomer nationaler Natur das Recht auf informationelle Selbstbestimmung als Prüfungsmaßstab herangezogen werden kann, schließt sich die Frage an, welcher Prüfungsmaßstab heranzuziehen ist, wenn eine Informationspflicht nicht allein auf den nationalen Gesetzgeber zurückzuführen ist.

I. Das Verhältnis zwischen dem EU-Recht und dem Grundgesetz

Das Kapitalgesellschafts- und vor allem das Aktienrecht ist – wie kaum ein anderes Rechtsgebiet – wesentlich geprägt von supranationalen Rechtsakten der Europäischen Union. Ein Großteil der näher zu untersuchenden Informationspflichten ist entsprechend dieser Entwicklung nicht mehr rein nationaler Natur,

---

145 Dürig/Herzog/Scholz-*Papier/Shirvani*, Art. 14, Rn. 200; Sachs-*Wendt*, Art. 14, Rn. 67; BeckOK-GG-*Axer*, Art. 14, Rn. 51 ff.; *Wilms/Roth*, JuS 2004, 577 (580).

146 Vgl. BVerfG, NJW 1988, 1195 (1199), wonach bestehende Geschäftsverbindungen, der erworbene Kundenstamm oder die Marktstellung nicht von einem gewährten Schutz mit umfasst sind.

147 *Wilms/Roth*, JuS 2004, 577 (580); Dürig/Herzog/Scholz-*Papier/Shirvani*, Art. 14, Rn. 415.

sondern geht auf Verordnungen und Richtlinien zurück, die der europäische Gesetzgeber verabschiedet hat. Mit der Urheberschaft bei der Europäischen Union ergeben sich für die Prüfung der Vereinbarkeit mit höherrangigem Recht insofern – im Vergleich zu autonom nationalen Vorschriften – Besonderheiten.

Im deutschen Recht gilt der Grundsatz des Vorrangs der Verfassung aus Art. 20 Abs. 3 lGG. Nach diesem rechtsstaatlichen Grundsatz kommt dem Verfassungsrecht ein höherer Rang als den einfachen Gesetzen zu. Mit diesem Primat des Grundgesetzes geht einher, dass auch der Gesetzgeber an die verfassungsmäßige Ordnung gebunden ist und bei der Schaffung von einfachen Gesetzen und Vorschriften stets das Verfassungsrecht zu beachten hat. Die einfachgesetzlichen Vorschriften dürfen nicht gegen geltendes Verfassungsrecht verstoßen. Ein Verstoß kann insbesondere dann vorliegen, wenn eine Verletzung von Grundrechten gegeben ist. Das Bundesverfassungsgericht als Hüter der Verfassung kann bei der Feststellung der Verfassungswidrigkeit eines Gesetzes dieses in der Folge direkt für nichtig erklären oder aber die Unvereinbarkeit mit dem Grundgesetz feststellen und ein Datum festlegen, ab wann die Norm nicht mehr angewendet werden darf.

Bei Pflichten, die rein national auf den deutschen Gesetzgeber zurückzuführen sind, ist bei der Frage nach der Verfassungsmäßigkeit das Grundgesetz mithin der maßgebliche Prüfungsmaßstab. Etwas anderes ergibt sich jedoch dann, wenn – wie im Kapitalgesellschafts- und Kapitalmarktrecht nicht unüblich – zwingende Vorgaben aus dem EU-Recht vorliegen. Die bestehende Hierarchie zwischen Verfassungsrecht und den einfachen Gesetzen wird hier mit dem Unionsrecht um eine weitere Ebene ergänzt.

Mit dem Unionsrecht als weitere Ebene stellt sich jedoch die Frage, inwiefern Vorschriften, welche auf europäische Rechtsakte zurückzuführen sind, überhaupt nach dem Maßstab des deutschen Grundgesetzes geprüft werden können. Dies insbesondere vor dem Hintergrund, dass das Unionsrecht gegenüber dem deutschen Verfassungsrecht grundsätzlich einen Anwendungsvorrang genießt, welcher selbst im Verhältnis zu nationalem Verfassungsrecht greift.[148]

Das Bundesverfassungsgericht hat sich mit dieser Frage bereits ausgiebig beschäftigt und mit seiner Solange-Rechtsprechung maßgebliche Grundsatzbeschlüsse erlassen, die das Verhältnis zwischen EU-Recht und Grundgesetz – wenn auch noch nicht final – ausgeformt haben.

---

148 Calliess/Ruffert-*Kingreen*, Art. 51 GRCh, Rn. 4 und Art. 6 EUV, Rn. 4 f.; Jarass-*Jarass*, Charta der Grundrechte der EU, Einleitung, Rn. 66.

In seiner Solange-I und -II Rechtsprechung statuierte das Bundesverfassungsgericht, dass es sich so lange die Kontrolle des Gemeinschaftsrechts (heute Unionsrechts) am Maßstab der nationalen Grundrechte vorbehalte, wie das Gemeinschaftsrecht über keinen von einem Parlament verabschiedeten Grundrechtskatalog verfüge, der mit den nationalen Grundrechten adäquat vergleichbar ist.[149] Das Bundesverfassungsgericht hat mit dieser Entscheidung zwar nicht den prinzipiellen Vorrang des Europarechts gegenüber dem nationalen Recht in Frage gestellt, es hat jedoch zum Ausdruck gebracht, dass eine vorrangige Beachtung des Europarechts nur dann in Betracht komme, wenn die Verfassungen der Mitgliedstaaten als deren rechtliche Fundamente entsprechend europarechtlich berücksichtigt würden. Art. 23 Abs. 1 S. 2 GG erlaubt insoweit zwar eine Übertragung von Hoheitsrechten an die Europäische Union, eine Grenze ist jedoch dort zu erkennen, wo vorbehaltlos essenzielle Rechtsprinzipien des Grundgesetzes relativiert werden. Die Solange-I und -II Rechtsprechung ist insofern als sprichwörtliche Hintertür zu verstehen, welche eine Erhöhung des Rechtsschutzes zum Gegenstand hat, indem durch das Bundesverfassungsgericht sichergestellt werden kann, dass ein verfassungsrechtlich gewährleisteter Schutz nicht durch unionsrechtliche Rechtsakte mangels eines vergleichbaren Schutzes auf EU-Ebene unterlaufen wird.

Mit seinem Solange II-Beschluss vom 22.10.1986 hat das Bundesverfassungsgericht seine noch aufgrund eines bis dato nicht vergleichbaren Schutzes bestehende Prüfungskompetenz anhand der deutschen Grundrechte jedoch revidiert. Hier stellte es nach einer Analyse der historischen Rechtsprechung des EuGH zu Grundrechten auf europäischer Ebene fest, dass der Grundrechtsschutz auf europäischer Ebene nunmehr nach Konzeption, Inhalt und Wirkungsweise dem Grundrechtsstandard des Grundgesetzes im Wesentlichen entspricht.[150] Es obliege mithin nach diesem Grundsatzurteil ausschließlich dem EuGH, über die Auslegung von Europarecht zu entscheiden. Daneben kommt dem Bundesverfassungsgericht lediglich eine Auffangverantwortung zu. Hinsichtlich europäischer Rechtsakte verbietet sich mithin eine Prüfung anhand des deutschen Grundgesetzes.[151]

---

149 BVerfG, NJW 1974, 1697 (1699); BVerfG, NJW 1987, 577 (580).

150 BVerfG, NJW 1987, 577 (580).

151 So auch EuGH, NJW 1988, 1451 (1451); EuGH, NJW 1971, 343 (343); EuGH, EuZW 1991, 248 (Rn. 38); Heselhaus/Nowak-*Nowak*, HdB der Europäischen Grundrechte, § 9, Rn. 28; Calliess/Ruffert-*Kingreen*, Art. 6 EUV, Rn. 5.

An die Feststellung, dass für Informationspflichten, die auf europäische Rechtsakte zurückzuführen sind, nicht das Grundgesetz im Allgemeinen und das Recht auf informationelle Selbstbestimmung im Speziellen als Prüfungsmaßstab herangezogen werden können, schließt sich die Frage an, auf welchen Maßstab nunmehr im Hinblick auf die Vereinbarkeit mit geltendem Unionsrecht zu rekurrieren ist.

II. EU-Grundrechtecharta als Prüfungsmaßstab

1. Hinsichtlich Verordnungen und Richtlinien der EU

In Betracht kommt hier insbesondere die EU-Grundrechtecharta. Diese stellt die zentrale Rechtsquelle der EU-Grundrechte dar.[152] Die Charta-Rechte sind unmittelbar geltendes Recht und damit unmittelbar anwendbar.[153] Eines gesonderten Umsetzungsaktes oder einer Konkretisierung durch das Unionsrecht oder das Recht der Mitgliedstaaten bedarf es hierbei nicht.[154] Damit die Grundrechtecharta jedoch tauglicher Prüfungsmaßstab im Hinblick auf die Verhältnismäßigkeit von Informationspflichten sein kann, müssten der europäische und nationale Gesetzgeber diese auch bei ihrer Rechtsetzung zu berücksichtigen haben.

In der Europäischen Union ist im Wesentlichen zwischen dem sogenannten Primärrecht und dem Sekundärrecht zu unterscheiden. Das Primärrecht steht an der Spitze der Normenhierarchie des Unionsrechts und regelt als eine Art Verfassungsrecht die Grundordnung der Europäischen Union.[155] Hierunter fallen insbesondere die völkerrechtlichen Verträge, welche zwischen den Mitgliedstaaten der Europäischen Union abgeschlossen wurden und denen neue Mitgliedstaaten beigetreten sind. Zu diesen Verträgen zählen der Vertrag über die Europäische Union (EUV), der Vertrag über die Arbeitsweise der Europäischen Union (AEUV) und der Vertrag zur Gründung der Europäischen Atomgemeinschaft (Euratom). Diesem Primärrecht der EU sind insoweit auch die in der Charta verankerten Grundrechte zuzuordnen. Seit dem Inkrafttreten des Lissaboner Vertrages am 01.12.2009 hat die Grundrechtecharta ihre Verbindlichkeit

---

152 Jarass/Kment, EU-Grundrechte, § 2, Rn. 2; von der Groeben/Schwarze/Hatje-*Terhechte*, Vorbemerkungen zur GRC, Rn. 1.

153 Von der Groeben/Schwarze/Hatje-*Terhechte*, Vorbemerkungen zur GRC, Rn. 1; Jarass-*Jarass*, Charta der Grundrechte der EU, Einleitung, Rn. 9; Jarass/Kment, EU-Grundrechte, § 3, Rn. 7; Streinz-*Streinz*, Vorbemerkungen GRCh, Rn. 7.

154 Jarass-*Jarass*, Charta der Grundrechte der EU, Einleitung, Rn. 9.

155 *Jarass*, EuR 2013, 29 (29); näher dazu Calliess/Ruffert-*Calliess*, Art. 1 EUV, Rn. 51 ff.

erlangt.[156] Art. 6 Abs. 1 Unterabs. 1 Hs. 2 EUV statuiert, dass die Grundrechte der Charta den gleichen Rang wie die primärrechtlichen Verträge besitzen und ihnen die gleiche Rechtskraft zukommt.[157]

Mit dieser Zuordnung der Grundrechtecharta zum Primärrecht geht einher, dass sie grundsätzlich aufgrund des Vorrangs des Primärrechts dem sekundären Unionsrecht vorgeht.[158] Bei Sekundärrecht handelt es sich um Vorschriften, welche aufgrund von Ermächtigungen im Primärrecht von den Unionsorganen erlassen werden.[159] Die Unionsorgane haben insofern nach Art. 288 AEUV die Möglichkeit, Verordnungen, Richtlinien, Beschlüsse, Empfehlungen und Stellungnahmen zu erlassen.

Der den Anwendungsbereich der EU-Grundrechtecharta betreffende Art. 51 GRCh sieht in dessen Abs. 1 S. 1 vor, dass alle Organe, Einrichtungen und sonstigen Stellen der Union durch die Grundrechte der Charta verpflichtet werden.[160] Die von ihr ausgehende Bindung gilt für sämtliche Aktivitäten, sodass es keinen grundrechtsfreien Bereich in der Europäischen Union gibt.[161] Sofern das institutionelle Dreieck, bestehend aus dem europäischen Parlament, dem Ministerrat und der europäischen Kommission, EU-Gesetze in der Form von Verordnungen oder Richtlinien erlässt, haben die mitwirkenden Organe die Grundrechte der Charta stets in dem Gesetzgebungsprozess zu berücksichtigen.[162] Die Verordnungen und Richtlinien müssen mithin stets mit den

---

156 Vgl. *Gundel*, ZHR 180 (2016), 323 (323 ff.); von der Groeben/Schwarze/Hatje-*Terhechte*, Vorbemerkungen zur GRC, Rn. 1 und 7; *Jarass/Kment*, EU-Grundrechte, § 2, Rn. 2; Streinz-*Streinz*, Vorbemerkungen GRCh, Rn. 7.

157 Mayer/Hölscheidt-*Schwerdtfeger*, Art. 51, Rn. 3; Streinz-*Streinz*, Vorbemerkungen GRCh, Rn. 7; Jarass-*Jarass*, Charta der Grundrechte der EU, Einleitung, Rn. 10; *Jarass*, EuR 2013, 29 (29); Calliess/Ruffert-*Kingreen*, Art. 6 EUV, Rn. 12.

158 *Jarass*, EuR 2013, 29 (33); *Jarass/Kment*, EU-Grundrechte, § 3, Rn. 9; Streinz-*Streinz*, Art. 1 EUV, Rn. 18; Streinz-*Schröder*, Art. 288 AEUV, Rn. 20; Calliess/Ruffert-*Ruffert*, Art. 288 AEUV, Rn. 8; Calliess/Ruffert-*Kingreen*, Art. 6 EUV, Rn. 12.

159 *Jarass*, EuR 2013, 29 (29); Calliess/Ruffert-*Ruffert*, Art. 288 AEUV, Rn. 8; vgl. Streinz-*Schröder*, Art. 288 AEUV, Rn. 20.

160 Heselhaus/Nowak-*Nowak*, HdB der Europäischen Grundrechte, § 9, Rn. 23; Jarass-*Jarass*, Charta der Grundrechte der EU, Einleitung, Rn. 15; Mayer/Hölscheidt-*Schwerdtfeger*, Art. 51, Rn. 3.

161 Jarass-*Jarass*, Charta der Grundrechte der EU, Einleitung, Rn. 16.

162 Jarass-*Jarass*, Charta der Grundrechte der EU, Einleitung, Rn. 16; vgl. Streinz-*Schröder*, Art. 288 AEUV, Rn. 20.

Grundrechten der Charta vereinbar sein. Sofern dies nicht der Fall ist, ist der in Rede stehende Rechtsakt rechtswidrig und unwirksam.[163]

2. *Hinsichtlich nationaler Umsetzungsakte*

Mit der Erkenntnis, dass Richtlinien und Verordnungen am Maßstab der EU-Grundrechte überprüft werden können,[164] ist in einem weiteren Schritt zu betrachten, wie es sich verhält, wenn der deutsche Gesetzgeber die in Richtlinien gemachten unionsrechtlichen Vorgaben in nationales Recht umsetzt. Anders als bei den verbindlichen Verordnungen mit unmittelbarer Geltung in allen Mitgliedstaaten sind Richtlinien zwar in ihrer Zielsetzung verbindlich, es bedarf jedoch, damit diese zur Gültigkeit erwachsen, gemäß Art. 288 Unterabs. 3 AEUV noch eines innerstaatlichen Umsetzungsaktes.[165] Die Kompetenz bei der Schaffung dieser Umsetzungsgesetze liegt bei den nationalen Gesetzgebern. Es würde hier insofern nicht unmittelbar ein europäischer Rechtsakt anhand der Grundrechtecharta geprüft werden, sondern lediglich der auf diesem basierende Umsetzungsakt. Heutzutage fußen zahlreiche Informationspflichten auf in Richtlinien gemachten Vorgaben der Europäischen Union, sodass insbesondere bei der Überprüfung derartiger Pflichten auf deren Verfassungsmäßigkeit oder Vereinbarkeit mit dem Unionsrecht der heranzuziehende Prüfungsmaßstab von elementarer Bedeutung ist.

Ein Anhaltspunkt dafür, welche Grundrechte heranzuziehen sind, findet sich in dem den Anwendungsbereich der Charta definierenden Art. 51 Abs. 1 der EU-Grundrechtecharta. Dieser legt fest, dass sich der Anwendungsbereich der Grundrechtecharta außer auf die Organe, Einrichtungen und sonstigen Stellen der Union auch auf die Mitgliedstaaten erstreckt, sofern diese das Recht der Union durchführen.[166] Von einer „Durchführung des Unionsrechts“[167] kann

---

163 Streinz-*Schröder*, Art. 288 AEUV, Rn. 20; Jarass/Kment, EU-Grundrechte, § 3, Rn. 9 und § 7, Rn. 3 f.

164 Vgl. EuGH, NJW 1988, 1451 (1451); Heselhaus/Nowak-*Nowak*, HdB der Europäischen Grundrechte, § 9, Rn. 28.

165 Heselhaus/Nowak-*Nowak*, HdB der Europäischen Grundrechte § 9, Rn. 29; vgl. Streinz-*Streinz*, Art. 51 GRCh, Rn. 11 ff.

166 Heselhaus/Nowak-*Nicolaysen*, HdB der Europäischen Grundrechte, § 1, Rn. 81; Pechstein/Nowak/Häde-*Pache*, Art. 51 GRC, Rn. 19 ff.; von der Groeben/Schwarze/Hatje-*Terhechte*, Art. 51 GRC, Rn. 9 ff.

167 Näheres zu dem Begriff der Durchführung in Streinz-*Streinz*, Art. 51 GRCh, Rn. 6 f.; von der Groeben/Schwarze/Hatje-*Terhechte*, Art. 51 GRC, Rn. 9 ff.

unter anderem dann gesprochen werden, wenn die Mitgliedstaaten als Vertreter der EU handeln.[168] Die Mitgliedstaaten handeln unter anderem dann als Vertreter – wobei sie dann, wie der Gesetzgeber der EU selbst, an die EU-Grundrechte gebunden sind –, wenn es um den Vollzug von Verordnungen oder die Umsetzung von Richtlinien ohne nennenswerten Umsetzungsspielraum in nationale Rechtsvorschriften geht.[169] Es wird in dieser Hinsicht bei der Beziehung der Mitgliedstaaten zu der EU von einer *agency*-Situation gesprochen.[170] Die Mitgliedstaaten seien in derartigen Situationen für die EU tätig, woraus sich die Konsequenz ergibt, dass diese in gleichem Maße dazu verpflichtet sind, die bestehenden Bindungen der EU zu achten.[171]

Etwas anderes kann sich jedoch dann ergeben, wenn der nationale Gesetzgeber zwar Richtlinien umsetzt, ihm hierbei jedoch ein eigener Umsetzungsspielraum hinsichtlich der in der Richtlinie normierten Zielsetzungen zugesprochen wird. Der nationale Gesetzgeber ist in einer solchen Situation nicht zwingend nur als verlängerter Arm der EU tätig, da es ihm bei einem extensiv gewährten Spielraum freisteht, auch Umstände in den Umsetzungsgesetzen zu regeln, die in der jeweiligen Richtlinie so gar nicht vorgesehen sind. Die vorrangig nationale Regelung fällt in solchen Fällen aus dem Geltungs- bzw. Anwendungsbereich des Unionsrechts heraus.[172] Bei der Frage, an welchem Prüfungsmaßstab sich

---

168 Agentur der Europäischen Union für Grundrechte, HdB zur Anwendung der Charta der Grundrechte, S. 43 f., abrufbar unter: https://fra.europa.eu/sites/default/files/fra_uploads/fra-2018-charter-guidance_de.pdf [zuletzt abgerufen am 08.05.2023].

169 *Lindner*, EuR 2007, 160 (175); Heselhaus/Nowak-*Heselhaus*, HdB der Europäischen Grundrechte, § 6, Rn. 29 und Heselhaus/Nowak-*Nowak*, HdB der Europäischen Grundrechte § 9, Rn. 24 ff.; vgl. Pechstein/Nowak/Häde-*Wolff*, Art. 8 GRC, Rn. 9; Streinz-*Streinz*, Art. 51 GRCh, Rn. 11 ff.; von der Groeben/Schwarze/Hatje-*Terhechte*, Art. 51 GRC, Rn. 10; Agentur der Europäischen Union für Grundrechte, HdB zur Anwendung der Charta der Grundrechte, S. 44, abrufbar unter: https://fra.europa.eu/sites/default/files/fra_uploads/fra-2018-charter-guidance_de.pdf [zuletzt abgerufen am 08.05.2023].

170 Heselhaus/Nowak-*Nowak*, HdB der Europäischen Grundrechte, § 9, Rn. 26 und Heselhaus/Nowak-*Heselhaus*, HdB der Europäischen Grundrechte, § 6, Rn. 29.

171 Vgl. EuGH, Urt. v. 10.07.2003, C-20/00 und C-64/00, EU:C:2003:397, Rn. 46; Agentur der Europäischen Union für Grundrechte, HdB zur Anwendung der Charta der Grundrechte, S. 43 f., abrufbar unter: https://fra.europa.eu/sites/default/files/fra_uploads/fra-2018-charter-guidance_de.pdf [zuletzt abgerufen am 08.05.2023]; Heselhaus/Nowak-*Heselhaus*, HdB der Europäischen Grundrechte, § 6, Rn. 29

172 EuGH, Urt. v. 13.06.1996, C-144/95, EU:C:1996:235, Rn. 11 f.; Heselhaus/Nowak-*Nowak*, HdB der Europäischen Grundrechte, § 9, Rn. 28.

das Umsetzungsgesetz messen lassen muss, kommt es insoweit maßgeblich darauf an, in welchem Umfang dem nationalen Gesetzgeber eine Wahlfreiheit hinsichtlich der Umsetzungsform und der Umsetzungsmittel eingeräumt wurde.[173] Der gewährte Umsetzungsspielraum wiederum hängt maßgeblich von der Regelungsintensität der in Rede stehenden Richtlinie ab.[174] Wenn trotz Umsetzungsspielraums die Regelungsintensität eine nahezu vollharmonisierende Umsetzung erforderlich macht und gewährte Gestaltungsfreiheiten im Ergebnis auf Null reduziert werden, so ist als Prüfungsmaßstab allein die Grundrechtecharta heranzuziehen.[175] Selbiges gilt dann, wenn sich der nationale Gesetzgeber trotz gewährter Spielräume eng an die durch den europäischen Gesetzgeber in der Richtlinie gemachten Vorgaben hält.

Der EuGH hat es in seiner Rechtsprechung so gefasst, dass eine Heranziehung der Charta-Grundrechte als Prüfungsmaßstab immer dann in Betracht kommt, wenn ein hinreichender Zusammenhang von einem gewissen Grad zwischen dem Unionsrecht und der in Rede stehenden staatlichen Maßnahme besteht.[176] Ob ein solcher vorliegt, hängt ausweislich des EuGH davon ab, ob mit der nationalen Regelung eine Durchführung einer Bestimmung des Unionsrechts bezweckt wird, welchen Charakter diese Regelung hat und ob mit ihr andere als die unter das Unionsrecht fallenden Ziele verfolgt werden, selbst wenn sie das Unionsrecht mittelbar beeinflussen kann.[177] Entscheidend ist insoweit, dass die ausgeführte Handlung ihre Grundlage im Unionsrecht und nicht im nationalen Recht hat.[178]

In Fällen, in denen der deutsche Gesetzgeber weitreichenden Gebrauch von dem ihm gewährten Gestaltungsspielraum macht, sodass kein hinreichender Zusammenhang mehr mit dem Unionsrecht besteht, entfalten die Unionsgrundrechte gegenüber den Grundrechten des Grundgesetzes jedoch

173 Heselhaus/Nowak-*Nowak*, HdB der Europäischen Grundrechte, § 9, Rn. 29.

174 Heselhaus/Nowak-*Nowak*, HdB der Europäischen Grundrechte, § 9, Rn. 29.

175 Vgl. BVerfG, NVwZ 2007, 937 (938); s. auch *Holz*, NVwZ 2007, 1153 (1153 ff.); Heselhaus/Nowak-*Nowak*, HdB der Europäischen Grundrechte, § 9, Rn. 29.

176 EuGH, C-206/13, EU:C:2014:126, Rn. 24 ff.; von der Groeben/Schwarze/Hatje-*Terhechte*, Art. 51 GRC, Rn. 11; Pechstein/Nowak/Häde-*Pache*, Art. 51 GRC, Rn. 19; Jarass-*Jarass*, Charta der Grundrechte der EU, Art. 51, Rn. 23.

177 EuGH, C-206/13, EU:C:2014:126, Rn. 25; Jarass-*Jarass*, Charta der Grundrechte der EU, Art. 51, Rn. 25.

178 Vgl. EuGH, C-206/13, EU:C:2014:126, Rn. 24 ff.; Pechstein/Nowak/Häde-*Pache*, Art. 51 GRC, Rn. 19; Jarass-*Jarass*, Charta der Grundrechte der EU, Art. 51, Rn. 23 ff.; vgl. von der Groeben/Schwarze/Hatje-*Terhechte*, Art. 51 GRC, Rn. 11.

keine Sperrwirkung. Grundsätzlich kann hier mithin eine Prüfung anhand des Grundgesetzes vorgenommen werden. Eine alleinige Anwendung der nationalen Grundrechte ist jedoch mit Blick darauf, dass das Umsetzungsgesetz trotzdem auf einer europäischen Richtlinie fußt, im Ergebnis abzulehnen. Das grundsätzliche Interesse an einem möglichst umfangreichen Grundrechtsschutz gebietet es nach Ansicht des EuGH auch hier, dass die Grundrechte der Charta zumindest neben den nationalen Grundrechten herangezogen werden, um ein Mindestmaß an Schutz zu gewährleisten, sofern die nationalen Grundrechte von ihrem Schutzniveau her hinter dem durch die Charta gewährten Schutz zurückbleiben.[179] Es besteht insoweit eine doppelte Grundrechtsbindung der Mitgliedstaaten[180] mit einem Vorrang des im Einzelfall möglicherweise strengeren nationalen Grundrechts. Das Bundesverfassungsgericht hat diesbezüglich statuiert, dass bei einer Prüfung am Maßstab der Grundrechte des Grundgesetzes das Schutzniveau der Grundrechtecharta in der Regel mitgewährleistet ist.[181]

Welcher Prüfungsmaßstab im Ergebnis bei den nationalen Vorschriften, welche im Wege der Umsetzung einer Richtlinie ihren Weg in das deutsche Recht gefunden haben, heranzuziehen ist, hängt somit im Wesentlichen davon ab, inwiefern dem nationalen Gesetzgeber Gestaltungsspielräume zugestanden wurden und in welchem Maß er hiervon Gebrauch gemacht hat bzw. Gebrauch machen konnte. Je eher die Umsetzung der Richtlinie aufgrund ihrer Regelungsintensität unionsrechtlich determiniert ist, desto eher ist eine Prüfung anhand der Grundrechte der Charta durchzuführen.

3. *Exkurs: Erweiterung des Rechtsschutzes durch „Recht auf Vergessen II"*

Hinsichtlich etwaiger Verletzungen von Charta-Grundrechten erging zuletzt ein wegweisender Beschluss des Bundesverfassungsgerichts, welcher eine wesentliche Erweiterung des gewährten Rechtsschutzes zur Folge hatte. Wenngleich diese im Rahmen der abstrakten Überprüfung der Informationspflichten nicht

179 Heselhaus/Nowak-*Nowak*, HdB der Europäischen Grundrechte, § 9, Rn. 30.

180 *Lindner*, EuZW 2007, 71 (73 ff.); *Szczekalla*, NVwZ 2006, 1019 (1021); Heselhaus/Nowak-*Nowak*, HdB der Europäischen Grundrechte, § 9, Rn. 30; von einer parallelen Anwendbarkeit geht insoweit auch der EuGH aus, sofern Vorrang, Einheit und Wirksamkeit des Unionsrechts nicht beeinträchtigt würden, EuGH, Urt. v. 26.02.2013, C-617/10, EU:C:2013:105, Rn. 29; Heselhaus/Nowak-*Nowak*, HdB der Europäischen Grundrechte, § 9, Rn. 30.

181 BVerfG, EuZW 2019, 1035 (Rn. 44).

zur Anwendung kommt, ist sie hier dennoch aufgrund ihrer Tragweite kurz darzustellen.

Mit einer Prüfung von Unionsgrundrechten ging bisher einher, dass ein Rechtsschutz in dieser Beziehung grundsätzlich allein von dem EuGH gewährleistet wurde. Da der Einzelne keine Möglichkeit hat, direkt selbst vor den EuGH zu ziehen, war er hier bislang darauf angewiesen, dass das mit der Sache befasste nationale Gericht bei einer möglichen Verletzung von Grundrechten auf EU-Ebene die zu entscheidende Sache dem EuGH vorlegte. In Fällen, in denen das Gericht von einer Vorlage absah, war insofern der mögliche Rechtsschutz deutlich eingeschränkt. Eine Vorlage konnte dann nur mit einer Verfassungsbeschwerde unter dem Gesichtspunkt der Verletzung des Rechts auf den gesetzlichen Richter aus Art. 101 Abs. 1 S. 2 GG erreicht werden, nach dessen Erfolg das Bundesverfassungsgericht dann das nationale Gericht anweist, die Sache doch vorzulegen.

Für den Rechtsschutzsuchenden war diese Art der Überprüfung einer etwaigen Verletzung seiner Charta-Grundrechte mit großem Aufwand verbunden. Dies war lange Zeit der Status quo. Eine wirksamere, leichter zugängliche Art des Rechtsschutzes bestand für die Grundrechte der Charta schlichtweg nicht.

Eine enorme Erweiterung des Rechtsschutzes ging jedoch jüngst mit dem „Recht auf Vergessen II“-Beschluss[182] des Bundesverfassungsgerichts vom 06.11.2019 einher. Wo bislang das Grundgesetz für das Bundesverfassungsgericht der einzige maßgebliche Prüfungsmaßstab war, legte es in diesem Beschluss fest, dass es nunmehr auch unmittelbar Chartagrundrechte als Prüfungsmaßstab heranziehen wird. Das Bundesverfassungsgericht begründet seine Entscheidung damit, dass ihm die Aufgabe der Gewährleistung eines wirksamen Grundrechtsschutzes zukomme.[183] Bislang bezog sich dieses Verständnis lediglich auf die Grundrechte des Grundgesetzes, jedoch seien die Grundrechte der Charta als funktionsäquivalent zu diesen anzusehen.[184] Da bis heute kein effektiver Individualrechtsbehelf auf Unionsebene zur Verfügung stehe, ist es im Ergebnis auch Aufgabe des Bundesverfassungsgerichts, hier einen effektiven Rechtsschutz zu gewährleisten.[185]

Für den Einzelnen geht mit diesem Beschluss des Bundesverfassungsgerichts und der dort vorgenommenen Begründung der Prüfungskompetenz für die

182 BVerfG, EuZW 2019, 1035 (1035 ff.).
183 BVerfG, EuZW 2019, 1035 (Rn. 58).
184 BVerfG, EuZW 2019, 1035 (Rn. 59).
185 BVerfG, EuZW 2019, 1035 (Rn. 60 f.).

Charta-Grundrechte einher, dass nunmehr die Grundrechte der Charta im Rahmen einer Urteilsverfassungsbeschwerde unmittelbarer Prüfungsmaßstab sind. Der Weg zum EuGH ist insoweit zwar nicht vereinfacht worden, jedoch wird ein vergleichbarer Schutz jetzt auch von dem Bundesverfassungsgericht gewährleistet, wodurch eine erhebliche Erweiterung des Rechtsschutzes erreicht wurde.

III. Relevante Grundrechte mit Blick auf Informationspflichten

Mit der Feststellung, dass eine Überprüfung von Informationspflichten mit Unionsrechtsbezug anhand der EU-Grundrechte grundsätzlich in Betracht kommt, gilt es in einem nächsten Schritt zu untersuchen, welche Grundrechte mit Blick auf vorgeschriebene Informationsweitergaben einen entsprechenden Grundrechtsschutz gewähren und ob die deutschen Aktiengesellschaften als juristische Personen deren Träger sein können. Auch auf europäischer Ebene müsste es mithin ein Grundrecht geben, welches einen ähnlichen Schutz gewährt, wie das Recht auf informationelle Selbstbestimmung im Grundgesetz. Sofern Informationspflichten in Rede stehen, die die Aktiengesellschaften dazu verpflichten, Informationen offenzulegen, kommen vor allem Art. 8 GRCh – welcher den Schutz personenbezogener Daten zum Gegenstand hat – und Art. 16 GRCh als Recht auf unternehmerische Freiheit in Betracht.

1. Art. 8 GRCh

Art. 8 Abs. 1 GRCh statuiert, dass jede Person das Recht auf Schutz der sie betreffenden personenbezogenen Daten hat. Unter personenbezogenen Daten sind alle Angaben oder Informationen über eine bestimmte oder bestimmbare Person zu verstehen.[186] Durch das Recht auf Schutz wird diesbezüglich ein klassisches Abwehrrecht vor Beeinträchtigungen gewährt, welches sich auch gegenüber dem Gesetzgeber auf Unionsebene durchsetzt.[187] Das grundrechtlich geschützte Verhalten beinhaltet insbesondere die Herrschaft über die eigenen Daten.[188] Bei Art. 8 GRCh handelt es sich, wie auch bei dem Recht auf informationelle Selbstbestimmung, mithin um ein Grundrecht, welches den Datenschutz zum Gegenstand hat.

---

186 Calliess/Ruffert-*Kingreen*, Art. 8 GRC, Rn. 9; Pechstein/Nowak/Häde-*Wolff*, Art. 8 GRC, Rn. 12; Stern/Sachs-*Johlen*, GRCh, Art. 8, Rn. 29.

187 Pechstein/Nowak/Häde-*Wolff*, Art. 8 GRC, Rn. 15.

188 Calliess/Ruffert-*Kingreen*, Art. 8 GRC, Rn. 9; *Frenz*, Handbuch Europarecht, Band 4, Rn. 1380.

Die Ähnlichkeit zu dem nationalen Recht auf informationelle Selbstbestimmung ist jedoch auch insoweit gegeben, als die Frage nicht einheitlich beantwortet wird, ob Aktiengesellschaften als juristische Personen überhaupt Träger des in Art. 8 GRCh normierten Grundrechts sein können. Der Wortlaut der Norm spricht davon, dass jede „Person“ das Recht auf Schutz der sie betreffenden personenbezogenen Daten hat. Der persönliche Schutzbereich wird in dieser Art bisweilen so ausgelegt, dass nur natürliche Personen sich auf den durch Art. 8 GRCh gewährleisteten Schutz berufen können sollen.[189] Als Begründung wird neben dem Wortlaut „Person“ darauf verwiesen, dass auch in Art. 16 Abs. 2 AEUV die Regelungskompetenz auf natürliche Personen beschränkt ist.[190]

Diese restriktive Auslegung des Schutzbereichs vermag jedoch nicht zu überzeugen. Wie bereits eingangs in Bezug auf das Recht auf informationelle Selbstbestimmung angeführt, ist der Schutz der personenbezogenen Daten auch für juristische Personen von besonderer Relevanz. Sowohl der Schutzzweck des Grundrechts als auch die vergleichbare Gefährdungslage sprechen für eine Einbeziehung der juristischen Personen.[191] Datenschutz ist eben nicht untrennbar mit der Menschenwürde verbunden, sondern lässt sich mit Blick auf die juristischen Personen auch allein auf die allgemeine Handlungsfreiheit stützen.[192] Auch auf der unionsrechtlichen Ebene ist insoweit entscheidend, ob ein Grundrecht seinem Wesen nach auf juristische Personen anwendbar ist.[193] Dies ist bei Art. 8 GRCh als Datenschutzgrundrecht der Fall.[194]

Einer Einbeziehung der juristischen Personen in den Schutzbereich des Art. 8 GRCh steht zunächst nicht kategorisch entgegen, dass die in Art. 16 Abs. 2 AEUV gewährte Kompetenz lediglich den Erlass von Vorschriften zum Schutz natürlicher Personen vorsieht, da der grundrechtlich gewährte Schutz ohne Weiteres auch umfassender festgelegt werden kann. Für eine weite Auslegung und dafür, dass auch juristische Personen in den Schutzbereich des

---

189 Vgl. *Heißl*, EuR 2017, 561 (563); *Frenz*, Handbuch Europarecht, Band 4, Rn. 1369; Stern/Sachs-*Johlen*, GRCh, Art. 8, Rn. 26; vgl. Pechstein/Nowak/Häde-*Wolff*, Art. 8 GRC, Rn. 10.

190 Pechstein/Nowak/Häde-*Wolff*, Art. 8 GRC, Rn. 11.

191 S. 26 ff.; so auch Pechstein/Nowak/Häde-*Wolff*, Art. 8 GRC, Rn. 11; Calliess/Ruffert-*Kingreen*, Art. 8 GRC, Rn. 11.

192 S. o. 2. Teil, A, II, 2, c; so auch in Bezug auf das Unionsrecht Pechstein/Nowak/Häde-*Wolff*, Art. 8 GRC, Rn. 11.

193 Jarass-*Jarass*, Charta der Grundrechte der EU, Art. 51, Rn. 58; Streinz-*Streinz/Michl*, Art. 51 GRCh, Rn. 32; Pechstein/Nowak/Häde-*Pache*, Art. 51 GRC, Rn. 8.

194 Vgl. zur Wesensformel oben 2. Teil, A, II, 1, c.

Art. 8 GRCh mit einzubeziehen sind, spricht insoweit die Verwendung des Begriffs „Person". Der offene Wortlaut lässt einen solchen Schluss insbesondere dann zu, wenn man die Fassung des Art. 8 GRCh in einen textlichen Zusammenhang mit anderen Grundrechten stellt. Wo in Art. 8 GRCh der Begriff der Person verwendet wird, wird beispielsweise in Art. 1, Art. 2, Art. 3 und Art. 6 GRCh explizit der Begriff „Mensch" verwendet.[195] Der Wortlaut von Art. 8 GRCh, welcher anstelle von Menschen von Personen spricht, lässt eine Einbeziehung von juristischen Personen somit grundsätzlich zu. Es gibt insoweit zwar auch Grundrechte wie Art. 42 und Art. 44 der GRCh, in denen neben der natürlichen Person auch ausdrücklich der Begriff juristische Person verwendet wird, jedoch kann hieraus nicht der Umkehrschluss gezogen werden, dass mangels dieses Zusatzes in Art. 8 GRCh eine Einbeziehung juristischer Personen ausgeschlossen sei.[196] Ein systematischer Vergleich zu Art. 17 GRCh zeigt, dass dieses Wortlautargument einer Einbeziehung der juristischen Person in den persönlichen Schutzbereich des Art. 8 GRCh nicht entgegengehalten werden kann. Der Art. 17 GRCh als Eigentumsgrundrecht spricht insoweit auch lediglich von „Person", jedoch wird in den Erläuterungen ein eindeutiger Bezug zu Art. 1 1. ZP-EMRK hergestellt, nach dessen Vorbild Art. 17 GRCh ausgestaltet ist und welcher seinerseits auch von jeder natürlichen oder juristischen Person spricht.[197] Letztendlich spricht auch die Entstehungsgeschichte des Art. 8 GRCh dafür, dass auch juristische Personen Teil des persönlichen Schutzbereichs sind. In einem ersten Entwurf dieses Artikels war noch ausdrücklich von natürlichen Personen die Rede. Diese klare Einschränkung wurde jedoch in der finalen Fassung gestrichen, was wiederum für eine Öffnung des Schutzbereichs spricht.[198] Unter „Person" im grundrechtlichen Kontext des Art. 8 GRCh kann mithin auch eine juristische Person gleich welcher Rechtsform verstanden werden, selbst wenn diese nicht ausdrücklich mit aufgeführt ist.[199]

Juristische Personen können mithin Träger des Grundrechts aus Art. 8 GRCh sein. Sowohl aus sachlichen als auch formellen Gesichtspunkten ist eine

---

195 Pechstein/Nowak/Häde-*Wolff*, Art. 8 GRC, Rn. 11; Calliess/Ruffert-*Kingreen*, Art. 8 GRC, Rn. 11.

196 Vgl. *Cloppenburg*, Unionsgrundrechte, S. 187; vgl. *Oliver*, ICLQ 2015, 661 (680 f.).

197 *Heißl*, EuR 2017, 561 (564).

198 *Heißl*, EuR 2017, 561 (565).

199 EuGH, ZIP 2010, 143 (Rn. 39); *Heißl*, EuR 2017, 561 (564); Jarass-*Jarass*, Charta der Grundrechte der EU, Art. 8, Rn. 8 und Art. 51, Rn. 58; Calliess/Ruffert-*Kingreen*, Art. 8 GRC, Rn. 11; Streinz-*Streinz*, Art. 8 GRCh, Rn. 6.

Einbeziehung der juristischen Personen in den Schutzbereich naheliegend und angebracht.

2. *Art. 16 GRCh*

Neben Art. 8 GRCh kommt in Bezug auf Geschäftsinformationen zusätzlich die unternehmerische Freiheit aus Art. 16 GRCh als maßgebliches Grundrecht in Betracht, an welchem sich Informationspflichten im Hinblick auf ihre Vereinbarkeit mit dem Unionsprimärrecht hin überprüfen lassen müssen.[200]

Wo Art. 8 GRCh den Schutz personenbezogener Daten verfolgt, umfasst der durch Art. 16 GRCh gewährte Schutz die Freiheit, eine Wirtschafts- oder Geschäftstätigkeit auszuüben, und gewährleistet darüber hinaus den freien Wettbewerb.[201] Träger des Grundrechts auf unternehmerische Freiheit sind alle Selbstständigen, worunter sowohl natürliche als auch juristische Personen gleichermaßen zu verstehen sind.[202] Entscheidend dafür, wer Grundrechtsträger ist, ist insoweit, wer Betreiber des Unternehmens ist.[203] Dies können als

---

200 Vgl. Streinz-*Streinz*, Art. 8 GRCh, Rn. 7; Jarass-*Jarass*, Charta der Grundrechte der EU, Art. 8, Rn. 4; *Cloppenburg*, Unionsgrundrechte, S. 179 ff.

201 Zu den einzelnen Ausprägungen der unternehmerischen Freiheit: *Gundel*, ZHR 180 (2016), 323 (350 ff.); *Schwarze*, EuZW 2001, 517 (518); von der Groeben/Schwarze/Hatje-*Wollenschläger*, Art. 16 GRC, Rn. 8; Jarass-*Jarass*, Charta der Grundrechte der EU, Art. 16, Rn. 10; Pechstein/Nowak/Häde-*Kühling*, Art. 16 GRC, Rn. 9 ff.; Schwarze/Becker/Hatje/Schoo-*Schwarze/Voet van Vormizeele*, Art. 16 GRCh, Rn. 4; Stern/Sachs-*Blanke*, GRCh, Art. 16, Rn. 6 ff.

202 Ausführlich *Sasse*, EuR 2012, 628 (628 ff.); *Rengelingen*, DVBl. 2004, 453 (455, 459); Schwarze/Becker/Hatje/Schoo-*Schwarze/Voet van Vormizeele*, Art. 16 GRCh, Rn. 4; Calliess/Ruffert-*Ruffert*, Art. 16 GRC, Rn. 3; Streinz-*Streinz*, Art. 16 GRCh, Rn. 7; Jarass-*Jarass*, Charta der Grundrechte der EU, Art. 16, Rn. 11 f.; von der Groeben/Schwarze/Hatje-*Wollenschläger*, Art. 16 GRC, Rn. 6; Meyer/Hölscheidt-*Bernsdorff*, Art. 16 GRCh, Rn. 18; Franzen/Gallner/Oetker-*Schubert*, Art. 16 GRCh, Rn. 6; Merten/Papier-*Durner*, HdB GR, Band VI/1, § 162, Rn. 36; *Cloppenburg*, Unionsgrundrechte, S. 186; *Frenz*, Handbuch Europarecht, Band 4, Rn. 2670.

203 Pechstein/Nowak/Häde-*Kühling*, Art. 16 GRC, Rn. 5; Stern/Sachs-*Blanke*, GRCh, Art. 16, Rn. 11. Umstritten ist, ob auch juristische Personen des öffentlichen Rechts Grundrechtsträger des Art. 16 GRCh sein können. Eine qualitative Unterscheidung ist hier im Ergebnis jedoch nicht vorzunehmen, da juristische Personen des Privatrechts und des öffentlichen Rechts im Wettbewerb auf Unionsebene grundsätzlich den gleichen Regeln unterworfen sind und den gleichen Eingriffen in ihre Rechtspositionen durch die Union ausgesetzt sind, Meyer/Hölscheidt-*Bernsdorff*, Art. 16 GRCh, Rn. 18; Schwarze/Becker/Hatje/Schoo-*Schwarze/Voet van Vormizeele*, Art. 16 GRCh, Rn. 4; *Cloppenburg*, Unionsgrundrechte, S. 187 f.; Merten/Papier-*Durner*, HdB GR,

wesentliche Wirtschaftsakteure ohne Weiteres auch juristische Personen des Privatrechts sein.

In sachlicher Hinsicht werden neben der Aufnahme und Beendigung einer wirtschaftlichen Tätigkeit insbesondere auch jegliche Aspekte ihrer Durchführung geschützt.[204] Der umfassende Schutzbereich vereint in dieser Hinsicht eine Vielfalt von konkreten Schutzgehalten. Neben zentralen Aspekten wie der Vertragsfreiheit, der Handelsfreiheit und der Werbefreiheit und des Rechts eines jeden Unternehmers, frei über seine wirtschaftlichen, technischen und finanziellen Ressourcen zu verfügen, ist der Schutz von Betriebs- und Geschäftsgeheimnissen gegenüber Offenlegungspflichten wesentlicher Bestandteil des durch Art. 16 GRCh gewährten Schutzes.[205] Durch den primärrechtlich gewährleisteten Schutz von Betriebs- und Geschäftsgeheimnissen kommt Art. 16 GRCh insoweit maßgebliche Bedeutung in den Fällen zu, in denen auf Unionsrechtsakte rückführbare Pflichten die Offenlegung von Informationen vorsehen. Sofern die Bedeutung des Grundrechts bei der Schaffung der Informationspflichten nicht hinreichend berücksichtigt oder gar verkannt wurde, können diese möglicherweise gegen den Verhältnismäßigkeitsgrundsatz verstoßen und in der Folge rechtswidrig sein.

IV. Prüfungsmaßstäbe

Nachdem nunmehr herausgearbeitet wurde, welche nationalen und unionsrechtlichen Grundrechte den Aktiengesellschaften einen Schutz im Hinblick auf die durch Informationspflichten vorgesehene Bereitstellung und Offenlegung von Informationen gewähren, ist in einem weiteren Schritt zunächst abstrakt die Prüfung der Informationspflichten im Hinblick auf ihre Verfassungs- bzw. Rechtmäßigkeit hin zu thematisieren.

Band VI/1, § 162, Rn. 36; Stern/Sachs-*Blanke*, GRCh, Art. 16, Rn. 12; a.A. Calliess/Ruffert-*Ruffert*, Art. 16 GRC, Rn. 3.

204 *Cloppenburg*, Unionsgrundrechte, S. 179; *Sasse*, EuR 2012, 628 (628 f.); Jarass-*Jarass*, Charta der Grundrechte der EU, Art. 16, Rn. 10; von der Groeben/Schwarze/Hatje-*Wollenschläger*, Art. 16 GRC, Rn. 8.

205 Vgl. EuGH, ZIP 2004, 2134 (Rn. 49); *Sasse*, EuR 2012, 628 (628 f.); *Gundel*, ZHR 180 (2016), 323 (353 f.); *Cloppenburg*, Unionsgrundrechte, S. 180; Pechstein/Nowak/Häde-*Kühling*, Art. 16 GRC, Rn. 9; Jarass-*Jarass*, Charta der Grundrechte der EU, Art. 16, Rn. 10; von der Groeben/Schwarze/Hatje-*Wollenschläger*, Art. 16 GRC, Rn. 8; Schwarze/Becker/Hatje/Schoo-*Schwarze/Voet van Vormizeele*, Art. 16 GRCh, Rn. 4; Streinz-*Streinz*, Art. 16 GRCh, Rn. 6; *Frenz*, Handbuch Europarecht, Band 4, Rn. 2691 ff.

Die Prüfung eines Gesetzes erfolgt sowohl nach dem Verfassungsrecht als auch nach dem Unionsrecht zum einen in formeller, zum anderen in materieller Hinsicht. Bei der formellen Prüfung des Gesetzes wird das verfassungskonforme Zustandekommen hinterfragt, wohingegen auf materieller Ebene der Inhalt des Gesetzes und dessen Vereinbarkeit mit höherrangigem Recht geprüft wird. Sofern nationale Rechtsakte in Frage stehen, wird hierbei von der Verfassungsmäßigkeit gesprochen, wobei bei einer Prüfung von Unionsrechtsakten von Rechtmäßigkeit die Rede ist. Da im Zuge der Prüfung der einzelnen Informationspflichten vorrangig relevant ist, ob diese mit höherrangigem Recht – also den hier herausgearbeiteten, vor unbesehener Informationsweitergabe schützenden Grundrechten – vereinbar sind, wird bei der Überprüfung der Pflichten der Fokus auf die materielle Verfassungs- bzw. Rechtmäßigkeit gelegt.

Da mit Informationspflichten grundsätzlich ein Verhalten von den Aktiengesellschaften verlangt wird, welches sich als im Hinblick auf die die Aktiengesellschaften schützenden Grundrechte als grundrechtsrelevant erweist, ist bei der Betrachtung der Pflichten zu untersuchen, ob der betroffene Gesetzgeber die jeweilige Pflicht verhältnismäßig ausgestaltet hat. Eingriffe[206] in die Schutzbereiche der aufgezeigten Grundrechte können zwar grundsätzlich bereits durch die gesetzliche Normierung der Pflichten gerechtfertigt sein,[207] der Gesetzgeber hat bei der Intensität des Eingriffs jedoch nicht freie Hand. Er ist wiederum

206 Nach dem modernen Eingriffsbegriff ist ein Eingriff jedes staatliche Handeln, das dem Einzelnen ein Verhalten oder den Genuss eines Rechtsguts, das in den Schutzbereich eines Grundgesetzes fällt, ganz oder teilweise unmöglich macht, gleichgültig ob diese Wirkung final oder unbeabsichtigt, unmittelbar oder mittelbar, rechtlich oder tatsächlich mit oder ohne Befehl und Zwang eintritt, BVerfG, NVwZ 2018, 1124 (1124 f.); *Hobusch*, JA 2019, 278 (280); *Kingreen/Poscher*, Rn. 294.

207 Bei Eingriffen in Art. 2 Abs. 1 GG kommt die Schranke der verfassungsmäßigen Ordnung als einfacher Gesetzesvorbehalt in Betracht. Unter der verfassungsmäßigen Ordnung ist die Gesamtheit der Normen zu verstehen, die formell und materiell mit der Verfassung in Einklang stehen. Durch eine solche Norm kann der Schutzbereich mithin grundsätzlich eingeschränkt werden, BGH, NJW 1989, 891 (892); *Kingreen/Poscher*, Rn. 259 f.; vgl. Assmann/Schneider/Mülbert-*Assmann*, WertpapierhandelsR, Art. 17 MAR, Rn. 74; eine mögliche Rechtfertigung von Eingriffen in die Schutzbereiche der Charta-Grundrechte ist im Unionsrecht übergreifend in Art. 52 Abs. 1 S. 1 GRCh geregelt, welcher einen einfachen Gesetzesvorbehalt für die Grundrechte der Charta normiert, Pechstein/Nowak/Häde-*Pache*, Art. 52 GRC, Rn. 18; Calliess/Ruffert-*Kingreen*, Art. 52 GRCh, Rn. 62; Schwarze/Becker/Hatje/Schoo-*Becker*, Art. 52 GRCh, Rn. 2 ff.; vgl. *Frenz*, Handbuch Europarecht, Band 4, Rn. 2752 ff.; Stern/Sachs-*Blanke*, GRCh, Art. 16, Rn. 15 ff.

bei der Beschränkung beschränkt (Schranken-Schranke). Das einschränkende Gesetz muss seinerseits verfassungsgemäß sein. Von besonderer Bedeutung ist hier neben dem auch auf EU-Ebene zur Anwendung kommenden rechtsstaatlichen Bestimmtheitsgrundsatz[208] der Grundsatz der Verhältnismäßigkeit, nach welchem ein einschränkendes Gesetz nicht übermäßig einschränkend wirken darf und eine stimmige Zweck-Mittel-Relation aufweisen muss.[209]

Auf der Ebene des Unionsrechts ergibt sich insoweit eine zusätzliche Verhältnismäßigkeitsprüfung aus Art. 5 Abs. 4 EUV; hier geht es jedoch nicht um die Abwägung anhand von Grundrechten, sondern anhand der Ziele der Europäischen Union. Es handelt sich in dieser Art um eine der Prüfung anhand der Grundrechte vorgeschaltete Prüfung, die es auf einer höheren Abstraktionsebene erlaubt, Gesetze inhaltlich bereits an den Zielen der EU zu messen. Diese dürfen inhaltlich nicht über die Ziele der EU hinausgehen.

Für die inhaltliche Prüfung des Gesetzes hinsichtlich der Vereinbarkeit mit höherrangigem Recht im Rahmen der Verhältnismäßigkeitsprüfung ist sodann zu eruieren, ob die Norm einem legitimen Zweck dient und hinsichtlich dieses Zwecks geeignet, erforderlich und angemessen ist.[210]

Um eine Grundlage für die sich im weiteren Verlauf der Bearbeitung ergebenden Untersuchungen der einzelnen Informationspflichten zu legen, ist hier eine abstrakte Betrachtung der durch Informationspflichten verfolgten legitimen Zwecke vorzunehmen, um diese im weiteren Verlauf der Bearbeitung bei der Untersuchung der einzelnen Informationspflichten hinsichtlich ihrer Vereinbarkeit mit höherrangigem Recht subsummieren zu können.

So vielfältig wie die Rechtsgrundlagen der Informationspflichten sind insofern auch die mit ihnen verfolgten Ziele.[211] In vielen Lebensbereichen, in denen Kapital- und vor allem Aktiengesellschaften tätig sind, existieren Informationsbedürfnisse, deren Befriedigung Informationspflichten zu dienen bestimmt sind.

---

208 EuGH, NVwZ 2018, 567 (Rn. 46); EuGH, Urt. v. 16.01.2014, C-24/13, EU:C:2014:40, Rn. 32; Jarass-*Jarass*, Charta der Grundrechte der EU, Einleitung, Rn. 46.

209 BGH, NJW 1989, 891 (892); Pechstein/Nowak/Häde-*Pache*, Art. 52 GRC, Rn. 24; Calliess/Ruffert-*Kingreen*, Art. 52 GRCh, Rn. 65 ff.; Schwarze/Becker/Hatje/Schoo-*Becker*, Art. 52 GRCh, Rn. 6; Schwarze/Becker/Hatje/Schoo-*Schwarze/Voet van Vormizeele*, Art. 15 GRCh, Rn. 7 und Art. 16 GRCh, Rn. 6; Merten/Papier-*Durner*, HdB GR, Band VI/1, § 162, Rn. 38; Assmann/Schneider/Mülbert-*Assmann*, WertpapierhandelsR, Art. 17 MAR, Rn. 74; *Frenz*, Handbuch Europarecht, Band 4, Rn. 2758 ff.

210 Zu den einzelnen Prüfungsschritten: Schwarze/Becker/Hatje/Schoo-*Becker*, Art. 52 GRCh, Rn. 6.

211 S. o. 1. Teil, C.

Legitime Zielsetzungen für Informationspflichten können in dieser Art in der Stärkung der mitgliedschaftlichen Stellung der Aktionäre und der Ermöglichung einer sinnvollen Ausübung von Aktionärsrechten bestehen. Unerwünschte Informationsasymmetrien können abgebaut und an deren Stelle Informationssysteme implementiert werden, welche einen Mehrwert für die Betroffenen mit sich bringen. Durch periodenweise oder auch unterjährig auf der Ebene der Unternehmen offengelegte Informationen können Aktionäre, Gläubiger und andere mit der Gesellschaft verbundene Personen immer auf einem aktuellen Informationsstand bleiben – ohne hierfür stets an die Gesellschaft herantreten zu müssen – und so ihre Entscheidungen informationsbasiert treffen.[212] Darüber hinaus kann eine gesteigerte Informationsvermittlung und ein Mehr an Transparenz dazu beitragen, das Vertrauen in den Kapitalmarkt zu stärken; dies sowohl national als auch international. Ein legitimer Zweck auf unionsrechtlicher Ebene kann darin bestehen, einen EU-weiten vertrauenswürdigen Kapitalmarkt zu schaffen, der den Teilnehmern ein größtmögliches Maß an Sicherheit und Chancengleichheit bietet, und in dem durch zusätzliche präventive Informationsvermittlung kein Raum für Missbrauch bleibt.

All diese können mit Blick auf bestehende Informationsbedürfnisse legitime Zwecke von Informationspflichten darstellen. In der näheren Betrachtung einzelner Pflichten ist anhand der anzulegenden nationalen oder unionsrechtlichen Maßstäbe zu prüfen, ob die Vorschriften unter Berücksichtigung der Zwecke tatsächlich als verhältnismäßig zu bewerten sind oder ob sich bei der weiteren Prüfung der Geeignetheit, Erforderlichkeit und Angemessenheit Unstimmigkeiten ergeben, die zu einer Unverhältnismäßigkeit der Informationspflicht führen. Eine Verletzung des Verhältnismäßigkeitsgrundsatzes hätte zur Folge, dass die jeweilige gesetzliche Pflicht materiell verfassungs- bzw. rechtswidrig wäre.

---

212 *Noack/Zetsche*, ZHR 170 (2006), 218 (219 f.).

3. Teil: Umgang mit Informationen im Aktienrecht

Nachdem nun ein Überblick über die Thematik und die sich hier stellenden Probleme vermittelt und die verfassungs- und unionsrechtlichen Grundlagen betrachtet wurden, ist im zweiten Teil der Bearbeitung zu erörtern, wie im Aktienrecht mit Informationen umgegangen wird. Im Rahmen der Betrachtung der aktienrechtlichen Grundkonzeption wird ein besonderes Augenmerk auf die Schweigepflicht der Organmitglieder aus §§ 93 Abs. 1 S. 3, 116 AktG und die dazugehörigen Geheimhaltungsinteressen gelegt. Daneben wird auf das Fragerecht der Aktionäre in der Hauptversammlung aus § 131 AktG eingegangen und die Frage beantwortet, welche Bedeutung dem Fragerecht im Hinblick auf die neben ihm bestehenden und vermehrt eingeführten Informationspflichten noch zukommt.

A. Aktienrechtliche Grundkonzeption

Die aktienrechtliche Grundkonzeption im Hinblick auf Informationen ist geprägt von der Tatsache, dass zwischen den Organen einerseits und den Aktionären und sonstigen Beteiligten – wie beispielsweise Gläubigern oder Arbeitnehmern – eine Informationsasymmetrie herrscht. Wo der Begriff der Informationsasymmetrie zunächst negativ konnotiert anmutet, ist die mit ihm verbundene Aussage jedoch im Hinblick auf das Aktienrecht relativ trivialer Natur. Bestimmte Beteiligte innerhalb einer Aktiengesellschaft haben bereits aufgrund der vorherrschenden aktienrechtlichen Organstruktur und der damit verbundenen Nähe zu Informationen einen besseren Zugang zu Informationen als andere. Dieser Umstand stellt zwar eine Asymmetrie dar, ist jedoch im deutschen Gesellschaftsrecht ein allgegenwärtiges Phänomen. So hat der mit der Geschäftsführung betraute Vorstand in dieser Art einen deutlich direkteren Zugang zu wesentlichen Gesellschaftsinformationen als beispielsweise die Aktionäre. Grund hierfür ist die unabhängige, weisungsfreie Stellung des Vorstands gemäß § 76 AktG einerseits und die korrespondierende strenge Begrenzung von Auskunftsansprüchen der Aktionäre auf das Fragerecht aus § 131 Abs. 1 S. 1 AktG andererseits. Die hierbei entstehende Informationsasymmetrie, welche es in anderen Gesellschaftsformen so nicht gibt, ist jedoch intendiert. Bei der Aktiengesellschaft als Publikumsgesellschaft, bei der sich die Anteile bisweilen im Streubesitz befinden, bedarf es eines asymmetrischen Informationssystems.

Bestünden Informationsrechte vergleichbar beispielsweise mit § 51a GmbHG, könnte die Funktionsfähigkeit der beitrittsoffenen Aktiengesellschaft aufgrund der schieren Anzahl möglicher Anteilseigner, welche alle zu jeder Zeit Informationen verlangen könnten, nicht sichergestellt werden.

Bei der sich ergebenden informationellen Benachteiligung der Aktionäre handelt es sich insofern um eine vorgesehene systematische Informationsasymmetrie, welche durch die Einrichtung eines Aufsichtsrats ausgeglichen wird. Dem Aufsichtsrat kommt insofern zwar nicht die Funktion zu, den Aktionären die fehlenden Informationen weiterzuleiten, es obliegt ihm jedoch als von den Aktionären gewählter Vertretung, die Geschäftsführungsmaßnahmen des Vorstands gemäß § 111 AktG aufgrund der ihm gegenüber übermittelten Informationen[213] zu überwachen und zu kontrollieren.[214]

Der Aktionär wird in der aktienrechtlichen Grundkonzeption mithin nur begrenzt mit Informationen versorgt. Die handelsrechtlichen Rechnungslegungsvorschriften sowie die kapitalmarktrechtlichen Publizitätspflichten gewährleisten zwar indirekt ein gewisses Niveau an grundlegenden Basisinformationen, auf die der geneigte Aktionär zurückgreifen kann, zur Befriedigung eines darüberhinausgehenden Informationsbedürfnisses steht ihm insoweit jedoch nur sein Auskunftsrecht aus § 131 Abs. 1 S. 1 AktG zur Seite.[215] Weiterführende Informationsrechte ergeben sich für Aktionäre entsprechend diesem austarierten System erst dann, wenn eine Vermutung dahingehend besteht, dass die Interessen der Aktionäre nicht hinreichend gewahrt sind. Dies kann etwa dann der Fall sein, wenn der Aufsichtsrat der ihm in der aktienrechtlichen Organstruktur übertragenen Aufgabe nicht hinreichend nachkommt. Dem Aktionär steht in derartigen Fällen zur Wahrung seiner Rechte die Möglichkeit der Sonderprüfung entsprechend den §§ 142 ff. AktG zu.

Wenn man dies berücksichtigt, wird deutlich, dass es in der Diskussion rund um das aktienrechtliche Informationssystem nicht das Ziel sein kann, sämtliche Informationsasymmetrien umfassend auszuräumen.[216] Eine Zielsetzung in diese Richtung würde die gesamte aktienrechtliche Ausgestaltung im Hinblick auf

---

213 Der Vorstand hat gemäß § 90 AktG dem Aufsichtsrat gegenüber Bericht zu erstatten und diesem grundlegende Gesellschaftsinformationen zur Verfügung zu stellen.

214 *Koch*, ZGR 2020, 183 (189).

215 Vgl. *Koch*, ZGR 2020 183 (191); das Auskunftsrecht aus § 131 Abs. 1 S. 1 AktG zustimmungswürdig als den Nukleus der Aktionärsinformation begreifend: *Leyens*, ZGR 2019, 544 (547); vgl. auch *Noack/Zetsche*, ZHR 170 (2006), 218 (219 f.).

216 *Koch*, ZGR 2020, 183 (185); vgl. *Schön*, FS K. Schmidt II, 391 (400 f.).

den Umgang mit Informationen konterkarieren. Jegliche Anpassungen, die das Informationssystem betreffen, sind mithin in der Art zu hinterfragen, ob es sich bei der in Rede stehenden Asymmetrie um einen Ausfluss der aktienrechtlichen Grundkonzeption handelt oder ob tatsächlich ein regelungsbedürftiger Teilaspekt des Rechts vorliegt, bei dem die sich ergebende Informationsasymmetrie nicht hingenommen werden kann. Diskussionsbedürftige Asymmetrien können sich beispielsweise dann ergeben, wenn aufgrund einer mangelhaften Informationsversorgung die Ausübung von Mitgliedschaftsrechten überproportional erschwert wird, wenn die Asymmetrie mit den Funktionsbedingungen eines effizienten Kapitalmarktes unvereinbar ist oder weil sie zu Wissensvorsprüngen führt, welche die Gelegenheit zu opportunistischem Verhalten eröffnen.[217]

Hiermit einhergehend ergibt sich, dass Informationspflichten stets im Hinblick auf ihre tatsächliche Systemkohärenz hinterfragt werden müssen. Ob eine Neuregelung eines als regelungsbedürftig identifizierten Bereichs wirklich notwendig ist oder ob die bestehenden Pflichten nicht bereits hinreichende Informationen vermitteln, ist stets im Vorfeld zu eruieren. Das Aktienrecht kann insofern mit bestimmten Arten von Informationsasymmetrien gut leben.[218]

B. Schweigepflicht/-obliegenheit

Im Umgang mit Informationen im Aktienrecht hat der Gesetzgeber – mit der Schweigepflicht bzw. der Schweigeobliegenheit einerseits und dem Fragerecht in der Hauptversammlung andererseits – zwei sich ergänzende Grundsätze normiert, um zum einen die Interessen der Aktiengesellschaften und zum anderen auch die Interessen der jeweils beteiligten Aktionäre in Einklang zu bringen.[219]

I. Grundlagen

Im Hinblick auf den Umgang mit Informationen legt die Schweigepflicht der Vorstandsmitglieder aus § 93 Abs. 1 S. 3 AktG, welche über § 116 AktG so auch für die Aufsichtsratsmitglieder gilt, den Grundsatz fest, dass über vertrauliche Angaben und Geheimnisse der Gesellschaft, welche den jeweiligen Organmitgliedern durch ihre Tätigkeit innerhalb der Gesellschaft bekannt geworden sind, Stillschweigen zu bewahren ist. Der Normzweck der Verschwiegenheitspflicht

217 *Koch*, ZGR 2020, 183 (185); vgl. *Schön*, FS K. Schmidt II, 391 (400 f.).
218 So auch *Koch*, ZGR 2020, 183 (185).
219 Vgl. Einführung

besteht in dem Schutz des Unternehmensinteresses.[220] Nach außen wird das Interesse mit Blick auf die Wettbewerbsfähigkeit und das Ansehen der Gesellschaft geschützt, nach innen steht eine funktionierende Zusammenarbeit der Organe im Fokus.[221] Dies vor dem Hintergrund, dass ohne ein gewisses Maß an Geheimhaltung der gesellschaftsinterne Willensbildungsprozess – basierend auf einer vertrauensvollen Zusammenarbeit und einer unbefangenen Meinungsbildung – nicht funktionieren kann.[222]

Die rechtsdogmatische Grundlage der Verschwiegenheitspflicht wird zum Teil bereits in der Pflicht zur ordnungsgemäßen Wahrnehmung der Organfunktionen, bzw. in der Sorgfaltspflicht aus § 93 Abs. 1 S. 1 AktG gesehen,[223] jedoch wird nach der herrschenden Literatur die explizit in § 93 Abs. 1 S. 3 AktG normierte Pflicht zur Verschwiegenheit als Präzisierung und Teil der organschaftlichen Treuepflicht aufgefasst.[224]

Wenn das Gesetz davon spricht, dass insoweit über Gesellschaftsinterna „Stillschweigen zu bewahren ist", so meint es damit, dass jedwede Offenbarung an Dritte, sei es durch bloße Erklärung, die Weitergabe von Schriftstücken oder durch das Gestatten der Einsicht, untersagt ist.[225] Dies stellt im aktienrechtlichen Informationssystem die Ausgangslage dar, wie generell mit vertraulichen Informationen bzw. Gesellschaftsinterna umzugehen ist.[226]

Außer an gesellschaftsfremde Dritten verbietet sich eine Weitergabe von Informationen im Hinblick auf die Pflicht zur Verschwiegenheit auch gegenüber Personen, die zwar der Gesellschaft angehören, jedoch nicht Mitglieder des

---

220 BGH, NJW 1975, 1412 (1413 f.); *Kittner*, ZHR 136 (1972), 208 (226 ff.); *Mertens*, AG 1975, 235 (235 f.); GK-AktG-*Hopt/Roth*, § 93, Rn. 280.

221 BGH, NJW 1975, 1412 (1413 f.); GK-AktG-*Hopt/Roth*, § 93, Rn. 280.

222 BGH, NJW 1975, 1412 (1413 f.); GK-AktG-*Hopt/Roth*, § 93, Rn. 280.

223 Für die Organmitglieder gilt gerade der allgemeine gesellschaftsrechtliche Grundsatz, dem Unternehmen zu nützen und nicht zu schaden, *Säcker*, NJW 1986, 803 (803); *Spieker*, NJW 1965, 1937 (1937 ff.); vgl. auch Hüffer/Koch-*Koch*, § 93, Rn. 29.

224 BGH, BGHZ 64, 325 (327); *Säcker*, NJW 1986, 803 (803 f.); *Linker/Zinger*, NZG 2002, 497 (499); KK-AktG-*Mertens/Cahn*, § 93, Rn. 113; *Schroeder*, DB 1997, 2161 (2161); insoweit nur auf die Treuepflicht abstellend: *Meincke*, WM 1998, 749 (750); Spindler/Stilz-*Fleischer*, Band 1, § 93, Rn. 160; Hüffer/Koch-*Koch*, § 93, Rn. 29; GK-AktG-*Hopt/Roth*, § 93, Rn. 279; MüKo-*Spindler*, Band 2, § 93, Rn. 113; *Hölters*, § 93, Rn. 133; *Schwintowski*, NJW 1990, 1009 (1011); *Hirte*, KapGesR, Rn. 3.46.

225 *Schroeder*, DB 1997, 2161 (2161); *Linker/Zinger*, NZG 2002, 497 (499); MüKo-AktG-*Spindler*, Band 2, § 93, Rn. 141.

226 Vgl. bereits oben unter 3. Teil, A; vgl. auch *Linker/Zinger*, NZG 2002, 497 (499).

Vorstandes oder des Aufsichtsrats sind. Zu nennen sind hier beispielsweise die Organe der betriebsverfassungsrechtlichen Mitbestimmung wie der Betriebsrat oder der Wirtschaftsausschuss.[227] Der Informationsfluss wird in dieser Beziehung durch eigene gesetzlich normierte Informationspflichten sichergestellt.[228] Selbiges gilt für eine Informationsweitergabe an die Aktionäre der Gesellschaft. Auch in dieser Beziehung verbietet sich eine Weitergabe von Gesellschaftsgeheimnissen, um ein Mindestmaß an Schutz für die Gesellschaft gewährleisten zu können.[229]

In personeller Hinsicht gilt die Verschwiegenheitspflicht für sämtliche Vorstandsmitglieder, sodass auch gemäß § 85 AktG gerichtlich bestellte oder gemäß § 94 AktG stellvertretende Vorstandsmitglieder die Pflicht uneingeschränkt beachten müssen.[230] Selbiges gilt für fehlerhaft bestellte[231] und faktische Vorstandsmitglieder[232] sowie Arbeitsdirektoren und in den Vorstand entsandte Aufsichtsratsmitglieder.[233]

Um hier im Sinne der Aktiengesellschaften einen umfassenden Schutz vor unberechtigter Weitergabe von Informationen zu gewährleisten, sind auch ausgeschiedene Organmitglieder weiterhin verpflichtet, über etwaige vertrauliche Angaben und Geschäftsgeheimnisse, die ihnen während ihrer Amtszeit bekannt geworden sind, Stillschweigen zu bewahren.[234] Diese Pflicht folgt bereits aus der

---

227 KK-*Mertens/Cahn*, § 93, Rn. 119.

228 *Oetker*, FS Wissmann, 396 (407 ff.); MüKo-AktG-*Spindler*, Band 2, § 93, Rn. 141.

229 *Körber*, NZG 2002, 263 (266); MüKo-AktG-*Spindler*, Band 2, § 93, Rn. 142; vgl. GK-AktG-*Hopt/Roth*, § 93, Rn. 280 ff.

230 Spindler/Stilz-*Fleischer*, Band 1, § 93, Rn. 161.

231 Es wird von einem fehlerhaft bestellten Vorstandsmitglied gesprochen, wenn zwar ein rechtsgeschäftlicher Bestellungsakt vorliegt, dieser aber gleichwohl an einem Wirksamkeitsmangel leidet, *Stohn*, DB 2011, 158 (158 f.); vgl. auch für den GmbH-Geschäftsführer *Fleischer*, GmbHR 2011, 337 (338).

232 Ein faktisches Vorstandsmitglied nimmt in tatsächlicher Hinsicht Vorstandsaufgaben wahr, wurde jedoch nicht ordnungsgemäß zu einem solchen ernannt. Es fehlt hier gerade gänzlich an einem förmlichen Bestellungsakt, Spindler/Stilz-*Fleischer*, Band 1, § 93, Rn. 161 und § 84, Rn. 181 f.; *Fleischer*, AG 2004, 517 (518); *Hölters*, § 93, Rn. 229; vgl. auch *K. Schmidt*, GesR, § 14 III 4 a; vgl. auch für den GmbH Geschäftsführer *Fleischer*, GmbHR 2011, 337 (338).

233 Henssler/Strohn-*Dauer-Lieb*, GesR, § 93, Rn. 11; Spindler/Stilz-*Fleischer*, Band 1, § 93, Rn. 161.

234 Vgl. *Kropff*, BegrRegE AktG 1965, S. 122; Bürgers/Körber-*Bürgers/Israel*, § 93, Rn. 47; GK-AktG-*Hopt/Roth*, § 93, Rn. 308; KK-*Mertens/Cahn*, § 93, Rn. 122; K. Schmidt/Lutter-*Krieger/Sailer-Coceani*, § 93, Rn. 22.

nachwirkenden Treuepflicht der ehemaligen Organmitglieder gegenüber der Gesellschaft. Die Treuepflicht des Vorstandsmitglieds erstreckt sich hiernach im Interesse der Gesellschaft und aus Gründen der Rechtssicherheit gerade auch noch auf die Zeit nach der Beendigung der Organstellung.[235] Würde man die Auffassung vertreten, dass mit Ablegung der Organstellung auch die Treuepflicht erlischt, könnte nicht sichergestellt werden, dass erlangte Informationen nicht für eigene Zwecke missbraucht werden und der Gesellschaft in der Folge erhebliche Nachteile finanzieller und reputierlicher Art zugefügt werden.[236] Einer expliziten vertraglichen Regelung, welche die Weitergabe auch nach Niederlegung der Stellung als Organmitglied verbietet, bedarf es somit gerade nicht.[237]

Bei der Schweigepflicht, welche die Gesellschaft vor Nachteilen schützen soll, handelt es sich insoweit zudem um zwingendes Recht. § 93 Abs. 1 S. 3 AktG enthält diesbezüglich eine abschließende Regelung, welche gemäß § 23 Abs. 5 AktG nicht durch die Satzung, die Geschäftsordnung des Vorstands oder den Anstellungsvertrag restringiert oder verschärft werden kann.[238] Die Schweigepflicht ist somit gerade nicht disponibel.[239] Anerkannt ist insoweit nur eine erläuternde Ausfüllung der allgemein gehaltenen gesetzlichen Formulierungen in Form von Richtlinien, um den Organmitgliedern die Handhabe in der Praxis – indem explizit auf die Gefahr einer Verletzung gesetzlich geschützter Geheimhaltungsinteressen in bestimmten Situationen hingewiesen wird – zu erleichtern.[240]

---

235 KK-*Mertens/Cahn*, § 93, Rn. 122; GK-AktG-*Hopt/Roth*, § 93, Rn. 273; *Fleischer*, VorstandsR-HdB, § 9, Rn. 46; Spindler/Stilz-*Fleischer*, Band 1, § 93, Rn. 158; Henssler/Strohn-*Dauer-Lieb*, GesR, § 93, Rn. 11.

236 *Fleischer*, VorstandsR-HdB, § 9, Rn. 46. Von der nachwirkenden Treuepflicht nicht umfasst ist insoweit das auch aus der Treuepflicht abgeleitete Wettbewerbsverbot. Mit Beendigung der Organstellung fällt auch das Risiko einer Interessenkollision weg. Ausgeschiedene Organmitglieder sind somit nicht verpflichtet durch eigene geschäftliche Zurückhaltung Nachteile der Gesellschaft zu vermeiden, vgl. *Fleischer*, VorstandsR-HdB, § 9, Rn. 47; KK-AktG-*Mertens/Cahn*, § 93, Rn. 112.

237 MüKo-AktG-*Spindler*, Band 2, § 93, Rn. 149; Spindler/Stilz-*Fleischer*, Band 1, § 93, Rn. 161.

238 *Kittner*, ZHR 136, 208 (249 f.); *Meincke*, WM 1998, 749 (750); *Schroeder*, DB 1997, 2161 (2161); *Mertens*, AG 1975, 235 (236); MüKo-AktG-*Spindler*, Band 2, § 93, Rn. 161; GK-AktG-*Hopt/Roth*, § 93, Rn. 280; Henssler/Strohn-*Dauer-Lieb*, GesR, § 93, Rn. 10; K. Schmidt/Lutter-*Krieger/Sailer-Coceani*, § 93, Rn. 22; MüHdB-GesR-*Wiesener*, Band 4, § 25, Rn. 51.

239 Fleischer, VorstandsR-HdB-*Körber*, § 10, Rn. 14; GK-AktG-*Hopt/Roth*, § 93, Rn. 280; *Meincke*, WM 1998, 749 (750).

240 BGH, NJW 1975, 1412 (1412).

II. Sachliche Reichweite

Die Schweigepflicht bzw. Schweigeobliegenheit in § 93 Abs. 1 S. 3 AktG findet in sachlicher Hinsicht ihrem Wortlaut nach zum einen bei Geheimnissen und zum anderen bei vertraulichen Angaben Anwendung.

1. Geheimnisse

Als Geheimnisse im Sinne des § 93 Abs. 1 S. 3 AktG sind alle im unmittelbaren oder mittelbaren Zusammenhang mit der Gesellschaft stehenden Tatsachen zu begreifen, die einem begrenzten Kreis von Personen bekannt sind, und von denen bei verständiger wirtschaftlicher Betrachtung davon auszugehen ist, dass der Unternehmensträger die Geheimhaltung wünscht und deren Preisgabe nicht im Interesse der Gesellschaft liegt.[241]

Das Gesetz erwähnt hier beispielshaft Betriebs- und Geschäftsgeheimnisse,[242] jedoch gilt selbiges – sofern ein objektives Geheimhaltungsbedürfnis besteht – auch uneingeschränkt für die Unternehmens-, Finanz- und Investitionsplanung, Absatzdaten, Kundenlisten und Kalkulationen, Fertigungsverfahren, Erfindungsleistungen und Konstruktionen sowie wesentliche Personalentscheidungen.[243] Auch wenn derartige Tatsachen bereits teilweise bekannt geworden sind, kann eine Intensivierung der Bekanntheit eine Verletzung der Verschwiegenheitspflicht bedeuten. Es ist insoweit ausreichend, dass die Tatsache relativ unbekannt ist bzw. dass sie bislang nur einem beschränkten Personenkreis bekannt ist und dass ein Dritter nicht problemlos Zugang zu den in Rede stehenden Tatsachen hat.[244]

Im Sinne des § 93 Abs. 1 S. 3 AktG ist es zudem – in Abgrenzung zu der Schweigepflicht, welche für den Betriebsrat in § 79 BetrVG normiert wurde – nicht erforderlich, dass Informationen beispielsweise als geheimhaltungsbedürftig gekennzeichnet sind. Für den Vorstand, und respektive über § 116 AktG auch für den Aufsichtsrat, geht das Gesetz aufgrund der Stellung und der Tätigkeit der jeweiligen Mitglieder der Organe davon aus, dass diese selber wissen, wann eine

---

241 OLG Stuttgart, NZG 2007, 72 (74); BGH, NJW 2016, 2569, Rn. 31; *Schroeder*, DB 1997, 2161 (2161); *Körber*, NZG 2002, 263 (266); *Kittner*, ZHR 136 (1972), 208 (224 ff.); MüKo-AktG-*Spindler*, Band 2, § 93, Rn. 134; *Hölters*, § 93, Rn. 135; Fleischer, VorstandsR-HdB-*Körber*, § 10, Rn. 4.

242 Den Gegenbegriff bilden allgemein bekannte Umstände, *Körber*, NZG 2002, 263 (266).

243 Hüffer/Koch-*Koch*, § 93, Rn. 30; Spindler/Stilz-*Fleischer*, Band 1, § 93, Rn. 164; *Hölters*, § 93, Rn. 136; GK-AktG-*Hopt/Roth*, § 93, Rn. 283.

244 *Lutter/Krieger/Verse*, Rn. 259; GK-AktG-*Hopt/Roth*, § 93, Rn. 285; *von Stebut*, S. 12 ff.

Thematik im Interesse der Gesellschaft als Geheimnis zu bewerten ist.[245] Der konkreten Bezeichnung als geheimhaltungsbedürftig kommt insofern lediglich indizielle Wirkung zu.[246]

Die Frage, ob eine Tatsache ein Geheimnis ist oder nicht, beurteilt sich zwar grundsätzlich objektiv nach dem Unternehmensinteresse, welches eine Vielzahl von Interessen in Ausgleich bringt, jedoch ist der Vorstand in dieser Hinsicht weiterhin als „Herr der Gesellschaftsgeheimnisse" anzusehen.[247] Dieser ist gerade dafür zuständig, das Gesellschaftsinteresse zu konkretisieren.[248] Der Vorstand kann mithin feststellen, ob ein Umstand als Unternehmensgeheimnis zu qualifizieren ist bzw. ob es im Interesse des Unternehmens liegt, dass der jeweilige Umstand geheim zu halten ist.

Auf diese Entscheidung können sich sodann auch die anderen Organe, insbesondere der Aufsichtsrat, berufen und insoweit auf die Einschätzung vertrauen.[249]

2. *Vertrauliche Angaben*

Außer auf die Geheimnisse erstreckt sich die Pflicht zur Verschwiegenheit auch auf „vertrauliche Angaben". Als vertrauliche Angaben können bisweilen alle Informationen angesehen werden, welche das jeweilige Organmitglied in dessen Eigenschaft erlangt hat und deren Bekanntwerden sich für die Gesellschaft nachteilig auswirken kann, selbst wenn sie allgemein bekannt und somit keine Geheimnisse mehr sind.[250] Hierbei ist nicht notwendig, dass die Informationen auch gerade durch eigene Tätigkeit erlangt wurden.[251] Es kann sich mithin auch um Angaben Dritter handeln, aber auch durch Beratungen im jeweiligen Organ, durch den Vortrag von Mitarbeitern oder in ähnlicher Weise erlangt worden sein.[252]

---

245 MüKo-AktG-*Spindler*, Band 2, § 93, Rn. 135; Spindler/Stilz-*Fleischer*, Band 1, § 93, Rn. 164.

246 GK-AktG-*Hopt/Roth*, § 93, Rn. 283; BGH, NJW 1975, 1412 (1412 ff.).

247 BGH, BGHZ 64, 325 (329); *Rubner*, KSzW 2011, 412 (413).

248 MüKo-AktG-*Spindler*, Band 2, § 93, Rn. 136; Spindler/Stilz-*Fleischer*, Band 1, § 93, Rn. 169.

249 *Rubner*, KSzW 2011, 412 (413); MüKo-AktG-*Spindler*, Band 2, § 93, Rn. 136.

250 Spindler/Stilz-*Fleischer*, Band 1, § 93, Rn. 166; Hüffer/Koch-*Koch*, § 93, Rn. 30; MüKo-*Spindler*, Band 2, § 93, Rn. 137; Bürgers/Körber-*Bürgers/Israel*, § 93, Rn. 49; *Körber*, NZG 2002, 263 (266); *Schroeder*, DB 1997, 2161 (2161).

251 KK-AktG-*Mertens/Cahn*, § 93, Rn. 114.

252 Hüffer/Koch-*Koch*, § 93, Rn. 30; vgl. KK-AktG-*Mertens/Cahn*, § 93, Rn. 113.

Die explizite Normierung der vertraulichen Angaben in § 93 Abs. 1 S. 3 AktG trägt dem Umstand Rechnung, dass eine erfolgreiche Zusammenarbeit innerhalb des Organs voraussetzt, dass eine offene Aussprache ohne Einschränkungen stattfinden kann. Ist eine solche offene Aussprache nicht möglich, kann auch keine sachgerechte Meinungsbildung erfolgen. Die Mitglieder des Vorstands bzw. des Aufsichtsrats müssen sich darauf verlassen können, dass gemachte Angaben – insbesondere solche über vertrauliche Angelegenheiten – mit der notwendigen Verschwiegenheit behandelt werden und nicht ohne Weiteres die engen Kreise der jeweils Beteiligten verlassen.[253] Ohne diese Vorkehrungen kann ein leitendes Organ wie der Vorstand nicht funktionieren.[254]

Zu beachten ist hier, dass sich der jeweilige vertrauliche Charakter einer Angelegenheit nicht zwingend aus einem ausdrücklichen oder konkludenten Hinweis ergeben muss, sondern gerade auch die Natur der Sache Rückschlüsse auf die Vertraulichkeit zulässt.[255] Entscheidend ist insoweit, dass die Vertraulichkeit im objektiven Interesse der Gesellschaft liegt, da sie gerade das Subjekt ist, welches von der Schweigepflicht geschützt wird. Eine Schutzwürdigkeit, welche sich aus der Natur der Sache ergibt, lässt sich beispielsweise bei Stimmabgaben oder Meinungsäußerungen in Organsitzungen und Personalangelegenheiten bejahen.[256] Auch solche tatsächlichen Umstände sind insoweit – wie andere Informationen auch – dazu geeignet, der Gesellschaft zu schaden, sollten sie ungehindert publik werden.

3. *Bedeutung der Unterscheidung im Rahmen der sachlichen Reichweite*

Der Unterscheidung zwischen Geheimnissen auf der einen Seite und vertraulichen Angaben auf der anderen Seite kommt in § 93 Abs. 1 S. 3 AktG keine tiefgreifende Bedeutung zu.[257] Die Normierung der vertraulichen Angaben soll vorrangig den Schutz durch die Verschwiegenheitspflicht eben auch auf solche Informationen erweitern, die zwar in tatsächlicher Hinsicht keine Geheimnisse

253 MüKo-AktG-*Spindler*, Band 2, § 93, Rn. 137.

254 Vgl. MüKo-AktG-*Spindler*, Band 2, § 93, Rn. 137.

255 Henssler/Strohn-*Dauer-Lieb*, GesR, § 93, Rn. 13; MüKo-AktG-*Spindler*, Band 2, § 93, Rn. 137.

256 Vgl. BGH, NJW 1975, 1412 (1413 f); Hüffer/Koch-*Koch*, § 93, Rn. 30.

257 Vgl. Spindler/Stilz-*Fleischer*, Band 1, § 93, Rn. 166; es als Aneinanderreihung von Synonymen des herkömmlichen Geheimnisbegriffs auffassend: *Kittner*, ZHR 136 (1972), 208 (224).

mehr sind, deren Weitergabe der Gesellschaft aber trotzdem zum Nachteil gereichen kann.[258] Sollte ein Vorstandsmitglied solche Tatsachen öffentlich verhandeln oder bestätigen, kann die Gesellschaft unter Umständen zivilrechtliche Schadensersatzansprüche gegen das jeweilige Mitglied geltend machen.[259]

Eine tatsächliche Bewandtnis kommt der Unterscheidung jedoch im Hinblick auf den Anwendungsbereich des § 404 AktG zu, welcher die Offenbarung von Gesellschaftsgeheimnissen und explizit nur von Geheimnissen unter Strafe stellt.[260] Diese strafrechtlichen Folgen können aufgrund des Wortlauts gerade nicht bei der Verletzung der Verschwiegenheitspflicht durch die Preisgabe von vertraulichen Angaben ausgelöst werden.[261]

III. Geheimhaltungsinteressen

Maßgeblich dafür, ob über einen Umstand oder eine Angelegenheit Stillschweigen zu bewahren ist oder nicht, ist das jeweilige Geheimhaltungsinteresse der Aktiengesellschaft. Das strikte Abstellen auf ebendieses objektive Interesse basiert auf dem Schutzzweck der Verschwiegenheitspflicht, welche die Gesellschaft als solche in den Mittelpunkt stellt und diese vor Schäden durch das unkontrollierte Bekanntwerden von sensiblen Informationen schützen soll.[262] Es werden somit alle Tatsachen und Angaben von der Schweigepflicht umfasst, deren Geheimhaltung bzw. vertrauliche Behandlung, dem Interesse der Gesellschaft entspricht.[263] Hierbei beschränkt sich die Schweigepflicht nicht bloß auf Umstände, die deshalb geheim zu halten sind, weil sie aufgrund ihrer Geschäfts- oder Betriebszugehörigkeit bei einer Offenbarung wirtschaftliche Nachteile nach sich ziehen. Es werden vielmehr Geheimnisse schlechthin von der Verschwiegenheitspflicht umfasst, sodass gerade auch Tatsachen, deren Veröffentlichung immaterielle Schäden für die Gesellschaft zur Folge haben könnte, geheim zu halten sind.[264]

---

258 S. o. 3. Teil, B, II, 2.

259 S. dazu 3. Teil, B, V.

260 S. 3. Teil, B, V; *Körber*, NZG 2002, 263 (266); VorstandsR-HdB-*Körber*, § 10, Rn. 9; Spindler/Stilz-*Fleischer*, Band 1, § 93, Rn. 166.

261 S. 3. Teil, B, V; VorstandsR-HdB-*Körber*, § 10, Rn. 9.

262 *Linker/Zinger*, NZG 2002, 497 (499); *Kittner*, ZHR 136 (1972), 208 (224 ff.); Hüffer/Koch-*Koch*, § 93, Rn. 30.

263 OLG Stuttgart, NZG 2007, 72 (74); *Linker/Zinger*, NZG 2002, 497 (499); *Müller*, NJW 2000, 3452 (3453); *Kittner*, ZHR 136 (1972), 208 (224 ff.); vgl. *Hengeler*, FS Schilling, 175 (180); KK-AktG-*Mertens/Cahn*, § 93, Rn. 113.

264 *Hengeler*, FS Schilling, 175 (180); MüKo-AktG-*Spindler*, Band 2, § 93, Rn. 134; *von Stebut*, S. 39 ff., 53 ff.; GK-AktG-*Hopt/Roth*, § 93, Rn. 283.

Neben dem Schutz der Wettbewerbsfähigkeit und der Marktchancen als wirtschaftliche Aspekte besteht ein Geheimhaltungsinteresse somit unter anderem auch dann, wenn der Ruf und das Ansehen der Gesellschaft oder der die Gesellschaft repräsentierenden Personen gefährdet ist.[265] In dieser Hinsicht kann sich ein Geheimhaltungsinteresse auch auf den Frieden und die Ordnung innerhalb der Gesellschaft erstrecken – welche schützenswerte Belange gegenüber einer ungerechtfertigten Weitergabe von Informationen darstellen[266] – sowie auf Tatsachen ausgeweitet werden, welche unter den Arbeitnehmern oder den Aktionären ungerechtfertigter Weise zu Unruhen führen können.[267]

Die Geheimhaltungsinteressen der Gesellschaft sind mithin vielschichtig und nicht von vornherein auf den Schutz der finanziellen Mittel gemünzt. Der Vorstand ist als Herr der Gesellschaftsgeheimnisse vielmehr dazu in der Lage, das Geheimhaltungsinteresse derart zu konkretisieren, dass es ideal auf die jeweilige Gesellschaft und deren Geschäftstätigkeit zugeschnitten ist und insoweit einen größtmöglichen Schutz vor unberechtigter und möglicherweise schädigender Informationsweitergabe bietet.

IV. Grenzen der Verschwiegenheitspflicht

Im Grundsatz sind die Organmitglieder dazu verpflichtet, die aus §§ 93 Abs. 1 S. 3, 116 AktG folgende Verschwiegenheitspflicht gegenüber jedermann zu wahren.[268] Die Schweigepflicht der Vorstands- und Aufsichtsratsmitglieder gilt jedoch nicht uneingeschränkt. Ob Verschwiegenheit über bestimmte Informationen zu wahren ist oder nicht, hängt stets mit dem vom Vorstand im Rahmen seines Leitungsermessens konkretisierten Gesellschaftsinteresse zusammen.[269] Die Verschwiegenheitspflicht ist in dieser Hinsicht gerade kein Selbstzweck und gilt demnach nicht absolut.[270] Vielmehr kann sie dort eingeschränkt werden, wo

---

265 *Hengeler*, FS Schilling, 175 (180); *Hölters*, § 93, Rn. 135; vgl. Bürgers/Körber-*Bürgers/Israel*, § 93, Rn. 49; für den Aufsichtsrat: *Wessing/Hölters*, DB 1976, 1671 (1674).

266 Für den Aufsichtsrat: *Wessing/Hölters*, DB 1976, 1671 (1674); *Hengeler*, FS Schilling, 175 (180).

267 Für den Aufsichtsrat: *Wessing/Hölters*, DB 1976, 1671 (1674); *Hengeler*, FS Schilling, 175 (180).

268 Henssler/Strohn-*Dauer-Lieb*, GesR, § 93, Rn. 14; Hüffer/Koch-*Koch*, § 93, Rn. 31.

269 BGH, NJW 1975, 1412 (1413); Grigoleit-*Grigoleit/Tomasic*, § 93, Rn. 50; *Linker/Zinger*, NZG 2002, 497 (499); *Schroeder*, DB 1997, 2161 (2161 ff.).

270 VorstandsR-HdB-*Körber*, § 10, Rn. 18; *Schroeder*, DB 1997, 2161 (2161 ff.); Spindler/Stilz-*Fleischer*, Band 1, § 93, Rn. 169.

durch eine Offenbarung etwaiger Geheimnisse oder vertraulicher Angaben dem Gesellschaftsinteresse besser gedient ist als durch eine strikte Geheimhaltung.[271] Neben einer solchen Abwägung im Sinne des Gesellschaftsinteresses kommen als Grenze der Verschwiegenheit zudem gesetzlich normierte Auskunftspflichten in Betracht, welche die Schweigepflicht von vornherein einschränken. Wo das Gesetz vorgibt zu sprechen, ist insoweit kein Platz für eine Berufung auf die Schweigepflicht.

1. Kommunikation innerhalb der Aktiengesellschaft

Eine erste inhärente Grenze der Pflicht ergibt sich somit bereits aus der dreigliedrigen Organisationsstruktur der Aktiengesellschaft, in der dem Vorstand gemäß § 76 Abs. 1 AktG die Leitung der Gesellschaft obliegt und der Aufsichtsrat gemäß § 111 Abs. 1 AktG eine den Vorstand überwachende Stellung innehat. Hieraus begründet sich, dass zum einen innerhalb des Vorstands die Verschwiegenheitspflicht nicht besteht[272] und zum anderen, dass der Vorstand gemäß § 90 AktG dem Aufsichtsrat zu umfassender Informationserteilung verpflichtet ist und sich gerade nicht auf seine entgegenstehende Pflicht aus § 93 Abs. 1 S. 3 AktG berufen kann.[273] Diese Pflicht zur unbedingten Offenheit ist elementar für die ordnungsgemäße Wahrnehmung der Aufgaben des Aufsichtsrats.[274] Ohne einen ungehinderten Informationsfluss zwischen diesen Organen könnte der Vorstand einseitig die Arbeit des Aufsichtsrats gänzlich verhindern oder zumindest teilweise behindern.[275] Diesem Umstand, dass gerade zwischen den Organen die

271 *Linker/Zinger*, NZG 2002, 497 (499); *Roschmann/Frey*, AG 1996, 449 (452); GK-AktG-*Hopt/Roth*, § 93, Rn. 300; Fleischer, VorstandsR-HdB-*Körber*, § 10, Rn. 18; Henssler/Strohn-*Dauer-Lieb*, GesR, § 93, Rn. 15; *Hölters*, § 93, Rn. 138.

272 BGHZ 135, 48 (56); Bürgers/Körber-*Bürgers/Israel*, § 93, Rn. 51; GK-AktG-*Hopt/Roth*, § 93, Rn. 291; Hüffer/Koch-*Koch*, § 93, Rn. 31; *von Stebut*, S. 90; K. Schmidt/Lutter-*Krieger/Sailer-Coceani*, § 93, Rn. 26; *Lutter*, Information und Vertraulichkeit, S. 148 f.

273 BGH, NJW 1956, 906 (906 f.); *Hüffer*, ZIP 1996, 401 (404 f.); Hüffer/Koch-*Koch*, § 93, Rn. 31 und § 90, Rn. 3; Bürgers/Körber-*Bürgers/Israel*, § 93, Rn. 51; K. Schmidt/Lutter-*Krieger/Sailer-Coceani*, § 93, Rn. 26; KK-AktG-*Mertens/Cahn*, § 93, Rn. 116; GK-AktG-*Hopt/Roth*, § 93, Rn. 292; *von Stebut*, S. 90; vgl. *Lutter*, Information und Vertraulichkeit, S. 148 f.; vgl. mit Fokus auf das Konzernrecht: *Semler*, Leitung und Überwachung der Aktiengesellschaft, Rn. 290 ff., 300 ff.

274 BGH, NJW 1997, 1985 (1987); *Hüffer*, ZIP 1996, 401 (404 f.); vgl. *Lutter*, Information und Vertraulichkeit, S. 148 f.; GK-AktG-*Hopt/Roth*, § 93, Rn. 292.

275 Hüffer/Koch-*Koch*, § 90, Rn. 3; *Wilde*, ZGR 1998, 423 (430); vgl. *Hüffer*, ZIP 1996, 401 (405).

Pflicht zur Offenheit die Verschwiegenheitspflicht überlagert, trägt das Gesetz Rechnung durch den § 116 AktG. Indem die Verschwiegenheitspflicht in diesem Sinne auch auf den Aufsichtsrat erweitert wird, wird sichergestellt, dass trotz des Informationsflusses zwischen Vorstand und Aufsichtsrat der Gesellschaft als solcher keine Nachteile zugefügt bzw. die Risiken eines ungewollten Bekanntwerdens auf ein überschaubares Maß reduziert werden.

Diese Erweiterung der Schweigepflicht eröffnet zudem die Möglichkeit, dass zwischen den Organen bei dem Vorliegen triftiger Gründe auch dann vertrauliche Informationen und Angaben weitergegeben werden können und dürfen, die nicht unter die Berichtspflicht des § 90 AktG fallen.[276] Der Vorstand darf in dieser Hinsicht – soweit keine Anhaltspunkte vorliegen, die für das Gegenteil sprechen – auf die Verschwiegenheit der Aufsichtsratsmitglieder vertrauen und in der Folge gerade auch mit Fragen und Meinungsgesuchen an jene herantreten, die nicht von der Berichtspflicht erfasst sind.[277] Hierdurch wird eine enge Zusammenarbeit gefördert und eine für die Zusammenarbeit fundamentale Vertrauensbasis geschaffen.

Besondere Wichtigkeit kommt diesem freien Informationsaustausch auch schon deshalb zu, weil bereits das Wissen auch nur eines Vorstandsmitglieds als Wissen der Gesellschaft zu werten ist und sich die Gesellschaft jede bei einem Organteil bestehende Kenntnis als eigene Kenntnis zurechnen lassen muss.[278] Es müssen mithin – um etwaige nachteilige Folgen, die hierdurch für die Gesellschaft entstehen können, abzuwenden – alle relevanten Kenntnisse eines einzelnen Organmitglieds möglichst zeitig und vollumfassend auch allen anderen Mitgliedern zur Verfügung gestellt werden.[279] Dieser Notwendigkeit kann nur dann hinreichend entsprochen werden, wenn innerhalb und zwischen den Organen der freie Informationsfluss sichergestellt ist.

Eine Grenze der Auskunftspflicht der Vorstandsmitglieder wird erst dort gezogen, wo der Aufsichtsrat Überwachungspraktiken pflegt, welche sich in alle Einzelheiten der Geschäftsführung einmischen oder zu intensiv zeitliche Kapazitäten in Anspruch nehmen.[280] Zu beachten ist hier jedoch, dass dem Aufsichtsrat

---

276 KK-AktG-*Mertens/Cahn*, § 93, Rn. 116; vgl. *Lutter*, Information und Vertraulichkeit, S. 148 f.

277 *Lutter*, Information und Vertraulichkeit, S. 148 f.; KK-AktG-*Mertens/Cahn*, § 93, Rn. 116; GK-AktG-*Hopt/Roth*, § 93, Rn. 292; *Wilde*, ZGR 1998, 423 (427 ff.).

278 *von Stebut*, S. 90; *Hirte*, KapGesR, Rn. 3.316.

279 *von Stebut*, S. 90 f.

280 *Lutter/Krieger/Verse*, Rn. 207; Hüffer/Koch-*Koch*, § 90, Rn. 3.

in dieser Hinsicht ein weiter eigener Ermessenspielraum zusteht und eine tatsächliche Verweigerung der Informationserteilung durch den Vorstand nur in besonderen Einzelfällen statthaft ist, um das Kompetenzgefüge innerhalb der Aktiengesellschaft nicht aus dem Gleichgewicht zu bringen. Insbesondere bei Fällen, in denen der Aufsichtsrat die eigene Pflichtentreue des Vorstands in Frage stellt, muss eine Verweigerung der Informationserteilung durch den Vorstand in der Regel im Sinne einer umfassenden Überwachungsarbeit des Aufsichtsrats zurücktreten.[281]

2. *Interesse der Gesellschaft*

Eine weitere Grenze der Verschwiegenheitspflicht ist, wie eingangs beschrieben, dort zu erkennen, wo eine Weitergabe der vertraulichen Informationen im Unternehmensinteresse liegt.[282]

Ihrem Telos nach soll die Schweigepflicht der Organmitglieder gerade die Aktiengesellschaft vor Nachteilen schützen und darf insoweit nicht ins Gegenteil verkehrt werden. Gesellschaftsgeheimnisse sind nicht um ihrer selbst willen zu bewahren, sondern weil ihr Bekanntwerden der Gesellschaft zum Schaden gereichen kann.[283] Dem Schutz der Gesellschaft ist in der Folge nur dann hinreichend gedient, wenn die Pflicht so konzipiert ist, dass Ausnahmen dort zulässig sind, wo durch eine Informationserteilung dem Interesse der Gesellschaft besser gedient ist als durch das bloße Schweigen.[284] Ob und wann dies der Fall ist, kann der Vorstand nach pflichtgemäßem Ermessen je nach Einzelfall gemäß §§ 76, 93 AktG entscheiden.[285]

Solche Einzelfälle, in denen es das Unternehmensinteresse gebietet, die vertraulichen Informationen preiszugeben, treten in unterschiedlichen Bereichen der Unternehmensführung auf. So kann es beispielsweise unvermeidbar sein,

281 *Koch*, ZHR 180, 578 (588 ff.).

282 *Linker/Zinger*, NZG 2002, 497 (499); *Meincke*, WM 1998, 749 (750); *Roschmann/Frey*, AG 1996, 449 (452); Henssler/Strohn-*Dauer-Lieb*, GesR, § 93, Rn. 15; *Hölters*, § 93, Rn. 142; Spindler/Stilz-*Fleischer*, Band 1, § 93, Rn. 169; GK-AktG-*Hopt/Roth*, § 93, Rn. 00.

283 Fleischer, VorstandsR-HdB-*Körber*, § 10, Rn. 18; *Schroeder*, DB 1997, 2161 (2161).

284 *Linker/Zinger*, NZG 2002, 497 (499); *Roschmann/Frey*, AG 1996, 449 (452); *Hölters*, § 93, Rn. 142.

285 Bürgers/Körber-*Bürgers/Israel*, § 93, Rn. 52; Fleischer, VorstandsR-HdB-*Körber*, § 10, Rn. 18; *Schroeder*, DB 1997, 2161 (2163); *Linker/Zinger*, NZG 2002, 497 (499); *Ziegeler*, DStR 2000, 249 (252).

dass Arbeitnehmer der Aktiengesellschaft in die Geschäfts- oder Betriebsgeheimnisse eigeweiht werden, damit diese im Sinne der Gesellschaft ihre Aufgaben im Unternehmen erfüllen können.[286] Selbiges gilt für Gespräche mit dem Großaktionär über Kapitalerhöhungen und mit dem Betriebsrat über etwaige Rationalisierungspläne.[287] Auch bei der Heranziehung betriebsfremder Berater – wie beispielsweise von Rechtsanwälten, Steuerberatern, Wirtschaftsprüfern oder Investmentbankern – ist es bisweilen unumgänglich, dass Informationen weitergegeben werden.[288] Es bleibt jedoch auch hier bei dem Ermessensspielraum des Vorstands, ob die vertraulichen Informationen geteilt werden oder nicht. Bei den benannten beratenden Informationsadressaten, welche ihrerseits aufgrund ihres Berufsstandes zur Verschwiegenheit verpflichtet sind, und den Großaktionären, welche gegenüber der Gesellschaft zur Treue verpflichtet sind,[289] dürfte sich das Risiko eines Informationsmissbrauchs geringer darstellen als bei Informationen, die mit externen Geschäftspartnern oder gar Wettbewerbern geteilt werden.[290]

Sollte der Vorstand mithin zu dem Ergebnis kommen, dass mit einer Weitergabe der Informationen dem Interesse der Gesellschaft mehr gedient wird als bei deren Zurückhaltung und zudem auch die Risiken eines Missbrauchs hinreichend kalkulierbar sind, so kann sich der Vorstand somit entgegen seiner Schweigepflicht dafür entscheiden, vertrauliche Informationen preiszugeben. Die Schweigepflicht tritt in diesem Verhältnis insoweit zurück.

3. *Verschwiegenheitspflicht und Due-Diligence-Verfahren*

An diese Überlegungen zu den Interessen der Gesellschaft anknüpfend, wird in Literatur und Rechtsprechung auch dann eine Grenze der Verschwiegenheitspflicht diskutiert, wenn eine „Due-Diligence-Prüfung“ im Zusammenhang mit

---

286 *von Stebut*, S. 91; Fleischer, VorstandsR-HdB-*Körber*, § 10, Rn. 22.

287 *Hölters*, § 93, Rn. 142; Spindler/Stilz-*Fleischer*, Band 1, § 93, Rn. 169; GK-AktG-*Hopt/Roth*, § 93, Rn. 303; *Fleischer*, ZGR 2009, 505 (526).

288 Spindler/Stilz-*Fleischer*, Band 1, § 93, Rn. 169; Fleischer, VorstandsR-HdB-*Körber*, § 10, Rn. 22; Grigoleit-*Grigoleit/Tomasic*, § 93, Rn. 50; *Hölters*, § 93, Rn. 142.

289 Der Aktionär ist zwar nicht selbst Adressat der Schweigepflicht aus § 93 Abs. 1 S. 3 AktG, jedoch trifft ihn eine gesellschaftsrechtliche Treuepflicht dahingehend, ihm bekannt gewordene Gesellschaftsgeheimnisse und vertrauliche Angaben nicht eigennützig zum Schaden der Gesellschaft Dritten zu offenbaren. Zu der aus der Treuepflicht abgeleiteten Schweigepflicht des Aktionärs: *Körber*, NZG 2002, 263 (272).

290 Fleischer, VorstandsR-HdB-*Körber*, § 10, Rn. 22; *Mertens*, AG 1997, 541 (544); vgl. im Rahmen einer Due Diligence: *Körber*, NZG 2002, 263 (270).

einem Unternehmenskauf durchgeführt werden soll. Auch hier stellt sich die Frage, inwieweit die leitenden Gesellschaftsorgane Geheimnisse und vertrauliche Angaben an Kaufinteressenten weitergeben dürfen und ob gegebenenfalls auch hier die Verschwiegenheitspflicht im Interesse der Gesellschaft zurücktreten muss.[291]

a. Due Diligence

Bei der Due Diligence handelt es sich um eine Praxis aus dem US-amerikanischen Recht, welches das deutsche Handels-, Gesellschafts- und Kapitalmarktrecht im Laufe der vergangenen Jahrzehnte in einem bisher unvergleichlichen Ausmaß geprägt hat. In besonderem Maße hat sich dieser transatlantische Einfluss im Rechtsfeld der Unternehmenskäufe bemerkbar gemacht, in dem mit der Durchführung einer Due-Diligence-Prüfung im Vorfeld eines Unternehmenskaufs eine hochgerüstete amerikanische Vertragspraxis auf eine eher zurückhaltende deutsche Kautelarjurisprudenz traf.[292]

Sinngemäß übersetzt bedeutet Due Diligence die „im Verkehr gebotene Sorgfalt" und beschreibt an sich einen haftungsrechtlichen Verhaltensstandard, welcher vergleichbar ist mit dem Sorgfaltsmaßstab des § 276 BGB[293] und für das Management und die eingeschalteten Berater des an dem Erwerb interessierten Unternehmens gilt.[294] Ein Außerachtlassen eben dieses Maßstabes kann im amerikanischen Recht – anders als im deutschen Recht, wo ein Außerachtlassen des Verhaltensmaßstab des § 276 BGB in erster Linie den Vorwurf der Fahrlässigkeit nach sich ziehen kann[295] – dazu führen, dass der Erwerber, welcher den in Rede stehenden Kaufgegenstand nicht hinreichend geprüft hat, später keine Gewährleistungsansprüche wegen etwaiger Mängel geltend machen kann.[296] Es

---

291 *Ziegeler*, DStR 2000, 249 (254); MüKo-AktG-*Spindler*, Band 2, § 93, Rn. 154.

292 *Fleischer/Körber*, BB 2001, 841 (841); *Lutter*, ZIP 1997, 613 (613); *Merkt*, WiB 1996, 145 (145 f.).

293 *Körber*, NZG 2002, 263 (263); Due Diligence als Wertungsmaßstab des Haftungsrechts: *Eggenberger*, S. 50; Beisel/Andreas-*Andreas/Beisel*, Mandatshandbuch Due Diligence, § 1, Rn. 8.

294 *Loges*, DB 1997, 965 (965); *Fleischer/Körber*, BB 2001, 841 (841); *Ziegler*, DStR 2000, 249 (249); *Merkt*, WiB 1996, 145 (145 f.).

295 Eggenberger, S. 50.

296 Habersack/Mülbert/Schlitt-*Nägele*, Unternehmensfinanzierung, Rn. 33.1.

gilt hier der sogenannte *caveat emptor*-Grundsatz,[297] wonach der redliche Verkäufer in der Regel nicht für Mängel der Kaufsache haftet.[298]

Dieser angelsächsische Rechtsgrundsatz findet im „*Common Law*" und hier insbesondere bei Unternehmenskäufen Anwendung und sieht vor, dass der Käufer das Risiko einer mit einem Mangel behafteten Kaufsache trägt. Diesem obliegt es mithin, vor Abschluss des Kaufvertrags alle die Kaufsache betreffenden Umstände zu erfassen und eventuelle Mängel vorab zu erkennen.[299]

Aus dieser Verlagerung der Risiken auf den Käufer ist das Bedürfnis entsprungen, den Kaufgegenstand einer gründlichen Untersuchung zu unterziehen und auf dieser Grundlage durch vertragliche Gewährleistungsregeln und Garantien den Anteils- bzw. Sachkauf abzusichern und so das Käuferrisiko weitestgehend zu minimieren bzw. ganz auszuschließen.[300]

Die aus einem Verstoß resultierenden Folgen sind insoweit mit den Folgen, die das deutsche Rechtssystem vorsieht, nicht deckungsgleich, jedoch geht die Due-Diligence-Prüfung nach dem angelsächsischen Vorbild, auch wenn in Deutschland keine normierte Pflicht hierüber besteht, bei Kapitalmarkttransaktionen fast immer voraus.[301]

In der Literatur wird im Zusammenhang mit diesem Begriff teilweise von der „speziellen kaufvorbereitenden Prüfung des Zielunternehmens"[302] oder von der „weitgehenden rechtlichen Überprüfung einer zu erwerbenden Gesellschaft"[303] gesprochen,[304] im angelsächsischen Raum von einem Instrument „*to determine any defects prior to*

297 Lat. für: möge der Käufer sich in Acht nehmen; *Massumi*, Quo Vadis Unternehmenskaufverträge, S. 105.

298 *Fleischer/Körber*, BB 2001, 841 (842); *Merkt*, WiB 1996, 145 (146); *Massumi*, Quo Vadis Unternehmenskaufverträge, S. 105; vgl. Beisel/Andreas-*Andreas/Beisel*, Mandatshandbuch Due Diligence, § 2, Rn. 39.

299 *Merkt*, WiB 1996, 145 (146); *Massumi*, Quo Vadis Unternehmenskaufverträge, S. 105.

300 *Ziegler*, DStR 2000, 249 (249); *Fleischer/Körber*, BB 2001, 841 (842); *Lutter*, ZIP 1997, 613 (613 f.); Beisel/Andreas-*Andreas/Beisel*, Mandatshandbuch Due Diligence, § 1, Rn. 11 f.

301 *Götze*, ZGR 1999, 202 (203 f.); Habersack/Mülbert/Schlitt-*Nägele*, Unternehmensfinanzierung, Rn. 33.1; *Ziegler*, DStR 2000, 249 (249); *Merkt*, WiB 1996, 145 (147).

302 *Fleischer/Körber*, BB 2001, 841 (841); *Körber*, NZG 2002, 263 (263); vgl. *Ganzert/Kramer*, Wpg 1995, 576 (577); vgl. *Merkt*, WiB 1996, 145 (145 ff.).

303 *Harrer*, DStR 1993, 1673 (1673); vgl. *Merkt*, WiB 1996, 145 (145 ff.).

304 *Merkt*, BB 1995, 1041 (1041); vgl. *Ganzert/Kramer*, Wpg 1995, 576 (577); s. zu der Definition des Due-Diligence-Begriffs auch: Beisel/Andreas-*Andreas/Beisel*, Mandatshandbuch Due Diligence, § 1, Rn. 5 ff.

takeover".[305]

Im heutigen Sprachgebrauch wird mit dem Begriff Due Diligence somit national wie international zusammenfassend von einer systematischen Untersuchung des Zielunternehmens durch den Kaufinteressenten gesprochen.[306]

In tatsächlicher Hinsicht ist die Prüfung, welche für die Durchführung auf die jeweiligen Unternehmensstrukturen und -interessen zuzuschneiden ist, äußerst vielfältig und kann sich auf sämtliche rechtliche, organisatorische, finanzielle und steuerliche Grundlagen des Unternehmens beziehen.[307] Auch andere möglicherweise relevante Aspekte, wie die Erforschung von Umweltrisiken oder der vorherrschenden Personalstruktur, können Gegenstand der Prüfung sein.[308]

Neben der in den USA maßgeblichen Bedeutung der due-diligence-Prüfung für die Ausgestaltung des vertraglichen Gewährleistungsregimes aufgrund des *caveat emptor*-Grundsatzes[309] können der Prüfung noch drei weitere Aufgabenschwerpunkte zugesprochen werden, die auch im deutschen Rechtssystem ihre Bewandtnis haben.[310]

So wird die Prüfung zum einen herangezogen, um Informationen zu beschaffen und zu verifizieren, um mit deren Hilfe die Käufererwartungen anzupassen und mögliche Risiken zu ermitteln. Zum anderen dient die Prüfung der Wertermittlung der Kaufsache und somit der Bestimmung des Kaufpreises. Als dritte übergeordnete Funktion dient die Prüfung noch dazu, den aktuellen Ist-Zustand des ins Auge gefassten Zielunternehmens[311] und den mit dem Veräußerer geführten Schriftverkehr und Informationsfluss festzuhalten und zu dokumentieren.[312]

---

305 *Merkt*, BB 1995, 1041 (1041); s. zu der Definition im Englischen auch Beisel/Andreas-*Andreas/Beisel*, Mandatshandbuch Due Diligence, § 1, Rn. 5.

306 Hölters-*Hölters/Hölters*, HdB Unternehmenskauf, Rn. 12.6; *Ziegler*, DStR 2000, 249 (249); vgl. *Ganzert/Kramer*, Wpg 1995, 576 (577).

307 *Loges*, DB 1997, 965 (965); *Fleischer/Körber*, BB 2001, 841 (841); *Ziegler*, DStR 2000, 249 (249); *Götze*, ZGR 1999, 202 (203 f.); Hölters-*Hölters/Hölters*, HdB Unternehmenskauf, Rn. 12.6; Beisel/Andreas-*Andreas/Beisel*, Mandatshandbuch Due Diligence, § 2, Rn. 32 ff.

308 *Körber*, NZG 2002, 263 (264); vgl. auch die Übersicht bei: *Krüger/Kalbfleisch*, DStR 1999, 174 (175 ff.)

309 Vgl. hierzu: *Fleischer*, Informationsasymmetrie im Vertragsrecht, S. 821 ff., 899 ff.; Beisel/Andreas-*Andreas/Beisel*, Mandatshandbuch Due Diligence, § 2, Rn. 29 ff.

310 *Körber*, NZG 2002, 263 (264).

311 *Kiethe*, NZG 1999, 976 (977 f.); vgl. *Lutter*, ZIP 1997, 613 (613 f.).

312 Vgl. *Merkt*, WiB 1996, 145 (147); *Körber*, NZG 2002, 263 (264); Beisel/Andreas-*Andreas/Beisel*, Mandatshandbuch Due Diligence, § 2, Rn. 32 ff.

Mithin kommt der due-diligence-Prüfung neben der im angelsächsischen Raum wichtigen Gewährleistungsfunktion noch eine Risikoermittlungsfunktion, Wertermittlungsfunktion und Dokumentations- und Beweisfunktion zu.[313]

b. Informationserteilung versus Schweigepflicht

Unter Berücksichtigung des Gegenstandes der due-diligence-Prüfung, welche zur Erfüllung der angestrebten Funktionen einen umfassenden Informationsaustausch vorsieht und voraussetzt, stellt sich die Frage, inwiefern die Informationserteilung im Rahmen einer solchen Prüfung im Lichte der Verschwiegenheitspflicht zulässig ist und wie mit etwaigen Gesellschaftsgeheimnissen und vertraulichen Angaben umzugehen ist. Eine umfassende Weitergabe von vertraulichen Informationen an den jeweiligen Erwerbsinteressenten wäre auch hier nur dann zulässig und rechtmäßig, wenn im Zuge einer due-diligence-Prüfung die Schweigepflicht der Organmitglieder eingeschränkt wäre.

aa. Eine Ansicht

Eine im Schrifttum vertretenen Ansicht vertritt diesbezüglich die Auffassung, dass der Vorstand im Rahmen einer Due-Diligence-Prüfung nicht befugt ist, den strategischen Informationsbestand eines Unternehmens ohne Weiteres direkt an den möglichen Erwerber weiterzugeben.[314]

Es wird hier davon ausgegangen, dass die Gesellschaft grundsätzlich kein Interesse daran hat, wer ihre Aktionäre sind. Aus diesem Grund besteht im Regelfall auch kein Interesse daran, wer die ausstehenden Aktien letztendlich erwirbt. Aus dieser generellen Gleichgültigkeit lässt sich in der Folge ableiten, dass an einem in Aussicht stehenden Aktionärswechsel gerade kein (Gesellschafts-)Interesse besteht, welches das übergeordnete Geheimhaltungsinteresse überwiegen würde. Eine Weitergabe von sensiblen Gesellschaftsinformationen an einen Erwerbsinteressenten durch den Vorstand im Rahmen einer Due-Diligence-Prüfung verbiete sich mithin im Hinblick auf die Schweigepflicht.[315] Nach dieser Auffassung dürfen nur solche Informationen bereitgestellt werden,

---

313 Vgl. zusammenfassend: *Körber*, NZG 2002, 263 (264); *Zumbansen/Lachner*, BB 2006, 613 (618).

314 *Lutter*, ZIP 1997, 613 (617 f.); *Lutter*, FS Schippel, 455 (455 ff.); *Ziemons*, AG 1999, 492 (495).

315 *Ziemons*, AG 1999, 492 (495); vgl. *Lutter*, ZIP 1997, 613 (617); vgl. *Lutter*, FS Schippel, 455 (464 ff.)

die sich dem Handelsregister oder anderen öffentlich zugänglichen Registern entnehmen lassen.[316]

Etwas anderes gelte nach dieser restriktiven Ansicht dann, wenn es sich um Ausnahme- bzw. Extremsituationen handelt. Dies sei beispielsweise der Fall, wenn es sich um ein überragendes eigenes unternehmerisches Interesse der Gesellschaft handelt und jenes Interesse als einmalige und unwiederbringliche unternehmerische Chance auf anderem Wege in der in Aussicht gestellten Art nicht zu erreichen wäre.[317] Jedoch wird auch in diesen Fällen eine Preisgabe der Gesellschaftsgeheimnisse nur an einen zur Verwertung bestellten, neutralen und zur Verschwiegenheit verpflichteten sachverständigen Dritten gebilligt.[318]

bb. Andere Ansicht

Dieser restriktiven Ansicht tritt im Schrifttum eine Ansicht gegenüber, die in Bezug auf die Informationsweitergabe eine weitere Auffassung vertritt.[319] Die Ansicht führt an – und hält insoweit der restriktiven Ansicht entgegen – dass die Schweigepflicht nicht über die unternehmerischen Interessen hinausgeht und damit einhergehend gerade keinen Selbstzweck verfolgt.[320]

Der § 93 Abs. 1 S. 3 AktG stellt mit seiner Normierung der Schweigepflicht keine gesetzliche Vermutung für ein umfassendes, absolutes Geheimhaltungsbedürfnis auf, sodass ein blindes Befolgen gar kontraproduktiv sein kann.[321] Auch in dieser Hinsicht ist das Interesse der Gesellschaft an der Geheimhaltung vielmehr mit den in Rede stehenden unternehmerischen Interessen der Gesellschaft

---

316 *Götze*, ZGR 1999, 202 (215); *Ziemons*, AG 1999, 492 (495).

317 Dies sei beispielweise dann der Fall, wenn zum Beispiel eine Verschmelzung vorbereitet wird oder der Fortbestand der Gesellschaft davon abhängig ist: *Lutter*, ZIP 1997, 613 (617); *Lutter*, FS Schippel, 455 (465 f.); vgl. auch Spindler/Stilz-*Fleischer*, Band 1, § 93, Rn. 170; GK-AktG-*Hopt/Roth*, § 93, Rn. 304; *Ziegler*, DStR 2000, 249 (252).

318 GK-AktG-*Hopt/Roth*, § 93, Rn. 304; MüKo-AktG-*Spindler*, Band 2, § 93, Rn. 154.

319 *Fleischer*, ZIP 2002, 651 (651 f.); Spindler/Stilz-*Fleischer*, Band 1, § 93, Rn. 170; MüKo-AktG-*Spindler*, Band 2, § 93, Rn. 154; *Hemeling*, ZHR 169, 274 (279); *Müller*, NJW 2000, 3452 (3454); *Zumbansen/Lachner*, BB 2006, 613 (614 f.); *Rubner*, KSzW 2011, 412 (413); *Meincke*, WM 1998, 749 (750); *Ziegeler*, DStR 2000, 249 (252 f.)

320 S. o. 3. Teil, IV; K. Schmidt/Lutter-*Krieger/Sailer-Coceani*, § 93, Rn. 27.

321 BGHZ 64, 325 (330); *von Stebut*, S. 89 f.; *Müller*, NJW 2000, 3452 (3454); *Schroeder*, DB 1997, 2161 (2161); *Hemeling*, ZHR 169, 274 (279); *Körber*, NZG 2002, 263 (269).

in Ausgleich zu bringen.[322] Das jeweilige unternehmerische Interesse stellt bei dieser Abwägung gerade die immanente Schranke der Schweigepflicht dar.[323]

Bei der Frage, wann eine Informationsweitergabe im Gesellschaftsinteresse steht, hat der Vorstand nach der weiten Ansicht vielmehr die sich im Einzelfall ergebenden Vor- und Nachteile bzw. Risiken zu prognostizieren und anhand dieser nach pflichtgemäßem Ermessen eine Entscheidung zu treffen, mit welcher den Interessen der Gesellschaft am besten gedient ist.[324]

Es kommt nach dieser weiten Ansicht nur zweitrangig darauf an, in welchem Umfang Informationen dem potenziellen Erwerber bereitgestellt werden. Der Umstand, ob dem potenziellen Erwerber lediglich selektive Informationen über Teilbereiche des Unternehmens preisgegeben werden oder ob er umfassende Kenntnis aller relevanten Informationen erhält, kann zwar in die Beurteilung des Vorstandes mit einfließen und insoweit die Sorgfaltspflicht verdichten,[325] dieser kann seine Entscheidung jedoch nicht allein auf solche Tatsachen abstellen.[326]

Im Mittelpunkt dieser Auffassung steht die Überlegung, dass das veräußernde Unternehmen sehr wohl ein gesteigertes Interesse daran haben kann, dass die zum Verkauf angebotenen Gesellschaftsanteile zu einem adäquaten Preis an den Erwerber verkauft werden. So können Verkaufserlöse wesentlicher Beteiligungen bei börsennotierten Aktiengesellschaften für andere Marktteilnehmer einen wichtigen Indikator für die Feststellung des Unternehmenswertes darstellen. Werden Anteile weit unter Börsenwert veräußert, kann dies in der Folge erhebliche Auswirkungen auf den Börsenwert des Unternehmens und dessen

---

322 *Meincke*, WM 1998, 749 (751); *Stoffels*, ZHR 165, 362 (367 ff.); *Linker/Zinger*, NZG 2002, 497 (499); *Rubner*, KSzW 2011, 412 (413); *Ziegeler*, DStR 2000, 249 (252 f.); vgl. *Lutter*, Information und Vertraulichkeit, S. 132.

323 BGHZ 64, 325 (327 ff.); *Ziegeler*, DStR 2000, 249 (252); *Hemeling*, ZHR 169, 274 (279); *Schroeder*, DB 1997, 2161 (2162); KK-AktG-*Mertens/Cahn*, § 93, Rn. 120; vgl. *Lutter*, Information und Vertraulichkeit, S. 132; MüHdB-GesR-*Wiesener*, Band 4, § 25, Rn. 51.

324 Vgl. *Hemeling*, ZHR 169, 274 (279); *Ziegeler*, DStR 2000, 249 (252); *Schroeder*, DB 1997, 2161 (2163); MüKo-AktG-*Spindler*, Band 2, § 93, Rn. 154; Spindler/Stilz-*Fleischer*, Band 1, § 93, Rn. 170; GK-AktG-*Hopt/Roth*, § 93, Rn. 304; Henssler/Strohn-*Dauer-Lieb*, GesR, § 93, Rn. 15; *Rubner*, KSzW 2011, 412 (413).

325 Vgl. *Müller*, NJW 2000, 3452 (3454); vgl. *Rubner*, KSzW 2011, 412 (413).

326 Vgl. *Hemeling*, ZHR 169, 274 (279); MüKo-AktG-*Spindler*, Band 2, § 93, Rn. 154; *Meincke*, WM 1998, 749 (751).

Aktienkurs haben, sodass der Vorstand mithin im Interesse der Gesellschaft handelt, wenn er versucht, nachteilige Verkaufsbedingungen zu vermeiden.[327]

Ein guter Verkaufserlös lässt sich jedoch zumeist nur dann erzielen, wenn der Erwerber vorher die Möglichkeit erhält, sich in eigener Regie über das zu kaufende Unternehmen zu informieren. Gerade in Fällen, in denen mangels Informationsweitergabe keine due-diligence-Prüfung durchgeführt werden kann, wird sich dieser Umstand in erheblichem Maße kaufpreismindernd auswirken.[328] Der potenzielle Käufer wird ohne die Durchführung der Prüfung darauf verwiesen, den Angaben des Verkäufers blind zu vertrauen. Diese Informationsasymmetrie stellt für den Erwerber jedoch ein nicht kalkulierbares Risiko dar, welchem er nur dadurch begegnen kann, dass er dieses Risiko schon vorab in sein Kaufpreisangebot mit einpreist und dementsprechend einen niedrigeren Kaufpreis aufrufen wird, um das Risiko in dieser Art auszugleichen.[329]

Neben einem Interesse der Gesellschaft an einem adäquaten Kaufpreis kommen insoweit auch noch andere Erwägungen in Betracht, welche ein Gesellschaftsinteresse an einem Zustandekommen der ins Auge gefassten Transaktion begründen können. So kann der Vorstand beispielsweise eine Stabilisierung des Aktionärskreises oder eine Verbesserung der zukünftigen Ertragslage – etwa durch den Zugang zu neuen Märkten – berücksichtigen.[330]

Die Schweigepflicht kann somit nach dieser Ansicht im Sinne der Gesellschaft bei due-diligence-Prüfungen im Zusammenhang mit Unternehmenskäufen nach pflichtgemäßem Ermessen des Vorstandes eingeschränkt werden, um etwaige drohende Nachteile von der Gesellschaft abzuwenden oder um gerade dem Gesellschaftsinteresse zu entsprechen.[331]

Diese durch den Vorstand durchgeführte Interessenabwägung beantwortet insoweit die Frage auf der ersten Stufe, ob eine Due-Diligence-Prüfung durch den Erwerber überhaupt gestattet werden darf. Um bei positiver Interessenabwägung

---

327 *Knöfler*, S. 88; *Ziegeler*, DStR 2000, 249 (252 f.); so auch *Rubner*, KSzW 2011, 412 (413 f.), welcher ein Gesellschaftsinteresse in dieser Konstellation nur dann ablehnt, wenn der Preis nur für die konkret in Rede stehende Transaktion erhöht werden soll.

328 *Knöfler*, S. 88; *Müller*, NJW 2000, 3452 (3454); *Ziegeler*, DStR 2000, 249 (252 f.); *Lutter*, ZIP 1997, 613 (613 f.).

329 MüKo-AktG-*Spindler*, Band 2, § 93, Rn. 154; *Knöfler*, S. 88; *Müller*, NJW 2000, 3452 (3454); *Ziegeler*, DStR 2000, 249 (252 f.); *Lutter*, ZIP 1997, 613 (613 f.).

330 *Rubner*, KSzW 2011, 412 (413).

331 Vgl. *Rozijn*, NZG 2001, 494 (496 f.); *Meincke*, WM 1998, 749 (751); *Schroeder*, DB 1997, 2161 (2162); *Ziegeler*, DStR 2000, 249 (252 f.); *Zumbansen/Lachner*, BB 2006, 613 (618); K. Schmidt/Lutter-*Krieger/Sailer-Coceani*, § 93, Rn. 27.

dem Gesellschaftsinteresse jedoch vollends Rechnung zu tragen, bedarf es nach dieser Auffassung sodann auf einer zweiten Stufe noch weiterer Maßnahmen zum Schutz der Geheimhaltungsinteressen der Gesellschaft.[332]

Maßnahmen, welche der Vorstand hier ergreifen kann, um die drohenden Gefahren durch die preisgegebenen Informationen weitestgehend zu minimieren, sind beispielsweise die Anforderung und genaue Prüfung eines Letter of Intent, in dem der potentielle Erwerber seine genuinen Erwerbsabsichten offenbart hat, oder die Unterzeichnung einer strafbewehrten Verschwiegenheitserklärung, die einem Missbrauch der Informationen durch den Erwerber entgegenwirken soll[333] und insoweit eine weitere Schutzebene darstellt.[334]

cc. Stellungnahme

Wo die restriktive Ansicht die Auffassung vertritt, dass eine Informationsweitergabe durch den Vorstand im Zuge einer due-diligence-Prüfung grundsätzlich nicht erfolgen darf und Ausnahmen hiervon nur in Einzelfällen über die Menge und den Umfang der preiszugebenden Informationen herzuleiten sind, besinnt sich die weitere Ansicht auf den Grundgedanken hinter der Schweigepflicht.

Dieser zweiten weiten Ansicht ist hier im Ergebnis zu folgen. Auch in dieser Fallkonstellation ist die Verschwiegenheitspflicht keine unumstößliche Größe, sondern ist vielmehr durch den Vorstand in ihrer Persistenz zu evaluieren, sodass auch im Hinblick auf die Due-Diligence-Prüfungen bei Beteiligungskäufen stets eine Ausrichtung anhand des Gesellschaftsinteresses stattzufinden hat. Die Weitergabe von Geheimnissen und anderen Gesellschaftsinterna ist mithin nicht von vornherein durch die Schweigepflicht aus § 93 Abs. 1 S. 3 AktG unterbunden, sondern kann stellenweise im Sinne der Gesellschaft sogar geboten sein.[335]

---

332 *Müller*, NJW 2000, 3452 (3455); K. Schmidt/Lutter-*Krieger/Sailer-Coceani*, § 93, Rn. 27.

333 *Müller*, NJW 2000, 3452 (3455); *Schroeder*, DB 1997, 2161 (2163); zur Gefahr des Bekanntwerdens von unternehmensbezogenen Informationen vgl. *Stoffels*, ZHR 165, 362 (367).

334 *Knöfler*, S. 93; *Körber*, NZG 2002, 263 (271); *Zumbansen/Lachner*, BB 2006, 613 (618); *Schroeder*, DB 1997, 2161 (2163); MüKo-AktG-*Spindler*, Band 2, § 93, Rn. 154; vgl. K. Schmidt/Lutter-*Krieger/Sailer-Coceani*, § 93, Rn. 27; *Schroeder*, DB 1997, 2161 (2163).

335 So auch *Rozijn*, NZG 2001, 494 (496 f.); *Roschmann/Frey*, AG 1996, 449 (452).

4. *Unzumutbarkeit des Schweigens*

a. *Preisgabe von Informationen teilweise möglich*

Die Schweigepflicht eines Vorstandsmitglieds als Teil seiner Treuepflicht gegenüber der Gesellschaft kann auch dann eingeschränkt sein, wenn es zu Situationen kommt, in denen es für das Vorstandsmitglied schlicht unzumutbar ist, über einen geheim zu haltenden Umstand Stillschweigen zu bewahren.[336] Die Schweigepflicht ist auch in dieser Hinsicht nicht in Stein gemeißelt, sodass insbesondere in Konfliktsituationen eine Abwägung zwischen dem grundsätzlich zu schützenden Geheimhaltungsinteresse der Gesellschaft und dem entgegenstehenden eigenen Interesse des Vorstandsmitglieds vorgenommen werden muss.[337]

So kann dann eine Preisgabe von vertraulichen Informationen geboten sein, wenn gerade deren Offenlegung zur eigenen Rechtsverteidigung notwendig ist. Dies kann beispielsweise bei einem Widerruf der Bestellung der Fall sein, aber auch bei der Geltendmachung von Schadenersatzansprüchen[338] oder – in engeren Grenzen – auch bei der Durchsetzung von eigenen Ansprüchen gegen die Gesellschaft in Frage kommen.[339] Eine erfolgversprechende Verteidigung gegen etwaige Vorwürfe ist nur dann gewährleistet, wenn auch grundsätzlich vertrauliche Informationen – soweit dies zur Rechtswahrung nötig ist – Teil der Verteidigung sein können.[340] Das jeweilige Vorstandsmitglied ist insoweit nicht zwingend an die Befolgung der Verschwiegenheitspflicht gebunden, sondern kann nach pflichtgemäßer Abwägung der widerstreitenden Interessen auch dazu im Stande sein, sich mittels Informationsoffenbarung gegen die Vorwürfe zu verteidigen.[341]

Es ist jedoch auch hier zu beachten, dass es sich um eine Ausnahme vom Grundsatz der Verschwiegenheit handelt. Das Geheimhaltungsinteresse der

---

336 MüKo-AktG-*Spindler*, Band 2, § 93, Rn. 150; Grigoleit-*Grigoleit/Tomasic*, § 93, Rn. 50.

337 MüKo-AktG-*Spindler*, Band 2, § 93, Rn. 150.

338 Spindler/Stilz-*Fleischer*, Band 1, § 93, Rn. 168; Fleischer, VorstandsR-HdB-*Körber*, § 10, Rn. 17; *von Stebut*, S. 140 ff.; GK-AktG-*Hopt/Roth*, § 93, Rn. 307; K. Schmidt/Lutter-*Krieger/Sailer-Coceani*, § 93, Rn. 27.

339 *Hölters*, § 93, Rn. 144; Spindler/Stilz-*Fleischer*, Band 1, § 93, Rn. 168; Fleischer, VorstandsR-HdB-*Körber*, § 10, Rn. 17.

340 KK-*Mertens/Cahn*, § 93, Rn. 121; MüKo-AktG-*Spindler*, Band 2, § 93, Rn. 150.

341 KK-*Mertens/Cahn*, § 93, Rn. 121; MüKo-AktG-*Spindler*, Band 2, § 93, Rn. 150.
d 1, § 93, Rn. 168; Grigoleit-*Grigoleit/Tomasic*, § 93, Rn. 50.

Gesellschaft genießt grundsätzlich Vorrang gegenüber etwaigen Eigeninteressen eines Vorstandsmitglieds.[342]

b. Andere Ansicht

Bezugnehmend darauf, welches der widerstreitenden Interessen Vorrang hat, zieht eine andere Ansicht die Grenzen hier sogar weiter und spricht sich – den Grundsatz in dieser Hinsicht ins Gegenteil verkehrend – dafür aus, dass die legitimen Eigeninteressen des Vorstandsmitglieds bei der Verfolgung seiner eigenen Interessen Vorrang gegenüber Geheimhaltungsinteressen der Gesellschaft zukommt.[343] Mit dieser Auffassung stärkt diese Ansicht die Rechte der Vorstandsmitglieder, welche in der Folge bei gesellschaftsinternen Unstimmigkeiten nach diesem Verständnis eine größere Handhabe gegen Ansprüche oder personalbezogene Entscheidungen des jeweiligen Unternehmens hätten. Es wird hier zwar auch davon ausgegangen, dass das Vorstandsmitglied die Erheblichkeit des eigenen Anspruchs gegenüber dem möglichen Schaden der Gesellschaft durch die Offenbarung von vertraulichen Interna abzuwägen hat, jedoch genössen die legitimen Eigeninteressen des Vorstandsmitglieds in dieser Abwägung grundsätzlich einen Abwägungsvorsprung.[344]

c. Stellungnahme

Diese zuletzt genannte Ansicht verkennt jedoch die erhebliche Systemrelevanz der Schweigepflicht im aktienrechtlichen Informationssystem. Dieser Grundsatz stellt sicher, dass eine kollektive Zweckverfolgung in seinem vollen Umfang möglich und gerade gewährleistet ist, dass auch das kollektive Zusammenwirken in Gesellschaften ein bestimmtes Maß an Schutz genießt. In Zeiten, in denen das Zusammenwirken in Gesellschaften einen immer größeren Stellenwert in der Gesellschaft einnimmt und jene durch ihren erheblichen Einfluss das tägliche Leben ausformen und mitbestimmen, kann nicht unbedacht deren Schutzniveau untergraben werden. Eine vorschnelle Aufweichung dieser Pflicht zu Lasten der Gesellschaften birgt insoweit erhebliche Risiken und geht konträr zu einem erstrebenswerten größtmöglichen Schutzniveau.

Es ist zwar richtig, dass Vorstandsmitglieder nicht jeglicher rechtlichen Handhabe beraubt werden dürfen, jedoch dreht die zuletzt genannte Ansicht

---

342 MüKo-AktG-*Spindler*, Band 2, § 93, Rn. 150; so auch Fleischer, VorstandsR-HdB-*Körber*, § 10, Rn. 17; a.A. *Hölters*, § 93, Rn. 144.

343 *Hölters*, § 93, Rn. 144.

344 *Hölters*, § 93, Rn. 144.

hier den schutzgewährenden Grundsatz gänzlich um und sieht das Eigeninteresse der Vorstandsmitglieder im Vergleich zu den Geheimhaltungsinteressen der Gesellschaften als höherwertig an. Sie spricht sich mithin für ein Grundsatz-Ausnahme-Verhältnis aus, welches die betroffene Einzelperson im Verhältnis zu der Aktiengesellschaft privilegiert bzw. besserstellt.

Würde man dieser Ansicht folgen, würde dies jedoch bedeuten, dass, sobald ein Vorstandsmitglied legitime Eigeninteressen verfolgt, die Gesellschaft in dieser Hinsicht machtlos wäre und durch das Bekanntwerden von geheimhaltungsbedürftigen Informationen erhebliche Nachteile wirtschaftlicher und ideeller Art befürchten müsste. Die Gesellschaft wäre in etwaigen Auseinandersetzungen mit Vorstandsmitgliedern derart benachteiligt, dass sie in der Folge indirekt in ihren Handlungsmöglichkeiten beschränkt wäre und schon aus wirtschaftlichen Gründen Meinungsverschiedenheiten um jeden Preis verhindern müsste.

Die zweite Ansicht und die von ihr vertretene Auffassung der Stellenwerte der unterschiedlichen Interessen sind mithin abzulehnen. Die Geheimhaltungsinteressen der Gesellschaft genießen vor den Eigeninteressen der Vorstandsmitglieder im Sinne eines funktionierenden Schutzsystems Vorrang. Dies gilt vor allem vor dem Hintergrund, dass sich das jeweilige Vorstandsmitglied trotz allem effektiv gegen Anschuldigungen zur Wehr setzen kann und gerade nicht schutzlos dasteht. Eine Preisgabe von sensiblen Informationen ist insoweit als Ultima Ratio anzusehen, jedoch in Fällen, in denen das legitime Eigeninteresse das Gesellschaftsinteresse in einer Abwägung eklatant übersteigt, nicht ausgeschlossen. Die Grundannahme, dass das Geheimhaltungsinteresse der Gesellschaften grundsätzlich vorrangig ist, gewährleistet, dass das Machtgefüge innerhalb der Gesellschaft nicht zu Lasten der Gesellschaft ausufert und diese auch bei Auseinandersetzungen stets handlungsfähig bleibt.

5. *Zusammenfassung der Grenzen*

Zusammenfassend lässt sich mithin festhalten, dass sich die Grenzen der Verschwiegenheitspflicht immer dort ergeben, wo einerseits ein uneingeschränkter Informationsfluss unabdingbar für eine ordnungsgemäße Aufgabenerfüllung der Organe ist, und andererseits dort, wo durch eine Weitergabe von Informationen dem Unternehmensinteresse besser gedient ist als durch bloßes Schweigen.

Die einzelnen hier aufgezeigten Grenzen verdeutlichen, dass es sich bei der Verschwiegenheitspflicht um einen elementaren Baustein im aktienrechtlichen Informationssystem handelt. Der Grundsatz, dass über sensible Gesellschaftsinterna Stillschweigen zu bewahren ist, lässt sich nicht ohne Weiteres umgehen und formt insoweit eine verlässliche Grundlage dafür, wie im Aktienrecht mit

Informationen umzugehen ist. Einer gemeinsamen Zweckverfolgung über das Vehikel der Aktiengesellschaft kann nur dort vollumfassend nachgegangen werden, wo sichergestellt ist, dass sensible Informationen nicht ungehindert und ungeprüft an gesellschaftsfremde Dritte gelangen. Eine Gesellschaft bleibt nur so lange im allgemeinen Markt wettbewerbsfähig, wie sie selber – über die für sie handelnden Organe – Herrin ihrer Geheimnisse und vertraulichen Angaben bleibt und dies auch gesetzlich sichergestellt ist. Dieses übergeordnete Bedürfnis stillt die Schweigepflicht der Organmitglieder aus §§ 93 Abs. 1 S. 3, 116 Abs. 1 S. 1 AktG.

Um hier ein verlässliches Schutzniveau zu gewährleisten, ist die Pflicht zur Verschwiegenheit so ausgestaltet, dass sie nicht ohne Weiteres beeinträchtigt werden kann. Eine Beeinträchtigung kommt explizit nur dort in Betracht, wo das Unternehmensinteresse – dessen Konkretisierung dem Vorstand obliegt – eine Preisgabe bzw. eine Informationsweitergabe erforderlich macht. Die Verschwiegenheitspflicht hört dort auf, wo es das Unternehmensinteresse gebietet zu reden.[345]

Die Schweigepflicht der Organmitglieder lässt sich in dieser Hinsicht – unter Heranziehung einer Metapher aus der Zellbiologie – mit einer semipermeablen Membran vergleichen. Jede Zelle ist von einer Zellmembran umgeben, deren Funktion es ist, schädliche Eindringlinge abzuwehren und genau zu regulieren, welche Moleküle diese Grenze passieren dürfen. Diese Grundstruktur lässt sich stark vereinfacht zur reinen Veranschaulichung auch in das Aktienrecht übertragen.

Begreift man die Aktiengesellschaft als Zelle und die auszutauschenden Informationen als Moleküle, so stellt die Schweigepflicht – und der mit ihr festgelegte Umgang mit Informationen –, welche die Gesellschaft zum Schutz umgibt, die Zellmembran dar. Grundsätzlich sind im Rahmen der Schweigepflicht sensible Gesellschaftsinterna vollumfänglich zurückzuhalten. Diese dürfen nicht ohne Weiteres nach außen getragen werden. Selbiges gilt bei Informationsanfragen von außen, welche Betriebs- oder Geschäftsgeheimnisse zum Gegenstand haben. Auch diese sind mit einem Hinweis auf die Schweigepflicht unbeantwortet zu lassen. Sobald jedoch das Interesse der Gesellschaft an einer Weitergabe das Interesse an einer Geheimhaltung überwiegt, ist der gewährleistete Schutz in dieser Richtung – ähnlich wie bei der Zellmembran mit den sie durchdringenden Molekülen – durchlässig bzw. permeabel. Wäre die Membran der Zelle nicht in dem gegebenen Maße durchlässig, sondern komplett starr und

---

345 So auch KK-AktG-*Mertens/Cahn*, § 93, Rn. 120; Hüffer/Koch-*Koch*, § 93, Rn. 31.

undurchdringbar, hätte die Zelle aufgrund des fehlenden Molekülaustausches keine Chance zu überleben und würde sofort verenden. Auch der Aktiengesellschaft würden bei einer vollständigen, undurchdringbaren Schweigepflicht gravierende Nachteile drohen, die die Teilnahme am Wirtschaftsverkehr erheblich beeinträchtigen könnten. Gerade die Durchlässigkeit dieses Schutzwalls - bei der Zelle sowie bei der Aktiengesellschaft - ermöglicht erst das Fortbestehen und Gedeihen.

Die Verschwiegenheitspflicht verfolgt mithin keinen Selbstzweck, der über den Schutz der Gesellschaft zu stellen wäre. Der Vorstand bleibt gerade - nach pflichtgemäß ausgeübtem Ermessen - in der Lage, im Einzelfall das für die Gesellschaft Vorteilhafteste zu unternehmen, selbst wenn dies mit der Durchbrechung der Schweigepflicht einhergeht. Durch ebendiese Ausgestaltung ist sichergesellt, dass der intendierte Schutz nicht in das genaue Gegenteil verkehrt wird und die Gesellschaft trotz der zu schützenden Geheimhaltungsinteressen handlungsfähig bleibt.

V. Rechtsfolgen bei Verstoß

Damit die Verschwiegenheitspflicht sich jedoch nicht bloß als zahnloses Faktum darstellt, sind qua Gesetz verschiedene Rechtsfolgen an etwaige Verstöße geknüpft.

So begründet eine Verletzung der Schweigepflicht unter den weiteren Voraussetzungen des § 93 Abs. 2 AktG einen auf Schadensersatz gerichteten Anspruch der Gesellschaft.[346] Die Vorstandsmitglieder sind mithin daran gehalten, bei ihrer Informationspolitik stets den Interessen der Gesellschaft zu entsprechen und nicht voreilig Informationen weiterzugeben.

Um die Vorstandsmitglieder jedoch hier nicht mit ausufernden Haftungsrisiken zu belasten und in der Folge gar deren Entscheidungsfreudigkeit nachhaltig zu beeinträchtigen,[347] steht den Organmitgliedern bei unternehmerischen Entscheidungen und gerade der Frage, ob und in welchem Umfang Informationen preisgegeben werden, das nach angelsächsischem Vorbild gestaltete deutsche äquivalent der Business Judgment Rule aus § 93 Abs. 1 S. 2 AktG zur

346 Spindler/Stilz-*Fleischer*, Band 1, § 93, Rn. 172; Hüffer/Koch-*Koch*, § 131, Rn. 35; K. Schmidt/Lutter-*Krieger/Sailer-Coceani*, § 93, Rn. 30; Henssler/Strohn-*Dauer-Lieb*, GesR, § 93, Rn. 16; *Schroeder*, DB 1997, 2161 (2161).

347 Bereits in der Amtlichen Begründung zu dem § 84 AktG 1937 ist diesbezüglich festgehalten, dass den Vorständen nicht jeder Mut zur Tat genommen werden dürfe, zitiert nach *Lutter*, ZIP 2007, 841 (841).

Seite.[348] Nach diesem dem US-amerikanischen Recht entstammenden und mit dem In-Kraft-Treten des UMAG am 01.11.2005 auch in das deutsche Aktiengesetz implementierten Grundsatz[349] liegt eine Pflichtverletzung dann nicht vor, wenn der Vorstand bei seiner Entscheidung vernünftigerweise annehmen durfte, auf der Grundlage angemessener Informationen zum Wohle der Gesellschaft zu handeln.[350] Über die Frage, ob in Zweifelsfällen die Sorgfalt eines ordentlichen und gewissenhaften Geschäftsleiters angewendet wurde, bleibt das jeweilige Vorstandsmitglied gemäß § 93 Abs. 2 S. 2 AktG jedoch beweispflichtig.[351] Aus der Sicht des Vorstandes ist somit eine ausgereifte Entscheidungsfindung und deren sorgfältige Dokumentation unerlässlich.[352] Wird vor der Weitergabe von Informationen seitens des Vorstandes das Für und Wider einer solchen Entscheidung ordnungsgemäß abgewogen und im Ergebnis zum Wohle und im Interesse der Gesellschaft gehandelt, wird den Interessen beider Seiten zur maximalen Geltung verholfen.

Durch diese Ausgestaltung eines etwaigen Schadensersatzes bei Pflichtverletzungen eines Vorstandsmitglieds wird sichergestellt, dass die Gesellschaft ein gewisses Maß an Handhabe gegen die Organmitglieder behält, gleichzeitig jedoch die Handlungsfreiheit der Vorstandsmitglieder nicht durch ein zu enges Haftungskorsett über das notwendige Maß hinaus eingeschränkt ist.

Neben einem Schadensersatzanspruch der Gesellschaft kommen noch andere Rechtsfolgen in Betracht. So kann eine Verletzung der Verschwiegenheitspflicht in besonders gelagerten Fällen unter Umständen auch einen wichtigen Grund im Rahmen des § 84 Abs. 3 AktG darstellen und einen Widerruf der Bestellung sowie die außerordentliche Kündigung des Anstellungsverhältnisses des jeweiligen Organmitglieds gemäß § 626 BGB rechtfertigen.[353]

---

348 *Rubner*, KSzW 2011, 412 (413); *Ziegeler*, DStR 2000, 249 (252); *Grunewald*, ZGR 2020, 469 (477); *Koch*, ZGR 2006, 769 (782 f.); *Lutter*, ZIP 2007, 841 (841 ff.); BeckOGK-AktG-*Fleischer*, § 93, Rn. 76 ff.; Fleischer, VorstandsR-HdB-*Körber*, § 10, Rn. 21.

349 BT-Drs. 15/5092, S. 11; *Lutter*, ZIP 2007, 841 (841 f.).

350 Vgl. § 93 Abs. 1 S. 2; *Ziegeler*, DStR 2000, 249 (252); *Lutter*, ZIP 2007, 841 (842 f.); Grigoleit-*Grigoleit/Tomasic*, § 93, Rn. 38 ff.; Hüffer/Koch-*Koch*, § 93, Rn. 8 ff.; BeckOGK-AktG-*Fleischer*, § 93, Rn. 76 ff.

351 *Lutter*, ZIP 2007, 841 (846); K. Schmidt/Lutter-*Krieger/Sailer-Coceani*, § 93, Rn. 41.

352 Neben der Dokumentation empfiehlt sich zudem die Aufbewahrung der entsprechenden Dokumente bis zum Ablauf der fünf bzw. bei börsennotierten Gesellschaften zehnjährigen Verjährungsfrist für eine Haftungsklage gemäß § 93 Abs. 6 AktG, *Lutter*, ZIP 2007, 841 (846).

353 *Schroeder*, DB 1997, 2161 (2161); Spindler/Stilz-*Fleischer*, Band 1, § 93, Rn. 172; K. Schmidt/Lutter-*Krieger/Sailer-Coceani*, § 93, Rn. 29; Hüffer/Koch-*Koch*, § 131, Rn. 35.

Darüber hinaus ist eine unzulässige Offenbarung von Gesellschaftsgeheimnissen explizit gemäß § 404 Abs. 1 Nr. 1 und Abs. 2 AktG unter Strafe gestellt.[354] Der § 404 AktG stellt insoweit ein echtes Sonderdelikt dar, dessen Täter lediglich Mitglieder des Vorstands, des Aufsichtsrats, Abwickler, Prüfer oder Gehilfen eines Prüfers sein können.[355] Die Vorschrift dient insoweit dem Schutz der Gesellschaft vor Eingriffen in die Geheimsphäre.[356] Das Interesse der Gesellschaft an der Bewahrung ihrer Geheimnisse stellt hier das geschützte Rechtsgut dar.[357]

Mit der ausdrücklichen Strafandrohung wird neben den zivilrechtlichen Maßnahmen zum Schutze der geheimhaltungsbedürftigen Gesellschaftsinterna zusätzlich eine strafrechtliche Ebene implementiert, welche einer unbefugten Offenbarung entgegenwirken soll. § 404 AktG verfolgt in dieser Hinsicht gerade den vorrangigen Zweck, präventiv die Schweigepflicht zu sichern, indem ein Offenbaren bzw. eine eigennützige Verwendung der Gesellschaftsgeheimnisse von vornherein verhindert werden soll.[358]

Eine strafrechtliche Verfolgung kommt bei § 404 AktG jedoch nach dem Wortlaut explizit nur bei einer unbefugten Offenbarung von Geheimnissen der Gesellschaft in Betracht.[359] Die in § 93 Abs. 1 S. 3 AktG zusätzlich aufgeführten vertraulichen Angaben werden von der Strafvorschrift nicht mit umfasst.[360] Wo durch die Normierung der vertraulichen Angaben in § 93 Abs. 1 S. 3 AktG der Anwendungsbereich der Schweigepflicht zum Schutz der Gesellschaft auch auf solche Informationen erweitert wird, welche zwar bereits bekannt sind, jedoch durch die Verbreitung der Gesellschaft trotzdem Nachteile drohen, stehen hier die Geheimnisse im Mittelpunkt.[361] Wann es sich um ein Geheimnis handelt, ist insoweit nicht formal, sondern inhaltlich materiell nach dem durch den Vorstand konkretisierten Gesellschaftsinteresse zu bestimmen.[362]

---

354 Vgl. Henssler/Strohn-*Dauer-Lieb*, GesR, § 93, Rn. 16; *Schroeder*, DB 1997, 2161 (2161); *Meincke*, WM 1998, 749 (750); *Körber*, NZG 2002, 263 (266); *Ziegeler*, DStR 2000, 249 (253).

355 Bürgers/Körber-*Pelz*, § 404, Rn. 1.

356 Henssler/Strohn-*Raum*, GesR, § 404, Rn. 1.

357 Hölters-*Müller-Michaels*, § 404, Rn. 2.

358 Heidel-*Bernsmann*, § 404, Rn. 1; MüKo-AktG-*Schaal*, Band 6, § 404, Rn. 2; Henssler/Strohn-*Raum*, GesR, § 404, Rn. 1.

359 Vgl. *Körber*, NZG 2002, 263 (266); *Ziegeler*, DStR 2000, 249 (253); Spindler/Stilz-*Fleischer*, Band 1, § 93, Rn. 172 und 166; Hüffer/Koch-*Koch*, § 131, Rn. 35.

360 *Körber*, NZG 2002, 263 (266); Spindler/Stilz-*Fleischer*, Band 1, § 93, Rn. 166; vgl. zu der Reichweite des § 404 AktG auch *Roschmann/Frey*, AG 1996, 449 (449 ff.).

361 Fleischer, VorstandsR-HdB-*Körber*, § 10, Rn. 9.

362 MüKo-AktG-*Schaal*, Band 6, § 404, Rn. 22; Henssler/Strohn-*Raum*, GesR, § 404, Rn. 3.

Durch das In-Kraft-Treten des Gesetzes zur weiteren Reform des Aktien- und Bilanzrechts, zu Transparenz und Publizität (TransPuG) am 26.07.2002, wurde der Wortlaut des § 404 Abs. 1 und Abs. 2 S. 1 AktG zusätzlich dahingehend abgeändert, dass explizit bei börsennotierten Gesellschaften der Strafrahmen nun Freiheitsstrafen von bis zu zwei bzw. bis zu drei Jahren ermöglicht. Zur Begründung dieser deutlichen Erhöhung des Strafrahmens führt der Gesetzgeber die typischerweise besonders große wirtschaftliche Tragweite von Verletzungen der Geheimhaltungspflicht – hier gerade auch für börsennotierte Gesellschaften – an.[363] Der gewünschte Abschreckungseffekt des § 404 AktG ließe sich nur dann zufriedenstellend erreichen, wenn Verstöße auch entsprechend gravierende Folgen nach sich zögen.[364]

Durch eine Verschärfung der strafrechtlichen Sanktionierung bei Verstößen gegen die Verschwiegenheitspflicht hat der Gesetzgeber mithin ebendiesen aktienrechtlichen Grundsatz weiter verstärkt.

C. Fragerecht in der Hauptversammlung

Neben dem Grundsatz der Verschwiegenheit, welcher vor allem das Diskretionsinteresse der Gesellschaft in den Mittelpunkt stellt und darauf gerichtet ist, ebendieses umfassend zu schützen, hat der deutsche Gesetzgeber das Aktienrecht derart ausgeformt, dass auch die jeweiligen Anteilseigner der Gesellschaft nicht ohne Handhabe bleiben, sondern über ein im Gesetz verankertes Instrument verfügen, um sich verlässlich von der Gesellschaft Informationen zu beschaffen. Im aktienrechtlichen Informationssystem wird dieses am Interesse gemessene Gleichgewicht gerade durch das Fragerecht der Aktionäre in der Hauptversammlung aus § 131 AktG gewährleistet. *Leyens* spricht zustimmungswürdig von dem Nukleus der Aktionärsinformation.[365]

I. Allgemeines

1. Regelungsgegenstand und Normzweck

Der § 131 AktG normierte für den Aktionär ein Auskunftsrecht, welches ihm in seiner Eigenschaft als Teilnehmer der Hauptversammlung zusteht. Der Grundstein für dieses Auskunftsrecht wurde bereits im Jahre 1937 im

363 BT-Drs. 14/8769, S. 24 f.

364 Vgl. BT-Drs. 14/8769, S. 24.

365 *Leyens*, ZGR 2019, 544 (547).

Aktienrecht verankert[366] und sieht bis heute auch in seiner jetzigen Fassung in § 131 Abs. 1 AktG vor, dass jedem Aktionär auf Verlangen in der Hauptversammlung vom Vorstand Auskunft über Angelegenheiten der Gesellschaft zu geben ist.

Hintergrund dieser Ausgestaltung ist die Überlegung, dass der Aktionär von seinen Mitgliedsrechten nur dann einen sinnvollen Gebrauch machen kann, wenn ihm die Umstände bekannt sind, die für eine adäquate Ausübung der Rechte wesentlich sind.[367] Aus diesem Grund hat der Gesetzgeber dem einzelnen Anteilseigner die Möglichkeit eröffnet, sich gerade selbst – durch ein gezieltes, konkretes Auskunftsverlangen, welches nicht von der Initiative anderer Gesellschaftsorgane abhängig ist – die Informationen zu beschaffen, die er für die Ausübung seiner ihm aufgrund seiner Stellung als Aktionär in der Hauptversammlung zustehenden Rechte benötigt.[368] Unter Berücksichtigung der sonst erheblich abgeschwächten Stellung der Aktionäre innerhalb des organschaftlichen Gefüges der Aktiengesellschaft spricht *Herbert Wiedemann* bei dem Auskunftsrecht der Aktionäre treffend von einem mitgliedschaftlichen Grundrecht.[369]

Die erhebliche Relevanz dieses Auskunftsanspruches der Aktionäre ergibt sich aus dem gedanklichen Zusammenhang des Fragerechts mit dem

366 *Kropff*, BegrRegE AktG 1965, S. 602, damals noch in § 112 Abs. 1 S. 1 AktG; vgl. KK-AktG-*Kersting*, § 131, Rn. 2; vor der Normierung im Aktiengesetz von 1937 hatte nach der reichsgerichtlichen Rechtsprechung lediglich die Generalversammlung, nicht aber der einzelne Aktionär ein Auskunftsrecht, RGZ 82, 183 (185 f.); zu der wechselvollen Geschichte des Auskunftsrechts der Aktionäre s. bspw. *Leyens*, ZGR 2019, 544 (547 ff.); Bayer/Habersack-*Spindler*, AktienR im Wandel, Band 1, Kap. 13, Rn. 113 ff.

367 *Kropff*, BegrRegE AktG 1965, S. 184; BayObLG AG 1996, 180 (181); *Ebenroth/Koos*, BB 1995, Beilage Nr. 8, 1 (2); MüKo-AktG-*Kubis*, Band 3, § 131, Rn. 1; GK-AktG-*Decher*, § 131, Rn. 7; *K. Schmidt*, Informationsrechte, S. 23; Hölters-*Drinhausen*, § 131, Rn. 1; Geßler/Hefermehl/Eckardt/Kropff-*Eckardt*, Band II, § 131, Rn. 1.

368 BayObLG AG 1996, 180 (181); Hüffer/Koch-*Koch*, § 131, Rn. 1; K. Schmidt/Lutter-*Spindler*, § 131, Rn. 1; Bürgers/Körber-*Reger*, § 131, Rn. 1; Obermüller u.a., Aktiengesetz 1965, S. 88 f.

369 *Wiedemann*, GesR, Band 1, § 7 II 2 a aa; so auch *K. Schmidt*, GesR, § 21 III 1 a; *K. Schmidt*, Informationsrechte, S. 21 ff.; so auch BVerfG, ZIP 1999, 1798 (1799); *Leyens*, ZGR 2019, 544 (545); das Auskunftsrecht als Korrelat zur Mitgliedschaft auffassend: Spindler/Stilz-*Siems*, Band 1, § 131, Rn. 2; MüHdB-GesR-*Hoffmann-Becking*, Band 4, § 38, Rn. 5.

§ 118 Abs. 1 AktG, welcher die Ausübung von Verwaltungsrechten[370] der Aktionäre auf die Hauptversammlung konzentriert.[371] Das wichtigste sich aus der Mitgliedschaft der Aktionäre ergebende Verwaltungsrecht ist in dieser Hinsicht neben den Teilnahme-, Kontroll- und Minderheitsrechten das unmittelbare Stimmrecht, welches nach §§ 12 Abs. 1 S. 1, 134 AktG mit der Stellung als Aktionär einhergeht.[372] Die Möglichkeit der Stimmabgabe durch die anwesenden Aktionäre ist es, was der Hauptversammlung als Willensbildungsorgan seine besondere Stellung innerhalb der Aktiengesellschaft verleiht.

Der im Beschluss[373] gebildete Wille der Hauptversammlung ist kraft organschaftlicher Zurechnung im Ergebnis der Wille der Aktiengesellschaft selbst.[374] Das Auskunftsrecht der Aktionäre stellt in dieser Beziehung sicher, dass ebendieser Wille der Aktiengesellschaft nicht auf Unsicherheiten und Mutmaßungen der abstimmenden Aktionäre beruht. Über den Diskurs in der Hauptversammlung mit der Möglichkeit, Fragen zu stellen, kann ein gewisses Maß an Informationen aus erster Hand erlangt werden, welches sodann im Rahmen des Entscheidungsfindungsprozesses bei Abstimmungen zugrunde gelegt und berücksichtigt werden kann.[375]

Der für das aktienrechtliche Informationssystem elementare Charakter des § 131 AktG sticht besonders dann heraus, wenn man sich die dreigeteilte Organstruktur der Aktiengesellschaft vor Augen führt. Der § 76 Abs. 1 AktG gewährt dem Vorstand als Leitungsorgan gerade eine von den Aktionären unabhängige Leitungsmacht bei der Führung der Geschäfte der Gesellschaft. Hieraus ergibt sich, dass bei der unmittelbaren Geschäftsführung und den Maßnahmen, welche der Vorstand in dieser Beziehung trifft, kein laufender Informationsfluss zugunsten der Sphäre der Aktionäre besteht.[376]

---

370 Wegen seiner Zugehörigkeit zu den Verwaltungsrechten ist das Auskunftsrecht nicht selbstständig übertragbar, MüKo-AktG-*Kubis*, Band 3, § 131, Rn. 2; Henssler/Strohn-*Liebscher*, GesR, § 131, Rn. 1.

371 Hüffer/Koch-*Koch*, § 118, Rn. 1 und 6.

372 Hüffer/Koch-*Koch*, § 12, Rn. 2 und § 134, Rn. 1; *K. Schmidt*, GesR, § 21 II 1 b.

373 Die Hauptversammlung als Kollektivorgan formuliert ihren Willen stets im Beschlussverfahren und ist mithin Beschlussorgan, GK-AktG-*Mülbert*, vor § 118, Rn. 29.

374 GK-AktG-*Mülbert*, vor § 118, Rn. 19; K. Schmidt/Lutter-*Spindler*, § 118, Rn. 12; MüKo-AktG-*Kubis*, Band 3, § 118, Rn. 9.

375 Vgl. *K. Schmidt*, Informationsrechte, S. 23 f.; vgl. MüKo-AktG-*Kubis*, Band 3, § 131, Rn. 1.

376 *Stöber*, DStR 2014, 1680 (1680).

Dies hat zur Folge, dass die Aktionäre der Gesellschaft zur Ausübung ihrer Rechte in der Hauptversammlung darauf angewiesen sind, Informationen von der Gesellschaft, bzw. von dem Vorstand, zu erhalten. Da der Vorstand nach der Konzeption des Aktiengesetzes jedoch nicht von sich aus zu umfangreichen Informationserteilungen gegenüber den Aktionären verpflichtet ist, haben die Aktionäre keine Möglichkeit, ohne Weiteres an den Vorstand mit Informationsgesuchen heranzutreten. Dies Ausgestaltung ist anders als beispielsweise im Recht der Gesellschaften mit beschränkter Haftung, wo mit § 51a Abs. 1 GmbHG den Gesellschaftern ein umfassender und unbedingter Auskunftsanspruch zusteht.[377] Um im Aktienrecht jedoch einen Ausgleich herzustellen, hat der Gesetzgeber über den § 131 Abs. 1 AktG die Möglichkeit für den Aktionär geschaffen, in der Hauptversammlung vom Vorstand Auskunft über zur Ausübung seiner Rechte relevante Angelegenheiten der Gesellschaft zu erhalten.[378]

Das Auskunftsrecht stellt in dieser Beziehung mithin eine Kompensation für den Wegfall jeglicher sonstiger Auskunfts- und Einsichtsrechte dar, welcher wiederum auf die typische Struktur der Aktiengesellschaft als beitrittsoffene, anonyme Publikumsgesellschaft zurückzuführen ist.[379]

2. *Auskunftsrecht als Individualrecht*

Der Grundgedanke eines Auskunftsrechts speziell für den einzelnen Aktionär geht zurück auf die Entwürfe des damals neu zu schaffenden Aktiengesetzes der 1930er Jahre, in denen bereits ein individuelles Auskunftsrecht als Voraussetzung für die effektive Ausübung des unentziehbaren[380] Stimmrechts betrachtet wurde.[381] Auch heute noch wird das Auskunftsrecht von der herrschenden Literatur primär als ein eigennütziges mitgliedschaftliches Individualrecht aufgefasst, welches jedem Aktionär – unabhängig von der Höhe seiner Beteiligung[382] –

377 Ein allgemeines Informationsrecht außerhalb der Hauptversammlung besteht gerade nicht: Heidel-*Heidel*, § 131, Rn. 1; Bayer/Habersack-*Casper*, AktienR im Wandel, Band 2, Kap. 12, Rn. 2.

378 *Stöber*, DStR 2014, 1680 (1680).

379 Hüffer/Koch-*Koch*, § 131, Rn. 1; vgl. *Drygala*, ZIP 2011, 798 (798).

380 *K. Schmidt*, GesR, § 21 II 1 b.

381 *Schäfers*, Informationsrechte von Aktionären, S. 35 ff. Bayer/Habersack-*Spindler*, AktienR im Wandel, Band 1, Kap. 13, Rn. 113; Spindler/Stilz-*Siems*, Band 1, § 131, Rn. 2; GK-AktG-*Decher*, § 131, Rn. 1 f.

382 GK-AktG-*Decher*, § 131, Rn. 8.

zusteht.[383] Dies hat zur Folge, dass sich der Auskunft verlangende Aktionär bei der Geltendmachung seines Auskunftsanspruchs, in den Grenzen seiner Treuepflicht,[384] nicht an den Interessen der Gesellschaft oder den Interessen der übrigen Aktionäre orientieren muss.[385] Darüber hinaus ist Rechtsausübung weder von einem Hauptversammlungsbeschluss abhängig noch kann ein solcher das Auskunftsverlangen des Aktionärs invalidieren, indem beispielsweise die Hauptversammlung die Gesellschaft von deren Pflicht zur Auskunftserteilung entbindet.[386]

Eben durch diese Freiheit, die eigenen Interessen bei der Fragestellung in den Vordergrund zu stellen und explizit das zu fragen, was für die Ausübung der eigenen Mitgliedsrechte noch von Bedeutung ist, wird sichergestellt, dass den Interessen der Aktionäre zu größtmöglicher Geltung verholfen wird.

Diese Art der Ausgestaltung des Fragerechts ist jedoch nicht unumstritten. In der wirtschaftlichen Praxis und im Alltag der Kapitalgesellschaften trifft ebendieser Umstand, dass Fragen jeglicher Art – in den Grenzen des § 131 Abs. 3 AktG und der Treuepflicht – zur Befriedigung des individuellen Informationsbedürfnisses gestellt werden dürfen, nicht immer auf Zustimmung.

So wird beispielsweise berichtet, dass der frühere Vorstandsvorsitzende der Deutschen Bank AG, Herr *Rolf-Ernst Breuer*, die Hauptversammlung mit ihrem explizit für Fragen vorgesehenen Teil lediglich als „zehn Stunden Müll" bezeichnete.[387] Mag man im ersten Augenblick eine solch anmaßende Auffassung in Bezug auf die Hauptversammlung und den Auskunftsanspruch belächeln, so offenbart sie bei genauerer Betrachtung eine ganze Reihe an Missständen. Das Recht, in der Hauptversammlung Fragen zu stellen, ist eben nicht bloße Zeitverschwendung, sondern ein Grundpfeiler für die sachgemäße Ausübung der mitgliedschaftlichen Rechte. In einer aktienrechtlichen Praxis, wo das Fragerecht

---

383 OLG München, NZG 2002, 187 (188); vgl. *Nitschke/Bartsch*, AG 1969, 95 (95 ff.); *Leyens*, ZGR 2019, 544 (561); Grigoleit-*Herrler*, § 131, Rn. 1; MüKo-AktG-*Kubis*, Band 3, § 131, Rn. 3 f.; Spindler/Stilz-*Siems*, Band 1, § 131, Rn. 2; K. Schmidt/Lutter-*Spindler*, § 131, Rn. 6.

384 Hüffer/Koch-*Koch*, § 131, Rn. 2 und 66 ff.

385 Vgl. *Leyens*, ZGR 2019, 544 (561); GK-AktG-*Decher*, § 131, Rn. 9; K. Schmidt/Lutter-*Spindler*, § 131, Rn. 6; MüKo-AktG-*Kubis*, Band 3, § 131, Rn. 4; *K. Schmidt*, Informationsrechte, S. 24; Hüffer/Koch-*Koch*, § 131, Rn. 2.

386 K. Schmidt/Lutter-*Spindler*, § 131, Rn. 4; MüKo-AktG-*Kubis*, Band 3, § 131, Rn. 3.

387 S. Focus-Money Nr. 16 vom 11.04.2007, S. 22, abrufbar unter: https://www.focus.de/finanzen/boerse/hauptversammlung-tag-der-abrechnung_aid_258916.html [zuletzt abgerufen am 08.05.2023]; *Stöber*, DStR 2014, 1680 (1680).

als müßig angesehen wird, wird zeitgleich der Schutz der privaten Kleinanleger untergraben, welche bisweilen im Vergleich zu Großaktionären und institutionellen Anlegern stärker auf Informationen für die Beurteilung der Tagesordnungspunkte einer Hauptversammlung angewiesen sind.[388]

Darüber hinaus erschöpft sich das Auskunftsrecht nicht in seinem individuellen Charakter. Die Hauptversammlung despektierlich als „zehn Stunden Müll" zu bezeichnen, kann nur dann in seinen Ansätzen nachvollzogen werden, wenn in dem Teil der Hauptversammlung, in dem die Fragen der Aktionäre beantwortet werden, tatsächlich auch bloß derjenige einzelne Aktionär, der die Frage gestellt hat, von der vom Vorstand gegebenen Antwort profitieren würde. Es ist zwar der Auffassung zuzustimmen, dass es sich bei dem Auskunftsanspruch nicht um ein kollektives Informationsrecht handelt, welches von der gesamten Hauptversammlung oder gar der Gesellschaft ausgeübt werden kann,[389] jedoch wird hier ein wesentlicher Teil des Fragerechts unterschlagen.

Durch die Voraussetzung des § 131 Abs. 1 S. 1 AktG, dass der Aktionär seine Frage gerade und nur in der Hauptversammlung zu stellen hat, kommt dem Auskunftsrecht neben seiner individuellen Bedeutung zugleich eine kollektiv wirkende Funktion zu. Dadurch, dass die Fragen und die dazugehörigen Antworten direkt mündlich in der Hauptversammlungsöffentlichkeit gegebenen werden, wird gleichzeitig zur Meinungs- und Urteilsbildung aller anwesenden Mitaktionäre beigetragen.[390]

Auch wenn die kollektive Willensbildung definitiv nicht das Hauptziel des Auskunftsanspruchs darstellt, so ist eine zumindest parallel laufende Zielsetzung zu erkennen.[391] Die tatsächliche Verortung der Fragestellung in die Hauptversammlung und deren unmittelbare mündliche, für alle anderen anwesenden

388 OLG München, NZG 2002, 187 (188); GK-AktG-*Decher*, § 131, Rn. 8.

389 K. Schmidt/Lutter-*Spindler*, § 131, Rn. 4; GK-AktG-*Decher*, § 131, Rn. 8; in diese Richtung wohl *Barz*, BB 1957, 1253 ff.

390 OLG München, AG 2009, 121 (122); LG München I, AG 2011, 211 (219); *Stöber*, DStR 2014, 1680 (1680); Grigoleit-*Herrler*, § 131, Rn. 1; MüKo-AktG-*Kubis*, Band 3, § 131, Rn. 3; K. Schmidt/Lutter-*Spindler*, § 131, Rn. 4.

391 OLG München, NZG 2002, 187 (188); *Ebenroth/Koos*, BB 1995, Beilage Nr. 8, 1 (2); vgl. MüKo-AktG-*Kubis*, Band 3, § 131, Rn. 3; GK-AktG-*Decher*, § 131, Rn. 78; *Hüffer*, ZIP 1996, 401 (405 f.); Hier noch eine Hauptaufgabe auch in der Information der Hauptversammlung als Organ sehend: KK-AktG-*Zöllner*, 1. Auflage, § 131, Rn. 3 und 81.

Aktionäre wahrnehmbare Beantwortung hat zwangsläufig reflexartig Einfluss auf die kollektive Willensbildung der Hauptversammlung.[392]

Einzelne Stimmen in der Literatur stellen sich dieser Auffassung, welche den Grundsatz der Mündlichkeit in Bezug auf die Beantwortung der Fragen voraussetzt, entgegen und sehen in dem Auskunftsanspruch des § 131 Abs. 1 AktG gleichzeitig auch ein Einsichtsrecht begründet, welches über die Beantwortung einer Frage hinaus die Einsichtnahme in relevante Unterlagen ermöglicht.[393] Eine kollektive Wirkung des Auskunftsanspruchs wird hier gerade nicht angenommen. Die Vertreter dieser Ansicht berufen sich zum einen darauf, dass der Wortlaut lediglich neutral davon spricht, dass eine Auskunft „zu geben" ist. Eine zwingende mündliche Erteilung der Information sei dieser Formulierung gerade nicht zu entnehmen.[394] Zum anderen kann es Fälle geben, beispielsweise wenn Urkunden in Form von Verträgen oder Sachverständigengutachten Gegenstand der Fragestellung sind, in denen die bloße mündliche Verlesung das Informationsbedürfnis des Fragestellers nicht hinreichend erfüllt. In solchen Fällen ist dem Aktionär eine individuelle Einsicht in die in Rede stehenden Unterlagen zu gewähren, um sein berechtigtes Informationsbedürfnis vollumfänglich zu befriedigen.[395]

Dieser Ansicht ist jedoch bereits aus mehreren Gründen nicht zuzustimmen. Das Aktienrecht kennt im Gegensatz zum Recht der Gesellschaften mit beschränkter Haftung gerade keine vergleichbare Norm wie den § 51a GmbHG, welcher eine Einsichtnahme in Unterlagen ermöglicht. Im Aktienrecht ist klar geregelt, welche Unterlagen während der Hauptversammlung ausgelegt und zugänglich gemacht werden müssen.[396] Dies lässt den Umkehrschluss zu, dass eine Einsichtnahme in andere Unterlagen gerade nicht verlangt werden kann.[397]

---

392 OLG München, NZG 2002, 187 (188); *Ebenroth/Koos*, BB 1995, Beilage Nr. 8, 1 (2); MüKo-AktG-*Kubis*, Band 3, § 131, Rn. 3; GK-AktG-*Decher*, § 131, Rn. 78; vgl. *Lieder*, NZG 2014, 601 (602); *Hüffer*, ZIP 1996, 401 (405); von einer bewussten Konzentrierung des Auskunftsrechts auf die kollektive Willensbildung in der Hauptversammlung ausgehend: Spindler/Stilz-*Siems*, Band 1, § 131, Rn. 2.

393 *Meilicke/Heidel*, DStR 1992, 72 (75); BeckOGK-AktG-*Siems*, § 131, Rn. 68; Heidel-*Heidel*, § 131, Rn. 25 f.

394 BeckOGK-AktG-*Siems*, § 131, Rn. 68.

395 *Meilicke/Heidel*, DStR 1992, 72 (75).

396 Regelungen hierzu statuieren unter anderem: §§ 52 Abs. 2 S. 5, 176 Abs. 1 S. 1, 179a Abs. 2 S. 4, 186 Abs. 4 S. 2 (ggfs. i.V.m. § 71 Abs. 1 Nr. 8 S. 5, § 203 Abs. 2 S. 2 oder § 221 Abs. 4 S. 2), 293g Abs. 1, 319 Abs. 3 S. 4 (ggfs. i.V.m. § 320 Abs. 4 S. 3) AktG und § 64 Abs. 1 S. 1 UmwG.

397 Vgl. LG München I, AG 2011, 211 (219).

Darüber hinaus würde die Einsichtnahme eines einzelnen Aktionärs gerade das dargestellte, der kollektiven Willensbildung dienende Wesen des Auskunftsanspruchs konterkarieren.[398] Es bleibt mithin bei dem Grundsatz der Mündlichkeit im Hinblick auf die Auskunftserteilung und die dadurch geförderte kollektive Willensbildung.

Dass das Auskunftsrecht insoweit nicht bloß auf die Beseitigung eines persönlichen Informationsdefizits bei dem fragenden Aktionär abzielt, sondern eine Wirkung zu Gunsten der anderen Hauptversammlungsteilnehmer von dem Gesetzgeber hier mitunter nach der gesetzgeberischen Konzeption auch intendiert ist, zeigt der § 131 Abs. 4 S. 1 AktG, welcher explizit Informationslücken anderer Aktionäre schließen soll, sofern einzelnen Aktionären außerhalb der Hauptversammlung in ihrer Eigenschaft als Aktionär Informationen erteilt wurden, welche die anderen Aktionäre so nicht erhalten haben. Um hier gleiche Voraussetzungen für alle zu schaffen, können derartige Informationen über § 131 Abs. 4 S. 1 AktG selbst dann in der Hauptversammlung verlangt werden, wenn diese gar nicht zur sachgemäßen Beurteilung des Gegenstands der Tagesordnung erforderlich sind. Das individuelle Fragerecht soll mithin gerade nicht bloß persönliche Informationslücken schließen und so möglicherweise einen Informationsvorsprung begründen, sondern auch das Informationslevel der anderen in der Hauptversammlung anwesenden Aktionäre in gleichem Maße steigern, sodass diese von dem Auskunftsverlangen in gleicher Weise wie der Fragende selbst profitieren.

Nach der Gesetzeskonzeption ist folglich neben dem individuellen Vorteil auch gleichzeitig die kollektive Willensbildung in der Hauptversammlung inhärente Nebenfolge. Dieser Umstand darf jedoch im Ergebnis nicht über die individualrechtliche Natur des Auskunftsrechts hinwegtäuschen. Trotz der kollektiv wirkenden Funktion des Auskunftsrechts ist die ausschließliche Rechtszuständigkeit dem einzelnen Aktionär zuzuerkennen. Jeder Anteilseigner ist bei Unklarheiten selbst für die Initiierung des Auskunftsverlangens verantwortlich und kann über die etwaige verfahrensrechtliche Durchsetzung frei disponieren.[399]

---

398 LG München I, AG 2011, 211 (219).

399 So auch MüKo-AktG-*Kubis*, Band 3, § 131, Rn. 3.

3. *Auskunftsanspruch als Rechenschaftsanspruch*

a. *Schutz des Auskunftsanspruchs über Art. 14 Abs. 1 S. 1 GG*

Die Option, in der Hauptversammlung durch das gezielte Nachfragen Informationen zu erlangen, ist überdies als wesentlicher Bestandteil der Mitgliedschaftsrechte auch im Grundgesetz verankert. Grundrechtlicher Anknüpfungspunkt ist hier der das Eigentum schützende Art. 14 Abs. 1 S. 1 GG.

Nach ständiger Rechtsprechung des Bundesverfassungsgerichts fällt auch das in der Aktie verkörperte Anteilseigentum in den Schutzbereich des Grundrechts, welches im Rahmen seiner gesellschaftsrechtlichen Ausgestaltung durch Privatnützigkeit und Verfügungsbefugnis gekennzeichnet ist.[400] Durch ebendiesen Schutz des Anteilseigentums ist in der Konsequenz auch gleichzeitig die mitgliedschaftliche Stellung des Aktionärs in der Aktiengesellschaft mitumfasst, aus welcher dem Aktionär im Rahmen der gesetzlichen Vorschriften und der jeweiligen Gesellschaftssatzung sowohl Leistungsbefugnisse[401] als auch vermögensrechtliche Ansprüche[402] erwachsen.[403]

Nach dem Dafürhalten des Bundesverfassungsgerichts kann nur ein über die Angelegenheiten der Gesellschaft unterrichteter Aktionär seine ihm obliegenden Aufgaben im Rahmen des gemeinsamen Gesellschaftszwecks angemessen erfüllen. Informationen sind in dieser Hinsicht die Basis, auf der die Ausübung der mitgliedschaftlichen Rechte aufbaut.[404] Diese Grundlage entsprechend würdigend hat das Bundesverfassungsgericht überzeugend festgestellt, dass das Informationsrecht mit den sich aus der Gesellschaftsbeteiligung ergebenden Rechten und Ansprüchen in einer untrennbaren Beziehung steht.[405] Die

---

400 BVerfGE 100, 289 (301); BVerfGE 132, 99 (119); BVerfGE 105, 19 (30); BVerfG, ZIP 1999, 1798 (1799); vgl. BGH, DB 1983, 273 (277); *Ebenroth/Koos*, BB 1995, Beilage Nr. 8, 1 (3); Jarass/Piertoth-*Jarass*, Art. 14, Rn. 7; *Kingreen/Poscher*, Rn. 1037.

401 Hauptversammlung im Aktienrecht als zentrales, willensbildendes Organ der Gesellschaft ausgestaltet, vgl. BVerfG, NJW 1999, 3769 (3770).

402 Die vermögensrechtliche Stellung des Aktionärs begründet sich in dem gesetzlichen Anspruch auf den Bilanzgewinn gemäß § 58 Abs. 4 AktG (soweit er auch tatsächlich verteilt wird), in dem Recht bei etwaigen Kapitalerhöhungen neue Aktien zu beziehen gemäß § 186 Abs. 1 AktG, sowie dem Recht auf Teilnahme an dem Liquidationserlös gemäß § 271 AktG; vgl. BVerfG, NJW 1999, 3769 (3770).

403 BVerfG, NJW 2000, 349 (350); BVerfG, NJW 1999, 3769 (3770); BVerfG, NJW 1962, 1667 (1667); BVerfG, NJW 1969, 1203 (1205); BVerfGE 132, 99 (119).

404 S. o. 1. Teil, C.

405 BVerfG, NJW 2000, 349 (350); *Ebenroth/Koos*, BB 1995, Beilage Nr. 8, 1 (3); den vom BVerfG herangezogenen Gedanken des „mitgliedschaftlichen Grundrechts"

Dispositionsfreiheit über den Eigentumsgegenstand liefe im Ergebnis leer, wenn es dem Aktionär verwehrt bliebe, sich ein Bild über das Unternehmen, an welchem er eine Beteiligung hält, zu machen.[406]

Durch den Schutz der mit der Mitgliedschaft verbundene Eigentümerstellung des Aktionärs über Art. 14 Abs. 1 GG[407] ist mithin gleichzeitig auch das Auskunftsinteresse der Aktionäre mitumfasst. Das Recht, von der Gesellschaft Informationen zu erhalten, fällt – ebenso wie das Recht auf einen ordnungsgemäßen Ablauf der Hauptversammlung[408] – in den Schutzbereich des Art. 14 Abs. 1 S. 1 GG.[409]

b. Rechenschaftsanspruch

Im Zuge des sich aus dem Eigentumsgrundrecht ergebenden Schutzes wird dem Auskunftsanspruch des einzelnen Aktionärs in Rechtsprechung und Literatur bisweilen eine weitere Funktion zugesprochen. So soll das Auskunftsrecht aus § 131 Abs. 1 AktG – über die Funktion als Mittel zur adäquaten Ausübung der Mitgliedschaftsrechte des Aktionärs hinausgehend – noch die weitere Aufgabe der Verwirklichung eines allgemeinen Rechenschaftsanspruchs des Aktionärs gegenüber der Aktiengesellschaft innehaben.[410]

Nach dieser Ansicht dient das Auskunftsrecht neben der Informationserlangung auch gleichzeitig der Verwirklichung des verfassungsrechtlich gewährleisteten Anspruchs des Aktionärs, Rechenschaft über die Verwaltung des in dem Unternehmen investierten Kapitals bzw. über die Verwaltung ihres Eigentums zu verlangen.[411] Seinen Ursprung hat diese Auffassung in den Gesetzesmaterialien

---

prägend: *Wiedemann*, GesR, Band 1, § 7 II 2 a aa; *K. Schmidt*, GesR, § 21 III 1 a; *K. Schmidt*, Informationsrechte, S. 21 ff.

406 BVerfG, NJW 2000, 349 (350); so auch der BGH: BGH, NJW 1983, 878 (879 ff.); vgl. *Ebenroth/Koos*, BB 1995, Beilage Nr. 8, 1 (3).

407 *Ebenroth/Koos*, BB 1995, Beilage Nr. 8, 1 (3); GK-AktG-*Decher*, § 131, Rn. 7; *Stöber*, DStR 2014, 1680 (1680)

408 Die Hauptversammlung ist gerade als „Sitz der Aktionärsdemokratie" anzusehen und bedarf deshalb zur Wahrung eines ordnungsgemäßen Ablaufes eines besonderen Schutzes, BVerfG, NJW 2000, 349 (351); *Hergeth*, DStR 1999, 1866 (1867).

409 BVerfG, NJW 2000, 349 (350); *Hergeth*, DStR 1999, 1866 (1867).

410 BGH, NJW 1983, 878 (882); OLG Düsseldorf, NJW 1988, 1033 (1035); BayObLG, AG 1996, 180 (181); vgl. K. Schmidt/Lutter-*Spindler*, § 131, Rn. 7; GK-AktG-*Decher*, § 131, Rn. 14; *Stöber*, DStR 2014, 1680 (1680); MüKo-AktG-*Kubis*, Band 3, § 131, Rn. 1.

411 Vgl. KG Berlin, AG 2001, 421 (422); BayObLG, WM 1996, 119 (121); Heidel-*Heidel*, § 131, Rn. 1; *Kiethe*, NZG 2003, 401 (406); *Meilicke/Heidel*, DStR 1992, 72 (72);

zu dem Aktiengesetz aus dem Jahre 1965, in denen davon gesprochen wird, dass sich der Aktionär durch seine Fragen darüber vergewissern kann, wie der Vorstand mit dem von den Aktionären zur Verfügung gestellten Kapital gewirtschaftet hat.[412]

In dieser Hinsicht zutreffend ist insoweit, dass der einzelne Aktionär im Zusammenhang mit einzelnen Tagesordnungspunkten, wie beispielsweise „Vorlage des Jahresabschlusses", „Gewinnverwendung" oder „Entlastung von Vorstand und Aufsichtsrat", Fragen stellen kann, welche den Vorstand dazu veranlassen, in Bezug auf die mit der Tagesordnung verbundenen Beschlussvorschläge und das gegenständliche Geschäftsjahr Rechenschaft abzulegen.[413] Dieser Kausalzusammenhang wird jedoch in dem Moment überbeansprucht, in dem dem Auskunftsanspruch der Aktionäre die weitegehende Aufgabe zugesprochen wird, den Aktionären bei der Durchsetzung eines allgemeinen Rechenschaftsanspruchs zur Seite zu stehen.[414]

Einen solchen nach dieser Ansicht vorausgesetzten individuellen mitgliedschaftlichen Anspruch des Aktionärs auf Rechenschaft gegenüber dem Vorstand und dem Aufsichtsrat innerhalb der Aktiengesellschaft gibt es jedoch gerade nicht. Das Recht, Informationen über seine Gesellschaft zu erhalten, ist zwar wie dargelegt von Art. 14 Abs. 1 S. 1 GG geschützt, so dass grundsätzlich der Bezug zu dem geschützten Eigentum besteht und insoweit die Herleitung eines Rechenschaftsanspruchs über den § 131 Abs. 1 AktG nicht fernliegend ist. Es darf jedoch nicht der Umstand aus den Augen verloren werden, dass es sich bei dem Auskunftsanspruch um ein individuelles mitgliedschaftliches Recht des Einzelnen handelt, welches die Beschaffung von notwendigen Informationen zur Ausübung der Rechte in der Hauptversammlung ermöglichen soll. Das Auskunftsrecht findet hierin sowohl seine Legitimation als auch seine Grenzen.[415]

Ebenroth, Auskunftsrecht, S. 4 und 11; Ferner GK-AktG-*Decher*, § 131, Rn. 14; MüKo-AktG-*Kubis*, Band 3, § 131, Rn. 1.

412 *Kropff*, BegrRegE AktG 1965, S. 184; GK-AktG-*Decher*, § 131, Rn. 14.

413 GK-AktG-*Decher*, § 131, Rn. 15.

414 *Groß*, AG 1997,97 (99 f.); *Hüffer*, ZIP 1996, 401 (403 f.); K. Schmidt/Lutter-*Spindler*, § 131, Rn. 7; Hüffer/Koch-*Koch*, § 131, Rn. 2; MüHdB-GesR-*Hoffmann-Becking*, Band 4, § 38, Rn. 2; KG, ZIP 2001, 1200 (1203); KK-AktG-*Kersting*, § 131, Rn. 9 ff. und 50.

415 KG, ZIP 2001, 1200 (1203); GK-AktG-*Decher*, § 131, Rn. 15; K. Schmidt/Lutter-*Spindler*, § 131, Rn. 7; KK-AktG-*Kersting*, § 131, Rn. 9 ff.

Die Möglichkeit, im Wege einer Fragestellung Rechenschaft zu erlangen, stellt sich nach der Gegenauffassung mithin lediglich als Reflex dar.[416]

Ein solches Verständnis deckt sich im Ergebnis auch mit dem Kompetenzgefüge innerhalb der Aktiengesellschaft, bei dem der Aufsichtsrat und nicht die Hauptversammlung die Funktion der Kontrolle des Vorstands innehat.[417] Ein allgemeiner, diese Kompetenzzuweisung untergrabender Rechenschaftsanspruch ließe sich zudem nicht mit der Auffassung zusammenführen, dass das Fragerecht ein individuelles Recht ist und gerade nicht ein Recht der Hauptversammlung als Organ darstellt.

In diesem Meinungsstreit vermittelnd vertritt *Kubis* die Auffassung, dass trotz des klaren Kompetenzgefüges nichts dagegen spricht, dem einzelnen Aktionär zuzubilligen, sich über die Vermögens-, Ertrags- und Finanzlage der Gesellschaft – und insofern indirekt auch über die Verwendung seines eingesetzten Kapitals – zu informieren.[418] Der befürchteten Gefahr, dass mit einer solchen Ausweitung des Normzwecks auch auf die vermögensrechtliche Komponente eine uferlose Zweitkontrolle durch die Aktionäre implementiert werden würde, sei gerade durch das Merkmal der Beurteilungserheblichkeit in § 131 Abs. 1 S. 1 AktG hinreichend begegnet worden.[419] Darüber hinaus wird durch ein solches erweitertes Verständnis auch nicht das Geheimhaltungsinteresse hinsichtlich bestimmter Umstände unterlaufen, da § 131 Abs. 3 AktG auch weiterhin einen vollumfänglichen, am Interesse orientierten Schutz gewährt.[420]

Diese von *Kubis* vertretene vermittelnde Auffassung der Entscheidungsunerheblichkeit in der Praxis ist im Ergebnis zustimmungswürdig. Wenn auch weiterhin nach der hier vertretenen Auffassung ein allgemeiner Rechenschaftsanspruch, mit dem im Ergebnis die Verwaltung in zweiter Instanz kontrolliert werden würde, abzulehnen ist, so ist trotz allem das teilweise undifferenzierbare Ineinandergreifen von Rechenschaftsanspruch und Auskunftsanspruch anzuerkennen.

Die teilweise durch Fragestellung initiierte Rechenschaftslegung des Vorstands in der Hauptversammlung ist mithin als eine Art Nebenfolge des

---

416 Vgl. KG, ZIP 2001, 1200 (1203); KK-AktG-*Kersting*, § 131, Rn. 9; GK-AktG-*Decher*, § 131, Rn. 14 f.; *Ebenroth/Wilken*, BB 1993, 1818 (1821); *Ebenroth/Koos*, BB 1995, Beilage Nr. 8, 1 (2).

417 BVerfG, ZIP 1999, 1798 (1800); *Hüffer*, ZIP 1996, 401 (405); KK-AktG-Kersting, § 131, Rn. 9; K. Schmidt/Lutter-*Spindler*, § 131, Rn. 7; *Groß*, AG 1997, 97 (98 ff.)

418 MüKo-AktG-*Kubis*, Band 3, § 131, Rn. 1.

419 MüKo-AktG-*Kubis*, Band 3, § 131, Rn. 1.

420 MüKo-AktG-*Kubis*, Band 3, § 131, Rn. 1.

Auskunftsverlangens des Aktionärs zu begreifen, welche bei dem Vorliegen der Beurteilungserheblichkeit im Hinblick auf den gegenständlichen Tagesordnungspunkt auch vollumfänglich vom Normzweck des § 131 AktG umfasst ist.

II. Voraussetzungen und Grenzen des Auskunftsrechts

1. Voraussetzungen des Auskunftsrechts

a. Doppeltatbestand

Nach § 131 Abs. 1 S. 1 AktG ist jeder Aktionär auskunftsberechtigt, welcher berechtigt an der Hauptversammlung teilnimmt.[421] Hierbei ist es nicht von Relevanz, wie viele Aktien der jeweilige Aktionär hält. Bereits eine ganze Aktie der jeweiligen Aktiengesellschaft gewährt dem Aktionär die Möglichkeit, an der Hauptversammlung teilzunehmen.[422] Mit diesem Recht einhergehend besteht auch das Auskunftsrecht bereits bei einer ganzen Aktie.[423] Dies gilt selbst dann, wenn der Aktionär stimmrechtslose Aktien (§§ 139 ff. AktG) hält, seiner Einlagenpflicht noch nicht nachgekommen ist (§ 134 Abs. 2 AktG) oder im Einzelfall gemäß § 136 AktG nicht mit abstimmen darf.[424] Dieser Umstand erscheint zwar im ersten Moment konträr zu der Tatsache, dass das Auskunftsrecht gerade die adäquate Ausübung des Stimmrechts ermöglichen soll, jedoch gilt es hier zu beachten, dass das Fragerecht auch eine elementare Rolle im Hinblick auf die Ausübung der Beschlussmängelrechte gemäß §§ 241 ff. AktG und sonstiger

---

421 Spindler/Stilz-*Siems*, Band 1, § 131, Rn. 12; GK-AktG-*Decher*, § 131, Rn. 59; Henssler/Strohn-*Liebscher*, GesR, § 131, Rn. 2.

422 Zu beachten ist hier, dass Bruchstücke, bzw. Anteile von einer Aktie, nicht ausreichend sind, um an der Hauptversammlung teilnehmen zu können. Im anglo-amerikanischen Raum ist es bereits länger möglich, „fractional shares", also Bruchstücke einer Aktie, zu erwerben. Wo dies mit Einzelkäufen hierzulande erst seit kurzem bei einzelnen Banken möglich ist, besteht diese Möglichkeit in Deutschland bereits seit längerem über die Ausführung von Wertpapiersparplänen, bei denen eine Aktie mit einem vorher festgelegten Geldbetrag bespart wird. Die jeweilige Depotbank bucht sodann die anteilig erworbenen Stücke der Aktie in das Depot des Aktionärs. Sobald über das regelmäßige Ausführen des Sparplans der Aktionär eine „ganze" Aktie hält, hat er das Recht, an der Hauptversammlung teilzunehmen.

423 BayObLGZ 1974, 208 (213); *Kropff*, BegrRegE AktG 1965, S. 185; BGH, AG 1992, 450 (454); OLG Hamburg, AG 1969, 150 (151); *Meilicke/Heidel*, DStR 1992, 72 (73); GK-AktG-*Decher*, § 131, Rn. 58; Henssler/Strohn-*Liebscher*, GesR, § 131, Rn. 2.

424 OLG Stuttgart, AG 2011, 93 (97); K. Schmidt/Lutter-*Spindler*, § 131, Rn. 13 und 1; Spindler/Stilz-*Siems*, Band 1, § 131, Rn. 12; GK-AktG-*Decher*, § 131, Rn. 58; Hüffer/Koch-*Koch*, § 131, Rn. 4; Henssler/Strohn-*Liebscher*, GesR, § 131, Rn. 2.

Minderheitsrechte spielt, wie beispielsweise die Bestellung eines Sonderprüfers gemäß § 142 AktG oder das Klageerzwingungsverfahren aus §§ 147 Abs. 1 S. 1, 148 AktG.[425]

Auch ein Online-Aktionär, sofern der Vorstand der Aktiengesellschaft von der Öffnungsbefugnis für nicht örtliche anwesende Teilnehmer aus § 118 Abs. 1 S. 2 AktG[426] Gebrauch gemacht hat,[427] ist im Rechtssinne als „echter" Teilnehmer der Hauptversammlung anzusehen und kann über die ihm zur Verfügung stehenden elektronischen Kommunikationsmittel – wie auch ein körperlich anwesender Aktionär – Auskunft verlangen.[428]

Im Umkehrschluss scheidet ein Auskunftsrecht aus bei zwar berechtigten Teilnehmern der Hauptversammlung, bei denen es jedoch an der Aktionärseigenschaft fehlt. Diese sind vornehmlich Inhaber von Wandel- oder Gewinnschuldverschreibungen, Inhaber von Pfandrechten, Nießbraucher oder auch besondere Vertreter im Sinne des § 147 AktG.[429] Es handelt sich bei der Hauptversammlung nicht um eine öffentliche Veranstaltung, sodass Dritte grundsätzlich weder ein Teilnahme- noch ein Anwesenheitsrecht haben.[430] Ausnahmen hiervon sind nur in Fällen gesetzlicher Normierung anzuerkennen, wie dies für Vertreter der Aufsichtsbehörden im Bereich der Banken- und

425 K. Schmidt/Lutter-*Spindler*, § 131, Rn. 13 und 1.

426 Diese Öffnungsbefugnis aus § 118 Abs. 1 S. 2 AktG wurde mit dem Gesetz zur Umsetzung der Aktionärsrechterichtlinie vom 30.07.2009 (ARUG) in den § 118 AktG inkorporiert, BGBl. 2009, Teil I, S. 2479 (2481).

427 Im Rahmen der COVID-19-Pandemie hat die virtuelle Hauptversammlung enorm an Bedeutung gewonnen. Gemäß § 1 Abs. 1, 2 COVMG ist der Vorstand pandemiebedingt berechtigt, die Hauptversammlung gänzlich im Sinne des § 118 Abs. 1 S. 2 AktG durchzuführen und eine physische Präsenz der Aktionäre vollständig auszuschließen. S. diesbezüglich Hüffer/Koch-*Koch*, § 131, Rn. 79 ff. und § 118, Rn. 34 ff.

428 *Seibert/Florstedt*, ZIP 2008, 2145 (2146); *Noack*, NZG 2008, 441 (444); *Paschos/Gosslar*, AG 2008, 605 (610); *Bosse*, NZG 2009, 807 (809); MüKo-AktG-*Kubis*, Band 3, § 131, Rn. 10; Hüffer/Koch-*Koch*, § 131, Rn. 4; a.A. *Riegger*, ZHR 165 (2001), 204 (209 ff.), welcher eine körperliche Anwesenheit des Aktionärs für die Bejahung der Teilnehmerschaft voraussetzt; zu den pandemiebedingten Einschränkungen bezüglich des Auskunftsrechts der Aktionäre in Zusammenhang mit den Regelungen aus § 1 Abs. 1, 2 COVMG s. Hüffer/Koch-*Koch*, § 131, Rn. 79 ff. m.w.N.

429 GK-AktG-*Decher*, § 131, Rn. 61, Hüffer/Koch-*Koch*, § 131, Rn. 4; vgl. Henssler/Strohn-*Liebscher*, GesR, § 131, Rn. 2; BGH, NZG 2016, 983 (983 ff.) diskutiert einen Auskunftsanspruch eines Genussrechtsinhabers nach den allgemeinen Grundsätzen der Rechenschaftslegung; vgl. dazu auch *Stöber*, NZG 2017, 1401 (1401 ff.).

430 Hüffer/Koch-*Koch*, § 118, Rn. 28.

Versicherungsaufsicht der Fall ist. Über § 44 Abs. 4 KWG und § 306 Abs. 1 S. 1 Nr. 4 und 5 VAG wurden hier besondere Teilnahmerechte normiert, welche die Quasi-Öffentlichkeit[431] der Hauptversammlung durchbrechen. Mangels Aktionärseigenschaft wird hierdurch jedoch nicht auch gleichzeitig ein Auskunftsrecht nach § 131 Abs. 1 S. 1 AktG vermittelt.[432]

Die Inhaberschaft des Auskunftsrechts nach § 131 Abs. 1 S. 1 AktG beruht mithin auf einem Doppeltatbestand, welcher zum einen die Aktionärseigenschaft und zum anderen das Recht zur Teilnahme an der Hauptversammlung voraussetzt.[433]

Der Aktionär ist, sofern der Doppeltatbestand erfüllt ist, darüber hinaus nicht dazu verpflichtet, sein Auskunftsverlangen inhaltlich zu begründen[434] oder sein Interesse an der Auskunft darzulegen. Weder der Umstand, weshalb gerade die in Rede stehende Auskunft verlangt, noch weshalb die Frage zu dem gerade abgehandelten Tagesordnungspunkt gestellt wird, muss von dem fragenden Aktionär offengelegt werden.[435] Die veranlassenden Motive sind für das Auskunftsverlangen mithin nicht von Relevanz und bleiben allein Sache des fragenden Aktionärs.[436]

b. Angelegenheiten der Gesellschaft

Zudem hat sich das Auskunftsverlangen in gegenständlicher Hinsicht nach dem Wortlaut des § 131 Abs. 1 S. 1 AktG auf „Angelegenheiten der Gesellschaft“ zu beziehen. Diese Formulierung – welche zunächst eine tatbestandliche Einschränkung des Auskunftsrechts vermuten lässt – ist insoweit jedoch missverständlich, als sie nach allgemeiner Meinung äußerst weit aufzufassen

---

431 MüKo-AktG-*Kubis*, Band 3, § 118, Rn. 7; GK-AktG-*Decher*, § 131, Rn. 62.

432 GK-AktG-*Decher*, § 131, Rn. 62; MüKo-AktG-*Kubis*, Band 3, § 118, Rn. 14.

433 MüKo-AktG-*Kubis*, Band 3, § 131, Rn. 10; vgl. GK-AktG-*Decher*, § 131, Rn. 58 f.

434 Von einer inhaltlichen Begründungspflicht zu unterscheiden ist insoweit der Nachweis der Beurteilungserheblichkeit des Auskunftsverlangens im Sinne des Erforderlichkeitskriteriums des § 131 Abs. 1 S. 1 Hs. 2 AktG, s.u. und vgl. Hüffer/Koch-*Koch*, § 131, Rn. 29.

435 OLG Frankfurt, AG 2009, 542 (546); KG, NJW-RR 1996, 1060 (1064); OLG Düsseldorf, AG 1992, 34 (35); Hüffer/Koch-*Koch*, § 131, Rn. 9; Hölters-*Drinhausen*, § 131, Rn. 13; Spindler/Stilz-*Siems*, Band 1, § 131, Rn. 21.

436 OLG Frankfurt, AG 2009, 542 (546); KG Berlin, AG 1994, 469 (472); MüKo-AktG-*Kubis*, Band 3, § 131, Rn. 30; Geßler/Hefermehl/Eckardt/Kropff-*Eckardt*, Band II, § 131, Rn. 27; KK-AktG-*Kersting*, § 131, Rn. 477.

ist.[437] Hiernach werden sowohl unmittelbare als auch mittelbare Angelegenheiten erfasst, welche nach diesem weiten Verständnis alles mitumfasst, was sich auf die Gesellschaft und ihre Tätigkeit bezieht.[438] So fallen ohne Weiteres Tatsachen in den Anwendungsbereich des § 131 Abs. 1 S. 1 AktG, welche Interna der auskunftsverpflichteten Aktiengesellschaft betreffen. Dies umfasst mitunter die Vermögens-, Ertrags- und Finanzlage der Gesellschaft, ihre rechtlichen und tatsächlichen Verhältnisse, ihre Geschäftspolitik und die Darstellung des Unternehmens in der Öffentlichkeit oder ihre Beziehung zu Dritten, hier insbesondere zu Vertragspartnern.[439]

Dieser weiten Auffassung liegt zu Grunde, dass der Vorstand aufgrund seiner besonderen Stellung als Leitungsorgan ohnehin nur im Hinblick auf die Angelegenheiten der Gesellschaft einen nennenswerten Informationsvorsprung hat, welchen es mit Hilfe des § 131 Abs. 1 S. 1 AktG auszugleichen gilt. Bei Fragen eines Aktionärs, welche kaum oder nur einen minimalen Bezug zu der eigenen Gesellschaft aufweisen, wird es immer unwahrscheinlicher, dass der auskunftsverpflichtete Vorstand – selbst mit Hilfe eines engagierten Back Office – hierzu ein Sonderwissen offenbaren kann, welches das jeweilige Auskunftsverlangen hinreichend befriedigt.[440]

Jedoch können selbst Angelegenheiten, welche eine fremde Gesellschaft oder Personen betreffen, über die die Gesellschaft grundsätzlich keine Auskünfte geben muss,[441] sofern sie sich indirekt auf die Gesellschaft auswirken, zu mittelbaren Angelegenheiten werden, über welche sodann auch Auskunft zu erteilen ist.[442] Bei derartig gelagerten mittelbaren Gesellschaftsangelegenheiten muss der

---

437 Hüffer/Koch-*Koch*, § 131, Rn. 12; Spindler/Stilz-*Siems*, Band 1, § 131, Rn. 23; Grigoleit-*Herrler*, § 131, Rn. 12; GK-AktG-*Decher*, § 131, Rn. 82; KK-AktG-*Kersting*, § 131, Rn. 91; Heidel-*Heidel*, § 131, Rn. 28.

438 *Spitze/Diekmann*, ZHR 158 (1994), 447 (452); Spindler/Stilz-*Siems*, Band 1, § 131, Rn. 23; Hüffer/Koch-*Koch*, § 131, Rn. 12; KK-AktG-*Kersting*, § 131, Rn. 91.

439 Grigoleit-*Herrler*, § 131, Rn. 12; GK-AktG-*Decher*, § 131, Rn. 82; KK-AktG-*Kersting*, § 131, Rn. 91; Hölters-*Drinhausen*, § 131, Rn. 8; § 131 Abs. S. 2 und 4 AktG sind insoweit klarstellende Ergänzungen zu dem Tatbestandsmerkmal „Angelegenheiten der Gesellschaft", sodass sich das Auskunftsrecht auch auf verbundene Unternehmen gemäß § 15 AktG und die Lage des Konzerns und auf hier einbezogene Unternehmen beziehen kann, Spindler/Stilz-*Siems*, Band 1, § 131, Rn. 24; vgl. auch *Spitze/Diekmann*, ZHR 158 (1994), 447 (454 ff.)

440 Spindler/Stilz-*Siems*, Band 1, § 131, Rn. 23.

441 Vgl. BayObLG, ZIP 1996, 1945 (1949); Heidel-*Heidel*, § 131, Rn. 28.

442 Bürgers/Körber-*Reger*, § 131, Rn. 7; Hölters-*Drinhausen*, § 131, Rn. 8; GK-AktG-*Decher*, § 131, Rn. 83; Grigoleit-*Herrler*, § 131, Rn. 12.

fragende Aktionär aufgrund des anspruchsbegründenden Tatbestandselements jedoch argumentativ unterfüttern, dass die Auswirkungen auf die eigene Gesellschaft auch von einiger Bedeutung sind.[443] Diese Erheblichkeitsschwelle ist nach allgemeiner Ansicht in Rechtsprechung und Literatur bereits dann erreicht, wenn die fremden Angelegenheiten eine Schmälerung des Geschäftsergebnisses der Gesellschaft oder Schadensersatzansprüche gegen die Gesellschaft konkret befürchten lassen.[444]

Der tatbestandlichen Einschränkung über die „Angelegenheiten der Gesellschaft" kommt mithin keine allzu große Bedeutung zu. Stellenweise ist der fragende Aktionär zwar daran gehalten, bei seinem Auskunftsbegehren einen Bezug zu der Gesellschaft herzustellen, jedoch werden hierdurch nicht die sachlichen Anforderungen des Auskunftsrechts erhöht. Das Erfordernis der Erheblichkeitsschwelle erhöht lediglich die Darlegungslast des Fragestellers für ein im ersten Augenblick bezugsloses Informationsbegehren.[445] *Dietmar Kubis* fasst die in § 131 Abs. 1 S. 1 AktG verwendete Formulierung in dieser Hinsicht zustimmungswürdig als „Scheinhürde" auf.[446]

c. Schuldner des Auskunftsrechts

Als Schuldner des Auskunftsanspruchs aus § 131 Abs. 1 S. 1 AktG wird in der Norm der Vorstand genannt, von dem der einzelne Aktionär in der Hauptversammlung Auskunft verlangen kann. In der Literatur wird diese explizite Nennung des Vorstandes als missverständliche Formulierung aufgefasst und dahingehend ausgelegt, dass Träger der Auskunftspflicht nicht direkt der Vorstand ist, sondern die durch ihn vertretene Aktiengesellschaft.[447] Die Aktiengesellschaft bedient sich lediglich zur Erfüllung der sie treffenden Verpflichtungen des Vorstands als für sie handelndes Organ, sodass der Vorstand lediglich funktionell für die Erteilung der Auskunft[448] zuständig

---

443 MüKo-AktG-*Kubis*, Band 3, § 131, Rn. 37; Heidel-*Heidel*, § 131, Rn. 28.

444 BayObLG, ZIP 1996, 1945 (1949); GK-AktG-*Decher*, § 131, Rn. 83; Spindler/Stilz-*Siems*, Band 1, § 131, Rn. 23; Heidel-*Heidel*, § 131, Rn. 28.

445 *Kubis*, ZGR 2014, 608 (610).

446 *Kubis*, ZGR 2014, 608 (610); vgl. auch KK-AktG-*Kersting*, § 131, Rn. 95.

447 KK-AktG-*Kersting*, § 131, Rn. 70; Spindler/Stilz-*Siems*, Band 1, § 131, Rn. 16; MüHdB-GesR-*Hoffmann-Becking*, Band 4, § 38, Rn. 6; Hölters-*Drinhausen*, § 131, Rn. 6; Henssler/Strohn-*Liebscher*, GesR, § 131, Rn. 4;

448 In größeren Publikumsgesellschaften wird der Vorstand regelmäßig durch ein professionelles Back Office mit zahlreichen im Hintergrund tätigen Mittarbeitern unterstützt, welches die gestellten Fragen – welche teilweise in langen Redebeiträgen der

ist.[449]

Durch den Umstand bedingt sich jedoch in der Folge auch, dass Auskünfte durch den Versammlungsleiter oder durch den Aufsichtsrat nicht als Auskünfte im Sinne des § 131 AktG zu qualifizieren sind.[450] Selbst wenn Fragen direkt an den Aufsichtsrat gestellt werden oder solche direkt den Arbeitsbereich des Aufsichtsrats betreffen, ist dieser weder auskunftsverpflichtet noch funktionell für die Auskunftserteilung als Geschäftsführungsmaßnahme zuständig.[451] Ob die begehrte Information erteilt wird, entscheidet auch in derart gelagerten Fällen stets der Vorstand gemäß § 77 Abs. 1 S. 1 AktG als Gesamtorgan.[452]

Um in der Praxis der Hauptversammlung eine Auskunftserteilung jedoch nicht zu umständlich zu gestalten, wird bisweilen eine Beantwortung der in Rede stehenden Frage durch denjenigen Beteiligten erfolgen, in dessen Zuständigkeitsbereich die Maßnahme fällt, über die Auskunft verlangt wird. Die in dieser Art erfolgte Stellungnahme – etwa durch den Aufsichtsratsvorsitzenden, wenn die Frage zum Beispiel auf dessen personelle Zusammensetzung abzielt – macht sich der Vorstand sodann zu eigen.[453] Auch eine Beantwortung einer Frage durch ein einzelnes Vorstandsmitglied erfolgt in dieser Hinsicht mit der konkludenten Billigung oder Delegation durch den Gesamtvorstand, um hier – trotz der vorrangig zu beachtenden Sachdienlichkeitserwägungen – das in § 77 Abs. 1 S. 1 AktG aufgestellte Kompetenzgefüge nicht zu unterlaufen.[454]

Aktionäre untergehen und nicht klar ausformuliert sind – stenografiert und die passenden Antwortvorschläge an den Vorstand weiterleitet, vgl. *Arnold*, AG 2004, R423 (R423); Hüffer/Koch-*Koch*, § 131, Rn. 8; GK-AktG-*Decher*, § 131, Rn. 284.

449 MüKo-AktG-*Kubis*, Band 3, § 131, Rn. 19; GK-AktG-*Decher*, § 131, Rn. 90; Hüffer/Koch-*Koch*, § 131, Rn. 6; MüHdB-GesR-*Hoffmann-Becking*, Band 4, § 38, Rn. 6; Hölters-*Drinhausen*, §131, Rn. 6; KK-AktG-*Kersting*, § 131, Rn. 71.

450 Hüffer/Koch-*Koch*, § 131, Rn. 6; KK-AktG-*Kersting*, § 131, Rn. 71 ff.

451 BVerfG, NJW 2000, 349 (351); *Groß*, AG 1997, 97 (99); Hölters-*Drinhausen*, § 131, Rn. 6; GK-AktG-*Decher*, § 131, Rn. 91; K. Schmidt/Lutter-*Spindler*, § 131, Rn. 18.

452 *Kropff*, BegrRegE AktG 1965, S. 185; Heidel-*Heidel*, § 131, Rn. 17; Hölters-*Drinhausen*, § 131, Rn. 6.

453 OLG Düsseldorf, NJW 1988, 1033 (1034); Hüffer/Koch-*Koch*, § 131, Rn. 6; MüHdB-GesR-*Hoffmann-Becking*, Band 4, § 38, Rn. 7; dieser Kompetenzzuweisung, welche der Aufgabenstellung des Aufsichtsrats in der Hauptversammlung nicht gerecht wird, kritisch gegenüberstehend: *Hoffmann-Becking*, NZG 2017, 281 (285 f.).

454 Bleiben die Ausführungen des einzelnen Vorstandsmitglieds unwidersprochen, ist hierin eine konkludente einvernehmliche Beschlussfassung durch den Gesamtvorstand zu sehen: Spindler/Stilz-*Siems*, Band 1, § 131, Rn. 16; K. Schmidt/Lutter-*Spindler*, § 131, Rn. 17.

d. *Geltendmachung des Auskunftsverlangens*

Weiter setzt das Auskunftsrecht aus § 131 Abs. 1 S. 1 AktG voraus, dass der jeweilige Aktionär sein Auskunftsverlangen in der Hauptversammlung geltend macht. Um die Rechtsfolgen des § 131 Abs. 1 S. 1 AktG auszulösen und damit einhergehend auch die Rechte, welche sich bei einer nicht oder nicht hinreichenden Beantwortung einer Frage ergeben, ist der Aktionär daran gehalten, seine entsprechende Frage direkt auf der Hauptversammlung an den Vorstand oder den Versammlungsleiter – welcher die Frage sodann an den Vorstand weitergibt – zu stellen.[455]

aa. *Mündliche oder schriftliche Fragestellung*

In Rechtsprechung und Literatur wird teilweise die Frage diskutiert, ob eine Fragestellung stets mündlich zu erfolgen hat oder ob gegebenenfalls auch eine schriftliche Fragestellung den Anforderungen des § 131 Abs. 1 S. 1 AktG genügt. Teile der Literatur sprechen sich diesbezüglich explizit für eine Zulässigkeit schriftlicher Fragestellungen aus. Es sei einer ordnungsgemäßen Hauptversammlung gerade zuträglich, wenn Fragen auch im Vorfeld bereits schriftlich an die Gesellschaft gestellt werden können. Durch bloße Wiederholung der Frage auf der Hauptversammlung sei auch der kollektiven Zielrichtung des Auskunftsrechts hinreichend Rechnung getragen.[456]

Dieser Auffassung wird von der allgemeinen Meinung – welche sich deutlich für eine ausschließlich mündliche Fragestellung ausspricht – jedoch entgegengehalten, dass nur durch eine mündliche Fragestellung die anwesenden Mitaktionäre zuverlässig von der zu beantwortenden Frage Kenntnis erlangen können.[457] Nur so kann die kollektive Unterrichtung der auf der Hauptversammlung anwesenden Aktionäre als intendierte Nebenfolge des Auskunftsrechts vollumfänglich stattfinden. Darüber hinaus setze auch der § 131 Abs. 2 S. 2 AktG – welcher im Wege der Umsetzung des Gesetzes zur Unternehmensintegrität und Modernisierung des Anfechtungsrechts (UMAG)[458] vom 22.09.2005 in das

455 Hüffer/Koch-*Koch*, § 131, Rn. 9.

456 K. Schmidt/Lutter-*Spindler*, § 131, Rn. 24; Bürgers/Körber-*Reger*, § 131, Rn. 6; Grigoleit-*Herrler*, § 131, Rn. 9; vgl. *Marsch-Barner*, WM 1984, 41 (42).

457 OLG Frankfurt, AG 2007, 451 (452); OLG Frankfurt, AG 2007, 672 (675); LG Köln, AG 1991, 38 (38); Hüffer/Koch-*Koch*, § 131, Rn. 9; GK-AktG-*Decher*, § 131, Rn. 74; MüKo-AktG-*Kubis*, Band 3, § 131, Rn. 29; GK-AktG-*Decher*, § 131, Rn. 74; vgl. KK-AktG-*Kersting*, § 131, Rn. 473 ff.

458 BGBl. 2005, Teil I, S. 2802 ff.

Aktiengesetz eingefügt wurde – eine mündliche Fragestellung im Rahmen der Hauptversammlung voraus, da nur so eine sinnvolle Begrenzung des Rede- und Fragerechts möglich ist.[459]

Würde man eine schriftliche Fragestellung in vollem Umfang für zulässig erklären, könnte der Versammlungsleiter durch die stufenweise zeitliche Beschränkung des Fragerechts, je nachdem wie vorangeschritten die Zeit ist, nicht sicherstellen, dass der zeitlich anberaumte Rahmen der Hauptversammlung eingehalten wird. Wird die Hauptversammlung beispielsweise nur für einen Tag einberufen, so droht die Gefahr, dass bei Anbruch des neuen Tages – wenn die Hauptversammlung noch bis nach 0:00 Uhr stattfindet – wegen fehlerhafter Ladung ein Anfechtungsgrund bezüglich der gefassten Beschlüsse besteht. Diesem Risiko ließe sich bei Hauptversammlungen von größeren Publikumsgesellschaften dann nur durch eine schon im Vorfeld auf zwei Tage ausgelegte Hauptversammlung beikommen.

Eine solche Vorgehensweise hat jedoch zur Folge, dass bei einer solchen zeitlichen Ausdehnung der Versammlung eine Begrenzung der Wortbeiträge der Aktionäre kaum noch nachvollziehbar begründet werden kann. In der Folge würde die Hauptversammlung ihre grundsätzlich vorgesehene Kontur verlieren und durch ausufernde Fragen womöglich gar zu mehr als „zehn Stunden Müll“[460] verkommen. Eine schriftliche Fragestellung ist nach dieser Auffassung mithin abzulehnen.

bb. Stellungnahme

Dieser zweiten Auffassung ist hier zu folgen. Durch eine rein schriftliche Fragestellung würde der aktienrechtliche Grundsatz der Fragestellung und der unmittelbaren Beantwortung in der Hauptversammlung untergraben und ein ordnungsgemäßer zeitlicher Ablauf der Hauptversammlung könnte nicht mehr ohne Weiteres sichergestellt werden. Die schriftliche Fragestellung darf insoweit jedoch nicht mit der schriftlichen Ankündigung einer Frage gleichgestellt werden. Die vorherige Ankündigung einer Frage ist zwar nicht erforderlich, jedoch kann bei besonders schwierigen Fragen eine solche Ankündigung im Vorfeld der Hauptversammlung empfehlenswert und ausnahmsweise auch geboten sein, falls bei mangelhafter Beantwortung ein Anfechtungsrecht bestehen soll.[461]

---

459 OLG Frankfurt, AG 2007, 451 (452); *Leyens*, ZGR 2019, 544 (558), Vgl. KK-AktG-*Kersting*, § 131, Rn. 270.

460 S. o. 3. Teil, C, I, 2.

461 Es handelt sich bei der Fragenankündigung dogmatisch gesehen um eine Obliegenheit des auskunftsbegehrenden Aktionärs: MüKo-AktG-*Kubis*, Band 3, § 131, Rn. 31;

Selbst bei einer solchen Ankündigung bleibt es mithin folgerichtig dabei, dass der Aktionär die Frage in der Hauptversammlung mündlich vor allen Anwesenden wiederholt.[462] Die Ankündigung ändert in dieser Hinsicht nichts am Grundsatz der Mündlichkeit.

2. *Grenzen des Auskunftsrechts*

a. *Erforderlichkeit zur Beurteilung des Gegenstandes der Tagesordnung*

Der Auskunftsanspruch gilt jedoch nicht unbegrenzt. Seine erste wesentliche Einschränkung erfährt das Fragerecht des einzelnen Aktionärs bereits auf tatbestandlicher Ebene gemäß § 131 Abs. 1 S. 1 Hs. 2 AktG in der Hinsicht, dass eine Auskunft zur sachgemäßen Beurteilung des Gegenstandes der Tagesordnung erforderlich sein muss. Es handelt sich hierbei um den gesetzlich normierten Fall eines besonderen Informationsinteresses.[463] Hintergrund dieser inhärenten inhaltlichen Einschränkung des Auskunftsanspruchs ist, dass hierdurch Missbräuche des Auskunftsrechts verhindert werden sollen,[464] um so eher einen ordnungsgemäßen Ablauf der Hauptversammlung gewährleisten zu können. Die Hauptversammlung soll gerade nicht in die Länge gezogen und durch Fragen gestört werden, welche zwar mit dem Gegenstand der Hauptversammlung in Zusammenhang stehen, deren Beantwortung jedoch nicht notwendig ist, um den jeweiligen Gegenstand sachgemäß zu beurteilen.[465]

Nach der gesetzgeberischen Konzeption stellt das inhaltliche Merkmal der Erforderlichkeit – neben der Öffnungsklausel des § 131 Abs. 2 S. 2 AktG, welcher es der Aktiengesellschaft gestattet, den Versammlungsleiter zu ermächtigen, das Frage- und Rederecht des Aktionärs zeitlich angemessen zu beschränken – einen

---

vgl. auch Hüffer/Koch-*Koch*, § 131, Rn. 9 und 11; MüHdB-GesR-*Hoffmann-Becking*, Band 4, § 38, Rn. 31; BeckOGK-AktG-*Poelzig*, § 131, Rn. 64; vgl. Henssler/Strohn-*Liebscher*, GesR, § 131, Rn. 12.

462 MüKo-AktG-*Kubis*, Band 3, § 131, Rn. 31; KK-AktG-*Kersting*, § 131, Rn. 474.

463 *K. Schmidt*, Informationsrechte, S. 49; *Kubis*, ZGR 2014, 608 (611); MüKo-AktG-*Kubis*, Band 3, § 118, Rn. 38.

464 Bei dem Merkmal der „Erforderlichkeit" geht es mithin – anders als beim Begriff der Erforderlichkeit nach der Verfassungsdogmatik – nicht um Fragen der Angemessenheit der Auskunft, sondern nur um die Missbrauchsvermeidung, Heidel-*Heidel*, § 131, Rn. 35; *Busche*, FS Reuter, 939 (947).

465 Vgl. *Kropff*, BegrRegE AktG 1965, S. 185; BGH, NZG 2014, 423 (424); GK-AktG-*Decher*, § 131, Rn. 121; Hüffer/Koch-*Koch*, § 131, Rn. 21; *Stöber*, DStR 2014, 1680 (1680).

wesentlichen Filter zur Durchführung der Hauptversammlung in einem angemessenen und zeitlich adäquaten Rahmen dar.[466] Zur Beurteilung der wesentlichen Frage, wann eine Auskunft erforderlich ist, hat der Bundesgerichtshof in seiner Rechtsprechung entschieden, dass dies von dem Standpunkt eines objektiven Durchschnittsaktionärs zu beurteilen ist, welcher die Gesellschaftsverhältnisse nur aufgrund allgemein bekannter Tatsachen kennt und daher die verlangte Auskunft als nicht nur unwesentliches[467] Beurteilungselement benötigt.[468] Nach dem Dafürhalten der Rechtsprechung wird das Informationsrecht hierdurch in qualitativer und quantitativer Hinsicht sowie hinsichtlich seines Detaillierungsgrads begrenzt.[469]

In der Unternehmenspraxis wird das Merkmal der Erforderlichkeit jedoch tendenziell eher großzügig gehandhabt, sodass das nach der Intention des Gesetzgebers verfolgte Ziel nicht in vollem Umfang erreicht wurde. Der aktienrechtlichen Praxis eröffnet sich durch das durch den Gesetzgeber an die Hand gegebene Erforderlichkeitskriterium das Problem, dass es sich bei „Erforderlichkeit" gerade um einen konturlosen Begriff handelt, welcher während der Hauptversammlung und deren speziellen, zeitlich eng abgesteckten Rahmen kaum verlässlich geprüft werden kann. Die Gesellschaft ist im Zweifel nicht ohne Weiteres dazu in der Lage, ad hoc eine Prognose hinsichtlich der Notwendigkeit zur sachgemäßen Beurteilung des Gegenstandes der Tagesordnung zu treffen. Diese Unsicherheit und die eklatante Gefahr, sich bei etwaigen Fehlentscheidungen dem Risiko der Anfechtbarkeit gemäß §§ 243 ff. AktG auszusetzen, hat dazu geführt, dass in einem Großteil der unklaren Fälle eher der Weg des geringsten Widerstandes gegangen wird. Zur Vermeidung der Konfrontation mit den Aktionären und der drohenden rechtlichen Risiken wird die Gesellschaft aus diesem Grund auch bei nicht an den Tagesordnungspunkten orientierten oder

---

466 Grigoleit-*Herrler*, § 131, Rn. 20; GK-AktG-*Decher*, § 131, Rn. 122; vgl. *Kubis*, ZGR 2014, 608 (611); *Stöber*, DStR 2014, 1680 (1680).

467 Die Auskunft muss ein wesentliches Element für die Beurteilung der Tagesordnung bilden, sodass die Erforderlichkeit der Auskunft das Erreichen einer gewissen Maßgeblichkeitsschwelle voraussetzt, vgl. GK-AktG-*Decher*, § 131, Rn. 132 ff.

468 BGH, AG 2014, 402 (403); BGH, NZG 2009, 342 (348); BGH, AG 2014, 87 (87); *Stöber*, DStR 2014, 1680 (1680); Grigoleit-*Herrler*, § 131, Rn. 21; GK-AktG-*Decher*, § 131, Rn. 126; *Busche*, FS Reuter, 939 (948 f.); Henssler/Strohn-*Liebscher*, GesR, § 131, Rn. 6; Hüffer/Koch-*Koch*, § 131, Rn. 22; *Spitze/Diekmann*, ZHR 158 (1994), 447 (470).

469 BGH, NZG 2009, 342 (348); BGH, AG 2014, 402 (403); BGH, AG 2014, 87 (87); vgl. auch Hüffer/Koch-*Koch*, § 131, Rn. 23 f.; GK-AktG-*Decher*, § 131, Rn. 126.

bis ins Detail gehenden Fragen oft bemüht sein, eine zufriedenstellende Antwort zu geben.[470]

Diese verhaltene Praxis in den Hauptversammlungen lässt die Normierung des Erforderlichkeitskriteriums jedoch nicht zahnlos werden. Dem Merkmal der Erforderlichkeit der Auskunft kommt ein Großteil seiner Bedeutung in der Gerichtspraxis zu. Wo der zeitlich begrenzte Rahmen der Hauptversammlung eine umfassende, stichhaltige Prüfung der Erforderlichkeit aus dem Stegreif praktisch unmöglich macht, kann eine solche Prüfung durch das Gericht in der Retrospektive ohne Weiteres vorgenommen werden.[471] Dies hat zur Folge, dass entsprechende Anfechtungsklagen, beruhend auf der behaupteten Verletzung ihres Auskunftsrechts und Verfahren gemäß § 132 AktG, zumeist daran scheitern, dass die Erforderlichkeit der Auskunft verneint wird.[472]

Mithin kommt der tatbestandsmäßigen Beschränkung des Auskunftsrechts auch bei verhaltener praktischer Anwendung direkt in der Hauptversammlung eine große Bedeutung dahingehend zu, das Auskunftsrecht in angemessenem Umfang zu beschränken und so auch die Interessen der Gesellschaft und der anderen Aktionäre an einem ordnungsgemäßen Ablauf der Hauptversammlung zu fördern. Selbst wenn der Vorstand sich bei dubiosen Fragen, bei denen möglicherweise die Erforderlichkeit gerade nicht vorliegt, für eine Auskunft entscheidet, kann zumindest in der eventuell durch den Aktionär im Anschluss forcierten gerichtlichen Auseinandersetzung erneut das Merkmal der Erforderlichkeit vollumfänglich gerichtlich überprüft werden.[473] *Thomas Heidel* spricht in dieser Beziehung im Hinblick auf das Erforderlichkeitskriterium von der entscheidenden kritischen Klippe des Auskunftsbegehrens.[474]

---

470 Hüffer/Koch-*Koch*, § 131, Rn. 21.

471 Grigoleit-*Herrler*, § 131, Rn. 18; GK-AktG-*Decher*, § 131, Rn. 123; *Kropff*, BegrRegE AktG 1965, S. 185; Henssler/Strohn-*Liebscher*, GesR, § 131 AktG, Rn. 6; BeckOGK-AktG-*Poelzig*, § 131, Rn. 83.

472 GK-AktG-*Decher*, § 131, Rn. 123; Heidel-*Heidel*, § 131, Rn. 29 und 33; Grigoleit-*Herrler*, § 131, Rn. 18 ff.

473 Grigoleit-*Herrler*, § 131, Rn. 18; Hüffer/Koch-*Koch*, § 131, Rn. 21; GK-AktG-*Decher*, § 131, Rn. 123; K. Schmidt/Lutter-*Spindler*, § 131, Rn. 29.

474 Heidel-*Heidel*, § 131, Rn. 29 und 33; GK-AktG-*Decher*, § 131, Rn. 123.

aa. Vereinbarkeit Erforderlichkeitskriterium und ARRL

Mit der Aktionärsrechte-Richtlinie aus dem Jahr 2007[475] wurde auch auf europäischer Ebene ein Auskunftsanspruch für Aktionäre in das überstaatliche Recht implementiert. Hintergrund der Aktionärsrechterichtlinie war das Ziel des europäischen Gesetzgebers, eine Sicherung des europäischen Kapitalmarkts herbeizuführen, indem wesentliche Hindernisse für die grenzüberschreitende Ausübung der mitgliedschaftlichen Aktionärsrechte – wie das Teilnahme-, Informations-, Rede- und Stimmrecht – beseitigt werden. Die Ausübung ebendieser Aktionärsrechte sollte in den Mitgliedstaaten unter annähernd den gleichen Voraussetzungen möglich sein und somit auch eine grenzübergreifende Ausübung der Rechte vereinfacht werden.[476]

Im Abs. 1 des Art. 9 der Richtlinie ist diesbezüglich normiert, dass Aktionäre das Recht haben, Fragen zu Punkten auf der Tagesordnung der Hauptversammlung zu stellen und dass die Gesellschaft verpflichtet ist, die Fragen zu beantworten. In dieser Formulierung finden sich insoweit keine Einschränkungen des Fragerechts auf jene Informationen, welche zur sachgemäßen Beurteilung eines Tagesordnungspunktes erforderlich sind. Aus diesem Umstand und der Tatsache, dass der deutsche Gesetzgeber bei der Umsetzung in das nationale Recht durch das Gesetz zur Umsetzung der Aktionärsrechterichtlinie (ARUG)[477] keine Veranlassung zu einer Änderung des § 131 AktG im Allgemeinen, sowie des Merkmals der Erforderlichkeit gemäß § 131 Abs. 1 S. 1 im Besonderen gesehen hat,[478] veranlasste Stimmen in der Literatur dazu, die Europarechtskonformität des § 131 AktG in Frage zu stellen.[479] Das von dem deutschen Gesetzgeber in § 131 Abs. 1 S. 1 AktG belassene Erforderlichkeitskriterium sei nur dann richtlinienkonform, wenn es sich hierbei um eine immanente, auch dem Art. 9 Abs. 1 der ARRL innewohnende Beschränkung handelt oder es sich einem der Fälle des

475 RL Nr. 2007/36/EG des Europäischen Parlaments und des Rates vom 11.07.2017 über die Ausübung bestimmter Rechte von Aktionären in börsennotierten Gesellschaften, ABl. EU Nr. L 184, S. 17; S.a. *Leyens*, ZGR 2019, 544 (546).

476 Lutter/Bayer/Schmidt, Europäisches Unternehmens- und Kapitalmarktrecht, 9.37.

477 BGBl. 2009, Teil I, S. 2479 ff.

478 Vgl. GK-AktG-*Decher*, § 131, Rn. 124; *Busche*, FS Reuter, 939 (947 f.).

479 *Kersting*, ZIP 2009, 2317 (2318 ff.); KK-AktG-*Kersting*, § 131, Rn. 112 ff. und 128, *Kersting*, FS Hoffmann-Becking, 651 (652 ff.); Heidel-*Heidel*, § 131, Rn. 35.

Art. 9 Abs. 2 ARRL zuordnen lässt, welcher ausdrücklich Beschränkungen des Fragerechts gestattet.[480]

Teile der Literatur und der Instanzrechtsprechung haben sich bisweilen für gerade eine solche immanente Beschränkung des Fragerechts bereits durch den Art. 9 Abs. 1 der ARRL ausgesprochen. Diese Auffassung führt an, dass die Aktionärsrechterichtlinie nach ihrem Art. 1 Abs. 1 nur für die Ausübung bestimmter mit Stimmrechtsaktien verbundener Rechte gelte.[481] Bereits hieraus ließe sich folgern, dass sich auch das aus Art. 9 Abs. 1 der Richtlinie ergebende Fragerecht nur auf solche Informationen beziehen kann, die für eine adäquate Ausübung des Stimmrechts in Bezug auf einen Tagesordnungspunkt objektiv erforderlich sind.[482] Nach diesem Verständnis ist sodann auch das Erforderlichkeitskriterium des § 131 Abs. 1 S. 1 AktG richtlinienkonform.

Nach anderer in Rechtsprechung und Schrifttum vertretener Ansicht ist die Richtlinienkonformität des § 131 Abs. 1 S. 1 AktG nicht über den Abs. 1 des Art. 9 der Richtlinie herzuleiten, sondern vielmehr über dessen Abs. 2, welcher die Möglichkeit der Beschränkung des Auskunftsrechts eröffnet.[483] Das Erforderlichkeitskriterium könne hiernach als eine „Maßnahme zur Gewährleistung des ordnungsgemäßen Ablaufs der Hauptversammlung" aufgefasst werden, welche im Ergebnis eine zulässige, richtlinienkonforme Beschränkung darstellen würde.[484]

Wo über die Einordnung des Erforderlichkeitskriteriums als mögliche Maßnahme im Sinne des Abs. 2 des Art. 9 der Richtlinie noch Einigkeit besteht, gehen die Meinungen innerhalb dieser Auffassung dahingehend auseinander, ob der

---

480 *Stöber*, DStR 2014, 1680 (1681); vgl. auch GK-AktG-*Decher*, § 131, Rn. 292; Hüffer/Koch-*Koch*, § 131, Rn. 42; KK-AktG-*Kersting*, § 131, Rn. 112 ff.; BeckOGK-AktG-*Poelzig*, § 131, Rn. 84.

481 OLG Stuttgart, ZIP 2012, 970 (973); *Busche*, FS Reuter, 939 (947 f.); *Lutter/Bayer/Schmidt*, § 31, Rn. 56 und 60; *Teichmann*, NZG 2014, 401 (404 ff.).

482 OLG Stuttgart, ZIP 2012, 970 (973); *Busche*, FS Reuter, 939 (947 f.); *Lutter/Bayer/Schmidt*, § 31, Rn. 56 und 60; *Teichmann*, NZG 2014, 401 (404 ff.); vgl. BeckOGK-AktG-*Poelzig*, § 131, Rn. 84.

483 BGH, NZG 2014, 27 (Rn. 21 ff.); *Stöber*, DStR 2014, 1680 (1681); *Lieder*, NZG 2014, 601 (602); BeckOGK-AktG-*Poelzig*, § 131, Rn. 84; a.A. *Kersting*, FS Hoffmann-Becking, 651 (658 ff.).

484 Vgl. *Stöber*, DStR 2014, 1680 (1681); *Lieder*, NZG 2014, 601 (602); BeckOGK-AktG-*Poelzig*, § 131, Rn. 84; auf eine Maßnahme zum Schutz der Geschäftsinteressen der Gesellschaft abstellend: *Pöschke*, ZIP 2010, 1221 (1222 f.); a.A. *Kersting*, FS Hoffmann-Becking, 651 (658 ff.).

Abs. 2 tatsächlich alle Maßnahmen zur Gewährleistung eines ordnungsgemäßen Ablaufs der Hauptversammlung erfasst oder ob hierunter gerade nur Maßnahmen organisatorischer Art fallen, die nur den äußeren Ablauf der Hauptversammlung betreffen. Teilweise wird sich in der Literatur gerade für diese enge Auffassung ausgesprochen, sodass nach diesem Verständnis das Erforderlichkeitskriterium als inhaltliche Beschränkung des Fragerechts eben nicht mehr den Anforderungen des Art. 9 Abs. 2 der Richtlinie entspricht und in der Folge als europarechtswidrig zu bewerten ist.[485]

Diesem engen Verständnis stellt sich die herrschende Literatur[486] entgegen und beruft sich darauf, dass sich für ebendieses enge Verständnis bereits im Wortlaut der Richtlinie kein Anhaltspunkt findet und eine solche Auffassung auch dem übergeordneten Ziel der Aktionärsrechterichtlinie, die Rechtsstellung des Aktionärs übernational zu vereinheitlichen, zu vereinfachen und zu stärken, zuwiderlaufen würde. Dieser Auffassung hat sich auch der Bundesgerichtshof in seiner Entscheidung zu dem *Deutsche Bank*-Fall angeschlossen und die Vereinbarkeit der Erforderlichkeit der Auskunft gemäß § 131 Abs. 1 S. 1 AktG mit der Aktionärsrechterichtlinie festgestellt.[487]

bb. Stellungnahme

Dieser letztgenannten Ansicht, welche auch von der Rechtsprechung und der herrschenden Lehre vertreten wird, ist hier im Ergebnis zu folgen. Es ist zwar zutreffend, dass nach der Zielsetzung der Richtlinie das Fragerecht in einem Zusammenhang mit dem Stimmrecht der Aktionäre gesehen werden muss, jedoch findet sich im Wortlaut des Art. 9 Abs. 1 der Richtlinie kein Hinweis in der Art, dass das Fragerecht gerade nur für solche Auskünfte zuerkannt werden kann, die für die Ausübung des Stimmrechts objektiv erforderlich sind. Es wird nach dieser Auffassung, welche eine einschränkende Auslegung des Erforderlichkeitskriteriums über Art. 9 Abs. 1 herleitet, vielmehr verkannt, dass der geforderte Zusammenhang mit dem Stimmrecht bereits dann hinreichend hergestellt ist, wenn der fragende Aktionär nach seinem subjektiven Dafürhalten

---

485 *Teichmann*, NZG 2014, 401 (404 ff.); *Kersting*, ZIP 2013, 2460 (2461 f.); *Kersting*, FS Hoffmann-Becking, 651 (660 ff.); KK-AktG-*Kersting*, § 131, Rn. 116 ff.

486 *Stöber*, DStR 2014, 1680 (1683); BeckOGK-AktG-*Poelzig*, § 131, Rn. 84; GK-AktG-*Decher*, § 131, Rn. 125; Grigoleit-*Herrler*, § 131, Rn. 20; *Kocher/Lönner*, AG 2010, 153 (155); K. Schmidt/Lutter-*Spindler*, § 131, Rn. 29; *Wachter*, NJW 2014, 547 (547); *Wagner*, BB 2014, 337 (337).

487 BGH, NJW 2014, 541 (542); sodann auch bestätigt in BGH, NZG 2014, 423 (425).

der Auffassung ist, die gegenständliche Information zur vollumfänglichen Würdigung des in Rede stehenden Tagesordnungspunktes zu benötigen. Das Erforderlichkeitskriterium kann mithin nur an Abs. 2 des Art. 9 der Richtlinie im Hinblick auf seine Europarechtskonformität gemessen werden.

Der Ansicht, die hier das Erforderlichkeitskriterium deshalb als europarechtswidrig deklariert, weil es sich um eine inhaltliche und nicht bloß um eine organisatorische Maßnahme handelt, um einen ordnungsgemäßen Ablauf der Hauptversammlung gewährleisten zu können, ist hier entgegenzuhalten, dass zum einen der Wortlaut des Art. 9 Abs. 2 der Richtlinie – welcher gerade Maßnahmen aller Art erfasst – für dieses Verständnis keine Anhaltspunkte bietet und zum anderen, dass eine Beschränkung in dieser Art den mit der Richtlinie verfolgten Zweck konterkarieren würde. Die Aktionärsrechterichtlinie des europäischen Gesetzgebers wurde gerade mit dem Ziel erlassen, die Rechtsstellung der Aktionäre in börsennotierten Gesellschaften unter anderem durch Mindestnormen zur Förderung einer reibungslosen und wirksamen Ausübung der aus Stimmrechtsaktien erwachsenden Rechte zu verbessern.[488] Hierbei belässt es die Richtlinie jedoch nicht bei dem Blick auf den einzelnen Aktionär, sondern fasst insbesondere auch die Gesamtheit der Aktionäre in ihren Wirkungskreis mit ein.

Ein enges Verständnis, beschränkt dahingehend, dass lediglich organisatorische Maßnahmen von Art. 9 Abs. 2 der Aktionärsrechterichtlinie umfasst sein sollen, erschließt sich bereits vor dem Umstand nicht, dass ein reibungsloser Ablauf nicht bloß durch Störungen des äußeren Ablaufs der Hauptversammlung behindert werden kann, sondern und vor allem auch durch inhaltlich exzessive Fragen, deren Beantwortung zwar möglicherweise für den einzelnen Aktionär subjektiv eine gewisse Bedeutung zukommt, für das Gros der anwesenden Aktionäre hat eine etwaige Auskunft jedoch keine Relevanz für die adäquate Ausübung des Stimmrechts. Durch derartige Fragestellungen kann mithin die Hauptversammlung in einem vergleichbaren Maße beeinträchtigt werden wie durch Umstände, die vorrangig den äußeren Ablauf betreffen. Die übrigen Aktionäre sind in besonderem Maße daran interessiert, dass eine Hauptversammlung effizient durchgeführt wird und die begrenzte Zeit nicht mit Ausführungen zu inhaltlich bedeutungslosen Punkten „verschwendet" wird. Das Erforderlichkeitskriterium ist mithin genau wie beispielsweise die Begrenzung der Redezeiten oder die Maßnahme, dass sich Aktionäre vor ihrem Redebeitrag am Wortmeldetisch einzufinden haben, um eine gewisse Rednerreihenfolge

---

488 Vgl. Erwägungsgründe 1 und 4 der Aktionärsrechterichtlinie, ABl. EU Nr. L 184 vom 14.07.2007, S. 17; vgl. *Busche*, FS Reuter, 939 (947 f.).

einhalten zu können und so störende Zwischenrufe auf ein Minimum zu begrenzen, auch ein geeignetes Mittel, einen ordnungsgemäßen Ablauf der Hauptversammlung zu gewährleisten.

Die in § 131 Abs. 1 S. 1 Hs. 2 AktG normierte inhaltliche Begrenzung des Auskunftsrechts des Aktionärs ist mithin nach der hier vertretenen Auffassung als eine geeignete Maßnahme zur Gewährleistung eines ordnungsgemäßen Ablaufs der Hauptversammlung zu erkennen, welche der deutsche Gesetzgeber nach Art. 9 Abs. 2 der Aktionärsrechterichtlinie in der nationalen Umsetzung treffen und normieren durfte. Der § 131 Abs. 1 S. 1 AktG ist demnach in dieser Hinsicht europarechtskonform und es bestand und besteht seit dem In-Kraft-Treten der Richtlinie kein Änderungserfordernis hinsichtlich des Gesetzestextes in Bezug auf das Erforderlichkeitskriterium.

b. Katalog des § 131 Abs. 3 S. 1 AktG

Die bereits tatbestandlich inkorporierte inhaltliche Einschränkung des Auskunftsanspruchs ist jedoch nicht die einzige Grenze, die für das Fragerecht der Aktionäre gilt. Auch wenn die Auskunft zur sachgemäßen Beurteilung der Tagesordnung erforderlich ist, so folgt hieraus nicht zwingend die uneingeschränkte Pflicht zur Auskunftserteilung. Der Vorstand hat selbst bei dem Vorliegen der Tatbestandsvoraussetzungen unter den in § 131 Abs. 3 S. 1 Nr. 1–7 AktG aufgeführten Voraussetzungen die Möglichkeit, die verlangte Auskunft trotzdem zu verweigern.[489]

Ebenso wie die Erteilung einer Auskunft handelt es sich auch bei deren Verweigerung um eine Geschäftsführungsmaßnahme, sodass auch hier im Sinne des § 77 Abs. 1 S. 1 AktG grundsätzlich ein einstimmiger Beschluss des Vorstandes hierüber zu fassen ist.[490] Damit eine Verweigerung der Auskunft jedoch denklogisch überhaupt in Betracht kommen kann, ist vorrangige notwendige Voraussetzung, dass überhaupt ein Auskunftsrecht des Aktionärs gemäß § 131 Abs. 1 S. 1 AktG besteht. Die Auskunftsverweigerungsgründe des Abs. 3

---

489 MüHdB-GesR-*Hoffmann-Becking*, Band 4, § 38, Rn. 41; Hüffer/Koch-*Koch*, § 131, Rn. 54; Grigoleit-*Herrler*, § 131, Rn. 42; K. Schmidt/Lutter-*Spindler*, § 131, Rn. 70; MüKo-AktG-*Kubis*, Band 3, § 131, Rn. 109; BeckOGK-AktG-*Poelzig*, § 131, Rn. 145 ff.

490 Wie bereits bei der Erteilung der Auskunft ist auch hier ein konkludenter Beschluss bzw. eine stillschweigende Billigung möglich, vgl. BGH, NJW 1987, 3186 (3187); Grigoleit-*Herrler*, § 131, Rn. 42; K. Schmidt/Lutter-*Spindler*, § 131, Rn. 70; Hüffer/Koch-*Koch*, § 131, Rn. 54; BeckOGK-AktG-*Poelzig*, § 131, Rn. 149 f.; Spindler/Stilz-*Siems*, Band 1, § 131, Rn. 35.

des § 131 AktG sind somit anders als das Erforderlichkeitskriterium aus § 131 Abs. 1 S. 1 Hs. 2 AktG nicht bereits Tatbestandsvoraussetzung des Auskunftsrechts, sondern begrenzen dieses auf einer zweiten Stufe, soweit der Inhalt der Fragestellung einer der numerisch aufgezählten Gründe in § 131 Abs. 3 S. 1 Nr. 1–7 AktG entspricht bzw. entgegensteht. Diese Gründe sind gemäß § 131 Abs. 3 S. 2 AktG abschließend.[491] Das den Auskunftsverweigerungsgründen – hier insbesondere den Nummer 1–6 – zu Grunde liegende Motiv besteht darin, die Gesellschaft vor Nachteilen aufgrund der umfassenden Auskunftspflicht des § 131 Abs. 1 AktG zu schützen.[492] Zusammen mit der Frage der Beurteilungserforderlichkeit stellen die Auskunftsverweigerungsgründe somit ein wichtiges Gegengewicht zu der sonst sehr ausufernden und weiten Fassung des Auskunftsrechts dar.[493]

Das Regelungssystem des § 131 AktG verfolgt im Hinblick auf das Spannungsverhältnis von Auskunftsrecht einerseits und Auskunftsverweigerung anderseits das Ziel, durch die einzelnen Gründe des Abs. 3 S. 1 das Interesse der Aktionäre an einer für die Beschlussfassung erforderlichen Information mit dem Interesse der Gesellschaft an einer Geheimhaltung von für sie nachteiligen Informationen in einen vertretbaren Einklang zu bringen.[494] Wo die frühere Fassung des Auskunftsanspruchs in § 112 Abs. 3 aus dem Aktiengesetz 1937 noch eine Globalabwägung der einzelnen widerstreitenden Interessen vorsah, wird nunmehr dieser Ausgleich durch die feste Anzahl der gesetzlichen Verweigerungsgründe erreicht, welche es der Gesellschaft ermöglichen, in ebendiesen normierten Fällen aufgrund der überwiegenden Gesellschaftsinteressen eine Auskunft zu verweigern.[495]

---

491 MüHdB-GesR-*Hoffmann-Becking*, Band 4, § 38, Rn. 41; BeckOGK-AktG-*Poelzig*, § 131, Rn. 146; GK-AktG-*Decher*, § 131, Rn. 360; *Spitze/Diekmann*, ZHR 158 (1994), 447 (470).

492 *Lieder*, NZG 2014, 601 (602); MüKo-AktG-*Kubis*, Band 3, § 131, Rn. 109.

493 So auch Spindler/Stilz-*Siems*, Band 1, § 131, Rn. 34; als darüberhinausgehende Auskunftsverweigerungsgründe kommen nur noch die Verweigerung bei Rechtsmissbrauch und bei Unmöglichkeit der Auskunftserteilung nach dem Grundsatz von Treu und Glauben gemäß § 242 BGB in Betracht, MüHdB-GesR-*Hoffmann-Becking*, Band 4, § 38, Rn. 41; *Marsch-Barner*, WM 1984, 41 (41).

494 *Lieder*, NZG 2014, 601 (602); BeckOGK-AktG-*Poelzig*, § 131, Rn. 145.

495 Vgl. *Lieder*, NZG 2014, 601 (602).

aa. Auskunftsverweigerungsgründe

Durch ebendiesen abschließenden Charakter der § 131 Abs. 3 S. 1 Nr. 1–7 AktG folgt, dass eine Auskunftsverweigerung in diesem Sinne tatsächlich nur aus den aufgeführten Gründen erfolgen kann. Dies hat zur Folge, dass andere denkbare Verweigerungsgründe, welche einer Auskunft entgegenstehen könnten, hier gerade keine Berücksichtigung finden. So kann beispielsweise nicht per se unter Hinweis auf das Persönlichkeitsrecht einzelner Organmitglieder des Vorstands oder des Aufsichtsrats oder von Dritten eine Auskunft verweigert werden.[496] Selbiges gilt auch für Datenschutzerwägungen, Bankgeheimnisse, etwaige Interessenkollisionen und auch für solche Vorgänge, hinsichtlich derer sich der Vorstand strafbar gemacht hat.[497] Zudem steht weder die allgemeine Vertraulichkeit einer Information noch die Verschwiegenheitspflicht der Vorstands- und Aufsichtsratsmitglieder gemäß § 93 Abs. 1 S. 3, 116 Abs. 1 AktG von vornherein einer Auskunftserteilung entgegen.[498]

Dass solche Erwägungen nicht ohne Weiteres zu einer Auskunftsverweigerung führen, darf jedoch nicht dahingehend falschverstanden werden, dass derartige Umstände gar kein Auskunftsverweigerungsrecht zur Folge haben können. Vielmehr lösen diese Umstände zwar selbstständig kein Auskunftsverweigerungsrecht aus, können aber sehr wohl einem der in § 131 Abs. 3 S. 1 Nr. 1–7 AktG aufgeführten Gründe unterfallen.

In dieser Beziehung unterscheidet sich das mit dem Aktiengesetz 1965 neu gefasste und noch immer gültige System mit den expliziten, numerisch aufgezählten Auskunftsverweigerungsgründen deutlich von dem noch zuvor im Aktiengesetz von 1937 geltenden System. Im § 112 Abs. 3 AktG 1937 wurde dem Vorstand zur Auskunftsverweigerung noch das Recht eröffnet, eine Auskunft nach pflichtgemäßem Ermessen zu verweigern, sofern überwiegende Belange der Gesellschaft dies erforderlich machten. Der wesentliche Unterschied dieser gesetzgeberischen Herangehensweisen – mit denen jeweils versucht wurde und wird, einen angemessenen Ausgleich der widerstreitenden Interessen herzustellen – besteht mithin darin, dass im Aktiengesetz 1937 der Vorstand keine klaren

---

496 BeckOGK-AktG-*Poelzig*, § 131, Rn. 146; GK-AktG-*Decher*, § 131, Rn. 360; Heidel-*Heidel*, § 131, Rn. 58; Wachter-*Wachter*, § 131, Rn. 22.

497 Vgl. BGH, NJW 2009, 2207 (Rn. 41); GK-AktG-*Decher*, § 131, Rn. 360; Wachter-*Wachter*, § 131, Rn. 22; BeckOGK-AktG-*Poelzig*, § 131, Rn. 146; Heidel-*Heidel*, § 131, Rn. 58; KK-AktG-*Kersting*, § 131, Rn. 349.

498 Heidel-*Heidel*, § 131, Rn. 58; GK-AktG-*Decher*, § 131, Rn. 360; BeckOGK-AktG-*Poelzig*, § 131, Rn. 146.

Fallgruppen zur Hand hatte, wann eine Auskunft zu Gunsten überwiegender Belange der Gesellschaft, eines beteiligten Unternehmens oder des gemeinen Nutzens[499] zu verweigern war.

Mit der damaligen Ausgestaltung gingen jedoch einige Unstimmigkeiten einher. Insbesondere der Umstand, dass bei einer Auskunftsverweigerung der Vorstand über das ihm zustehende Recht als „Richter in eigener Sache“[500] entscheiden konnte, widersprach hier dem intendierten Interessenausgleich und führte so zu unbefriedigenden Ergebnissen. Der Gesetzgeber hat hier erkannt, dass mangels sicherer Bewertungskriterien im damals geltenden Recht eine Abgrenzung, wann denn tatsächlich die Belange der Gesellschaft gegenüber den Belangen des Aktionärs überwiegen, kaum verlässlich getroffen werden konnte.[501] Um hier im Sinne aller Beteiligten die nötige Sicherheit zu gewährleisten, hat der Gesetzgeber sodann verschiedene Gründe normiert, bei deren Vorliegen eine Auskunft verweigert werden kann. Darüber hinaus wurde der Auskunftsanspruch zu einem echten durchsetzbaren Anspruch ausgestaltet, deren gerichtliche Überprüfung nicht mehr allein auf etwaige Ermessensmissbräuche des Vorstands begrenzt ist, sondern nunmehr eine Überprüfung des Gerichts auch dahingehend erfolgen kann, ob der Vorstand die verlangte Auskunft zu erteilen hat. Durch ebendieses Zusammenspiel aus durchsetzbarem Anspruch und klaren Fallgruppen wurde in der Neugestaltung des Aktiengesetzes 1965 den bestehenden Problemen begegnet und ein verlässliches rechtliches Gerüst für das Auskunftsverlangen und deren Verweigerung geschaffen.

Die einzelnen in § 131 Abs. 3 S. 1 numerisch aufgezählten Auskunftsverweigerungsgründe eröffnen dem Vorstand mithin die Möglichkeit, bei verschiedenen denkbaren Fragestellungen in der Hauptversammlung die Auskunft mit Blick auf einen oder mehrere Gründe zu verweigern. Eine solche Verweigerung kommt schwerpunktmäßig bei einer zu befürchtenden Nachteilszufügung für die Gesellschaft (§ 131 Abs. 3 S. 1 Nr. 1 AktG) in Betracht oder auch dann, wenn sich der Vorstand bei einer Erteilung[502] der Auskunft strafbar machen würde (§ 131 Abs. 3 S. 1 Nr. 5 AktG).

---

499 *Kropff*, BegrRegE AktG 1965, S. 185.

500 *Kropff*, BegrRegE AktG 1965, S. 185.

501 *Kropff*, BegrRegE AktG 1965, S. 185.

502 Der Vorstand muss sich gerade durch die Erteilung der Auskunft strafbar machen oder ordnungswidrig verhalten. In Bezug auf Vorgänge, hinsichtlich derer sich der Vorstand oder einzelne seiner Mitglieder bereits strafbar gemacht haben, besteht kein Auskunftsverweigerungsrecht, OLG München, AG 2009, 121 (122); Grigoleit-*Herrler*, § 131, Rn. 48; GK-AktG-*Decher*, § 131, Rn. 412; K. Schmidt/Lutter-*Spindler*, § 131, Rn. 83.

Daneben kann die Gesellschaft eine Auskunft auch dann verweigern, wenn das Auskunftsverlangen des Aktionärs Themengebiete tangiert, welche für den nicht umfassend unterrichteten Laien derart unübersichtlich sind, dass bei den aufgrund von zeitlicher Knappheit prägnant formulierten Antworten des Vorstandes leicht Missverständnisse entstehen können. Dies ist beispielsweise nach der Konzeption des Gesetzgebers bei steuerlichen Wertansätzen oder der Höhe einzelner Steuern der Fall, sodass hier der Vorstand nach § 131 Abs. 3 S. 1 Nr. 2 AktG die Auskunft verweigern darf, um ebendiesen Irrtümern vorzubeugen.[503]

Des Weiteren hat der Gesetzgeber in den Katalog des § 131 Abs. 3 S. 1 AktG mit den Nummern 3 und 4, welche stille Reserven einerseits und Bilanzierungs- und Bewertungsmethoden andererseits betreffen, Verweigerungsgründe implementiert, welche den Schutz wesentlicher Informationen vor Wettbewerbern und Vertragspartnern bezwecken. Derartige Informationen betreffen den innersten Kern der Gesellschaft und können bei ungewollter und unkontrollierter Verbreitung die Wettbewerbsfähigkeit der Gesellschaft erheblich beeinträchtigen.[504]

Zudem kann ein Vorstand eines Kredit- oder Finanzdienstleistungsinstituts im Sinne der §§ 1, 2 KWG eine Auskunft nach § 131 Abs. 3 S. 1 Nr. 6 AktG verweigern, soweit die Gesellschaft von gesetzlich vorgesehenen Bilanzierungserleichterungen Gebrauch gemacht hat gemäß §§ 340–340 f HGB und sich die Frage gerade auf die angewandten Bilanzierungs- und Bewertungsmethoden bezieht, über die aufgrund der Erleichterung auch im Jahresabschluss oder Lagebericht keine Angaben gemacht zu werden brauchen.[505] Zum einen wird hierdurch die Wahrung des Vertrauens der besonderen volkswirtschaftlichen Stellung dieser Institute bezweckt, zum anderen ist hierdurch klargestellt, dass die Auskunftspflicht nicht weiter reicht als die Pflicht zu Angaben im Jahresabschluss und Lagebericht.[506]

Zuletzt hat der Gesetzgeber im Wege des Gesetzes zur Unternehmensintegrität und Modernisierung des Anfechtungsrechts (UMAG) nach einem Vorschlag der Regierungskommission Corporate Governance[507] mit dem § 131

503 *Kropff*, BegrRegE AktG 1965, S. 186; Wachter-*Wachter*, § 131, Rn. 24; BeckOGK-AktG-*Poelzig*, § 131, Rn. 166 f.

504 BeckOGK-AktG-*Poelzig*, § 131, Rn. 169; MüKo-AktG-*Kubis*, Band 1, § 131, Rn. 124.

505 Vgl. GK-AktG-*Decher*, § 131, Rn. 419.

506 *Kropff*, BegrRegE AktG 1965, S. 186; Begr RegE BT-Drs. 11/6275, S. 26; GK-AktG-*Decher*, § 131, Rn. 419; BeckOGK-AktG-*Poelzig*, § 131, Rn. 183 ff.; KK-AktG-*Kersting*, § 131, Rn. 338.

507 BT-Drs. 14/7515, S. 17, Rz. 105.

Abs. 3 S. 1 Nr. 7 AktG einen weiteren Auskunftsverweigerungsgrund in den Katalog des § 131 Abs. 3 S. 1 AktG mit aufgenommen.[508] Dieser ermöglicht es dem Vorstand in der Hauptversammlung – zur Entlastung von Standardfragen und ausgedehnten Vorträgen von Statistiken, Zahlen und anderer Aufstellungen – Antworten zur Förderung einer inhaltlich sinnvollen Diskussion zu verweigern, welche ohne Weiteres auf der Internetseite der Gesellschaft zugänglich sind. Eine Verweigerung kommt dann in Betracht, wenn die in Rede stehende Information bereits über mindestens sieben Tage vor Beginn und auch noch in der Hauptversammlung durchgängig zugänglich ist.[509] Fragen, die vertiefend auf die zuvor bereitgestellten Informationen eingehen oder über diese hinausgehen, können jedoch auch weiterhin vorbehaltlos gestellt werden und können von der Gesellschaft auch nicht mit Verweis auf § 131 Abs. 3 S. 1 Nr. 7 AktG verweigert werden.[510] In der Literatur wird die Sinnhaftigkeit dieses Auskunftsverweigerungsrechts teilweise unter dem Hinweis darauf angezweifelt, dass die Aktionäre aufgrund der Vorabinformationen in der Hauptversammlung zu umfassenden Detail- und Zusatzfragen animiert werden, welche sodann, wie dargestellt, im Ergebnis nicht mehr verweigert werden können.[511]

(1) Nachteilszufügung im Sinne des § 131 Abs. 3 S. 1 Nr. 1 AktG

Der wohl wichtigste Auskunftsverweigerungsgrund stellt hier jedoch die Nachteilszufügung nach § 131 Abs. 3 S. 1 Nr. 1 AktG dar. Neben einer fehlenden Erforderlichkeit der Auskunft im Sinne des § 131 Abs. 1 S. 1 Hs. 2 AktG wird in der Spruchpraxis in einem Großteil der Fälle eine Auskunftsverweigerung durch die Gerichte gerade bei zu erwartender Nachteilszufügung als rechtmäßig bestätigt.[512]

Nach diesem Auskunftsverweigerungsgrund darf der Vorstand die Auskunft dann verweigern, wenn die Erteilung der Auskunft nach vernünftiger kaufmännischer Beurteilung dazu geeignet ist, der Gesellschaft oder einem verbundenen

508 BT-Drs. 15/5092, S. 17.

509 *Hellgardt/Hoger*, ZGR 2011, 38 (67 f.); K. Schmidt/Lutter-*Spindler*, § 131, Rn. 88; Wachter-*Wachter*, § 131, Rn. 29; BeckOGK-AktG-*Poelzig*, § 131, Rn. 188; GK-AktG-*Decher*, § 131, Rn. 431.

510 BT-Drs. 15/5092, S. 17.

511 Spindler/Stilz-*Siems*, Band 1, § 131, Rn. 54; K. Schmidt/Lutter-*Spindler*, § 131, Rn. 88; *Gantenberg*, DB 2005, 207 (212); *Wilsing*, DB 2005, 35 (40 f.); *Koch*, ZGR 2006, 769 (793).

512 Vgl. OLG Stuttgart, AG 2012, 377 (381); LG Saarbrücken, NZG 2004, 1012 (1013); GK-AktG-*Decher*, § 131, Rn. 362 und 378 ff.

Unternehmen (§§ 15 ff. AktG) einen nicht unerheblichen Nachteil zuzufügen. Als Nachteil sind hier nicht nur Schäden im Sinne der §§ 249 ff. BGB zu verstehen, sondern gerade auch anderweitige Beeinträchtigungen von Interessen der Gesellschaft.[513]

Für die Frage, wann eine Auskunftserteilung zur Nachteilszufügung geeignet ist, kommt es nicht auf die subjektive Ansicht des Vorstands an, sondern eine Beurteilung erfolgt hier allein nach objektiven Kriterien, welche uneingeschränkt gerichtlicher Nachprüfung zugänglich sind.[514] Der anzulegende Maßstab ist hier die Betrachtung durch einen „vernünftigen kaufmännischen Beurteiler" zum Zeitpunkt der Fragestellung in der Hauptversammlung.[515] Nicht erforderlich ist in dieser Hinsicht, dass auch tatsächlich ein befürchteter Nachteil für die Gesellschaft unmittelbar mit der Auskunftserteilung eintritt, es reicht nach dem Wortlaut des § 131 Abs. 1 S. 1 Nr. 1 AktG vielmehr für eine rechtmäßige Auskunftsverweigerung bereits aus, wenn die Erteilung der Auskunft hierzu geeignet ist.[516]

Eine trennscharfe Abgrenzung, wann eine solche Eignung tatsächlich vorliegt, ist zum Teil schwierig vorzunehmen, jedoch kann zur Konkretisierung ein rechtsgebietsübergreifender Blick in die verwaltungsrechtliche Rechtsdogmatik geworfen werden, wo mit dem Begriff der „Gefahr" eine zur „Nachteilszufügung" vergleichbare Begrifflichkeit verwendet wird.[517]

Im Verwaltungsrecht, bzw. im Polizei- und Ordnungsrecht, liegt eine Gefahr vor, wenn eine Rechtsgutsverletzung bei verständiger Würdigung aufgrund

---

513 *Kocher/Sambulski*, DB 2018, 1905 (1908); Wachter-*Wachter*, § 131, Rn. 23, GK-AktG-*Decher*, § 131, Rn. 364; BeckOGK-AktG-*Poelzig*, § 131, Rn. 156; MüHdB-GesR-*Hoffmann-Becking*, Band 4, § 38, Rn. 43; KK-AktG-*Kersting*, § 131, Rn. 291.

514 *Kropff*, BegrRegE AktG 1965, S. 185; *Meilicke/Heidel*, DStR 1992, 113 (116); MüKo-AktG-*Kubis*, Band 3, § 131, Rn. 115; BeckOGK-AktG-*Poelzig*, § 131, Rn. 165; Hüffer-*Koch*, § 131, Rn. 55; MüHdB-GesR-*Hoffmann-Becking*, Band 4, § 38, Rn. 44.

515 OLG Stuttgart, AG 2012, 377 (381); LG Stuttgart, NZG 2018, 665 (Rn. 164); *Meilicke/Heidel*, DStR 1992, 113 (116); MüKo-AktG-*Kubis*, Band 3, § 131, Rn. 115; KK-AktG-*Kersting*, § 131, Rn. 295; Hüffer-*Koch*, § 131, Rn. 55; GK-AktG-*Decher*, § 131, Rn. 367; BeckOGK-AktG-*Poelzig*, § 131, Rn. 165.

516 OLG Stuttgart, AG 2012, 377 (381); LG Stuttgart, NZG 2018, 665 (Rn. 164); LG Saarbrücken, NZG 2004, 1012 (1013); *Kropff*, BegrRegE AktG 1965, S. 186; *Meilicke/Heidel*, DStR 1992, 113 (116); Hüffer-*Koch*, § 131, Rn. 55; MüKo-AktG-*Kubis*, Band 3, § 131, Rn. 115; MüHdB-GesR-*Hoffmann-Becking*, Band 4, § 38, Rn. 43; KK-AktG-*Kersting*, § 131, Rn. 291.

517 Spindler/Stilz-*Siems*, Band 1, § 131, Rn. 40.

wissenschaftlicher Erkenntnisse oder Erfahrungswissen mit objektiv hinreichender Wahrscheinlichkeit bei ungehindertem Geschehensablauf in überschaubarer Zukunft nach einer ex-ante Prognose eintritt.[518] Bedient man sich dieser Definition und passt sie dahingehend an, dass Rechtsgutsverletzung mit Nachteil gleichgesetzt wird und es gerade auf die Wahrscheinlichkeit bei Erteilung der Auskunft ankommt, so lässt sich die Eignung zur Nachteilszufügung als sonst unbestimmter Begriff rechtlich und tatsächlich besser einordnen.

Ein Rückbezug zu dem verwaltungsrechtlichen Gefahrenbegriff bietet sich darüber hinaus auch bereits deshalb an, weil die Eignung zur Nachteilszufügung – ähnlich wie bei der konkreten Gefahr – stets nach dem vorliegenden Sachverhalt einzelfallspezifisch zu bestimmen ist und nicht auf bestimmte Sachverhaltsgruppen rekurriert werden kann, bei denen die Zufügung eines Nachteils generell anzunehmen ist.[519]

Bei dieser jeweiligen Abwägung im Einzelfall kommt es weder auf eine absolute Sicherheit noch auf eine an Sicherheit grenzende Wahrscheinlichkeit hinsichtlich der Nachteilszufügung an.[520] Eine hinreichende Wahrscheinlichkeit einer Nachteilszufügung ist im Interesse der Gesellschaft als ausreichend zu betrachten.[521] Der Befürchtung, dass die Aktiengesellschaft sich zu ausufernd Fragen mit Hinweis auf zu befürchtende Nachteile entzieht, wird damit begegnet, dass die Gesellschaft bei gerichtlicher Nachprüfung die Plausibilisierungslast hinsichtlich der konkreten Eignung trägt.[522]

Die Erteilung der Auskunft muss – neben der Eignung zur Nachteilszufügung an sich – darüber hinaus gerade dazu geeignet sein, einen nicht unerheblichen Nachteil zuzufügen. Hierbei handelt es sich nicht etwa um eine absolute, unumstößliche Größe, sondern es kommt für die Beurteilung eines nicht unerheblichen Nachteils im Sinne des § 131 Abs. 1 S. 1 Nr. 1 AktG gerade auf eine

---

518 *Schenke*, POR, Rn. 74 ff.; *Kingreen/Poscher*, POR, § 8, Rn. 1 ff.; *Kugelmann*, POR, 5. Kap, Rn. 95 ff.; *Gallwas/Wolff*, Rn. 87 ff., 326 ff., 821; diesen Vergleich aufstellend: Spindler/Stilz-*Siems*, Band 1, § 131, Rn. 40.

519 Spindler/Stilz-*Siems*, Band 1, § 131, Rn. 40; BeckOGK-AktG-*Poelzig*, § 131, Rn. 165.

520 K. Schmidt/Lutter-*Spindler*, § 131, Rn. 77; GK-AktG-*Decher*, § 131, Rn. 365; KK-AktG-*Kersting*, § 131, Rn. 585; a.A. *Meilicke/Heidel*, DStR 1992, 113 (116); Heidel-*Heidel*, § 131, Rn. 61, welche für die Eignung zur Nachteilszufügung statuieren, dass gerade eine mit an Sicherheit grenzende Wahrscheinlichkeit gegeben sein muss und eine mehr oder minder entfernte Möglichkeit gerade nicht ausreicht.

521 K. Schmidt/Lutter-*Spindler*, § 131, Rn. 77; GK-AktG-*Decher*, § 131, Rn. 365; KK-AktG-*Kersting*, § 131, Rn. 291.

522 GK-AktG-*Decher*, § 131, Rn. 365; *Meilicke/Heidel*, DStR 1992, 113 (116).

Abwägung der drohenden Nachteile für die Gesellschaft mit den etwaigen zu erwartenden Vorteilen aus der Sicht der Gesellschaft an.[523]

Von elementarer Bedeutung ist hier, dass allein die Interessen der Gesellschaft in diese Abwägung mit einfließen und nicht etwa die Vorteile für den fragenden Aktionär[524] oder Nachteile für Organmitglieder, hier insbesondere für den Vorstand,[525] in der Abwägung Berücksichtigung finden.[526] Die Verweigerungsgründe aus § 131 Abs. 3 S. 1 Nr. 1–7 AktG sind gerade als Gegengewicht zu dem sonst so umfangreichen Auskunftsrecht der Aktionäre zu verstehen, sodass die Aktionärsinteressen bereits in diesem hier zu betrachtenden Verhältnis hinreichend berücksichtigt sind. Würden hier in der Abwägung, ob für die Gesellschaft ein nicht unerheblicher Nachteil zu befürchten ist oder nicht, noch die Interessen der Aktionäre mit einfließen, hätte dies indirekt zur Folge, dass diese Interessen mit doppelter Gewichtung gewürdigt werden würden, was wiederum für das intendierte Zusammenspiel aus Fragerecht und Auskunftsverweigerungsrecht ein Ungleichgewicht zu Lasten der Gesellschaft zur Folge hätte.

Denkbar und möglich ist jedoch, dass Aktionärsinteressen und die Interessen der Gesellschaft deckungsgleich sind. Dies kann mitunter dann der Fall sein, wenn die Auskunft bereits deswegen als vorteilhaft anzusehen ist, weil sie eine informierte Ausübung der Aktionärsrechte ermöglicht.[527] Dieser Umstand kann auch für die Gesellschaft, deren Anteilseigner durch die Beschlussfassungen in der Hauptversammlung die wesentlichen geschäftsrelevanten Entscheidungen treffen, von großem Vorteil sein. Über einen derartigen Gleichlauf der Interessen können mithin auch die anderen Beteiligten indirekt mitberücksichtigt werden. Im Ergebnis bleiben jedoch die Interessen der Gesellschaft der einzig maßgebende Faktor.

---

523 *Kocher/Sambulski*, DB 2018, 1905 (1908); MüKo-AktG-*Kubis*, Band 3, § 131, Rn. 116; GK-AktG-*Decher*, § 131, Rn. 368; BeckOGK-AktG-*Poelzig*, § 131, Rn. 163; KK-AktG-*Kersting*, § 131, Rn. 292 f.

524 *Kiethe*, NZG 2003, 401 (407); *Lieder*, NZG 2014, 601 (603 f.); Heidel-*Heidel*, § 131, Rn. 61; MüKo-AktG-*Kubis*, Band 3, § 131, Rn. 116; Hüffer-*Koch*, § 131, Rn. 58; GK-AktG-*Decher*, § 131, Rn. 368.

525 *Kiethe*, NZG 2003, 401 (407); *Lieder*, NZG 2014, 601 (604); KK-AktG-*Kersting*, § 131, Rn. 293.

526 Deutlich *Lieder*, NZG 2014, 601 (603 f.); *Kocher/Sambulski*, DB 2018, 1905 (1908); BeckOGK-AktG-*Poelzig*, § 131, Rn. 163; KK-AktG-*Kersting*, § 131, Rn. 293.

527 KK-AktG-*Kersting*, § 131, Rn. 293; so im Ergebnis auch GK-AktG-*Decher*, § 131, Rn. 368, welcher davon spricht, dass Vorteile für die „Gesamtheit der Aktionäre" in die Abwägung mit einfließen können.

Aus der Abwägung ergibt sich überdies auch, dass eine Auskunftsverweigerung trotz einer zu erwartenden Nachteilszufügung unzulässig sein kann, sollten sich in dem Abwägungsprozess auch Vorteile für die Gesellschaft herausstellen, welche die mit einer Auskunftserteilung zu befürchtenden Nachteile zumindest aufwiegen.[528]

Dies kann insbesondere bei der Aufdeckung von Pflichtverletzungen der Verwaltung der Fall sein. Im ersten Augenblick erscheint eine Offenbarung von Pflichtverletzungen von Organmitgliedern der Gesellschaft zwar bereits deshalb überwiegend nachteilig, da die Reputation der Gesellschaft in der Öffentlichkeit durch ein Bekanntwerden erheblichen Schaden nehmen könnte. Es darf in der vorzunehmenden Abwägung jedoch nicht vorschnell eine Nachteilszufügung angenommen werden, ohne dass das Für und Wider einer Auskunftserteilung umfassend beleuchtet wurde.

Als erheblicher Vorteil einer solchen Offenbarung ist hier die Möglichkeit zu werten, etwaige Pflichtverletzungen für die Zukunft abstellen zu können und so eine lautere Verwaltungsstruktur zu kultivieren und zu begünstigen.[529] Hier wird auch deutlich, weshalb zu befürchtende Nachteile für den Vorstand oder dessen Mitglieder stets außer Betracht bleiben müssen und es allein auf eine objektive Betrachtungsweise in Bezug auf zu erwartende Nachteile ankommt. Sobald derartige Interessen mit in die Abwägung einfließen würden und der Vorstand als das die Abwägung vornehmende Organ[530] willkürlich aufgrund seiner subjektiven Auffassung Auskünfte verweigern könnte, ohne dabei eine vollumfängliche gerichtliche Überprüfung im Nachhinein befürchten zu müssen, könnte das Auskunftsverweigerungsrecht unter Umständen zu einer Verschleierung eigenen Fehlverhaltens missbraucht werden[531] und so seinen eigentlich erstrebenswerten Charakter als Schutzmechanismus für die Gesellschaft hinsichtlich eines ausufernden Auskunftsrechts einbüßen.

Auch bleiben zu befürchtende Schäden aufgrund von vertraglich begründeten Geheimhaltungspflichten, mit denen ein etwaiger Nachteil begründet werden könnte, außer Betracht. Würde man hier privatrechtliche Vereinbarungen mit Dritten im Rahmen der Abwägung anerkennen, hätte dies zur Folge, dass

528 KK-AktG-*Kersting*, § 131, Rn. 293; MüKo-AktG-*Kubis*, Band 3, § 131, Rn. 116.

529 MüKo-AktG-*Kubis*, Band 3, § 131, Rn. 116.; KK-AktG-*Kersting*, § 131, Rn. 293; BeckOGK-AktG-*Poelzig*, § 131, Rn. 164.

530 KK-AktG-*Kersting*, § 131, Rn. 294.

531 BGH, NJW 1983, 878 (879); *Kiethe*, NZG 2003, 401 (407); GK-AktG-*Decher*, § 131, Rn. 369; Heidel-*Heidel*, § 131, Rn. 62; KK-AktG-*Kersting*, § 131, Rn. 294.

der Vorstand dazu in der Lage wäre, willkürlich Auskunftsverweigerungsrechte zu kreieren und so das Auskunftsrecht der Aktionäre als elementares mitgliedschaftliches Recht einseitig auszuhöhlen.[532] Ein Auskunftsverweigerungsrecht kommt in derartigen Fällen nur dann in Betracht, wenn der Vorstand die Auskunft auch ungeachtet der bestehenden Geheimhaltungsvereinbarung aufgrund der Tatsache verweigern dürfte, dass eine Geheimhaltung – und mit ihr eine Vereinbarung – bereits objektiv notwendig ist.[533]

(2) Strafbarkeit der Auskunftserteilung im Sinne des § 131 Abs. 3 S. 1 Nr. 5 AktG

(a) Verstöße gegen § 404 AktG

Neben der Eignung zur Nachteilszufügung kommt auch der Strafbarkeit durch Auskunftserteilung des Vorstands, wie sie in § 131 Abs. 3 S. 1 Nr. 5 AktG als Auskunftsverweigerungsgrund ausgestaltet ist, besondere Bedeutung zu. In der Praxis ergeben sich hier aufgrund von aktien- und kapitalmarktrechtlichen Strafvorschriften im Schrifttum stellenweise Unstimmigkeiten darüber, wie und ob diese herangezogen werden können, um das Auskunftsrecht der Aktionäre zu beschränken.

Erfasst sind hier über die Nr. 5 alle Straftaten jeder Art und Begehungsform und sogar über den Wortlaut hinaus auch Ordnungswidrigkeiten.[534] Mit der herrschenden Literatur sind Ausnahmen hiervon jedoch dort anzuerkennen, wo eine Strafbarkeit aus der Preisgabe von Betriebs- und Geschäftsgeheimnissen und in der Folge aus der Verletzung der Geheimhaltungspflicht aus § 404 AktG herrühren. Aufgrund der enormen Weite dieser Begriffe inklusive der Möglichkeit des Vorstands, als Herr der Gesellschaftsgeheimnisse selbst über die Konkretisierung der Gesellschaftsinteressen auszuformen, was einer Geheimhaltung bedarf, würde das Recht aus Nr. 5 des § 131 Abs. 3 S. 1 AktG derart ausufernd Anwendung finden können, dass es selbst deutlich über das Auskunftsverweigerungsrecht der Nachteilszufügung aus § 131 Abs. 3 S. 1 Nr. 1 AktG hinausreichen würde.[535] Dies bereits deshalb, weil nicht jede Preisgabe eines Geschäfts- oder

---

532 Wachter-*Wachter*, § 131, Rn. 23; KK-AktG-*Kersting*, § 131, Rn. 298.

533 Heidel-*Heidel*, § 131, Rn. 61; Hüffer-*Koch*, § 131, Rn. 57; KK-AktG-*Kersting*, § 131, Rn. 298.

534 Wachter-*Wachter*, § 131, Rn. 27; Hüffer-*Koch*, § 131, Rn. 62; GK-AktG-*Decher*, § 131, Rn. 410; Bürgers/Körber-*Reger*, § 131, Rn. 24; K. Schmidt/Lutter-*Spindler*, § 131, Rn. 82.

535 KK-AktG-*Kersting*, § 131, Rn. 352; GK-AktG-*Decher*, § 131, Rn. 413; K. Schmidt/Lutter-*Spindler*, § 131, Rn. 82.

Betriebsgeheimnisses unweigerlich mit einem Nachteil für die Gesellschaft verbunden sein muss.

Um hier das Auskunftsrecht der Aktionäre nicht überproportional einzuschränken und damit einhergehend das Strafbarkeitsrisiko für den Vorstand nicht ausufern zu lassen, wird sich in der herrschenden Literatur dafür ausgesprochen, dass ein Vorstand, welcher einer Auskunftspflicht im Sinne des § 131 Abs. 1 S. 1 AktG nachkommt, kein „unbefugtes" Offenbaren gemäß § 404 AktG vornimmt[536] und sich somit im Lichte des § 131 Abs. 3 S. 1 Nr. 5 AktG nicht auf § 404 AktG berufen werden kann.

Vereinzelt wird dieser Ansicht von einer anderen in der Literatur vertretenen Auffassung vorgeworfen, dass ein Abstellen darauf, dass bei einer Auskunftserteilung gerade nicht von unbefugt gesprochen werden kann, ein Zirkelschluss gezogen wird, da die Befugtheit eben erst noch geprüft werden soll.[537] Auch soll es hierdurch gerade nicht zu einer Entwertung des Auskunftsrechts kommen, da in vielen Fällen bei einem Verstoß gegen § 404 AktG ohnehin auch ein Auskunftsverweigerungsrecht nach § 131 Abs. 3 S. 1 Nr. 1 AktG vorliegen würde.[538] Nach dieser Ansicht wird im Ergebnis – um den Auskunftsverweigerungsgrund der Nachteilszufügung nicht auszuhebeln und so nicht über das Zusammenspiel von § 131 Abs. 3 S. 1 Nr. 5 AktG und § 404 AktG unstimmige Ergebnisse hervorzurufen – auf das systematische Argument rekurriert, welches hier in der Art herangezogen werden kann, dass die Nr. 1 im Hinblick auf derart gelagerte Fälle als lex specialis anzusehen ist und aus diesem Grund weder umgangen noch entwertet werden darf.[539]

---

536 *Wohlleben*, S. 186; GK-AktG-*Decher*, § 131, Rn. 413; MüHdB-GesR-*Hoffmann-Becking*, Band 4, § 38, Rn. 48; KK-AktG-*Kersting*, § 131, Rn. 352; Hüffer/Koch-*Koch*, § 131, Rn. 62; MüKo-AktG-*Kubis*, Band 3, § 131, Rn. 133; K. Schmidt/Lutter-*Spindler*, § 131, Rn. 82; a.A. Bürgers/Körber-*Reger*, § 131, Rn. 24, welche § 404 AktG explizit ebenfalls als relevante Vorschrift für § 131 Abs. 3 S. 1 Nr. 5 AktG ansieht.

537 S. Spindler/Stilz-*Siems*, Band 1, § 131, Rn. 49.

538 Bürgers/Körber-*Reger*, § 131, Rn. 24; Spindler/Stilz-*Siems*, Band 1, § 131, Rn. 49; vgl. auch MüKo-AktG-*Kubis*, Band 3, § 131, Rn. 133, welcher zwar eine Entwertung des Auskunftsrechts sieht, jedoch auch hinsichtlich der praktischen Bedeutung zugesteht, dass bei einem drohenden Verrat von Gesellschaftsgeheimnissen zumeist auch eine Nachteilszufügung zu befürchten ist, sodass eine Auskunftsverweigerung auch nach § 131 Abs. 3 S. 1 Nr. 1 AktG in Betracht kommt.

539 Spindler/Stilz-*Siems*, Band 1, § 131, Rn. 49; vgl. auch K. Schmidt/Lutter-*Spindler*, § 131, Rn. 82.

Die verschiedenen Ansichten kommen mithin über unterschiedliche Begründungsansätze zu dem gleichen Ergebnis. Der Begründung der Ansicht der herrschenden Literatur ist hier jedoch aus dogmatischer Sicht der Vorzug zu gewähren. Macht ein Aktionär in der Hauptversammlung von seinem Recht aus § 131 Abs. 1 S. 1 AktG Gebrauch, so ist der Vorstand bei dem Vorliegen aller Tatbestandsvoraussetzungen verpflichtet, die verlangte Auskunft zu erteilen. Sobald er rechtlich zur Auskunftserteilung verpflichtet ist, ist jedoch im Umkehrschluss kein Platz mehr für eine „unbefugte" Offenbarung von Gesellschaftsgeheimnissen, sodass bereits der Tatbestand des § 404 AktG hier als nicht erfüllt anzusehen ist[540] und eine Strafbarkeit und mit ihr eine Auskunftsverweigerung nach § 131 Abs. 3 S. 1 Nr. 5 AktG demnach ausscheidet.

Dies gilt erst recht vor dem Hintergrund, dass die Strafvorschrift des § 404 AktG vorrangig die Wahrung der gesellschaftlichen Geheimhaltungsinteressen gegenüber gesellschaftsfremden Dritten bezweckt und innergesellschaftliche Interessenkollisionen bereits vollumfänglich im Rahmen der Informationsrechte in Ausgleich gebracht werden.[541] Auch werden nach dieser Auffassung die Geheimhaltungsinteressen der Gesellschaft – insbesondere bei der Offenlegung von Betriebs- und Geschäftsgeheimnissen entgegen der Verschwiegenheitspflicht aus § 93 Abs. 1 S. 3 AktG – nicht zu gering geachtet, da der Gesellschaft bei zu befürchtenden Nachteilen weiterhin der § 131 Abs. 3 S. 1 Nr. 1 AktG zur Seite steht, sodass es des Umweges über die Strafbarkeit von Verletzungen der Geheimhaltungspflichten nicht bedarf.[542]

Überdies sieht auch die andere Ansicht die Unstimmigkeit, dass das in Bezug auf die Mitgliedschaft elementare Auskunftsrecht der Aktionäre im Ergebnis von dem Geheimnisbegriff des § 404 AktG abhängig wäre und so eine strafrechtliche Nebenvorschrift die Grenzen des Auskunftsrechts ausformen würde. Um dies zu umgehen, wird in den abschließenden Katalog der § 131 Abs. 3 S. 1 AktG ein Spezialitätsverhältnis des § 131 Abs. 3 S. 1 Nr. 1 AktG im Verhältnis zu dem § 131 Abs. 3 S. 1 Nr. 5 AktG hineingelesen. Eines solchen aus Verfassersicht nicht zwingenden systematischen Verhältnisses der einzelnen Nummern zueinander

---

540 MüHdB-GesR-*Hoffmann-Becking*, Band 4, § 38, Rn. 48; GK-AktG-*Decher*, § 131, Rn. 413; Hüffer/Koch-*Koch*, § 131, Rn. 62; MüKo-AktG-*Kubis*, Band 3; § 131, Rn. 133; KK-AktG-*Kersting*, § 131, Rn. 352; a.A. Spindler/Stilz-*Siems*, Band 1, § 131, Rn. 49; Bürgers/Körber-*Reger*, § 131, Rn. 24.

541 So auch *Wohlleben*, S. 186.

542 Vgl. MüHdB-GesR-*Hoffmann-Becking*, Band 4, § 38, Rn. 48; MüKo-AktG-*Kubis*, Band 3; § 131, Rn. 133; vgl. Spindler/Stilz-*Siems*, Band 1, § 131, Rn. 49.

bedarf es jedoch bereits dann nicht, wenn man mit der herrschenden Ansicht nachvollziehbar die Unbefugtheit ablehnt.

(b) Verstöße gegen kapitalmarktrechtliche Vorschriften

Eine mögliche Strafbarkeit für den Vorstand kann sich neben dem im Aktiengesetz normierten § 404 AktG zudem auch aus den kapitalmarktrechtlichen Vorschriften ergeben. Hier ist zwischen der Strafbarkeit nach § 119 Abs. 3 Nr. 3 WpHG in Verbindung mit Art. 14 lit. c, 10 MMVO, welche das Insiderdealing betrifft, und der bußgeldbewehrten Ordnungswidrigkeit nach § 120 Abs. 15 WpHG in Verbindung mit Art. 17 MMVO zu unterscheiden, welche dann in Betracht kommt, wenn eine Insiderinformation nicht, nicht richtig oder nicht vollständig mitgeteilt wird.[543]

Nach § 119 Abs. 3 Nr. 3 WpHG macht sich strafbar, wer unrechtmäßig Insiderinformationen offenlegt bzw. weitergibt. Vergleichbar mit der Argumentation im Hinblick auf die Strafbarkeit nach § 404 AktG lässt sich auch hier bei der Auskunftserteilung nach § 131 Abs. 1 S. 1 AktG durch den Vorstand gerade eine „unrechtmäßige" Weitergabe verneinen.[544] Entgegen der teilweise gegenläufigen Auffassungen im Hinblick darauf, ob im Rahmen des § 404 AktG Auskünfte nach § 131 Abs. 1 S. 1 AktG „unbefugt" sind oder nicht, stellt hier der Art. 10 Abs. 1 MMVO in Bezug auf die Offenlegung von Insiderinformationen klar, dass eine Weitergabe von Informationen nicht erfasst wird, die „im Zuge der normalen Ausübung einer Beschäftigung oder eines Berufs oder der normalen Erfüllung von Aufgaben" geschieht.[545] Hierunter fällt auch die Auskunftserteilung nach Fragestellung im Sinne des § 131 Abs. 1 S. 1 AktG, sodass bei Auskünften des Vorstands im Rahmen des Auskunftsrechts keine unrechtmäßige Offenlegung von Insiderinformationen gesehen werden kann.[546]

---

543 K. Schmidt/Lutter-*Spindler*, § 131, Rn. 84; Spindler/Stilz-*Siems*, Band 1, § 131, Rn. 50; MüKo-AktG-*Kubis*, Band 3, § 131, Rn. 134.

544 *Kiethe*, NZG 2003, 401 (407); Spindler/Stilz-*Siems*, Band 1, § 131, Rn. 50; GK-AktG-*Decher*, § 131, Rn. 414 ff.; K. Schmidt/Lutter-*Spindler*, § 131, Rn. 84; vgl. *Benner-Heinacher*, DB 1995, 765 (766); a.A. *Joussen*, DB 1994, 2485 (2488); vgl. auch *Götz*, DB 1995, 1949 (1951), welche im Ergebnis ein Auskunftsverweigerungsrecht nach § 131 Abs. 3 S. 1 Nr. 5 AktG als gegeben ansehen.

545 Spindler/Stilz-*Siems*, Band 1, § 131, Rn. 50; GK-AktG-*Decher*, § 131, Rn. 414.

546 Dieses Verständnis erzeugt zudem einen Gleichlauf zwischen der grundsätzlichen Zielsetzung des WpHG, welches primär den Schutz der Anleger bzw. Aktionäre verfolgt, und dessen praktischer Umsetzung. Der verfolgte Zweck würde ad absurdum geführt, wenn aufgrund von Vorschriften des WpHG, welche gerade die Stellung der Aktionäre schützen und stärken sollen, das Auskunftsrecht der Aktionäre als

Wo bei der Veröffentlichung von Insiderinformationen der Fokus auf der Frage der Rechtmäßigkeit liegt, setzt eine etwaige Auskunftsverweigerung aufgrund von § 120 Abs. 15 WpHG in Verbindung mit Art. 17 MMVO bereits bei der Tatsache an, dass die Gesellschaft es versäumt hat, eine Insiderinformation, welche grundsätzlich unverzüglich bekannt zu geben ist, nicht, nicht richtig oder nicht vollständig im Vorfeld der Hauptversammlung veröffentlicht hat.

In den Fällen, in denen in der Hauptversammlung eine Auskunft über derartige kursbeeinflussende Tatsachen verlangt wird, befindet sich die Gesellschaft insoweit in einem Dilemma, sofern sie die in Rede stehenden Informationen nicht im Vorfeld bekannt gegeben hat. Grundsätzlich ist bei solchen Tatsachen der Weg der Ad-hoc-Publizität gemäß Art. 17 MMVO einzuhalten, um allen *share-* und *stakeholdern* derart wesentliche Informationen gleichzeitig und geregelt zur Verfügung zu stellen und niemandem durch vorrangige Informationserteilung einen Informationsvorsprung zu verschaffen. Kommt es während der Hauptversammlung durch eine Frage eines Aktionärs nunmehr doch zu der Situation, dass die Beantwortung Tatsachen enthält, die eigentlich einer Veröffentlichung im Wege der Ad-hoc-Publizität bedurft hätten, so hat die Gesellschaft bereits im Vorfeld der Hauptversammlung mit der Nichtveröffentlichung einen Fehler gemacht. Die Hauptversammlung an sich ist nämlich kein geeignetes Forum zur Ad-hoc-Publizität, sodass der Vorstand bei etwaiger Erteilung der Information gegen die kapitalmarktrechtlichen Bestimmungen verstoßen würde.[547]

Um hier die nicht anwesenden Aktionäre nicht überproportional zu benachteiligen, ist dem Vorstand in einer solchen Situation – sollte eine vorherige Bekanntmachung gegenüber der Öffentlichkeit nicht möglich sein – ein Auskunftsverweigerungsrecht im Sinne des § 131 Abs. 3 S. 1 Nr. 5 AktG zuzubilligen.[548] Die jeweilige Information ist jedoch unverzüglich unter Einhaltung jeglicher Maßgaben der Ad-hoc-Publizität zu veröffentlichen.

---

wesentliches mitgliedschaftliches Recht ohne Weiteres eingeschränkt werden könnte, vgl. insoweit auch K. Schmidt/Lutter-*Spindler*, § 131, Rn. 84.

547 Spindler/Stilz-*Siems*, Band 1, § 131, Rn. 50; vgl. GK-AktG-*Decher*, § 131, Rn. 415 f.

548 MüKo-AktG-*Kubis*, Band 3, § 131, Rn. 134; Henssler/Strohn-*Liebscher*, GesR, § 131, Rn. 17; im Ergebnis so auch GK-AktG-*Decher*, § 131, Rn. 33 und 416, welcher jedoch betont, dass es sich hierbei um einen Ausnahmefall handelt, welcher nur dann zur Anwendung kommen kann, wenn eine vorherige Veröffentlich aus der Hauptversammlung heraus nicht möglich ist.

(3) Rechtsmissbrauch als ungeschriebener Auskunftsverweigerungsgrund

Außer aus den in § 131 Abs. 3 S. 1 Nr. 1–7 AktG ausdrücklich gesetzlich normierten Gründen kann der Vorstand eine von einem Aktionär verlangte Auskunft jedoch auch noch aus anderen Gründen verweigern. Dies erscheint im ersten Moment im Hinblick auf den § 131 Abs. 3 S. 2 AktG, welcher ausdrücklich festlegt, dass eine Auskunft aus anderen als den in § 131 Abs. 3 S. 1 Nr. 1–7 AktG genannten Gründen nicht verweigert werden kann, zwar widersprüchlich, jedoch wird das Auskunftsverweigerungsrecht hierdurch lediglich inhaltlich beschränkt.[549] Nach herrschender Auffassung kann somit der Katalog in § 131 Abs. 3 S. 1 AktG nicht beliebig ohne eine zuvor ergangene Gesetzesänderung erweitert werden, jedoch verbietet sich hierdurch nicht der Rückgriff auf allgemeine rechtsvernichtende oder rechtshemmende Institute.[550]

Insbesondere das Verbot rechtsmissbräuchlichen Verhaltens als Ausfluss der Treuepflicht der Aktionäre gegenüber der Gesellschaft kann unter diesen Gesichtspunkten eine weitere Grenze des Auskunftsrechts darstellen.[551] Eine rechtsmissbräuchliche Anwendung des Auskunftsrechts kann beispielsweise dann in Betracht kommen, wenn der Aktionär sein Auskunftsrecht rücksichtslos und in einem für den Vorstand und die anwesenden Mitaktionäre unzumutbaren Ausmaß in Anspruch nimmt, etwa durch die gezielte Provokation von Anfechtungsgründen oder das Verlesen seitenlanger Fragenkataloge.[552]

Die Bedeutung des Rechtsmissbrauchs als ungeschriebener Auskunftsverweigerungsgrund ist jedoch aus praktischer Sicht eher als gering zu bewerten. Zum einen ist dies auf die rechtliche Ausgestaltung des Auskunftsrechts als eigennütziges Individualrecht[553] zurückzuführen, wodurch sich eine Abwägung der Individual- und Gesellschaftsinteressen grundsätzlich verbietet.[554] Es ist mithin in keiner Weise rechtsmissbräuchlich, wenn der Aktionär einzig und allein seine

---

549 *Hefermehl*, FS Duden, 109 (114); Hüffer-*Koch*, § 131, Rn. 66; MüKo-AktG-*Kubis*, Band 3, § 131, Rn. 146.

550 OLG Frankfurt, AG 1984, 25 (26); *Spitze/Diekmann*, ZHR 158 (1994), 447 (470); *Hefermehl*, FS Duden 1977, 109 (114).

551 BVerfG, NJW 2000, 349 (351); *Marsch-Barner*, WM 1984, 41 (41); Grigoleit-*Herrler*, § 131, Rn. 53; Bürgers/Körber-*Reger*, § 131, Rn. 27; a.A. hier *Meilicke/Heidel*, DStR 1992, 113 (115).

552 Henssler/Strohn-*Liebscher*, GesR, § 131, Rn. 16; MüHdB-GesR-*Hoffmann-Becking*, Band 4, § 38, Rn. 34; *Marsch-Barnern*, WM 1984, 41 (41).

553 S. o. 3. Teil, C, I, 2.

554 K. Schmidt/Lutter-*Spindler*, § 131, Rn. 91; MüKo-AktG-*Kubis*, Band 3, § 131, Rn. 146; vgl. KK-*Kersting*, § 131, Rn. 382 f.

eigenen Interessen mit der Fragestellung verfolgt, da dies gerade dem Charakter des Auskunftsrechts entspricht und vom Gesetzgeber so auch grundsätzlich intendiert ist. Zum anderen wird ein Großteil der möglicherweise als rechtsmissbräuchlich zu bewertenden Fragestellungen bereits auf tatbestandlicher Ebene über das Erforderlichkeitskriterium aus § 131 Abs. 1 S. 1 AktG herausgefiltert.[555] Insbesondere bei einem quantitativen Fragenexzess, etwa durch eine übermäßige Anzahl oder einen ausufernden Detaillierungsgrad, ist zumeist die tatbestandlich vorausgesetzte Beurteilungserheblichkeit zu verneinen, sodass es eines Rückgriffs auf eine Verweigerung aufgrund von Rechtsmissbrauch nicht bedarf.[556] Auch für die äußere Darstellung oder die Langatmigkeit eines Auskunftsverlangens bedarf es keines Rückgriffs auf eine Verweigerung aufgrund von Rechtsmissbrauchs, da dies bereits in den Zuständigkeitsbereich der Versammlungsleitung fällt, welche Redebeiträge im Sinne eines ordnungsgemäßen Versammlungsablaufs zulässigerweise beschränken kann.[557]

Der Anwendungsbereich des Rechtsmissbrauchs als ungeschriebener Auskunftsverweigerungsgrund ist mithin in der Praxis aufgrund des umfassenden Systems von Verweigerungsmöglichkeiten eher marginal, jedoch gibt es Konstellationen, in denen eine Anwendung in Betracht kommt. So ist beispielsweise eine Wiederholung eines Redebeitrages – welcher von der Versammlungsleitung zulässigerweise unterbunden wurde – in der Form einer Fragestellung als rechtsmissbräuchlich zu bewerten. Gleiches gilt für Fragestellungen, die in schikanöser, ehrverletzender oder nötigender Form vorgebracht werden.[558]

555 S. o. 3. Teil, C, II, 2; MüKo-AktG-*Kubis*, Band 3, § 131, Rn. 146; K. Schmidt/Lutter-*Spindler*, § 131, Rn. 91; Bürgers/Körber-*Reger*, § 131, Rn. 27; KK-*Kersting*, § 131, Rn. 382; *Meilicke/Heidel*, DStR 1992, 113 (115) verneinen im Hinblick auf das hinreichende Erforderlichkeitskriterium ein darüber auf Missbrauch gestütztes Auskunftsverweigerungsrecht gar komplett. Hier wird sich darauf berufen, dass es nur zwei Optionen gibt. Entweder ist eine Frage zur sachgemäßen Beurteilung erforderlich oder eben nicht. Allein hieran soll sich die tatsächliche Beantwortung der Frage orientieren. Das Zusammenspiel des tatbestandlichen Erforderlichkeitskriteriums und des Verweigerungsgrundes aus § 131 Abs. 3 S. 1 Nr. 1 AktG sind insofern nach dieser Auffassung nicht durch Erwägungen von Treu und Glauben aufzuweichen.

556 MüKo-AktG-*Kubis*, Band 3, § 131, Rn. 146; K. Schmidt/Lutter-*Spindler*, § 131, Rn. 35.

557 K. Schmidt/Lutter-*Spindler*, § 131, Rn. 66; MüKo-AktG-*Kubis*, Band 3, § 131, Rn. 146.

558 *Spitze/Diekmann*, ZHR 158 (1994), 447 (470); MüKo-AktG-*Kubis*, Band 3, § 131, Rn. 146; K. Schmidt/Lutter-*Spindler*, § 131, Rn. 92.

bb. Begründungspflicht der Auskunftsverweigerung

In der älteren Rechtsprechung und Teilen der Literatur wurde und wird vereinzelt eine Begründungspflicht im Hinblick auf die Auskunftsverweigerung durch den Vorstand angenommen, welche direkt in der Hauptversammlung zu erfolgen hat.[559] Eine solche soll Voraussetzung dafür sein, dass der Beschluss des Vorstands nicht das Risiko der Anfechtbarkeit oder ein Auskunftserzwingungsverfahren nach § 132 AktG nach sich zieht.

Um hier eine Ablehnung der Auskunft zum Schutz etwaiger vorrangiger Gesellschaftsinteressen so praktikabel und praxistauglich wie möglich zu halten, hat der BGH jedoch entschieden, dass allein die objektive Sachlage für das Vorliegen eines Auskunftsverweigerungsrechts maßgeblich ist und es gerade nicht auf eine Begründung des Vorstands in der Hauptversammlung ankomme.[560] Dieser muss somit nicht einmal den nach § 131 Abs. 3 S. 1 AktG maßgeblichen Tatbestand anführen, auf den die Auskunftsverweigerung gestützt wird.[561] Hieran ändert insoweit auch der § 131 Abs. 5 AktG nichts, welcher vorsieht, dass auf Verlangen des Aktionärs die für die Auskunftsverweigerung angeführten Gründe in die Niederschrift über die Verhandlung aufzunehmen sind. Hierbei handelt es sich nur um eine bloße Dokumentationspflicht zu Beweissicherungszwecken, welche keine Rückschlüsse auf eine etwaige Begründungspflicht zulässt.[562]

Der Auffassung des Bundesgerichtshofs ist insoweit zuzustimmen. Eine sichere Handhabung der Auskunftsverweigerung kann nur dann gewährleistet werden, wenn es lediglich auf das tatsächliche Vorliegen eines Verweigerungsgrundes ankommt und nicht etwaige Äußerungen des Vorstands während der Hauptversammlung zur Grundlage einer sodann rechtmäßigen oder unrechtmäßigen

---

559 OLG Dresden, AG 2003, 433 (435); OLG Hamburg, AG 1969, 150 (151); BGH, AG 1967, 200 (201); BGH, AG 1960 (95 (198); KK-AktG-*Kersting*, § 131, Rn. 505; Heidel-*Heidel*. § 131, Rn. 60.

560 BGH, NZG 2014, 423 (426); *Kocher/Sambulski*, DB 2018, 1905 (1908 f.); *Leyens*, ZGR 2019, 544 (562).

561 *Kocher/Sambulski*, DB 2018, 1905 (1908 f.); MüHdB-GesR-*Hoffmann-Becking*, Band 4, § 38, Rn. 42; Heidel-*Heidel*, § 131, Rn. 60; LG Köln, AG 1991, 38 (38).

562 BGH, NZG 2014, 423 (426); so auch *Lieder*, NZG 2014, 601 (603); *Kocher/Sambulski*, DB 2018, 1905 (1909); *Leyens*, ZGR 2019, 544 (562); MüKo-AktG-*Kubis*, Band 3, § 131, Rn. 113; a.A. Geßler/Hefermehl/Eckardt/Kropff-*Eckardt*, Band II, § 131, Rn. 80, welcher dann eine Begründungspflicht annimmt, wenn der Aktionär nach § 131 Abs. 5 AktG die Aufnahme des Verweigerungsgrundes in die Niederschrift verlangt; so auch Heidel-*Heidel*. § 131, Rn. 60; zweifelnd insoweit auch *Ebenroth*, S. 127 ff.

Verweigerung gemacht werden können.[563] Zudem wäre bei einer Begründungspflicht stets zu befürchten, dass der gerade durch die Verweigerung der Auskunft zu vermeidende Nachteil bereits bei der Begründung der Auskunftsverweigerung eintreten könnte, wenn eine Begründung gerade nähere Details voraussetzt.[564] Durch das alleinige Abstellen auf die objektiv vorliegenden Tatsachen wird mithin eine einheitliche Behandlung derartiger hauptversammlungsbezogener Sachverhalte ermöglicht, was begrüßenswerterweise zu einem Maximum an Rechtssicherheit führt.

Der Aktionär, dem die Auskunft verweigert wurde, ist jedoch nicht gänzlich ohne Handhabe, denn die Entscheidung des Vorstands unterliegt in vollem Umfang der gerichtlichen Nachprüfung.[565] Aufgrund der besonderen Darlegungs- und Beweislastverteilung im Auskunftserzwingungsverfahren im Sinne des § 132 AktG trifft die Gesellschaft hier trotz des dort vorherrschenden Amtsermittlungsgrundsatzes in den Fällen, in denen das Gericht den objektiv vorliegenden – vom Vorstand aber gerade verschwiegenen – Auskunftsverweigerungsgrund aus eigenen Bemühungen nicht zu erkennen in der Lage ist, eine Verfahrensförderungsobliegenheit.[566] Die Gesellschaft kann in diesen Verfahren die etwaige notwendige Begründung noch nachschieben und so prozessual negative Folgen abwenden. Sollte die Gesellschaft dieser Obliegenheit der Plausibilisierung jedoch nicht nachkommen, so kann auch ein Unterliegen im Prozess die Folge sein.[567] Darüber hinaus ist es in Fällen, in denen der Aktionär sich mangels jeglicher Begründung zu einer Anfechtungsklage oder einem Auskunftserzwingungsverfahren gezwungen sehen musste, sachgerecht, der Gesellschaft selbst bei deren Obsiegen im Prozess sodann die Kosten des Rechtsstreits aufzuerlegen. Dies nicht zuletzt, um bei ernsthaften Zweifeln an dem Vorliegen eines Auskunftsverweigerungsgrundes eine gerichtliche Nachprüfung nicht bereits

---

563 Im Ergebnis sich auch gegen eine Begründungspflicht in der Hauptversammlung aussprechend: OLG Frankfurt, AG 1986, 233 (233); LG Köln, AG 1991, 38 (38); vgl. KG Berlin, AG 1994, 469 (472); *Kocher/Sambulski*, DB 2018, 1905 (1908 f.); GK-AktG-*Decher*, § 131, Rn. 357; MüHdB-GesR-*Hoffmann-Becking*, Band 4, § 38, Rn. 42; MüKo-AktG-*Kubis*, Band 3, § 131, Rn. 113; Spindler/Stilz-*Siems*, Band 1, § 131, Rn. 36.

564 Vgl. hierzu auch *Kocher/Sambulski*, DB 2018, 1905 (1908 f.); MüKo-AktG-*Kubis*, Band 3, § 131, Rn. 118; so im Ergebnis auch bereits BGH, AG 1960, 195 (198).

565 K. Schmidt/Lutter-*Spindler*, § 131, Rn. 73; Spindler/Stilz-*Siems*, Band 1, § 131, Rn. 35; Grigoleit-*Herrler*, § 131, Rn. 42.

566 *Lieder*, NZG 2014, 601 (603); MüKo-AktG-*Kubis*, Band 3, § 131, Rn. 118.

567 MüKo-AktG-*Kubis*, Band 3, § 131, Rn. 113; *Lieder*, NZG 2014, 601 (603).

von vornherein an einem zu hohen Kostenrisiko und mangelnder Liquidität des jeweiligen Aktionärs scheitern zu lassen.[568]

Im Einklang mit der Entscheidung des Bundesgerichtshofs wird sich mithin in der Literatur vereinzelt zur Entschärfung des Streitpotentials dafür ausgesprochen, für die Gesellschaft zwar keine Begründungspflicht, dafür aber eine Begründungsobliegenheit anzuerkennen, an welche zwar nur geringe Anforderungen gestellt werden, welche es dem Aktionär jedoch bereits im Vorfeld einer gerichtlichen Auseinandersetzung ermöglicht, eine Zuordnung zu den Gründen des § 131 Abs. 3 S. 1 AktG vorzunehmen.[569] Die Gesellschaft kann so nach ihrem Dafürhalten bereits in der Hauptversammlung die Verweigerung einer Auskunft umfassend begründen, lediglich auf einen Verweigerungsgrund verweisen oder ihre Entscheidung gar nicht begründen. Etwaige Ausführungen können eben im Wege einer Obliegenheit jedoch von vornherein nachteilige Konsequenzen für die Gesellschaft abwenden, sodass zumindest ein Anreiz dafür geschaffen ist, Ausführungen zu der getroffenen Entscheidung zu machen.

Dieser vermittelnden Ansicht ist hier vorliegend auch der Vorzug zu gewähren. Eine Begründungspflicht ist im Einklang mit der Entscheidung des Bundesgerichtshofs und der herrschenden Literatur klar abzulehnen. Eine Begründungsobliegenheit ist hier viel eher dazu geeignet, den einzelnen Interessen zu größtmöglicher Geltung zu verhelfen und so, ohne dass hierdurch einer Partei nennenswerte Nachteile entstehen, einen interessengerechten Ausgleich zu schaffen.

cc. *Pflicht zur Auskunftsverweigerung*

Neben der Frage, ob eine Auskunftsverweigerung einer Begründung bedarf, stellt sich zudem die Frage, ob der Vorstand über den § 131 Abs. 3 AktG lediglich die Option erhält, eine Auskunft zu verweigern, oder ob sich gegebenenfalls zum Schutz der Gesellschaft und deren Interessen auch eine Pflicht dahingehend ergibt.

Dem Wortlaut nach ist § 131 Abs. 3 S. 1 AktG so ausgestaltet, dass der Vorstand die verlangte Auskunft verweigern „darf", sofern einer der sieben numerisch aufgezählten Gründe des Satzes 1 vorliegt. Der Wortlaut statuiert insofern

---

568 K. Schmidt/Lutter-*Spindler*, § 131, Rn. 73; MüHdB-GesR-*Hoffmann-Becking*, Band 4, § 38, Rn. 42; MüKo-AktG-*Kubis*, Band 3, § 131, Rn. 113; Spindler/Stilz-*Siems*, Band 1, § 131, Rn. 36; *Lieder*, NZG 2014, 601 (603).

569 *Lieder*, NZG 2014, 601 (603); Hüffer/Koch-*Koch*, § 131, Rn. 54; GK-AktG-*Decher*, § 131, Rn. 358.

keine direkte Pflicht für den Vorstand, bei der Einschlägigkeit eines Grundes direkt die Auskunft zu verweigern, sodass sich dem § 131 Abs. 3 AktG nicht aus sich selbst heraus entnehmen lässt, ob und wann der Vorstand eine Auskunft verweigern „muss“.[570]

Würde man hier allein den Wortlaut heranziehen, so ließe dies den Schluss zu, dass der Vorstand freie Hand darüber hat, ob er eine Auskunft erteilt oder nicht, selbst wenn ein Grund im Sinne des § 131 Abs. 3 S. 1 Nr. 1–7 AktG vorliegt. Diese Schlussfolgerung wirft jedoch dahingehend Zweifel auf, dass, wie bereits dargestellt, im aktienrechtlichen Informationssystem gemäß § 93 Abs. 1 S. 3 AktG der Grundsatz gilt, dass über sensible Gesellschaftsinterna Stillschweigen zu bewahren ist.[571] Für die Fälle, in denen ein auskunftsverlangender Aktionär in der Hauptversammlung eine Frage stellt, welche gerade Gesellschaftsgeheimnisse oder vertrauliche Angaben berührt, befindet sich der Vorstand nunmehr in einer Lage, in der ihn verschiedene Pflichten treffen. Auf der einen Seite steht das Auskunftsrecht der Aktionäre aus § 131 Abs. 1 S. 1 AktG und auf der anderen Seite die Verschwiegenheitspflicht aus § 93 Abs. 1 S. 3 AktG, welche in Bezug auf Gesellschaftsinterna Stillschweigen von den Vorstandsmitgliedern verlangt.

Um hier zu einem interessengerechten Ausgleich zu gelangen, sind die bereits gewonnen Erkenntnisse über die Verschwiegenheitspflicht mit denen über das Fragerecht der Aktionäre ins Verhältnis zu setzen. Eine in § 131 Abs. 3 AktG nicht angelegte Pflicht zur Auskunftsverweigerung kann sich nur dann über dessen Wortlaut hinaus ergeben, wenn schützenswerte Interessen bestehen, die dies gebieten. Als schützenswerte Interessen kommen hier die Gesellschaftsinterna in Betracht, welche nach dem Unternehmensinteresse als Geheimnisse zu qualifizieren sind und bei deren Bekanntwerden der Gesellschaft nicht unerhebliche Nachteile entstehen würden. Gerade solche sind von der Verschwiegenheitspflicht des § 93 Abs. 1 S. 3 AktG umfasst. Dieses Spannungsverhältnis hat bereits der Gesetzgeber bei der Schaffung des Aktiengesetzes 1965 erkannt und dahingehend in seiner Begründung zu dem Regierungsentwurf ausgeführt, dass der Vorstand ein seiner Organstellung inhärentes, gesetzlich normiertes Interesse daran hat, dass die Gesellschaft durch seine Auskünfte nicht geschädigt wird.[572]

---

570 Vgl. MüKo-AktG-*Kubis*, Band 3, § 131, Rn. 112.

571 Darüber hinaus hat der Vorstand auch die *business judgement rule* aus § 93 Abs. 1 S. 1 AktG zu berücksichtigen, nach welcher die Vorstandsmitglieder bei ihrer Geschäftsführung die Sorgfalt eines ordentlichen und gewissenhaften Geschäftsleiters anzuwenden haben.

572 *Kropff*, BegrRegE AktG 1965, S. 185.

Um hier mithin nicht gegen die ihn treffende Verschwiegenheitspflicht zu verstoßen, ist entgegen dem Wortlaut des § 131 Abs. 3 S. 1 AktG für den Vorstand nunmehr die Pflicht anzunehmen, die Auskunft zu verweigern, wenn zu befürchten ist, dass die vom Aktionär verlangte Auskunft der Gesellschaft abträglich sein wird.[573] Dies wird insbesondere in den Fällen des § 131 Abs. 3 S. 1 Nr. 1 und 5 AktG der Fall sein.[574] Die grundsätzlich im Wortlaut angelegte Wahlmöglichkeit des Vorstands wird hier sodann soweit reduziert, dass er nur durch eine Verweigerung der Auskunft seinen organschaftlichen Pflichten vollumfänglich nachkommt. Trotz fehlender Pflicht in § 131 Abs. 3 AktG folgt eine solche somit konsequenterweise aus § 93 Abs. 1 S. 3 AktG, wenn Belange im Raum stehen, bei deren näherer Behandlung eine Verletzung der Verschwiegenheitspflicht durch etwaige Auskunftserteilung durch den Vorstand zu befürchten ist.

III. Zwischenfazit zum Auskunftsrecht der Aktionäre

Das Auskunftsrecht aus § 131 Abs. 1 AktG spielt mithin nicht nur im aktienrechtlichen Informationssystem, sondern auch im Aktienrecht im Allgemeinen und insbesondere in der Struktur der Aktiengesellschaft eine zentrale Rolle. Wo bei der Aktiengesellschaft als beitrittsoffener, anonymer Publikumsgesellschaft notwendigerweise eine umfassende Mitbestimmung durch die Aktionäre aus Gesichtspunkten der Handlungsfähigkeit ausscheidet, ist die Möglichkeit der Mitbestimmung in der Hauptversammlung durch Ausübung des Stimmrechts und der anderen mitgliedschaftlichen Rechte umso relevanter. Das Auskunftsrecht als Instrument zur Informationsbeschaffung versetzt den Aktionär hier in die Lage, sinnvoll von seinen Rechten Gebrauch zu machen, ohne hierfür von der Initiative der anderen Gesellschaftsorgane abhängig zu sein. Die Möglichkeit, während der Hauptversammlung Fragen zu stellen und so durch ein individuell zugeschnittenes Auskunftsverlangen persönliche Informationslücken schließen zu können, befähigt den einzelnen Aktionär folglich zur adäquaten Stimmrechtsausübung und lässt so den Willen der Hauptversammlung, welcher gleichzeitig auch der Wille der Aktiengesellschaft selbst ist, auf einer informierten Grundlage fußen. Auf einer solchen Basis getroffene Hauptversammlungsbeschlüsse

---

573 Vgl. BGH, NJW 1962, 104 (106); Hüffer/Koch-*Koch*, § 131, Rn. 23; MüHdB-GesR-*Hoffmann-Becking*, Band 4, § 38, Rn. 42; MüKo-AktG-*Kubis*, Band 3, § 131, Rn. 112; Wachter-*Wachter*, § 131, Rn. 22; *Kropff*, BegrRegE AktG 1965, S. 185.

574 GK-AktG-*Decher*, § 131, Rn. 359.

führen idealtypisch zu einer gleichsam „demokratischen" Legitimation des Gesellschaftshandelns.[575]

In der gesetzgeberischen Konzeption wurde im Rahmen des Auskunftsanspruchs jedoch zugleich berücksichtigt, dass ein unbeschränktes Fragerecht in der Hauptversammlung nicht nur positive Auswirkungen haben kann. Um hier die Interessen der Gesellschaft nicht gänzlich zurückzustellen sowie der Möglichkeit für Missbrauch nicht Tür und Tor zu öffnen, wurden dem Auskunftsrecht vornehmlich durch das in den Tatbestand des § 131 Abs. 1 S. 1 AktG inkorporierte Erforderlichkeitskriterium und den Katalog mit Auskunftsverweigerungsgründen aus § 131 Abs. 3 S. 1 AktG Grenzen gesetzt, welche das gegenwärtige Spannungsverhältnis zwischen Aktionärs- und Gesellschaftsinteressen in Ausgleich bringen.

Der Auskunftsanspruch des Aktionärs nimmt insoweit seine Stellung im Rahmen des aktienrechtlichen Informationssystems ein, ohne in dieser Hinsicht für die Gesellschaft eine die Handlungsfähigkeit einschränkende Bürde darzustellen. Sowohl die Aktionäre als auch die Gesellschaft selbst wurden in der Ausgestaltung des Auskunftsrechts derart berücksichtigt, dass in dieser Beziehung ein den Interessen entsprechendes Gleichgewicht hergestellt wurde.

Dieser geschaffene Ausgleich entfaltet insofern zusätzliche Bedeutung auch bei der Frage der Verfassungsmäßigkeit des § 131 AktG. Das Fragerecht der Aktionäre ist nur dann verfassungsgemäß, wenn es die grundrechtlich geschützten Interessen der Aktiengesellschaften nicht unverhältnismäßig beeinträchtigt. Bei dieser Prüfung ist insoweit auf die Charta-Grundrechte zu rekurrieren. Das Auskunftsrecht der Aktionäre bestand zwar in dieser Art auch bereits auf rein nationaler Ebene, mit der Aktionärsrechterichtlinie aus dem Jahr 2007[576] ist es jedoch auch auf europäischer Ebene nunmehr zwingend vorgegeben. Die Verankerung eines Fragerechts des Aktionärs in Art. 9 der ARRL[577] hat zur Folge, dass als maßgeblicher Prüfungsmaßstab auch des § 131 AktG als in nationales Recht umgesetzte Norm die Grundrechte der Charta heranzuziehen sind.[578] Dem deutschen Gesetzgeber sind bei der Umsetzung der mindestharmonisierenden[579]

575 *Leyens*, ZGR 2019, 544 (551).

576 S. o. 3. Teil, C, II, a, aa; RL Nr. 2007/36/EG des Europäischen Parlaments und des Rates vom 11.07.2007 über die Ausübung bestimmter Rechte von Aktionären in börsennotierten Gesellschaften, ABl. EU Nr. L 184; *Leyens*, ZGR 2019, 544 (546).

577 S. o. 3. Teil, C, II, a, aa; BeckOGK-AktG-*Poelzig*, § 131, Rn. 10.

578 S. o. 2. Teil, B, II.

579 BeckOGK-AktG-*Poelzig*, § 131, Rn. 10.

ARRL zwar gewisse Gestaltungsspielräume eröffnet, die Regelungsintensität des Art. 9 ARRL führt hier jedoch dazu, dass das Fragerecht unionsrechtlich determiniert ist und somit eine Prüfung allein anhand der unionsrechtlichen Charta-Grundrechte in Betracht kommt.

Vorliegend ist das Auskunftsrecht aus § 131 AktG mit Blick auf die legitimen Zwecke der Stärkung der mitgliedschaftlichen Stellung der Aktionäre und der Ermöglichung einer sinnvollen Ausübung von Aktionärsrechten neben der Sicherung des europäischen Kapitalmarkts, indem wesentliche Hindernisse für die grenzüberschreitende Ausübung der mitgliedschaftlichen Aktionärsrechte – wie das Teilnahme-, Informations-, Rede- und Stimmrecht – beseitigt werden,[580] sowohl geeignet als auch erforderlich. Die Aktionäre sind Eigentümer der Aktiengesellschaft und müssen die Möglichkeit haben, sich entsprechend zu informieren. Eine noch mildere Maßnahme, die den verfolgten Zweck gleich effektiv fördert, ist nicht ersichtlich. Eine bessere Förderung kann zwar durch ein örtlich und zeitlich unbegrenztes Fragerecht erreicht werden, die damit einhergehende Belastung der Aktiengesellschaften würde sich jedoch auch exorbitant erhöhen. Auch bei der Frage der Angemessenheit bzw. Verhältnismäßigkeit im engeren Sinne nach welcher der Zweck nicht außer Verhältnis zu der Schwere des Eingriffs stehen darf,[581] ergeben sich insoweit keine Bedenken. Durch die entsprechenden zahlreichen Grenzen des Auskunftsrechts ist gewährleistet, dass weder Art. 8 noch Art. 16 GRCh über Gebühr beeinträchtigt sind. Die Interessen der Aktiengesellschaften, insbesondere hinsichtlich etwaiger Gesellschaftsgeheimnisse, sind umfassend berücksichtigt und durch die implementierten Grenzen auf ein vertretbares Minimum begrenzt worden, sodass die mit dem Auskunftsrecht verfolgten legitimen Zwecke nicht außer Verhältnis zu den zu befürchtenden Nachteilen für die Gesellschaften stehen. Das Auskunftsrecht aus § 131 AktG verstößt mithin nicht gegen den Verhältnismäßigkeitsgrundsatz und ist in der Folge mit höherrangigem Recht vereinbar.

D. Zwischenfazit zu dem Zusammenspiel von Schweigepflicht und Auskunftsanspruch

Mit der Schweigepflicht aus § 93 Abs. 1 S. 3 AktG einerseits und dem Auskunftsanspruch des Aktionärs andererseits hat der Gesetzgeber den Grundstein dafür

---

580 S. o. 3. Teil, C, II, a, aa.

581 Streinz-*Streinz/Michl*, Art. 52 GRCh, Rn. 20; Calliess/Ruffert-*Kingreen*, Art. 52 GRCh, Rn. 65 ff.

gelegt, wie im Aktienrecht mit Informationen umzugehen ist. Das Aktienrecht fußt insofern auf dem Grundsatz, dass Informationen nicht ohne Weiteres herauszugeben sind und über Geheimnisse und vertrauliche Angaben im Sinne des § 93 Abs. 1 S. 3 AktG sogar Stillschweigen zu bewahren ist.

Anders als bei der Gesellschaft mit beschränkter Haftung, in der die Zahl der Gesellschafter überschaubar ist und diese zumeist auch untereinander bekannt sind, wäre ein unbedingter Auskunfts- und Einsichtsanspruch – wie dieser für die Gesellschaft mit beschränkter Haftung in § 51a Abs. 1 AktG normiert ist – für die Aktiengesellschaft bereits aus Gesichtspunkten der Handlungsfähigkeit ausgeschlossen. Hätte jeder Aktionär, ohne zeitliche und örtliche Beschränkung, die Möglichkeit, von der Gesellschaft Auskunft und Einsicht zu verlangen, hätte dies erhebliche negative Auswirkungen auf das Tagesgeschäft der Gesellschaft, da durch die Erteilung der Auskünfte in unüberschaubaren Umfang Kapazitäten gebunden und Kosten verursacht würden.[582] Die wirtschaftliche Tätigkeit der Gesellschaft wäre mithin erheblich beeinträchtigt, sodass die Aktionäre im Rahmen der geltenden gesetzlichen aktienrechtlichen Regelungen darauf verwiesen sind, während der Hauptversammlung ihr Auskunftsverlangen anzumelden.

All dies ist auf die elementare Bedeutung von Informationen im Wirtschaftsverkehr und den Charakter der Aktiengesellschaft als beitrittsoffene, anonyme Publikumsgesellschaft zurückzuführen. Eine tatsächliche wirtschaftliche Zweckverfolgung wäre undenkbar, wenn wesentliche Informationen und Gesellschaftsinterna unbesehen die Gesellschaftssphäre verlassen würden. Derartige Informationen sind bisweilen das Einzige, was eine Gesellschaft wettbewerbsfähig macht und über die jetzigen und zukünftigen Marktchancen entscheidet. Um hier gerade die Gesellschaft vor Nachteilen zu schützen, die durch das Bekanntwerden von Gesellschaftsinterna zu befürchten sind, hat der Gesetzgeber die sich aus der Treuepflicht ergebende Schweigepflicht für die Mitglieder des Vorstandes und des Aufsichtsrates in das Gesetz mit aufgenommen und auf einen Auskunftsanspruch ähnlich dem im Recht der Gesellschaften mit beschränkter Haftung bewusst verzichtet.

Das sich hieraus ergebene informationelle Ungleichgewicht zwischen den Gesellschaftsorgangen zu Lasten der Aktionäre wird dahingehend aufgelöst, dass über den individuellen Auskunftsanspruch während der Hauptversammlung notwendige Informationen direkt vom Vorstand erfragt werden können, welcher die erbetene Auskunft direkt im Anschluss an die Fragestellung erteilt. Dass hierbei durch Fragen der Aktionäre nicht zwangsläufig die Schweigepflicht

582 Vgl. *Schön*, FS K. Schmidt II, 391 (394 f.).

konterkariert wird, ist gerade durch die Grenzen des Auskunftsanspruchs sichergestellt. Bei Informationen, welche im Rahmen des Gesellschaftsinteresses als vertraulich zu bewerten sind, sind bei deren Veröffentlichung zumeist Nachteile für die Gesellschaft zu befürchten, sodass der Auskunftsverweigerungsgrund der Nachteilszufügung aus § 131 Abs. 3 S. 1 Nr. 1 AktG zur Anwendung kommt und der Vorstand hier die Auskunft verweigern kann. Wie dargestellt, kann sich in derart gelagerten Fällen aus der sich aus der organschaftlichen Treuepflicht ergebenden Verschwiegenheitspflicht sogar eine Pflicht zur Auskunftsverweigerung ergeben.

Der Gesetzgeber hat die hier gegenübergestellten rechtlichen Instrumente mithin in einem sensiblen Gleichgewicht zueinander ausgeformt. Gemessen an den jeweiligen Interessen wurde hier eine Balance hergestellt, welche sowohl den mitunter essenziellen Interessen der Gesellschaft als auch den nicht zu vernachlässigenden Interessen der Aktionäre als tatsächliche wirtschaftliche Eigentümer der Gesellschaft zu größtmöglicher Geltung verhilft.

Berücksichtigt man die Schweigepflicht einerseits und den Auskunftsanspruch andererseits, so ist diesem Zusammenspiel mithin der gesetzgeberische Grundgedanke zu entnehmen, wie im Aktienrecht mit Informationen umzugehen ist. Die Abwesenheit eines unbedingten Anspruchs auf Informationserteilung auf der einen Seite und die Pflicht von Vorstand und Aufsichtsrat, Gesellschaftsinterna vertraulich zu behandeln, auf der anderen Seite gibt dem Aktienrecht und seinem Informationssystem seinen idiosynkratrischen Charakter.

Wie bereits eingangs angedeutet, bleibt es in Bezug auf Informationen jedoch nicht bei diesem nativen Zusammenspiel von Schweigepflicht und Auskunftsanspruch. Das aktienrechtliche Informationssystem kennt vielmehr noch eigenständig normierte Informationspflichten aller Art, die dieses herausgearbeitete Zusammenspiel ergänzen und erweitern. In der sich nunmehr anschließenden Bearbeitung wird ein Blick auf einige der bedeutendsten Informationspflichten geworfen, deren besondere Modalitäten untersucht und zudem ein Rückbezug zu den bis dato gewonnen Erkenntnissen hergestellt.

4. Teil: Informationspflichten der Aktiengesellschaften

A. Informationspflichten

I. Allgemeines

In dem sich anschließenden vierten Teil der Bearbeitung wird nunmehr auf die einzelnen Informationspflichten eingegangen, welche das im Grundsatz festgelegte System des Schweigens von Seiten der Gesellschaft und des Fragens von Seiten der Aktionäre dahingehend erweitern und ergänzen, dass die Gesellschaft bereits von sich aus, ohne dass zuvor während der Hauptversammlung diesbezüglich ein Auskunftsverlangen eines Aktionärs ergangen wäre, Informationen veröffentlichen muss. Wie bereits eingangs angeführt, finden sich Informationspflichten, welche die Gesellschaften in ihrem Geschäftsbetrieb berücksichtigen müssen, heutzutage nicht lediglich im Aktiengesetz, sondern in einer Vielzahl von Gesetzen.

Neben formell aktienrechtlichen Veröffentlichungspflichten wurde das für Aktiengesellschaften geltende Informationssystem durch kapitalmarktorientierte Pflichten im Handelsgesetzbuch und im Wertpapierhandelsgesetz sowie durch Pflichten, welche ihren Ursprung in europäischen Verordnungen haben – hier insbesondere die Marktmissbrauchsverordnung (MMVO) –, erweitert. Im Aktien- und Kapitalmarktrecht, welches über die Jahre eine immer weitergehende europarechtliche Harmonisierung erfahren hat,[583] ist durch ebendiese fortwährende Ergänzungsflut ein Flickenteppich an Vorschriften entstanden.

Die bisherigen Bestrebungen des europäischen und des nationalen Gesetzgebers haben es bisher nicht vermocht, ein zusammenhängendes Rechtsgebiet zu formen, in dem kohärent und komprimiert die aktien- und kapitalmarktrechtlichen Bestimmungen hinsichtlich eines einheitlichen Informationssystems kodifiziert sind. Dies hat zur Folge, dass das Rechtsgebiet, welches die

583 Vgl. *Fleischer*, Informationspflichten im Europäischen Kapitalmarkt- und Verbraucherschutzrecht, S. 171 ff.; *Schön*, FS K. Schmidt II, 391 (393 ff.); Baetge-*Baetge*, Die deutsche Rechnungslegung vor dem Hintergrund internationaler Entwicklungen, 1 (1 ff.).

Informationspflichten einer Gesellschaft zum Gegenstand hat, deshalb auch als „Querschnittsrecht“ bzw. als gemischtes Rechtsgebiet bezeichnet wird.[584]

Auf die sich hier in den verschiedenen Kodifizierungen ergebenden – für die Aktiengesellschaft wesentlichen – Informationspflichten wird in diesem Teil der Bearbeitung eingegangen. Zur Gewährleistung einer inhaltlich adäquaten Auseinandersetzung und zur Vermeidung von ausufernden – bloß aufzählenden und darstellenden – Ausführungen wird sich im Rahmen der Betrachtung auf die Pflicht zur Offenlegung der Rechnungslegungselemente, die Berichtspflicht bei Umwandlungsmaßnahmen und die Ad-hoc-Publizität fokussiert. Jeder dieser Pflichten kommt eine elementare Bedeutung für das aktienrechtliche Informationssystem zu.

Neben dem der jeweiligen Informationspflicht zugrundeliegenden Normzweck und der sachlichen Reichweite werden die Bestimmungen hinsichtlich ihrer Bedeutung für die Informationen veröffentlichende Aktiengesellschaft einerseits und die Informationsempfänger andererseits sowie hinsichtlich ihres Verhältnisses zu § 131 Abs. 1 S. 1 AktG und ihrer Stellung im aktienrechtlichen Informationssystem untersucht.

II. §§ 242, 264, 285, 289, 325 HGB (Offenlegung von Jahresabschluss und Lagebericht)

1. *Allgemeines*

a. *Rechtslage für Kaufleute*

Eine Informationspflicht von wesentlicher Bedeutung stellt insoweit vor allem die für Kaufleute geltende Pflicht zur Aufstellung eines Jahresabschlusses aus § 242 HGB in Verbindung mit §§ 264, 285, 289, 325 HGB dar. Die Vorschrift des § 242 HGB stellt neben der Generalnorm des § 238 HGB – der allgemeinen Buchführungspflicht – die Grundlage für die Pflicht zur Rechnungslegung[585] für

---

584 S. o. 1. Teil, B; *Schneider*, AG 2001, 269 (271); vgl. auch *Noack/Zetsche*, ZHR 170 (2006), 218 (219 f.); *Schön*, FS K. Schmidt II, 391 (394); zu den unterschiedlichen Zielsetzungen von Gesellschafts- und Kapitalmarktrecht: *Schwark*, FS Stimpel, 1985, 1087 (1090 ff.).

585 Der Begriff der Rechnungslegung wird in dieser Art im Wortlaut des Handelsgesetzbuches nicht verwendet, jedoch befasst sich das Dritte Buch entgegen der Überschrift nicht bloß mit den „Handelsbüchern“, sondern enthält auch einen wesentlichen Teil der kaufmännischen Rechnungslegung. Zur kaufmännischen Rechnungslegung gehören die Handelsbücher (§ 238 Abs. 1 HGB), die Handelsbriefe (§ 238 Abs. 2 HGB), das Inventar (§ 240 HGB), die Bilanz (§ 242 Abs. 1 HGB) und die Gerwinn- und Verlustrechnung (§ 240 Abs. 2 HGB), *K. Schmidt*, HandelsR: UnternehmensR I, § 15, Rn. 1.

alle Kaufleute dar und sieht vor, dass jeder Kaufmann zu Beginn des Handelsgewerbes und für den Schluss eines jeden Geschäftsjahres – durch die Gegenüberstellung von Aktiva und Passiva[586] – ein das Verhältnis seines Vermögens und seiner Schulden darstellenden Abschluss (Eröffnungsbilanz, Bilanz) aufzustellen hat. Der Begriff Bilanz wird hierbei häufig bereits in einem weiten Verständnis als Synonym für den Begriff „Jahresabschluss" verwendet, jedoch stellt die Bilanz nur einen Teil des tatsächlichen Jahresabschlusses dar.[587]

Neben der Bilanz ist im Rahmen der Erstellung des Jahresabschlusses zusätzlich nach jedem Geschäftsjahr gemäß § 242 Abs. 2 HGB auch eine Gegenüberstellung der Aufwendungen und Erträge des Geschäftsjahrs (Gewinn- und Verlustrechnung, GuV) aufzustellen.[588] Die Bilanz einerseits und die Gewinn- und Verlustrechnung andererseits bilden nach § 242 Abs. 3 HGB zusammen den eigentlichen Jahresabschluss in seiner Grundform,[589] wobei die Gewinn- und Verlustrechnung als eine die Bilanz ergänzende Detailrechnung zu verstehen ist, mit deren Hilfe sich die (Rein-)Vermögensänderung der Bilanz nachvollziehen lässt.[590]

Der Kaufmann zeichnet somit im Rahmen der Buchführung gemäß §§ 238, 239 HGB – basierend auf der Systematik der kaufmännischen doppelten Buchführung[591] – fortlaufend sämtliche Geschäftsvorfälle mit dem Zweck auf, sich – bzw. einem sachverständigen Dritten – innerhalb angemessener Zeit einen Überblick über die Lage des Unternehmens zu verschaffen. Der Jahresabschluss stellt in dieser Beziehung eine zusammenfassende Schlussbetrachtung dar, welche stichtagsbezogen das Vermögen im Verhältnis zu den Schulden des

---

586 *Schiefelbein*, Transitorische Rechnungsabgrenzung nach Handels-/Steuerbilanz und IAS/IFRS, S. 9; Heymann-HGB-*Nägel* § 242, Rn. 27.

587 Coenenberg/Haller/Schultze, Jahresabschluss und Jahresabschlussanalyse, S. 3.

588 Eine Ausnahme von der Pflicht zur Aufstellung einer (Eröffnungs-)Bilanz und einer GuV ergibt sich unter bestimmten Voraussetzungen für Einzelkaufleute durch den § 242 Abs. 4 HGB, welcher im Rahmen des BilMoG in das Handelsgesetzbuch eingefügt wurde.

589 Bei Kapitalgesellschaften sind diese beiden Rechnungslegungselemente noch durch einen sogenannten „Anhang" zu erweitern, *Raiser/Veil*, § 18, Rn. 3; S.u.

590 Sofern diese nicht auf Einlagen oder Entnahmen oder auf direkt im Eigenkapital verrechneten Reinvermögensänderungen beruht, Coenenberg/Haller/Schultze, Jahresabschluss und Jahresabschlussanalyse, S. 3.

591 Heymann-HGB-*Nägel*, § 238, Rn. 23; Coenenberg/Haller/Schultze, Jahresabschluss und Jahresabschlussanalyse, S. 3.

Handelsgewerbes gegenüberstellt und zeitraumbezogen die einen Gewinn oder Verlust hervorrufenden Aufwendungen und Erträge beleuchtet.[592]

Diese Aufstellungspflicht gilt nach der Konzeption des Handelsgesetzbuches grundsätzlich für alle Kaufleute unabhängig von ihrer Rechtsform,[593] sodass sie in dieser Hinsicht insbesondere auch von der Aktiengesellschaft zu beachten ist, welche im Sinne der § 6 Abs. 1 HGB und § 3 Abs. 1 AktG als Kaufmann kraft Rechtsform (Formkaufmann) gilt.[594]

b. Rechtslage und Besonderheiten in Bezug auf die Aktiengesellschaft

Diese Ausgestaltung der Pflicht zur Aufstellung eines Jahresabschlusses, welche ihren Ursprung nicht direkt im Aktiengesetz findet, sondern im Wege der kaufmännischen Regelungen erst über das Wesen der Aktiengesellschaft als Formkaufmann auf diese Anwendung findet, veranschaulicht deutlich, was gemeint ist, wenn im Zuge der Diskussion über das Rechtsgebiet, welches Informationspflichten für Aktiengesellschaften enthält, von einem gemischten Rechtsgebiet gesprochen wird. Aufgrund von unterschiedlichen Zielsetzungen und unterschiedlichen Adressatengruppen der verschiedenen Informationspflichten sind diese nicht gebündelt in einem Gesetzbuch zu finden, sondern haben je nach verfolgtem Zweck ihren Ursprung in unterschiedlichen Kodifikationen.

---

592 BeckOK-HGB-*Ruppelt*, § 242, Rn. 2; Coenenberg/Haller/Schultze, Jahresabschluss und Jahresabschlussanalyse, S. 3; *Schiefelbein*, Transitorische Rechnungsabgrenzung nach Handels-/Steuerbilanz und IAS/IFRS, S. 9; Winnefeld-BilHdb-*Winnefeld*, Einführung, Rn. 20; Häublein/Hoffmann-Theinert-HGB-*Ruppelt*, § 242, Rn. 2; Ulmer-HGB-*Hüffer*, § 238, Rn. 3.

593 Der erste Abschnitt des dritten Buches des Handelsgesetzbuches enthält explizit Vorschriften, die „für alle Kaufleute" gelten; Koller/Kindler/Roth/Drüen-*Morck/Drüen*, § 242, Rn. 1; BeckOK-HGB-*Ruppelt*, § 242, Rn. 1; vgl. Winnefeld-BilHdb-*Winnefeld*, Einführung, Rn. 20; *Handschin*, Rechnungslegungs- und Revisionsrecht, S. 4 ff.; MüKo-HGB-*Ballwieser*, Band 4, § 238, Rn. 2; Heymann-HGB-*Nägel*, § 238, Rn. 6; Ulmer-HGB-*Hüffer*, § 238, Rn. 7.

594 Der § 6 Abs. 1 HGB lässt zur Vereinfachung und Vereinheitlichung des Handelsverkehrs das Recht der Kaufleute (das HGB) ohne Weiteres auch für Handelsgesellschaften Anwendung finden. In Verbindung mit § 3 Abs. 1 AktG, welcher bestimmt, dass eine AG als Handelsgesellschaft gilt (selbst dann, wenn der Gegenstand des Unternehmens nicht im Betrieb eines Handelsgewerbes besteht), ergibt sich so – mit der Entstehung der AG (durch Eintragung in das Handelsregister) – zugleich auch die Eigenschaft als Formkaufmann, Baumbach/Hopt-*Hopt*, § 6, Rn. 1 ff.; Ulmer-HGB-*Hüffer*, § 238, Rn. 9; Koller/Kindler/Roth/Drüen-*Roth*, § 6, Rn. 1 ff.; MüKo-HGB-*Ballwieser*, Band 4, § 238, Rn. 8; Heymann-HGB-*Nägel*, § 238, Rn. 8.

So stellt es sich auch in diesem Fall mit der grundsätzlich kaufmännischen Pflicht zur Aufstellung eines Jahresabschlusses dar. Diese für die Aktiengesellschaft so bedeutende Pflicht ergibt sich erst über die in § 3 Abs. 1 AktG normierte Fiktion, dass jede Aktiengesellschaft als Handelsgesellschaft gilt und somit die Vorschriften für Kaufleute – welche im Wege des § 6 Abs. 1 HGB auch für Handelsgesellschaften Anwendung finden – gerade auch für Aktiengesellschaften gelten.

Für Aktiengesellschaften ergeben sich jedoch darüber hinaus im Rahmen der Aufstellung des Jahresabschlusses im Vergleich zu anderen Kaufleuten bestimmte Besonderheiten. Die Pflicht aus §§ 242 ff. HGB wird im Wege der §§ 264 ff. HGB mit explizit für Kapitalgesellschaften[595] und haftungsbeschränkte Personengesellschaften[596] geltenden Vorschriften ergänzt,[597] sodass diese im Vergleich zu anderen Kaufleuten ein Mehr an Informationen – in der Form eines Anhangs und eines Lageberichts – im Rahmen eines erweiterten Jahresabschlusses veröffentlichen müssen.[598] Als Kapitalgesellschaften, auf welche ebendiese Vorschriften des zweiten Abschnitts des dritten Buches des Handelsgesetzbuches anzuwenden sind, gelten grundsätzlich die Aktiengesellschaft (AG), die Kommanditgesellschaft auf Aktien (KGaA), die Gesellschaft mit beschränkter Haftung (GmbH) und die Societas Europaea (SE).[599]

---

595 Das für Kapitalgesellschaften geltende Recht der Rechnungslegung ist seit dem Bilanzrichtliniengesetz (BiRiLiG) vom 19. Dezember 1985 in den §§ 264 bis 335 HGB einheitlich geregelt, MüHdB-GesR-*Hoffmann-Becking*, Band 4, § 44, Rn. 1; *Raiser/Veil*, § 18, Rn. 1.

596 Haftungsbeschränkte Personengesellschaften im Sinne des § 264a HGB sind die OHG und die KG, bei denen nicht mindestens ein persönlich haftender Gesellschafter eine natürliche Person oder eine OHG, KG oder eine andere Personengesellschaft mit einer natürlichen Person als persönlich haftendem Gesellschafter ist. Hauptanwendungsfall ist hier die GmbH & Co.KG, E/B/J/S-*Böcking/Gros/Oser*, § 264, Rn. 1.

597 Marsch-Barner/Schäfer-*Rabenhorst*, § 55, Rn. 17; *Schiefelbein*, Transitorische Rechnungsabgrenzung nach Handels-/Steuerbilanz und IAS/IFRS, S. 7 f.; *Raiser/Veil*, § 18, Rn. 1.

598 Heymann-HGB-*Nägel*, § 238, Rn. 22; *Raiser/Veil*, § 18, Rn. 3.

599 E/B/J/S-*Böcking/Gros/Oser*, § 264, Rn. 1; Heidel/Schall-*Stork*, § 325, Rn. 4; vgl. zur Anwendbarkeit der Vorschriften über die kaufmännische Buchführung auf die verschiedenen Gesellschaftsformen (im schweizer Rechtssystem) auch die Aufzählung in *Handschin*, Rechnungslegungs- und Revisionsrecht, S. 4 ff.

aa. Anhang gemäß § 264 Abs. 1 S. 1 HGB

Der § 264 Abs. 1 S. 1 HGB sieht vor, dass der gesetzliche Vertreter einer Kapitalgesellschaft – bei der Aktiengesellschaft der Vorstand – den grundsätzlich aus Bilanz und Gewinn- und Verlustrechnung bestehenden Jahresabschluss um einen Anhang zu erweitern hat, welcher mit der Bilanz und der Gewinn- und Verlustrechnung eine Einheit bildet.

Bei dem in §§ 284 ff. HGB geregelten Anhang handelt es sich neben den anderen Bestandteilen des Jahresabschlusses um ein gleichrangiges Informationsinstrument, welches gemäß §§ 284 und 285 HGB die quantitativen Angaben in der Bilanz und der Gewinn- und Verlustrechnung durch qualitative Angaben ergänzen, entlasten und in einzelnen Fällen auch korrigieren soll.[600] Inhaltlich entspricht der Anhang insoweit dem Erläuterungsteil des Geschäftsberichts nach früherem Recht.[601]

Durch die Möglichkeit, das starre Zahlenwerk in der Bilanz und der Gewinn- und Verlustrechnung durch weitere Angaben verständnisfördernd zu erweitern und zu erörtern, kann der Anhang zudem dabei helfen, Konflikte zwischen den unterschiedlichen Funktionen der Rechnungslegung aufzulösen.[602] Durch die Verlagerung bestimmter Informationen in den Anhang, beispielsweise solcher über stille Reserven, können ohne Informationsverlust zusätzliche Angaben gemacht werden, welche ansonsten in der Bilanz oder der Gewinn- und Verlustrechnung zu machen wären.[603] Das sich ergebende Spannungsverhältnis der Funktionen der Rechnungslegung, insbesondere dasjenige, welches die Information der potenziellen Gläubiger und der Kapitalmarktteilnehmer einerseits und der Ausschüttungsbegrenzung andererseits betrifft, kann so durch gezielte Erläuterungen entschärft werden.[604]

bb. Lagebericht gemäß §§ 264 Abs. 1 S. 1 und 3, 289 Abs. 1 S. 1 HGB

Neben dem Anhang sind die gesetzlichen Vertreter großer und mittelgroßer Kapitalgesellschaften gemäß § 264 Abs. 1 S. 1 und S. 3 HGB dazu verpflichtet, einen sogenannten Lagebericht aufzustellen, welcher neben dem Jahresabschluss ein eigenständiges Element der Rechnungslegung

---

600 BT-Drs. 10/317, S. 75; MüKo-HGB-*Reiner*, Band 4, § 264, Rn. 5; E/B/J/S-*Böcking/Gros/Oser*, § 264, Rn. 10; BeckOK-HGB-*Ruppelt*, § 264, Rn. 8; *Raiser/Veil*, § 18, Rn. 3.
601 Vgl. § 160 AktG aF, MüHdB-GesR-*Hoffmann-Becking*, Band 4, § 44, Rn. 14.
602 MüKo-HGB-*Reiner*, Band 4, § 264, Rn. 5.
603 BegrRegE, BT-Drs 10/317, S. 75; MüKo-HGB-*Reiner*, Band 4, § 264, Rn. 5.
604 MüKo-HGB-*Reiner*, Band 4, § 264, Rn. 5.

darstellt.[605] Das Gesetz sieht hier gemäß § 289 Abs. 1 S. 1 HGB vor, dass in dem Lagebericht der Geschäftsverlauf und die Lage der Gesellschaft so dargestellt werden, dass ein den tatsächlichen Verhältnissen entsprechendes Bild vermittelt wird. Darüber hinaus hat der Lagebericht im Sinne des § 289 Abs. 1 S. 2 HGB eine ausgewogene Analyse im Hinblick auf den Geschäftsverlauf und die Lage der Gesellschaft zu enthalten. Wo jeder bilanzpflichtige Kaufmann bereits nach §§ 238 Abs. 1 S. 1, 242 Abs. 1 S. 1 HGB dazu verpflichtet ist, bei der Erstellung des Jahresabschlusses Rechenschaft über die Lage des Unternehmens abzulegen, setzt der Lagebericht nahtlos an und soll darüber hinaus Vorgänge von besonderer Bedeutung näher beleuchten.[606] § 289 Abs. 2 HGB konkretisiert den Inhalt des Lageberichts dahingehend, dass die Risikomanagementziele und bestimmte Risiken zu benennen sind und auf den Bereich Forschung und Entwicklung sowie auf bestehende Zweigniederlassungen der Gesellschaft einzugehen ist.[607] In dieser Hinsicht ergänzt der Lagebericht den Jahresabschluss als ein rechtlich und funktional eigenständiges Instrument der Rechnungslegung und als Medium der Informationsvermittlung.[608]

Sowohl der Anhang als auch der Lagebericht sind darauf ausgelegt, dem Leser zusätzliche Informationen bereitzustellen. Der wesentliche Unterschied zwischen den im Anhang zu machenden Informationen und denen, welche mittels des Lageberichts vermittelt werden, ist der, dass der Anhang die Bilanz und die Gewinn- und Verlustrechnung erläutert und ergänzt, während der Lagebericht den Geschäftsverlauf in dem gegenständlichen Geschäftsjahr darstellt und gerade die Lage der Gesellschaft zum Zeitpunkt der Berichterstattung expliziert.[609]

Im Zusammenspiel mit dem eigentlichen zahlenbasierten Jahresabschluss, welcher dem sachkundigen Leser einen Überblick über die finanzielle Lage des

605 E/B/J/S-*Böcking/Gros/Oser*, § 264, Rn. 2; E/B/J/S-*Böcking/Gros/Koch*, § 289, Rn. 1; MüKo-HGB-*Lange*, Band 4, § 289, Rn. 2; Marsch-Barner/Schäfer-*Rabenhorst*, § 55, Rn. 17; *Palmes*, Der Lagebericht, S. 1.

606 BeckOK-HGB-*Lange*, § 289, Rn. 1; *Raiser/Veil*, § 18, Rn. 4.

607 *Raiser/Veil*, § 18, Rn. 4; vgl. BeckOK-HGB-*Lange*, § 289, Rn. 1.

608 BegRegE, BT-Drs. 10/317, S. 94; BGH, NJW-RR 2008, 907 (908); BGH, NJW 1994, 520 (523); *Palmes*, Der Lagebericht, S. 1 ff.; Heymann-HGB-*Herrmann*, § 289, Rn. 1; MüKo-BilR-*Kleindiek*, Band 2, § 289 HGB, Rn. 1; diesbezüglich wird auch von dem sogenannten „Zwei-Säulen-Modell" gesprochen, Staub-*Hommelhoff*, 4. Auflage, § 289, Rn. 8 ff., 26 ff.; MüKo-BilR-*Kleindiek*, Band 2, § 289 HGB, Rn. 11; *Palmes*, Der Lagebericht, S. 87 ff.

609 BeckOK-HGB-*Lange*, § 289, Rn. 1; weiterführende Darstellung der gesetzlich nicht definierten Begriffe „Geschäftsverlauf" und „Lage" in *Palmes*, Der Lagebericht, S. 42 ff.

Unternehmens geben soll, fokussiert sich der Lagebericht darauf, einem anderweitig verständigen Leser mit Hilfe einer „verbalen Darstellung" ein Bild der Lage der Gesellschaft und der voraussichtlichen Entwicklung – inklusive etwaiger Risiken – zu vermitteln.[610] Das in dieser Art gezeichnete Bild der Lage der Gesellschaft tritt mit dem Rechenwerk des Jahresabschlusses mithin in Beziehung und erzeugt so mit seinen zusätzlichen Informationen ein wirtschaftliches Gesamtbild.[611]

cc. *Offenlegung der Rechnungslegungselemente*

Neben der Aufstellungspflicht, welche den Anhang und den Lagebericht betreffen, ergibt sich für Kapitalgesellschaften im Rahmen der ergänzenden Vorschriften der §§ 264 ff. HGB darüber hinaus die wesentliche Besonderheit, dass sie den Jahresabschluss und die übrigen Rechnungslegungselemente nicht lediglich erstellen, sondern gemäß §§ 325 ff. HGB diese auch offenlegen müssen.[612] Ebendiese gesetzlich vorgeschriebene Veröffentlichung ist es, was der Pflicht zur Erstellung des Jahresabschlusses ihren Charakter als Informationspflicht für die Aktiengesellschaft verleiht.

2. *Zweck des Jahresabschlusses*

Bei der Pflicht zur Aufstellung eines Jahresabschlusses handelt es sich als Teil der allgemeinen Rechnungslegungspflicht des Kaufmanns um eine öffentlich-rechtliche Verpflichtung,[613] welche eine Mehrzahl von Zwecken verfolgt und einen großen Stellenwert in der aktienrechtlichen Informationspraxis einnimmt.

---

610 BGH, NJW-RR 2008, 907 (908); Staub-*Hommelhoff*, 4. Auflage, § 289, Rn. 33 ff.; BeckOK-HGB-*Lange*, § 289, Rn. 2; Heymann-HGB-*Herrmann*, § 289, Rn. 1; MüKo-BilR-*Kleindiek*, Band 2, § 289 HGB, Rn. 11; *Dörner/Schwegler*, DB 1997, 285 (285); *Lange*, BB 1999, 2447 (2447).

611 BeckOK-HGB-*Lange*, § 289, Rn. 2; *Dörner/Schwegler*, DB 1997, 285 (285); *Lange*, BB 1999, 2447 (2447); Enger hier Staub-*Hommelhoff*, 4. Auflage, § 289, Rn. 12, welcher den Lagebericht als eine in sich geschlossene Gesamtinformation auffasst, sodass dieser in keinerlei erläuternder oder ergänzender Beziehung zum Jahresabschluss gesehen werden kann.

612 Baetge/Kirsch/Thiele-*Kirsch/Harms/Siegel*, § 325, Rn. 4; Heidel/Schall-*Stork*, § 325, Rn. 1; Heymann-HGB-*Nägel*, § 238, Rn. 22; *Raiser/Veil*, § 18, Rn. 23.

613 Koller/Kindler/Roth/Drüen-*Roth*, § 242, Rn. 2; BeckOK-HGB-*Ruppelt*, § 242, Rn. 1; E/B/J/S-*Böcking/Gros/Oser*, § 242, Rn. 1; MüKo-HGB-*Ballwieser*, Band 4, § 242, Rn. 1; Heymann-HGB-*Nägel*, § 242, Rn. 3.

Von grundlegender Bedeutung ist in dieser Beziehung zunächst die mit der Aufstellung des Jahresabschlusses und der damit einhergehenden Dokumentation der Geschäftsvorgänge bezweckte Selbstinformation des Kaufmanns über die wirtschaftlichen Verhältnisse des Unternehmens.[614] Daneben soll, über die Selbstinformation hinaus, der Jahresabschluss im Wesentlichen dazu dienen, gegenüber den eigentlichen Inhabern des Unternehmens Rechenschaft über die Geschäftsverläufe abzulegen und selbigen grundlegende Informationen für unternehmerische Entscheidungen bereitzustellen sowie eine Grundlage für die Ausschüttungs- und Steuerbemessung[615] zu schaffen.[616]

Der Zweck des Jahresabschlusses erschöpft sich jedoch nach dem Willen des Gesetzgebers nicht in gesellschaftsinternen Funktionen wie der Selbstinformation und Rechenschaftslegung gegenüber den Eigentümern der Gesellschaft, sondern hat auch in ganz wesentlichem Maße den Gläubigerschutz im Fokus.[617]

Für Kapitalgesellschaften ergibt sich darüber hinaus im Wege der Publikationsvorschriften der §§ 325 ff. HGB auch die besondere Verpflichtung, die im Rahmen der Aufstellung des Jahresabschlusses und der anderen

---

614 BeckOK-HGB-*Ruppelt*, § 242, Rn. 3; MüHdB-GesR-*Sangen-Emden*, Band 2, § 21, Rn. 2; MüKo-HGB-*Ballwieser*, Band 4, § 238, Rn. 1 und § 242, Rn. 1; *Schiefelbein*, Transitorische Rechnungsabgrenzung nach Handels-/Steuerbilanz und IAS/IFRS, S. 14 f.; Winnefeld-BilHdb-*Winnefeld*, Einführung, Rn. 1; Häublein/Hoffmann-Theinert-HGB-*Ruppelt*, § 242, Rn. 2 f.

615 Nach dem Ausschüttungsbemessungszweck des Jahresabschlusses stellt dieser die „Grundnorm" im miteinander verzahnten Handels- und Gesellschaftsrecht sowie Steuerrecht dar und ist insoweit bei Fragen der Kapitalaufbringung und -erhaltung, Vermögensverschiebung, dem Entstehen von Gewinnansprüchen und der Konkretisierung mitgliedschaftlicher Vermögensrechte heranzuziehen, Häublein/Hoffmann-Theinert-HGB-*Ruppelt*, § 242, Rn. 3.3.; *Schmidlin*, Unternehmensbewertung & Kennzahlenanalyse, Kap. 1.1, S. 2.

616 *Havermann*, FS Moxter, 656 (661 f.); MüHdB-GesR-*Sangen-Emden*, Band 2, § 21, Rn. 2; MüKo-HGB-*Ballwieser*, Band 4, § 238, Rn. 1 und § 242, Rn. 1; Winnefeld-BilHdb-*Winnefeld*, Einführung, Rn. 1; *Schiefelbein*, Transitorische Rechnungsabgrenzung nach Handels-/Steuerbilanz und IAS/IFRS, S. 14 f.; *Handschin*, Rechnungslegungs- und Revisionsrecht, S. 2; Häublein/Hoffmann-Theinert-HGB-*Ruppelt*, § 242, Rn. 3 ff.; *K. Schmidt*, HandelsR: UnternehmensR I, § 15, Rn. 3; *Schmidlin*, Unternehmensbewertung & Kennzahlenanalyse, Kap. 1.1, S. 2.

617 Baetge/Kirsch/Thiele-*Kirsch/Harms/Siegel*, § 242, Rn. 3; MüHdB-GesR-*Sangen-Emden*, Band 2, § 21, Rn. 2; Winnefeld-BilHdb-*Winnefeld*, Einführung, Rn. 1; Häublein/Hoffmann-Theinert-HGB-*Ruppelt*, § 242, Rn. 3; *Coenenberg/Haller/Schultze*, Jahresabschluss und Jahresabschlussanalyse, S. 19; Ulmer-HGB-*Hüffer*, § 238, Rn. 3.

Rechnungslegungselemente erstellten Unterlagen offenzulegen und so der allgemeinen Öffentlichkeit, also auch anderen Wirtschaftsunternehmen und dem Kapitalmarkt im Ganzen, zuverlässige Informationen über die finanziellen Verhältnisse der Gesellschaft zur Verfügung zu stellen.[618] Durch die Bereitstellung der zu veröffentlichenden Informationen für Jedermann wird zudem der im öffentlichen Interesse liegenden Erhaltung der Funktionsfähigkeit der Wirtschaft gedient.[619]

Der Jahresabschluss dient mithin den unterschiedlichsten Zwecken und erfüllt zahlreiche Funktionen. Dieses bereits in sich breit gefächerte Aufgabenquartett ist es, was dem Jahresabschluss seine elementare Stellung in der kaufmännischen Wirtschaftspraxis verleiht und weshalb der durch ihn vermittelte Informationsgehalt für Gesellschaftsinterne als auch -externe gleichermaßen von so großer Bedeutung ist. Der Gesetzgeber hat in dieser Beziehung mit dem Jahresabschluss eine Interessenregelung geschaffen, welche einen relativierten Adressatenschutz bezweckt, indem zwischen den divergierenden, gleichwertigen Interessen der Anteilseigner und der Gläubiger ein Ausgleich hergestellt und keiner der Bilanzzwecke hierbei hervorgehoben wird.[620]

Im Folgenden werden die wesentlichen Funktionen des Jahresabschlusses näher dargestellt, um hier die Bedeutung für das aktienrechtliche Informationssystem herausarbeiten zu können.

a. Selbstinformation und Dokumentationsfunktion

Die Erstellung des Jahresabschlusses und die damit einhergehende laufende Buchführung dienen in erster Linie der Dokumentation jeglicher Geschäftsvorgänge und damit neben der der Dokumentation inhärenten Beweissicherung im Wesentlichen der Selbstinformation des Kaufmanns bzw. des Unternehmens.[621]

---

618 BGH, NJW 1994, 1281 (1282); BeckOK-HGB-*Ruppelt*, § 242, Rn. 3; MüHdB-GesR-*Sangen-Emden*, Band 2, § 21, Rn. 2; MüKo-HGB-*Ballwieser*, Band 4, § 242, Rn. 1; Heidel/Schall-*Stork*, § 325, Rn. 1; Häublein/Hoffmann-Theinert-HGB-*Ruppelt*, § 242, Rn. 3.

619 MüHdB-GesR-*Sangen-Emden*, Band 2, § 21, Rn. 2; Staub-*Pöschke*, vor § 238, Rn. 1; vgl. *Handschin*, Rechnungslegungs- und Revisionsrecht, S. 2.

620 Baetge/Kirsch/Thiele-*Kirsch/Harms/Siegel*, § 242, Rn. 3; Winnefeld-BilHdb-*Winnefeld*, Einführung, Rn. 16; *Coenenberg/Haller/Schultze*, Jahresabschluss und Jahresabschlussanalyse, S. 19.

621 MüKo-HGB-*Ballwieser*, Band 4, § 238, Rn. 1 und 39 ff.; Winnefeld-BilHdb-*Winnefeld*, Einführung, Rn. 15; Ulmer-HGB-*Hüffer*, vor § 238, Rn. 1; Heymann-HGB-*Nägel*, § 238, Rn. 22; Häublein/Hoffmann-Theinert-HGB-*Ruppelt*, § 242, Rn. 3; *Coenenberg/*

Die Selbstinformations- und die Dokumentationsfunktion sind unter den verschiedenen Funktionen des Jahresabschlusses als Basisfunktionen anzusehen. Bereits die mit der Pflicht zur Abschlussaufstellung bezweckte Ergebnisermittlung zwingt den Kaufmann zur ohnehin unter kaufmännischen Gesichtspunkten gebotenen Dokumentation[622] und somit zur Selbstkontrolle und Selbstinformation,[623] sodass bereits mit der Erfüllung der anderen Funktionen des Jahresabschlusses gleichzeitig auch der Selbstinformation und dem Dokumentationsbedürfnis nachgekommen wird.

Das Selbstinformationsbedürfnis der Kaufleute birgt zudem den Ursprung für die Schaffung gesetzlicher Vorschriften zur Buchhaltung und Bilanzierung.[624] So ist bekannt, dass beispielsweise das frühere in Augsburg ansässige Weltunternehmen der schwäbischen Kaufmannsfamilie Fugger bereits im Jahre 1511 zum ersten Mal einen Jahresabschluss erstellte, um bei der schieren Größe des Unternehmens und dessen Führung den Überblick über den Lauf der Geschäfte und die finanzielle Lage zu behalten.[625] Ähnlich weit zurück geht überdies auch die heute übliche doppelte Buchführung (Doppik), welche bereits in einem Werk eines italienischen Mönchs aus dem Jahre 1494 erstmals umfassend dargestellt wurde.[626]

Haller/Schultze, Jahresabschluss und Jahresabschlussanalyse, S. 19; *K. Schmidt*, HandelsR: UnternehmensR I, § 15, Rn. 3; Baetge/Kirsch/Thiele, Bilanzen, S. 94 f.

622 Im Rahmen der Rechnungslegung sind jegliche Güterbewegungen und Zahlungsvorgänge vollständig, richtig und systematisch aufzuschreiben und festzuhalten, BeckOK-HGB-*Ruppelt*, § 242, Rn. 3.1; Winnefeld-BilHdb-*Winnefeld*, Einführung, Rn. 1; *Handschin*, Rechnungslegungs- und Revisionsrecht, S. 1 f.; Häublein/Hoffmann-Theinert-HGB-*Ruppelt*, § 242, Rn. 3; *Coenenberg/Haller/Schultze*, Jahresabschluss und Jahresabschlussanalyse, S. 19; Baetge/Kirsch/Thiele, Bilanzen, S. 94 f.

623 BeckOK-HGB-*Ruppelt*, § 242, Rn. 3; Ulmer-HGB-*Hüffer*, vor § 238, Rn. 1; Winnefeld-BilHdb-*Winnefeld*, Einführung, Rn. 1; *Schiefelbein*, Transitorische Rechnungsabgrenzung nach Handels-/Steuerbilanz und IAS/IFRS, S. 15; Häublein/Hoffmann-Theinert-HGB-*Ruppelt*, § 242, Rn. 3.

624 Ulmer-HGB-*Hüffer*, § 238, Rn. 3 und 6; Marsch-Barner/Schäfer-*Rabenhorst*, § 55, Rn. 9.

625 *Coenenberg/Haller/Schultze*, Jahresabschluss und Jahresabschlussanalyse, S. 10; Marsch-Barner/Schäfer-*Rabenhorst*, § 55, Rn. 9; Ulmer-HGB-*Hüffer*, § 238, Rn. 6.

626 *Paccioli*, Summa de arithmetica, aeometria, aroportioni et aroportionalita, 1494; Charles Munger, der weltbekannte Investor und Vice Chairman der Investment Gesellschaft Berkshire Hathaway, bezeichnet die von Pacciolo entworfene Art der doppelten Buchführung als eine der besten Erfindungen aller Zeiten. Für ihn stellt jede andere kreative Art der Rechnungslegung lediglich ein Werkzeug für Torheit und Betrug dar: „Accounting that undoes the [italian] monk's work is merely a tool for

Durch die Selbstinformation des Kaufmanns, durch die stetige Dokumentation der Geschäftsvorgänge, soll heute wie damals sichergestellt werden, dass der Kaufmann stets über die Lage seines Unternehmens bestens unterrichtet ist und so aufgrund der ihm vorliegenden Informationen die für das Unternehmen besten Entscheidungen treffen kann. Nach Möglichkeit soll so der Kaufmann vor falschen Dispositionen bewahrt und verhindert werden, dass das Unternehmen der Gefahr einer Insolvenz ausgesetzt wird.[627]

Aus diesem Zusammenspiel ergibt sich überdies der enge Zusammenhang zwischen dem Selbstinformationszweck und dem Gläubigerschutz, welcher prägnant in der Literatur auch als Gläubigerschutz durch Selbstkontrolle bezeichnet wird.[628]

b. Gläubigerschutz

Der Gläubigerschutz spielt gerade in Bezug auf das Aktienrecht eine besondere Rolle. Eines der im Aktienrecht grundlegenden Prinzipien ist das Prinzip der Gläubigersicherung, welchem seit der Einführung des Aktiengesetzes im Jahre 1937 nahezu die Gesamtheit der aktienrechtlichen Bilanzierungsvorschriften unterstellt sind.[629] Auch der von der Aktiengesellschaft zu erstellende und zu veröffentlichende Jahresabschluss unterfällt und fördert dieses Prinzip. Die für die Aktiengesellschaft charakteristische begrenzte Haftung, welche in besonderem Maße die Aktionäre schützt und verhindert, dass diese über die Summe ihrer Einlage hinaus mit ihrem Privatvermögen für Verbindlichkeiten der Gesellschaft zur Haftung herangezogen werden,[630] wurde zur Schaffung eines Interessenausgleichs mit Gläubigerschutzmaßnahmen flankiert, um die Interessen der Gläubiger einer Aktiengesellschaft nicht zu gering zu würdigen. Der Gesetzgeber hat hiermit auf die Erfahrungen aus der Weltwirtschaftskrise reagiert, in

---

folly and fraud, and hurts society", *Pecaut/Wrenn*, University of Berkshire Hathaway, S. 107; vgl. auch Baetge-*Baetge*, Die deutsche Rechnungslegung vor dem Hintergrund internationaler Entwicklungen, 1 (1).

627 Marsch-Barner/Schäfer-*Rabenhorst*, § 55, Rn. 10; Winnefeld-BilHdb-*Winnefeld*, Einführung, Rn. 1.

628 Ulmer-HGB-*Hüffer*, § 238, Rn. 2 f.; Marsch-Barner/Schäfer-*Rabenhorst*, § 55, Rn. 10; *Winnefeld* spricht in dieser Beziehung von einer „Insolvenzprophylaxe", welche sich der Gesetzgeber durch die Selbstinformation des Kaufmanns erhofft hat, Winnefeld-BilHdb-*Winnefeld*, Einführung, Rn. 1.

629 *Coenenberg/Haller/Schultze*, Jahresabschluss und Jahresabschlussanalyse, S. 10 f.; vgl. Ulmer-HGB-*Hüffer*, vor § 238, Rn. 1.

630 Vgl. § 1 Abs. 1 S. 2 AktG.

der in ungeahnter Heftigkeit deutlich wurde, dass die Gläubiger einer Kapitalgesellschaft durch die begrenzte Haftung einer enormen Mehrgefährdung ausgesetzt sind.[631] Die durch den Gesetzgeber zur Reduzierung dieser Gefahr ergriffenen Maßnahmen sind zum einen in der Begrenzung der Ausschüttungen an die Aktionäre sowie zum anderen gerade in der hier gegenständlichen Pflicht zur öffentlichen Rechnungslegung zu erkennen.[632]

Die öffentliche Rechnungslegung, welche sowohl international als auch national als notwendiges Korrelat zur beschränkten Haftung der Kapitalgesellschaften begriffen wird,[633] dient in besonderem Maße der Kapitalerhaltung, indem die einzelnen Bestandteile des Jahresabschlusses sich darauf fokussieren, aufzuzeigen, wie es um die Kapitalaufbringungsfähigkeit des Kaufmanns bzw. des Unternehmens bestellt ist.[634] Der Gesetzgeber folgt hier dem Grundsatz „Publizität als Preis für die Haftungsbeschränkung".[635] In dieser Hinsicht stellt die Pflicht zur Offenlegung mithin die „Kehrseite" der Haftungsbeschränkung dar.[636]

Durch den für bestehende und zukünftige Kapitalgeber, Gläubiger und die Allgemeinheit einsehbaren Jahresabschluss werden die verschiedenen Gruppen der jeweiligen Interessierten in die Lage versetzt, sich selbst einen Überblick über die wirtschaftliche Lage des Unternehmens und das zur Verfügung stehende haftende Vermögen zu verschaffen.[637] Bevor eine engere Beziehung zu der jeweiligen Gesellschaft eingegangen wird – sei es als Geschäftspartner, als Arbeitgeber, als Investor oder als Gläubiger –, kann durch die Einsichtnahme in

---

631 *Coenenberg/Haller/Schultze*, Jahresabschluss und Jahresabschlussanalyse, S. 11; vgl. Ulmer-HGB-*Hüffer*, vor § 238, Rn. 1.

632 BGH, NJW 1994, 1281 (1282); *Coenenberg/Haller/Schultze*, Jahresabschluss und Jahresabschlussanalyse, S. 11.; Marsch-Barner/Schäfer-*Rabenhorst*, § 55, Rn. 12; Häublein/Hoffmann-Theinert-HGB-*Ruppelt*, § 242, Rn. 3; vgl. *K. Schmidt*, HandelsR: UnternehmensR I, § 15, Rn. 3; Ulmer-HGB-*Hüffer*, vor § 238, Rn. 1 f.

633 BT-Drs. 14/2353, S. 26; MüKo-HGB-*Fehrenbacher*, Band 4, § 325, Rn. 6; Schäfer-*Schäfer*, Einleitung, Rn. 6; Heidel/Schall-*Stork*, § 325, Rn. 1.

634 *Schiller*, BB 1991, 2403 (2404); vgl. Schäfer-*Schäfer*, Einleitung, Rn. 6; *Havermann*, FS Moxter, 656 (661); Baetge/Kirsch/Thiele-*Kirsch/Harms/Siegel*, § 242, Rn. 3; *Handschin*, Rechnungslegungs- und Revisionsrecht, S. 1; *K. Schmidt*, HandelsR: UnternehmensR I, § 15, Rn. 3; Ulmer-HGB-*Hüffer*, vor § 238, Rn. 1 f.

635 BT-Drs. 14/2353, S. 26; Heidel/Schall-*Stork*, § 325, Rn. 1.

636 Schäfer-*Schäfer*, Einleitung, Rn. 6; vgl. Heidel/Schall-*Stork*, § 325, Rn. 1.

637 *Busche*, FS Reuter, 939 (943); Schäfer-*Schäfer*, Einleitung, Rn. 6; *Coenenberg/Haller/Schultze*, Jahresabschluss und Jahresabschlussanalyse, S. 19; Baetge/Kirsch/Thiele, Bilanzen, S. 99 f.; Ulmer-HGB-*Hüffer*, vor § 238, Rn. 2.

die öffentlichen Rechnungslegungselemente das eigene Risiko kalkuliert und in diesem Wissen eine Entscheidung getroffen werden. Darüber hinaus wird das Unternehmen – aufgrund der umfassenden, von Finanzanalysten und der Allgemeinheit kontrollierten Rechenschaftslegung – zu einer ordnungsgemäßen Geschäftsführung angehalten, wodurch wiederum der Kapitalerhaltung gedient wird, welche in wesentlichem Maße dem Gläubigerschutz zuträglich ist und dessen Niveau verstärkt.[638] Explizit für börsennotierte Aktiengesellschaften ergibt sich zudem durch die Reaktion des Kapitalmarkts eine weitere Kontrollebene im Hinblick auf die vorgelegten Informationen.[639]

Insoweit stellt die Offenlegungspflicht des Jahresabschlusses neben der obligatorischen Kontrolle des Vorstands als Unternehmensleitung durch den Aufsichtsrat und die Aktionäre einerseits und die Abschlussprüfung andererseits die „dritte Säule" der Kontrollmöglichkeiten bei haftungsbeschränkten Unternehmen im Allgemeinen und bei der Aktiengesellschaft im Speziellen dar.[640]

c. *Informationsfunktion*

Neben der Selbstinformation und dem Gläubigerschutz kommt darüber hinaus der Informationsfunktion des Jahresabschlusses eine wesentliche Bedeutung zu. Dass gerade in Bezug auf Kapitalgesellschaften der Informationsvermittlung ein besonderer Stellenwert beigemessen wird, ist bereits der Generalnorm des § 264 Abs. 2 HGB zu entnehmen, welche für Kapitalgesellschaften statuiert, dass der Jahresabschluss unter Beachtung der Grundsätze ordnungsmäßiger Buchführung ein den tatsächlichen Verhältnissen entsprechendes Bild der Vermögens-, Finanz- und Ertragslage zu vermitteln hat.[641] Die dem Jahresabschluss

638 Vgl. *Schiller*, BB 1991, 2403 (2404); Baetge/Kirsch/Thiele-*Kirsch/Harms/Siegel*, § 242, Rn. 3; *Handschin*, Rechnungslegungs- und Revisionsrecht, S. 1; Ulmer-HGB-*Hüffer*, vor § 238, Rn. 2.

639 MüKo-HGB-*Fehrenbacher*, Band 4, § 325, Rn. 7.

640 BeckOK-HGB-*Birkholz*, § 325, Vor Rn. 1; MüKo-HGB-*Fehrenbacher*, Band 4, § 325, Rn. 6; vgl. *K. Schmidt*, HandelsR: UnternehmensR I, § 15, Rn. 3; Ulmer-HGB-*Hüffer*, vor § 238, Rn. 2.

641 Baetge/Kirsch/Thiele-*Kirsch/Harms/Siegel*, § 264, Rn. 1 f.; Marsch-Barner/Schäfer-*Rabenhorst*, § 55, Rn. 2; Häublein/Hoffmann-Theinert-HGB-*Ruppelt*, § 242, Rn. 3; *Coenenberg/Haller/Schultze*, Jahresabschluss und Jahresabschlussanalyse, S. 19; Baetge/Kirsch/Thiele, Bilanzen, S. 99 f.; Ulmer-HGB-*Hüffer*, vor § 238, Rn. 2.

zukommende Informationsfunktion ist mithin bereits durch den Gesetzgeber insbesondere für Kapitalgesellschaften explizit normiert.[642]

Zurückzuführen ist die Informationsfunktion des Jahresabschlusses auf den Rechenschaftsgedanken, welcher im deutschen Privatrecht grundlegend bereits in § 666 BGB[643] zum Ausdruck kommt.[644] Wesentliche Aufgabe des von dem Vorstand zu erstellenden Jahresabschlusses ist die, dass sowohl den Aktionären als kapitalgebenden Gesellschaftern als auch den Gläubigern Rechenschaft darüber abgelegt wird, wie die zur Verfügung gestellten Mittel konkret verwendet wurden.[645] Die Notwendigkeit einer solchen Rechenschaftslegung und einer Einblicksgewährung in die wirtschaftliche Lage des Unternehmens liegt bereits in der strukturellen Ausgestaltung der Aktiengesellschaft begründet, welche gerade eine Trennung zwischen den Aktionären als Eigentümern der Gesellschaft und dem Vorstand als Unternehmensleitung vorsieht.[646] Die Aktionäre sind in dieser Beziehung auf Informationen der Gesellschaft angewiesen, da anderweitig eine sinnvolle Ausübung ihrer Mitgliedschaftsrechte kaum möglich ist.[647] Die Rechnungslegung im Allgemeinen und der Jahresabschluss im Speziellen bezwecken hier gerade den gezielten Abbau der Informationsasymmetrie zwischen dem

---

642 *Coenenberg/Haller/Schultze*, Jahresabschluss und Jahresabschlussanalyse, S. 19; Häublein/Hoffmann-Theinert-HGB-*Ruppelt*, § 242, Rn. 3 und 3.2; Baetge/Kirsch/Thiele, Bilanzen, S. 99 f.

643 § 666 BGB enthält jeweils eine Benachrichtigungs-, Auskunfts- und Rechenschaftspflicht des Beauftragten gegenüber dem Auftraggeber, Jauernig-*Mansel*, § 666, Rn. 1; BeckOK-BGB-*Riesenhuber*, § 666, Rn. 1; MüKo-BGB-*Schäfer*, Band 6, § 666, Rn. 1.

644 Marsch-Barner/Schäfer-*Rabenhorst*, § 55, Rn. 1; Häublein/Hoffmann-Theinert-HGB-*Ruppelt*, § 242, Rn. 3.2; *K. Schmidt*, HandelsR: UnternehmensR I, § 15, Rn. 3; vgl. auch Bayer/Habersack-*Casper*, AktienR im Wandel, Band 2, Kap. 12, Rn. 18 ff.

645 *Handschin*, Rechnungslegungs- und Revisionsrecht, S. 1 f.; Häublein/Hoffmann-Theinert-HGB-*Ruppelt*, § 242, Rn. 3.2; Marsch-Barner/Schäfer-*Rabenhorst*, § 55, Rn. 1; *K. Schmidt*, HandelsR: UnternehmensR I, § 15, Rn. 3.

646 Baetge/Kirsch/Thiele-*Thiele/Stellbrink/Ziesemer [u.a.]*, Einführung, Rn. 27; vgl. Winnefeld-BilHdb-*Winnefeld*, Einführung, Rn. 20.

647 S. o. 3. Teil, C, I, 1; auch hier zeigt sich die Parallele zur privatrechtlichen Norm des § 666 BGB, welche auch den Zweck verfolgt, dem Auftraggeber die ihm regelmäßig fehlenden Informationen zu verschaffen, die er braucht, um seine im Zuge der Auftragserledigung sich ändernde Rechtsstellung beurteilen und entsprechend reagieren zu können, BGH, NJW-RR 2016, 1391 (1393); Jauernig-*Mansel*, § 666, Rn. 1; vgl. auch BeckOGK-BGB-*Riesenhuber*, § 666, Rn. 2; MüKo-BGB-*Schäfer*, Band 6, § 666, Rn. 1.

rechnungslegenden Unternehmen und den Empfängern der hierbei erstellten Unterlagen.[648]

Von besonderem Interesse für die Aktionäre und Gläubiger sind hier vor allem Informationen über das Schuldendeckungspotential des Unternehmens sowie über die Höhe des erwirtschafteten Jahreserfolges, welcher grundsätzlich den Umfang eines Entzugs von Kapital – etwa in Form von Ausschüttungen bzw. Dividenden[649] an die Eigentümer[650] – bestimmt.[651]

Der Jahresabschluss und die weiteren Rechnungslegungselemente zielen jedoch nicht lediglich auf die Informationsvermittlung im Innenverhältnis der Gesellschaftsstruktur ab, sondern dienen eben auch der Informationsvermittlung gegenüber der Allgemeinheit. In dieser Beziehung ist zwischen der internen und externen Rechnungslegung zu unterscheiden.[652] Anstoß für diese Entwicklung in Deutschland, dass neben Gläubigern und bereits beteiligten Aktionären auch der allgemeinen Öffentlichkeit ein berechtigtes Informationsinteresse zugesprochen wurde, bildete das „Gesetz über die Rechnungslegung von bestimmten

---

648 Winnefeld-BilHdb-*Winnefeld*, Einführung, Rn. 20; Ulmer-HGB-*Hüffer*, vor § 238, Rn. 2.

649 Die Aktionäre haben nach § 58 Abs. 4 AktG grundsätzlich einen Anspruch auf den Bilanzgewinn, sofern dessen Verteilung nicht ausgeschlossen ist. Das Recht auf Gewinnbeteiligung stellt für die Aktionäre ein aus ihrer Mitgliedschaft erwachsendes Vermögensrecht dar, welches entsteht, sobald der Jahresabschluss ordnungsgemäß festgestellt und hierbei ein Bilanzgewinn ausgewiesen wurde, BGH, NJW 1957, 588 (588 f.); BGH, NJW 1976, 241 (242); BGH, NJW 1994, 323 (325); MüKo-AktG-*Bayer*, Band 1, § 58, Rn. 97 ff.

650 Das Recht des Aktionärs auf Gewinnbeteiligung verwandelt sich jedoch erst mit dem Gewinnverwendungsbeschluss der Hauptversammlung in einen tatsächlichen Zahlungsanspruch. Die Hauptversammlung kann frei darüber entscheiden, wie der Bilanzgewinn verwendet wird. Der Vorstand macht diesbezüglich zwar einen Vorschlag, jedoch entscheiden im Ergebnis die bei der Hauptversammlung anwesenden Aktionäre darüber, ob und in welcher Höhe eine Ausschüttung vorgenommen wird oder ob der gesamte Gewinn in offene Rücklagen einzustellen oder als Gewinn vorzutragen ist, gemäß § 58 Abs. 3, bzw. § 174 Abs. 2 Nr. 3, 4 AktG, BGH, NJW 1994, 323 (325); MüKo-AktG-*Bayer*, Band 1, § 58, Rn. 89 ff.

651 Baetge/Kirsch/Thiele-*Thiele/Stellbrink/Ziesemer [u.a.]*, Einführung, Rn. 27; Marsch-Barner/Schäfer-*Rabenhorst*, § 55, Rn. 1; *Handschin*, Rechnungslegungs- und Revisionsrecht, S. 2; Häublein/Hoffmann-Theinert-HGB-*Ruppelt*, § 242, Rn. 3.3.

652 Vgl. *Coenenberg/Haller/Schultze*, Jahresabschluss und Jahresabschlussanalyse, S. 3; Häublein/Hoffmann-Theinert-HGB-*Ruppelt*, § 242, Rn. 3.2; Ulmer-HGB-*Hüffer*, vor § 238, Rn. 2.

Unternehmen und Konzernen“ (PublG) aus dem Jahre 1969, welches für Gesellschaften – unabhängig von ihrer Gesellschaftsform – ab einer gewissen Größe Informationspflichten zugunsten der Öffentlichkeit statuierte.[653]

Dieses Prinzip, dass Informationen auch der Öffentlichkeit zugänglich gemacht werden sollen, wurde sodann im Rahmen der Harmonisierung des Gesellschaftsrechts auf europäischer Ebene weiter ausgeweitet. Im Bereich der Rechnungslegung und der Abschlusserstellung kam es hier zur Verabschiedung der 4.,[654] 7.[655] und 8.[656] EG-Richtlinie, um in diesen Bereichen innerhalb der Europäischen Union (damals noch die Europäische Gemeinschaft) eine Vergleichbarkeit der Jahresabschlüsse von Unternehmen aus den Mitgliedstaaten zu erreichen und dem übergeordneten Ziel der Erreichung eines gemeinsamen EU-Wirtschaftsmarktes näher zu kommen.[657] Diese drei Richtlinien, welche die Vereinheitlichung der Einzel- und Konzernabschlüsse von Kapitalgesellschaften innerhalb der Europäischen Union einerseits und die Anforderungen an die beruflichen Qualifikationen der mit der Prüfung von Abschlüssen befassten Personen andererseits betreffen, bilden bis heute den europarechtlichen Rahmen für die Weiterentwicklung der Rechnungslegung innerhalb der Europäischen Union und wurden seither mehrmals inhaltlich angepasst[658] und konsolidiert.[659]

---

653 Vgl. BGBl. 1969, Teil I, S. 1189 ff.; *Coenenberg/Haller/Schultze*, Jahresabschluss und Jahresabschlussanalyse, S. 11; Schäfer-*Schäfer*, Einleitung, Rn. 1; *K. Schmidt*, HandelsR: UnternehmensR I, § 15, Rn. 100.

654 Die sogenannte „Bilanzrichtlinie“ wurde am 25.07.1978 vom Rat der Europäischen Gemeinschaften im Rahmen der Maßnahmen zur Harmonisierung des Gesellschaftsrechts innerhalb der Europäischen Gemeinschaft aufgrund von Artikel 54 Abs. 3g des Rom-Vertrages vom 25.03.1957 verabschiedet, *Coenenberg/Haller/Schultze*, Jahresabschluss und Jahresabschlussanalyse, S. 11; die Richtlinie zielte explizit auf eine Harmonisierung des externen Berichtswesens aller Kapitalgesellschaften in der EU ab, um grenzüberschreitend die Qualität der Finanzberichterstattung zu verbessern, Heidel/Schall-*Stork*, § 325, Rn. 2.

655 Die sogenannte „Konzernrichtlinie“ wurde am 13.06.1983 verabschiedet, *Coenenberg/Haller/Schultze*, Jahresabschluss und Jahresabschlussanalyse, S. 11.

656 Die sogenannte „Prüferrichtlinie“ wurde am 10.04.1984 verabschiedet, *Coenenberg/Haller/Schultze*, Jahresabschluss und Jahresabschlussanalyse, S. 11.

657 Heidel/Schall-*Stork*, § 325, Rn. 2; *Coenenberg/Haller/Schultze*, Jahresabschluss und Jahresabschlussanalyse, S. 11; Ulmer-HGB-*Hüffer*, vor § 238, Rn. 3.

658 *Coenenberg/Haller/Schultze*, Jahresabschluss und Jahresabschlussanalyse, S. 11.

659 Mit der Richtlinie 2013/34/EU des Europäischen Parlaments und des Rates vom 26.06.2013 (2013/34/EU, ABl. EU L 182/19) wurden die Bilanzrichtlinien das erste Mal konsolidiert und mit der Richtlinie EU 2017/1132 wurden sodann erneut bestehende Richtlinien im Bereich des Europäischen Gesellschaftsrechts zusammengefasst,

Eine Umsetzung dieser drei Richtlinien in nationales Recht wurde sodann im Wege des Bilanzrichtliniengesetzes (BiRiLiG) von 1985 vorgenommen.[660] Hierbei handelte es sich um die einschneidendste Änderung des Handelsgesetzbuchs seit der Herausnahme des Aktienrechts im Zuge der Schaffung des Aktiengesetzes 1937.[661] Zentraler Gegenstand dieses Umsetzungsgesetzes – durch welches neben kleineren Änderungen im ersten und zweiten Buch des Handelsgesetzbuchs ein eigenes neues drittes Buch geschaffen und implementiert wurde[662] – war die Verstärkung von Gläubiger- und Eigentümerinteressen insbesondere durch die Erweiterung der Publizitätspflicht für den Jahres- und Konzernabschluss auf alle Kapitalgesellschaften, welche nunmehr im Handelsgesetzbuch in den §§ 325 ff. normiert wurde.[663]

Die Vorschriften der §§ 325–329 HGB legen für Kapitalgesellschaften gerade fest, dass der Jahresabschluss derart offengelegt werden muss, dass auch gesellschaftsfremde Dritte – also Externe – ohne Weiteres auf diesen zugreifen und von dessen Informationen profitieren können sollen.[664]

Unter Offenlegung versteht das Handelsgesetzbuch die Einreichung beim Betreiber des Bundesanzeigers und die Bekanntmachung im Bundesanzeiger.[665] Betreiber des Bundesanzeigers ist das Bundesministerium für Justiz und für Verbraucherschutz, die zu veröffentlichenden Unterlagen sind bei der Bundesanzeiger Verlagsgesellschaft in Köln einzureichen.[666] Dieses Prinzip der Offenlegung

---

um Inkonsistenzen zu beseitigen und das EU-Recht in dieser Hinsicht zu vereinfachen, Heidel/Schall-*Stork*, § 325, Rn. 2.

660 BGBl. 1985, Teil I, S. 2355 ff.; Heidel/Schall-*Stork*, § 325, Rn. 3; Baumbach/Hopt-*Merkt*, vor § 238, Rn. 1 ff.; Ulmer-HGB-*Hüffer*, vor § 238, Rn. 7 ff.; vgl. *K. Schmidt*, HandelsR: UnternehmensR I, § 15, Rn. 5.

661 Baumbach/Hopt-*Merkt*, vor § 238, Rn. 1.

662 Das BiRiLiG fasste in der Sache das bis dahin höchst rudimentäre Buchführungs- und Bilanzrecht des HGB und wesentliche Teile des früheren Rechnungslegungsrechts für die Aktiengesellschaft in einem eigenen Buch zusammen, Baumbach/Hopt-*Merkt*, vor § 238, Rn. 2; Heymann-HGB-*Nägel*, § 242, Rn. 6; *K. Schmidt*, HandelsR: UnternehmensR I, § 15, Rn. 5; *Raiser/Veil*, § 18, Rn. 1.

663 BGBl. 1985, Teil I, S. 2355 ff.; *Coenenberg/Haller/Schultze*, Jahresabschluss und Jahresabschlussanalyse, S. 12; Heidel/Schall-*Stork*, § 325, Rn. 3.

664 MüKo-HGB-*Fehrenbacher*, Band 4, § 325, Rn. 7.

665 BeckBilK-*Grottel*, § 325, Rn. 1; E/B/J/S-*Böcking/Gros/Rabenhorst*, § 325, Rn. 1; Heidel/Schall-*Stork*, § 325, Rn. 3; *Raiser/Veil*, § 18, Rn. 23.

666 Eine Einreichung erfolgt hier technisch über die dazugehörige Internetseite der Bundesanzeiger Verlagsgesellschaft http://publikations-plattform.de, Häublein/Hoffmann-Theinert-HGB-*Birkholz*, § 325, Rn. 27

ist in dieser Art auch in § 325 Abs. 2 HGB festgelegt, welcher vorsieht, dass die gesetzlichen Vertreter der zur Offenlegung verpflichteten Gesellschaft die einzureichenden Unterlagen jeweils unverzüglich nach der Einreichung im elektronischen Bundesanzeiger bekanntzumachen haben lassen.[667]

Ziel der externen Publizität durch die Offenlegung und Veröffentlichung der in § 325 Abs. 1 S. 1 und 2 beschriebenen Unterlagen[668] ist es, den aktuellen und potenziellen Gläubigern, den Arbeitnehmern, deren Repräsentanten und der Allgemeinheit eine allgemein zugängliche Informationsquelle zu verschaffen.[669] Durch ebendiese leicht zugängliche öffentliche Quelle haben Interessierte so die Gelegenheit, sich nach ihren eigenen Bedingungen ein Bild über die aktuelle Lage und die Entwicklung der Gesellschaft zu machen.[670] In dieser Hinsicht kommt in beiden Teilgebieten der Rechnungslegung, sowohl bei der internen als auch bei der externen, der Darstellung und Bemessung des Unternehmensvermögens und der Unternehmensschulden eine elementare Bedeutung zu, da das wirtschaftliche Interesse der jeweiligen Adressaten immer an einer Vermögensmehrung ausgerichtet ist. Eine solche kann gerade nur durch ein Instrument der Vermögenserfassung – wie die stichtagsbezogene Bilanz im Jahresabschluss – verlässlich festgestellt werden.[671]

In der Zielsetzung verdeutlicht sich zudem anschaulich, wie die verschiedenen Funktionen des Jahresabschlusses ineinandergreifen und sodann zusammen

---

667 BeckOK-HGB-*Birkholz*, § 325, Vor Rn. 1; BeckBilK-*Grottel*, § 325, Rn. 1; E/B/J/S-*Böcking/Gros/Rabenhorst*, § 325, Rn. 2; vgl. auch Lutter/Hommelhoff-*Kleindiek*, Anh. § 42a, Rn. 2.

668 Vgl. zu den zu veröffentlichenden Unterlagen auch die Auflistung in Häublein/Hoffmann-Theinert-HGB-*Birkholz*, § 325, Rn. 8; zu beachten ist, dass nicht ausdrücklich aufgeführte Unterlagen auch nicht einzureichen und zu veröffentlichen sind. Eine Offenlegungspflicht nach § 325 HGB besteht nur für die Unterlagen, für die dies auch explizit gesetzlich vorgesehen ist, Häublein/Hoffmann-Theinert-HGB-*Birkholz*, § 325, 9 f.

669 EuGH, NJW 1998, 129 (130); BGH, NJW 1994, 1281 (1282); vgl. *Noack/Zetsche*, ZHR 170 (2006), 218 (219 f.); MüKo-HGB-*Fehrenbacher*, Band 4, § 325, Rn. 7; Lutter/Hommelhoff-*Kleindiek*, Anh. § 42a, Rn. 2; so auch *Stork*, nach welchem die Funktion der Offenlegung darin besteht, Marktteilnehmern, die mit der Gesellschaft in einer wirtschaftlichen Beziehung stehen oder dies beabsichtigen, relevante Unternehmensinformationen zur Verfügung zu stellen, Heidel/Schall-*Stork*, § 325, Rn. 1.

670 EuGH, NJW 1998, 129 (130); MüKo-HGB-*Fehrenbacher*, Band 4, § 325, Rn. 7; Ulmer-HGB-*Hüffer*, vor § 238, Rn. 2.

671 *Coenenberg/Haller/Schultze*, Jahresabschluss und Jahresabschlussanalyse, S. 3; Ulmer-HGB-*Hüffer*, vor § 238, Rn. 2.

ihren vollen Nutzen entfalten. Erst über die Verpflichtung der Offenlegung aus §§ 325 ff. HGB können beispielsweise der Gläubigerschutz und die Selbstkontrolle vollends gefördert werden, da eine umfassende Betrachtung der finanziellen Lage des jeweiligen Unternehmens erst durch die von der Gesellschaft veröffentlichten Informationen erfolgen kann. Die so im Wege der externen Publizität zugänglichen Informationen werden nach der gesetzgeberischen Intention auch in Fachkreisen kritisch analysiert und kommentiert sowie deren Würdigung in Kreisen wirtschaftlich Interessierter – etwa über die Wirtschaftspresse – verbreitet.[672] Zum einen werden hierdurch die zur Publizität verpflichteten Gesellschaften zur verstärkten Selbstkontrolle angehalten und so wiederum eine seriöse Unternehmensführung gefördert, zum anderen wird zum Schutz der Gläubiger der Gefahr der lediglich beschränkten Haftung der Kapitalgesellschaften begegnet.[673]

d. Zusammenfassung der Jahresabschlussfunktionen

Die Zwecke der handelsrechtlichen Rechnungslegung im Allgemeinen und des Jahresabschlusses der Aktiengesellschaft im Speziellen sind mithin äußerst vielfältig und vielschichtig. Der Gesetzgeber hat hier im Laufe der Jahre ein Instrument geschaffen, welches zahlreiche Funktionen in sich vereint. So dienen die Rechnungslegung und der Jahresabschluss in erster Linie der Dokumentation der Geschäftsvorgänge und somit im Wesentlichen der Selbstinformation des zur Aufstellung verpflichteten Kaufmanns bzw. der Gesellschaft. Hiermit einhergehend dienen die angefertigten Unterlagen und gebündelten Informationen im Wesentlichen auch der Kapitalerhaltung und somit dem Gläubigerschutz. Daneben dient der Jahresabschluss zusätzlich als Vehikel der Rechenschaftslegung gegenüber den jeweiligen Kapitalgebern und stellt hier zugleich die Grundlage für die Ausschüttungsbemessung dar. In letzter Instanz wird durch die dargestellte Offenlegung der im Rahmen der Rechnungslegung angefertigten Unterlagen zusätzlich der Informationsvermittlung gedient.

Dem Jahresabschluss kommt in dieser Beziehung mithin nicht bloß im aktienrechtlichen Informationssystem eine wesentliche Bedeutung zu, sondern stellt auch für die Funktionsfähigkeit der Wirtschaft einen elementaren Grundpfeiler

---

672 EuGH, NJW 1998, 129 (130); Lutter/Hommelhoff-*Kleindiek*, Anh. § 42a, Rn. 2; MüKo-HGB-*Fehrenbacher*, Band 4, § 325, Rn. 7.

673 Lutter/Hommelhoff-*Kleindiek*, Anh. § 42a, Rn. 2; MüKo-HGB-*Fehrenbacher*, Band 4, § 325, Rn. 7; Ulmer-HGB-*Hüffer*, vor § 238, Rn. 2.

dar, indem Belange und Bedürfnisse unterschiedlichster Adressaten erfüllt werden.

3. *Informationsadressaten*

Nachdem nun die verschiedenen grundlegenden Funktionen des Jahresabschlusses erörtert wurden, ist in einem weiteren Schritt näher zu beleuchten, wer im Ergebnis tatsächlich die Adressaten der zu veröffentlichenden Rechnungslegungselemente sind.

Heutzutage wird bei der Informationsgewährung dahingehend differenziert, dass sich diese einerseits an externe Adressaten mit divergierenden Informationsinteressen richtet – wo sie primär zu deren ökonomischer Entscheidungsfindung beiträgt – und andererseits die erstellten Informationen auch intern von großer Bedeutung sind, indem diese beispielsweise für unternehmensintern zu treffende Führungs- und Kontrollentscheidungen herangezogen werden.[674] Diese dualistische Zielsetzung hat sich jedoch erst im Laufe der Jahre entwickelt und ist dem deutschen System der Rechnungslegung in diesem Sinne nicht inhärent.

Die umfassende externe Publizität, welche letztendlich darauf abzielt, dass die allgemeine Öffentlichkeit ebenso leicht Zugriff auf den Jahresabschluss hat wie beispielsweise das Management, Gläubiger oder Aktionäre, welche in einer tatsächlichen Beziehung zu der jeweiligen Gesellschaft stehen, war nicht von Anfang an Teil der Intention des deutschen Gesetzgebers. Bei der Konzeption des Handelsgesetzbuches – welches nunmehr die Vorschriften zur Offenlegung enthält – standen die Informationsbedürfnisse von aktuellen oder potenziellen Gesellschaftern bzw. Investoren ebenso wenig auf der Agenda wie die Interessen von Arbeitnehmern, Wettbewerbern, geschweige denn der allgemeinen Öffentlichkeit. Bei der Schaffung des Handelsgesetzbuches standen vordringlich die Information der Gläubiger, die Rechenschaftslegung und die Kapitalerhaltung im Fokus des Gesetzgebers.[675] Alle anderen Profiteure der vom Unternehmen bereitgestellten Informationen sind insoweit nach der ursprünglichen

---

674 *Coenenberg/Haller/Schultze*, Jahresabschluss und Jahresabschlussanalyse, S. 3; *K. Schmidt*, HandelsR: UnternehmensR I, § 15, Rn. 3; Ulmer-HGB-*Hüffer*, vor § 238, Rn. 2.

675 Marsch-Barner/Schäfer-*Rabenhorst*, § 55, Rn. 3; *Coenenberg/Haller/Schultze*, Jahresabschluss und Jahresabschlussanalyse, S. 14; *K. Schmidt*, HandelsR: UnternehmensR I, § 15, Rn. 3; vgl. *Schön*, ZHR 161 (1997), 133 (134); Ulmer-HGB-*Hüffer*, vor § 238, Rn. 1 f.

Zielsetzung des Gesetzgebers im Vergleich zu den Gläubigern lediglich sekundäre Nutznießer.[676]

In dieser Beziehung unterscheidet sich die ursprüngliche handelsrechtliche Rechnungslegung klar von der im angelsächsischen Raum etablierten Rechnungslegung, welche bereits in sich einen viel stärken Zuschnitt auf sämtliche „*stakeholder*“ aufweist und mit den Jahren einen immer größeren Einfluss auch auf die kontinentaleuropäische Rechnungslegungstradition ausübt.[677] So zielt beispielsweise die externe Rechnungslegung nach den *United States Generally Accepted Accounting Principles* (US-GAAP) – also den allgemein anerkannten Rechnungslegungsgrundsätzen der Vereinigten Staaten – oder jene nach den *International Financial Reporting Standards* (IFRS), explizit auf die Versorgung von Marktteilnehmern mit entscheidungsrelevanten Informationen ab.[678]

Um hier eine entsprechende Grundlage für die Untersuchung der tatsächlichen Informationsadressaten zu schaffen, ist zunächst aufzuzeigen, wie das handelsrechtliche Rechnungslegungssystem mit dem angelsächsischen System zusammenhängt und in welcher Hinsicht sie sich unterscheiden.

a. Einfluss des europäischen Gesetzgebers und Internationalisierung der Rechnungslegung

Der Einfluss der angelsächsisch geprägten Rechnungslegung auch auf das deutsche handelsrechtliche System hat sich in den vergangenen drei Dekaden im Zuge der immer weiter voranschreitenden Globalisierung deutlich intensiviert und ausgeweitet. Hintergrund dieser Entwicklung war der Umstand, dass sich im Zuge der unterschiedlichen Rechnungslegungsmaximen – aufgrund divergierender ökonomischer, rechtlicher und sozialer Rahmenbedingungen in den verschiedenen Rechnungslegungssystemen – eine Vergleichbarkeit der Abschlussinformationen zunehmend schwieriger gestaltete. Mit der weltweiten Vernetzung und der Internationalisierung der Kapitalmärkte wurde in dieser

---

676 Marsch-Barner/Schäfer-*Rabenhorst*, § 55, Rn. 3; vgl. Ulmer-HGB-*Hüffer*, vor § 238, Rn. 1 f.

677 Marsch-Barner/Schäfer-*Rabenhorst*, § 55, Rn. 3; vgl. *K. Schmidt*, HandelsR: UnternehmensR I, § 15, Rn. 3; *Schön*, ZHR 161 (1997), 133 (134); *Schmidlin*, Unternehmensbewertung & Kennzahlenanalyse, Kap 1.1, S. 2.

678 *Coenenberg/Haller/Schultze*, Jahresabschluss und Jahresabschlussanalyse, S. 25; Marsch-Barner/Schäfer-*Rabenhorst*, § 55, Rn. 3; *Schön*, ZHR 161 (1997), 133 (134); Winnefeld-BilHdb-*Winnefeld*, Einführung, Rn. 62; *Schmidlin*, Unternehmensbewertung & Kennzahlenanalyse, Kap. 1.1, S. 2.

Beziehung vermehrt der Ruf nach einer weitgehenden Harmonisierung der unterschiedlichen nationalen Rechnungslegungssysteme laut.

Wo in der kontinentaleuropäischen Rechnungslegungskonzeption, wozu auch die handelsrechtliche Rechnungslegung zählt, die herausgearbeiteten Maximen wie die Selbstinformation und Dokumentation, der Gläubigerschutz und die Rechenschaftslegung als wesentliche Grundpfeiler der Rechnungslegung gelten und sogar eine Verknüpfung der handelsrechtlichen mit der steuerrechtlichen Rechnungslegung und Gewinnermittlung besteht, orientiert sich die angelsächsische Rechnungslegungskonzeption primär an dem Ziel einer periodengerechten Rechenschaft und Informationsvermittlung gegenüber den Investoren.[679] Während nach den Grundkonzeptionen des Handelsgesetzbuchs Vermögenswerte beispielsweise entsprechend dem aus dem Vorsichtsprinzip resultierenden Niederstwertprinzip höchstens in Höhe der Anschaffungskosten[680] in die Bilanz aufgenommen werden und somit etwaige Wertsteigerungen in der Bilanz nicht ohne Weiteres enthalten sind, eröffnen die IFRS einen wesentlich größeren Bewertungsspielraum. So können Vermögensgegenstände nach dem *„fair presentation“*- bzw. dem *„true and fair view“*-Grundsatz zu aktuelleren Werten angegeben und so tendenziell höhere Gewinne ausgewiesen werden, als dies nach den Regeln des HGB möglich wäre.[681] Einen Zuschnitt auf Gläubigerschutzaspekte und einen generellen Kapitalerhaltungsgedanken lässt die angelsächsische und anglo-amerikanische Rechnungslegung mithin vermissen, ebenso wie eine einheitliche Bilanzierung zu steuerlichen Zwecken und zur Gewinnermittlung.[682]

In Bezug auf den Gläubigerschutz stellt es sich abweichend zum kontinentaleuropäischen Rechnungslegungsrecht so dar, dass das Gesellschaftsrecht und das Gläubigerschutzrecht strikt voneinander getrennt sind.[683] Das Gesellschaftsrecht in den USA fokussiert sich so ausschließlich auf die Regelung der inneren Organisation der Gesellschaft und überlässt sämtliche Gläubigerschutzaspekte der

---

679 *Schön*, ZHR 161 (1997), 133 (134, 151 ff.); *Zülch/Hendler*, Bilanzierung nach IFRS, S. 27; *Schmidlin*, Unternehmensbewertung & Kennzahlenanalyse, Kap. 1.1, S. 2; Winnefeld-BilHdb-*Winnefeld*, Einführung, Rn. 62.

680 Es sei denn, der Marktwert liegt unter den Anschaffungskosten, dann ist der Marktwert als niedrigerer Wertansatz zu wählen.

681 *Schmidlin*, Unternehmensbewertung & Kennzahlenanalyse, Kap. 1.1, S. 2; *Havermann*, FS Moxter, 656 (663).

682 *Merkt*, ZGR 2004, 305 (313); *Zülch/Hendler*, Bilanzierung nach IFRS, S. 27; *Schmidlin*, Unternehmensbewertung & Kennzahlenanalyse, Kap. 1.1, S. 2.

683 *Merkt*, ZGR 2004, 305 (312).

Privatinitiative der Gläubiger.[684] Darüber hinaus überlässt die angelsächsische und anglo-amerikanische Rechnungslegung es privaten Gremien, die dort geltenden Rechnungslegungsstandards zu entwickeln und festzulegen, wohingegen bei der handelsrechtlichen Rechnungslegung eine Festsetzung und Entwicklung der gültigen Standards durch den Gesetzgeber und/oder das Gewohnheitsrecht erfolgt.[685]

Die verschiedenen Rechnungslegungskonzeptionen weisen insoweit sowohl in ihrer Ausgestaltung als auch in ihrer inhaltlichen Stoßrichtung wesentliche Unterschiede auf. Aus dieser Tatsache und dem Umstand, dass aufgrund der unterschiedlichen Ausgestaltungen der Rechnungslegungssysteme eine Vergleichbarkeit nicht ohne erheblichen Aufwand möglich ist, erwuchs das Bestreben, eine internationale Harmonisierung der Rechnungslegung voranzutreiben. Ziel der Harmonisierung ist es, bestehende Unterschiede der Rechnungslegungssysteme und ihrer Rechnungslegungsregeln zu beseitigen bzw. zu verringern und so eine Vergleichbarkeit von Jahresabschlüssen der Unternehmen aus unterschiedlichen nationalen Rechnungslegungskreisen zu ermöglichen und zu vereinfachen.[686]

Die in dieser Hinsicht geführte Diskussion zur Zukunft des deutschen Bilanzrechts trifft jedoch nicht nur auf Befürwortung. Wesentliche Befürchtung von Teilen der Literatur ist diejenige, dass mit der Zuwendung hin zu den internationalen Rechnungslegungssystemen eine grundsätzliche und weitreichende Wende für das deutsche Bilanzrecht eingeleitet wird, in deren Verlauf die kontinentaleuropäische Tradition, geprägt von einer vorsichtigen, rechtlich ausgeformten Bilanzierung, von der angelsächsischen und anglo-amerikanischen Tradition einer primär auf die Information von Investoren zugeschnittenen Rechnungslegung verdrängt wird.[687] In dieser Hinsicht wird von einem Zusammenstoß der Kulturen und Philosophien gesprochen, welcher nicht anhand

---

684 Dies geschieht zumeist in der Form von sogenannten „financial covenants“, bei denen es sich Vereinbarungen dahingehend handelt, dass die Gesellschaft verspricht ihre Dividendenzahlungen zu begrenzen, ein gewisses Mindestkapital zu erhalten und ein bestimmtes gesundes Verhältnis zwischen Eigen- und Fremdkapital zu wahren, *Merkt*, ZGR 2004, 305 (313); dazu auch *Fleischer*, ZIP 1998, 313 (313 ff.).

685 *Zülch/Hendler*, Bilanzierung nach IFRS, S. 27 f.

686 Vgl. *Schön*, ZHR 161 (1997), 133 (134); *Zülch/Hendler*, Bilanzierung nach IFRS, S. 28.

687 *Schön*, ZHR 161 (1997), 133 (134, 155); *Großfeld*, Internationales und Europäisches Unternehmensrecht, S. 107 f.

sachlicher Überzeugungskraft entschieden wird, sondern die wirtschaftliche Macht ist der entscheidende Faktor.[688]

aa. Voranschreitende Internationalisierung der Rechnungslegung in Deutschland

Erstmals Einzug in das deutsche Bilanzrecht erhielt die internationale Rechnungslegung mit der Verabschiedung des Kapitalaufnahmeerleichterungsgesetzes (KapAEG) am 20.04.1998.[689] Als Antwort darauf, dass in der deutschen Rechnungslegungspraxis von Unternehmen mehrere Konzernabschlüsse nach den unterschiedlichen Rechnungslegungsregeln erstellt wurden, öffnete der deutsche Gesetzgeber das Handelsrecht mit der Einführung des § 292a HGB im Wege des Kapitalaufnahmeerleichterungsgesetzes dahingehend, dass Mutterunternehmen, welche durch von ihm oder einem seiner Tochterunternehmen ausgegebene Wertpapiere an einem organisierten Markt gelistet sind, lediglich einen Konzernabschluss nach international anerkannten Rechnungslegungsgrundsätzen erstellen können und hierdurch von der Pflicht zur Erstellung eines handelsrechtlichen Konzernabschlusses befreit sind.[690] Die in dieser Hinsicht anerkannten Rechnungslegungsgrundsätze waren zu dieser Zeit nach Ansicht des Gesetzgebers die IFRS und die US-GAAP.[691]

In dieser Beziehung blieb auch der europäische Gesetzgeber nicht untätig. Ende 1995 beschloss die EU-Kommission nach der Entwicklung einer neuen Strategie in Rechnungslegungsfragen eine stärkere Einbringung der EU bei der Entwicklung der IFRS, um bereits in deren Entstehungsprozess die Vereinbarkeit mit bereits bestehenden EU-Richtlinien zu prüfen.[692] Diese Bestrebungen und Fortentwicklung der IFRS im Sinne des europäischen Gesetzgebers gipfelten sodann in der Verabschiedung der „Verordnung (EG) Nr. 1606/2002 betreffend die Anwendung internationaler Rechnungslegungsstandards", der

---

688 *Schön*, ZHR 161 (1997), 133 (134); *Großfeld*, AG 1995, 112 (112 f.); *Großfeld*, Internationales und Europäisches Unternehmensrecht, S. 107 f.; *Havermann*, FS Moxter, 656 (659 ff.).

689 BGBl. 1998, Teil 1, S. 707 ff.

690 *Schön*, ZHR 161 (1997), 133 (134); *Zülch/Hendler*, Bilanzierung nach IFRS, S. 50; *K. Schmidt*, HandelsR: UnternehmensR I, § 15, Rn. 114.

691 *Zülch/Hendler*, Bilanzierung nach IFRS, S. 50.

692 *Zülch/Hendler*, Bilanzierung nach IFRS, S. 50.

sogenannten IAS-Verordnung, welche am 11.09.2002 im Amtsblatt der Europäischen Gemeinschaften veröffentlicht wurde.[693]

Mit dieser Verordnung wurde für Mitgliedstaaten der Europäischen Union verbindlich festgelegt, dass dort ansässige Gesellschaften, die an einem organisierten Kapitalmarkt auftreten, ihre Konzernabschlüsse für Geschäftsjahre, welche ab dem 01.01.2005 beginnen, nach den IFRS aufzustellen und zu veröffentlichen haben.[694] Aufgrund der Ausgestaltung dieses Rechtsakts als Verordnung galt diese Bestimmung zudem unmittelbar und bedurfte auf der Ebene der Mitgliedstaaten keines gesonderten Umsetzungsaktes mehr. Neben dieser verpflichtenden Regelung in Bezug auf die Konzernabschlüsse stellte der europäische Gesetzgeber es den Mitgliedstaaten frei, die Anwendung der IFRS im Hinblick auf Konzernabschlüsse nicht kapitalmarktorientierter Unternehmen sowie auf die Aufstellung von Einzelabschlüssen als Wahlrecht zu erlauben, als Pflicht vorzuschreiben oder durch Verbot zu untersagen.[695] Entgegen der ohne Umsetzungsakt der Mitgliedstaaten gültigen Bestimmungen hinsichtlich der Konzernabschlüsse der kapitalmarktorientierten Unternehmen waren die Wahlrechte jedoch zunächst in das jeweilige nationale Recht umzusetzen.[696]

Eine derartige Umsetzung erfolgte mit dem am 09.12.2004 in Kraft getretenen Bilanzrechtsreformgesetz (BilReG).[697] Im Wege dieses Gesetzes wurde der ursprüngliche § 292a HGB, welcher mit dem Kapitalaufnahmeerleichterungsgesetz in das Handelsgesetzbuch aufgenommen wurde, ersatzlos gestrichen und der § 315a HGB[698] neu eingefügt.[699] Entsprechend der IAS-Verordnung sind nunmehr Konzernabschlüsse kapitalmarkorientierter Unternehmen nach den IFRS aufzustellen[700] und hinsichtlich der nicht kapitalmarkorientierten Unternehmen wurde zugunsten des Wahlrechts optiert. Auch im Hinblick auf die Einzelabschlüsse hat sich der deutsche Gesetzgeber hier dafür entschieden, den Gesellschaften ein Wahlrecht einzuräumen. § 325 Abs. 2a HGB eröffnet

---

693 *K. Schmidt*, HandelsR: UnternehmensR I, § 15, Rn. 114; *Zülch/Hendler*, Bilanzierung nach IFRS, S. 50.

694 *Zülch/Hendler*, Bilanzierung nach IFRS, S. 50.

695 *Zülch/Hendler*, Bilanzierung nach IFRS, S. 51.

696 *Zülch/Hendler*, Bilanzierung nach IFRS, S. 51.

697 BGBl. 2004, Teil I, S. 3166 ff.

698 Heute befindet sich der damalige § 315a HGB aufgrund einer Verlegung im Rahmen des CSR-Richtlinien-Umsetzungsgesetzes vom 11.04.2017 in § 315e HGB, BGBl. 2017, Teil I, S. 802 (806).

699 BGBl. 2004, Teil I, S. 3166 (3168); *Raiser/Veil*, § 18, Rn. 7.

700 *Raiser/Veil*, § 18, Rn. 7; *K. Schmidt*, HandelsR: UnternehmensR I, § 15, Rn. 113 ff.

nunmehr die Möglichkeit – beschränkt für die Zwecke der Offenlegung –, einen IFRS-konformen Einzelabschluss aufzustellen.[701] Die Aufstellung eines Abschlusses nach den Vorschriften des Handelsgesetzbuches bleibt jedoch auch bei der Veröffentlichung eines Abschlusses nach den IFRS weiterhin mandatorisch, da sich der IFRS-konforme Abschluss vorrangig auf die Informationsvermittlung zugunsten der Kapitalmarktteilnehmer fokussiert und dieser insoweit nicht der heterogenen Zwecksetzung des Einzelabschlusses nach den Grundsätzen des Handelsgesetzbuches gerecht wird, als er sich nicht als Grundlage für die Ausschüttungsbemessung (vergleiche hier § 57 Abs. 3 und § 58 Abs. 4 AktG) und die steuerliche Gewinnermittlung (vergleiche § 5 Abs. 1 S. 1 EStG) heranziehen lässt.[702]

bb. Unterschiedliche Zwecksetzung angelsächsische Rechnungslegung/HGB

In der Entscheidung, dass, sollte sich die Gesellschaft dazu entscheiden, einen Abschluss nach den Regeln der IFRS aufzustellen und offenzulegen, trotz allem noch der handelsrechtliche Jahresabschluss aufzustellen ist, hat der Gesetzgeber überzeugend dem Umstand Rechnung getragen, dass der Abschluss nach den internationalen Standards zwar gut dafür geeignet ist, informatorische Bedürfnisse zu erfüllen, darüber hinausgehend jedoch hinter dem handelsrechtlichen Abschluss zurückbleibt.[703] Dies liegt nicht zuletzt an den divergierenden Maximen, welche den internationalen Rechnungslegungssystemen zugrunde liegen. Vorrangige Zweckrichtung ist hier, im Kontrast zu dem Jahresabschluss nach den handelsrechtlichen Regelungen einem breiten Anlage-Publikum einen Einblick in die Finanzlage sowie deren Veränderung und die wirtschaftliche Leistungsfähigkeit des Unternehmens zu vermitteln.[704]

Dieser explizite Fokus auf die Marktteilnehmer ist intendiert und ausdrücklich von den Herausgebern vorgesehen. In dem vom *Financial Accounting*

701 BegRegE, BT-Drs. 15/3419 S. 23; *K. Schmidt*, HandelsR: UnternehmensR I, § 15, Rn. 116; *Zülch/Hendler*, Bilanzierung nach IFRS, S. 52; *Raiser/Veil*, § 18, Rn. 7.

702 Vgl. BegRegE, BT-Drs. 15/3419, S. 23; *Raiser/Veil*, § 18, Rn. 7; *Zülch/Hendler*, Bilanzierung nach IFRS, S. 52.

703 Vgl. BegRegE, BT-Drs. 15/3419, S. 23; *Schön*, ZHR 161 (1997), 133 (134, 155); vgl. *Havermann*, FS Moxter, 656 (664).

704 Die unterschiedlichen Rechnungslegungsphilosophien darstellend: *Havermann*, FS Moxter, 656 (659 ff.); *Schön*, ZHR 161 (1997), 133 (134, 155); Winnefeld-BilHdb-*Winnefeld*, Einführung, Rn. 62.

Standard Board (FASB)[705] veröffentlichten „*Statement of Financial Accounting Concepts No. 1*“, welches die „*Objectives of Financial Reporting by Business Enterprises*“ zum Gegenstand hat, heißt es: „*Financial Reporting [...] is intended to provide information that is useful in making business and economic decisions [...]*“.[706] Dieser Fokus der US-GAAP auf die Investoren wird in dem Statement des FASB im Wesentlichen damit begründet, dass Informationen, welche auf die Bedürfnisse von Investoren und Kreditgebern zugeschnitten sind, auch für alle anderen Interessierten von Bedeutung sein sollten.[707] Die offizielle Zielsetzung sieht zwar nicht direkt einen Zuschnitt auf bestimmte Interessierte – wie hier beispielsweise die Investoren – vor, legt aber das Hauptaugenmerk bei der externen Rechnungslegung darauf, aufzuzeigen, inwiefern das jeweilige Unternehmen dazu in der Lage ist, einen positiven Cashflow zu erwirtschaften.[708] Nach eigener Aussage sind die Investoren in dieser Hinsicht zwar die Hauptempfänger und wesentliche Begünstigte dieser Informationen,[709] der Fokus, der in den US-GAAP auf die Unterrichtung der selbigen gelegt wird, habe jedoch lediglich pragmatische Gründe und soll deren Anwendungsbereich nicht schmälern.[710]

Auch das Rahmenkonzept für die Aufstellung und Darstellung von Abschlüssen des *International Accounting Standards Board* (IASB),[711] welches die

705 Bei dem FASB handelt es sich um ein privatrechtlich organisiertes, US-amerikanisches Rechnungslegungsgremium, welches mit dem Ziel agiert, die für Unternehmen und privatrechtliche Organisationen geltenden *Generally Accepted Accounting Principles* (US-GAAP) festzulegen.

706 FASB, Statement of Concepts CON1, 1.9.

707 FASB, Statement of Concepts CON1, 1.30 und 1.32; *Rockel*, Fair Value-Bilanzierung, S. 195.

708 FASB, Statement of Concepts CON1, 1.25, 1.30 und 1.32; vgl. Winnefeld-BilHdb-*Winnefeld*, Einführung, Rn. 62.

709 „Investors and creditors and their advisors are the most obvious prominent external groups who use the information provided by financial reporting and who generally lack the authority to prescribe the information they want“, FASB, Statement of Concepts CON1, 1.30.

710 „[T]he objectives in this Statement are focused on information for investment and credit decisions for reasons that are largely pragmatic, not to narrow their scope“, FASB, Statement of Concepts CON1, 1.25, 1.30 und 1.32; vgl. auch *Rockel*, Fair Value-Bilanzierung, S. 195.

711 Das IASB ging aus dem *International Accounting Standards Committee* (IASC) hervor, welches als privatrechtliche Vereinigung am 29.06.1973 in London auf Initiative von Vertretern berufsständischer Organisationen aus neun Ländern – aufgrund der fortschreitenden Internationalisierung der Kapitalmärkte nach dem zweiten Weltkrieg – zur Standardsetzung auf dem Gebiet der Rechnungslegung gegründet wurde,

Grundlage für die IFRS bildet, postuliert in dieser Beziehung eine vergleichbare Zielsetzung. In der originären englischen Fassung unter der Überschrift „*The objectives of financial statements*" heißt es: *The objective of financial statements is to provide information about the financial position, performance and changes in financial position of an enterprise that is useful to a wide range of users in making economic decisions*".[712] Das IASB übersetzt diese Zielsetzung selbst derart ins deutsche, dass Abschlüsse die Zielsetzung verfolgen, Informationen über die Vermögens- und Finanzlage eines Unternehmens zu geben, die für einen weiten Adressatenkreis bei dessen wirtschaftlichen Entscheidungen nützlich sind.[713]

Zentrale Zielsetzung der IFRS und der US-GAAP ist in dieser Hinsicht die „*decision usefulness*".[714] Es wird im Rahmen dieser Zielsetzung davon ausgegangen, dass Abschlüsse, die mit dem Ziel erstellt werden, nützliche Informationen für wirtschaftliche Entscheidungen zu liefern, im Ergebnis den gemeinsamen Bedürfnissen der meisten Adressaten gerecht werden.[715]

Es steht mithin sowohl bei den US-GAAP als auch bei den IFRS klar die Information der externen Marktteilnehmer im Vordergrund. Anders als die deutschen handels- und aktienrechtlichen Vorschriften verfolgen die den US-amerikanischen und angelsächsischen Rechtskreisen entspringenden Regelwerke nicht etwa einen breit gefächerten Strauß an Aufgaben, sondern fokussieren sich vorrangig auf die Informationsvermittlung.

Die internationalen Regelwerke verfolgen in dieser Hinsicht somit eine ganz andere Stoßrichtung. Im Gegensatz zu der handelsrechtlichen Rechnungslegung wird hier der Fokus auf die Entscheidungsrelevanz der Rechnungslegung

---

Camfferman/Zeff, Financial Reporting and Global Capital Markets, S. 1; *Havermann*, FS Moxter, 656 (670 ff.); *Coenenberg/Haller/Schultze*, Jahresabschluss und Jahresabschlussanalyse, S. 53; MüKo-HGB-*Ballwieser*, Band 4, vor § 238, Rn. 12 ff.; *K. Schmidt*, HandelsR: UnternehmensR I, § 15, Rn. 115,

712 IASB Framework, Rn. 12; *Coenenberg/Haller/Schultze*, Jahresabschluss und Jahresabschlussanalyse, S. 24; *Zülch/Hendler*, Bilanzierung nach IFRS, S. 58; vgl. auch Winnefeld-BilHdb-*Winnefeld*, Einführung, Rn. 62.

713 IASB Rahmenkonzept, Rn. 12; *Coenenberg/Haller/Schultze*, Jahresabschluss und Jahresabschlussanalyse, S. 24; *Palmes*, Der Lagebericht, S. 231; *Zülch/Hendler*, Bilanzierung nach IFRS, S. 58; zu derartigen Informationen zählen auch sogenannte weiche Unternehmensdaten, *Merkt*, ZGR 2004, 305 (313).

714 *Merkt*, ZGR 2004, 305 (313); *Palmes*, Der Lagebericht, S. 231; *Coenenberg/Haller/Schultze*, Jahresabschluss und Jahresabschlussanalyse, S. 24; *Zülch/Hendler*, Bilanzierung nach IFRS, S. 58; Winnefeld-BilHdb-*Winnefeld*, Einführung, Rn. 62.

715 IASB Rahmenkonzept, Vorwort; *Zülch/Hendler*, Bilanzierung nach IFRS, S. 58.

gelegt und so eine viel stärkere Ausrichtung auf die Informationsvermittlung gegenüber den aktuellen und potenziellen Investoren begründet. Anders als im handelsrechtlichen System, wo die Entscheidungsrelevanz hinter der Objektivierung und Verlässlichkeit der zu veröffentlichenden Rechnungslegungselemente zurücktritt, stellt sie für die angelsächsische Rechnungslegung eine der Hauptmaximen dar, welche gerade die einseitige Ausrichtung auf die Informationsvermittlung nach sich zieht.[716] Diese reine Fokussierung auf die Informationsfunktion ist dem in Deutschland etablierten System fremd und läuft gar konträr zu den handelsrechtlichen Zielsetzungen in Bezug auf den Jahresabschluss und die anderen Rechnungslegungselemente.

Deutlich wird dieser fundamentale Unterschied zudem auch in der stark ausgeprägten *fair value*-Orientierung der IFRS,[717] welche in starkem Kontrast zu dem im deutschen System vorherrschenden Vorsichtsprinzip steht. Das Vorsichtsprinzip, Zentralprinzip des deutschen Handelsbilanzrechts, soll mit Blick auf den Gläubigerschutz verhindern, dass sich der jeweilige Kaufmann bei der handelsrechtlichen Rechnungslegung zu reich rechnet und so ein Haftungsvolumen ausweist, welches in tatsächlicher Hinsicht so nicht vorhanden ist.[718] Bei der durch Schätzung zu ermittelnden Bewertung ist nach dem Vorsichtsprinzip zur möglichst konservativen Bilanzierung bei Aktivposten die untere Grenze, bei Passivposten die obere Grenze des Schätzungsspielraums als Wertansatz zu wählen.[719]

Ganz anders geht hier die angelsächsisch geprägte Rechnungslegung vor. Nach dem der IFRS-Rechnungslegung zugrunde liegenden *fair value*-Prinzip werden insbesondere auch Gewinne ausgewiesen, welche grundsätzlich nach der deutschen Bilanzierungstradition lediglich als nicht realisierte Gewinne gelten würden und somit im Rahmen der Zahlungsbemessung nicht berücksichtigungsfähig

716 Winnefeld-BilHdb-*Winnefeld*, Einführung, Rn. 62.

717 Winnefeld-BilHdb-*Winnefeld*, Einführung, Rn. 62.

718 § 252 Abs. 1 Nr. 4 HGB legt in dieser Hinsicht folgendes fest: „Es ist vorsichtig zu bewerten, namentlich sind alle vorhersehbaren Risiken und Verluste, die bis zum Abschlussstichtag entstanden sind, zu berücksichtigen, selbst wenn diese erst zwischen dem Abschlussstichtag und dem Tag der Aufstellung des Jahresabschlusses bekanntgeworden sind; Gewinne sind nur zu berücksichtigen, wenn sie am Abschlussstichtag realisiert sind."; *Havermann*, FS Moxter, 656 (661 f.).

719 Baumbach/Hopt-*Merkt*, § 252, Rn. 10; Koller/Kindler/Roth/Drüen-*Morck/Drüen*, § 252, Rn. 5; BeckOK-HGB-*Poll*, § 252, Rn. 16 ff.; *Handschin*, Rechnungslegungs- und Revisionsrecht, S. 1; *Dicken/Henssler*, BilR, Rn. 536.

wären.[720] Ein und dasselbe Unternehmen kann so durch die Heranziehung der unterschiedlichen Bilanzierungsvorschriften in Bezug auf seine finanzielle Situation einen völlig anderen Eindruck machen. Durch unterschiedlich anzusetzende Nutzungsdauern von Vermögensgegenständen, abweichende Abschreibungsmethoden sowie der Möglichkeit der Aktivierung von Entwicklungskosten kann nach den IFRS das Eigenkapital teilweise um ein Vielfaches höher ausgewiesen werden, als dies nach den Grundsätzen des HGB möglich wäre.[721]

Durch die Bereitstellung von zukunftsgerichteten Informationen sollen (potenziellen) Investoren und (potenziellen) Gläubigern nach der Zielsetzung der IFRS gerade die Informationen an die Hand gegeben werden, welche nützlich für deren jeweilige mit dem Unternehmen verbundene Entscheidungsfindung sind.[722] Solche können zum einen das Kaufen, Verkaufen oder Halten von Eigenen- oder Fremdkapitalinstrumenten, zum anderen das Bereitstellen und Valutieren von Krediten sein.[723] Eine derart marktförmige Informationsorientierung lässt sich gerade nicht ohne einen wesensverändernden Einschnitt mit der handelsrechtlichen Tradition einer vorsichtigen Bilanzierung vereinbaren.

Ebenso wenig sind diese Regelwerke mit Blick auf den Schutz der Gläubiger der Gesellschaften erstellt worden. Wo der Jahresabschluss wesentlicher Bestandteil des Gläubigerschutzes im deutschen Kapitalgesellschaftsrecht darstellt, lassen die angelsächsischen Systeme jegliche gläubigerschutzorientierten Vorschriften, wie beispielsweise die Beschränkung des ausschüttungsfähigen Gewinns, vermissen.[724]

In dieser Beziehung unterscheidet sich das deutsche System mithin sehr von den vom angelsächsischen Rechtssystem geprägten Regelwerken. Wo nach dem Handelsgesetzbuch der Jahresabschluss primär zur Selbstinformation, zum Gläubigerschutz und zur Ausschüttungsbemessung erstellt wird und eine externe Information erst durch Offenlegung dieser dafür erstellten Unterlagen erfolgt, steht in den anderen Regelwerken die Informationsvermittlung an erster Stelle. Andere Zwecke, wie beispielsweise die Gewinnermittlung, sind

---

720 *Coenenberg/Haller/Schultze*, Jahresabschluss und Jahresabschlussanalyse, S. 14; *Schmidlin*, Unternehmensbewertung & Kennzahlenanalyse, Kap. 1.1, S. 2.

721 Vgl. zu den Unterschieden der Rechnungslegungen die beispielhafte Gegenüberstellung in *Schmidlin*, Unternehmensbewertung & Kennzahlenanalyse, Kap. 1.1.1, S. 7.

722 Winnefeld-BilHdb-*Winnefeld*, Einführung, Rn. 62; *Schmidlin*, Unternehmensbewertung & Kennzahlenanalyse, Kap. 1.1, S. 2.

723 Winnefeld-BilHdb-*Winnefeld*, Einführung, Rn. 62.

724 Vgl. *Merkt*, ZGR 2004, 305 (312 f.); *Coenenberg/Haller/Schultze*, Jahresabschluss und Jahresabschlussanalyse, S. 24.

lediglich Bestandteile der Informationsfunktion, nicht aber eigentliche Ziele der Rechnungslegung.[725]

b. Wer ist tatsächlicher Informationsadressat des Jahresabschlusses?

Welche Adressaten jedoch nunmehr im Rahmen der Informationsvermittlung durch die handelsrechtliche Rechnungslegung im Mittelpunkt stehen, ist gerade unter Berücksichtigung der umfassenden Fortentwicklung des Rechnungslegungsrechts und die immer weiter voranschreitende Internationalisierung der Rechnungslegung umstritten.

aa. Eine Ansicht

Einerseits wird die Auffassung vertreten, dass der Jahresabschluss die Aufgabe hat, sämtlichen am Unternehmen Beteiligen – mithin Aktionären, Kreditgebern, Arbeitnehmern, Kunden, Lieferanten, etc. – Informationen bereitzustellen, die diesen zahlreichen Adressaten eine Abschätzung von Ausmaß und Sicherheitsgrad der zu erwartenden Zielrealisation ihrer Beteiligung am Unternehmen ermöglicht.[726] Nach dieser Ansicht stehen alle Adressaten auf der selben Stufe und eine Dominanz einzelner Interessen bestimmter Adressaten oder Adressatengruppen wird nicht angenommen.[727] Es ließe sich zwar feststellen, dass einzelne handelsrechtliche Vorschriften jeweils bestimmten Zweckbestimmungen unterliegen, jedoch lässt sich in ihrer Gesamtheit gerade keine Übergewichtung eines Jahresabschlusszwecks erkennen. Vielmehr stellt sich diese Ansicht auf den Standpunkt, dass von dem Gesetzgeber durch den Jahresabschluss und dessen Veröffentlichung gerade zwischen den verschiedenen Gruppen von Interessierten ein Interessenausgleich hergestellt werden soll.[728] Durch die ausgewogene Gewichtung der Zwecke soll durch den Jahresabschluss als „Interessenregelung" einem relativierten Schutz aller Adressaten gedient werden.[729]

---

725 *Coenenberg/Haller/Schultze*, Jahresabschluss und Jahresabschlussanalyse, S. 24; *Zülch/Hendler*, Bilanzierung nach IFRS, S. 58; vgl. *Schön*, ZHR 161 (1997), 133 (134).

726 *Baetge*, FS Leffson, S. 21 ff.; *Coenenberg/Haller/Schultze*, Jahresabschluss und Jahresabschlussanalyse, S. 25; Marsch-Barner/Schäfer-*Rabenhorst*, § 55, Rn. 3; Baetge/Kirsch/Thiele, Bilanzen, S. 7.

727 *Baetge*, FS Leffson, S. 21 ff.; Baetge/Kirsch/Thiele-*Thiele/Stellbrink/Ziesemer [u.a.]*, Einführung, Rn. 38.

728 Marsch-Barner/Schäfer-*Rabenhorst*, § 55, Rn. 3; *Baetge*, FS Leffson, S. 21 ff.; Baetge/Kirsch/Thiele-*Thiele/Stellbrink/Ziesemer [u.a.]*, Einführung, Rn. 38; *Rockel*, Fair Value-Bilanzierung, S. 195.

729 *Baetge*, FS Leffson, S. 21 ff.; Baetge/Kirsch/Thiele-*Thiele/Stellbrink/Ziesemer [u.a.]*, Einführung, Rn. 38.

bb. Andere Ansicht

Dieser weiten Auffassung tritt jedoch eine andere in der Literatur vertretene Ansicht entgegen, welche im Hinblick auf das deutsche, handelsrechtliche System einen Zuschnitt auf sämtliche „*stakeholder*" gerade verneint. Es müsse berücksichtigt werden, dass die jeweiligen Interessen der verschiedenen Beteiligten teils stark voneinander abweichen. So können die Gesellschafter ein gesteigertes Interesse an einer höheren Ausschüttung haben, wohingegen die Gläubiger der Gesellschaft eher daran interessiert sind, dass das Geld im Unternehmen verbleibt. Gleichzeit sind die Gläubiger durch ihr erhöhtes Interesse an einer möglichst umfassenden Kapitalerhaltung eher dazu geneigt, diese im Vergleich zu der durch den Jahresabschluss intendierten Rechenschaft höher zu gewichten und so zu Lasten der Gesellschafter Verzerrungen bei der Ergebnisermittlung zu akzeptieren, sofern diese im Sinne der Kapitalerhaltung zu einem geringeren ausschüttungsfähigen Gewinn führen.[730] Die erstgenannte Ansicht sei in dieser Hinsicht zu undifferenziert und widerspreche bereits im Grundsatz der Konzeption des deutschen Handels- und Bilanzrechts.[731]

Es sei zwar richtig, dass der Jahresabschluss eine Vielzahl von Interessenten hat und insoweit von den unterschiedlichsten Informationsempfängern zu verschiedensten Zwecken herangezogen wird, jedoch rechtfertigt eine solch breit gefächerte Interessentenvielzahl nicht auch zugleich die Annahme, dass die Aufgabe des Jahresabschlusses darin bestehe, sämtlichen Interessenten in gleichwertiger Art und Weise die jeweiligen Informationen zur Verfügung zu stellen.[732]

Nach dieser anderen Auffassung ist sich bei der Frage, auf welche Informationsadressaten der Jahresabschluss letztendlich zugeschnitten ist, darauf zu besinnen, wem das Handelsgesetzbuch – und mit ihm der Jahresabschluss – ursprünglich zu dienen bestimmt war und welche Aufgaben es erfüllen soll. Dieser ursprüngliche – und auch heute noch bestehende – Zuschnitt berücksichtigt gerade nicht jegliche Informationsbedürfnisse aller „*stakeholder*", sondern bezweckt vordringlich die Information der Gläubiger.[733] Sofern auch andere Interessenten von den vom Unternehmen bereitgestellten Informationen

---

730 Vgl. Baetge/Kirsch/Thiele-*Thiele/Stellbrink/Ziesemer [u.a.]*, Einführung, Rn. 38; die divergierenden Informationsbedürfnisse darstellend: *Palmes*, Der Lagebericht, S. 233 f.; 235 ff.

731 Marsch-Barner/Schäfer-*Rabenhorst*, § 55, Rn. 3.

732 Marsch-Barner/Schäfer-*Rabenhorst*, § 55, Rn. 3; vgl. Für die Adressaten des Lageberichts: *Palmes*, Der Lagebericht, S. 1; vgl. *Schön*, ZGR 161 (1997), 133 (134).

733 Marsch-Barner/Schäfer-*Rabenhorst*, § 55, Rn. 3.

profitieren, sind diese nach der ursprünglichen Zielsetzung des Gesetzgebers im Vergleich zu den primär für Gläubiger bereitgestellten Informationen lediglich als sekundäre Nutznießer anzusehen.[734]

cc. Stellungnahme

Dieser zuletzt genannten Auffassung ist im Ergebnis der Vorzug zu gewähren. Das bloße unreflektierte Anschließen an eine der beiden vertretenen Ansichten griffe jedoch zu kurz. Meines Erachtens ist bei diesem Meinungsstreit zu berücksichtigen, dass eine klare Aussage darüber, welche Interessenten des Jahresabschlusses und der anderen Rechnungslegungselemente auch tatsächlich die Informationsadressaten sind, wesentlich davon abhängig ist, wie der jeweilige Betrachter das handelsrechtliche Rechnungslegungssystem auslegt und welche Paradigmen er zugrunde legt. So stellen sich hier die unterschiedlichen Ansichten nicht als zwei äquivalente, voneinander abweichende Meinungen auf derselben Grundlage dar, bei welcher sich der Ansicht angeschlossen wird, welche die besseren Argumente für sich vorbringen kann. Vielmehr ist der unterschiedliche Zuschnitt der Adressaten, welcher sich den beiden Ansichten entnehmen lässt, die logische Konsequenz der angelegten Leitvorstellungen über das deutsche Rechnungslegungssystem.

Eine solche Leitvorstellung lässt sich in der voranschreitenden Annäherung des deutschen Systems an die angelsächsischen und internationalen Rechnungslegungsgrundsätze erkennen. Diese zeichnen sich – wie dargestellt – vorwiegend dadurch aus, dass der Fokus auf die Informationsvermittlung zur wirtschaftlichen Entscheidungsfindung gelegt wird und so ein möglichst großer Kreis von Interessenten von den bereitgestellten Informationen profitieren können soll. Eine derartige Grundvorstellung lässt sich insbesondere bei der ersten Ansicht erkennen, welche auch dem Jahresabschluss die Aufgabe zuspricht, sämtlichen am Unternehmen Beteiligten Informationen bereitzustellen.

Demgegenüber lässt sich bei der zuletzt genannten Ansicht durch den Fokus auf die Gläubiger als wesentliche Informationsadressaten im Unterschied zu der ersten, weiten Ansicht eine Rückbesinnung auf die ursprüngliche handelsrechtliche Konzeption erkennen. Im Laufe der Jahre wurde durch zahlreiche Richtlinien und Verordnungen des europäischen Gesetzgebers zwar eine weitreichende Ausrichtung an den angelsächsischen Rechnungslegungsgrundsätzen vorgenommen, jedoch besteht noch immer ein elementarer Unterschied darin, ob die für Gläubiger erstellten Rechnungslegungselemente der Allgemeinheit

---

734 Marsch-Barner/Schäfer-*Rabenhorst*, § 55, Rn. 3; *Koch*, ZGR 2020, 183 (192).

zugänglich gemacht werden oder ob die Unterlagen bereits mit Blick auf diese erstellt werden und die Gläubiger lediglich als Teil der breiten Masse der Informationsempfänger zu verstehen sind.

Meines Erachtens ist hier bei der Frage, wer letztendlich die Informationsadressaten des Jahresabschlusses sind, der zuletzt genannten Ansicht, welche hier einen Rückbezug zu der Konzeption des Handelsgesetzbuches vornimmt, der Vorzug zu gewähren. Der systematischen Eingliederung der Rechnungslegungsvorschriften in das Handelsgesetzbuch, welches vorrangig mit Blick auf den Gläubigerschutz hin konzipiert wurde, lässt sich ein Zuschnitt auf alle Beteiligten, wie es die IFRS oder die US-GAAP postulieren, gerade nicht entnehmen. Wäre ein solcher Zuschnitt tatsächlich gewollt, wäre in dieser Hinsicht das gesamte Handelsgesetzbuch anzupassen oder generell die angelsächsischen Rechnungslegungssysteme auch für die Erstellung des Jahresabschlusses in Deutschland als maßgeblich zu erklären. Dies ist bis heute jedoch nicht geschehen. Der Gesetzgeber hat sich hier durch die Einführung des § 325 Abs. 2a HGB, welcher den Unternehmen die Wahl lässt, ob sie – allein für die Zwecke der Offenlegung – den Jahresabschluss oder doch einen nach den Regeln der IFRS erstellen Einzelabschluss offenlegen wollen, dahingehend positioniert, dass zwar aufgrund der steigenden Anforderungen des internationalisierten Kapitalmarkts an die Unternehmen die Gesellschaften zur Erfüllung ihrer Offenlegungspflichten einen international anerkannten Einzelabschluss veröffentlichen können, jedoch trotz allem aufgrund der unterschiedlichen Zwecke auch immer noch ein handelsrechtlicher Jahresabschluss zu erstellen ist. Diese Verpflichtung ist gerade nicht vollständig weggefallen. Es ist zwar der Umstand anzuerkennen, dass aufgrund der zügig voranschreitenden Globalisierung der Weltwirtschaft – insbesondere hier der Kapitalmärkte – eine Vergleichbarkeit der Marktteilnehmer und ihrer finanziellen Lage über die Ländergrenzen hinweg von enormer Bedeutung ist,[735] jedoch kann diese Harmonisierung und Standardisierung eben nicht um jeden Preis erfolgen. Durch den Einzug der angelsächsischen Rechnungslegung in das Handelsgesetzbuch ist die bis dahin geltende Tradition zwar durch das fremde Gedankengut enorm durchsetzt worden,[736] eine gänzliche Abkehr der kontinentaleuropäischen Paradigmen ist jedoch nicht vollends vorgenommen worden. Solange die deutschen Aktiengesellschaften ihren Jahresabschluss letztendlich auch nach den Vorschriften des Handelsgesetzbuches und nicht bloß nach den IFRS oder den US-GAAP zu erstellen haben, ist eine derart weitreichende

735 Vgl. *Rockel*, Fair Value-Bilanzierung, Vorwort.
736 S. *Schön*, ZHR 161 (1997), 133 (134).

Annäherung an die angelsächsischen Grundsätze unter Außerachtlassung der dem Handelsrecht immanenten Maximen nach meiner Auffassung mithin dogmatisch nicht vertretbar.

4. *Verhältnis der Pflicht zur Veröffentlichung Rechnungslegungselemente zum Auskunftsanspruch der Aktionäre*

Nachdem die Grundlagen der die Aktiengesellschaften treffenden Pflicht zur Veröffentlichung der Rechnungslegungselemente erörtert wurden, schließt sich nunmehr die Frage an, in welchem systematischen Verhältnis diese Pflicht zu dem allgemeinen Auskunftsanspruch der Aktionäre aus § 131 Abs. 1 S. 1 AktG steht.

Die Offenlegung im Rahmen der allgemeinen handelsrechtlichen Publizitätspflicht ermöglicht es insoweit zwar, dass neben den Gläubigern und anderen Interessierten gerade auch die Aktionäre auf diese Informationen zugreifen und sich in dieser Form über die finanzielle Lage ihres Unternehmens informieren können,[737] jedoch bestehen grundlegende strukturelle Unterschiede zwischen der handelsrechtlichen Informationspflicht und dem Auskunftsanspruch.

So ist zunächst festzustellen, dass es sich bei dem Auskunftsanspruch der Aktionäre um ein eigennütziges mitgliedschaftliches Individualrecht handelt, deren ausschließliche Rechtszuständigkeit dem Aktionär zuzuerkennen ist, wohingegen die Pflicht zur Veröffentlichung der Rechnungslegungselemente aus §§ 242, 264, 285, 289, 325 HGB einen öffentlich-rechtlichen Charakter aufweist. Auch die mit den jeweiligen Informationsinstrumenten verfolgten Ziele sind auf den ersten Blick grundverschieden. Das Schließen individueller Wissenslücken auf der einen Seite steht somit in Kontrast zu einer generellen, periodenorientierten Informationsvermittlung zugunsten zahlreicher Interessierter auf der anderen Seite. Bis auf die übergeordnete Funktion der Bereitstellung und Beschaffung von Informationen ist somit auf den ersten Blick nur bedingt ein näherer Zusammenhang der Instrumente festzustellen. Bei näherer Betrachtung sind jedoch trotz der unterschiedlichen rechtlichen Ausgestaltung und der divergierenden Zielsetzung wesentliche inhaltliche Überschneidungen festzustellen, welche wiederum eine Kohärenz und Gleichläufigkeit der unterschiedlichen Rechtsinstrumente herstellen.[738]

---

737 S. o. 4. Teil, A, II, 2 und 3.; s. *Koch*, ZGR 2020, 183 (192), wonach die bilanzrechtlichen Informationsregime nicht ausschließlich der Information der Aktionäre dienen, jedoch durch diese trotzdem dazu beigetragen wird, dass die Informationsversorgung der Aktionäre verbessert wird.

738 Vgl. KK-AktG-*Kersting*, § 131, Rn. 31; GK-AktG-*Decher*, § 131, Rn. 29; Bayer/Habersack-*Casper*, AktienR im Wandel, Band 2, Kap. 12, Rn. 28.

Die Veröffentlichung des Jahresabschlusses und der anderen Rechnungslegungselemente legen – unter Berücksichtigung der rechtlichen und tatsächlichen Ausgestaltung – in gegenständlicher Hinsicht ein Mindestmaß an Publizität fest, welches gleichzeitig das Minimum dessen darstellt, was der auf der Hauptversammlung anwesende Aktionär berechtigterweise im Rahmen des § 131 AktG nachfragen kann.[739] Wo die Pflicht zur Offenlegung der Rechnungslegung aufgrund ihres allgemeinen Charakters einzelfallspezifische Besonderheiten im Rahmen der Aktionärsunterrichtung nicht berücksichtigen kann, greift das Auskunftsrecht der Aktionäre ein und ermöglicht eine detailgenaue, weiterführende und ergänzende Informationsbeschaffung.[740] Es ergibt sich hier mithin ein vertikales Informationsverhältnis dahingehend, dass die von der Gesellschaft im Rahmen der §§ 242, 264, 285, 289, 325 HGB offengelegten Informationen – vorbehaltlich eines Bezugs zur Tagesordnung – tatbestandlich auch stets Gegenstand des Auskunftsrechts sind, da der Aktionär im Verhältnis zu der allgemeinen Öffentlichkeit nicht schlechter stehen darf.[741] Zwischen den beiden Informationspflichten besteht in dieser Art ein wechselseitiges Verhältnis dahingehend, dass die handelsrechtliche Publikationspflicht in tatsächlicher Hinsicht von dem Auskunftsrecht der Aktionäre ergänzt wird und gleichzeitig die veröffentlichen Unterlagen die Mindestreichweite des Auskunftsrechts darstellen.[742]

Aus dieser Beziehung der beiden Informationsinstrumente und der Begründung einer Mindestreichweite ergibt sich überdies der weitere Zusammenhang, dass über die Offenlegung der Rechnungslegungselemente das Auskunftsrecht dahingehend beeinflusst wird, dass sich durch die veröffentlichten Unterlagen zugleich eine faktische Erfüllungswirkung für den Auskunftsanspruch aus § 131

---

739 K. Schmidt/Lutter-*Spindler*, § 131, Rn. 12; KK-AktG-Kersting, § 131, Rn. 28; MüKo-AktG-*Kubis*, Band 3, § 131, Rn. 6; GK-AktG-*Decher*, § 131, Rn. 29 ff.; *Ebenroth*, Auskunftsrecht, S. 121.

740 GK-AktG-*Decher*, § 131, Rn. 29 f.; K. Schmidt/Lutter-*Spindler*, § 131, Rn. 12; vgl. MüKo-AktG-*Kubis*, Band 3, § 131, Rn. 6 f.

741 *Reuter*, DB 1988; 2615 (2618); *Ebenroth*, Auskunftsrecht, S. 121; MüHdB-GesR-*Hoffmann-Becking*, Band 4, § 38, Rn. 22; K. Schmidt/Lutter-*Spindler*, § 131, Rn. 12; GK-AktG-*Decher*, § 131, Rn. 29 ff.; KK-AktG-*Kersting*, § 131, Rn. 35; Heidel-*Heidel*, § 131, Rn. 2; die in diesem Verhältnis besondere Stellung des Aktionärs wird auch in § 131 Abs. 1 S. 3 AktG herausgestellt, MüKo-AktG-*Kubis*, Band 3, § 131, Rn. 6 und 49; KK-AktG-*Kersting*, § 131, Rn. 35.

742 MüKo-AktG-*Kubis*, Band 3, § 131, Rn. 49; KK-AktG-*Kersting*, § 131, Rn. 35; GK-AktG-*Decher*, § 131, Rn. 29 f.; Bayer/Habersack-*Casper*, AktienR im Wandel, Band 2, Kap. 12, Rn. 28.

Abs. 1 S. 1 AktG ergeben kann. Für derartige Tatsachen, welche bereits öffentlich zugänglich gemacht wurden und auch während der Hauptversammlung öffentlich ausliegen, fehlt es gerade – bei Fragen mit rein wiederholendem Charakter ohne neue Aspekte – wegen der allgemein zugänglichen Informationen an der erforderlichen Beurteilungserheblichkeit im Sinne des § 131 Abs. 1 S. 1 AktG.[743]

Es ist mithin festzuhalten, dass trotz der wesensbedingten Unterschiede der beiden Informationsinstrumente eine enge Verbundenheit gegeben ist. Ohne die im Voraus veröffentlichten Informationen hätten die Aktionäre keine grundlegenden, verlässlichen und inhaltlich zusammenhängenden Informationen zur Hand, auf denen sie ihre spezifischen Fragen aufbauen können. Wären die Aktionäre daran gehalten, sämtliche Informationen – auch solche, welche sich auf die grundlegende Vermögens-, Finanz- und Ertragslage des Unternehmens beziehen – durch Fragen auf der Hauptversammlung zu eruieren, könnte die Funktionsfähigkeit der Hauptversammlung aufgrund der notwendigen weitreichenden Fragen, welche kaum hinreichend in der notwendigen Ausführlichkeit mündlich beantwortet werden können, nicht mehr sichergestellt werden. Die bilanzrechtlichen Vorschriften sind insofern zwar nicht auf die direkte Aktionärsinformation zugeschnitten, tragen jedoch trotzdem dazu bei, deren Informationsversorgung zu verbessern.[744]

Die handelsrechtliche Publikationspflicht und das Auskunftsrecht der Aktionäre bauen mithin aufeinander auf. Wo die Rechnungslegungselemente bloß fundamentale Informationen zu der Lage des Unternehmens zum Gegenstand haben, eröffnet das Auskunftsrecht die Möglichkeit, individuelle Wissenslücken zu schließen.

5. Bedeutung der §§ 242, 264, 285, 289, 325 HGB für das aktienrechtliche Informationssystem

Der Erstellung und Offenlegung des Jahresabschlusses mit den zugehörigen weiteren Rechnungslegungselementen aus §§ 242, 264, 285, 289, 325 HGB kommt unter den herausgearbeiteten Gesichtspunkten eine elementare Stellung im Hinblick auf die Informationsvermittlung im Aktienrecht zu. Der

743 OLG Düsseldorf, AG 1992, 34 (36); OLG Hamburg, NZG 2003, 539 (543 f.); OLG Hamburg, NZG 2001, 513 (515); KG, NJW 1972, 2307 (2309); GK-AktG-*Decher*, § 131, Rn. 30; MüKo-AktG-*Kubis*, Band 3, § 131, Rn. 49; K. Schmidt/Lutter-*Spindler*, § 131, Rn. 31; Bayer/Habersack-*Casper*, AktienR im Wandel, Band 2, Kap. 12, Rn. 28; Hüffer/Koch-*Koch*, § 131, Rn. 26; KK-AktG-*Kersting*, § 131, Rn. 37.

744 *Koch*, ZGR 2020, 183 (192).

periodenorientierte Einblick in das Zahlenwerk des Unternehmens ermöglicht es den verschiedenen Gruppen von Interessierten, sich einen ersten Überblick über die aktuelle Lage des Unternehmens zu verschaffen sowie die jeweils für sie relevanten Informationen eigenständig zu beschaffen, ohne dabei auf eine weiterführende Mithilfe der Gesellschaft angewiesen zu sein.[745]

Die grundsätzliche aktienrechtliche Konzeption des Schweigens, sofern Interna der Gesellschaft betroffen sind, wird insofern in sinnvoller Art und Weise durch die Bereitstellung fundamentaler Informationen erweitert. Erst die Kenntnis derartiger Basisinformationen ermöglicht es den Interessenten, eigene weiterführende Überlegungen anzustellen und im Ergebnis sodann informationsbasierte Entscheidungen zu treffen. Besonders für Interessierte, die keine Aktionärsstellung innehaben, kommt den offengelegten Rechnungslegungselementen eine enorme Bedeutung zu. Mangels Möglichkeit, als Aktionär auf der Hauptversammlung Fragen zu stellen, sind sie als Außenstehende auf die von der Gesellschaft veröffentlichten Informationen angewiesen.

Die handelsrechtliche Publikationspflicht in Form der Erstellung und Offenlegung des Jahresabschlusses stellt demnach das Fundament des aktienrechtlichen Informationssystems dar. Wurde im Rahmen der Problemstellung die Sinnhaftigkeit und Systemkohärenz einzelner Informationspflichten, gerade im Hinblick auf den wachsenden Einfluss des angelsächsischen Gedankenguts auf das deutsche System, in Frage gestellt, so lässt sich in Bezug auf ebendiese elementare Pflicht feststellen, dass es sich hierbei gerade nicht um einen Fremdkörper handelt. Die Auswirkungen des angelsächsischen Systems im Wege zahlreicher europäischer Richtlinien und Verordnungen zur Harmonisierung des Gesellschafts- und Kapitalmarktrechts der Mitgliedstaaten am Beispiel des US-amerikanischen und angelsächsischen Systems hat zwar im Laufe der Jahre auch die Pflicht zur Rechnungslegung und deren Offenlegung durch die voranschreitende Öffnung hin zu den Abschlüssen, welche nach den IFRS erstellt werden, nicht unberührt gelassen, jedoch ist eine gänzliche Abkehr von dem handelsrechtlichen System gerade nicht vorgenommen worden. Den Informationen, die die Gesellschaft in dem zu erstellenden Abschluss zusammenfasst und veröffentlicht, kommt auch weiterhin die für das aktienrechtliche Informationssystem wesentliche Bedeutung zu.

Es ist mithin festzuhalten, dass die Veröffentlichung des Jahresabschlusses inhaltlich die Veröffentlichung von Informationen grundlegender und genereller Art über das Unternehmen zum Gegenstand hat, welche als Ausgangsmaterial

---

745 S. o. 4. Teil, A, II, 2 und 3.

und Bezugsrahmen für darauf aufbauende, spezifische Informationsinstrumente herangezogen werden können.[746]

Die elementare Bedeutung der Rechnungslegungsvorschriften spielt insofern auch bei der Frage der Vereinbarkeit der Offenlegungspflicht mit höherrangigem Recht eine wesentliche Rolle. Wie auch das Fragerecht aus § 131 AktG sind die Pflichten rund um die Rechnungslegungsvorschriften auf Vorgaben aus zahlreichen europäischen Richtlinien zurückzuführen,[747] deren Umsetzung aufgrund der erheblichen Regelungsintensität unionsrechtlich determiniert war. Bei der Prüfung der Vereinbarkeit mit höherrangigem Recht ist in dieser Hinsicht auf die Grundrechte der EU-Grundrechtecharta abzustellen.

Die Vorschriften über die Offenlegung der Rechnungslegung müssten insofern mit den Grundrechten der Charta vereinbar sein und dürften insbesondere nicht gegen den Verhältnismäßigkeitsgrundsatz verstoßen. Diesbezüglich sind die Vorschriften rund um die Rechnungslegung mit dem Blick auf die Zielsetzung, innerhalb der Europäischen Union eine Vergleichbarkeit der Jahresabschlüsse von Unternehmen aus den Mitgliedstaaten zu erreichen und dem übergeordneten Ziel der Erreichung eines gemeinsamen EU-Wirtschaftsmarktes näher zu kommen, sowohl geeignet als auch erforderlich. Maßnahmen, die diesen Zweck ähnlich effektiv fördern könnten und gleichzeitig die Gesellschaften weniger belasten würden, sind nicht ersichtlich. Auch im Hinblick auf das Kriterium der Angemessenheit lässt sich keine Nachteilszufügung für die Aktiengesellschaften feststellen, die unter Berücksichtigung der angestrebten fundamentalen Ziele außer Verhältnis stehen würde. Durch die periodenweise Veröffentlichung der Rechnungslegungselemente wird zwar grundrechtsrelevant in den Schutzbereich von Art. 8 und 16 GRCh eingegriffen, das enorme Gewicht der verfolgten Zwecke überwiegt die Intensität des Eingriffs jedoch deutlich. Der Eingriff steht mithin nicht außer Verhältnis zu den verfolgten Zwecken. Die Zweck-Mittel-Relation ist gewahrt. Ein Verstoß gegen den Verhältnismäßigkeitsgrundsatz liegt mithin nicht vor, sodass die Vorschriften als verfassungsmäßig anzusehen sind.

---

746 Vgl. mit Zuschnitt auf den Lagebericht: *Palmes*, Der Lagebericht, S. 235.

747 S. o. 4. Teil, A, II, 3, a, aa und bb.

II. Informationspflicht bei Veränderung der Unternehmensstruktur gemäß §§ 8, 127, 192 UmwG und § 293a AktG

1. *Allgemeines*

Eine weitere wesentliche die Aktiengesellschaften treffende Informationspflicht ergibt sich im Rahmen von Veränderungen von bestehenden Unternehmensstrukturen, in deren Vorfeld weitreichende Berichtspflichten erfüllt werden müssen.

Von einer solchen Veränderung wird insbesondere dann ausgegangen, wenn sich Unternehmen den verschiedenen im Umwandlungsgesetz normierten Arten der Umwandlungen im Sinne des § 1 Abs. 1 UmwG unterziehen. Unternehmen können sich hiernach verschmelzen (§§ 2 ff. UmwG), sich spalten (§ 123 ff. UmwG) oder gar durch Formwechsel eine andere Rechtsform erhalten (§§ 190 ff. UmwG). Darüber hinaus wird eine derartige Veränderung der Unternehmensstruktur auch dann angenommen, wenn Unternehmen Unternehmensverträge schließen, in denen sie die Leitung ihrer Gesellschaft einem anderen Unternehmen unterstellen (Beherrschungsvertrag) oder sich verpflichten, ihre ganzen Gewinne an ein anderes Unternehmen abzuführen (Gewinnabführungsvertrag), §§ 291 ff. AktG.

Plant ein Unternehmen eine derart wesentliche Veränderung, hat der Gesetzgeber vorgeschrieben, dass die Anteilseigner bzw. die Aktionäre von ebensolchen Maßnahmen im Wege eines Berichtes in Kenntnis zu setzen sind. Die §§ 8, 127, 192 UmwG für die verschiedenen Umwandlungsarten im Umwandlungsgesetz und § 293a AktG in Bezug auf die Unternehmensverträge sehen in dieser Beziehung vor, dass die Vertretungsorgane der beteiligten Gesellschaften, bei Aktiengesellschaften der Vorstand, über die jeweiligen umwandlungsrechtlichen Maßnahmen einen ausführlichen schriftlichen Bericht zu erstellen haben, in dem die jeweilige Maßnahme und die zukünftigen Beteiligungsverhältnisse der Anteilseigner rechtlich und wirtschaftlich erläutert werden.[748] Der Vorstand soll mithin im Wege eines umfassenden schriftlichen Berichts über die Grundlagen und Hintergründe der beabsichtigten Maßnahme informieren.[749]

748 Vgl. für die Legaldefinitionen von Verschmelzungsbericht, Spaltungsbericht und Formwechselbericht und zu deren gesetzlich vorgeschriebenen Inhalten §§ 8 Abs. 1, 127 Abs. 1 S. 1, 192 Abs. 1 S. 1 UmwG; OLG Düsseldorf, DB 2006, 2223 (2225).

749 OLG Düsseldorf, DB 2006, 2223 (2224 f.); KK-UmwG-*Simon*, § 8, Rn. 1; Kallmeyer-UmwG-*Marsch-Barner*, § 8, Rn. 1; Böttcher/Habighorst/Schulte-UmwR-*Böttcher*, § 8, Rn. 1; Semler/Stengel/Leonard-UmwG-*Gehling*, § 8, Rn. 2.

Einzug in das deutsche Rechtssystem erhielten die Informations- bzw. Berichtspflichten im Wege der Umsetzung von Richtlinien des europäischen Gesetzgebers. Die Pflicht zur Erstellung eines ausführlichen Verschmelzungsberichts beispielsweise ist unionsrechtlich anhand der dritten Richtlinie des Rates vom 09.10.1978[750] vorgegeben,[751] deren Umsetzung mit dem Gesetz zur Bereinigung des Umwandlungsrechts (UmwBerG) vom 28.10.1994 erfolgte und die Koordinierung des Verschmelzungsrechts der Mitgliedstaaten zum Ziel hatte.[752] Im Wege dieser Umsetzung der Richtlinie wurde das auch heute noch gültige Umwandlungsgesetz (UmwG) geschaffen. Die Richtlinie sah in dessen Artikeln 1 Abs. 1 und 9 zwar eine Beschränkung der Berichtspflichten lediglich auf die Aktiengesellschaft vor, in der tatsächlichen Umsetzung in das deutsche Recht wurde dieser Anwendungsbereich jedoch noch dahingehend erweitert, dass der Bericht bei einer Strukturmaßnahme auch dann zu erstellen ist, wenn keine Aktiengesellschaft an der Maßnahme beteiligt ist. Hintergrund dieser Ausweitung der Pflicht war der, dass nach der Ansicht des deutschen Gesetzgebers das Informationsinteresse der Anteilsinhaber nicht nur bei großen Publikumsgesellschaften schützenswert ist, sondern eben auch die Gesellschafter von personalistisch geprägten Rechtsträgern wie Personenhandelsgesellschaften von diesem Mehr an Informationen in gleicher Weise profitieren können.[753]

In dieser Art ist auch die Erstellung von Berichten im Zusammenhang mit Spaltungen unionsrechtlich vorgegeben. Mit der Schaffung der Berichtspflicht bei Spaltungen und deren Implementierung in das Umwandlungsgesetz ist der deutsche Gesetzgeber den Vorgaben des Art. 7 der Spaltungs-Richtlinie[754] nachgekommen. Insofern sind einzig § 192 UmwG und § 293a AktG bisher nicht

750 Dritte Richtlinie des Rates vom 9. Oktober 1978 gemäß Art. 54 Abs. 3 Buchstabe g) EWGV (jetzt Art. 50 AEUV), 78/855/EWG, ABl. EWG Nr. L, Ausgabe 295, Jahr 1978, S. 36–43.

751 Nunmehr geregelt in Art. 95 der GesR-RL (EU) Nr. 2017/1132 v. 14.06.2017, ABl. 2017 L 169, 46 (105).

752 BGBl. 1994, Teil 1, S. 3210 ff.; vgl. auch Semler/Stengel/Leonard-UmwG-*Gehling*, § 8, Rn. 3.

753 Durch die allgemeine Berichtspflicht soll gerade ein größerer Schutz gewährleistet sein, als dies allein durch die Auskunfts- und Einsichtsrechte möglich wäre, OLG Bamberg, NZG 2012, 1269 (1269); Böttcher/Habighorst/Schulte-UmwR-*Böttcher*, § 8, Rn. 1; Lutter-UmwG-*Drygala*, § 8, Rn. 4; *Ganske*, Umwandlungsrecht, S. 53 f.; Semler/Stengel/Leonard-UmwG-*Gehling*, § 8, Rn. 3.

754 RL Nr. 82/891/EWG v. 17.12.1982, ABl. 1982 L 378, 47 (49); nunmehr geregelt in Art. 141 der GesR-RL (EU) Nr. 2017/1132 v. 14.06.2017, ABl. 2017 L 169, 46 (105).

unmittelbar unionsrechtlich vorgegeben. Diese hat der deutsche Gesetzgeber mit Blick auf die vergleichbaren Informationsbedürfnisse bei Umwandlungen und Unternehmensverträgen nach dem Vorbild des § 8 UmwG zusätzlich geschaffen, ohne dass dies unionsrechtlich vorgesehen war.[755] Eine unionsrechtliche Vorgabe besteht nunmehr durch jüngste Änderung des Unionsrechts lediglich im Bereich grenzüberschreitender Umwandlungen. Mit dem Erlass der Mobilitätsrichtlinie[756] hat der europäische Gesetzgeber die GesR-RL[757] um Vorschriften erweitert, die unter anderem die grenzüberschreitende Umwandlung (Art. 86a ff. GesR-RL) und die grenzüberschreitende Spaltung (Art. 160a ff. GesR-RL) zum Gegenstand haben. Zudem wurden die Vorschriften über die grenzüberschreitende Verschmelzung novelliert (Art. 118 ff. GesR-RL). Im Wege dieser Änderungen hat der europäische Gesetzgeber im Rahmen des Art. 86e, 124, 160e GesR-RL normiert, dass bei grenzüberschreitenden Strukturmaßnahmen das Verwaltungs- oder Leitungsorgan der Gesellschaft einen Bericht für Gesellschafter und Arbeitnehmer erstellt, in dem die rechtlichen und wirtschaftlichen Aspekte der grenzüberschreitenden Strukturmaßnahme erläutert und begründet sowie deren Auswirkungen auf die Arbeitnehmer erläutert werden. Mit dem In-Kraft-Treten des Gesetzes zur Umsetzung der Umwandlungsrichtlinie und zur Änderung weiterer Gesetze vom 28.02.2023[758] am 01.03.2023 wurde das Umwandlungsgesetz nunmehr auch entsprechend den unionsrechtlichen Vorgaben angepasst und mit den §§ 305–345 UmwG ein neues sechstes Buch mit dem Titel „Grenzüberschreitende Umwandlung“ implementiert. Die unionsrechtlich vorgesehenen Berichtspflichten bei grenzüberschreitenden Verschmelzungen, Spaltungen und Formwechseln finden sich nunmehr im nationalen Recht in den §§ 309, 324 und 337 UmwG, wobei Inhalt und Systematik im Wesentlichen den §§ 8, 127 und 192 UmwG nachempfunden sind, mit der Ausnahme, dass die Berichte entsprechend dem Wortlaut der Normen explizit auch der Information der Arbeitnehmer der beteiligten Gesellschaften zu dienen bestimmt sind.

---

755 Widmann/Mayer-UmwR-*Mayer*, § 192 UmwG, Rn. 2; Semler/Stengel/Leonard-UmwG-*Bärwaldt*, § 192, Rn. 1; Schmidt/Hörtnagl-UmwG-*Winter*, § 192, Rn. 2; MüKo-AktG-*Altmeppen*, Band 5, § 293a, Rn. 1 f.; BeckOGK-AktG-*Veil/Walla*, § 293a, Rn. 2.

756 RL (EU) Nr. 2019/2121 v. 27.11.2019, ABl. 2019 L 321, 1.

757 RL (EU) Nr. 2017/1132 v. 14.06.2017, ABl. 2017 L 169, 46.

758 BGBl. 2023, Teil I, Nr. 51.

Die jeweiligen Berichte, die vor einer rein nationalen umwandlungsrechtlich relevanten Strukturmaßnahme zu erstellen sind, dienen in erster Linie der vorbereitenden Unterrichtung der Aktionäre bzw. Gesellschafter, welche über die jeweiligen Maßnahmen zu entscheiden haben. Eine Einsichts- und Kenntnisnahme wird entweder durch die Auslegung in den Geschäftsräumen der jeweiligen Gesellschaft oder durch eine Veröffentlichung auf deren Internetseite gewährleistet.[759] Bereits vor der durchzuführenden Beschlussfassung sollen die Aktionäre über eine zuverlässige Beurteilungsgrundlage verfügen und sich ein Bild darüber machen können, ob die Maßnahme wirtschaftlich zweckmäßig ist und die rechtlichen Rahmenbedingungen erfüllt sind.[760] Durch die ausführliche Vorabinformation wird den Aktionären die Möglichkeit gegeben, sich selbst mit den wesentlichen Grundlagen der Strukturmaßnahme vertraut zu machen, und sie werden zugleich in die Lage versetzt, über die Maßnahme in Kenntnis aller für das Vorhaben maßgeblichen Umstände sachgerecht abstimmen[761] zu können.[762]

759 Vgl. § 63 Abs. 1 Nr. 4, Abs. 3 und Abs. 4 UmwG; § 125 UmwG i.V.m. § 63 Abs. 1 Nr. 4, Abs. 3 und Abs. 4 UmwG; Henssler/Strohn-*Heidinger*, GesR, § 8 UmwG, Rn. 5, § 127 UmwG, Rn. 13.

760 BGH, AG 1989, 399 (400 f.); OLG Frankfurt, ZIP 2000, 1928 (1930); LG Frankfurt a.M., NZG 2013, 140 (141); OLG Bamberg, NZG 2012, 1269 (1269); OLG Hamm, NZG 1999, 560 (561); OLG Düsseldorf, DB 2006, 2223 (2225); *Decher*, FS Hoffmann-Becking, 295 (298); *Mertens*, AG 1990, 20 (22); Böttcher/Habighorst/Schulte-UmwR-*Böttcher*, § 8, Rn. 1; Semler/Stengel/Leonard-UmwG-*Gehling*, § 8, Rn. 2; Maulbetsch/Klumpp/Rose-UmwG-*Schäffler*, § 8, Rn. 2; BeckOGK-AktG-*Veil/Walla*, § 293a, Rn. 2

761 Bei dem zu erfolgenden Hauptversammlungsbeschluss handelt es sich nicht bloß um einen Formalakt, der eine Information entbehrlich machen würde, sondern gerade um ein wesentliches Instrument der Mitwirkungskontrolle der Aktionäre, bei dem es den Aktionären ermöglicht wird, die Rechtmäßigkeit der Maßnahme zu prüfen und darüber zu entscheiden, vgl. insoweit in Bezug auf § 293a AktG, dessen Sinnhaftigkeit teilweise kritisiert wird, BeckOGK-AktG-*Veil/Walla*, § 293a, Rn. 4; in Teilen des § 293a AktG eine „Überregulierung" sehend hier: *Bungert*, DB 1995, 1384 (1385 f.); Hüffer/Koch-*Koch*, § 293a, Rn. 4; Emmerich/Habersack-*Emmerich*, § 293a AktG, Rn. 6 f.

762 Vgl. Begründung zum Entwurf eines Gesetzes zur Durchführung der 3. RL des Rats der Europäischen Gemeinschaft zur Koordinierung des Gesellschaftsrechts vom 23.11.1981, BegrRegE, BT-Drs., 9/1065, S. 14 f.; BGH, WM 1990, 2073 (2074); OLG Düsseldorf, DB 2006, 2223 (2225); LG Frankfurt a.M., NZG 2013, 140 (141); *Hommelhoff*, ZGR 1993, 452 (463); *Priester*, ZGR 1990, 420 (421); Böttcher/Habighorst/Schulte-UmwR-*Böttcher*, § 8, Rn. 1; Kallmeyer-UmwG-*Marsch-Barner*, § 8, Rn. 1; Semler/Stengel/Leonard-UmwG-*Gehling*, § 8, Rn. 2; die Funktionen von Verschmelzungs-, Spaltungs- und Formwechselbericht entsprechen sich in dieser Hinsicht,

Wesentlicher Zweck der Berichterstattung ist folglich der Schutz der Aktionäre durch Information.[763] Dies zudem auch bereits vor der Haupt- bzw. Gesellschafterversammlung, da mit der geplanten Strukturmaßnahme und den damit einhergehenden Auswirkungen für die Gesellschaft ein erhöhtes Informationsbedürfnis für die Anteilseigner begründet ist.[764] Mit der Normierung der Pflicht zur Erstellung eines ausführlichen Berichts im Vorfeld der Maßnahme hat sich der Gesetzgeber dazu entschieden, diesem erhöhten Informationsbedürfnis mit einem formalisierten Informationsrecht zu begegnen, da durch ein solches die Unterrichtung der Gesamtheit der Gesellschafter besser sichergestellt werden kann, als dies durch die allgemeinen Unterrichtungs- und Einsichtsrechte möglich wäre.[765] Es handelt sich in dieser Hinsicht, anders als bei individuell mitgliedschaftlichen Rechten, bei der Pflicht zur Aufstellung der jeweiligen Berichte um eine kollektive Informations- und Berichtspflicht des Vorstands gegenüber der Hauptversammlung.[766]

Der Zweck der Berichtspflichten besteht – den bereitgestellten Informationen entsprechend – mithin auch ausschließlich in dem Schutz der Anteilseigner.[767]

Böttcher/Habighorst/Schulte-UmwR-*Böttcher*, § 127, Rn. 1; Lutter-UmwG-*Schwab*, § 127, Rn. 4; Semler/Stengel/Leonard-UmwG-*Gehling*, § 127, Rn. 1; KK-UmwG-*Simon*, § 127, Rn. 1 und Böttcher/Habighorst/Schulte-UmwR-*Böttcher*, § 192, Rn. 1; Kallmeyer-UmwG-*Meister/Klöcker*, § 192, Rn. 1; Maulbetsch/Klumpp/Rose-UmwG-*Schäffler*, § 8, Rn. 2; BeckOGK-AktG-*Veil/Walla*, § 293a, Rn. 2.

763 BGH, WM 1990, 2073 (2074); BGH, AG 1989, 399 (400 f.); OLG Bamberg, NZG 2012, 1269 (1269); OLG Düsseldorf, DB 2006, 2223 (2225); in Bezug auf den § 293a AktG: Hüffer/Koch-*Koch*, § 293a, Rn. 1; Hölters-*Deilmann*, § 293a, Rn. 1; BeckOGK-AktG-*Veil/Walla*, § 293a, Rn. 2; MüKo-AktG-*Altmeppen*, Band 5, § 293a, Rn. 2; Emmerich/Habersack-*Emmerich*, § 293a AktG, Rn. 5; LG Frankfurt a.M., NZG 2013, 140 (141).

764 BGH, WM 1989, 1128 (1129 f.); OLG Düsseldorf, DB 2006, 2223 (2225); LG Frankfurt a.M., NZG 2013, 140 (141); Hüffer/Koch-*Koch*, § 293a, Rn. 1.

765 BegrRegE, BT-Drs. 12/6699, S. 83; Hüffer/Koch-*Koch*, § 293a, Rn. 1.

766 *Hüffer*, ZIP 1996, 401 (404); vgl. *Groß*, AG 1997, 97 (100 f.); *K. Schmidt*, Informationsrechte, S. 15; GK-AktG-*Decher*, § 131, Rn. 27.

767 Vgl. BGH, WM 1989, 1128 (1129 f.); OLG Bamberg, NZG 2012, 1269 (1269); vgl. OLG Frankfurt a.M., ZIP 2000, 1928 (1930); OLG Düsseldorf, DB 2006, 2223 (2225); *Bungert*, DB 1995, 1384 (1387); Böttcher/Habighorst/Schulte-UmwR-*Böttcher*, § 8, Rn. 1; Lutter-UmwG-*Drygala*, § 8, Rn. 3; KK-UmwG-*Simon*, § 8, Rn. 4; Schmitt/Hörtnagl/Stratz-UmwG-*Winter*, § 8, Rn. 1; Maulbetsch/Klumpp/Rose-UmwG-*Schäffler*, § 8, Rn. 2; *Ganske*, Umwandlungsrecht, S. 54; *Ganske*, WM 1993, 1117 (1117); *Petersen*, Der Gläubigerschutz im Umwandlungsrecht, S. 155; *K. Schmidt*, ZGR 1993, 366 (374); *Schwarz*, Umwandlung mittelständischer Unternehmen, S. 90.

Andere Beteiligte wie Gläubiger oder Arbeitnehmer sind explizit nicht vom Schutzzweck der Normen umfasst.[768] Dieser spezielle Zuschnitt auf die jeweils beteiligten Anteilseigner bzw. Aktionäre lässt sich direkt aus den Gesetzesnormen ableiten. In § 8 Abs. 3 UmwG, § 127 S. 2 UmwG in Verbindung mit § 8 Abs. 3 UmwG, 192 Abs. 2 und § 293a Abs. 3 AktG ist jeweils für die verschiedenen Strukturmaßnahmen eine Verzichtsmöglichkeit implementiert worden, die es den Anteilsinhabern ermöglicht, auf die Erstattung des Berichts zu verzichten. Die Berichtspflicht ist insoweit disponibel.[769]

Gerade im Hinblick auf die Aktiengesellschaft als Publikumsgesellschaft wird zumeist aufgrund der Größe ihres Gesellschafterkreises ein tatsächlicher Verzicht von allen Aktionären zwar nur selten zu erzielen sein, jedoch ist der Wortlaut der gesetzlichen Regelungen hier eindeutig.[770] Durch ebendiese Verzichtsmöglichkeit der Anteilsinhaber wird deutlich, dass die im Vorfeld zu erstellenden Berichte auch nur dazu bestimmt sind, diesen gegenüber die entsprechenden Informationen zu vermitteln. Andere Beteiligte oder Interessierte, wie beispielsweise Gläubiger oder Arbeitsnehmer, sind somit gerade nicht von den jeweiligen Normzwecken erfasst.

In Bezug auf die Zielsetzung unterscheiden sich die Berichtspflichten aus §§ 8, 172, 192 UmwG folglich erheblich von der handelsrechtlichen Publizitätspflicht in Form der Offenlegung der Rechnungslegungselemente, bei welchen die Aktionäre im Vergleich zu den Gläubigern lediglich als sekundäre Nutznießer anzusehen sind.[771]

Der § 8 UmwG, welcher die Berichtspflicht speziell für die Verschmelzung normiert, stellt insoweit die Grundnorm dar, nach welcher auch die anderen umwandlungsrechtlichen Berichtspflichten nachempfunden sind.[772] So wurde im § 293a AktG das bekannte Rechtsinstitut des Verschmelzungsberichts in

---

768 Maulbetsch/Klumpp/Rose-UmwG-*Schäffler*, § 8, Rn. 2; Semler/Stengel/Leonard-UmwG-*Gehling*, § 8, Rn. 2; Lutter-UmwG-*Drygala*, § 8, Rn. 3; KK-UmwG-*Simon*, § 8, Rn. 4;

769 Lutter-UmwG-*Drygala*, § 8, Rn. 53; MüKo-AktG-*Altmeppen*, Band 5, § 293a, Rn. 2; *Ganske*, Umwandlungsrecht, S. 54.

770 Vgl. Lutter-UmwG-*Drygala*, § 8, Rn. 54; MüKo-AktG-*Altmeppen*, Band 5, § 293a, Rn. 2.

771 S. o. 4. Teil, II, 3.

772 Lutter-UmwG-*Drygala*, § 8, Rn. 1; *Priester*, ZGR 1990, 420 (426); für den § 293a, dessen Regelungsvorbild der § 8 UmwG ist, s. *Bungert*, DB 1995, 1384 (1386); Hüffer/Koch-*Koch*, § 293a, Rn. 1; BeckOGK-AktG-*Veil/Walla*, § 293a, Rn. 2; MüKo-AktG-*Altmeppen*, Band 5, § 293a. Rn. 48.

seiner Gesamtheit auch für die Unternehmensverträge mit der Begründung übernommen, dass Unternehmensverträge und Verschmelzung im Wesentlichen austauschbare rechtliche Instrumente seien, bei denen sich im Ergebnis auch die Folgen für die Aktionäre stark ähneln, sodass in beiden Fällen dieselben Schutzmaßnahmen für die Aktionäre geboten seien.[773] Zudem entfaltet die Regelung im Wege von Verweisungen eine wesentliche Ausstrahlungswirkung auch auf die anderen Umwandlungsvorgänge.[774] Nach § 127 S. 2 UmwG finden beispielsweise die § 8 Abs. 1 S. 2–4, Abs. 2 und 3 UmwG auch für den Spaltungsbericht Anwendung. Ähnliches gilt über § 192 Abs. 1 S. 2 UmwG auch für den Formwechsel,[775] und bei einer Vermögensübertragung ist gemäß §§ 176 ff. UmwG der § 8 UmwG sogar insgesamt entsprechend anzuwenden.[776] Von *Stefan Simon* wird der § 8 UmwG infolgedessen als das Herzstück der präventiven Informationsinstrumente aufgefasst, mit Hilfe derer das Umwandlungsgesetz eine ausreichende Information der Anteilseigner über die Strukturmaßnahme sicherstellt.[777]

---

773 BegrRegE, BT-Drs. 12/6699, S. 178; vgl. *Bungert*, DB 1995, 1384 (1385 f.); BeckOGK-AktG-*Veil/Walla*, § 293a, Rn. 2; Emmerich/Habersack-*Emmerich*, § 293a AktG, Rn. 4; MüKo-AktG-*Altmeppen*, Band 5, § 293a. Rn. 48; a.A. hier *Koch*, welcher im Rahmen der Verschmelzung und der Verträge aus § 291 AktG zwar eine gewisse Vergleichbarkeit anerkennt, jedoch spätestens bei den anderen Unternehmensverträgen aus § 292 AktG, auf welche die Berichtspflicht auch anzuwenden ist, die vom Gesetzgeber betonte Vergleichbarkeit ablehnt. Bei diesen anderen Unternehmensverträgen – bei denen es sich lediglich um schuldrechtliche Austauschverträge handelt – sei die Pflicht zur Erstellung eines Berichts inklusive Prüfung mangels Parallelen zu den umwandlungsrechtlichen Strukturmaßnahmen nicht gerechtfertigt, Hüffer/Koch-*Koch*, § 131, Rn. 2–4; Emmerich/Habersack-*Emmerich*, § 293a AktG, Rn. 7.

774 Lutter-UmwG-*Drygala*, § 8, Rn. 1.

775 Auch wenn bei einem Formwechsel nicht auf die zukünftigen Umtauschverhältnisse und die neuen Quoten eingegangen werden muss, wird auch hier die Erstellung eines erläuternden Berichts im Vorfeld der Maßnahme mit den Formwechsel rechtfertigenden Ausführungen als sinnvoll und wünschenswert angesehen. Begründet wird dies mit dem Umstand, dass sich auch bei der Umwandlung die Stellung der Gesellschafter wesentlich ändern kann. *Zöllner* hat in dieser Beziehung anschaulich angemerkt, dass die Ausgangsrechtsform und die Zielrechtsform unter Umständen die Identität von Dr. Jekyll und Mr. Hyde hätten, *Zöllner*, ZGR 1993, 334 (336 f.); s. auch *Priester*, ZGR 1990, 420 (428); *Hennrichs*, Formwechsel und Gesamtrechtsnachfolge bei Umwandlungen, S. 33 f.; *Rieble*, ZIP 1997, 301 (304).

776 Vgl. hierzu auch die Ausführungen in Lutter-UmwG-*Drygala*, § 8, Rn. 1; Maulbetsch/Klumpp/Rose-UmwG-*Schäffler*, § 8, Rn. 3 ff.

777 KK-UmwG-*Simon*, § 8, Rn. 1; Kallmeyer-UmwG-*Marsch-Barner*, § 8, Rn. 1; *Decher*, FS Hoffmann-Becking, 295 (297).

2. *Inhalt und Umfang der Berichterstattung*

So wesentlich wie der § 8 UmwG für die umwandlungsrechtliche Berichterstattung ist, so wenig lässt sich dessen Gesetzeswortlaut entnehmen, welcher Inhalt und welcher Umfang für die Berichterstattung vorgesehen sind.[778] Dieser statuiert lediglich die Pflicht für die Vertretungsorgane der beteiligten Rechtsträger, einen „ausführlichen schriftlichen Bericht“ zu erstatten, in dem eine rechtliche und wirtschaftliche Erläuterung der Verschmelzung und des Verschmelzungsvertrages vorgenommen wird. Etwaige weitere nähere Bestimmungen oder Konkretisierungen der unbestimmten Rechtsbegriffe, welche Aufschluss darüber geben, was die inhaltlich tatsächlich geforderten Mindestangaben sind und wo die Berichtspflicht ihre Grenzen hat, sind hingegen nicht normiert.[779] Auch mit dem In-Kraft-Treten des Gesetzes zur Umsetzung der Umwandlungsrichtlinie und zur Änderung weiterer Gesetze vom 28.02.2023[780] am 01.03.2023, mit welchem auch der § 8 UmwG Änderungen an seinem Wortlaut erfahren hat, wurde nicht wesentlich zur Klärung der bestehenden Unsicherheiten beigetragen. Lediglich klarstellend wurde in den Wortlaut mit aufgenommen, dass bei der Erläuterung des Verschmelzungsvertrages hinsichtlich des Umtauschverhältnisses der Anteile sowie bei der Höhe einer anzubietenden Barabfindung die zu der Ermittlung gewählten Bewertungsmethoden mit zu erläutern und zu begründen sind.

In der Vergangenheit hatte dies in der Unternehmenspraxis zur Folge, dass sich eine Tendenz dahingehend beobachten ließ, dass Gesellschaften relativ kurze, nichtssagende Berichte erstellten.[781] Diese dünnen Vorgaben des Gesetzgebers und die damit einhergehende Unsicherheit haben überdies dazu geführt, dass Teile der Rechtsprechung und Literatur die sichere Rechtsanwendung als

---

778 Semler/Stengel/Leonard-UmwG-*Gehling*, § 8, Rn. 11; KK-UmwG-*Simon*, § 8, Rn. 14; Lutter-UmwG-*Drygala*, § 8, Rn. 11; MüKo-AktG-*Altmeppen*, Band 5, § 293a. Rn. 37; vgl. auch in Bezug auf § 340a AktG a.F.: *Priester*, ZGR 1990, 420 (421 ff.).

779 Vgl. Kallmeyer-UmwG-*Marsch-Barner*, § 8, Rn. 10; KK-UmwG-*Simon*, § 8, Rn. 14; Böttcher/Habighorst/Schulte-UmwR-*Böttcher*, § 8, Rn. 10; *Hommelhoff*, ZGR 1993, 452 (463); MüKo-AktG-*Altmeppen*, Band 5, § 293a. Rn. 37 f.

780 BGBl. 2023, Teil I, Nr. 51.

781 S. dazu *Priester*, ZGR 1990, 420 (421 f.); vgl. auch *Hommelhoff*, ZGR 1993, 452 (463); Berichtsumfang damals zwischen 10–20 Seiten, heute zwischen 75–150 Seiten, s. *Decher*, FS Hoffmann-Becking, 295 (298 f.).

erschwert ansehen.[782] Dies insbesondere vor dem Hintergrund, dass ein etwaiger Mangel des Berichts die Möglichkeit eröffnet, gegen den Zustimmungsbeschluss zur Verschmelzung im Sinne des § 243 Abs. 1 AktG in Verbindung mit § 14 Abs. 1 UmwG eine Anfechtungsklage zu erheben und so im Wege der Eintragungssperre des § 16 Abs. 2 S. 2 UmwG die Verschmelzung zu blockieren.[783] Eine derart verzögerte oder gar ganz gescheiterte Verschmelzung kann schwerwiegende, weitreichende wirtschaftliche Folgen nach sich ziehen und sogar die Zukunft des Unternehmens gefährden.

Die vermeintlich schädliche Offenheit der gesetzlichen Regelung[784] kann jedoch nicht von vornherein als rein nachteilig bewertet werden. Unter Berücksichtigung der Tatsache, dass nicht – wie dies noch vor der Umsetzung der Richtlinie der Europäischen Union in § 340a AktG a.F. der Fall war – bloß Aktiengesellschaften einen Verschmelzungsbericht anfertigen mussten,[785] sondern jeder an einer Verschmelzung beteiligte Rechtsträger über § 8 UmwG einen solchen zu erstellen hat, kann auf die sich ergebenden rechtsformspezifischen Besonderheiten individualisiert eingegangen werden. Den jeweiligen Vertretungsorganen ist durch die offene Formulierung im Gesetzeswortlaut gerade anstelle eines engen Pflichtenkorsetts ein Darstellungsspielraum zugestanden worden, welcher sich an dem Normzweck, nämlich der Unterrichtung der jeweiligen Anteilseigener, orientiert und so die Erstellung eines passgenauen Berichts ermöglicht.

Unter Berücksichtigung des Sinns und Zwecks der Berichterstattung, welcher darin liegt, dass gegenüber den Anteilseignern die wirtschaftlichen und rechtlichen Beweggründe und die Folgen der Verschmelzung dargelegt werden,[786] ist der Inhalt des Verschmelzungsberichts mithin so auszugestalten, dass den Anteilseignern sämtliche Informationen bereitgestellt werden, die notwendig

782 OLG Frankfurt, ZIP 2006, 370 (375); KK-UmwG-*Simon*, § 8, Rn. 14; Semler/Stengel/Leonard-UmwG-*Gehling*, § 8, Rn. 11; *Priester*, ZGR 1990, 420 (421); *Hommelhoff*, ZGR 1993, 452 (463); vgl. *Rodewald*, BB 1992, 237 (238).

783 Kallmeyer-UmwG-*Marsch-Barner*, § 8, Rn. 1, 6 und 33; vgl. *Decher*, FS Hoffmann-Becking, 295 (303 ff.).

784 *Bork*, ZGR 1993, 343 (350); *Hommelhoff*, ZGR 1993, 463 (463); Kallmeyer-UmwG-*Marsch-Barner*, § 8, Rn. 1; Semler/Stengel/Leonard-UmwG-*Gehling*, § 8, Rn. 11.

785 Vgl. zu den gesetzgeberischen Überlegungen bezüglich der Erweiterung des Anwendungsbereichs: BegrRegE, BT-Drs. 12/6699, S. 83.

786 Deutlich insoweit BGH, NZG 2007, 714 (716); Böttcher/Habighorst/Schulte-UmwR-*Böttcher*, § 8, Rn. 10.

sind, damit diese sinnvoll ihre mitgliedschaftlichen Rechte ausüben können.[787] Damit dies gewährleistet werden kann, müssen die Anteilsinhaber über all diejenigen Informationen verfügen, die notwendig sind, um die Entscheidung der Leitungsorgane auf ihre Plausibilität[788] und ihre rechtliche Umsetzbarkeit sowie auf die wirtschaftliche Sinnhaftigkeit der Strukturmaßnahme zu überprüfen.[789] Der Maßstab für den erforderlichen Inhalt des Verschmelzungsberichts ist mithin in dem Informationsbedürfnis der Anteilsinhaber zu erkennen.[790]

Je nach Struktur der an der Maßnahme beteiligten nationalen Rechtsträger kommt jedoch eine einzelfallabhängige Differenzierung im Hinblick auf die Inhaltstiefe in Betracht.[791] Grundgedanke einer derartigen Differenzierung bei der Ausgestaltung des Berichts ist derjenige, dass sich im Hinblick auf die Detailtiefe auf die Bereitstellung derjenigen Informationen fokussiert werden darf, deren Kenntnis von den Anteilsinhabern nicht vorausgesetzt und nicht erwartet werden kann.[792]

---

787 Böttcher/Habighorst/Schulte-UmwR-*Böttcher*, § 8, Rn. 10; *Priester*, ZGR 1990, 420 (421); *Decher*, FS Hoffmann-Becking, 295 (298).

788 Nicht notwendig ist, dass der einzelne Anteilsinhaber mit Hilfe der im Verschmelzungsbericht bereitgestellten Informationen und Daten die dem Verschmelzungsbericht zugrunde liegende Unternehmensbewertung selbst erstellen könnte. Als ausreichend ist vielmehr zu erkennen, dass der jeweilige Anteilsinhaber aufgrund des Verschmelzungsberichts eine Plausibilitätskontrolle durchführen kann, OLG Hamm, NZG 1999, 560 (561); Schmitt/Hörtnagl/Stratz-UmwG-*Winter*, § 8, Rn. 13; vgl. Semler/Stengel/Leonard-UmwG-*Gehling*, § 8, Rn. 22.; Kallmeyer-UmwG-*Marsch-Barner*, § 8, Rn. 6; *Priester*, ZGR 1990, 420 (423 f.); MüKo-AktG-*Altmeppen*, Band 5, § 293a. Rn. 38.

789 BGH, AG 1989, 399 (400); s. auch die Besprechung der Entscheidung des BGH in *Heuer*, WM 1401 (1401 ff.); OLG Hamm, NZG 1999, 560 (561); *Priester*, ZGR 1990, 420 (422); *Decher*, FS Hoffmann-Becking, 295 (298); Böttcher/Habighorst/Schulte-UmwR-*Böttcher*, § 8, Rn. 10; Lutter-UmwG-*Drygala*, § 8, Rn. 12; Kallmeyer-UmwG-*Marsch-Barner*, § 8, Rn. 6; MüKo-AktG-*Altmeppen*, Band 5, § 293a. Rn. 38.

790 BGH, AG 1989, 399 (400); OLG Hamm, NZG 1999, 560 (561); KK-UmwG-*Simon*, § 8, Rn. 16; Böttcher/Habighorst/Schulte-UmwR-*Böttcher*, § 8, Rn. 10; MüKo-AktG-*Altmeppen*, Band 5, § 293a. Rn. 38.

791 Es kommt hier explizit auf die Struktur des Rechtsträgers an. Die Rechtsform der beteiligten Rechtsträger ist insoweit sekundär, da so sowohl Kapitalgesellschaften personalistisch als auch Personengesellschaften als Publikumsgesellschaften ausgestalten sein können, Böttcher/Habighorst/Schulte-UmwR-*Böttcher*, § 8, Rn. 10.

792 Böttcher/Habighorst/Schulte-UmwR-*Böttcher*, § 8, Rn. 10; KK-UmwG-*Simon*, § 8, Rn. 17.

Wo in personalistisch ausgeformten Rechtsträgern ein gewisser Kenntnisstand vorausgesetzt wird und der Bericht insoweit schlanker gehalten werden kann, ist bei publikumsorientierten Rechtsträgern den Anteilsinhabern ein Mehr an Informationen bereitzustellen, da hier umfangreiche Vorkenntnisse bei einer Vielzahl der Anteilseigner zumeist nicht bestehen und von solchen auch nicht ausgegangen werden kann.[793] Der zu erstellende Bericht ist insofern passgenau an die tatsächlichen Gegebenheiten der Strukturmaßnahme und die beteiligten Rechtsträger anzupassen.

Der zu erstellende und den Anteilseignern zur Verfügung zu stellende Bericht ist mithin dann „ausführlich" im Sinne der Norm, wenn er diejenigen Informationen enthält, derer ein vernünftiger Anteilsinhaber zur Ausübung seiner Mitgliedschaftsrechte bedarf, wie etwa die Ausübung des Stimmrechts im Rahmen des Verschmelzungsbeschlusses oder das Rede- und Fragerecht in der vorangehenden Versammlung.[794]

3. *Grenze der Berichterstattung*

Neben der freien Gestaltung des Berichts in Bezug darauf, was dieser alles enthalten muss, um „ausführlich" im Sinne des Gesetzes zu sein, hat der Gesetzgeber jedoch eine Obergrenze dahingehend gezogen, welche Informationen gerade nicht in den Bericht mit aufgenommen werden müssen.

In den verschiedenen Berichtspflichten, bezogen auf die umwandlungsrechtlichen Strukturmaßnahmen sowie bei der Schließung von Unternehmensverträgen, ist in § 8 Abs. 2 UmwG und nach dessen Vorbild normiert,[795] dass bestimmte Tatsachen dann nicht in den Bericht mit aufgenommen werden müssen, wenn deren Bekanntwerden dazu geeignet ist, einem der beteiligten Rechtsträger oder einem verbundenen Unternehmen einen nicht unerheblichen Nachteil zuzufügen. Nicht zwingend erforderlich ist hier, dass auch tatsächlich ein Nachteil[796]

---

793 KK-UmwG-*Simon*, § 8, Rn. 17; Böttcher/Habighorst/Schulte-UmwR-*Böttcher*, § 8, Rn. 10.

794 BGH, AG 1991, 102 (103); KK-UmwG-*Simon*, § 8, Rn. 16; Böttcher/Habighorst/Schulte-UmwR-*Böttcher*, § 8, Rn. 10; *Decher*, FS Hoffmann-Becking, 295 (298).

795 Vgl. § 127 S. 2 i.V.m. § 8 Abs. 2 UmwG, § 192 Abs. 1 S. 2 i.V.m. § 8 Abs. 2 UmwG, § 293a Abs. 2 AktG.

796 Wie bei § 131 Abs. 3 S. 1 Nr. 1 AktG ist ein Nachteil hier nicht nur ein Schaden im Sinne des §§ 249 ff. BGB, sondern auch jede andere gewichtige Beeinträchtigung von Interessen eines beteiligten Rechtsträgers, s. o. 3. Teil, II, 2, b, aa, (1); s. auch Kallmeyer-UmwG-*Marsch-Barner*, § 8, Rn. 30.

zugefügt wird. Bereits die potenzielle Eignung dazu, dass durch das Bekanntwerden bestimmter Informationen infolge der Offenlegung ein Schaden eintreten kann, wird hier als ausreichend angesehen.[797]

Das Informationsbedürfnis der Anteilsinhaber findet mithin dort seine Grenzen, wo das Geheimhaltungsinteresse des jeweiligen beteiligten Rechtsträgers beginnt. Von wesentlicher Bedeutung ist hier der Umstand, dass die jeweiligen Rechtsträger durch ihre Teilnahme am Wirtschaftsverkehr mit der Absicht, Gewinne zu erzielen, mit anderen Unternehmen in permanentem Wettbewerb um Marktanteile und Kunden stehen. Bei einem von Wettbewerb durchzogenen Miteinander können Konkurrenten aus bekanntgewordenen internen Daten – wie beispielsweise den für die Berechnung des Umtauschverhältnisses notwendigen Prognosen und Planungen – wertvolle Informationen ableiten.[798] Unter Beachtung des Geheimhaltungsinteresses der Rechtsträger können insofern durch das Bekanntwerden von Informationen bedeutende Nachteile entstehen, die es weitestmöglich zu verhindern gilt. Hier steht es in dem Ermessen des Vertretungsorgans, ob, unter Berücksichtigung aller maßgebenden Faktoren des Einzelfalls,[799] Auskunft erteilt wird oder nicht.[800] Das Geheimhaltungsinteresse ist in dieser Abwägung verhältnismäßig umso höher zu gewichten, je unsicherer die tatsächliche Durchführung der Strukturmaßnahme zum Zeitpunkt der Erstellung des Berichts ist.[801]

Diese Möglichkeit, bestimmte Informationen in Anbetracht eines überwiegenden Geheimhaltungsinteressen nicht mit in den Bericht aufzunehmen, wird wiederum seinerseits eingeschränkt. Sofern der Vorstand sich dazu entscheidet, Informationen aus diesen Gründen nicht in den Bericht mit aufzunehmen, hat er über deren konkrete Nichtaufnahme zu berichten und plausibel die Gründe anzuführen, welche für diese Entscheidung maßgeblich waren.[802]

---

797 Vgl. *Bungert*, DB 1995, 1384 (1389); Kallmeyer-UmwG-*Marsch-Barner*, § 8, Rn. 30; Böttcher/Habighorst/Schulte-UmwR-*Böttcher*, § 8, Rn. 39.

798 *Bungert*, DB 1995, 1384 (1389); Schmitt/Hörtnagl/Stratz-UmwG-*Winter*, § 8, Rn. 30.

799 Beispiele für Umstände, die das Geheimhaltungsinteresse überwiegen lassen können, sind: Fragen nach steuerlichen Wertansätzen und die Höhe einzelner Steuern, Fragen nach stillen Rücklagen, Fragen nach über den Jahresabschluss hinausgehenden Verlusten und eine allgemeine Ausforschung, vgl. insoweit Schmitt/Hörtnagl/Stratz-UmwG-*Winter*, § 8, Rn. 32; Semler/Stengel/Leonard-UmwG-*Gehling*, § 8, Rn. 65 ff.

800 Vgl. hierzu bereits die obigen Ausführungen zu den Grenzen der Verschwiegenheitspflicht; Semler/Stengel/Leonard-UmwG-*Gehling*, § 8, Rn. 65 ff.

801 Schmitt/Hörtnagl/Stratz-UmwG-*Winter*, § 8, Rn. 30.

802 Dies natürlich nur in einem in Anbetracht des betroffenen Geheimhaltungsinteresses angemessen Umfang. Die Begründung hat so detailliert zu sein, dass sie einerseits

Nicht ausreichend hingegen ist, dass sich der Vorstand generell auf die Schädlichkeit der Informationen beruft und gänzlich ohne nähere Begründung eine Aufnahme in den Bericht verweigert.[803]

Bei näherer Betrachtung der Grenze der Berichtspflicht aus § 8 Abs. 2 UmwG wird deutlich, dass diese ausgeprägte Ähnlichkeiten zu dem Auskunftsverweigerungsgrund aus § 131 Abs. 3 S. 1 Nr. 1 AktG aufweist. Diese Ähnlichkeit ist insofern intendiert und vom Gesetzgeber bewusst herbeigeführt worden, indem dieser bereits im Hinblick auf den Anwendungsbereich des § 8 Abs. 2 UmwG auf den § 131 Abs. 3 S. 1 Nr. 1 AktG verwiesen hat.[804] Die im Rahmen des § 131 Abs. 3 AktG entwickelten Grundsätze sowie die Rechtsprechung, die hierzu ergangen ist, lassen sich auch zur näheren Konkretisierung des § 8 Abs. 2 UmwG heranziehen.[805] Hiermit einhergehend kann über § 8 Abs. 2 UmwG bzw. die entsprechenden Regelungen der anderen Strukturmaßnahmen nicht die Reichweite der Informationserteilung bei anderen Informationspflichten beschnitten werden. Die speziell aktienrechtlichen Informationsansprüche und Informationspflichten bleiben mithin unberührt.[806]

4. Pflicht zur Nichtaufnahme potenziell schädigender Informationen

In dieser Beziehung ergeben sich zudem auch andere deutliche Parallelen zu dem Auskunftsrecht der Aktionäre aus § 131 Abs. 1 AktG und dessen Grenze in § 131 Abs. 3 AktG. Auch hier „darf" der Vorstand Auskünfte verweigern, wenn ein Auskunftsverweigerungsgrund vorliegt. Hier ist dem Vorstand ausdrücklich

---

eine Plausibilitätskontrolle ermöglicht, andererseits aber keine Rückschlüsse auf die geheimhaltungsbedürftigen Tatsachen zulässt, *Bungert*, DB 1995, 1384 (1389); Lutter-UmwG-*Drygala*, § 8, Rn. 52; Kallmeyer-UmwG-*Marsch-Barner*, § 8, Rn. 32; Böttcher/Habighorst/Schulte-UmwR-*Böttcher*, § 8, Rn. 39; Schmitt/Hörtnagl/Stratz-UmwG-*Winter*, § 8, Rn. 33.

803 BGH, WM 1989, 1128 (1131 f.); BGH, WM 1990, 2037 (2075); Lutter-UmwG-*Drygala*, § 8, Rn. 52; Schmitt/Hörtnagl/Stratz-UmwG-*Winter*, § 8, Rn. 33; Kallmeyer-UmwG-*Marsch-Barner*, § 8, Rn. 32; Semler/Stengel/Leonard-UmwG-*Gehling*, § 8, Rn. 65.

804 Vgl. *Bungert*, DB 1995, 1384 (1389); *Ganske*, Umwandlungsrecht, S. 54; Böttcher/Habighorst/Schulte-UmwR-*Böttcher*, § 8, Rn. 40.

805 Böttcher/Habighorst/Schulte-UmwR-*Böttcher*, § 8, Rn. 40; Lutter-UmwG-*Drygala*, § 8, Rn. 51; Semler/Stengel/Leonard-UmwG-*Gehling*, § 8, Rn. 66; Schmitt/Hörtnagl/Stratz-UmwG-*Winter*, § 8, Rn. 31.

806 Vgl. *Bungert*, DB 1995, 1384 (1389); Lutter-UmwG-*Drygala*, § 8, Rn. 51; Böttcher-UmwG-*Böttcher*, § 8, Rn. 41; Kallmeyer-UmwG-*Marsch-Barner*, § 8, Rn. 30; Semler/Stengel/Leonard-UmwG-*Gehling*, § 8, Rn. 66.

eine Wahlmöglichkeit eröffnet worden, welche keine direkte Verpflichtung enthält, bei dem Vorliegen eines Verweigerungsgrundes die Auskunft zu verweigern. Vergleichbar spricht der § 8 Abs. 2 UmwG davon, dass bestimmte Tatsachen nicht in den Bericht mit aufgenommen zu werden „brauchen". Auch hier besteht insoweit keine Pflicht, bestimmte Tatsachen nicht in den Bericht mit aufzunehmen.

Im Gleichlauf mit der informatorischen Grundnorm im Aktiengesetz kann sich eine in § 8 Abs. 2 UmwG bzw. in den anderen Berichtspflichten nicht angelegte Pflicht zur Nichtaufnahme bestimmter Tatsachen in den Bericht jedoch dann über dessen Wortlaut hinaus ergeben, wenn schützenswerte Interessen bestehen, die dies gebieten.[807] Als schützenswerte Interessen kommen hier bei der Beteiligung einer Aktiengesellschaft die Gesellschaftsinterna in Betracht, welche nach dem Unternehmensinteresse als Geheimnisse zu qualifizieren sind und bei deren Bekanntwerden der Gesellschaft nicht unerhebliche Nachteile entstehen würden. Gerade solche sind von der Verschwiegenheitspflicht des § 93 Abs. 1 S. 3 AktG umfasst, welche der Vorstand stets zu beachten hat.

Um mithin nicht gegen die ihn treffende Verschwiegenheitspflicht zu verstoßen, ist auch hier, wie bei der Verweigerung der Auskunft nach § 131 Abs. 3 S. 1 Nr. 1 AktG, entgegen dem Wortlaut des § 8 Abs. 2 UmwG für den Vorstand nunmehr die Pflicht anzunehmen, die potentiell schädigenden Informationen nicht in den Bericht mit aufzunehmen, wenn zu befürchten ist, dass die aufzunehmenden Informationen der Gesellschaft abträglich sein könnten.[808] Die grundsätzlich im Wortlaut angelegte Wahlmöglichkeit des berichterstattenden Vorstands wird hier sodann soweit reduziert, dass er nur durch eine Nichtaufnahme der potentiell schädigenden Informationen seinen organschaftlichen Pflichten vollumfänglich nachkommt.[809]

Trotz fehlender Pflicht in § 8 Abs. 2 UmwG folgt eine solche somit konsequenterweise aus § 93 Abs. 1 S. 3 AktG, wenn Tatsachen im Raum stehen, bei deren Aufnahme in den Bericht eine Verletzung der Verschwiegenheitspflicht durch den Vorstand zu befürchten ist.

---

807 Semler/Stengel/Leonard-UmwG-*Gehling*, § 8, Rn. 67; Schmitt/Hörtnagl/Stratz-UmwG-*Winter*, § 8, Rn. 32.

808 Semler/Stengel-UmwG-*Gehling*, § 8, Rn. 67; Schmitt/Hörtnagl/Stratz-UmwG-*Winter*, § 8, Rn. 32; vgl. in Bezug auf die Pflicht zur Auskunftsverweigerung bei § 131 AktG vgl. BGH, NJW 1962, 104 (106); Hüffer/Koch-*Koch*, § 131, Rn. 23; MüHdB-GesR-*Hoffmann-Becking*, Band 4, § 38, Rn. 42; MüKo-AktG-*Kubis*, Band 3, § 131, Rn. 112; Wachter-*Wachter*, § 131, Rn. 22; *Kropff*, BegrRegE AktG 1965, S. 185.

809 Vgl. S. 199 ff.; so auch Böttcher/Habighorst/Schulte-UmwR-*Böttcher*, § 8, Rn. 39.

5. *Stellung der §§ 8, 127, 192 UmwG und § 293a AktG im aktienrechtlichen Informationssystem und Verhältnis zu § 131 AktG*

Nachdem nunmehr die in den §§ 8, 127, 192 UmwG und § 293a AktG normierten Berichtpflichten näher betrachtet wurden, stellt sich auch hier die Frage, in welchem Verhältnis diese zu dem Auskunftsrecht der Aktionäre aus § 131 AktG stehen und wie sie sich in das bestehende aktienrechtliche Informationssystem einfügen.

In dieser Betrachtung ist zunächst festzustellen, dass es sich bei diesen Berichtspflichten, ähnlich wie bereits bei der Pflicht zur Offenlegung der Rechnungslegungselemente aus §§ 242, 264, 285, 289, 325 HGB, um Pflichten handelt, welche die Aktiengesellschaft bzw. deren Vertretungsorgane als solche treffen und diese unmittelbar verpflichten. Es handelt sich mithin auch hier um eine Pflicht, welche das grundsätzliche Zusammenspiel der Verschwiegenheit auf der einen Seite und der Fragestellung zur Informationserlangung auf der anderen Seite um ein weiteres Element erweitert.

Die Erstellung eines Berichts im Vorfeld einer Strukturmaßnahme ist insoweit als eine Informationspflicht ausgestaltet, welche die Vertretungsorgane von sich aus zur Bereitstellung von Informationen verpflichtet. Sobald die jeweilige Strukturmaßnahme vorgenommen werden soll, an die der Gesetzgeber die Rechtsfolge geknüpft hat, hat das jeweilige Vertretungsorgan den Bericht zu erstellen. Wo der Gesetzgeber in Bezug auf den Jahresabschluss eine periodenweise Offenlegung festgelegt hat, ist hier der auslösende Faktor die sich in Planung befindliche Strukturmaßnahme.

Diese Art der Ausgestaltung lässt sich mit Hilfe eines Beispiels aus der Programmierung veranschaulichen. Die dort angewendeten Programmiersprachen kennen sogenannte „bedingte Anweisungen“ bzw. *conditional statements.*[810] Die Programmabschnitte, welche unter eine solche bedingte Anweisung gestellt sind, werden nur dann ausgeführt, wenn die Bedingung erfüllt wird. Der Programmabschnitt wird mithin nur dann ausgeführt, wenn der zuvor festgelegte Umstand gegeben ist, der sodann eine weitere Aktivität erfordert. So stellt es sich auch bei den Berichtspflichten dar, welchen erst nachgekommen werden muss, wenn eine geplante Strukturmaßnahme als Bedingung gegeben ist.

Den Berichtspflichten im Zuge einer Strukturmaßnahme kommt insofern ein eigenes Gewicht zu, indem sie sich zum einen von der periodischen, jedes Jahr aufs Neue vorzunehmenden Veröffentlichung der Rechnungslegungselemente

---

810 Auch *if-else* Anweisung genannt.

wie auch zum anderen von der die Gesellschaft treffenden Auskunftspflicht im Anschluss an eine Fragestellung eines Aktionärs auf der Hauptversammlung unterscheiden, jedoch gleichzeitig weitreichende Gemeinsamkeiten aufweisen. Da die Berichte an die jeweilige Maßnahme gekoppelt sind, kann die Informationserteilung in formeller Hinsicht mit einer solchen im Anschluss an ein Auskunftsverlangen verglichen werden, jedoch ohne dass zuvor die explizite Frage hätte gestellt werden müssen. In inhaltlicher Hinsicht ist die Informationserteilung in der Form eines Berichts jedoch eher mit der Offenlegung des Jahresabschlusses vergleichbar, welcher auch vorrangig grundlegende Informationen bereitstellt, auf die sich sodann in Rahmen der Entscheidungsfindung oder ergänzend im Wege weiterer Fragestellungen gestützt werden kann.

Dieses Ineinandergreifen der verschiedenen Informationsrechte und -pflichten wird zudem dadurch unterstrichten, dass gemäß § 8 Abs. 1 S. 4 UmwG beispielsweise das Auskunftsrecht der Aktionäre aus § 131 Abs. 1 S. 1 AktG sich auch auf diejenigen Tatsachen bezieht, welche der Bericht zu enthalten hat. Die Aktionäre, denen der Bericht vor der Hauptversammlung bereitgestellt wurde, können somit im Wege des Auskunftsrechts weitere, individuell benötigte Informationen auf der Hauptversammlung einholen und so gezielt noch vorhandene Wissenslücken schließen. Die Berichtspflicht und das Auskunftsrecht greifen insofern ineinander und bezwecken auch gemeinsam, ohne dass eine Pflicht die andere konterkariert, eine größtmögliche Bereitstellung von Informationen.

Das LG Frankfurt a. M. hat diesen Umstand dahingehend zustimmungswürdig zusammengefasst, dass die Aktionäre auf der Grundlage der übermittelten Informationen entscheiden können sollen, inwieweit sie von ihrem Teilnahmerecht Gebrauch machen, und insbesondere, inwieweit sie sinnvoll das ihnen zustehende Fragerecht einsetzen sollen, um im Ergebnis eine informierte Entscheidung treffen zu können.[811] Eine Beeinträchtigung oder ein Ausschluss der anderen Informationspflichten geht mit der Erstellung der Berichte mithin gerade nicht einher.[812] Zu berücksichtigen ist lediglich, dass sich durch die erstellten Berichte eine begrenzende Wirkung dahingehend ergeben kann, dass bereits zur Verfügung gestellte Informationen einen Einfluss auf die Erforderlichkeit der Auskunftserteilung haben können.[813]

---

811 LG Frankfurt a. M., NZG 2013, 140 (141).

812 Lutter-UmwG-*Drygala*, § 8, Rn. 48; Kallmeyer-UmwG-*Marsch-Barner*, § 8, Rn. 28.

813 S. o. 3. Teil, C, II, 2, a; GK-AktG-*Decher*, § 131, Rn. 27 f.; Hüffer/Koch-*Koch*, § 131, Rn. 26; MüKo-AktG-*Kubis*, Band 1, § 131, Rn. 7, 9.

Die Berichtspflichten sind mithin zum einen als eigenständige Informationsvehikel anzusehen, welchen neben dem Auskunftsrecht und der Offenlegung der Rechnungslegungselemente eine eigene Bedeutung zukommt, zum anderen ermöglichen sie darüber hinaus den gezielten Einsatz des Auskunftsrechts der Aktionäre auf der Hauptversammlung. Sie erweitern das aktienrechtliche Informationssystem insoweit in einer sinnvollen Art und Weise, ohne dabei die Gesellschaft übermäßig zu belasten.

Diese Erkenntnis schlägt sich auch bei der Frage nach der Verhältnismäßigkeit der Berichtspflichten nieder. Wie das Fragerecht und die Offenlegung der Rechnungslegungselemente sind auch die Berichtspflichten bei Strukturmaßnahmen teilweise unionsrechtlich vorgegeben.[814] Für die Berichtspflichten bei Verschmelzungen und Spaltungen sind als Prüfungsmaßstab insoweit die Grundrechte der Charta bei der Frage der Vereinbarkeit mit höherrangigem Recht maßgeblich, wohingegen bei den Berichtspflichten bei Umwandlungen und Unternehmensverträgen aufgrund der in erster Linie nationalen Ausgestaltung das Grundgesetz heranzuziehen ist. Die betroffenen Grundrechte der Charta sind die Art. 8 und 16 GRCh, die betroffenen Grundrechte des Grundgesetzes sind Art. 12 und 14 GG sowie das informationelle Selbstbestimmungsrecht aus Art. 2 Abs. 1 GG. Die legitimen Zwecke der Berichtspflichten bestehen insofern in der Unterrichtung der Aktionäre im Vorfeld der Entscheidung über Strukturmaßnahmen. Die Erstellung und Bereitstellung von Berichten durch den Vorstand als Leitungsorgan ist diesbezüglich zur Erreichung dieses Zwecks sowohl geeignet als auch erforderlich. Maßnahmen, die die rechtlich geschützten Interessen der Aktiengesellschaften weniger stark belasten, den Zweck wiederum gleich effektiv fördern, sind nicht ersichtlich. Auch hinsichtlich der Angemessenheit ergeben sich keine Bedenken. Die Erstellung von Berichten mit den wesentlichen zur Bewertung der Maßnahme relevanten Informationen schreibt den Aktiengesellschaften zwar grundsätzlich ein Verhalten vor, welches in den grundrechtlich geschützten Bereich der Art. 8 und 16 GRCh sowie in den Bereich der Art. 12 und 14 GG und des informationellen Selbstbestimmungsrechts fällt, der Eingriff wiegt jedoch nicht besonders schwer. Dies erst recht vor dem Hintergrund, dass entsprechend der normierten Grenze solche Informationen, die bei Bekanntwerden nicht unerhebliche Nachteile nach sich ziehen können, nicht mit in den Bericht mit aufgenommen zu werden brauchen. Eine umfassende Informationsbereitstellung gegenüber den Aktionären als wirtschaftlichen Eigentümern der Gesellschaft wiegt hier deutlich schwerer.

814 S. o. 4. Teil, A, II, 3, a.

Dass hier der Eingriff in die Rechte der Aktiengesellschaften nicht außer Verhältnis zu dem verfolgten Zweck steht, wird zudem dadurch unterstrichen, dass die Aktionäre anderweitig allein auf das Fragerecht auf der Hauptversammlung zu verweisen wären, wodurch jedoch eine umfassende Informationsvermittlung weder gegenüber den anwesenden, insbesondere aber auch gegenüber den nicht anwesenden Aktionären, nicht gewährleistet werden könnte. Die Berichtspflichten im Zusammenhang mit geplanten Strukturmaßnahmen verstoßen mithin nicht gegen den Verhältnismäßigkeitsgrundsatz, sodass sie in der Folge als mit höherrangigem Recht vereinbar anzusehen sind.

III. Ad-hoc-Publizität nach Art. 17 MMVO

1. Die Ad-hoc-Publizität als Teil des Insiderrechts

Eine weitere Informationspflicht, welcher im Rahmen der geschäftlichen Aktivitäten der (börsennotierten) Aktiengesellschaften größte praktische Bedeutung zukommt,[815] ist die Pflicht zur Veröffentlichung und Mitteilung von Insiderinformationen.[816] Diese sogenannte „Ad-hoc-Publizität" ist seit In-Kraft-Treten der Marktmissbrauchsverordnung (MMVO[817]) am 03.07.2016 in Art. 17 MMVO geregelt und ist Teil des Insiderrechts. Mit In-Kraft-Treten der Verordnung wurde die ursprüngliche Regelung zur Ad-hoc-Publizität in § 15 WpHG aF abgelöst.[818]

Das Insiderrecht hat den Schutz der Integrität des Finanzmarkts und die Stärkung des Vertrauens der Investoren zum Gegenstand, welches insbesondere auf der Gewissheit beruht, dass Investoren aller Art gleichbehandelt und sie vor der missbräuchlichen Verwendung von Insiderinformationen geschützt werden.[819]

---

815 Vgl. Schimansky/Bunte/Lwowski-*Hopt/Kumpan*, Bankrechts-HdB, § 107, Rn. 133; *Behn*, Ad-hoc-Publizität und Unternehmensverbindungen, S. 20; Baumbach/Hopt-*Kumpan*, Art. 17 MMVO, Rn. 1.

816 Im Jahr 2019 veröffentlichten Emittenten insgesamt 1977 Ad-hoc-Meldungen, s. hierzu BaFin, Jahresbericht 2019, S. 96 f.

817 Oft wird im Schrifttum auch die englische Abkürzung „MAR" verwendet, welche für „Market Abuse Regulation" steht.

818 *Scholz*, NZG 2016, 1286 (1286).

819 S. Erwägungsgrund (24) der Verordnung (EU) Nr. 596/2014 des Europäischen Parlaments und des Rates vom 16. April 2014, ABl. EU Nr. L 173/I; so auch bereits der EuGH in seiner „Spector-Photo-Group-Entscheidung", EuGH, BKR 2010, 65 (70); vgl. auch *Bartmann*, Ad-hoc-Publizität im Konzern, S. 32 f.; *Klöhn*, AG 2016, 423 (423).

Diesem Ziel entsprechend soll der ungerechtfertigte Vorteil verhindert werden, der mittels Insiderinformationen zum Nachteil Dritter erzielt wird, denen diese Information nicht bekannt ist.[820]

Um dem unerwünschten Insiderhandel eindämmend zu begegnen und diesen im Sinne der Zielsetzung zu kontrollieren, wurde in Art. 14 der MMVO das generelle Verbot von Insidergeschäften normiert, welches mit dazugehörigen, komplementären Präventivmaßnahmen flankiert wird. Insidergeschäfte sind im Rahmen des Insiderrechts als Transaktionen mit Kapitalmarktpapieren zu begreifen, die jemand mit privilegiertem Zugang zu Informationen über ein Unternehmen und seine Finanzinstrumente unter Ausnutzung seines Informationsvorsprungs vornimmt.[821] Die Präventivmaßnahmen, die ebensolche Insidergeschäfte bereits vor deren Durchführung zu verhindern bestimmt sind, bestehen namentlich in der eingangs angeführten Ad-hoc-Publizitätspflicht aus Art. 17 MMVO, der Meldepflicht für Eigengeschäfte von Führungskräften (Directors' Dealings) aus Art. 19 MMVO sowie der erforderlichen Führung von Insiderlisten nach Art. 18 MMVO.[822]

Die Regelungen zum Insiderrecht im Allgemeinen und zur Ad-hoc-Publizität im Speziellen sind Teil eines nationalen und internationalen Gesetzgebungsprozesses und wurden im Laufe der Jahre stetig, vorrangig durch den Gesetzgeber der Europäischen Union, fortentwickelt. Der europäische Gesetzgeber, welcher das übergeordnete Ziel verfolgt, Marktmissbrauch zu verhindern und einen integrierten, effizienten und transparenten europäischen Kapitalmarkt zu schaffen, hat zur Erreichung und Förderung dieses Ziels im Rahmen seiner gesetzgeberischen Kompetenz mehrere Richtlinien und Verordnungen verabschiedet, welche Marktmissbrauch eindämmen und so einen integren Finanzmarkt fördern sollen. Der hier vom Gesetzgeber verwendete Begriff des Marktmissbrauchs wird in dieser Beziehung als ein Oberbegriff für unrechtmäßige Handlungen an den Kapitalmärkten verstanden, worunter insbesondere Insidergeschäfte, die

---

820 S. Erwägungsgrund (23) der Verordnung (EU) Nr. 596/2014 des Europäischen Parlaments und des Rates vom 16. April 2014, ABl. EU Nr. L 173/I.

821 *Hopt/Kumpan*, ZGR 2017, 765 (777); Schimansky/Bunte/Lwowski-*Hopt/Kumpan*, Bankrechts-HdB, § 107, Rn. 1; Drinhausen/Eckstein-*Horcher*, Beck'sches HdB der AG, § 22, Rn. 6; Creifelds-*Raik Werner*, Rechtswörterbuch, Insidergeschäft.

822 Vgl. *Buck-Heeb*, KapitalmarktR, Rn. 300; Schimansky/Bunte/Lwowski-*Hopt/Kumpan*, Bankrechts-HdB, § 107, Rn. 133; *Seibt/Wollenschläger*, AG 2014, 593 (600 ff.); *Poelzig*, NZG 2016, 761 (763 f.).

unrechtmäßige Offenlegung von Insiderinformationen und Marktmanipulation fallen.[823]

Die gesetzgeberische Entstehungsgeschichte des Insiderrechts gipfelte in der Marktmissbrauchsverordnung aus dem Jahr 2014, welche mit ihrem In-Kraft-Treten am 02.07.2016 die bisher geltenden Regelungen aus dem WpHG, welche ihrerseits auf der Marktmissbrauchsrichtlinie von 2003[824] beruhten, ablöste und das Marktmissbrauchsrecht in Europa auf ein neues Fundament stellte.[825] Mit dieser Verordnung sollte zur Förderung eines reibungslos funktionierenden Binnenmarktes ein einheitlicher und stärkerer rechtlicher Rahmen geschaffen werden, um die Marktintegrität zu wahren, Aufsichtsratsarbitrage vorzubeugen und den Marktteilnehmern mehr Rechtssicherheit und unkompliziertere Vorschriften zu bieten.[826] Die bis dato geltenden einzelstaatlichen Gesetze der jeweiligen Mitgliedstaaten – wie zahlreiche Normen im Wertpapierhandelsgesetz in Deutschland –, welche bis zum In-Kraft-Treten der Verordnung die wesentlichen Regelungen zum Marktmissbrauch enthielten, wurden insoweit durch die in allen Mitgliedstaaten direkt geltende Verordnung[827] ersetzt.[828]

Im Wege dieser Ersetzung durch die einheitliche Normierung wurde jedoch nicht das gesamte Insiderrecht von Grund auf neu geschaffen, sondern vorrangig

823 S. Erwägungsgrund (7) der Verordnung (EU) Nr. 596/2014 des Europäischen Parlaments und des Rates vom 16. April 2014, ABl. EU Nr. L 173/I.

824 RL Nr. 2003/6/EG des Europäischen Parlaments und des Rates vom 28. Januar 2003, ABl. EU Nr. L 96/16.

825 Vgl. Erwägungsgrund (87) der Verordnung (EU) Nr. 596/2014 des Europäischen Parlaments und des Rates vom 16. April 2014, ABl. EU Nr. L 173/I; s. auch Art. 37 MMVO; *Krause*, CCZ 2014, 248 (249); *Klöhn*, AG 2016, 423 (423).

826 Vgl. Erwägungsgrund (4) der Verordnung (EU) Nr. 596/2014 des Europäischen Parlaments und des Rates vom 16. April 2014, ABl. EU Nr. L 173/I; *Klöhn* sprich insoweit von einer „Evolution statt Revolution", *Klöhn*, AG 2016, 423 (423).

827 Verordnungen der Europäischen Union haben gemäß Art. 288 Abs. 2 AEUV allgemeine Geltung. Sie sind in allen ihren Teilen verbindlich und gelten unmittelbar in jedem Mitgliedstaat; in Bezug auf Art. 17 MMVO so auch Schwark/Zimmer-*Kumpan/Grütze*, KapitalmarktR, Art. 17 MMVO, Rn. 10.

828 Grund für die Ersetzung der bisher geltenden Richtlinie ist der, dass angesichts der rechtlichen, kommerziellen und technologischen Entwicklungen es zu gravierenden Änderungen in der Finanzwelt gekommen ist und nur durch ein einheitliches, aktualisiertes Regelwerk dieser Entwicklung hinreichend Rechnung getragen werden kann, vgl. Erwägungsgrund (3) der Verordnung (EU) Nr. 596/2014 des Europäischen Parlaments und des Rates vom 16. April 2014, ABl. EU Nr. L 173/I; s. auch *Krause*, CCZ 2014, 248 (249).

nur in die neue Rechtsaktsform der Verordnung gegossen. Die bis dato im WpHG geltenden Vorschriften stellen sich insoweit als einfachgesetzliches Pendant heraus. Diese wurden zwar nicht durch den europäischen Gesetzgeber direkt geschaffen, basieren jedoch auf der Umsetzung der Marktmissbrauchsrichtlinie von 2003[829] der Europäischen Union, welche ihrerseits – wie auch nunmehr die MMVO – das Ziel verfolgt, die Integrität der Finanzmärkte und das Vertrauen in diese zu stärken und durch die Zurückdrängung von Insidergeschäften und Marktmanipulation eine größtmögliche Transparenz zu erreichen.[830] So sah bereits der Artikel 6 der Richtlinie in dessen Absatz 1 vor, dass die Mitgliedstaaten dafür zu sorgen haben, dass alle Emittenten von Finanzinstrumenten Insiderinformationen, die sie unmittelbar betreffen, so bald wie möglich der Öffentlichkeit bekannt geben.[831] Dies geschah im Zuge der Umsetzung der Richtlinie mit der Einführung des § 15 WpHG aF, welcher im Wesentlichen der nunmehr in Art. 17 MMVO gefassten Ad-hoc-Publizität entsprach.[832] Die bereits im Rahmen des Art. 15 WpHG aF angestellten Überlegungen und gewonnenen Erkenntnisse lassen sich insoweit auf Art. 17 MMVO übertragen.[833]

2. *Regelungsgegenstand und Voraussetzungen der Ad-hoc-Publizitätspflicht*

Um im Rahmen der weiteren Betrachtung der Ad-hoc-Publizitätspflicht deren besonderen Charakter und Bedeutung für das aktienrechtliche Informationssystem herausarbeiten zu können, sind zunächst deren Funktion und die Voraussetzungen dieser Pflicht zu präzisieren.

a. *Regelungsgegenstand/Funktion der Ad-hoc-Publizität*

Art. 17 MMVO hat die Veröffentlichung von Insiderinformationen durch den Emittenten zum Gegenstand. Wesentlicher Kern der Pflicht zur Ad-hoc-Publizität aus Art. 17 Abs. 1 Unterabs. 1 MMVO ist der, dass ein Emittent

---

829 RL Nr. 2003/6/EG des Europäischen Parlaments und des Rates vom 28. Januar 2003, ABl. EU Nr. L 96/16.

830 Vgl. Erwägungsgrund (2, 12, 15) der RL Nr. 2003/6/EG des Europäischen Parlaments und des Rates vom 28. Januar 2003, ABl. EU Nr. L 96/16.

831 Art. 6 Abs. 1 Unterabs. 1 der RL Nr. 2003/6/EG des Europäischen Parlaments und des Rates vom 28. Januar 2003, ABl. EU Nr. L 96/16.

832 Zu den Veröffentlichungspflichten nach dem WpHG a.F., *Zöllner*, NZG 2003, 354 (356).

833 So auch *Buck-Heeb*, KapitalmarktR, Rn. 402; *Klöhn*, AG 2016, 423 (429).

Insiderinformationen, die ihn unmittelbar betreffen, unverzüglich der Öffentlichkeit bekanntzugeben hat.[834] Mit der unmittelbaren Veröffentlichung von Insiderinformationen wird insoweit eine gesteigerte Markttransparenz durch Informationsvermittlung und eine Zurückdrängung von Insidergeschäften bezweckt.[835] Darüber hinaus soll durch die Veröffentlichungspflicht zur Sicherung der Funktionsfähigkeit des Kapitalmarktes beigetragen sowie gleichzeitig das Vertrauen in diesen gestärkt werden.[836]

Im Gleichlauf mit dem übergeordneten Ziel, Insidergeschäften und der Irreführung von Anlegern vorzubeugen,[837] lässt sich die Funktion der Ad-hoc-Publizität mithin darin erkennen, dass diese sowohl dazu bestimmt ist, die Informationsadressaten mit wesentlichen Informationen zu versorgen, jedoch ihr gleichzeitig auch Bedeutung als insiderrechtliche Präventivmaßnahme zukommt. Der Ad-hoc-Publizität ist demnach eine Doppelfunktion als Publizitäts- und Präventionsinstrument zuzusprechen.[838]

aa. Kapitalmarktrechtliche Informationspflicht

Eine Funktion der Ad-hoc-Publizität besteht darin, das zwischen Insidern und nicht informierten Anlegern bestehende Informationsgefälle auszugleichen.[839]

---

834 Assmann/Schneider/Mülbert-*Assmann*, WertpapierhandelsR, Art. 17 MAR, Rn. 1; Assmann/Schütze/Buck-Heeb-*Buck-Heeb*, HdB KapAnlR, § 8, Rn. 337; Baumbach/Hopt-*Kumpan*, Art. 17 MAR, Rn. 2.

835 BGH, ZIP 2013, 1165 (Rn. 29); *Seibt*, ZHR 177 (2013), 388 (392 ff.); Baumbach/Hopt-*Kumpan*, Art. 17 MAR, Rn. 1; Meyer/Veil/Rönnau-*Veil/Brüggemeier*, HdB MarktmissbrauchsR, § 10, Rn. 1 f.

836 BGH, ZIP 2013, 1165 (Rn. 29); *Seibt*, ZHR 177 (2013), 388 (392 ff.); Assmann/Schneider/Mülbert-*Assmann*, WertpapierhandelsR, Art. 17 MAR, Rn. 11; vgl. zur Zielsetzung des Kapitalmarktrechts auch *Schwark*, FS Stimpel, 1985, 1087 (1091 ff.); Meyer/Veil/Rönnau-*Veil/Brüggemeier*, HdB MarktmissbrauchsR, § 10, Rn. 1 f.

837 Erwägungsgrund (49) der Verordnung (EU) Nr. 596/2014 des Europäischen Parlaments und des Rates vom 16. April 2014, ABl. EU Nr. L 173/I; Assmann/Schneider/Mülbert-*Assmann*, WertpapierhandelsR, Art. 17 MAR, Rn. 1; Assmann/Schütze/Buck-Heeb-*Buck-Heeb*, HdB KapAnlR, § 8, Rn. 337; Meyer/Veil/Rönnau-*Veil/Brüggemeier*, HdB MarktmissbrauchsR, § 10, Rn. 1.

838 Assmann/Schneider/Mülbert-*Assmann*, WertpapierhandelsR, Art. 17 MAR, Rn. 7; Schimansky/Bunte/Lwowski-*Hopt/Kumpan*, Bankrechts-HdB, § 107, Rn. 133; Schwark/Zimmer-*Kumpan/Grütze*, KapitalmarktR, Art. 17 MMVO, Rn. 14 ff.

839 *Buck-Heeb*, KapitalmarktR, Rn. 404; Schimansky/Bunte/Lwowski-*Hopt/Kumpan*, Bankrechts-HdB, § 107, Rn. 133; Schwark/Zimmer-*Kumpan/Grütze*, KapitalmarktR, Art. 17 MMVO, Rn. 15; *Koch*, ZGR 2020, 183 (190 ff.).

Im Einklang mit dem wesentlichen Leitmotiv des Verbots der Insidergeschäfte sowie der Pflicht zur Ad-hoc-Publizität, welches darin besteht, unter den verschiedenen Marktteilnehmern eine informationelle Chancengleichheit zu erzeugen,[840] soll dies vor allem dadurch erreicht werden, dass durch eine schnelle Unterrichtung des Marktes Informationsdefizite ausgeglichen werden und so ein gleicher Informationsstand der Marktteilnehmer gewährleistet wird.[841]

Zum einen soll so durch die schnelle Offenlegung von Informationen die Gleichheit der Vertragspartner eines Börsengeschäfts sichergestellt werden, indem verhindert wird, dass ein Anleger aufgrund eines besseren – auf Insiderinformationen basierenden – Informationsstandes einen Vorteil gegenüber anderen Anlegern hat.[842] Zum anderen soll durch eine solche unverzügliche Informationsvermittlung zugunsten des Kapitalmarktes die Bildung von unangemessenen Börsen- und Marktpreisen verhindert werden, welche dadurch entstehen können, dass eine wesentliche Information fehlerhaft, verspätet, unvollständig oder anderweitig defizitär weitergegeben wird.[843]

Die Ad-hoc-Publizität ist somit als kapitalmarktrechtliche Informationspflicht ausgestaltet, die dafür sorgt, dass das gesamte Anlegerpublikum gleichberechtigt mit Insiderinformationen versorgt wird, welche für Entscheidungen in Bezug auf den Kauf oder Verkauf von Wertpapieren relevant sein können.[844]

Auch die Bundesanstalt für Finanzdienstleistungsaufsicht (BaFin) hat in deren Emittentenleitfaden zu Art. 17 MMVO im Gleichlauf mit den vorherigen Ausführungen zusammenfassend statuiert, dass der Zweck der Ad-hoc-Publizität

840 *Bartmann*, Ad-hoc-Publizität im Konzern, S. 32 f.; Schwark/Zimmer-*Kumpan/Grütze*, KapitalmarktR, Art. 17 MMVO, Rn. 15; Assmann/Schneider/Mülbert-*Assmann*, WertpapierhandelsR, Art. 17 MAR, Rn. 8; Schimansky/Bunte/Lwowski-*Hopt/Kumpan*, Bankrechts-HdB, § 107, Rn. 133.

841 *Seibt*, ZHR 177 (2013), 388 (394); Schimansky/Bunte/Lwowski-*Hopt/Kumpan*, Bankrechts-HdB, § 107, Rn. 133; *Buck-Heeb*, KapitalmarktR, Rn. 404; Schwark/Zimmer-*Kumpan/Grütze*, KapitalmarktR, Art. 17 MMVO, Rn. 15; Assmann/Schneider/Mülbert-*Assmann*, WertpapierhandelsR, Art. 17 MAR, Rn. 8.

842 Vgl. Erwägungsgrund (23) der Verordnung (EU) Nr. 596/2014 des Europäischen Parlaments und des Rates vom 16. April 2014, ABl. EU Nr. L 173/I; *Seibt*, ZHR 177 (2013), 388 (394); *Bartmann*, Ad-hoc-Publizität im Konzern, S. 33.

843 Vgl. Erwägungsgrund (44) der Verordnung (EU) Nr. 596/2014 des Europäischen Parlaments und des Rates vom 16. April 2014, ABl. EU Nr. L 173/I; *Seibt*, ZHR 177 (2013), 388 (394 ff.); *Buck-Heeb*, KapitalmarktR, Rn. 404.

844 *Seibt*, ZHR 177 (2013), 388 (392 ff.); Schwark/Zimmer-*Kumpan/Grütze*, KapitalmarktR, Art. 17 MMVO, Rn. 15; *Buck-Heeb*, KapitalmarktR, Rn. 404 f.

derjenige ist, einen gleichen Informationsstand der Marktteilnehmer durch eine schnelle und gleichmäßige Unterrichtung des Marktes zu erreichen, damit sich keine unangemessenen Kurse aufgrund fehlerhafter oder unvollständiger Unterrichtung des Marktes bilden.[845] Darüber hinaus soll die Publizitätspflicht dem gesamten Anlegerpublikum dienen, die Funktionsfähigkeit des Kapitalmarktes sichern und durch die gesteigerte Transparenz gleiche Chancen schaffen.[846]

Die für den europäischen Gesetzgeber so maßgebliche Transparenz,[847] welche auch die BaFin in ihrem Emittentenleitfaden betont, hat der US-amerikanische Jurist *Louis D. Brandeis* bereits im Jahre 1914 in einem für das Insiderrecht auf der ganzen Welt wegweisenden Statement als wesentliches Mittel gegen Missbrauch ausgemacht: „*Publicity is justly commended as a remedy for social and industrial diseases. Sunlight is said to be the best of disinfectants*“.[848]

bb. Insiderrechtliche Präventivmaßnahme

Die Funktion der Ad-hoc-Publizität erschöpft sich jedoch nicht in ihrer Ausgestaltung als kapitalmarktrechtliche Informationspflicht. Unter Berücksichtigung des Zusammenspiels mit dem Verbot von Insidergeschäften aus Art. 14 MMVO kommt der Mitteilungspflicht überdies die Aufgabe als wesentliche Präventivmaßnahme gegen die missbräuchliche Verwendung von Insiderinformationen zu.[849] Um das Verbot von Insidergeschäften nicht bloß als ein stumpfes Schwert auszugestalten, hat der Gesetzgeber rechtliche Vorkehrungen getroffen, die dessen Einhaltung gewährleisten und sicherstellen sollen. Neben strafrechtlichen Sanktionen auf der einen Seite[850] sollte so bereits durch die unverzügliche

---

845 BaFin, Emittentenleitfaden Modul C vom 25. März 2020, S. 25.

846 BaFin, Emittentenleitfaden Modul C vom 25. März 2020, S. 25.

847 Vgl. *Koch*, ZGR 2020, 183 (191 f.).

848 *Louis D. Brandeis*, Other people's money and how the bankers use it, S. 92; so auch bei *Hopt/Will*, Europäisches Insiderrecht, S. 175; diese Aussage kritisch als pseudowissenschaftlichen Aphorismus begreifend: *Schön*, FS K. Schmidt II, 391 (395).

849 *Seibt*, ZHR 177 (2013), 388 (394); *Buck-Heeb*, KapitalmarktR, Rn. 406; Assmann/Schütze/Buck-Heeb-*Buck-Heeb*, HdB KapAnlR, § 8, Rn. 337; Schimansky/Bunte/Lwowski-*Hopt/Kumpan*, Bankrechts-HdB, § 107, Rn. 133; Schwark/Zimmer-*Kumpan/Grütze*, KapitalmarktR, Art. 17 MMVO, Rn. 16; Assmann/Schneider/Mülbert-*Assmann*, WertpapierhandelsR, Art. 17 MAR, Rn. 8; Meyer/Veil/Rönnau-*Veil/Brüggemeier*, HdB MarktmissbrauchsR, § 10, Rn. 1.

850 Straf- und verwaltungsrechtliche Sanktionen ergeben sich sowohl aus Art. 14 MMVO als auch aus der CRIM-MAD, welche durch das 1. Finanzmarktnovellierungsgesetz (1 FiMaNoG) in das WpHG umgesetzt wurde.

Veröffentlichung von Insiderinformationen auf der anderen Seite präventiv ein Missbrauch derartiger Informationen verhindert werden.[851] Dadurch, dass sowohl das verbotene Insidergeschäft als auch die Pflicht zur Ad-hoc-Publizität beide jeweils an das Merkmal „Insiderinformation“ anknüpfen, soll so durch die unverzügliche Veröffentlichung der jeweiligen Information dem Insiderhandel der Boden entzogen und die Gefahr der Vornahme eines Insidergeschäfts von vornherein auf ein Minimum begrenzt werden.[852]

Bereits im Jahre 1973 haben *Hopt* und *Will* die Ad-hoc-Publizität als wesentliche Präventivmaßnahme gegen die missbräuchliche Verwendung von Insiderinformationen herausgearbeitet und festgestellt, dass durch eine frühzeitige Veröffentlichung der wichtigsten Gesellschaftsentwicklungen missbräuchlichen Insidergeschäften effektiv begegnet werden kann, da bereits die Periode, in der ein Insider mittels Informationsvorsprungs dem Verbot zuwiderhandeln kann, deutlich verkürzt wird.[853] Mit einer bereits ad hoc dem gesamten Kapitalmarkt bereitgestellten Insiderinformation lässt sich insoweit kein verbotenes Insidergeschäft mehr begehen. Die veröffentlichten kursrelevanten Tatsachen verlieren in dem Moment ihrer Veröffentlichung und des öffentlichen Bekanntwerdens ihre Rechtsqualität als Insiderinformation.[854]

cc. Zwischenergebnis

Mit der Pflicht zur Ad-hoc-Publizität hat der Gesetzgeber insoweit mittels einer Vorschrift gleich zweierlei Aspekte in Bezug auf den Umgang mit Insiderinformationen rechtlich normiert. Durch die unverzügliche Veröffentlichung der Insiderinformationen schafft sie einerseits als wesentliche Informationspflicht einen gleichen Informationsstand aller Marktteilnehmer, wodurch andererseits gleichzeitig wirksam die Durchführung von Insidergeschäften restringiert wird. Die Ad-hoc-Publizität ist mithin sowohl kapitalmarktrechtliche Informationspflicht als auch insiderrechtliche Präventivmaßnahme.

---

851 Schwark/Zimmer-*Kumpan/Grütze*, KapitalmarktR, Art. 17 MMVO, Rn. 16; *Buck-Heeb*, KapitalmarktR, Rn. 406; Assmann/Schneider/Mülbert-*Assmann*, WertpapierhandelsR, Art. 17 MAR, Rn. 8.

852 *Buck-Heeb*, KapitalmarktR, Rn. 406; Schwark/Zimmer-*Kumpan/Grütze*, KapitalmarktR, Art. 17 MMVO, Rn. 16; Assmann/Schneider/Mülbert-*Assmann*, WertpapierhandelsR, Art. 17 MAR, Rn. 8; Meyer/Veil/Rönnau-*Veil/Brüggemeier*, HdB MarktmissbrauchsR, § 10, Rn. 1.

853 *Hopt/Will*, Europäisches Insiderrecht, S. 175.

854 Assmann/Schneider/Mülbert-*Assmann*, WertpapierhandelsR, Art. 17 MAR, Rn. 8.

Der Regelungsgegenstand der Pflicht zur Ad-hoc-Publizität unterscheidet sich mithin deutlich von den anderen Informationspflichten. Wo die bisher betrachteten Informationspflichten überwiegend die Informationsvermittlung zugunsten eines bestimmten Adressaten bezwecken und lediglich reflexartig auch andere Beteiligte von diesen Informationen profitieren, beschreitet die Ad-hoc-Publizität einen anderen Weg und bezweckt durch die bloße unverzügliche Veröffentlichung von wesentlichen Informationen die Schaffung einer größtmöglichen Transparenz zur Verhinderung von Insiderhandel und Missbrauch. Es wird hier von der Prämisse ausgegangen, dass eine bloß selektive Weitergabe von Informationen durch Emittenten dazu führen kann, dass das Vertrauen der Anleger in die Integrität des Finanzmarktes geschwächt wird, sodass allein eine unverzügliche Offenlegung von Insiderinformationen die Integrität des Finanzmarktes hinreichend fördern kann.[855]

Die Offenlegung von Informationen ist in dieser Art und Weise insoweit als Mittel zum Zweck gegen Missbrauch aller Art ausgestaltet. Die Informationsmitteilung erfolgt primär, um einen gleichen Informationsstand im Hinblick auf kursbeeinflussende Tatsachen herzustellen, ohne bei der Veröffentlichung einen speziellen Adressaten mit Informationen versorgen zu wollen, wie dies sonst bei Informationspflichten und Auskunftsrechten der Fall ist. Die insiderrechtliche Ad-hoc-Publizität stellt insoweit bereits anhand ihres Regelungsgegenstandes und ihrer Funktion eine Besonderheit im deutschen Aktienrecht dar.

Gleichwohl ist es ihr Charakter als so wesentliche Informationspflicht, welcher der Ad-hoc-Publizität trotz der eigentümlichen Zwecksetzung neben den originären aktien- und handelsrechtlichen Informationspflichten für die hier vorzunehmende Betrachtung eine so große Bedeutung zukommen lässt. Dies nicht zuletzt vor dem Hintergrund der noch näher zu betrachtenden neuen Regelungen aus dem ARUG II, die bisweilen ähnliche stark auf die Schaffung von Transparenz ausgelegt sind.

b. Schutzadressat

Nachdem der Regelungsgegenstand der Ad-hoc-Publizität herausgearbeitet wurde, stellt sich nunmehr die Frage, wem im Ergebnis die im Rahmen des Art. 17 MMVO veröffentlichen Informationen zu dienen bestimmt sind. Hier ergibt sich, insbesondere im Vergleich zu anderen Informationspflichten, in

---

855 Vgl. so bereits Erwägungsgrund (24) der RL Nr. 2003/6/EG des Europäischen Parlaments und des Rates vom 28. Januar 2003, ABl. EU Nr. L 96/16; vgl. Klöhn-*Klöhn*, MAR, Art. 17, Rn. 6.

Bezug auf die Ad-hoc-Publizität eine Besonderheit. Wo bei den bisher betrachteten Informationspflichten vorrangig Aktionäre oder Gläubiger von den bereitgestellten Informationen zu profitieren bestimmt waren, steht bei der Ad-hoc-Publizität in erster Linie die Sicherung der Funktionsfähigkeit des Kapitalmarkts im Fokus.[856]

Diese Ausrichtung explizit auf den Schutz des Marktes und nicht auf etwaige Individualinteressen einzelner Anleger wird in den Erwägungsgründen der Marktmissbrauchsverordnung verdeutlicht. Mit den Maßgaben, dass der Markt transparent sein soll,[857] zudem die Integrität des Marktes gewährleistet werden soll, indem Investoren und Anleger gleich behandelt werden[858] und einen gleichberechtigten Zugang zu Informationen erhalten sollen[859] und darüber hinaus dem Insiderhandel präventiv begegnet[860] und das Vertrauen der Anleger gewährleistet werden soll,[861] werden hier eine Vielzahl marktschützender Rahmenbedingungen festgelegt.[862]

Vereinzelt wurde in Rechtsprechung und Teilen des Schrifttums noch die Auffassung vertreten, dass nicht nur der Marktschutz bezweckt würde, sondern die Pflicht zur Ad-hoc-Publizität auch dazu bestimmt sei, den einzelnen Anleger zu schützen. Diese Auffassung beruht auf dem Umstand, dass von dem Mehr an Informationen auch der einzelne Anleger – sei es auch nur reflexartig – profitiert

---

856 Schwark/Zimmer-*Kumpan/Grütze*, KapitalmarktR, Art. 17 MMVO, Rn. 17; Klöhn-*Klöhn*, MAR, Art. 17, Rn. 5 f.; Assmann/Schneider/Mülbert-*Assmann*, WertpapierhandelsR, Art. 17 MAR, Rn. 11; *Buck-Heeb*, KapitalmarktR, Rn. 481; *Seibt*, ZHR 177 (2013), 388 (392).

857 Vgl. Erwägungsgrund (2) der Verordnung (EU) Nr. 596/2014 des Europäischen Parlaments und des Rates vom 16. April 2014, ABl. EU Nr. L 173/I.

858 Vgl. Erwägungsgrund (24) der Verordnung (EU) Nr. 596/2014 des Europäischen Parlaments und des Rates vom 16. April 2014, ABl. EU Nr. L 173/I; Klöhn-*Klöhn*, MAR, Art. 17, Rn. 6 f.

859 Vgl. Erwägungsgründe (22, 23) der Verordnung (EU) Nr. 596/2014 des Europäischen Parlaments und des Rates vom 16. April 2014, ABl. EU Nr. L 173/I; *Bartmann*, Ad-hoc-Publizität im Konzern, S. 33; Klöhn-*Klöhn*, MAR, Art. 17, Rn. 7.

860 Vgl. Erwägungsgrund (49) der Verordnung (EU) Nr. 596/2014 des Europäischen Parlaments und des Rates vom 16 April 2014, ABl. EU Nr. L 173/I.

861 Vgl. Erwägungsgrund (55) der Verordnung (EU) Nr. 596/2014 des Europäischen Parlaments und des Rates vom 16. April 2014, ABl. EU Nr. L 173/I; Klöhn-*Klöhn*, MAR, Art. 17, Rn. 6.

862 S. Schwark/Zimmer-*Kumpan/Grütze*, KapitalmarktR, Art. 17 MMVO, Rn. 17; Assmann/Schneider/Mülbert-*Assmann*, WertpapierhandelsR, Art. 17 MAR, Rn. 11; Klöhn-*Klöhn*, MAR, Art. 17, Rn. 5 ff.

und so in die Lage versetzt wird, substantiierte Anlageentscheidungen zu treffen.[863]

Dieser einen individuellen Anlegerschutz bejahenden Auffassung, wonach bei Verstößen gegen die Publizitätspflicht sogar hierauf beruhende Rechtsgeschäfte rückgängig gemacht werden können,[864] wird sich jedoch mit dem Argument entgegengestellt, dass der einzelne Anleger von den ad hoc veröffentlichten Meldungen kaum Kenntnis nehmen werde und selbst, wenn er dies doch tun würde, er hieraus keine Schlussfolgerungen im Hinblick auf seine Anlageentscheidungen ziehen kann, da mit der Veröffentlichung der Information diese ihre Kursrelevanz bereits verloren hat.[865]

Dieser Gegenmeinung ist im Ergebnis zuzustimmen. Es ist zwar richtig, dass auch die individuellen Anleger, ebenso wie der Kapitalmarkt als Ganzes, von ad hoc veröffentlichten Informationen Kenntnis nehmen und diese Informationen auch in ihre eigenen Anlageentscheidungen mit einfließen lassen können – dies auch dann noch, wenn diese ihre Kursrelevanz bereits verloren haben –,[866] jedoch lässt dieser Umstand nicht per se einen Rückschluss auf den tatsächlichen Schutzadressaten der Ad-hoc-Publizität zu. Bei der Frage nach der Schutzwirkung ist maßgeblich auf die tatsächliche gesetzgeberische Ausgestaltung abzustellen. Der europäische Gesetzgeber hat hier in seinen Erwägungsgründen deutlich gemacht, dass sowohl das Verbot des Insiderhandels als auch die Ad-hoc-Publizität als dieses Verbot flankierende Präventivmaßnahme der Funktionsfähigkeit des Marktes zu dienen bestimmt sind. Der reflexartigen Unterrichtung anderer, seien es individuelle Anleger, Aktionäre oder Gläubiger der informierenden Gesellschaft, kann zwar sehr wohl im Rahmen des aktienrechtlichen Informationssystems eine weitergehende Relevanz zukommen, im Hinblick auf die Schutzadressaten der Ad-hoc-Publizitätspflicht jedoch nicht.[867]

Als Teil des Insiderrechts und hier als wesentliche Präventivmaßnahme im Hinblick auf Insidergeschäfte und Marktmissbrauch ist alleiniger Schutzadressat der Ad-hoc-Publizität mithin der Kapitalmarkt als Ganzes.

---

863 BGH, NJW 2012, 1800 (1806); BGH, NJW 2013, 2114 (Rn. 34); *Koch*, ZGR 2020, 183 (192); *Leyens*, ZGR 2019, 544 (551); Schwark/Zimmer-*Kumpan/Grütze*, KapitalmarktR, Art. 17 MMVO, Rn. 18; a.A. Klöhn-*Klöhn*, MAR, Art. 17, Rn. 5.

864 BGH, NJW 2012, 1800 (1806).

865 Schwark/Zimmer-*Kumpan/Grütze*, KapitalmarktR, Art. 17 MMVO, Rn. 18; Klöhn-*Klöhn*, MAR, vor Art. 17, Rn. 36 f.

866 S. auch *Koch*, ZGR 2020, 183 (192).

867 Der individuelle Anlegerschutz ist lediglich eine Nebenwirkung bzw. ein Reflex des Marktschutzes, Klöhn-*Klöhn*, MAR, Art. 17, Rn. 5.

c. *Wesentliche Modalitäten der Veröffentlichungspflicht*

Ferner ist nunmehr ein Blick auf die Voraussetzungen der Pflicht zur Ad-hoc-Publizität aus Art. 17 Abs. 1 MMVO zu werfen. Bereits die sich aus der Bezeichnung ergebende Modalität der Ad-hoc-Bekanntgabe von Informationen stellt hier im bestehenden aktienrechtlichen Informationssystem eine Besonderheit dar.

Die Ad-hoc-Veröffentlichungspflicht aus Art. 17 Abs. 1 Unterabs. 1 MMVO sieht vor, dass Emittenten Insiderinformationen, welche diese unmittelbar betreffen, unverzüglich, also „ad hoc", veröffentlichen müssen.[868] Maßgeblichen Bezugspunkt und Auslöser der Veröffentlichungspflicht stellt insoweit das Vorliegen einer Insiderinformation dar.[869]

Was genau als Insiderinformation zu qualifizieren ist, richtet sich nach Art. 7 Abs. 1 lit. a) MMVO. Hiernach ist eine Insiderinformation eine präzise, nicht öffentlich bekannte Information eines Emittenten mit erheblichem Kursbeeinflussungspotential.[870] Art. 7 Abs. 4 MMVO führt hierzu weiter aus, dass unter Insiderinformationen solche Informationen zu begreifen sind, welche ein verständiger Anleger wahrscheinlich als Teil der Grundlage seiner Anlageentscheidung nutzen würde.[871] Als Beispiele für derartige Informationen können die Veräußerung von Kerngeschäftsfeldern, wesentliche Kapital- und Strukturmaßnahmen, bevorstehende Beherrschungs- und Gewinnabführungsverträge, zentrale personelle Veränderungen im Unternehmen, aber auch Gewinneinbrüche

---

868 Drinhausen/Eckstein-*Horcher*, Beck'sches HdB der AG, § 22, Rn. 1; Schwark/Zimmer-*Kumpan/Grütze*, KapitalmarktR, Art. 17 MMVO, Rn. 25 f.

869 Drinhausen/Eckstein-*Horcher*, Beck'sches HdB der AG, § 22, Rn. 1; Schwark/Zimmer-*Kumpan/Grütze*, KapitalmarktR, Art. 17 MMVO, Rn. 25; Assmann/Schütze/Buck-Heeb-*Buck-Heeb*, HdB KapAnlR, § 8, Rn. 237.

870 Creifelds-*Raik Werner*, Rechtswörterbuch, Insidergeschäft; Schwark/Zimmer-*Kumpan/Grütze*, KapitalmarktR, Art. 17 MMVO, Rn. 46; Meyer/Veil/Rönnau-*Veil/Brüggemeier*, HdB MarktmissbrauchsR, § 10, Rn. 42; Drinhausen/Eckstein-*Horcher*, Beck'sches HdB der AG, § 22, Rn. 1; Assmann/Schütze/Buck-Heeb-*Buck-Heeb*, HdB KapAnlR, § 8, Rn. 47; *Kumpan*, DB 2016, 2039 (2040); sehr ausführlich die einzelnen Tatbestandsmerkmale der Insiderinformation erläuternd: *Bartmann*, Ad-hoc-Publizität im Konzern, S. 44 ff.; *Poelzig*, NZG 2016, 761 (764).

871 Näher zu dem Begriff der Insiderinformation vgl. *Langenbucher*, AG 2016, 417 (417 ff.); *von der Linden*, DStR 2016, 1036 (1037); *Buck-Heeb*, KapitalmarktR, Rn. 308; so auch schon bereits in Art. 1 Abs. 2 der Durchführungsrichtlinie 2003/124/EG, ABl. (EU) Nr. L 339/70 vom 22. Dezember 2003; der Begriff entspricht weitestgehend der alten Fassung des § 13 Abs. 1 S. 1, 3 WpHG.

oder Dividendenvorschläge angeführt werden.[872] Sofern eine solche Information vorliegt, die den Anforderungen an eine Insiderinformation entspricht, ist diese „unverzüglich“ vom Emittenten zu veröffentlichen.[873]

aa. Aktiengesellschaften als Emittenten

Die Pflicht zur Veröffentlichung richtet sich grundsätzlich an Emittenten. Unter Emittenten versteht der europäische Gesetzgeber gemäß der Legaldefinition in Art. 3 Abs. 1 Nr. 21 MMVO unter anderem juristische Personen des privaten oder öffentlichen Rechts, welche Finanzinstrumente[874] emittieren oder deren Emission vorschlagen. Mit anderen Worten ist ein Emittent an den Finanzmärkten der Ausgeber von zum Handel bestimmten Wertpapieren und Vermögensanlagen.[875] Nach dieser Begriffsbestimmung sind unter anderem gerade auch Aktiengesellschaften als juristische Personen, deren Aktien als Wertpapiere[876] an der Börse notiert und frei handelbar sind, Emittenten.[877] Die Pflicht zur Veröffentlichung von Insiderinformationen aus Art. 17 MMVO ist demnach auch von der börsennotierten Aktiengesellschaft zu beachten. Es handelt sich mithin um eine weitere Informationspflicht für Aktiengesellschaften, die einen zusätzlichen Baustein im aktienrechtlichen Informationssystem darstellt.

---

872 *von der Linden*, DStR 2016, 1036 (1037); *Buck-Heeb*, KapitalmarktR, Rn. 308; Creifelds-*Hakenberg*, Rechtswörterbuch, Ad-hoc-Publizität; Baumbach/Hopt-*Kumpan*, Art. 17 MMVO, Rn. 5.

873 Baumbach/Hopt-*Kumpan*, Art. 17 MMVO, Rn. 7.

874 Was genau unter einem Finanzinstrument zu verstehen ist, wird in der Verordnung unter einem Verweis (Art. 3 Abs. 1 Nr. 1 MMVO) auf die Definition in der Richtlinie über Märkte für Finanzinstrumente vom 15.05.2014 (MiFID II) geregelt, wonach sowohl übertragbare Wertpapiere, auf Wertpapiere bezogene Derivate und alle weiteren in Anhang I Abschnitt C der MiFID II genannten Instrumente Finanzinstrumente im Sinne der Verordnung darstellen, RL (EU) Nr. 65/2014 des Europäischen Parlaments und des Rates vom 15. Mai 2014, ABl. EU Nr. L 173/349; s. hierzu auch *Krause*, CCZ 2014, 248 (250).

875 Vom lat. herausschicken, Creifelds-*Hakenberg*, Rechtswörterbuch, Emittent; Schwark/Zimmer-*Kumpan/Grütze*, KapitalmarktR, Art. 17 MMVO, Rn. 28.

876 Gemäß Art. 4 Abs. 1 Nr. 44 lit. a) MiFID II sind Aktien von Gesellschaften, die auf dem Kapitalmarkt gehandelt werden können, derartige „übertragbare Wertpapiere“; vgl. auch Schwark/Zimmer-*Kumpan/Grütze*, KapitalmarktR, Art. 17 MMVO, Rn. 43.

877 Creifelds-*Hakenberg*, Rechtswörterbuch, Emittent.

bb. Unmittelbarer Emittentenbezug

Die Pflicht zur Veröffentlichung einer Insiderinformation setzt, wie dies bereits im Wortlaut des Art. 17 Abs. 1 Unterabs. 1 MMVO angelegt ist, voraus, dass die in Rede stehende Insiderinformation den Emittenten unmittelbar betrifft. Eine bloß mittelbare Betroffenheit des jeweiligen Emittenten reicht für eine Begründung der Pflicht zur Veröffentlichung der Insiderinformation mithin gerade nicht aus. Der Art. 17 Abs. 1 Unterabs. 1 MMVO enthält zwar keine näheren Bestimmungen darüber, wann ein unmittelbarer Emittentenbezug gegeben ist, jedoch lässt sich hier über § 15 Abs. 1 S. 3 WpHG a.F. das bisherige Verständnis heranziehen, wonach eine Unmittelbarkeit bei Umständen anzunehmen ist, die im Tätigkeitsbereich des Emittenten eingetreten sind, insbesondere somit alle Entwicklungen, die auf unternehmensinterne Vorgänge zurückzuführen sind.[878]

Über das Merkmal der Unmittelbarkeit hat der europäische Gesetzgeber so bereits auf tatbestandlicher Ebene eine Schranke normiert, die das Ausmaß der zu veröffentlichenden Insiderinformationen dahingehend begrenzt, dass Insiderinformationen, welche lediglich einen mittelbaren Bezug zum Emittenten aufweisen, nicht im Wege der Ad-hoc-Publizität veröffentlichungspflichtig sind.[879] Eine Universalzuständigkeit eines jeden Emittenten zur Veröffentlichung von Insiderinformationen, welche weder gewollt noch in tatsächlicher Hinsicht umsetzbar ist, wird so effektiv vermieden.[880] Zudem wird durch diese dem Art. 17 Abs. 1 Unterabs. 1 MMVO inhärente Beschränkung sichergestellt, dass der jeweilige Emittent, den die in Rede stehende Insiderinformation unmittelbar betrifft, selbst die Initiierung der Veröffentlichung der Information in der Hand hat und so auch überhaupt erst in die Lage versetzt wird, ebendies nicht unverzüglich zu tun, sondern von seinem Recht zur Aufschiebung der Veröffentlichung aus Art. 17 Abs. 4 MMVO Gebrauch zu machen.[881]

---

878 *Kumpan*, DB 2016, 2039 (2041); *Hopt/Kumpan*, ZGR 2017, 765 (781); Assmann/Schütze/Buck-Heeb-*Buck-Heeb*, HdB KapAnlR, § 8, Rn. 338; Klöhn-*Klöhn*, MAR, Art. 17 MAR, Rn. 86 ff.

879 *Buck-Heeb*, KapitalmarktR, Rn. 412; Schwark/Zimmer-*Kumpan/Grütze*, KapitalmarktR, Art. 17 MMVO, Rn. 53; Assmann/Schneider/Mülbert-*Assmann*, WertpapierhandelsR, Art. 17 MAR, Rn. 30; Meyer/Veil/Rönnau-*Veil/Brüggemeier*, HdB MarktmissbrauchsR, § 10, Rn. 46 ff.

880 Assmann/Schneider/Mülbert-*Assmann*, WertpapierhandelsR, Art. 17 MAR, Rn. 30; vgl. Meyer/Veil/Rönnau-*Veil/Brüggemeier*, HdB MarktmissbrauchsR, § 10, Rn. 46.

881 Assmann/Schneider/Mülbert-*Assmann*, WertpapierhandelsR, Art. 17 MAR, Rn. 30.

cc. Unverzügliche Veröffentlichung

Der Begriff „unverzüglich“ wird mitunter auch im deutschen Recht im Rahmen der Anfechtung einer Willenserklärung verwendet, wo der Gesetzgeber diesen gemäß § 121 Abs. 1 S. 1 BGB mit „ohne schuldhaftes Zögern“ legaldefiniert hat.[882] Da es sich im Rahmen der Ad-hoc-Publizität jedoch um einen europarechtlichen Begriff handelt, kann nicht ohne Weiteres ein Rückschluss aus § 121 BGB im Hinblick darauf gezogen werden, was genau unter „unverzüglich“ zu verstehen ist. In der europarechtlichen Ausgestaltung von „unverzüglich“, welche im englischen Text der Verordnung als „as soon as possible“ formuliert ist, fehlt es vor allem an dem Verschuldenselement, welches dem Begriff in § 121 BGB nach deutschen Verständnis innewohnt.[883]

Trotz des fehlenden Verschuldenselements können jedoch Parallelen gezogen werden. Da auch bei „as soon as possible“ ein gewisser zeitlicher Handlungsspielraum eröffnet ist, ist der Freiraum, den Art. 17 Abs. 1 Unterabs. 1 MMVO dem Emittenten eröffnet, im Ergebnis mit dem des § 121 BGB vergleichbar.[884] Auch hier ist mit unverzüglich nicht „sofort“ gemeint, sondern es wird eine angemessene Zeit zur Prüfung, Überlegung und Entscheidung zugesprochen.[885] Im Rahmen der Ad-hoc-Publizität ist die Unverzüglichkeit mangels Verschuldenskriteriums zwar stärker objektiv auszulegen, jedoch muss auch hier dem Emittenten die Möglichkeit gegeben werden, die Insiderinformation zunächst zu erkennen, deren Richtigkeit zu analysieren und das Vorliegen der Voraussetzungen der Veröffentlichungspflicht zu überprüfen.[886] Hierbei ist ihm die Zeit

882 Jauernig-*Mansel*, BGB, § 121, Rn. 3; Schulze [u.a.]-*Dörner*, HK-BGB, § 121, Rn. 3; Staudinger-*Singer*, BGB, § 121, Rn. 9; s. auch Klöhn-*Klöhn*, MAR, Art. 17, Rn. 105.

883 *Hopt/Kumpan*, ZGR 2017, 765 (782); Schwark/Zimmer-*Kumpan/Grütze*, KapitalmarktR, Art. 17 MMVO, Rn. 72; Baumbach/Hopt-*Kumpan*, Art. 17 MMVO, Rn. 7; anders insoweit die Ausführungen zur Unverzüglichkeit der BaFin, welche in ihrem Emittentenleitfaden für die Unverzüglichkeit im Rahmen der Ad-hoc-Publizität auch ohne nähere Erklärung die Definition „ohne schuldhaftes Zögern“ heranziehen, BaFin, Emittentenleitfaden Modul C vom 25. März 2020, I.3.4; vgl. auch *Kumpan*, DB 2016, 2039 (2042 f.); *Koch*, AG 2016, 273 (276); *Buck-Heeb*, KapitalmarktR, Rn. 419; Klöhn-*Klöhn*, MAR, Art. 17, Rn. 105.

884 *Hopt/Kumpan*, ZGR 2017, 765 (782); Schwark/Zimmer-*Kumpan/Grütze*, KapitalmarktR, Art. 17 MMVO, Rn. 72; Baumbach/Hopt-*Kumpan*, Art. 17 MMVO, Rn. 7.

885 Jauernig-*Mansel*, BGB, § 121, Rn. 3; Schulze [u.a.]-*Dörner*, HK-BGB, § 121, Rn. 3; Staudinger-*Singer*, BGB, § 121, Rn. 9.

886 *Hopt/Kumpan*, ZGR 2017, 765 (782); *Klöhn*, AG 2016, 423 (430); Schwark/Zimmer-*Kumpan/Grütze*, KapitalmarktR, Art. 17 MMVO, Rn. 72; Assmann/Schneider/Mülbert-*Assmann*, WertpapierhandelsR, Art. 17 MAR, Rn. 65 f.

zu gewähren, die er benötigt – gegebenenfalls unter Heranziehung sachverständiger Personen –, im Rahmen der Pflicht zu eruieren, ob er eine Information veröffentlichen muss oder möglicherweise eine Befreiung der unverzüglichen Veröffentlichung im Rahmen des Art. 17 Abs. 4 MMVO in Betracht kommt.[887]

Das Unverzüglichkeitskriterium konkretisiert die Ad-hoc-Veröffentlichungspflicht mithin entsprechend der anzulegenden objektiven Auslegung in einer zeitlichen Dimension,[888] sodass eine Veröffentlichung im Sinne einer effektiven Prävention von Insidergeschäften und Förderung der Markttransparenz im Prinzip sofort zu erfolgen hat, es sei denn, die Umstände des Einzelfalls rechtfertigen eine Verzögerung.[889]

dd. Art der Veröffentlichung

Eine weitere Besonderheit im Rahmen der Ad-hoc-Publizität ergibt sich in Bezug auf deren Veröffentlichungsmodus. In einer allgemein gehaltenen Ausformulierung sieht der Art. 17 Abs. 1 Unterabs. 2 MMVO vor, dass die Insiderinformation in einer Art und Weise veröffentlicht wird, die es der Öffentlichkeit ermöglicht, schnell auf sie zuzugreifen und sie vollständig, korrekt und rechtzeitig zu bewerten.[890] Weiter konkretisiert werden diese Anforderungen durch Art. 2 Abs. 1 lit. b) i)–v) der Durchführungsverordnung (EU) 2016/1055[891] sowie § 26 Abs. 4 WpHG in Verbindung mit § 4 WpAV.[892] Wo der Art. 17

---

887 *Klöhn*, AG 2016 423 (430); Baumbach/Hopt-*Kumpan*, Art. 17 MMVO, Rn. 7; Assmann/Schneider/Mülbert-*Assmann*, WertpapierhandelsR, Art. 17 MAR, Rn. 66; *Buck-Heeb*, KapitalmarktR, Rn. 419.

888 In der ursprünglichen Fassung des Art. 17 Abs. 1 Unterabs. 1 MMVO wurde in wortgetreuer Übersetzung des englischen „as soon as possible" verlangt, dass Insiderinformationen „so bald wie möglich" bekannt zu geben sind. Die Berichtigung hin zu „unverzüglich" sollte in erster Linie sicherstellen, dass Insiderinformationen schnellstmöglich veröffentlicht werden, um die Ziele der Ad-hoc-Publizität effektiv durchzusetzen, Assmann/Schneider/Mülbert-*Assmann*, WertpapierhandelsR, Art. 17 MAR, Rn. 63; vgl. auch *Hopt/Kumpan*, ZGR 2017, 765 (782); *Klöhn*, AG 2016, 423 (430); *Söhner*, BB 2017, 259 (259); *Klöhn*, NZG 2017, 1285 (1288).

889 Schwark/Zimmer-*Kumpan/Grütze*, KapitalmarktR, Art. 17 MMVO, Rn. 72; Assmann/Schneider/Mülbert-*Assmann*, WertpapierhandelsR, Art. 17 MAR, Rn. 65; im Ergebnis so auch Klöhn-*Klöhn*, MAR, Art. 17, Rn. 105 ff.

890 *Krause*, CCZ 2014, 248 (254).

891 Durchführungsverordnung (EU) 2016/1055 der Kommission vom 29. Juni 2016, ABl. EU Nr. L 173/47; Assmann/Schneider/Mülbert-*Assmann*, WertpapierhandelsR, Art. 17 MAR, Rn. 16.

892 Bei der WpAV, welche bis zu einer Änderung im Jahr 2017 noch WpAIV hieß (s. zur Änderungsverordnung: BGBl. 2017, Teil I, Nr. 72, S. 3727 ff.), handelt es sich um die

Abs. 1 MMVO keine tiefergehenden Vorgaben zum Veröffentlichungsmodus macht, formen diese Vorschriften die Pflicht weiter aus und normieren, was für Informationen die Veröffentlichung enthalten muss und welcher genauen Form diese zu entsprechen hat.

Darüber hinaus enthalten Art. 2 Abs. 1 der Durchführungsverordnung (EU) 2016/1055 und § 3a WpAV weitere Angaben über das letztendlich zu verwendende Mittel für die Bekanntgabe von Insiderinformationen. Anders als bei dem Auskunftsanspruch der Aktionäre gemäß § 131 Abs. 1 AktG, bei welchem die begehrte Information direkt nach der Fragestellung auf der Hauptversammlung gegeben wird oder bei dem Bericht über etwaige Veränderungen der Unternehmensstruktur, welcher in den Geschäftsräumen ausgelegt oder über die Internetseite zur Verfügung gestellt wird, hat der zur Veröffentlichung verpflichtete Emittent im Rahmen der Ad-hoc-Publizität die zur Veröffentlichung bestimmte Insiderinformation an Medien zu übermitteln, bei denen die Öffentlichkeit vernünftigerweise davon ausgeht, dass sie die Informationen tatsächlich in der gesamten Europäischen Union verbreiten.[893] Bei der Übermittlung durch den Emittenten an derartige Medien sind wiederum explizit elektronische Hilfsmittel heranzuziehen, welche die Vollständigkeit, Integrität und Vertraulichkeit der Meldung gewährleisten.[894]

Unter Medien, welche die Voraussetzungen im Rahmen der Vorschrift erfüllen und als allgemein zugängliche Informationssysteme fungieren, sind unter anderem News Provider, Nachrichtenagenturen, Finanzwebseiten aber auch überregionale Zeitungen zu verstehen.[895] Solche Medien sind im Speziellen etwa Bloomberg, Reuters, die Wirtschaftsnachrichten der dpa-AFX oder die DGAP News der EQS Group AG.[896] Nicht ausreichend sind indes Regionalzeitungen, Pressekonferenzen oder soziale Netzwerke wie Facebook und Twitter.[897]

Verordnung zur Konkretisierung von Anzeige-, Mitteilungs- und Veröffentlichungspflichten nach dem Wertpapierhandelsgesetz bzw. der Wertpapierhandelsanzeigeverordnung, welche Aufgrund der Ermächtigung in § 26 Abs. 4 WpHG von dem Bundesministerium für Finanzen erlassen wurde, BGBl. 2004, Teil I, Nr. 68, S. 3376 ff.; vgl. BaFin, Emittentenleitfaden Modul C vom 25. März 2020, I.3.5 ff.

893 Vgl. Art. 2 Abs. 1 lit. b S. 1 der Durchführungsverordnung (EU) 2016/1055; *Buck-Heeb*, KapitalmarktR, Rn. 426; *Söhner*, BB 2017, 259 (259).

894 BaFin, Emittentenleitfaden Modul C vom 25. März 2020, II.3.1.2.

895 *Kumpan*, DB 2016, 2039 (2043); *Hopt/Kumpan*, ZGR 2017, 765 (782); BaFin, Emittentenleitfaden Modul C vom 25. März 2020, I.3.10.2.

896 *Söhner*, BB 2017, 259 (259).

897 *Söhner*, BB 2017, 259 (259); *Kumpan*, DB 2016, 2039 (2043).

Um eine adäquate Verbreitung der Information zu erreichen, ist sich bei der Wahl des Mediums zudem nicht bloß auf eine Nachrichtenagentur oder eine Zeitung zu beschränken, sondern, unter Betrachtung der gegenwärtigen Aktionärsstruktur sowie Zahl und Ort der Börsenzulassungen des Emittenten, vielmehr ein ganzes Bündel von unterschiedlichen Medien heranzuziehen.[898] Darüber hinaus statuiert § 26 WpHG neben der Veröffentlichung im Rahmen der Medien die weiterführende Pflicht, die BaFin und die Geschäftsführungen der betroffenen Handelsplätze über die Insiderinformationen zu unterrichten und sie dem Unternehmensregister zu übermitteln.[899] Zusätzlich dazu sind Emittenten gemäß Art. 17 Abs. 1 Unterabs. 2 S. 3 MMVO noch dazu verpflichtet, alle Insiderinformationen, die sie über die Medien der Öffentlichkeit mitteilen müssen, auf ihrer eigenen Internetseite[900] zu veröffentlichen und dort für einen Zeitraum von mindestens fünf Jahren anzuzeigen.

Im Vergleich zu anderen Informationspflichten ist die Pflicht zur Ad-hoc-Publizität mithin für die betroffene Aktiengesellschaft mit einem erheblich höheren unterjährigen Arbeitsaufwand und deutlich gesteigerten Risiken hinsichtlich einer fälschlichen Unterlassung einer tatsächlich gebotenen Veröffentlichung verbunden.

3. *Grenzen der Ad-hoc-Publizität*

Die Pflicht zur Veröffentlichung von Insiderinformationen gilt jedoch nicht uneingeschränkt. Einer Veröffentlichung kann zwar nicht generell entgegengehalten werden, dass es sich bei den in Rede stehenden Informationen um Betriebs- oder Geschäftsgeheimnisse oder vertrauliche Informationen handelt.[901] Neben der Einschränkung im Wege des unmittelbaren Emittentenbezuges, welcher die Ad-hoc-Publizität bereits auf tatbestandlicher Ebene eingrenzt, existieren in einer zweiten Ebene jedoch weitere Schranken, die einer unverzüglichen Veröffentlichung entgegengehalten werden können.

---

898 BaFin, Emittentenleitfaden Modul C vom 25. März 2020, I.3.10.2.

899 Baumbach/Hopt-*Kumpan*, § 26 WpHG, Rn. 1; *Söhner*, BB 2017, 259 (259).

900 Die Website muss den Anforderungen des Art. 3 der Durchführungsverordnung (EU) 2016/1055 entsprechen.

901 Assmann/Schneider/Mülbert-*Assmann*, WertpapierhandelsR, Art. 17 MAR, Rn. 72.

a. *Aufschub der Veröffentlichung gemäß Art. 17 Abs. 4 MMVO*

aa. *Allgemeines*

Eine wesentliche Grenze in Bezug auf die Ad-hoc-Publizitätspflicht stellt hier insbesondere die Möglichkeit des Aufschubs der Veröffentlichung dar. Diese unmittelbar in Art. 17 Abs. 4 MMVO geregelte Option eröffnet den Emittenten die Möglichkeit, die Veröffentlichung von grundsätzlich unverzüglich zu publizierenden Insiderinformationen eigenverantwortlich aufzuschieben, sofern sämtliche Voraussetzungen dafür vorliegen. In der Literatur wird in diesem Zusammenhang mitunter der Begriff „Selbstbefreiung" verwendet, welcher jedoch teilweise missverständlich und lediglich dahingehend begrifflich zutreffend ist, dass es keiner gesonderten Genehmigung der zuständigen Behörde bedarf, um als Emittent die Veröffentlichung wirksam aufzuschieben.[902] Anders als beispielsweise bei der Möglichkeit der Verweigerung der Auskunft aus § 131 Abs. 3 S. 1 Nr. 1–7 AktG, handelt es sich bei Art. 17 Abs. 4 MMVO nicht um eine harte Schranke, welche einer Veröffentlichung in Gänze entgegengehalten werden kann, sondern es wird explizit nur ein Aufschub der Veröffentlichung in zeitlicher Hinsicht ermöglicht. Sich als Emittent im Wege des Art. 17 Abs. 4 MMVO gänzlich der Publizitätspflicht zu entziehen, ist mithin nicht möglich.

Als Hintergrund der Normierung eines solchen Veröffentlichungsaufschubs wird durch den europäischen Gesetzgeber selbst der Schutz der berechtigten Emittenteninteressen angeführt.[903] Insoweit deckt sich der Zweck der Aufschubmöglichkeit als Grenze der Ad-hoc-Publizität mit den zugrundeliegenden Beweggründen bei den Grenzen von anderen Informationspflichten. Durch die Normierung einer Pflicht wird zwar zunächst primär das Interesse der ins Auge gefassten Informationsempfänger berücksichtigt, dort, wo jedoch durch eine Informationsweitergabe die Interessen der Gesellschaft Gefahr laufen, gänzlich in den Hintergrund gedrängt zu werden, wird diesem Umstand mittels Befreiungsmöglichkeiten bei bestimmten, stark einschneidenden Sachverhalten Rechnung getragen.

So auch bei der Ad-hoc-Publizität. Die Veröffentlichungspflicht aus Art. 17 Abs. 1 Unterabs. 1 MMVO ist allein dazu bestimmt, eine sachgerechte Kapitalmarktinformation zu gewährleisten. Hierfür werden den Emittenten – zunächst

---

902 Vgl. insoweit Assmann/Schneider/Mülbert-*Assmann*, WertpapierhandelsR, Art. 17 MAR, Rn. 94; *von der Linden*, DStR 2016, 1036 (1038); *Seibt/Wollenschläger*, AG 2014, 593 (600); Klöhn-*Klöhn*, MAR, Art. 17, Rn. 134; a.A. *Langenbucher*, NZG 2013, 1401 (1405).

903 Klöhn-*Klöhn*, MAR, Art. 17, Rn. 138 f.

ohne Berücksichtigung gegenläufiger Interessen – einseitig Pflichten auferlegt, um dieses Ziel entsprechend der gesetzgeberischen Intentionen zu erreichen. Neben einer stetigen Kontrolle jedweder etwaiger Insiderinformationen, um diese schnellstmöglich zu erkennen, sind die Emittenten zusätzlich daran gehalten, einen funktionierenden Veröffentlichungsprozess vorzuhalten, um erkannte Insiderinformationen auch entsprechend dem Unverzüglichkeitskriterium zeitnah in der gesetzlich vorgeschriebenen Art und Weise publizieren zu können.[904]

Um bei diesen weitreichenden und beschwerlichen organisatorischen Verpflichtungen die Gesellschaften nicht auch gleichzeitig – im Hinblick darauf, was veröffentlicht werden muss – mit einer eisernen Veröffentlichungspflicht ohne Spielraum überdurchschnittlich zu deren Nachteil zu beeinträchtigen, wurde mit der Möglichkeit zum Aufschub der Veröffentlichung im Interesse der Emittenten eine allein diese zu schützen bestimmte Ausnahme von der unverzüglichen Veröffentlichung normiert.[905]

Der in seiner Ausgestaltung recht dünne und mit zahlreichen interpretationsbedürftigen Rechtsbegriffen gefasste Art. 17 Abs. 4 MMVO wird in technischer Hinsicht von der Durchführungsverordnung 2016/1055 konkretisiert, welche insbesondere Durchführungsstandards für den Umgang mit technischen Hilfsmitteln im Rahmen des Aufschubs enthält.[906] Des Weiteren sind im Hinblick auf die inhaltlichen Voraussetzungen der Aufschubmöglichkeit die Leitlinien der *European Securities and Markets Authority* (ESMA)[907] zu beachten,[908] welche

---

904 ESMA, Final Report Draft technical standards on the MAR, ESMA/2015/1455, Rn. 239; Klöhn-*Klöhn*, MAR, Art. 17, Rn. 119.

905 MüKo-AktG-*Spindler*, Band 2, § 93, Rn. 159.

906 Durchführungsverordnung (EU) 2016/1055 der Kommission vom 29. Juni 2016, ABl. EU, Teil L, 173/47; Schwark/Zimmer-*Kumpan/Grütze*, KapitalmarktR, Art. 17 MMVO, Rn. 177; Meyer/Veil/Rönnau-*Veil/Brüggemeier*, HdB Marktmissbrauchs R, § 10, Rn. 95.

907 Hierbei handelt es sich um die europäische Wertpapier- und Marktaufsichtsbehörde, welche nach der Finanzkrise im Jahr 2010 ins Leben gerufen wurde, um das Funktionieren des Binnenmarktes zu verbessern, indem ein hohes, wirksames und kohärentes Maß an Regulierung und Beaufsichtigung gewährleistet und die Integrität und Stabilität des Finanzsystems sowie die Transparenz der Märkte geschützt wird, vgl. Erwägungsgrund (11) der Verordnung (EU) Nr. 1095/2010 vom 24. November 2010 (ESMA-VO), ABl. EU, Teil L, 331/84; *Poelzig*, NZG 2016, 761 (764).

908 Die BaFin hat gemäß Art. 16 Abs. 3 Unterabs. 2 der ESMA-VO als zuständige Behörde erklärt, dass sie den Leitlinien nachkommt, diese also anwendet und in ihrer Verwaltungspraxis zur Konkretisierung der Voraussetzungen des Art. 17 Abs. 4 MMVO heranziehen wird, s. BaFin, Zur Anwendbarkeit der ESMA-Leitlinien für den Aufschub der Offenlegung von Insiderinformationen, 06.12.2016, abrufbar unter: https://www.

den Zweck verfolgen, die Voraussetzungen des Aufschubs der Veröffentlichung klarer, rechtssicherer und einheitlicher zu gestalten und den Emittenten beim Umgang mit dem Art. 17 Abs. 4 MMVO durch typische Fallgruppen und Beispiele eine Orientierungshilfe für die Praxis an die Hand zu geben.[909]

Besondere Bedeutung erlangt die Möglichkeit des Aufschubs der Veröffentlichung insbesondere bei mehrstufigen Entscheidungsprozessen bzw. bei zeitlich gestreckten Vorgängen, bei denen aufgrund der geringen Anforderungen des Art. 17 Abs. 1 Unterabs. 1 MMVO die Tatbestandsvoraussetzungen bereits erfüllt sein können, obwohl das angestrebte Ergebnis des in Rede stehenden Entscheidungsprozesses noch gar nicht sicher erreicht wurde und eine verfrühte Veröffentlichung selbigen gefährden könnte.[910] Hier stellt der Art. 17 Abs. 4 Unterabs. 2 MMVO, welcher als Pendant zu Art. 7 Abs. 3 MMVO fungiert, klar, dass auch einzelne Zwischenschritte, sofern diese für sich genommen bereits veröffentlichungswürdige Insiderinformationen darstellen,[911] auch von Art. 17 Abs. 4 Unterabs. 1 MMVO erfasst sind und somit hier ein Aufschub der Veröffentlichung möglich ist.[912]

---

bafin.de/SharedDocs/Veroeffentlichungen/DE/Anlage/161205_Aufschub_Insiderinformationen_ESMA.html [zuletzt abgerufen am 08.05.2023]; Meyer/Veil/Rönnau-*Veil/Brüggemeier*, HdB MarktmissbrauchsR, § 10, Rn. 95.

909 ESMA, Final Report, Guidelines on the Market Abuse Regulation – market soundings and delay of disclosure of inside information, ESMA/2016/1130 vom 13.07.2016; ESMA, MAR Guidelines – Delay in the disclosure of inside information, ESMA/2016/1478 vom 20.10.2016.

910 MüKo-AktG-*Spindler*, Band 2, § 93, Rn. 159; Grunewald/Schlitt-*Grunewald/Schlitt*, Einführung in das Kapitalmarktrecht, § 14, c; Schwark/Zimmer-*Kumpan/Grütze*, KapitalmarktR, Art. 17 MMVO, Rn. 174; *Söhner*, BB 2017, 259 (260 f.).

911 Dass bei zeitlich gestreckten Vorgängen nicht nur das letztendliche Ergebnis, sondern eben auch die mit dem Ergebnis verknüpften Zwischenschritte beachtungswürdige Insiderinformationen darstellen können, hat bereits der EuGH im Jahre 2012 in seiner Rechtsprechung zu der RL Nr. 2003/6/EG festgelegt, EuGH, WM 2012, 1807 (1810); so auch *Merkner/Sustmann/Retsch*, AG 2019, 621 (624); *Weißhaupt*, NZG 2019, 175 (175 ff.); *Vetter/Engel/Lauterbach*, AG 2019, 160 (160 ff.); MüKo-AktG-*Spindler*, Band 2, § 93, Rn. 159; *Poelzig*, NZG 2016, 761 (764); *Langenbucher*, NZG 2013, 1401 (1404); *Veil*, ZBB 2014, 85 (89 f.); *Seibt/Wollenschläger*, AG 2014, 593 (596); *Hopt/Kumpan*, ZGR 2017, 765 (776).

912 Schwark/Zimmer-*Kumpan/Grütze*, KapitalmarktR, Art. 17 MMVO, Rn. 174; Assmann/Schneider/Mülbert-*Assmann*, WertpapierhandelsR, Art. 17 MAR, Rn. 130; *Söhner*, BB 2017, 259 (260 f.); *Poelzig*, NZG 2016, 761 (764).

bb. Voraussetzungen

Welche Voraussetzungen für einen Aufschub der Veröffentlichung vorliegen müssen, ist in Art. 17 Abs. 4 Unterabs. 1 lit. a)–c) MMVO normiert. Hiernach kann ein Emittent die Offenlegung von Insiderinformationen für die Öffentlichkeit aufschieben, wenn sämtliche der hier genannten drei Voraussetzungen vorliegen.

Ein Aufschub setzt hiernach erstens voraus, dass ein berechtigtes Interesse des Emittenten an dem Aufschub der Offenlegung besteht, welches durch eine unverzügliche Offenlegung beeinträchtigt werden könnte, zweitens darf die Aufschiebung nicht dazu geeignet sein, die Öffentlichkeit in die Irre zu führen, und drittens ist es für einen zulässigen Aufschub erforderlich, dass der Emittent für die Dauer des Aufschubs die Geheimhaltung der Information sicherstellen kann.

Sofern diese drei Voraussetzungen kumulativ vorliegen, kann der Emittent eigenverantwortlich über einen Aufschub entscheiden.[913]

Hierbei handelt es sich insoweit nicht um eine Legalausnahme, welche bereits von Gesetzes wegen automatisch immer dann eingreifen würde, sobald die Voraussetzungen vorliegen. In einem in Bezug auf die alte Rechtslage um den Art. 6 Abs. 2 S. 2 der Richtlinie 2003/6/EG und den diesen in deutsches Recht umsetzenden § 15 Abs. 3 S. 1 WpHG a.F. geführten Streit wurde dies noch aufgrund des unklaren und auslegungsbedürftigen Wortlauts, welcher bestimmte, dass ein Emittent so lange von der Pflicht zur Veröffentlichung frei sei, wie die Voraussetzungen des § 15 Abs. 3 S. 1 WpHG a.F. vorlägen, von Teilen der Literatur angenommen.[914] Die heutige in der Marktmissbrauchsverordnung gewählte Formulierung entzieht diesem Streit jedoch weitestgehend dessen Grundlage.[915] Entsprechend dem Wortlaut „kann auf eigene Verantwortung […] aufschieben" hat der Emittent die Wahl, ob die Möglichkeit des Aufschubs genutzt wird oder nicht, muss diese also bei einer Entscheidung für einen Aufschub aktiv in Anspruch nehmen.[916] Dieses hier vertretene Verständnis deckt sich insoweit mit

---

913 ESMA, Final Report, Guidelines on the Market Abuse Regulation – market soundings and delay of disclosure of inside information, ESMA/2016/1130 vom 13.07.2016, 3.2, Rn. 51; Schwark/Zimmer-*Kumpan/Grütze*, KapitalmarktR, Art. 17 MMVO, Rn. 194; *Söhner*, BB 2017, 259 (261).

914 Assmann/Schneider/Mülbert-*Assmann*, WertpapierhandelsR, Art. 17 MAR, Rn. 89 ff.; vgl. den Streit behandelnd auch *Poelzig*, NZG 2016, 761 (765 f.); *Langenbucher*, NZG 2013, 1401 (1405).

915 Assmann/Schneider/Mülbert-*Assmann*, WertpapierhandelsR, Art. 17 MAR, Rn. 89 ff.; *Poelzig*, NZG 2016, 761 (765 f.); a.A. *Langenbucher*, NZG 2013, 1401 (1405).

916 *Seibt/Wollenschläger*, AG 2014, 593 (600); *Veil*, ZBB 2014, 85 (93); *Söhner*, BB 2017, 259 (261); *Poelzig*, NZG 2016, 761 (765); *Kumpan*, DB 2016, 2039 (2043); Schimansky/

den Vorgaben der BaFin[917] und der ESMA[918] als zuständige deutsche und europäische Behörden, welche auch eine aktive Befreiungsentscheidung für geboten erachten.

Eine derartige Entscheidung bedarf insoweit eines Beschlusses des Emittenten, welcher von dem für die Geschäftsführung zuständigen Organ zu treffen ist.[919] Bei der Aktiengesellschaft ist die Entscheidung über einen Aufschub als Geschäftsführungsmaßnahme im Sinne des § 77 AktG von dem Vorstand als geschäftsführendem Organ zu treffen.[920] Von der ESMA und Teilen der Literatur wird diesbezüglich auch bereits die Beteiligung eines Vorstandsmitglieds oder eines direkt unter der Organebene eingesetzten Compliance-Beauftragten an der Entscheidungsfindung als ausreichend angesehen.[921]

(1) Berechtigtes Emittenteninteresse

Zunächst muss für einen Aufschub der Offenlegung ein berechtigtes Interesse vorliegen. Da es sich bei den Emittenten zumeist um juristische Personen

---

Bunte/Lwowski-*Hopt/Kumpan*, Bankrechts-HdB, § 107, Rn. 151; Schwark/Zimmer-*Kumpan/Grütze*, KapitalmarktR, Art. 17 MMVO, Rn. 180; *von der Linden*, DStR 2016, 1036 (1038); a.A. *Langenbucher*, NZG 2013, 1401 (1405).

917 „Für einen wirksamen Aufschub der Veröffentlichung ist ein Beschluss des Emittenten herbeizuführen. Der Aufschub muss daher aktiv beschlossen werden, vgl. Art. 17 Abs. 4 S. 1 MAR", BaFin, Emittentenleitfaden Modul C vom 25. März 2020, S. 36.

918 Die ESMA führt hier in der Festlegung des Zwecks ihrer Leitlinien aus, dass diese explizit dazu bestimmt sind, den Emittenten bei ihrer Entscheidung, die Offenlegung von Insiderinformationen aufzuschieben, durch Beispiele Hilfestellung leisten sollen, ESMA, MAR-Leitlinien, Aufschub der Offenlegung von Insiderinformationen, S. 3, Rn. 4; so auch ESMA, Final Report Draft technical standards on the MAR, ESMA/2015/1455, Rn. 239, wo es heißt: *„Delays in the disclosure of inside information are decided by the issuers themselves"*.

919 *Seibt/Wollenschläger*, AG 2014, 593 (600); Schwark/Zimmer-*Kumpan/Grütze*, KapitalmarktR, Art. 17 MMVO, Rn. 181 f.; Schimansky/Bunte/Lwowski-*Hopt/Kumpan*, Bankrechts-HdB, § 107, Rn. 151.

920 Es genügt ein formfreier, zeitnaher Beschluss, welcher auch konkludent erfolgen kann, Schimansky/Bunte/Lwowski-*Hopt/Kumpan*, Bankrechts-HdB, § 107, Rn. 151; Schwark/Zimmer-*Kumpan/Grütze*, KapitalmarktR, Art. 17 MMVO, Rn. 181 f.; Assmann/Schneider/Mülbert-*Assmann*, WertpapierhandelsR, Art. 17 MAR, Rn. 92; *Kumpan*, DB 2016, 2039 (2043).

921 ESMA, Final Report Draft technical standards on the MAR, ESMA/2015/1455, Rn. 239; *Poelzig*, NZG 2016, 761 (766); *Söhner*, BB 2017, 259 (261); Schimansky/Bunte/Lwowski-*Hopt/Kumpan*, Bankrechts-HdB, § 107, Rn. 151.

handelt, kann ein Emittent keine eigenen Interessen im eigentlichen Sinn haben. Zur Ermittlung des Emittenteninteresses ist somit auf die Gesamtheit der Interessen aller Anteilseigner abzustellen.[922]

Wann ein derartiges von Art. 17 Abs. 4 lit. a) MMVO gefordertes berechtigtes Interesse vorliegt, ist im Normtext jedoch nicht näher erläutert. Der § 6 WpAV, welcher ebendiese Voraussetzung zu konkretisierten versucht, nennt hier in seinen Nummern 1 und 2 selbst zwei Regelbeispiele, bei denen ein überwiegendes Emittenteninteresse grundsätzlich in Betracht kommt. Diese hier aufgeführten Regelbeispiele stimmen mit den nicht abschließend aufgeführten Fallkonstellationen in dem 50. Erwägungsgrund der MMVO überein.[923] So überwiegt das Emittenteninteresse in der Regel zum einen bei einer Gefährdung des Ergebnisses oder des Ganges laufender, kursrelevanter Verhandlungen, deren Veröffentlichung die Interessen der Anleger ernsthaft gefährden würde, und zum anderen, wenn der Vorstand des jeweiligen Emittenten einen Vertragsabschluss oder eine Entscheidung offenlegen müsste, deren Wirksamkeit noch von der Zustimmung eines anderen Organs des Emittenten abhängt, und dies dazu geeignet wäre, die sachgerechte Bewertung der Information durch das Publikum zu gefährden.

Zusätzlich zu den bereits in § 6 WpAV aufgeführten Regelbeispielen soll sich ein berechtigtes Emittenteninteresse auch dann ergeben können, wenn mit Veröffentlichung der in Rede stehenden Insiderinformation erhebliche Kosten- und Wettbewerbsnachteile zu befürchten wären.[924]

Weitere Beispiele, wann ein berechtigtes Emittenteninteresse angenommen werden kann, hat die ESMA[925] in ihrem *Final Report* in einer nicht

---

922 Schwark/Zimmer-*Kumpan/Grütze*, KapitalmarktR, Art. 17 MMVO, Rn. 202; Meyer/Veil/Rönnau-*Veil/Brüggemeier*, HdB MarktmissbrauchsR, § 10, Rn. 98; *Bartmann*, Ad-hoc-Publizität im Konzern, S. 340 ff.; *Klöhn*, ZHR 178 (2014), 55 (73 ff.); *Klöhn/Schmolke*, ZGR 2016, 866 (875 f.); *Söhner*, BB 2017, 259 (260).

923 Erwägungsgrund (50) der Verordnung (EU) Nr. 596/2014 des Europäischen Parlaments und des Rates vom 16. April 2014, ABl. EU Nr. L 173/I; *Poelzig*, NZG 2016, 761 (764); die Verortung der Konkretisierung in den Erwägungsgründen der Verordnung als verfehlt ansehend: *Veil*, ZBB 2014, 85 (93).

924 Entsprechend dem Ausnahmecharakter des Befreiungstatbestandes gilt dies jedoch dann nicht, wenn die Nachteile in gleichem Umfang auch bei einer sodann späteren Veröffentlichung eintreten würden, *Tollkühn*, ZIP 2004, 2215 (2218); Grunewald/Schlitt-*Grunewald/Schlitt*, Einführung in das Kapitalmarktrecht, § 14, c; Schimansky/Bunte/Lwowski-*Hopt/Kumpan*, Bankrechts-HdB, § 107, Rn. 155.

925 Der ESMA wurde gemäß Art. 17 Abs. 11 MMVO die Aufgabe übertragen, Leitlinien für die Erstellung einer nicht abschließenden indikativen Liste solcher berechtigten

abschließenden Aufzählung angeführt.[926] Ein berechtigtes Interesse kommt neben den in den Erwägungsgründen und § 6 WpAV genannten Gründen hiernach auch dann in Betracht, wenn eine notwendige Genehmigung einer Behörde noch aussteht, eine Verletzung von Immaterialgüterrechten durch die Veröffentlichung zu befürchten wäre oder eine bevorstehende Unternehmensübernahme gefährdet werden könnte.[927]

In der Literatur hat sich unter Berücksichtigung der unterschiedlichen möglichen Fallgruppen eine zusammenfassende Definition herausgebildet. Von einem berechtigten Interesse kann nach dieser dann gesprochen werden, wenn die Offenlegung einer Information zur Vereitelung, Gefährdung oder erheblichen Beeinträchtigung der unternehmerischen Ziele oder Entwicklungen des Emittenten führen kann.[928]

(a) Abwägung der gegenläufigen Interessen erforderlich?

Im Rahmen dieser Voraussetzung ist jedoch in der Literatur umstritten, ob für den Fall der Bejahung eines berechtigten Interesses eine Abwägung mit den Interessen des Kapitalmarktes an einer vollständigen und zeitnahen Veröffentlichung vorzunehmen ist[929] oder ob ein berechtigtes Interesse bereits ohne Abwägung dann angenommen werden kann, wenn auf Seiten des Emittenten ein solches Interesse besteht.[930]

Interessen des Emittenten herauszugeben, Schimansky/Bunte/Lwowski-*Hopt/Kumpan*, Bankrechts-HdB, § 107, Rn. 152; *Poelzig*, NZG 2016, 761 (764).

926 ESMA, Final Report, Guidelines on the Market Abuse Regulation – market soundings and delay of disclosure of inside information, ESMA/2016/1130 vom 13.07.2016, 3.2, Rn. 46 ff.; *Poelzig*, NZG 2016, 761 (764); Schimansky/Bunte/Lwowski-*Hopt/Kumpan*, Bankrechts-HdB, § 107, Rn. 152; Meyer/Veil/Rönnau-*Veil/Brüggemeier*, HdB MarktmissbrauchsR, § 10, Rn. 98.

927 ESMA, Final Report, Guidelines on the Market Abuse Regulation – market soundings and delay of disclosure of inside information, ESMA/2016/1130 vom 13.07.2016, 3.2, Rn. 48 ff.; *Poelzig*, NZG 2016, 761 (764).

928 Baumbach/Hopt-*Kumpan*, Art. 17 MMVO, Rn. 10; Schwark/Zimmer-*Kumpan/Grütze*, KapitalmarktR, Art. 17 MMVO, Rn. 207; Schimansky/Bunte/Lwowski-*Hopt/Kumpan*, Bankrechts-HdB, § 107, Rn. 152; *Hopt/Kumpan*, ZGR 2017, 765 (783), *Kumpan*, DB 2016, 2039 (2044); *Buck-Heeb*, KapitalmarktR, Rn. 435 ff.

929 Grunewald/Schlitt-*Grunewald/Schlitt*, Einführung in das Kapitalmarktrecht, § 14, c; s. Klöhn-*Klöhn*, MAR, Art. 17, Rn. 167 ff.

930 So Schwark/Zimmer-*Kumpan/Grütze*, KapitalmarktR, Art. 17 MMVO, Rn. 209; Schimansky/Bunte/Lwowski-*Hopt/Kumpan*, Bankrechts-HdB, § 107, Rn. 152; *Klöhn*, AG 2016, 423 (430); Klöhn-*Klöhn*, MAR, Art. 17, Rn. 167 ff.

Für eine Abwägung spricht hier zunächst der Wortlaut des § 6 WpAV, welcher explizit eine Abwägung des Geheimhaltungsinteresses des Emittenten mit dem Interesse des Kapitalmarktes vorsieht.[931] Ein berechtigtes Emittenteninteresse liegt nach dieser Auffassung erst dann vor, wenn sich die Interessen des Emittenten nach einer Abwägung mit den Interessen des Kapitalmarktes als gewichtiger herausstellen.[932] Eine solche Abwägung war in der alten Rechtslage, wo sich eine Aufschubmöglichkeit noch aus § 15 Abs. 3 WpHG ergab, noch üblich.[933] Dass der europäische Gesetzgeber mit der Neuregelung des Insiderrechts an dieser Praxis etwas ändern wollte, geht nach dieser Ansicht aus der neuen Verordnung nicht hervor.[934]

Gegen eine Abwägung wird jedoch angeführt, dass weder der Art. 17 Abs. 4 MMVO selbst noch andere diesen flankierende Regelungen eine derartige Voraussetzung aufstellen. Wo im Rahmen der ursprünglichen supranationalen Ausgestaltung des Insiderrechts im Wege der Marktmissbrauchsrichtlinie aus dem Jahre 2003 eine Abwägung im Zuge der mitgliedstaatlichen Umsetzung durch die Schaffung des § 6 WpAIV aF noch eingefügt werden konnte, ist in Bezug auf die jetzt gültige Marktmissbrauchsverordnung jedoch zu berücksichtigen, dass diese Ausgestaltung keinen Umsetzungsspielraum gewährt.[935] Sofern die Verordnung somit eine Abwägung nicht vorsieht, kann nach dieser Auffassung nicht im Wege des jetzigen § 6 WpAV, als bloßen mitgliedstaatlichen Gesetzes, diese zusätzliche Voraussetzung in Bezug auf das Vorliegen eines berechtigten Interesses eingeführt werden. Der § 6 WpAV sei in dieser Hinsicht europarechtswidrig und daher unbeachtlich.[936] Darüber hinaus spricht gegen eine solche Abwägung auch in systematischer Hinsicht der Erwägungsgrund 52

---

931 So auch Grunewald/Schlitt-*Grunewald/Schlitt*, Einführung in das Kapitalmarktrecht, § 14, c.

932 Grunewald/Schlitt-*Grunewald/Schlitt*, Einführung in das Kapitalmarktrecht, § 14, c; vgl. Klöhn-*Klöhn*, MAR, Art. 17, Rn. 168.

933 *Klöhn*, ZHR 178 (2014), 55 (88 ff.); Habersack/Mülbert/Schlitt-*Frowein*, HdB Kapitalmarktinformation, 1. Auflage, § 10, Rn. 77 ff.

934 Vgl. Grunewald/Schlitt-*Grunewald/Schlitt*, Einführung in das Kapitalmarktrecht, § 14, c.

935 *Poelzig*, NZG 2016, 761 (764); *Klöhn*, AG 2016 423 (431 f.); Schwark/Zimmer-*Kumpan/Grütze*, KapitalmarktR, Art. 17 MMVO, Rn. 209; Klöhn-*Klöhn*, MAR, Art. 17, Rn. 169.

936 Schwark/Zimmer-*Kumpan/Grütze*, KapitalmarktR, Art. 17 MMVO, Rn. 209; *Poelzig*, NZG 2016, 761 (764); Habersack/Mülbert/Schlitt-*Frowein/Berger*, HdB Kapitalmarktinformation, § 10, Rn. 62; so im Ergebnis auch *Klöhn*, AG 2016, 423 (431); Klöhn-*Klöhn*, MAR, Art. 17, Rn. 169.

der MMVO, in welchem explizit für den Art. 17 Abs. 5 MMVO eine Interessenabwägung vorgesehen ist, im Rahmen des Art. 17 Abs. 4 MMVO jedoch eine solche gerade nicht erwähnt wird.[937]

(b) Stellungnahme

Dieser zweiten Ansicht ist im Ergebnis der Vorzug zu gewähren. Eine Abwägung der Interessen ist vor einer Entscheidung für einen Aufschub der Veröffentlichung durch den Emittenten nicht durchzuführen. Es ist als ausreichend anzusehen, wenn ein berechtigtes Interesse, wie dies sowohl im 50. Erwägungsgrund der MMVO als auch durch die Leitlinien der ESMA beispielhaft konkretisiert wird, vorliegt.[938] Der Art. 17 Abs. 4 MMVO ist allein dazu gedacht, die Interessen des Emittenten zu schützen und diesen vor zu befürchtenden Schäden zu bewahren. Sobald ein berechtigtes Interesse auf Seiten des Emittenten vorliegt, ist für eine weitere Abwägung mit den Interessen des Kapitalmarkts – welche zudem bereits durch die umfangreiche Pflicht zur Ad-hoc-Publizität berücksichtigt wurden – kein Platz. Auch weist die ESMA in ihren Leitlinien explizit darauf hin, dass es sich bei den dort aufgeführten Beispielen nicht um eine abschließende Aufzählung handelt und es immer auf eine umfassende Betrachtung des Einzelfalles ankommt, in der aufgrund des Regel-Ausnahme-Charakters eine restriktive Handhabung geboten ist.[939] Zudem hat der Emittent selbst keinerlei Einschätzungsprärogative. Als unbestimmter Rechtsbegriff ist die Frage, ob ein berechtigtes Interesse tatsächlich vorliegt bzw. vorgelegen hat, vollumfänglich gerichtlich überprüfbar.[940] Einer besonderen Abwägung mit den Interessen des Kapitalmarktes bedarf es mithin nach der neuen Rechtslage nicht.

---

937 S. Erwägungsgrund (52) der Verordnung (EU) Nr. 596/2014 des Europäischen Parlaments und des Rates vom 16. April 2014, ABl. EU Nr. L 173/I; Schwark/Zimmer-*Kumpan/Grütze*, KapitalmarktR, Art. 17 MMVO, Rn. 209; vgl. Habersack/Mülbert/Schlitt-*Frowein/Berger*, HdB Kapitalmarktinformation, § 10, Rn. 62.

938 ESMA, Final Report, Guidelines on the Market Abuse Regulation – market soundings and delay of disclosure of inside information, ESMA/2016/1130 vom 13.07.2016, S. 14 ff.

939 ESMA, Final Report, Guidelines on the Market Abuse Regulation – market soundings and delay of disclosure of inside information, ESMA/2016/1130 vom 13.07.2016, S. 14, Rn. 52 f.

940 Schwark/Zimmer-*Kumpan/Grütze*, KapitalmarktR, Art. 17 MMVO, Rn. 208.

(2) Keine Irreführung der Öffentlichkeit

Neben einem berechtigen Emittenteninteresse darf es durch den Aufschub der Veröffentlichung zudem nicht zu einer Irreführung der Öffentlichkeit, also des breiten Anlegerpublikums,[941] kommen. Bei einer Beurteilung ist die ex-ante Sicht eines verständigen und börsenkundigen Marktteilnehmers einzunehmen.[942] Sobald durch einen Aufschub eine Irreführung zu befürchten ist, kann von der Möglichkeit des Aufschubs kein Gebrauch mehr gemacht werden. Eine solche Irreführung kann dann zu befürchten sein, wenn die Öffentlichkeit durch bereits im Vorfeld von dem Emittenten kommunizierte Inhalte von einer bestimmten Situation des Emittenten – auf welche sich auch die Insiderinformation bezieht – ausgeht, diese jedoch mit der aufgeschobenen Insiderinformation in Widerspruch steht.[943]

Wann im Ergebnis tatsächlich von einer Irreführung der Öffentlichkeit auszugehen ist, ist stets eine Frage des Einzelfalls und kann nicht ohne Weiteres schematisch beantwortet werden. Um den Emittenten hier jedoch eine Orientierungshilfe an die Hand zu geben, hat die ESMA in ihrem *Final Report* beispielhafte Fälle herausgearbeitet, bei denen eine Irreführung grundsätzlich in Betracht kommt.[944] So kann dann eine Irreführung in Betracht kommen, wenn sich die aufgeschobene Information von früher bekanntgewordenen Informationen wesentlich unterscheidet, wenn zuvor veröffentlichte finanzielle Ziele nicht

---

941 Schwark/Zimmer-*Kumpan/Grütze*, KapitalmarktR, Art. 17 MMVO, Rn. 249; Klöhn-*Klöhn*, MAR, Art. 17, Rn. 249; Assmann/Schneider/Mülbert-*Assmann*, WertpapierhandelsR, Art. 17 MAR, Rn. 122.

942 Baumbach/Hopt-*Kumpan*, Art. 17 MMVO, Rn. 11; Assmann/Schneider/Mülbert-*Assmann*, WertpapierhandelsR, Art. 17 MAR, Rn. 122.

943 OLG Stuttgart, ZIP 2009, 962 (970); *Poelzig*, NZG 2016, 761 (764); Schimansky/Bunte/Lwowski-*Hopt/Kumpan*, Bankrechts-HdB, § 107, Rn. 156; Grunewald/Schlitt-*Grunewald/Schlitt*, Einführung in das Kapitalmarktrecht, § 14, c; *Simon*, Der Konzern 2005, 13 (20); Baumbach/Hopt-*Kumpan*, Art. 17 MMVO, Rn. 11; Schwark/Zimmer-*Kumpan/Grütze*, KapitalmarktR, Art. 17 MMVO, Rn. 249; Meyer/Veil/Rönnau-*Veil/Brüggemeier*, HdB MarktmissbrauchsR, § 10, Rn. 124 ff.; ESMA, Final Report, Guidelines on the Market Abuse Regulation – market soundings and delay of disclosure of inside information, ESMA/2016/1130 vom 13.07.2016, 3.3, Rn. 82 ff.

944 ESMA, Final Report, Guidelines on the Market Abuse Regulation – market soundings and delay of disclosure of inside information, ESMA/2016/1130 vom 13.07.2016, 3.3, Rn. 82 ff.; Baumbach/Hopt-*Kumpan*, Art. 17 MMVO, Rn. 11; Schimansky/Bunte/Lwowski-*Hopt/Kumpan*, Bankrechts-HdB, § 107, Rn. 156.

erreicht werden und wenn die Information von den Erwartungen des Marktes abweicht, welche der Emittent im Vorfeld durch Signale hervorgerufen hat.[945]

(3) Sicherstellung der Geheimhaltung

Sofern die ersten beiden Voraussetzungen gegeben sind, muss der Emittent als dritter Teil der Voraussetzungstrias dafür Sorge tragen, dass während des Aufschubs die Insiderinformation weiter vertraulich behandelt wird. Um die Gefahr des Missbrauchs hier effektiv auf ein Minimum zu begrenzen, hat der Emittent Vorkehrungen dafür zu treffen, dass sich der Kreis der Insider nicht erweitert oder die Information anderweitig nicht eingeweihten Dritten bekannt wird.[946] Eine Pflicht zur Einrichtung der hierfür notwendigen Compliance-Strukturen[947] ergibt sich aus Art. 17 Abs. 4 lit. c) MMVO zwar nicht, jedoch kann ohne die Implementierung geeigneter Maßnahmen kaum gewährleistet werden, dass die Informationen auch tatsächlich nicht ungewollt in Umlauf geraten.[948] Dass derartige Maßnahmen im Ergebnis somit doch eingeführt und auch dokumentiert werden müssen, setzt indirekt der Art. 17 Abs. 4 Unterabs. 3 MMVO voraus, welcher den Emittenten aufgibt, dass, sobald eine Offenlegung nach einer Aufschiebung nachgeholt wurde, die zuständige Behörde unmittelbar zu unterrichten

---

945 ESMA, Final Report, Guidelines on the Market Abuse Regulation – market soundings and delay of disclosure of inside information, ESMA/2016/1130 vom 13.07.2016, 3.3, Rn. 82 ff.; Meyer/Veil/Rönnau-*Veil/Brüggemeier*, HdB MarktmissbrauchsR, § 10, Rn. 124 ff.; *Poelzig*, NZG 2016, 761 (764); Schimansky/Bunte/Lwowski-*Hopt/Kumpan*, Bankrechts-HdB, § 107, Rn. 156.; Assmann/Schneider/Mülbert-*Assmann*, WertpapierhandelsR, Art. 17 MAR, Rn. 122.

946 Grunewald/Schlitt-*Grunewald/Schlitt*, Einführung in das Kapitalmarktrecht, § 14, c; Schwark/Zimmer-*Kumpan/Grütze*, KapitalmarktR, Art. 17 MMVO, Rn. 257; Baumbach/Hopt-*Kumpan*, Art. 17 MMVO, Rn. 11; Assmann/Schneider/Mülbert-*Assmann*, WertpapierhandelsR, Art. 17 MAR, Rn. 125 ff.; Meyer/Veil/Rönnau-*Veil/Brüggemeier*, HdB MarktmissbrauchsR, § 10, Rn. 130.

947 Diese können in Form von Belehrungen, Sperrfristen, Vertraulichkeitsvereinbarungen oder sogenannter *chinese walls* (eine Trennung von Abteilungen innerhalb eines Unternehmens, sodass es zwischen diesen nicht zu einem Informationsaustausch kommt) bestehen, Schimansky/Bunte/Lwowski-*Hopt/Kumpan*, Bankrechts-HdB, § 107, Rn. 157.

948 *Hopt/Kumpan*, ZGR 2017, 765 (784); Baumbach/Hopt-*Kumpan*, Art. 17 MMVO, Rn. 11; Schwark/Zimmer-*Kumpan/Grütze*, KapitalmarktR, Art. 17 MMVO, Rn. 258; Schimansky/Bunte/Lwowski-*Hopt/Kumpan*, Bankrechts-HdB, § 107, Rn. 157.

und darüber zu informieren ist, inwieweit die in Art. 17 Abs. 4 MMVO festgelegten Bedingungen erfüllt waren.[949]

Für den Fall, dass eine weitere Geheimhaltung der Information nicht mehr möglich oder bereits ein hinreichend präzises Gerücht[950] in der Welt ist, ist der Emittent gemäß Art. 17 Abs. 7 MMVO auch während des Aufschubs dann zur unverzüglichen Veröffentlichung verpflichtet. Sobald eine weitergehende vertrauliche Behandlung der Information nicht mehr sichergestellt werden kann, sind die zu befürchtenden Missbrauchsmöglichkeiten durch die Veröffentlichung der Information so gering wie möglich zu halten.[951] Dies gilt auch dann, wenn der Emittent alle notwendigen organisatorischen Vorkehrungen getroffen hat. Ob die Information aus einem „Leck" der Geheimhaltungsvorkehrungen des Emittenten stammt oder die Information auf andere Weise bekannt geworden ist, ist unbeachtlich. Sobald zu vermuten ist, dass eine Vertraulichkeit der Information nicht mehr gewährleistet ist, entsteht die Veröffentlichungspflicht aus Art. 17 Abs. 7 MMVO.[952]

---

949 Die zuständige Behörde wird in Art. 6 der Delegierten-Verordnung 2016/522 festgelegt und ist im Regelfall diejenige des Mitgliedstaates, in dem der Emittent registriert ist, BaFin, Emittentenleitfaden Modul C vom 25. März 2020, S. 49; Schimansky/Bunte/Lwowski-*Hopt/Kumpan*, Bankrechts-HdB, § 107, Rn. 158; in Deutschland ist die zuständige Behörde die BaFin.

950 Von einem solchen kann dann gesprochen werden, wenn das Gerücht einen hohen Grad an Genauigkeit und Substanz aufweist bzw. Umstände enthält, die in dem Fall, dass eine Ad-hoc-Mitteilung dazu veröffentlich würde, in dieser Meldung enthalten sein müssten, Schimansky/Bunte/Lwowski-*Hopt/Kumpan*, Bankrechts-HdB, § 107, Rn. 157; Meyer/Veil/Rönnau-*Veil/Brüggemeier*, HdB MarktmissbrauchsR, § 10, Rn. 131.

951 Assmann/Schneider/Mülbert-*Assmann*, WertpapierhandelsR, Art. 17 MAR, Rn. 94; Grunewald/Schlitt-*Grunewald/Schlitt*, Einführung in das Kapitalmarktrecht, § 14, c; *Poelzig*, NZG 2016, 761 (765); Baumbach/Hopt-*Kumpan*, Art. 17 MMVO, Rn. 11 f.

952 Hierbei handelt es sich um eine Änderung, die im Rahmen der MMVO in das Insiderrecht eingeführt wurde. In der bisherigen Ausgestaltung wurde auch dann noch von einer Gewährleistung der Vertraulichkeit durch den Emittenten ausgegangen, selbst wenn bereits Gerüchte an die Öffentlichkeit gedrungen waren, diese jedoch nicht aus einer Vertraulichkeitslücke im Herrschaftsbereich des Emittenten zurückzuführen waren, vgl. insoweit BaFin, Emittentenleitfaden, 4. Auflage 2013, S. 61; Schimansky/Bunte/Lwowski-*Hopt/Kumpan*, Bankrechts-HdB, § 107, Rn. 158; Meyer/Veil/Rönnau-*Veil/Brüggemeier*, HdB MarktmissbrauchsR, § 10, Rn. 131.

cc. Stellungnahme

Bei der Möglichkeit gemäß Art. 17 Abs. 4 MMVO, die sonst unverzügliche Offenlegung aufzuschieben, handelt es sich mithin um eine der bedeutendsten Grenzen der umfangreichen Pflicht zur Ad-hoc-Publizität. Erst über die Möglichkeit zum Aufschub wird den Emittenten der notwendige Handlungsspielraum eröffnet, welcher nötig ist, um einzelfallabhängig im eigenen Interesse bei bestimmten – als Insiderinformation zu qualifizierenden – Umständen von einer unverzüglichen Veröffentlichung abzusehen. Die Aufschubmöglichkeit steht insoweit eigenständig neben der Pflicht zur Ad-hoc-Publizität. Erst durch sie fließen die Geheimhaltungsinteressen der Emittenten überhaupt in die Diskussion um die unverzügliche Offenlegung mit ein. Der Art. 17 Abs. 4 MMVO ist es, welcher dazu bestimmt ist, einen Ausgleich zwischen den Geheimhaltungsinteressen der Emittenten und dem Transparenzinteresse der Kapitalmarktteilnehmer herzustellen.

Ein sinnvoller Ausgleich kann jedoch nur dann geschaffen werden, wenn die Voraussetzungen, unter welche ein solcher gestellt ist, auch klar und eindeutig ausgestaltet sind. Denn nur solange die Voraussetzungen tatsächlich vorliegen, sind die Geheimhaltungsinteressen des Emittenten auch tatsächlich vorrangig. Andernfalls geht stets das Interesse der Kapitalmarktöffentlichkeit vor.

Die Emittenten sind insofern im Rahmen der Ad-hoc-Publizität neben einer erheblichen organisatorischen Belastung auch eklatanten Rechtsunsicherheiten ausgesetzt. Nicht nur muss ein funktionierender Apparat im Hinblick auf die Identifizierung und Veröffentlichung von Insiderinformationen eingerichtet sein, daneben muss bei Informationen, bei deren Veröffentlichung ein Nachteil für den Emittenten drohen könnte, stets eine rechtliche Würdigung der Aufschubvoraussetzungen vorgenommen werden, ob diese gegeben sind. Ob und wann diese vorliegen, ist jedoch im Detail aufgrund der Unbestimmtheit der Rechtsbegriffe nicht immer ohne Weiteres zu beantworten. Die Emittenten können hier zwar auf die in den Leitlinien der ESMA und dem Emittentenleitfaden der BaFin bereitgestellten Beispiele zurückgreifen, jedoch bleiben auch hiernach noch immer Unsicherheiten in Bezug auf den jeweiligen Einzelfall.

Die Möglichkeit, eine Veröffentlichung im Sinne des eigenen Geheimhaltungsinteresses aufzuschieben, ist insoweit zwar äußerst begrüßenswert und sorgt dafür, dass die im aktienrechtlichen Informationssystem grundsätzlich stets ins Verhältnis zu setzenden Interessen der Aktiengesellschaft einerseits und die der Informationsempfänger andererseits nicht gänzlich ins Ungleichgewicht geraten, jedoch kann eine Schranke nur dann sinnvoll eingesetzt werden, wenn im Hinblick auf die notwendigen Voraussetzungen keine Zweifel bestehen.

Aufgrund der zahlreichen unbestimmten Rechtsbegriffe, welche allesamt von dem Emittenten selbst auszulegen sind, wird die rechtssichere Anwendung der ansonsten sinnvollen Aufschubmöglichkeit erheblich erschwert. Um hier die Rechtssicherheit für die Emittenten zu erhöhen, bedürfte es insoweit zum einen deutlich präziser gefasster Voraussetzungen und zum anderen deutlich ausgeweiteter Leitlinien, welche eine sicherere Anwendung des Art. 17 Abs. 4 MMVO ohne sich darüber hinaus ergebende Zweifel ermöglicht.

b. Befreiungstatbestand des Art. 17 Abs. 5 und 6 MMVO

Eine weitere Schranke in Bezug auf die unverzügliche Veröffentlichung der Insiderinformationen stellt hier – neben dem Aufschub gemäß Art. 17 Abs. 4 MMVO – der Aufschub der Offenlegung zur Wahrung der Stabilität des Finanzsystems dar, welcher in Art. 17 Abs. 5 und 6 MMVO normiert ist.

Diese Aufschubmöglichkeit ist aus den Erfahrungen der Bankenkrise aus dem Jahre 2008 und 2009 hervorgegangen, welche gravierende und nachhaltige Folgen für die Stabilität und das Vertrauen in das Finanzsystem nach sich zog. Insbesondere die Erkenntnis, dass negative Informationen zur Liquidität einen unkontrollierbaren, rapiden Mittelabzug[953] zur Folge haben und so die Gefahr einer Solvenzkrise auslösen können,[954] hat den europäischen Gesetzgeber veranlasst, im Wege des Art. 17 Abs. 5 und 6 MMVO eine das Finanzsystem schützende Grenze zu inkorporieren.[955]

Anders als bei Art. 17 Abs. 4 MMVO bezwecken Art. 17 Abs. 5 und 6 MMVO folglich nicht den Schutz der durch die Offenlegung belasteten Emittenten, sondern begrenzt die Offenlegungspflicht dahingehend, dass ein Aufschub dann möglich ist, wenn durch diesen dem Interesse der Öffentlichkeit gar noch eher gedient ist, als dies mit einer Veröffentlichung der betroffenen Insiderinformation der Fall wäre. Ob und wann dies der Fall ist, ist im Wege einer Abwägung

953 Engl. *bank run*; vgl. *Klöhn*, AG 2016, 423 (432); *Klöhn*, ZHR 181 (2017), 746 (748); Klöhn-*Klöhn*, MAR, Art. 17, Rn. 311.

954 Baumbach/Hopt-*Kumpan*, Art. 17 MMVO, Rn. 14; *Veil*, ZBB 2014, 85 (93); *Klöhn*, AG 2016, 423 (432); vgl. Erwägungsgrund (4) der Verordnung (EU) Nr. 596/2014 des Europäischen Parlaments und des Rates vom 16. April 2014, ABl. EU Nr. L 173/I.

955 Vgl. Erwägungsgrund (52) und (53) der Verordnung (EU) Nr. 596/2014 des Europäischen Parlaments und des Rates vom 16. April 2014, ABl. EU Nr. L 173/I; *Poelzig*, NZG 2016, 761 (764 f.); *Klöhn*, AG 2016, 423 (432); Baumbach/Hopt-*Kumpan*, Art. 17 MMVO, Rn. 22 f.; Klöhn-*Klöhn*, MAR, Art. 17, Rn. 313.

zu ermitteln, in welcher das öffentliche Interesse an einem Aufschub mit dem Interesse des Marktes am Erhalt der Information ins Verhältnis zu setzen ist.[956]

Sofern alle in Art. 17 Abs. 5 und 6 MMVO normierten Voraussetzungen vorliegen und insbesondere die zuständige Behörde – in Deutschland gemäß § 6 Abs. 5 WpHG in Verbindung mit Art. 22, 17 Abs. 3 und 5 lit. d) MMVO die BaFin – einem Aufschub zugestimmt hat, kann die Offenlegung der Insiderinformation sodann zur Wahrung der Stabilität des Finanzsystems aufgeschoben werden.[957] Dies jedoch nur solange, wie die zuständige Behörde ihre Zustimmung aufrechterhält. Sobald die Zustimmung nicht mehr vorliegt, muss der Emittent die Insiderinformation unverzüglich offenlegen.[958]

4. Sanktionen

Damit die Pflicht zur Ad-hoc-Publizität nicht bloß als folgenlose Banalität wahrgenommen wird, sondern sie auch tatsächlich einerseits die mit ihr bezweckte Präventionswirkung im Hinblick auf die Verhinderung von Insidergeschäften entfaltet und sie andererseits ihre Stellung als verlässliche Informationspflicht in dem vorgesehenen Maße einnehmen kann, ist neben der Pflicht an sich eine Reihe an Sanktionen implementiert worden, um die Einhaltung sicherzustellen.

Etwaige Verstöße im Zusammenhang mit Art. 17 MMVO sind insoweit zwar nicht strafbewährt, jedoch handelt es sich hierbei um Ordnungswidrigkeiten, deren Sanktionierung durch die Verhängung von Bußgeldern erfolgt.[959] Hierbei bleibt die Wirksamkeit etwaiger zugrundeliegender Geschäfte unberührt.

Eine Ordnungswidrigkeit ist gemäß § 120 Abs. 15 Nr. 6–11 WpHG dann anzunehmen, wenn ein Emittent die ihn treffende Ad-hoc-Mitteilungspflicht

---

956 Vgl. Erwägungsgrund (52) der Verordnung (EU) Nr. 596/2014 des Europäischen Parlaments und des Rates vom 16. April 2014, ABl. EU Nr. L 173/I; Baumbach/Hopt-*Kumpan*, Art. 17 MMVO, Rn. 14.

957 *Klöhn*, ZHR 181 (2017), 746 (746, 751); *Poelzig*, NZG 2016, 761 (765); Baumbach/Hopt-*Kumpan*, Art. 17 MMVO, Rn. 14.

958 *Klöhn*, ZHR 181 (2017), 746 (746, 751); *Poelzig*, NZG 2016, 761 (765); Baumbach/Hopt-*Kumpan*, Art. 17 MMVO, Rn. 14.

959 Schwark/Zimmer-*Kumpan/Grütze*, KapitalmarktR, Art. 17 MMVO, Rn. 343 f.; Schimansky/Bunte/Lwowski-*Hopt/Kumpan*, Bankrechts-HdB, § 107, Rn. 168; Assmann/Schütze/Buck-Heeb-*Buck-Heeb*, HdB KapAnlR, § 8, Rn. 340; E/B/J/S-*Poelzig*, Art. 17 MMVO, Rn. 49; Assmann/Schneider/Mülbert-*Assmann*, WertpapierhandelsR, Art. 17 MAR, Rn. 298; Klöhn-*Klöhn*, MAR, Art. 17, Rn. 579 ff.

vorsätzlich[960] oder leichtfertig[961] nicht, nicht richtig, nicht vollständig, nicht rechtzeitig oder nicht in der vorgeschriebenen Weise erfüllt. Selbiges gilt, wenn der Emittent die Ad-hoc-Mitteilung nicht rechtzeitig nachholt.

Die Rechtsfolgenseite derartiger Verstöße sieht mitunter Bußgelder in gewaltiger Höhe vor. § 120 Abs. 18 S. 1 WpHG statuiert, dass Bußgelder von bis zu einer Million Euro verhängt werden können. Juristische Personen oder Personenvereinigungen können sogar gemäß § 120 Abs. 18 S. 2 Nr. 2 WpHG mit einem noch höheren Bußgeld belegt werden. Hier kommt sodann der höhere der Beträge von zweieinhalb Millionen Euro und zwei Prozent des Gesamtumsatzes, den die juristische Person oder Personenvereinigung im vorangegangenen Geschäftsjahr erzielt hat, in Betracht. § 120 Abs. 18 S. 3 WpHG eröffnet hier sogar noch eine weitere Steigerung, indem bei einer Ordnungswidrigkeit auch das Dreifache des aus dem Verstoß gezogenen wirtschaftlichen Vorteils[962] als Bußgeld angesetzt werden kann.[963]

Bei einfach fahrlässigen Verstößen, welche nicht durch die Verhängung eines Bußgelds geahndet werden können, kommen darüber hinaus verwaltungsrechtliche Sanktionen und Maßnahmen gemäß § 6 Abs. 1, 2, 6–9 WpHG in Betracht. Die BaFin[964] kann hier Anordnungen bezüglich der Einstellung von Handlungen treffen, Tätigkeitsverbote verhängen oder Warnungen aussprechen.[965]

---

960 Vorsatz bezeichnet das Wissen und Wollen der Tatbestandsverwirklichung, BeckOK-OWiG-*Valerius*, § 10, Rn. 4; KK-OWiG-*Rengier*, § 10, Rn. 3; Krenberger/Krumm-*Krenberger/Krumm*, § 10 OWiG, Rn. 2.

961 Leichtfertiges Handeln stellt eine gesteigerte Form der Fahrlässigkeit dar, s. näher dazu Schwark/Zimmer-*Kumpan/Grütze*, KapitalmarktR, Art. 14 MMVO, Rn. 15 ff.; E/B/J/S-*Poelzig*, Art. 17 MMVO, Rn. 49.

962 Der wirtschaftliche Vorteil erfasst sämtliche erzielte Gewinne und vermiedene Verluste und kann geschätzt werden, s. § 120 Abs. 18 S. 4 WpHG.

963 *Guntermann*, ZIP 2020, 1290 (1295); Schwark/Zimmer-*Kumpan/Grütze*, KapitalmarktR, Art. 17 MMVO, Rn. 344; E/B/J/S-*Poelzig*, Art. 17 MMVO, Rn. 49; Klöhn-*Klöhn*, MAR, Art. 17, Rn. 533; Assmann/Schneider/Mülbert-*Assmann*, WertpapierhandelsR, Art. 17 MAR, Rn. 299.

964 Die unionsrechtliche Grundlage für die der BaFin übertragenen Befugnisse, welche auf nationaler Ebene in § 6 WpHG umgesetzt wurden, ist Art. 30 MMVO, Schwark/Zimmer-*Kumpan/Grütze*, KapitalmarktR, Art. 17 MMVO, Rn. 353; Assmann/Schütze/Buck-Heeb-*Buck-Heeb*, HdB KapAnlR, § 8, Rn. 296; *Buck-Heeb*, KapitalmarktR, Rn. 495.

965 Assmann/Schütze/Buck-Heeb-*Buck-Heeb*, HdB KapAnlR, § 8, Rn. 296 ff.; E/B/J/S-*Poelzig*, Art. 17 MMVO, Rn. 49; *Buck-Heeb*, KapitalmarktR, Rn. 495; Klöhn-*Klöhn*, MAR, Art. 17, Rn. 588.

Neben den Sanktionen in Form von Bußgeldern und Verwaltungsmaßnahmen kann sich der einen Verstoß begehende Emittent zudem den Geschädigten gegenüber schadensersatzpflichtig machen. Die MMVO sieht diesbezüglich keine speziellen Schadensersatzpflichten vor, sodass hier weiterhin die nationalen Regelungen gelten.[966] Den geschädigten Anlegern steht hier bei Verstößen gegen die Ad-hoc-Publizitätspflicht entsprechend der Einschränkung in § 26 Abs. 3 S. 1 WpHG in erster Linie ein zivilrechtlicher Schadensersatzanspruch aus §§ 97, 98 WpHG zu.[967] Da gemäß § 26 Abs. 3 S. 2 WpHG Schadensersatzansprüche, die auf anderen Rechtsgrundlagen beruhen, von der Einschränkung des § 26 Abs. 3 S. 1 WpHG nicht berührt werden,[968] sind zudem Ansprüche aus §§ 823 Abs. 2, 31 BGB in Verbindung mit § 263 StGB sowie § 826 BGB in Verbindung mit § 31 BGB analog denkbar.[969]

Zusätzlich kommt bei Verstößen gegen die Ad-hoc-Publizität auch ein Schadensersatzanspruch gegen die Mitglieder des Vorstands gegenüber der Gesellschaft gemäß § 93 Abs. 2 AktG in Betracht, sofern diese ihre Pflichten in Zusammenhang mit der Veröffentlichungspflicht verletzen.[970] Eine Außenhaftung der Vorstandsmitglieder ist demgegenüber dann möglich, wenn diese eine unrichtige Darstellung gemäß § 400 Abs. 1 S. 1 AktG verwirklichen, eine vorsätzliche sittenwidrige Schädigung gemäß § 826 BGB begangen oder ein Betrug gemäß § 263 StGB verwirklicht wird.[971]

---

966 *Buck-Heeb*, KapitalmarktR, Rn. 456.

967 *Guntermann*, ZIP 2020, 1290 (1295); E/B/J/S-*Poelzig*, Art. 17 MMVO, Rn. 50; Schwark/Zimmer-*Kumpan/Grütze*, KapitalmarktR, Art. 17 MMVO, Rn. 349; Assmann/Schneider/Mülbert-*Assmann*, WertpapierhandelsR, Art. 17 MAR, Rn. 307; *Buck-Heeb*, KapitalmartkR, Rn. 456 ff.

968 Andere Rechtsgrundlagen sind solche, deren Haftungsgrund sich nicht in einem Verstoß gegen die Ad-hoc-Publizitätspflicht erschöpft, Klöhn-*Klöhn*, MAR, Art. 17, Rn. 590.

969 Assmann/Schneider/Mülbert-*Assmann*, WertpapierhandelsR, Art. 17 MAR, Rn. 311; Schwark/Zimmer-*Kumpan/Grütze*, KapitalmarktR, Art. 17 MMVO, Rn. 350; *Buck-Heeb*, KapitalmarktR, Rn. 478 ff.; Klöhn-*Klöhn*, MAR, Art. 17, Rn. 589 f.

970 Schwark/Zimmer-*Kumpan/Grütze*, KapitalmarktR, Art. 17 MMVO, Rn. 351; Klöhn-*Klöhn*, MAR, Art. 17, Rn 590; Assmann/Schneider/Mülbert-*Assmann*, WertpapierhandelsR, Art. 17 MAR, Rn. 312; Assmann/Schütze/Buck-Heeb-*Buck-Heeb*, HdB KapAnlR, § 8, Rn. 312.

971 Assmann/Schneider/Mülbert-*Assmann*, WertpapierhandelsR, Art. 17 MAR, Rn. 312; Schwark/Zimmer-*Kumpan/Grütze*, KapitalmarktR, Art. 17 MMVO, Rn. 351; *Buck-Heeb*, KapitalmarktR, Rn. 499.

5. *Die Ad-hoc-Publizität im aktienrechtlichen Informationssystem*

a. *Bedeutung des Art. 17 MMVO im Lichte anderer Informationspflichten*

Der in Art. 17 MMVO geregelten Ad-hoc-Publizität kommt im aktienrechtlichen Informationssystem eine besondere Stellung zu. Neben einem eigenen Veröffentlichungsmodus im Wege der Ad-hoc-Mitteilungen zielt die Publizitätspflicht auch auf die Unterrichtung eines besonderen Informationsadressaten in der Form des Kapitalmarkts im Ganzen ab.[972] Hierbei steht die Ad-hoc-Publizität selbstständig neben anderen Transparenzregelungen, deren Erfüllung nicht von der Pflicht zur Ad-hoc-Publizität befreit.[973]

Von besonderer Bedeutung ist das Verhältnis zu der Regelpublizität. Wo die Regelpublizität in Form der Offenlegung der Rechnungslegungselemente periodenweise eine umfassende Unterrichtung über das Unternehmen bezweckt, informiert die Ad-hoc-Publizität punktuell über eine vorliegende Insiderinformation, ohne dabei von einem bestimmten Stichtag abhängig zu sein.[974]

Das sich in dieser Beziehung ergebende Zusammenspiel mit dem Ziel einer umfassenden Informationsvermittlung hat zur Folge, dass Informationen, die grundsätzlich im Rahmen der Veröffentlichung des Jahresabschlusses publiziert werden, bereits Gegenstand der Ad-hoc-Veröffentlichung im Rahmen von Art. 17 MMVO gewesen sein können, ohne dass sich hieraus eine Folge für die sodann später zu veröffentlichenden Rechnungslegungselemente ergibt.[975] Die Regelpublizität wird insoweit durch die Ad-hoc-Publizität informatorisch ergänzt.[976]

---

972 *Möllers*, ZGR 1997, 334 (357 f.); Habersack/Mülbert/Schlitt-*Frowein*, HdB Kapitalmarktinformation, § 10, Rn. 1 ff.; *Buck-Heeb*, KapitalmarktR, Rn. 405; *Rasch*, Der Nachweis der haftungsbegründenden Kausalität bei fehlerhafter Ad-hoc-Publizität, S. 127; BaFin, Emittentenleitfaden Modul C vom 25. März 2020, S. 25.

973 Baumbach/Hopt-*Kumpan*, Art. 17 MAR, Rn. 2; Schwark/Zimmer-*Kumpan/Grütze*, KapitalmarktR, Art. 17 MMVO, Rn. 22 f.; Schimansky/Bunte/Lwowski-*Hopt/Kumpan*, Bankrechts-HdB, § 107, Rn. 134.

974 Habersack/Mülbert/Schlitt-*Frowein*, HdB Kapitalmarktinformation, § 10, Rn. 5; Schwark/Zimmer-*Kumpan/Grütze*, KapitalmarktR, Art. 17 MMVO, Rn. 22.

975 Schwark/Zimmer-*Kumpan/Grütze*, KapitalmarktR, Art. 17 MMVO, Rn. 22 f.; Assmann/Schneider/Mülbert-*Assmann*, WertpapierhandelsR, Art. 17 MAR, Rn. 9.

976 *Buck-Heeb*, KapitalmarktR, Rn. 405; Habersack/Mülbert/Schlitt-*Frowein*, HdB Kapitalmarktinformation, § 10, Rn. 1; Assmann/Schneider/Mülbert-*Assmann*, WertpapierhandelsR, Art. 17 MAR, Rn. 9; Schwark/Zimmer-*Kumpan/Grütze*, KapitalmarktR, Art. 17 MMVO, Rn. 22; zwischen den Pflichten eine Idealkonkurrenz sehend: Klöhn-*Klöhn*, MAR, Art. 17, Rn. 38 ff.

Dies insbesondere vor dem Hintergrund, dass sowohl die Offenlegung der Rechnungslegungselemente als auch die Veröffentlichung von Insiderinformationen ein ähnliches Informationsbedürfnis bedienen. Die Informationsadressaten sollen darüber informiert werden, wie es um das Unternehmen steht. In der heutigen schnelllebigen Welt kann dieses Bedürfnis jedoch nicht alleine durch eine periodenweise Veröffentlichung gestillt werden. Eben die Informationen, bei denen ein Zuwarten aufgrund der Kurserheblichkeit für die Marktteilnehmer nicht zumutbar ist, werden so auch bereits unterjährig hervorgehoben, indem durch die explizite Ad-hoc-Veröffentlichung metaphorisch der Scheinwerfer auf diese gerichtet wird. So können die Informationsadressaten durch die unverzügliche Veröffentlichung auf Informationen entsprechend zeitnah zu ihrer Entstehung reagieren. Wenngleich durch die Veröffentlichung von kursrelevanten Informationen auch Informationen betroffen sein können, welche in die Rechnungslegungselemente mit aufzunehmen sind, so ist eine Veröffentlichung trotz dessen auf lediglich die spezifische Information mit Preisbeeinflussungspotential beschränkt. Eine vorzeitige Offenlegung der gesamten Rechnungslegungselemente ist nicht erforderlich.[977]

Der sich ergebende parallele Anwendungsbereich der beiden Pflichten führt dazu, dass die Aktionäre, die Gläubiger und der Kapitalmarkt als Ganzes neben den periodenweise zu veröffentlichenden Abschlüssen der Gesellschaft auch außerhalb der Stichtage weiterhin mit den wesentlichsten Informationen versorgt werden. In dieser Hinsicht ergänzt die Ad-hoc-Publizität die Regelpublizität nicht nur, sie sind vielmehr in der aktuellen rechtlichen Ausgestaltung als ein sich komplettierendes und ineinandergreifendes Informationssystem zu verstehen.

b. Verhältnis zu § 131 AktG

Hieraus ergibt sich, dass auch das Verhältnis der Ad-hoc-Publizität zu § 131 AktG ähnlich dem Verhältnis der Offenlegung der Rechnungslegungselemente zu § 131 AktG ist.

Wo die Regelpublizität in gegenständlicher Hinsicht ein Mindestmaß an Publizität festlegt, welches gleichzeitig das Minimum dessen darstellt, was der auf der Hauptversammlung anwesende Aktionär berechtigterweise im Rahmen des § 131 AktG nachfragen kann,[978] kommt der Ad-hoc-Publizität eine

---

977 Assmann/Schneider/Mülbert-*Assmann*, WertpapierhandelsR, Art. 17 MAR, Rn. 9.

978 S. o. 4. Teil, A, II, 4.

vergleichbare Bedeutung zu.[979] Wie auch die Pflicht zur Offenlegung der Rechnungslegung kann auch die Ad-hoc-Publizität aufgrund ihres allgemeinen Charakters keine einzelfallspezifischen Besonderheiten im Rahmen der Aktionärsunterrichtung berücksichtigen. Vielmehr werden Informationen rein nach dem Kriterium ad hoc veröffentlicht, ob es sich um Insiderinformationen nach Art. 7 MMVO handelt oder nicht. Das Auskunftsrecht der Aktionäre schließt genau diese Lücke und ermöglicht eine detailgenaue, weiterführende und ergänzende Informationsbeschaffung.

Im Rahmen des § 131 AktG kommt den Aktionären auf der Hauptversammlung die Möglichkeit zu, Fragen zu stellen, um an die für sie individuell relevanten Informationen zu gelangen, die sie für eine adäquate Ausübung ihrer Mitgliedschaftsrechte benötigen. Bereits bei einer Gegenüberstellung der beiden Pflichten wird deutlich, dass diese in keinem sich gegenseitig beeinträchtigenden Konkurrenzverhältnis zueinanderstehen, sondern die Ad-hoc-Publizität, trotz ihrer primären Ausrichtung an den Interessen des Anlegerpublikums, auch die Aktionäre in ihrer Möglichkeit zur individuellen Informationsgewinnung unterstützt.[980] Durch die Publizität der wesentlichen kursrelevanten Informationen, ohne dass diese erst auf der Hauptversammlung durch die Ausübung des Auskunftsrechts erfragt werden müssen, sind Aktionäre von vornherein besser dazu in der Lage, überhaupt die für sie relevanten Fragen zu stellen. Durch die (zumeist[981]) bereits im Vorfeld der Hauptversammlung bekannten Informationen ist so nicht nur den Teilnehmern des Kapitalmarkts, sondern insbesondere auch den auf der Hauptversammlung anwesenden Aktionären gedient. Überdies werden auch die Interessen der Gesellschaft in diesem Zusammenspiel dahingehend geschützt, dass bei Insiderinformationen, deren Veröffentlichung nach Art. 17 Abs. 4 MMVO aufgeschoben ist, davon ausgegangen wird, dass es sich hierbei um Informationen handelt, die dazu geeignet sind, den berechtigten Interessen der Gesellschaft zu schaden. Es muss mithin über solche Informationen keine Auskunft erteilt werden, da den Gesellschaften ein Auskunftsverweigerungsrecht aus § 131 Abs. 3 S. 1 Nr. 1 AktG zur Seite steht.[982]

---

979 MüKo-AktG-*Kubis*, § 131, Rn. 8; vgl. Schwark/Zimmer-*Kumpan/Grütze*, KapitalmarktR, Art. 17 MMVO, Rn. 22 f.; GK-AktG-*Decher*, § 131, Rn. 33.

980 Vgl. MüKo-AktG-*Kubis*, § 131, Rn. 8; vgl. Klöhn-*Klöhn*, MAR, Art. 17, Rn. 5.

981 S. Baumbach/Hopt-*Kumpan*, Art. 17 MAR, Rn. 2; vgl. GK-AktG-*Decher*, § 131, Rn. 33; vgl. Hüffer/Koch-*Koch*, § 131, Rn. 27.

982 *Kocher/Sambulski*, DB 2018, 1905 (1907 ff.); GK-AktG-*Decher*, § 131, Rn. 33; Hüffer/Koch-*Koch*, § 131, Rn. 27; vgl. *Franken/Heinsius*, FS Budde, 213 (241); Wüsthoff, S. 159; Klöhn-*Klöhn*, MAR, Art. 17, Rn. 53.

Es ergibt sich hier mithin, wie auch im Verhältnis des § 131 AktG zu der Pflicht zur Offenlegung der Rechnungslegungselemente, ein vertikales Informationsverhältnis dahingehend, dass die von der Gesellschaft im Rahmen der Ad-hoc-Publizität offengelegten Informationen – vorbehaltlich eines Bezugs zur Tagesordnung – tatbestandlich auch stets Gegenstand des Auskunftsrechts sind, da der Aktionär im Verhältnis zu der allgemeinen Öffentlichkeit nicht schlechter stehen darf.[983] Gleichzeitig ergibt sich aus dieser Wechselwirkung jedoch auch, dass, sofern eine nach § 131 Abs. 1 S. 1 AktG erbetene Informationen bereits Inhalt einer Ad-hoc-Mitteilung war, die Beurteilungserheblichkeit entfallen kann.[984]

6. *Schlussbetrachtung*

a. *Mehrbelastung der Aktiengesellschaften durch die Pflicht zur Ad-hoc-Publizität*

In der erfolgten Betrachtung der Ad-hoc-Publizität mit ihren wesentlichen Voraussetzungen und Grenzen sowie ihrer Stellung innerhalb des aktienrechtlichen Informationssystems wurde deutlich, dass das hier vom europäischen Gesetzgeber geschaffene Regelungskonstrukt hohe Vorgaben an die betroffenen börsennotierten Aktiengesellschaften als Emittenten stellt. Nicht nur, dass die Regelung in der Marktmissbrauchsverordnung mit den sie flankierenden Vorschriften und Leitlinien eine Besonderheit in Bezug auf die anderen Informationspflichten darstellt, sie setzt auch von den Aktiengesellschaften voraus, dass diese zur Erfüllung der an sie gestellten Vorgaben ein funktionierendes, lückenloses System in Bezug auf die Identifizierung und Veröffentlichung von Insiderinformationen in ihrer Gesellschaft etablieren und stets einsatzbereit vorhalten.[985]

Dies bedeutet für die zur Veröffentlichung verpflichteten Gesellschaften jedoch einen erheblichen organisatorischen und bürokratischen Mehraufwand, welcher neben den zusätzlich hierfür zu allozierenden personellen und finanziellen Mitteln auch mit einem Verlust an Rechtssicherheit sowie eklatanten Haftungsrisiken für die Emittenten einhergeht.[986]

---

983 S. o. 4. Teil, A, II, 4; MüKo-AktG-*Kubis*, § 131, Rn. 8.

984 MüKo-AktG-*Kubis*, § 131, Rn. 8; GK-AktG-*Decher*, § 131, Rn. 33.

985 Vgl. *Engert/Florstedt*, ECGI Working Paper Series in Law 2019, Working Paper N° 440/2019, II.1.b).

986 *Koch*, ZGR 2020, 183 (192); *Engert/Florstedt*, ECGI Working Paper Series in Law 2019, Working Paper N° 440/2019, II.1.b); *Schön*, FS K. Schmidt II, 391 (394 f.).

aa. Art. 17 MMVO als Wissensorganisationspflicht?

In dieser Diskussion von besonderer Relevanz ist die noch nicht abschließend beantwortete Frage, ob es sich bei dem Art. 17 MMVO um eine Vorschrift handelt, welche dazu bestimmt ist, bestehende Informationsasymmetrien zwischen dem Vorstand und dem Kapitalmarkt abzubauen oder ob die Norm den Vorstand verpflichtet, überall auf der Welt nach kursrelevanten Informationen über die durch ihn vertretene Aktiengesellschaft zu suchen, um sie sodann an den Kapitalmarkt weitergeben zu können.[987] Die Problematik im Hinblick für die rechtsanwendenden Gesellschaften besteht darin, dass unklar ist, welchem Zweck der Art. 17 MMVO letztendlich tatsächlich dient. Handelt es sich um eine reine Informationspflicht oder doch eher um eine Wissensorganisationspflicht, der sich erst in einem zweiten Schritt eine Informationspflicht anschließt[988]?

Mit Blick auf eine größtmögliche Transparenz und eine möglichst weitgehende Abschwächung bestehender Informationsasymmetrien erscheint die zuletzt genannte Auslegung als Wissensorganisationspflicht zunächst sinnfälliger. Der Vorstand wäre hiernach nicht bloß dazu verpflichtet, in seinem Unternehmen nach entsprechenden Informationen zu suchen und diese zu publizieren, er wäre vielmehr auch daran gehalten, außerhalb des Unternehmens relevante Informationen aufzuspüren und zu veröffentlichen.[989] Als Begründung wird hier angeführt, dass einerseits die Ad-hoc-Publizität nicht voraussetzt, dass der Emittent die zu veröffentlichende Information kennt, und andererseits der Emittent nicht nur bei der Veröffentlichung von Informationen, sondern gerade auch bei deren Suche und Analyse einen komparativen Kostenvorteil gegenüber dem allgemeinen Markt hat.[990] Der Zweck der Ad-hoc-Publizität in der schnellen und umfassenden Versorgung des Kapitalmarkts mit kursrelevanten Informationen verlange eine möglichst umfassende Informationsversorgung. Die Kenntnis des Emittenten könne hiernach mithin keine Rolle für das Einsetzen der Pflicht aus Art. 17 Abs. 1 Unterabs. 1 MMVO spielen.[991]

---

987 *Klöhn*, NZG 2017, 1285 (1286 ff.); *Koch*, ZGR 2020, 183 (193); Klöhn-*Klöhn*, MAR, Art. 17, Rn. 111 f.

988 *Koch*, ZGR 2020, 183 (194); Ausführlich zu dieser Frage: *Koch*, AG 2019, 273 (273 ff.); *Klöhn*, NZG 2017, 1285 (1286 ff.).

989 *Klöhn*, NZG 2017, 1285 (1286 ff.); *Koch*, ZGR 2020, 183 (194); *Koch*, AG 2019, 273 (275).

990 *Klöhn*, NZG 2017, 1285 (1287 f.); a.A. Klöhn-*Klöhn*, MAR, Art. 17, Rn. 121.

991 *Klöhn*, NZG 2017, 1285 (1287 f.).

Ein derartiges Verständnis der Ad-hoc-Publizitätspflicht als Wissensorganisationspflicht geht jedoch mit allerhand Folgeproblemen einher und ist im Ergebnis abzulehnen.[992] Weder ist eine solche Auslegung im Wortlaut des Art. 17 MMVO angelegt[993] noch kann es im Sinne des europäischen Gesetzgebers sein, eine derart konturlose Verpflichtung für börsennotierte Aktiengesellschaften zu implementieren.[994] Neben den einhergehenden tatsächlichen Unsicherheiten wäre dies mit einem Haftungsrisiko für die Gesellschaften verbunden, welches gleichermaßen unüberschaubar wie ausufernd wäre.[995] Es besteht hier die Befürchtung, dass Vorstände in der Folge zwangsweise mehr damit beschäftigt wären, Informationen zusammenzutragen, als ihrer tatsächlichen Aufgabe, nämlich der Leitung des Unternehmens, nachzukommen. Dies nur, um langwierigen Haftungsprozessen – in deren Zentrum die Aufklärung der Frage steht, ob der Vorstand die nicht veröffentlichten Tatsachen hätte erkennen können – zu entgehen.[996] Die den Vorstand treffenden Compliance Pflichten wären in der Folge vom Innenverhältnis in das Außenverhältnis gekehrt.[997] Dass der Wortlaut von Art. 17 MMVO nicht ausdrücklich das Wissen des Emittenten um die Insiderinformation voraussetzt, lässt auch keinen anderen Schluss zu. Vielmehr handelt es sich bei dem Wissen um eine ungeschriebene Tatbestandsvoraussetzung.[998] Nur wer um die Information weiß, kann überhaupt die Möglichkeit des Aufschubs nach Art. 17 Abs. 4 MMVO wahrnehmen.[999] Eine Ausweitung des Verständnisses bezogen auf den Art. 17 MMVO ist somit weder im Hinblick auf den Wortlaut noch in Bezug auf das übergeordnete Ziel der Vorschrift sinnvoll.

Bei Art. 17 MMVO handelt es sich mithin nicht um eine Wissensorganisationspflicht mit angeschlossener Informationspflicht, sondern um eine reine

---

992 *Koch*, AG 2019, 273 (276 ff.); *Koch*, ZGR 2020, 183 (194); *Nietsch*, ZIP 2018, 1421 (1425); *Thomale*, AG 2019, 189 (191).

993 Der Emittent müsste sonst aus dem fehlenden Wissenserfordernis den kontraintuitiven Schluss ziehen, dass er zur Veröffentlichung einer Information selbst dann verpflichtet ist, wenn er diese nicht kennt, *Koch*, AG 2019, 273 (276); *Nietsch*, ZIP 2018, 1421 (1425); *Thomale*, AG 2019, 189 (191).

994 *Koch*, AG 2019, 273 (276); *Nietsch*, ZIP 2018, 1421 (1425); *Thomale*, AG 2019, 189 (191).

995 *Koch*, AG 2019, 273 (281 ff.); *Koch*, ZGR 2020, 183 (194); vgl. *Nietsch*, ZIP 2018, 1421 (1426 ff.).

996 *Koch*, ZGR 2020, 183 (194).

997 *Koch*, ZGR 2020, 183 (194).

998 *Thomale*, AG 2019, 189 (191); *Koch*, AG 2019, 273 (276).

999 *Koch*, AG 2019, 273 (276).

Informationspflicht. Die Zurückdrängung bestehender Informationsasymmetrien kann nicht um jeden Preis erfolgen. Den Informationsadressaten ist nicht dadurch geholfen, dass gutgemeinte Publizitätspflichten die Praxis der Aktiengesellschaften derart gravierend beeinträchtigen. Das bestehende Informationsbedürfnis des Kapitalmarkts mit Blick auf Insiderinformationen aus dem Unternehmen wird zudem bereits hinreichend durch die reine Ad-hoc-Informationspflicht erfüllt. Der Mehrwehrt für den Kapitalmarkt, der mit einem Verständnis als Wissensorganisationspflicht einhergehen würde, ist im Übrigen äußerst überschaubar und wiegt in keiner Weise die zu erwartenden Nachteile für die Emittenten auf.

bb. Befragung der Praxis

Die Frage nach der mit der Ad-hoc-Publizität einhergehenden Mehrbelastung stellt sich jedoch auch dann, wenn man das Verständnis einer reinen Informationspflicht zugrunde legt. Dass mit der Pflicht trotzdem eine bedeutende Mehrbelastung einhergeht, wurde zuletzt in einer im Sommer 2018 von dem Deutschen Aktieninstitut durchgeführten Befragung von über 250 deutschen Unternehmen, bei der fast alle Gesellschaften aus dem DAX, MDAX, SDAX und TecDAX teilgenommen haben, festgestellt.[1000] Mehr als die Hälfte der teilnehmenden Unternehmen haben hier angegeben, dass sie im Bereich der Ad-hoc-Publizität einen Verlust an Rechtssicherheit sehen.[1001] Knapp 90 % der Befragten gaben zudem an, dass sie mit der Einführung der Ad-hoc-Publizität einen gestiegenen oder sogar stark gestiegenen Bürokratieaufwand festgestellt haben.[1002]

Die Mehrzahl der befragten Unternehmen ist in der Folge mit der aktuellen Ausgestaltung der Ad-hoc-Publizität als Herzstück der Kapitalmarkt-Compliance unzufrieden. Neun von zehn Unternehmen erachten die Vorgaben

---

1000 DAI, Befragung nach zwei Jahren EU-Marktmissbrauchsverordnung, abrufbar unter: https://www.dai.de/files/dai_usercontent/dokumente/studien/181212%20Studie%202%20Jahre%20Marktmissbrauchsverordnung%20Web.pdf [zuletzt abgerufen am 08.05.2023]; s. auch *Groß/Royé*, BKR 2019, 272 (272 ff.).

1001 DAI, Befragung nach zwei Jahren EU-Marktmissbrauchsverordnung, S. 2, abrufbar unter: https://www.dai.de/files/dai_usercontent/dokumente/studien/181212%20Studie%202%20Jahre%20Marktmissbrauchsverordnung%20Web.pdf [zuletzt abgerufen am 08.05.2023]; *Groß/Royé*, BKR 2019, 272 (272 f.).

1002 DAI, Befragung nach zwei Jahren EU-Marktmissbrauchsverordnung, S. 2 und 5, abrufbar unter: https://www.dai.de/files/dai_usercontent/dokumente/studien/181212%20Studie%202%20Jahre%20Marktmissbrauchsverordnung%20Web.pdf [zuletzt abgerufen am 08.05.2023]; *Groß/Royé*, BKR 2019, 272 (272 f.).

in Bezug auf die Ad-hoc-Publizität als nicht hinreichend präzise, was zu Verunsicherungen in den Unternehmen führt. Eine Präzisierung der Voraussetzungen der Veröffentlichungspflicht ist daher für einen Großteil der befragten Unternehmen absolut wünschenswert.[1003] In der täglichen Geschäftspraxis können die unterschiedlichsten Unternehmensereignisse, wie beispielsweise die Verfehlung oder Übererfüllung von prognostizierten Ergebnissen, bedeutsame Transaktionen oder auch überraschende personelle Wechsel in Vorstand oder Aufsichtsrat, ad hoc mitteilungsbedürftig sein. Der Emittent ist somit ständig mit der Aufgabe belastet, bei Ereignissen, welche das Unternehmen betreffen, kritisch zu hinterfragen, ob und ab wann bei einer Information eine erhebliche Kursrelevanz vorliegt und diese hierdurch für die Marktteilnehmer wichtig sein kann.[1004] Diese Belastung wird zusätzlich dadurch erschwert, dass die maßgeblichen Voraussetzungen in Bezug auf das Ob und das Wann der Veröffentlichung nach der Auffassung der Befragten noch zu unpräzise sind. So ist unklar, welche Informationen tatsächlich Kursbeeinflussungspotential haben, da nicht zweifelsfrei klar ist, welche Informationen ein verständiger Anleger tatsächlich zur Grundlage seiner Anlageentscheidungen machen würde. Auch der Zeitpunkt einer Veröffentlichung ist bisweilen für den Emittenten schwierig zu bestimmen, da beispielsweise bei ausgedehnten, zeitintensiven Verhandlungen bezüglich einer Unternehmensakquisition stets plötzlich Zwischenschritte zum Abschluss gebracht werden können, welche für sich genommen bereits veröffentlichungswürdig sein können.[1005]

Dieser unklare Beurteilungsmaßstab, welcher erhebliche Unsicherheiten für die Praxis der rechtsanwendenden Emittenten mit sich bringt, ist besonders deshalb unglücklich, da bei einem Verstoß gegen die Veröffentlichungspflicht gravierende Sanktionen zu befürchten sind. Ein unpräzise ausgestalteter

---

1003 DAI, Befragung nach zwei Jahren EU-Marktmissbrauchsverordnung, S. 8, abrufbar unter: https://www.dai.de/files/dai_usercontent/dokumente/studien/181212%20Studie%202%20Jahre%20Marktmissbrauchsverordnung%20Web.pdf [zuletzt abgerufen am 08.05.2023].

1004 DAI, Befragung nach zwei Jahren EU-Marktmissbrauchsverordnung, S. 8, abrufbar unter: https://www.dai.de/files/dai_usercontent/dokumente/studien/181212%20Studie%202%20Jahre%20Marktmissbrauchsverordnung%20Web.pdf [zuletzt abgerufen am 08.05.2023].

1005 DAI, Befragung nach zwei Jahren EU-Marktmissbrauchsverordnung, S. 8 f., abrufbar unter: https://www.dai.de/files/dai_usercontent/dokumente/studien/181212%20Studie%202%20Jahre%20Marktmissbrauchsverordnung%20Web.pdf [zuletzt abgerufen am 08.05.2023].

Regelungskomplex mit den zahlreichen, auslegungsbedürftigen unbestimmten Rechtsbegriffen in Kombination mit stark erhöhten Straf- und Bußgeldrahmen ist im Ergebnis das sichere Rezept für Unsicherheiten.

Für die rechtsanwendenden Aktiengesellschaften ergibt sich mithin durch die Ad-hoc-Publizität eine deutliche Mehrbelastung im Hinblick auf Rechtssicherheit und Bürokratie. Im Interesse der hierdurch belasteten Aktiengesellschaften besteht insofern erheblicher Präzisierungsbedarf.

b. Bewertung

An die Frage, die die mit der Ad-hoc-Publizität einhergehenden Mehrbelastung der Aktiengesellschaften betrifft, schließt sich die Frage an, inwiefern die Ad-hoc-Publizität sinnvoll die bestehende Informationsasymmetrie zwischen den Emittenten und den Teilnehmern des Kapitalmarkts abbaut oder ob es sich bei der Pflicht um eine unnötige Überregulierung handelt. Ein Mehr an bürokratischem Aufwand und Rechtsunsicherheit wäre zumindest dann eher zu akzeptieren, wenn spiegelbildlich für die Informationsadressaten auch ein entsprechender informationeller Mehrwert mit der die Emittenten belastenden Pflicht einhergeht.

Die Ad-hoc-Publizität muss sich dementsprechend an folgendem Umstand messen lassen. Handelt es sich bei dem durch sie geregelten rechtlichen Teilbereich um einen Bereich, in welchem die im Aktienrecht bestehende Informationsasymmetrie eine unerwünschte Schlechterstellung bewirkt, oder kann das Aktienrecht mit der Asymmetrie aufgrund der vorherrschenden Grundkonzeption gut leben? Bei der Beantwortung dieser Frage sind neben der Grundkonzeption des aktienrechtlichen Informationssystems stets auch die Eigenheiten des Kapitalmarktes mit zu berücksichtigen. Bei einer kapitalmarktorientierten Aktiengesellschaft besteht das Informationsbedürfnis in dieser Art nämlich nicht nur auf Seiten der bereits beteiligten Aktionäre, vielmehr müssen auch beitrittswillige Aktionäre und der Kapitalmarkt als Ganzes mit entsprechenden Informationen versorgt werden.

Die sich hierbei ergebende Besonderheit besteht darin, dass bei ebendieser Information des Kapitalmarktes nicht ohne Weiteres auf die herkömmliche aktienrechtliche Ausgestaltung im Hinblick auf Informationen und deren Gewinnung verwiesen werden kann. Weder haben außenstehende Kapitalmarktteilnehmer ein Auskunftsrecht in der Art des § 131 AktG noch ist der einberufene Aufsichtsrat mit der Wahrnehmung ihrer Interessen betraut. Anders als bei regulären Aktionären bestehen mithin keine systematischen Kompensationen, welche die Auswirkungen einer Informationsasymmetrie abmildern könnten.

Im Sinne eines funktionierenden, effizienten Kapitalmarktes bedarf es mithin einer Informationspflicht, welche vorsieht, dass Emittenten von sich aus kursrelevante Informationen umgehend zu veröffentlichen haben. Die sich hier anderweitig ergebende Informationsasymmetrie mangels zur Verfügung stehender Informationsinstrumente würde externe Kapitalmarktteilnehmer ansonsten überproportional benachteiligen. Diese Lücke zu schließen ist Aufgabe des Kapitalmarktrechts, welches dieser Funktion im Wege des Art. 17 MMVO nachkommt. Die Funktionsfähigkeit des Kapitalmarktes basiert gerade darauf, dass sichergestellt ist, dass Inhaber informationsprivilegierter Positionen in und um die Aktiengesellschaft ihre Nähe zu kursrelevanten Informationen nicht ausnutzen. Vertrauen ist insoweit im Hinblick auf den Kapitalmarkt eines der wichtigsten Güter. Ohne Vertrauen kann ein Kapitalmarkt, der von einem regen Miteinander, Handel und Austausch der Marktteilnehmer abhängig ist, nicht funktionieren. Dadurch, dass entsprechende Informationen unverzüglich veröffentlicht werden, können so gleichzeitig präventiv gegen den ein unbedingtes Vertrauen torpedierenden Insiderhandel vorgegangen sowie den Marktteilnehmern die relevantesten Informationen zur Verfügung gestellt werden.

Dem Umstand, dass die kapitalmarktorientierten Aktiengesellschaften als Emittenten Informationen arbeits- und kostenintensiv zusammentragen, auswerten, aufarbeiten und veröffentlichen müssen, steht mithin für die Kapitalmarktteilnehmer ein entsprechender, nicht zu unterschätzender informationeller Mehrwert gegenüber, von welchem auch bestehende Aktionäre und andere Beteiligte profitieren. Eine Präzisierung der Pflicht ist zwar in jedem Falle wünschenswert, um bestehende Rechtsunsicherheiten weitestgehend zu beseitigen, eine unnötige Überregulierung ist in der Pflicht zur Ad-hoc-Publizität jedoch nicht zu erkennen.

Besondere Bedeutung kommt dieser Erkenntnis zudem bei der Frage der Vereinbarkeit der Pflicht zur Ad-hoc-Publizität mit höherrangigem Recht zu. Als Teil des europäischen Sekundärrechts muss sich Art. 17 der Marktmissbrauchsverordnung des europäischen Gesetzgebers direkt an dem Unionsprimärrecht, insbesondere an den Charta-Grundrechten, messen lassen und darf dementsprechend nicht gegen den Verhältnismäßigkeitsgrundsatz verstoßen.[1006] Da – anders als bei den in deutsches Recht umgesetzten Richtlinien – kein nationaler Umsetzungsakt in Frage steht, bedarf es hier nicht der Betrachtung, inwieweit dem deutschen Gesetzgeber tatsächlich ein Umsetzungsspielraum gewährt wurde oder ob die Norm unionsrechtlich determiniert ist. Die Pflicht zur

1006 S. o. 2. Teil, B, IV.

Ad-hoc-Publizität verfolgt insoweit die legitimen Zwecke, ein Mehr an Transparenz zu erreichen, einen EU-weiten vertrauenswürdigen Kapitalmarkt zu schaffen und Missbrauch zu verhindern sowie das interessierte Anlegerpublikum ad hoc mit kursrelevanten Insiderinformationen zu versorgen und so eine informationelle Chancengleichheit herzustellen.[1007] Die Pflicht zur Ad-hoc-Publizität ist, bezogen auf diese Zwecke, sowohl geeignet als auch erforderlich. Ein milderes Mittel, wie etwa die Bereitstellung der Informationen in den periodenweise veröffentlichten Rechnungslegungselementen, ist nicht dazu in der Lage, die Zwecke vergleichbar effektiv zu fördern. Bei der Betrachtung der Angemessenheit und der Frage, ob die mit der Ad-hoc-Publizität beabsichtigten Zwecke noch im Verhältnis mit der Schwere des Eingriffs stehen, ist festzuhalten, dass die Pflicht den börsennotierten Aktiengesellschaften zwar einiges abverlangt und auch die durch Art. 8 und 16 GRCh grundrechtlich geschützten Interessen erheblich beeinträchtigt, die diesem Eingriff gegenüberstehenden Zwecke jedoch als noch gewichtiger anzusehen sind. Der geschaffene Mehrwert mit Blick auf die Integrität des EU-weiten Kapitalmarkts, die Zurückdrängung des Insiderhandels und die zusätzliche Informationsbereitstellung wiegen die mit dem Eingriff einhergehenden Nachteile auf.[1008] Dies erst recht vor dem Hintergrund, dass zwar eine Veröffentlichung von Gesellschaftsgeheimnissen nicht in Gänze, zumindest aber zeitweise aufgeschoben werden kann. Die zu erwartende Belastung dadurch, dass Gesellschaftsgeheimnisse und andere sensible Informationen ad hoc bei deren Entstehung veröffentlicht werden müssen, wird hierdurch entsprechend abgeschwächt. Die Pflicht zur Ad-hoc-Publizität ist mithin angemessen, verstößt insofern nicht gegen den Verhältnismäßigkeitsgrundsatz und ist in der Folge materiell rechtmäßig.

B. Stellungnahme

Die bisherige Bearbeitung hat gezeigt, dass das aktienrechtliche Informationssystem weit mehr ist als das bloße Fragerecht auf der einen und die Schweigepflicht auf der anderen Seite. Auch wenn das Aktiengesetz, isoliert betrachtet, einen in dieser Art und Weise ausbalancierten Umgang mit Informationen

---

1007 S. o. 4. Teil, A, III, 2, a, aa; Assmann/Schneider/Mülbert-*Assmann*, WertpapierhandelsR, Art. 17 MAR, Rn. 74; Schimansky/Bunte/Lwowski-*Hopt/Kumpan*, Bankrechts-HdB, § 107, Rn. 133.

1008 S.a. Assmann/Schneider/Mülbert-*Assmann*, WertpapierhandelsR, Art. 17 MAR, Rn. 74.

vermuten lässt, so stellt dieses Zusammenspiel mittlerweile vielmehr noch einen sich in ein deutlich umfangreiches Rechtsgebebiet einfügenden Teil dar. Das aktienrechtliche Informationssystem hat in dieser Beziehung eine beträchtliche Entwicklung durchlebt.

Eine Informationserlangung ist insoweit längst nicht mehr allein von einem Auskunftsverlangen auf der Hauptversammlung abhängig. Vielmehr sind die Aktiengesellschaften im Rahmen der bestehenden Informationspflichten mehr und mehr gehalten, relevante Informationen bereits von sich aus offenzulegen. Obgleich früher die Hauptversammlung mit ihrer „Quasi-Öffentlichkeit" der Ort war, an dem Aktionäre mit Informationen versorgt wurden, ist heutzutage eine Abkehr von diesem originär aktienrechtlichen Umgang mit Informationen zu erkennen. Die Vermittlung von wesentlichen Informationen ist nicht mehr nur auf die Hauptversammlung beschränkt.

In dieser Hinsicht ist zwischen den sogenannten *pull*- und *push*-Lösungen zu unterscheiden.[1009] Die prominenteste aktienrechtliche *pull*-Lösung in Bezug auf die Informationsbeschaffung ist der § 131 AktG. Dieser ist so ausgestaltet, dass er den auf der Hauptversammlung anwesenden Aktionären – als einem näher eingegrenzten Kreis von unmittelbar durch die Information Betroffenen – einen Anspruch auf Auskunft einräumt. Die Aktionäre haben es mithin selber in der Hand, ob sie sich mit ihren Informationsgesuchen an die Gesellschaft wenden oder ob sie die gegebene natürliche Informationsasymmetrie bestehen lassen. *Pull*-Lösungen haben den Vorteil, dass gezielt Informationslücken geschlossen werden können und die Gesellschaft als Wissensträger die Möglichkeit hat, stets einzelfallbezogen zu entscheiden, ob sie die in Rede stehende Information unter Berücksichtigung ihrer eigenen Geheimhaltungsinteressen preisgeben kann oder nicht. Weitere gesellschaftsrechtliche Vorschriften, die nach dem *pull*-Verfahren ausgestaltet sind, sind beispielsweise § 716 BGB, §§ 118, 166 HGB und § 51a GmbHG.

Demgegenüber stehen Vorschriften, die eine *push*-Lösung vorsehen. Eine Informationspflicht, die nach diesem Modell ausgestaltet ist, sieht vor, dass Wissensträger bereits von sich aus verpflichtet sind, Informationen zu publizieren. Die betrachteten Pflichten, die die Offenlegung des Jahresabschlusses, die Berichtspflichten bei der Veränderung der Unternehmensstruktur und die Ad-hoc-Publizität betreffen, sind allesamt nach dem Modell der *push*-Lösung ausgestaltet. Der Vorteil der *push*-Lösungen besteht darin, dass Informationsasymmetrien

1009 S. *Koch*, ZGR 2020, 183 (185 ff.); vgl. auch *Noack/Zetsche*, ZHR 170 (2006), 218 (219 f.).

bereits an ihrer Wurzel entgegengewirkt wird, indem relevante Informationen von Seiten der Aktiengesellschaft veröffentlicht werden, ohne dass es eines Zutuns des Informationssuchenden bedarf. Weitere Publizitätspflichten dieser Art sind beispielsweise in den Mitteilungspflichten bezüglich Beteiligungen aus §§ 20 ff. AktG und §§ 33 ff. WpHG, der Pflicht aus § 161 AktG hinsichtlich einer Entsprechung mit den Empfehlungen des Deutschen Corporate Governance Kodex sowie den Corporate Social Responsibility (CSR)-Berichtspflichten im Sinne des § 289b ff. HGB zu erkennen, welche eine gesteigerte Transparenz hinsichtlich ökologischer und sozialer Aspekte eines Unternehmens zum Gegenstand haben.

Diese Ausgestaltung ist jedoch nicht als der Weisheit letzter Schluss anzusehen, nur weil eine Informationsvermittlung hierdurch möglicherweise schneller und umfassender erreicht werden kann. Am Modell des *push*-Verfahrens orientierten Informationspflichten bringen für die sie treffenden Aktiengesellschaften mitunter immense tatsächliche und rechtliche Unsicherheiten mit sich. Anders als bei Auskunftsansprüchen, bei denen explizite Informationen erfragt werden, die die Gesellschaft sodann bereitstellen kann oder auch nicht, ist die Aktiengesellschaft bei den *push*-Lösungen dazu verpflichtet, Informationen von sich aus zusammenzusuchen, diese auszuwerten und eigenständig zu entscheiden, welche Informationen im Endeffekt in Erfüllung der Pflicht zu veröffentlichen sind und welche nicht. Hierdurch entsteht ein erheblicher finanzieller und personeller Mehraufwand für die Aktiengesellschaften, welcher gleichzeitig mit gravierenden Haftungsrisiken bei Nicht- oder Untererfüllung aufwartet.[1010]

Der sich abzeichnende Trend im Bereich der Informationspflichten sieht jedoch so aus, dass bei neuen gesetzlichen Normierungen nicht auf *pull*-Mechanismen zurückgegriffen, sondern der Fokus vermehrt auf die *push*-Mechanismen gelegt wird. Bestehende Informationsasymmetrien, die dem Aktienrecht aufgrund seiner zugrundeliegenden Leitgedanken immanent sind, werden zusehends eingeebnet. Wo früher, metaphorisch gesprochen, der Prophet zum Berg kommen musste, kommt mittlerweile ein Großteil des Berges zum Propheten.

Diesbezüglich stellt sich nunmehr die Frage, was das aktuelle aktienrechtliche Informationssystem sein will und ob dem Auskunftsrecht der Aktionäre aus § 131 AktG noch eine wesentliche Stellung in diesem System zukommt oder ob es sich mehr und mehr um einen Sonderfall handelt.

Durch die sich auf dem Vormarsch befindenden Informationspflichten, die die Aktiengesellschaft bereits von sich aus dazu verpflichten, relevante

---

1010 Vgl. *Schön*, FS K. Schmidt II, 391 (394 f.).

Informationen zu veröffentlichen, wird der Anwendungsbereich des Fragerechts auf der Hauptversammlung zusehends geschmälert.[1011] Ein Großteil der Informationen, welche für die Aktionäre zur Ausübung ihrer mitgliedschaftlichen Rechte von Bedeutung sind, sind mithin durch vorherige Veröffentlichungen bereits frei öffentlich zugänglich. Die Aktiengesellschaft berichtet in dieser Hinsicht bereits periodenweise im Rahmen der Offenlegung der Rechnungslegungselemente über bedeutende Informationen wie das Zahlenwerk und die wichtigsten unternehmerischen Ereignisse sowie Zukunftsaussichten und ergänzt dies unterjährig mit Ad-hoc-Mitteilungen, welche bedeutende Insiderinformationen zum Gegenstand haben. Einer allgemein auf bereits publizierte Informationen gerichteten Frage auf der Hauptversammlung bedarf es insoweit nicht mehr.

Aus dem Umstand, dass Informationen bereits für Interessierte und somit auch für Aktionäre aufgrund einer Veröffentlichung zur Kenntnisnahme zur Verfügung stehen, darf jedoch nicht voreilig der Schluss gezogen werden, dass dem Auskunftsrecht aus § 131 AktG keine eigenständige Bedeutung mehr zukommt.

Der § 131 Abs. 1 S. 1 AktG behält vielmehr seine Relevanz für das aktienrechtliche Informationssystem auch dann, wenn vermehrt Informationen bereits im Vorfeld veröffentlicht wurden. Zwischen Publizitätspflichten und dem Auskunftsrecht besteht insofern eine Beziehung in der Art, dass die undifferenziert offengelegten Informationen die Grundlage dafür bieten, dass der Aktionär im Wege seines Auskunftsrechts die speziell für ihn relevanten Informationen erfragen kann. Die *push*-Informationspflichten vermitteln insoweit eine breite Grundlage an Basisinformationen, deren Ergänzung der individuell-rechtliche Auskunftsanspruch dient.[1012] Zwischen den Publizitätspflichten einerseits und dem Auskunftsanspruch andererseits besteht insofern ein vertikales Informationsverhältnis.

Den betrachteten Informationspflichten kann für sich genommen insoweit eine eigenständige wesentliche Relevanz beigemessen werden. Das Auskunftsrecht der Aktionäre aus § 131 AktG hat zwar im Lichte dieser *push*-Pflichten zum Teil an Tragweite verloren, stellt im Großen und Ganzen jedoch trotzdem noch ein wesentliches Element im aktienrechtlichen Informationssystem dar. Ein Nebeneinander der verschiedenartig ausgestalteten Pflichten ist insofern

---

1011 *Leyens*, ZGR 2019, 544 (551); *Hellgardt/Hoger*, ZGR 2011, 38 (67); *Noack/Zetsche*, ZHR 170 (2006), 218 (219 f.).

1012 So auch MüKo-AktG-*Kubis*, Band 3, § 131, Rn. 6 ff.

möglich und bringt im Sinne einer umfangreichen Informationsvermittlung durchaus Vorteile mit sich.

Trotz allem ist die sich abzeichnende Entwicklung nicht gänzlich unbedenklich. Der sich abzeichnende Trend hin zu mehr Transparenz hat zur Folge, dass vermehrt Informationspflichten nach dem *push*-Verfahren Einzug in das Aktienrecht erhalten. Der möglichst umfassende Abbau von Informationsasymmetrien nach dem Vorbild des angelsächsischen Rechtskreises steht im Fokus des Gesetzgebers. Die Leidtragenden dieser gesetzgeberischen Intention sind die Aktiengesellschaften selbst, die die Informationen bereitstellen müssen. Das Zusammenwirken von unklar formulierten Vorschriften einerseits und eklatanten Haftungsfolgen bei Verstößen andererseits führt zu einem unbefriedigenden Status quo für die Aktiengesellschaften.

Anstatt einer zunehmenden Bürokratisierung des Aktienrechts entgegenzuwirken und Fallstricke abzubauen, wurde das bestehende Regelungsgefüge auch in jüngster Vergangenheit erneut einer umfangreichen Erweiterung unterzogen. Mit dem In-Kraft-Treten des ARUG II, welches im folgenden Teil der Bearbeitung näher betrachtet wird, wurden zusätzliche von den Aktiengesellschaften zu beachtende Pflichten in das bestehende aktienrechtliche Informationssystem eingefügt, die es zu untersuchen gilt.

5. Teil: Erweiterung der Informationspflichten durch das ARUG II

A. Überblick

Das so im Laufe der Jahre stetig fortentwickelte aktienrechtliche Informationssystem hat durch entsprechende Änderung jüngst eine Erweiterung erfahren. Wieder einmal wurde auf europäischer Ebene ein weiterer Vorstoß hin zu einem verstärkten Informationsfluss, einer gesteigerten Transparenz und einer weiter voranschreitenden Vereinheitlichung der unterschiedlichen Rechtssysteme innerhalb der Europäischen Union unternommen, was nicht nur für das aktienrechtliche Regelungsgefüge, sondern auch für die Praxis in den Aktiengesellschaften allerhand Neuerungen mit sich bringt.

Die die Änderungen mit sich bringende Rechtsquelle stellt hier das ARUG II dar,[1013] mit welchem die vom europäischen Gesetzgeber neugefasste EU-Aktionärsrechterichtlinie 2017/828 (AR-RL II)[1014] in nationales Recht umgesetzt wurde. Diese Änderungs-Richtlinie ergänzt die ursprüngliche Aktionärsrechterichtlinie aus dem Jahr 2007 um neue Vorschriften und Regelungen, welche ihrerseits bereits für die Mitgliedstaaten der Europäischen Union einheitliche Mindeststandards im Hinblick auf die Rechte der Aktionäre börsennotierter Aktiengesellschaften festlegte und das materielle Aktienrecht grundlegend reformierte.[1015]

Das Gesetz zur Umsetzung der ersten Aktionärsrechterichtlinie vom 30.07.2009 (ARUG) hat bereits als wesentliche Änderungen zum einen die grenzüberschreitende Stimmrechtsausübung und die Kapitalaufbringung durch Sacheinlagen erleichtert sowie zum anderen die Durchführung der Hauptversammlung in ihren Grundzügen modernisiert, indem nunmehr seit dessen

---

1013 Gesetz zur Umsetzung der zweiten Aktionärsrechterichtlinie (ARUG II), BGBl. 2019, Teil I, S. 2637 ff.

1014 RL (EU) Nr. 2017/828 des Europäischen Parlaments und des Rates vom 17.05.2017 zur Änderung der Richtlinie 2007/36/EG im Hinblick auf die Förderung der langfristigen Mitwirkung der Aktionäre, ABl. EU Nr. L 132, S. 1 vom 20.05.2017.

1015 RL Nr. 2007/36/EG des Europäischen Parlaments und des Rates vom 11.07.2007 über die Ausübung bestimmter Rechte von Aktionären in börsennotierten Gesellschaften, ABl. EU Nr. L 184, S. 17; *Stöber*, DStR 2020, 391 (391).

Inkrafttreten vermehrt moderne Medien genutzt werden können. Zudem wurde die Bekämpfung missbräuchlicher Aktionärsklagen, welche bereits mit dem UMAG begonnen wurde, weiter vorangetrieben.[1016]

Auch die 2. Aktionärsrechterichtlinie und das nach ihren Vorgaben geschaffene ARUG II hat in dieser Manier die Stärkung der Rechte und die Förderung der langfristigen Mitwirkung der Aktionäre zum Ziel. So soll zum einen die Ausübung der mit Aktien verbundenen Rechte weiter erleichtert und zum anderen die Transparenz zwischen den jeweiligen Gesellschaften und den aktuellen und potenziellen Aktionären erhöht werden.[1017] Zudem soll, auch als Konsequenz aus der Finanzkrise, das Handeln von Vermögensverwaltern, institutionellen Anlegern, Stimmrechtsberatern, Aufsichtsräten und Vorständen dahingehend gerichtet werden, dass die Ausübung ihrer Positionen nicht in einer kurzfristigen Gewinnmaximierung endet, sondern möglichst nachhaltiges Wachstum der Gesellschaft angestrebt wird.[1018] Dies soll gerade dem langfristigen Erfolg des jeweiligen Unternehmens zuträglich sein, wovon dann wiederum sowohl Aktionäre als auch andere mit der Gesellschaft in Verbindung stehende *stakeholder* gleichermaßen profitieren sollen.

Die wesentlichen Änderungen, welche zur Erreichung dieses Ziels durch den europäischen Gesetzgeber vorgenommen wurden, sind insbesondere die Schaffung neuer Regelungen zur Feststellung der Identität der Aktionäre (know-your-shareholder), die Anpassung der Regelungen zur Vergütung von Mitgliedern der Unternehmensleitung (say-on-pay), und – für diese Bearbeitung von besonderer Bedeutung – die Implementierung neuer Regelungen, welche Geschäfte der börsennotierten Aktiengesellschaft mit nahestehenden Personen betreffen (related-party-transactions).[1019]

1016 Böttcher/Carl/Schmidt/Seibert-*Böttcher*, § 2, Rn. 4.

1017 Vgl. Erwägungsgrund (3, 4, 14, 16, 17) der RL (EU) Nr. 2017/828 des Europäischen Parlaments und des Rates vom 17.05.2017, ABl. EU Nr. L 132, 1; so das BMJV in einem Pressereferat zum ARUG II, BMJV Pressereferat vom 13.11.2019, S. 1, abrufbar unter: https://www.bmjv.de/SharedDocs/Downloads/DE/News/PM/111419_ARUG_FAQ.pdf?_blob=publicationFile&v=1#:~:text=Was%20ist%20das%20Ziel%20des,Gesellschaften%20und%20Anlegern%20erh%C3%B6ht%20werden [zuletzt abgerufen am 08.05.2023].

1018 BMJV Pressereferat vom 13.11.2019, S. 1, abrufbar unter: https://www.bmjv.de/SharedDocs/Downloads/DE/News/PM/111419_ARUG_FAQ.pdf?_blob=publicationFile&v=1#:~:text=Was%20ist%20das%20Ziel%20des,Gesellschaften%20und%20Anlegern%20erh%C3%B6ht%20werden [zuletzt abgerufen am 08.05.2023].

1019 Der neugefasste Artikel 1 Abs. 1 der ARRL wurde in dieser Art um diese besonderen zusätzlichen Anforderungen erweitert.

Bei dem Gros der neu eingeführten Regelungen handelt es sich um Vorschriften, welche auf vermeintliche Vorbildvorschriften aus dem angelsächsischen Rechtskreis bzw. präziser dem britischen Recht zurückzuführen sind.[1020]

Der Fokus des europäischen Gesetzgebers auf eine Schaffung von Regelungen nach dem Vorbild speziell der britischen Vorschriften, welche sodann von allen Mitgliedstaaten der EU in das jeweilige nationale Recht umzusetzen sind, verwundert jedoch in mehrfacher Hinsicht. Dies nicht zuletzt im Hinblick auf den bereits am 31.01.2020 erfolgten Austritt des Vereinigten Königreichs aus der EU – welches nach einer einjährigen Übergangsphase mit einer beschwerlichen Neuaushandlung der langfristigen Beziehungen nunmehr seit dem 01.01.2021 offiziell nicht mehr Teil dieser ist – sondern gerade auch vor dem Hintergrund der gänzlich unterschiedlichen aktienrechtlichen Strukturen der einzelnen Mitgliedsstaaten.

Wo die britischen Regelungen in deren Rechtskreis ihren Sinn haben mögen und in dem dort geltenden System tief verwurzelt sind, ergeben sich bei deren Überführung in andere Rechtssysteme zwangsläufig Unstimmigkeiten in Bezug auf eine wünschenswerte stringente Systemkohärenz. Eine unreflektierte Übernahme würde dann lediglich dazu beitragen, dass sich der bestehende Flickenteppich der von den Aktiengesellschaften zu berücksichtigenden Vorschriften weiter ausbreitet und die eigentliche Konzeption des Aktiengesetzes sich weiter von ihrem Ursprung entfernt. Ob und inwiefern sich die neuen Regelungen in das bestehende deutsche System eingliedern, gilt es zu untersuchen.

Trotz der grundlegenden Bedenken ist das ARUG II, nachdem es aufgrund von im Vorfeld kontrovers diskutierter Fragen zunächst zu einer Verzögerung kam, letztlich dadurch zustande gekommen, dass dem Regierungsentwurf zur Umsetzung der 2. Aktionärsrechterichtlinie in der Fassung der Beschlussempfehlung des Ausschusses für Recht und Verbraucherschutz am 14.11.2019 vom Bundestag in zweiter und dritter Lesung zugestimmt wurde.[1021] Am 01.01.2020 ist das ARUG II sodann final in Kraft getreten.[1022]

1020 *Stöber*, DStR 2020, 391 (391).

1021 *Stöber*, DStR 2020, 391 (391); *Florstedt*, ZIP 2020, 1 (1).

1022 *Stöber*, DStR 2020, 391 (391); *Florstedt*, ZIP 2020, 1 (1).

B. Neuregelungen durch das ARUG II

I. Know-your-shareholder

Eine der wesentlichen Neuerungen, die das ARUG II für das Aktienrecht mit sich gebracht hat, sind zusätzliche Vorschriften, mit deren Hilfe börsennotierte Gesellschaften leichter Feststellungen darüber treffen können sollen, wer ihre tatsächlichen Aktionäre sind. Dieser im Rahmen der 2. Aktionärsrechterichtlinie als „*know-your-shareholder*“ bezeichnete Regelungsbereich enthält entsprechend der Zielsetzung neue Vorschriften, die eine Identifizierung der Aktionäre durch die Gesellschaft ermöglichen sollen, um über eine vereinfachte Kontaktaufnahme die Ausübung von Aktionärsrechten zu erleichtern.[1023]

1. Vorgabe und Umsetzung

Der europäische Gesetzgeber hat mit der Normierung des Art. 3a Abs. 1 S. 1 ARRL II bestimmt, dass Mitgliedstaaten sicherstellen müssen, dass Gesellschaften das Recht und die entsprechende Möglichkeit haben, ihre Aktionäre zu identifizieren. Dieser Vorgabe ist der nationale Gesetzgeber in der Form nachgekommen, dass er mit der Einführung des § 67d AktG n.F. eine neue Vorschrift in das Aktiengesetz implementiert hat, welche es den börsennotierten Aktiengesellschaften ermöglicht, von einem die Aktien der Gesellschaft verwahrenden Intermediär Informationen über die Identität der Aktionäre zu verlangen.[1024] Der § 67d AktG ist explizit so ausgestaltet, dass er lediglich den Rechtskreis der Aktiengesellschaft erweitert. Eine Pflicht zur Aktionärsidentifikation ergibt sich hieraus grundsätzlich nicht.[1025]

Ein Intermediär ist nach der Legaldefinition in § 67a Abs. 4 AktG n.F. eine Person, die Dienstleistungen der Verwahrung oder der Verwaltung von

---

1023 BMJV Pressereferat vom 13.11.2019, S. 1, abrufbar unter: https://www.bmjv.de/SharedDocs/Downloads/DE/News/PM/111419_ARUG_FAQ.pdf?_blob=publicationFile&v=1#:~:text=Was%20ist%20das%20Ziel%20des,Gesellschaften%20und%20Anlegern%20erh%C3%B6ht%20werden [zuletzt abgerufen am: 08.05.2023]; MüKo-AktG-*Bayer/Illhardt*, Nachtrag zum ARUG II, § 67a, Rn. 5; *Stöber*, DStR 2020, 391 (391).

1024 *Stöber*, DStR 2020, 391 (391); *Kuntz*, AG 2020, 18 (Rn. 62 ff.).

1025 BT-Drs. 19/9739, S. 66; *Stiegler*, WM 2019, 620 (623); *Kuntz*, AG 2020, 18 (Rn. 64); *Stöber*, DStR 2020, 391 (391); *Zipperle/Lingen*, BB 2020, 131 (134); *Cichy/Krawinkel*, DB 2020, 602 (603); MüKo-AktG-*Bayer/Illhardt*, Nachtrag zum ARUG II, § 67d, Rn. 6; Hüffer-*Koch*, § 67d, Rn. 1; K. Schmidt/Lutter-*Nussbaum*, § 67d, Rn. 4; Jung/Krebs/Stiegler-*Jung/Stiegler*, Gesellschaftsrecht in Europa, § 30, Rn. 33.

Wertpapieren oder der Führung von Depotkonten für Aktionäre oder andere Personen erbringt.[1026] Ausweislich des Gesetzesentwurfs zum ARUG II können dies insbesondere Wertpapierfirmen, Kreditinstitute und Zentralverwahrer sein.[1027] Nicht unter die Definition eines Intermediärs fallen explizit Notare, bei denen die zeitweise Verwahrung von Wertpapieren gemäß § 23 BNotO die Ausübung einer hoheitlichen Tätigkeit darstellt, sowie Stimmrechtsberater und vergleichbare Dienstleister, die keine Wertpapiere verwahren, verwalten oder Depotkonten führen.[1028]

Einzelheiten zu dem in § 67d AktG implementierten Informationsanspruch enthält die ARRL-Durchführungsverordnung (ARRL-DVO),[1029] auf die § 67d Abs. 1 S. 2, Abs. 2 S. 1, Abs. 3 S. 1, Abs. 4 S. 4 AktG n.F. verweisen. Diese unmittelbar geltende Verordnung erweitert die Vorschriften im Aktiengesetz dahingehend, dass sie nähere Bestimmungen zu Inhalt, Form und Frist des Informationsverlangens vorsieht. Für die den § 67d AktG n.F. anwendenden Aktiengesellschaften und Intermediäre bedeutet dies, dass ein adäquater und rechtssicherer Umgang mit den neuen Vorschriften nur dann möglich ist, wenn die notwendigen zu beachtenden Modalitäten aus den entsprechenden Rechtsakten entnommen und zu einer Gesamtregelung zusammengesetzt werden.[1030] Die Informationen, die die Gesellschaft so über ihre Aktionäre in Erfahrung bringen kann, bestehen gemäß § 67d Abs. 2 S. 1 AktG in Verbindung mit Art. 3 Abs. 2 und der Tabelle 2 der ARRL-DVO in einer eindeutigen Kennung, dem Namen, der postalischen Adresse und – sofern vorhanden – einer E-Mail-Adresse des jeweiligen Aktionärs.[1031] Zudem hat der Intermediär neben den Angaben zu sich selbst auch die Anzahl der von dem Aktionär gehaltenen Aktien offenzulegen.[1032]

Dem Informationsverlangen können insoweit zur effektiven Rechtsausübung auch keine Geheimhaltungspflichten, wie beispielsweise das Bankgeheimnis,

1026 S. dazu *Stiegler*, WM 2019, 620 (622 f.); *Stöber*, DStR 2020, 391 (391); *Kuntz*, AG 2020, 18 (Rn. 35 ff.); Jung/Krebs/Stiegler-*Jung/Stiegler*, Gesellschaftsrecht in Europa, §30, Rn. 45.

1027 BT-Drs. 19/9739, S. 62; *Stöber*, DStR 2020, 391 (391).

1028 BT-Drs. 19/9739, S. 62; *Stöber*, DStR 2020, 391 (391).

1029 Durchführungsverordnung (EU) 2018/1212 der Kommission vom 03.09.2018, ABl. 2018 L 223, 1.

1030 *Stöber*, DStR 2020, 391 (391); MüKo-AktG-*Bayer/Illhardt*, Nachtrag zum ARUG II, § 67d, Rn. 13 ff.; Hüffer-*Koch*, § 67d, Rn. 3; K. Schmidt/Lutter-*Nussbaum*, § 67d, Rn. 7.

1031 Hüffer-*Koch*, § 67d, Rn. 4; *Stöber*, DStR 2020, 391 (391).

1032 *Stöber*, DStR 2020, 391 (391); *Stiegler*, WM 2019, 620 (624).

entgegengehalten werden. Bei allgemeinen Geschäftsbedingungen und individualvertraglichen Abreden ist dies bereits auf den Vorrang des Gesetzes zurückzuführen, darüber hinaus ist in § 67e Abs. 3 AktG n.F., welcher nach der Vorgabe des Art. 3a Abs. 6 2. ARRL geschaffen wurde, genau mit Blick auf diese Problematik festgelegt, dass Offenlegungen im Zusammenhang mit § 67d AktG keinen Verstoß gegen vertragliche oder gesetzliche Verbote darstellen.[1033] Die Weitergabe von Informationen nach den §§ 67a-67 f. AktG n.F. hat insoweit zwar im Einklang mit der EU-DSGVO[1034] zu erfolgen, andere Geheimhaltungs- und Verschwiegenheitspflichten können zur Verhinderung von Normenkonflikten auf Seiten der Intermediäre jedoch nicht einer Weitergabe entgegengehalten werden.[1035]

2. Regelungsgegenstand und -zweck

Der Gesellschaft soll durch diesen Anspruch die Möglichkeit eröffnet werden, direkt mit ihren Aktionären in Kontakt zu treten, um so diesen die Ausübung ihrer Rechte und die Mitwirkung in der AG zu erleichtern.[1036] Durch ebendiese erleichterte und verbesserte Kommunikation soll so nach eigenen Angaben des Gesetzgebers gleichzeitig die langfristige, stabile und positive Unternehmensentwicklung gefördert werden.[1037]

Über den neuen § 67d AktG als Zentralnorm der *know-your-shareholder*-Regelungen bzw. Regelungen zur Aktionärsidentifikation wurde den Aktiengesellschaften so in gewissem Grade eine gesetzliche Schneise durch die Verwahrungskette gebahnt.[1038] Nicht nur, dass die Aktiengesellschaft nunmehr die rechtliche Möglichkeit der Informationsabfrage hat, der sich aus § 67d AktG ergebende Informationsanspruch ist zudem für die jeweils informationssuchende

---

1033 BT-Drs. 19/9739, S. 69; MüKo-AktG-*Bayer/Illhardt*, Nachtrag zum ARUG II, § 67d, Rn. 12; K. Schmidt/Lutter-*Nussbaum*, § 67d, Rn. 6.

1034 Verordnung (EU) 2016/679 des europäischen Parlaments und des Rates vom 27.04.2016, ABl. EU 2016 L 119/1.

1035 Vgl. Erwägungsgrund (52) der RL (EU) Nr. 2017/828 des Europäischen Parlaments und des Rates vom 17.05.2017, ABl. EU Nr. L 132, 1; BT-Drs. 19/9739, S. 69.

1036 BT-Drs. 19/9739, S. 32; *Stöber*, DStR 2020, 391 (391); MüKo-AktG-*Bayer/Illhardt*, Nachtrag zum ARUG II, § 67d, Rn. 1; *Einsele*, JZ 2019, 121 (121).

1037 BT-Drs. 19/9739, S. 32; MüKo-AktG-*Bayer/Illhardt*, Nachtrag zum ARUG II, § 67d, Rn. 1.

1038 *Zetzsche*, ZGR 2019, 1 (14); *Stiegler*, WM 2019, 620 (623); Hüffer/Koch-*Koch*, § 67d, Rn. 1; *Kuntz*, AG 2020, 18 (Rn. 62).

Gesellschaft in der Praxis, in Bezug darauf, an wen sich die Gesellschaft mit ihrem Informationsgesuchen wenden muss, äußerst komfortabel anzuwenden.

Es steht der Aktiengesellschaft im Rahmen des § 67d AktG frei, an welchen Intermediär sie ihre Anfrage stellt. Entweder kann sie sich direkt an den Letztintermediär im Sinne des § 67a Abs. 5 S. 2 AktG – welcher als letztes Glied in der Kette die Aktien des jeweiligen Aktionärs verwahrt – wenden oder aber auch an jeden anderen der Gesellschaft bekannten Intermediär herantreten, ohne dass ihr hierdurch in Bezug auf die Informationserlangung Nachteile entstehen würden.[1039] Wendet sich die Gesellschaft direkt an den Letztintermediär, ist dieser über § 67d Abs. 4 S. 1 AktG verpflichtet, der Gesellschaft die angefragten Informationen direkt zur Verfügung zu stellen.

Entscheidet sich die Gesellschaft dazu, die Anfrage an einen anderen Intermediär als den Letztintermediär zu richten, wird das Gesuch der Gesellschaft von diesem im Wege des § 67d Abs. 3 AktG über die Intermediärskette im Sinne des § 67 Abs. 5 S. 1 AktG an den Letztintermediär gesandt, welcher dann wiederum die Informationen über die Kette gemäß § 67d Abs. 4 S. 2 AktG an den von der Gesellschaft in Anspruch genommenen Intermediär weiterleitet. Dieser beantwortet sodann die Anfrage der Gesellschaft selbst gemäß § 67d Abs. 4 S. 3 AktG.

Die Aktiengesellschaft wird in dieser Form zum einen dazu befähigt, die tatsächliche Identität ihrer Aktionäre herauszufinden und mit diesen direkt in Kontakt zu treten, zum anderen wurde über § 67d Abs. 1 S. 1 Alt. 2 AktG von der Option Gebrauch gemacht, dass auch die Identität des jeweiligen nächsten Intermediärs erfragt werden kann, wodurch so auch die Verwahrungskette nachvollzogen werden kann, sofern die Gesellschaft diese Informationen erbittet. Das Gebrauchmachen von der in Art. 3a Abs. 3 Unterabs. 3 der ARRL-II eröffneten Option zur Feststellung der einzelnen Intermediäre war zum Zeitpunkt des Referentenentwurfs so noch nicht vorgesehen, wurde jedoch, nachdem sich das Deutsche Aktieninstitut in seiner Stellungnahme vom 30.11.2018 berechtigterweise explizit dafür ausgesprochen hatte, im finalen Gesetz dann doch genutzt.[1040]

1039 Vgl. *Zetzsche*, ZGR 2019, 1 (15); *Stiegler*, WM 2019, 620 (623); *Kuntz*, AG 2020, 18 (Rn. 62).

1040 DAI, Stellungnahme zum RefE ARUG II vom 30.08.2018, S. 18; MüKo-AktG-*Bayer/Illhardt*, Nachtrag zum ARUG II, § 67d, Rn. 1; Hüffer/Koch-*Koch*, § 67d, Rn. 1; K. Schmidt/Lutter-*Nussbaum*, § 67d, Rn. 1.

Wesentlicher Kritikpunkt und Grund für die geforderte Präzisierung des Informationsverlangens durch den Gesetzgeber war hier der Umstand, dass zumeist die Identifizierung eines Aktionärs am Ende einer langen Kette von Intermediären gar nicht sinnvoll und erforderlich sei. Nach Ansicht des Deutschen Aktieninstituts wäre es in bestimmten Fällen für das Informationsbedürfnis der jeweiligen Gesellschaft bereits völlig ausreichend, wenn zur Ermittlung des Bestandes eines Legitimationsaktionärs der oder die nächsten Intermediäre ermittelt werden könnten.[1041] Im Rahmen der aktienrechtlichen Praxis sei es in dieser Beziehung sinnvoll, eine Identifikation so flexibel wie möglich zu gestalten und weitestgehend die Verursachung von unnötigen Aufwänden zu vermeiden.[1042]

3. *Zurückdrängung der Inhaberaktie*

Diesen Bedenken und Forderungen des Deutschen Aktieninstituts ist vor allem angesichts der immer weiter in den Hintergrund gedrängten, in Deutschland bestehenden Unterscheidung zwischen Namens- und Inhaberaktien zuzustimmen. Die Implementierung eines bei beiden Aktienarten gleichermaßen anwendbaren Informationsanspruches wirft unweigerlich Fragen in Bezug auf die dogmatische und systematische Vereinbarkeit mit den aktienrechtlichen Grundkonzeptionen auf. Wo bisher nur bei Namensaktien der jeweilige Aktionär für die Gesellschaft einsehbar im Aktienregister eingetragen war und insoweit ein Informationsanspruch der Gesellschaft in Form des § 67 Abs. 4 AktG bestand, eröffnet der neu geschaffene § 67d AktG eine Identifikationsmöglichkeit auch dann, wenn die Gesellschaft Inhaberaktien ausgegeben hat und die Identität des jeweiligen Aktionärs der Gesellschaft in der Folge grundsätzlich nicht bekannt ist.

a. *Unterschied Namens- und Inhaberaktien*

§ 10 Abs. 1 AktG sieht vor, dass Aktien von börsennotierten Gesellschaften wahlweise auf den Namen oder auch auf den Inhaber lauten können. Die Aktiengesellschaft kann somit entweder Namens- oder Inhaberaktien ausgeben. Die Festlegung erfolgt in der Satzung und es besteht eine formale Wahlfreiheit.[1043] Diese beiden Arten von Aktien unterscheiden sich im Wesentlichen dadurch,

---

1041 DAI, Stellungnahme zum RefE ARUG II vom 30.08.2018, S. 18.

1042 DAI, Stellungnahme zum RefE ARUG II vom 30.08.2018, S. 19.

1043 BeckOGK-AktG-*Vatter*, § 10, Rn. 1; Hüffer/Koch-*Koch*, § 10, Rn. 5; Grigoleit-*Vedder*, § 10, Rn. 1; *Einsele*, JZ 2019, 121 (121 f.).

dass bei der Namensaktie der jeweilige Aktionär, auf welchen die Aktien lauten, gemäß § 67 Abs. 1 S. 1 AktG in das Aktienregister der Aktiengesellschaft eingetragen wird.[1044] Die Regelungen zum Aktienregister verschaffen hier Rechtsklarheit darüber, welche Personen gegenüber der jeweiligen Aktiengesellschaft berechtigt und verpflichtet sind.[1045] Der Aktionär ist hier der Gesellschaft von vornherein bekannt und bei einer Übertragung der Anteile ist dies der Aktiengesellschaft mitzuteilen, damit der jeweilige neue Aktionär in das Aktienregister eingetragen werden kann.[1046] Die im Verhältnis zu der Aktiengesellschaft bestehenden Aktionärsrechte und -pflichten bestehen im Fall der Namensaktie gemäß § 67 Abs. 2 AktG auch nur für und gegen den im Aktienregister Eingetragenen. Zudem besteht einzig bei Namensaktien die Möglichkeit der Vinkulierung nach § 68 Abs. 2 S. 1 AktG sowie die Möglichkeit der Verbindung mit einem Entsenderecht nach § 101 Abs. 2 S. 2 AktG.[1047]

Bei der Inhaberaktie, welche in Deutschland die traditionelle Form der Aktie ist,[1048] besteht im Unterschied zu der Namensaktie gerade keine Pflicht der Eintragung in das Aktienregister. Der jeweilige Aktionär hat jegliche mit der Aktionärsstellung verbundenen Rechte bereits in dem Moment, in dem er Inhaber der Aktie geworden ist.[1049] Eine Legitimation erfolgt hier nach der klassischen wertpapierrechtlichen Vorstellung durch die Vorlage der Aktienurkunde.[1050] Die Inhaberaktien haben insofern den großen Vorteil, dass diese ohne Weiteres verkauft und übertragen werden können, ohne dass hier die Gesellschaft über den in diesem Zuge vorgenommenen Eigentümerwechsel informiert werden müsste. Der Aktiengesellschaft sind ihre derzeitigen Aktionäre somit bei der Ausgabe von Inhaberaktien nicht namentlich bekannt.[1051]

Ein Gefühl dafür, wer ihre Aktionäre tatsächlich sind, erhält die börsennotierte Aktiengesellschaft mithin erst über die in den §§ 33 ff. WpHG normierten Mitteilungspflichten, welche Aktionäre, die bestimmte Prozentsätze an

---

1044 BeckOGK-AktG-*Vatter*, § 10, Rn. 13.

1045 Böttcher/Carl/Schmidt/Seibert-*Böttcher*, § 4, Rn. 30.

1046 Dieser Schritt wird in der Praxis von der depotführenden Bank automatisch vorgenommen, vgl. § 67 Abs. 3 und 4 AktG; s. im Hinblick auf die verschiedenen Arten der Übertragung von Namensaktien *Einsele*, JZ 2019, 121 (122).

1047 Böttcher/Carl/Schmidt/Seibert-*Böttcher*, § 4 Rn. 29.

1048 Grigoleit-*Vedder*, § 10, Rn. 8; Böttcher/Carl/Schmidt/Seibert-*Böttcher*, § 4, Rn. 29.

1049 BeckOGK-AktG-*Vatter*, § 10, Rn. 9.

1050 *Einsele*, JZ 2019, 121 (122).

1051 MüKo-AktG-*Bayer/Illhardt*, Nachtrag zum ARUG II, § 67a, Rn. 3; BeckOGK-AktG-*Cahn*, § 67a, Rn. 4; *Leyens*, ZGR 2019, 544 (585).

Stimmrechten aus ihnen gehörenden Aktien der Gesellschaft innehaben, dazu verpflichten, den Emittenten und die BaFin zu unterrichten, sobald sie durch den Erwerb oder die Veräußerung von Aktien bestimmte Stimmrechtsschwellen über- oder unterschreiten. Die restlichen Aktionäre bleiben hingegen, entsprechend der aktienrechtlichen Grundkonzeption der anonymen Publikumsgesellschaft, anonym.[1052]

Der neu geschaffene Informationsanspruch aus § 67d AktG steht insoweit in krassem Kontrast mit dem hinter der Inhaberaktie stehenden Leitgedanken.[1053] Bei der Inhaberaktie als Inhaberpapier im Sinne des Wertpapierrechts wird ein Mitgliedschaftsrecht verbrieft, ohne dass hierfür der Name des Berechtigten zu nennen wäre.[1054] Derjenige, der Inhaber der Urkunde ist, kann auch bei deren Vorlage die aus ihr erwachsenden Rechte geltend machen.[1055] Mit diesem Umstand Hand in Hand geht die Tatsache, dass diejenigen Aktionäre, die Inhaberaktien eines Unternehmens halten und nicht die Stimmrechtsschwellen der §§ 33 ff. WpHG überschreiten, für die Gesellschaft anonym bleiben und deren Identität eben nicht ohne Weiteres herausgefunden werden kann. Dies gilt erst recht in Bezug auf die nicht börsennotierte Aktiengesellschaft, bei der mangels Anwendbarkeit der §§ 33 ff. WpHG nicht einmal die Aktionäre mit erheblichen Stimmrechtsanteilen bekannt sind.[1056]

Dies ist dem Gesetzgeber bereits seit einiger Zeit ein Dorn im Auge und immer wieder Gegenstand gesetzgeberischer Bemühungen dahingehend, die Inhaberaktie und die mit ihr verbundene Anonymität im aktienrechtlichen und praktischen Kontext zurückzudrängen. Rein rechtlich betrachtet besteht zwischen den verschiedenen Aktienarten zwar im Hinblick auf die verbrieften Mitgliedschaftsrechte kein materieller Unterschied,[1057] jedoch ist auch hier der treibende Faktor die vom Gesetzgeber als begrüßenswert eingestufte Transparenz der Aktionärsstruktur,[1058] wie sie auch

1052 *Drygala*, ZIP 2011, 798 (798); vgl. *Koch*, BB 2017, Heft 15/16, S. 1.

1053 So auch *Koch*, BB 2017, Heft 15/16, S. 1.

1054 BeckOGK-AktG-*Vatter*, § 10, Rn. 9; MüKo-BGB-*Habersack*, Band 7, vor § 793, Rn. 16.

1055 BeckOGK-AktG-*Vatter*, § 10, Rn. 9. MüKo-BGB-*Habersack*, Band 7, vor § 793, Rn. 16; *Einsele*, JZ 2019, 121 (122 f.).

1056 Vgl. *Drygala*, ZIP 2011, 798 (798).

1057 BeckOGK-AktG-*Vatter*, § 10, Rn. 14; Böttcher/Carl/Schmidt/Seibert-*Böttcher*, § 4, Rn. 27.

1058 BeckOGK-AktG-*Vatter*, § 10, Rn. 15; Grigoleit-*Vedder*, § 10, Rn. 8; vgl. *Koch*, BB 2017, Heft 15/16, S. 1.

im angelsächsischen und anglo-amerikanischen Rechtskreis vorgelebt wird.[1059]

b. Beschränkung der Ausgabe von Inhaberaktien durch die Aktienrechtsnovelle 2016

Ein wesentlicher Vorstoß in diese Richtung wurde mit der Aktienrechtsnovelle aus dem Jahr 2016 unternommen.[1060] Bereits hier hat der deutsche Gesetzgeber das übergeordnete Ziel ausgerufen, Beteiligungsverhältnisse – hier zunächst insbesondere bei nicht börsennotierten Aktiengesellschaften – transparenter gestalten zu wollen.[1061]

Als Begründung für dieses Vorhaben führt der Gesetzgeber an, dass es bei Gesellschaften, die sich für die Ausgabe von Inhaberaktien entschieden haben, bisher möglich war, dass Änderungen im Gesellschafterbestand, welche sich unterhalb der mitteilungsbedürftigen Schwellen der §§ 20 f. AktG bewegt haben, verborgen blieben und für die Gesellschaft derartige Beteiligungswechsel nicht nachvollziehbar waren.[1062] Nach eigener Aussage reagiert der deutsche Gesetzgeber hiermit auf eine auf internationaler Ebene am deutschen Rechtssystem geäußerten Kritik, welche sich gegen den Umstand ausspricht, dass bei deutschen, nicht börsennotierten Aktiengesellschaften mit Inhaberaktien keine hinreichenden Informationen über den Gesellschafterbestand verfügbar seien.[1063]

Diese Rüge am deutschen Aktienrecht wurde vorrangig von der Financial Action Task Force (FATF) ausgesprochen, bei welcher es sich um eine 1989 aus einem von den damaligen G7-Staaten eingesetzten Arbeitskreis hervorgegangene zwischenstaatliche Organisation handelt, der auch Deutschland angehört und welche mit dem Ziel ins Leben gerufen wurde, eine wirksame Bekämpfung

---

1059 Im US-amerikanischen Recht wird von fast allen Staaten die Ausgabe von *bearer shares* bzw. Inhaberaktien verboten. Böttcher/Carl/Schmidt/Seibert-*Böttcher*, § 4, Rn. 29; vgl. auch zu der Notwendigkeit der Vorabinformation aufgrund der unterschiedlichen Charakteristika der Hauptversammlung im US-Gesellschaftsrecht *Hellgardt/Hoger*, ZGR 2011, 38 (48 ff.).

1060 BGBl. 2015, Teil I, S. 2565 ff.

1061 BT-Drs. 18/4349, S. 1; vgl. auch *Einsele*, JZ 2019, 121 (121 ff.); Böttcher/Carl/Schmidt/Seibert-*Böttcher*, § 3, Rn. 6; vgl. *Ihrig/Wandt*, BB 2016, 6 (6).

1062 BT-Drs. 18/4349, S. 1; vgl. auch *Einsele*, JZ 2019, 121 (122); *Drygala*, ZIP 2011, 798 (798); Böttcher/Carl/Schmidt/Seibert-*Böttcher*, § 3, Rn. 6; vgl. *Ihrig/Wandt*, BB 2016, 6 (6).

1063 BT-Drs. 18/4349, S. 1; Böttcher/Carl/Schmidt/Seibert-*Böttcher*, § 3, Rn. 6; *Ihrig/Wandt*, BB 2016, 6 (6).

von Geldwäsche und von Terrorismusfinanzierung in den Mitgliedsstaaten sicherzustellen.[1064] Sie hat die übergeordnete Aufgabe, die Methoden der Geldwäsche zu erforschen und zu analysieren sowie eine Aufdeckung von Vermögenswerten aus illegaler Herkunft möglich zu machen.

Die FATF hat so zur Erreichung ihres Gründungsziels zahlreiche Empfehlungen erarbeitet, welche dazu beitragen sollten, sowohl die Terrorismusfinanzierung als auch die Geldwäsche zu erschweren und zurückzudrängen. Die FATF hat in dieser Art auch Empfehlungen im Hinblick auf das deutsche Recht ausgesprochen. In ihrem *Third Mutual Evaluation Report of Germany* vom 19.02.2010,[1065] der von einem nahezu ausschließlich aus Vertretern des angelsächsischen Rechtskreises bestehenden *„assessment team"* erarbeitet wurde,[1066] wurde hier das deutsche Aktienrecht dahingehend kritisiert, dass nicht hinreichend sichergestellt sei, dass insbesondere bei nicht börsennotierten Aktiengesellschaften mit Inhaberaktien die zuständigen Behörden rechtzeitig und ohne damit einhergehenden extensiven Ermittlungsaufwand Informationen über die aktuellen Aktionäre der Gesellschaft erhalten könnten.[1067]

Das den Bericht erarbeitende *assessment team* erkennt in dem Umstand, dass eine Identifikation der tatsächlichen Inhaber der Aktien der nicht börsennotierten Aktiengesellschaft *„virtually impossible"*, also faktisch unmöglich ist, eine erhebliche Schwachstelle im deutschen Aktienrecht.[1068] Sowohl das Risiko der Geldwäsche als auch der Terrorismusfinanzierung seien durch diese mangelhafte rechtliche Ausgestaltung potenziell beträchtlich erhöht.[1069] Dem Missbrauch sei

---

1064 BT-Drs. 18/4349, S. 15; *Stöber*, DStR 2016, 611 (612); *Ihrig/Wandt*, BB 2016, 6 (6); *Habersack*, BB 1/2011, die erste Seite; *Bayer*, AG 2012, 141 (142); Böttcher/Carl/Schmidt/Seibert-*Böttcher*, § 3, Rn. 6.

1065 FATF, Mutual Evaluation Report vom 19.02.2010, abrufbar unter: https://www.fatf-gafi.org/content/dam/fatf-gafi/mer/MER%20Germany%20full.pdf.coredownload.pdf [zuletzt abgerufen am 08.05.2023].

1066 S. Zusammensetzung des *assessment teams* auf S. 8 des Mutual Evaluation Report vom 19.02.2010; kritisch auch *Stöber*, DStR 2016, 611 (612); *Bungert/Wittich*, ZIP 2011, 160 (161).

1067 FATF, Mutual Evaluation Report vom 19.02.2010, Rn. 1058 ff.; BT-Drs. 18/4349, S. 15; *Stöber*, DStR 2016, 611 (612); *Ihrig/Wandt*, BB 2016, 6 (6); *Seibert/Böttcher*, ZIP 2012, 12 (13); Hüffer/Koch-*Koch*, § 10, Rn. 6; Böttcher/Carl/Schmidt/Seibert-*Böttcher*, § 3, Rn. 6.

1068 FATF, Mutual Evaluation Report vom 19.02.2010, Rn. 1065; vgl. auch *Einsele*, JZ 2019, 121 (122); *Ihrig/Wandt*, BB 2016, 6 (6).

1069 FATF, Mutual Evaluation Report vom 19.02.2010, Rn. 1065; Hüffer/Koch-*Koch*, § 10, Rn. 6; vgl. *Bungert/Wettich*, ZIP 2012, 297 (298).

hierdurch mithin Tür und Tor geöffnet, ohne dass es praktikable Wege der Verhinderung oder Rückverfolgung gäbe.

Um diesem aus Sicht der FATF eklatanten Risiko entsprechend zu begegnen, wird in dem *Mutual Evaluation Report* auf die auch von der FATF herausgegebene *Recommendation 33*[1070] verwiesen und der Bundesrepublik empfohlen, zum einen das Risiko von Geldwäsche und Terrorismusfinanzierung bei nicht börsennotierten Aktiengesellschaften mit Inhaberaktien zu evaluieren und entsprechende Maßnahmen zur Risikominimierung zu ergreifen, zum anderen dafür Sorge zu tragen, dass Informationen über die tatsächlichen Inhaber der Aktien für die zuständigen Behörden stets zugänglich sind.[1071] Im Falle einer fehlenden Kooperation ging diese Empfehlung mit der Drohung einher, dass Deutschland ansonsten, sollte den Empfehlungen in Gänze nicht nachgekommen werden, auf eine Liste von sogenannten *„Non-Cooperative Countries and Territories“* aufgenommen wird, auf welcher sich bis dato auch Pakistan und der Iran befanden.[1072]

Diesen Empfehlungen Folge leistend hat sich der deutsche Gesetzgeber bei der Schaffung der Aktienrechtsnovelle 2016 dazu entschieden, die Ausgabe von Inhaberaktien massiv zu beschränken.

In einem ersten Referentenentwurf aus dem Jahre 2010[1073] hat der deutsche Gesetzgeber diesbezüglich einen völlig übersteuerten Vorschlag dahingehend eingebracht, die Inhaberaktie für nicht börsennotierte Aktiengesellschaften gänzlich abzuschaffen und so den Empfehlungen der FATF nachzukommen.[1074] Diesem Referentenentwurf wurde jedoch vehement entgegengetreten.[1075] Zum

---

1070 FATF Recommendations, abrufbar unter: https://www.fatf-gafi.org/content/dam/fatf-gafi/recommendations/FATF%20Standards%20-%2040%20Recommendations%20rc.pdf.coredownload.pdf [zuletzt abgerufen am 08.05.2021].

1071 FATF, Mutual Evaluation Report vom 19.02.2010, Rn. 1066; *Stöber*, DStR 2016, 611 (612); vgl. auch *Einsele*, JZ 2019, 121 (122); *Seibert/Böttcher*, ZIP 2012, 12 (13); Böttcher/Carl/Schmidt/Seibert-*Böttcher*, § 4, Rn. 31 f.

1072 FATF, Mutual Evaluation Report vom 19.02.2010, Rn. 683 ff.; *Drygala*, ZIP 2011, 798 (799); Böttcher/Carl/Schmidt/Seibert-*Böttcher*, § 4, Rn. 33.

1073 RefE des Bundesministeriums der Justiz vom 02.11.2010, abrufbar unter: https://rsw.beck.de/docs/librariesprovider5/rsw-dokumente/RefE-Aktienrechtsnovelle-2011 [zuletzt abgerufen am 08.05.2023].

1074 RefE des Bundesministeriums der Justiz vom 02.11.2010, S. 9; *Bungert/Wettich*, ZIP 2011, 160 (161); *Habersack*, BB 1/2011, die erste Seite; *Bayer*, AG 2012, 141 (143 f.).

1075 Handelsrechtsausschuss des DAV, NZG 2011, 217 (217 ff.); *Noack*, DB 2010, 2657 (2657 ff.); *Diekmann/Nolting*, NZG 2011, 6 (6 ff.); *Bungert/Wittich*, ZIP 2011, 160 (161), *Bungert/Wettich*, ZIP 2012, 297 (298); *Drinhausen/Keinath*, BB 2011, 11 (13 ff.,

einen komme ein solches Vorgehen einem Kniefall vor der „wenig bekannten“[1076] und „ganz überwiegend aus Experten aus dem angelsächsischen Rechtsraum“[1077] zusammengesetzten *assessment teams* der FATF gleich, zum anderen wurde in der Diskussion in der Literatur zustimmungswürdig angeführt, dass durch eine solche radikale Maßnahme unnötigerweise die Gestaltungsfreiheit der Aktiengesellschaften beschnitten wird.[1078] Eine einzelfallgerechte Lösung könne nur dann passgenau herbeigeführt werden, wenn es weiterhin den Gesellschaften und den Aktionären überlassen bliebe, für welche Aktienform sie sich entscheiden.[1079] Eine vorschnelle Abschaffung in Gänze widerspreche insoweit auch den wünschenswerten Bemühungen, die Satzungsfreiheit im Aktienrecht eher auszuweiten, anstatt sie einzuschränken.[1080]

Im Regierungsentwurf aus dem Jahr 2014 und dem hieraus geschaffenen Gesetz wurde auf diese Kritik in Teilen entsprechend eingegangen, es wurden jedoch trotzdem weitreichende Änderungen am Aktiengesetz vorgenommen.

Wo bislang der § 10 Abs. 1 AktG in seiner Fassung vor der Aktienrechtsnovelle 2016 für sowohl börsennotierte als auch nicht börsennotierte Gesellschaften ein freies Wahlrecht zwischen Namens- und Inhaberaktien vorsah,[1081] wurde im Zuge der Gesetzesänderung der § 10 Abs. 1 S. 1 AktG n.F. dahingehend angepasst, dass die Namensaktie nunmehr den Regelfall darstellt.[1082] Die Ausgabe von Inhaberaktien ist seitdem unter die zusätzliche Voraussetzung des § 10 Abs. 1 S. 2 Nr. 1 und 2 AktG gestellt, dass entweder die Aktiengesellschaft

---

17); *Bayer*, AG 2012, 141 (143 f.); *Habersack*, BB 1/2011, die erste Seite; Böttcher/Carl/Schmidt/Seibert-*Böttcher*, § 4, Rn. 35.

1076 *Noack*, DB 2010, 2657 (2657); *Seibert/Böttcher*, ZIP 2012, 12 (13); Böttcher/Carl/Schmidt/Seibert-*Böttcher*, § 4, Rn. 35.

1077 *Bungert/Wittich*, ZIP 2011, 160 (161); *Seibert/Böttcher*, ZIP 2012, 12 (13); Böttcher/Carl/Schmidt/Seibert-*Böttcher*, § 4, Rn. 35.

1078 *Seibert/Böttcher*, ZIP 2012, 12 (13); *Bungert/Wettich*, ZIP 2011, 160 (161 f.); Böttcher/Carl/Schmidt/Seibert-*Böttcher*, § 4, Rn. 35.

1079 *Bungert/Wettich*, ZIP 2011, 160 (162); *Seibert/Böttcher*, ZIP 2012, 12 (13).

1080 *Bungert/Wettich*, ZIP 2011, 160 (162).

1081 *Ihrig/Wandt*, BB 2016, 6 (6); Böttcher/Carl/Schmidt/Seibert-*Böttcher*, § 4, Rn. 26.

1082 *Einsele*, JZ 2019, 121 (121); *Ihrig/Wandt*, BB 2016, 6 (6); *Bungert/Wettich*, ZIP 2012, 297 (298); Hüffer/Koch-*Koch*, § 10, Rn. 5; Grigoleit-*Vedder*, § 10, Rn. 1.

börsennotiert ist (Nr. 1) oder der Anspruch auf Einzelverbriefung ausgeschlossen wird und die Sammelurkunde bei einer zugelassenen Stelle hinterlegt wird (Nr. 2).[1083]

Die Inhaberaktie ist mithin nur noch dort erlaubt, wo trotz der mit ihr einhergehenden grundsätzlichen Anonymität des tatsächlichen Inhabers eine Ermittlungsspur erhalten bleibt.[1084] Sofern die Aktiengesellschaft demnach weder börsennotiert ist und somit der Beteiligungspublizität der §§ 33 ff. WpHG unterfällt[1085] noch eine Dauersammelurkunde bei einem Verwahrer hinterlegt wird, ist das bisher bestehende Wahlrecht zu einem Zwang zur Ausgabe von Namensaktien reduziert worden.[1086] Bei diesen ergibt sich die vom Gesetzgeber als notwendig angesehene Möglichkeit der Identifikation bereits nach § 67 AktG aus dem Aktienregister. Wo bisher im Rahmen der Satzungsautonomie und des § 23 Abs. 3 Nr. 5 AktG die Aktiengesellschaft frei über die auszugebende Aktienart entscheiden konnte, entfällt in diesem Fall das Wahlrecht in Gänze.[1087] Der Gesetzgeber hat hier mithin in erheblichem Umfang in das aktienrechtliche System eingegriffen und weitreichend Freiheiten beschnitten.

Dass der Gesetzgeber diesen Vorstoß in dieser Art unternommen hat, ist gleich aus mehreren Blickwinkeln bedenklich. So handelt es sich bei der den Bericht erstellenden FATF um eine zwischenstaatliche Organisation, welche hier in einem *assessment team*, welches vorwiegend mit Vertretern des angelsächsischen Rechtskreises besetzt ist, über das deutsche aktienrechtliche System urteilt. Wo der Umstand, dass eine international tätige Organisation das deutsche Aktienrecht kritisiert, zunächst für sich genommen keinen Anlass zur

---

1083 Hüffer/Koch-*Koch*, § 10, Rn. 5; *Stöber*, DStR 2016, 611 (612); *Einsele*, JZ 2019, 121 (122); *Bungert/Wettich*, ZIP 2012, 297 (298); Böttcher/Carl/Schmidt/Seibert-*Böttcher*, § 3, Rn. 6; Näheres dazu in *Ihrig/Wandt*, BB 2016, 6 (6 f.).

1084 Hüffer/Koch-*Koch*, § 10, Rn. 6; Grigoleit-*Vedder*, § 10, Rn. 1 und 9; *Einsele*, JZ 2019, 121 (122); *Bungert/Wettich*, ZIP 2012, 297 (298); Böttcher/Carl/Schmidt/Seibert-*Böttcher*, § 4, Rn. 36 f.

1085 Selbst unterhalb der Meldeschwellen geht der Gesetzgeber davon aus, dass die Identität der Aktionär für die jeweiligen zuständigen Behörden ermittelbar bleibt, da die börsengehandelten Inhaberaktien zumeist einer Wertpapiersammelbank i.S.d. § 1 Abs. 3 DepotG oder einem vergleichbaren ausländischen Verwahrer zur Sammelverwahrung anvertraut sind, BR-Drs. 22/15, S. 13; so auch Grigoleit-*Vedder*, § 10, Rn. 9.

1086 BT-Drs. 18/4349, S. 17; Hüffer/Koch-*Koch*, § 10, Rn. 5 f.; *Ihrig/Wandt*, BB 2016, 6 (6).

1087 Grigoleit-*Vedder*, § 10, Rn. 1; vgl. Böttcher/Carl/Schmidt/Seibert-*Böttcher*, § 4, Rn. 36.

Sorge bereitet,[1088] ist es umso beunruhigender, wie der deutsche Gesetzgeber auf die hier geäußerte Kritik reagiert hat. In der Begründung zu der Aktienrechtsnovelle 2016 und hier explizit zu der Beschränkung der Ausgabe von Inhaberaktien wurde die Argumentation der FATF, weshalb nicht börsennotierte Aktiengesellschaften mit Inhaberaktien ein potenzielles Vehikel für Geldwäsche und Terrorismusfinanzierung darstellen, weitestgehend unreflektiert übernommen. Die FATF hat in ihrer Evaluation die Bundesregierung zunächst dazu angeregt, in einem ersten Schritt das generelle Risiko im Hinblick auf Geldwäsche und Terrorismusfinanzierung in Verbindung mit den Inhaberaktien ausgebenden, nichtbörsennotierten Aktiengesellschaften eigenständig zu bewerten und selbst zu einer fundierten Einschätzung dahingehend zu gelangen. Erst in einem sodann sich anschließenden zweiten Schritt wurde die Vornahme von entsprechenden Maßnahmen anheim gestellt.[1089]

Diesen ersten Schritt der eigenen Evaluation hat der deutsche Gesetzgeber jedoch gänzlich übersprungen und ist direkt in die Umsetzungsphase übergegangen, was in der gesetzlichen Beschränkung der Ausgabe von Inhaberaktien mündete.[1090] Hierbei hat der Gesetzgeber in seiner Begründung, weshalb er letztendlich die gesetzlichen Änderungen vorgenommen hat, lediglich die Ausführungen der FATF herangezogen mit dem Hinweis darauf, dass die Bundesrepublik Deutschland als Teil der FATF daran gehalten ist, den von der FATF erarbeiteten und international anerkannten Empfehlungen nachzukommen.[1091]

Dieses Vorgehen des Gesetzgebers verwundert zusätzlich vor dem Hintergrund, dass selbst die FATF in ihrem Bericht darauf verweist, dass die Zahl der nicht börsennotierten Aktiengesellschaften mit Inhaberaktien im Zeitraum des Berichts lediglich zwischen 1.000 und 2.000 lag und selbst bei diesen Gesellschaften die Aktien in der Praxis im Aktienregister registriert waren.[1092] Zudem gilt es zu berücksichtigen, dass anscheinend bei der Argumentation davon ausgegangen wird, dass bei der Namensaktie, welche hier gerade als die Lösung des aufgeworfenen Problems deklariert wird, auch nicht stets der materiell

1088 In diese Richtung auch *Drygala*, ZIP 2011, 798 (799); kritisch anmerkend, dass die Mitglieder des *assessment teams* die Verhältnisse in Deutschland verkannt hätten, insoweit *Bungert/Wettich*, ZIP 2011, 160 (161).

1089 FATF, Mutual Evaluation Report vom 19.02.2010, Rn. 1065 f.

1090 So auch *Stöber*, DStR 2016, 611 (612); *Habersack*, BB 1/2011, die erste Seite; Hüffer/Koch-*Koch*, § 10, Rn. 6; *Paschos/Goslar*, NJW 2016, 359 (359).

1091 BT-Drs. 18/4349, S. 15 f.

1092 FATF, Mutual Evaluation Report vom 19.02.2010, Rn. 1062; *Stöber*, DStR 2016, 611 (613); *Götze/Nartowska*, NZG 2015, 298 (300); *Noack*, DB 2010, 2657 (2658).

Berechtigte, der zudem auch noch mit dem wirtschaftlichen Berechtigten auseinanderfallen kann, im Aktienregister eingetragen ist.[1093] Wenn gleichwohl die Aktiengesellschaft zwar bei der Namensaktie durch das Aktienregister einen ersten Ansprechpartner erhält, so bleibt trotzdem offen, inwiefern sich die Namensaktie überhaupt als Instrument zur Geldwäsche- und Terrorismusbekämpfung eignet. Die Namensaktie ist insoweit nicht der Wahrheit letzter Schluss und bietet nicht zwingend die in Aussicht gestellten Vorteile gegenüber der Inhaberaktie.[1094]

Überdies führt die FATF in ihrem Bericht lediglich unzureichend Beweise dafür ins Feld, dass Terrorismusfinanzierung und Geldwäsche über Inhaberaktien tatsächlich ein ernstzunehmendes Problem darstellen. Eine stichhaltige, empirisch aufgearbeitete Begründung dieser Befunde ist in dem Bericht nicht enthalten.[1095] Vielmehr wird sich an dem Umstand gestört, dass nach Ansicht des *assessment teams* der FATF eine hinreichende rechtliche Absicherung hiergegen gerade bereits im Ansatz nicht gewährleistet wird. Die FATF weist in diesem Bezug auch noch einmal deutlich darauf hin, dass die Bundesrepublik Deutschland das grundsätzliche, hiermit möglicherweise einhergehende – angebliche – Risiko keiner hinreichenden Bewertung unterzogen hat.[1096]

Sofern der Gesetzgeber als einzige Stütze der Behauptungen der FATF anführt, dass auch nach den Erkenntnissen des Bundeskriminalamtes nicht börsennotierte Aktiengesellschaften mit Inhaberaktien für kriminelle Handlungen im Bereich der Geldwäsche besonders anfällig sind und deshalb eine Beschränkung der Ausgabe von Inhaberaktien notwendig ist, so lässt auch diese allgemeine Behauptung einen tiefergehenden Begründungsgehalt vermissen.[1097] Zudem

---

1093 So auch *Bungert/Wettich*, ZIP 2011, 160 (161); dies ist insoweit auch international bekannt, da sich schon in den einführenden Bemerkungen zur Neuregelung der Kapitalmarktwertpapiere im US-amerikanischen Uniform Commercial Code von 1994 der Hinweis befindet, dass 60–80% der börsennotierten Aktien im Namen eines US-amerikanischen Zentralverwahrers von Wertpapieren registriert sind und eben nicht auf den tatsächlichen Aktionär lauten, *Einsele*, JZ 2019, 121 (122); *Einsele*, Wertpapierrecht als Schuldrecht, S. 325 ff.

1094 Ausführlich hierzu *Einsele*, JZ 2019, 121 (122 ff.); *Bungert/Wettich*, ZIP 2011, 160 (161 f.); *Habersack*, BB 1/2011, die erste Seite.

1095 *Bungert/Wettich*, ZIP 2011, 160 (161); *Bungert/Wettich*, ZIP 2012, 297 (298); *Habersack*, BB 1/2011, die erste Seite; Hüffer/Koch-*Koch*, § 10, Rn. 6; *Noack*, DB 2010, 2657 (2657).

1096 FATF, Mutual Evaluation Report vom 19.02.2010, Rn. 1062.

1097 BT-Drs. 18/4349, S. 16; *Stöber*, DStR 2016, 611 (613); *Bungert/Wettich*, ZIP 2011, 160 (160 f.); *Noack*, DB 2010, 2657 (2657).

wird nicht klar genug herausgearbeitet, weshalb über die großen Themen der Geldwäsche- und Terrorismusbekämpfung nunmehr die Satzungsautonomie der Aktiengesellschaft beschränkt wird und nicht das bestehende Geldwäschegesetz entsprechend angepasst wird.[1098] Weder wird diese Aussage selbst in der Gesetzesbegründung mit Nachweisen unterfüttert, noch war im Vorfeld der Gesetzesänderung ersichtlich, dass Inhaberaktien von nicht börsennotierten Aktiengesellschaften tatsächlich zur Geldwäsche und Terrorismusfinanzierung missbraucht worden wären.[1099]

Auch für den Fall, dass entsprechend der Einschätzung der FATF die Inhaberaktien tatsächlich ein derartiges erhöhtes Risiko bergen, so hat der deutsche Gesetzgeber es trotz alledem versäumt, selbst kritisch die Ausführungen des *assessment teams* zu hinterfragen und eine mit dem Grundkonzept des Aktienrechts zu vereinbarende Lösung zu erarbeiten. So wie hier die Gesetzesänderung vorgenommen wurde, hat der Gesetzgeber gerade diesen ersten so wichtigen Schritt der eigenen Evaluation der Sachlage vermissen lassen und sich zu sehr auf die Erkenntnisse der FATF gestützt. Besonders besorgniserregend ist dieser Umstand vor dem Hintergrund, dass mit dieser mangelhaft begründeten Gesetzesänderung weitreichende, dem Aktienrecht immanente Grundsätze – hier insbesondere die Satzungsautonomie – leichtfertig relativiert werden.[1100] Die triviale Feststellung, dass Wissen besser als Nichtwissen ist, reicht nicht aus, um eine Gesetzesänderung zu begründen.[1101] Da auch in Zukunft von Seiten der europäischen Union und supranationalen Organisationen wie der FATF mit weiteren Vorstößen hin zu einer „verbesserten" Transparenz der Beteiligungsverhältnisse gerechnet werden kann – so wie dies mitunter nunmehr durch die Änderung der Aktionärsrechterichtlinie geschehen ist – ist die Zukunft des Aktienrechts in dieser Hinsicht zumindest ungewiss.

Mit der Aktienrechtsnovelle 2016 wurden somit Änderungen an dem bis dato bestehenden Wahlrecht der Aktiengesellschaften hinsichtlich ihrer Aktien vorgenommen, welche sowohl mit Blick auf die fragwürdige Begründung als auch hinsichtlich der nur begrenzten Sinnhaftigkeit mit Blick auf die Praxis – die

---

1098 So im Ergebnis auch *Einsele*, JZ 2019, 121 (130).

1099 *Stöber*, DStR 2016, 611 (613); *Bungert/Wettich*, ZIP 2011, 160 (161); *Bungert/Wettich*, ZIP 2012, 297 (298); *Noack*, DB 2010, 2657 (2657).

1100 *Stöber*, DStR 2016, 611 (613); *Bayer*, AG 2012, 141 (144 f.); *Bungert/Wettich*, ZIP 2011, 160 (161 f.); *Paschos/Goslar*, NJW 2016, 359 (359); vgl. *Drygala*, ZIP 2011, 798 (798 ff.).

1101 *Noack*, DB 2010, 2657 (2658).

Identität kann schließlich weiterhin durch die Einsetzung von Treuhändern und Strohmännern verschleiert werden[1102] – als bedenklich anzusehen sind. Hier wurden Freiheiten auf einer nicht hinreichend substantiierten Grundlage beschnitten, was insbesondere rechtspolitisch einen faden Beigeschmack hinterlässt, sich jedoch insoweit stimmig mit dem übergeordneten vom Gesetzgeber verfolgten Ziel hin zu mehr Transparenz in Einklang bringen lässt.

c. *Änderungen durch das ARUG II*

Wo durch die Aktienrechtsnovelle die Ausgabe von Inhaberaktien bereits stark eingeschränkt wurde, setzt das ARUG II nunmehr erneut an und bringt weitere Regelungen mit sich, welche gerade die Bedeutung der Inhaberaktie mit Blick auf die durch sie normalerweise gewährte Anonymität noch weiter schmälert.

Der § 67d AktG n.F. eröffnet nunmehr – unabhängig von der durch die Gesellschaft gewählten Aktienart – einen Informationsanspruch, welcher es ermöglicht, von dem die Aktien verwahrenden Intermediär Informationen über die tatsächlichen Aktionäre zu erlangen. Dies bedeutet mit anderen Worten, dass, selbst wenn sich eine Aktiengesellschaft dazu entschieden hat, Inhaberaktien auszugeben, und sich somit gegen die nunmehr als Regelfall ausgestaltete Aktienart der Namensaktie entschieden hat, die hiermit für die Aktionäre einhergehenden Unterschiede nur noch in einem marginalen Umfang bestehen.

Die Inhaberaktie ermöglichte es so beispielsweise – neben der vereinfachten Handelbarkeit –, sich als Eigenkapitalgeber an einem Unternehmen zu beteiligen, ohne dass diese Beteiligung ohne Weiteres ermittelt werden konnte. Gerade diese Besonderheit der Inhaberaktie ist es jedoch, welche den Gesetzgeber – oft auf der Grundlage angelsächsischer sowie anglo-amerikanischer Vorbildvorschriften – zu immer gravierenderen Eingriffen veranlasst. Die Natur der Inhaberaktie widerspricht insoweit dem ins Auge gefassten Regelungsziel, welches darin besteht, die Kommunikation zwischen Gesellschaft und Aktionären zu verbessern und so das unternehmerische Engagement der Aktionäre zu stärken.[1103]

Wo bei der Namensaktie der Informationsanspruch aus § 67d AktG neben das bereits bestehende Informationsrecht aus § 67 Abs. 4 AktG tritt[1104] und diesem

---

1102 *Stöber*, DStR 2016, 611 (613); so auch *Einsele*, JZ 2019, 121 (122 ff.); *Bungert/Wettich*, ZIP 2011, 160 (161).

1103 Vgl. Erwägungsgrund (4) der RL (EU) Nr. 2017/828 des Europäischen Parlaments und des Rates vom 17.05.2017, ABl. EU Nr. L 132, 1.

1104 BT-Drs. 19/9739, S. 66; BeckOGK-AktG-*Cahn*, § 67d, Rn. 2; MüKo-AktG-*Bayer/Illhardt*, Nachtrag zum ARUG II, § 67d, Rn. 2 und 4; Ausführlich zu dem Verhältnis der beiden Vorschriften Grigoleit-*Rachlitz*, § 67d, Rn. 13 ff.

lediglich dann eine eigenständige Funktion zukommt, wenn im Aktienregister nicht der tatsächliche Aktionär, sondern bloß ein Legitimationsaktionär eingetragen ist,[1105] eröffnet der § 67d AktG bei Inhaberaktien eine bis dato nicht vorgesehene Möglichkeit der Informationserlangung. Die Inhaberaktie zeichnete sich insoweit dadurch aus, dass die Aktionäre so lange anonym bleiben konnten, bis sie die Schwellen der Mitteilungspflichten aus §§ 33 ff. WpHG überschritten. Eine andere Möglichkeit, die Identität der Aktionäre zu ermitteln, bestand insoweit nicht.[1106]

Mit einem solchen nicht identifizierbaren Aktionär kann jedoch nicht ohne Weiteres in Kommunikation getreten werden, sodass die Förderung der gewünschten Kommunikation nur dann hinreichend erreicht werden kann, wenn die Identität der Aktionäre auch bekannt bzw. schnell ermittelbar ist.[1107] Dass es einem Aktionär möglich ist, weiterhin mit seiner Beteiligung gänzlich anonym zu bleiben, ist insoweit mit dem Regelungsanliegen unvereinbar.[1108] *Nussbaum* fasst es so, dass nunmehr auch bei der Inhaberaktie der Raum der Unmöglichkeit, die Aktionäre zu identifizieren, durch den Informationsanspruch dogmatisch verkleinert wurde.[1109]

Selbst der deutsche Gesetzgeber hat bei der Umsetzung der 2. Aktionärsrechterichtlinie und der Schaffung des ARUG II erkannt und festgestellt, dass Namensaktien und Inhaberaktien einander weiter angenähert werden.[1110] Es soll zwar an der grundlegenden bestehenden Unterscheidung weiter festgehalten werden; was jedoch nunmehr die Aufgabe der Inhaberaktie ist, vermochte selbst der Gesetzgeber in diesem Gesetzgebungsverfahren nicht zu sagen.[1111]

d. Stellungnahme

Der Inhaberaktie wurde mithin durch die vorgenommenen Gesetzesänderungen sukzessive ihre eigenständige Bedeutung neben der Namensaktie entzogen.

1105 BeckOGK-AktG-*Cahn*, § 67d, Rn. 3; MüKo-AktG- *Bayer/Illhardt*, Nachtrag zum ARUG II, § 67d, Rn. 2.

1106 MüKo-AktG-*Bayer/Illhardt*, Nachtrag zum ARUG II, § 67d, Rn. 2; BeckOGK-AktG-*Cahn*, § 67d, Rn. 3.

1107 *Stiegler*, WM 2019, 620 (620 f.); Jung/Krebs/Stiegler-*Jung/Stiegler*, Gesellschaftsrecht in Europa, §30, Rn. 27 ff.; BeckOGK-AktG-*Cahn*, § 67d, Rn. 2.

1108 *Bork*, NZG 2019, 738 (739); *J. Schmidt*, NZG 2018, 1201 (2014); *Noack*, NZG 2017, 561 (567); BeckOGK-AktG-*Cahn*, § 67d, Rn. 2.

1109 K. Schmidt/Lutter-*Nussbaum*, § 67d, Rn. 4.

1110 BT-Drs. 19/9739, S. 33; *Stiegler*, WM 2019, 620 (620 f.).

1111 BT-Drs. 19/9739, S. 33.

Den Aktiengesellschaften, die bisher im Rahmen ihrer Satzungsautonomie entsprechend den für sie maßgeblichen damit verbundenen Vor- und Nachteilen frei entscheiden konnten, welche Art von Aktien sie ausgeben möchten, wird nunmehr im geltenden Recht die Namensaktie als Regelfall präsentiert.

Wo bislang eine Entscheidung für die Inhaberaktie bei Erfüllung der in § 10 Abs. 1 S. 1 AktG daran gestellten Voraussetzungen noch einen eigenständigen Sinn haben mochte, wurde dieser noch in Ansätzen bestehende Anreiz nunmehr mit dem In-Kraft-Treten des ARUG II und mit ihm des § 67d AktG wie dargestellt weiter geschmälert.

Der wesentliche mit Inhaberaktien einhergehende Vorteil für die Aktionäre, dass grundsätzlich – bei Positionen unterhalb der eine Meldepflicht auslösenden Schwelle – die Möglichkeit bestand, anonym zu bleiben, wurde hier im Rahmen der Gesetzesänderung genommen. Nachdem im Zuge der Aktienrechtsnovelle 2016 die Möglichkeit der Aktiengesellschaften, sich überhaupt für Inhaberaktien zu entscheiden, stark eingeschränkt wurde, wurde deren Attraktivität nunmehr erneut weiter verringert.

Der rigorose Umgang des Gesetzgebers mit der Inhaberaktie ist insofern sehr bedenklich und gibt Anlass dazu, die gesetzgeberischen Bemühungen kritisch zu hinterfragen. Nicht nur, dass der erste Vorstoß des Bundesministeriums für Justiz im Jahre 2011, nachdem die FATF ihre Einschätzung zu dem deutschen Aktienrecht im Hinblick auf Geldwäsche und Terrorismusfinanzierung veröffentlicht hat, direkt darin bestand, die Inhaberaktie nach US-amerikanischen Vorbild unreflektiert gänzlich abzuschaffen, auch die sodann anstelle dessen verabschiedeten Gesetzesänderungen lassen eine gewisse konformistische Haltung erkennen.

Selbst wenn die Bundesrepublik Deutschland Mitglied der G7-Staaten ist und insoweit die Empfehlungen der FATF auch nicht gänzlich von vornherein verwerfen kann, so muss dennoch zur Schaffung eines für Deutschland kongruenten und in sich stimmigen Regelungskomplexes reflektiert mit derartigen Empfehlungen umgegangen werden. Gerade für den Fall, dass, wie hier, unzureichende evidenzbasierte Beweise angeführt werden und das Problem lediglich von Vertretern anderer Rechtskreise in der generellen rechtlichen Ausgestaltung gesehen wird, gilt es umso mehr, den Dialog zu suchen und nicht willfährig auf unsubstantiierter Grundlage weitreichend fundamentale Freiheiten einzuschränken.

Bevor derartige Maßnahmen unternommen werden, muss vorab unmissverständlich ein bewiesener Zusammenhang, hier beispielsweise zwischen Inhaberaktien und Geldwäsche bzw. Terrorismusfinanzierung, bestehen, welcher durch die Maßnahme dann erwiesenermaßen auch in größtmöglichem Umfang bekämpft werden kann. Eine Einschränkung von wesentlichen, im Aktienrecht tief verwurzelten Gestaltungsrechten kann nur dann in Betracht gezogen werden, wenn andere, weniger einschneidende Maßnahmen nicht in Betracht kommen oder solche wesentlich weniger erfolgversprechend wären.

Der pauschale Verweis des Gesetzgebers im Rahmen der Aktienrechtsnovelle 2016 auf die Erkenntnisse des Bundeskriminalamts ist hier als unzureichend anzusehen. Auch wurde nicht hinreichend herausgearbeitet, dass eine Einschränkung der Namensaktie überhaupt den gewünschten Effekt mit sich bringt.

Dass der deutsche Gesetzgeber daran gehalten ist, mit derart weitreichenden Eingriffen in die Grundkonzeptionen des Aktienrechts eher zurückhaltend zu agieren, wird spätestens dann deutlich, wenn im Wege der europäischen Gesetzgebung, auf die die Bundesrepublik Deutschland lediglich begrenzten Einfluss hat, zusätzlich über Richtlinien und Verordnungen Vorschriften in das deutsche Recht eingebracht werden, welche sich ihrerseits auch nicht passgenau in die bereits vorhandenen Regelungsstrukturen einpflegen lassen. Ein solches Tandem aus unreflektierter Übernahme von fragwürdigen Empfehlungen und erzwungenen Änderungen über europäische Rechtsakte ist es, was das deutsche Rechtssystem am Ende seine Identität verlieren lässt.

Es ist insofern, wenn im Ergebnis festgestellt werden sollte, dass die Inhaberaktie nachgewiesenermaßen für unlautere Zwecke missbraucht wird und diesen nur durch eine vollständige Abschaffung adäquat begegnet werden kann, eine gänzliche Neuregelung auf einer evidenzbasierten Grundlage einer graduellen Zurückdrängung auf vagen Erkenntnissen vorzuziehen. So, wie es sich in Bezug auf die Inhaberaktie im deutschen Recht aktuell darstellt, ist der Status quo unbefriedigend, es besteht Nachbesserungsbedarf. Entweder wird von Seiten des Gesetzgebers die Begründung der Zurückdrängung der Inhaberaktie nach US-amerikanischem Vorbild zukünftig auf gesichertere Untersuchungsergebnisse betreffend Geldwäsche und Terrorismusfinanzierung gestützt mit der Gewissheit, dass die Abschaffung der Inhaberaktie sich vorteilhaft auf diese Zwecke auswirken wird, oder der Gesetzgeber würdigt in zukünftigen Reformen die inhärenten Besonderheiten der Inhaberaktie, dass diese ein gewisses Maß an Anonymität zu gewähren bestimmt ist und sich leicht und formlos übertragen lässt. Wünschenswert wäre es, wenn die Satzungsfreiheit im Aktienrecht wieder ausgeweitet werden würde. Die Entwicklung in der Vergangenheit spricht jedoch dafür, dass im Sinne einer größtmöglichen Transparenz der Aktionärsstruktur auch in Zukunft mit weiteren Einschränkungen zu rechnen ist.

II. Pflicht zur Übermittlung von Unternehmensereignissen

Mit den *know-your-shareholder*-Regelungen und der damit verbundenen erhöhten Transparenz der Aktionärsstruktur wurde das Aktiengesetz zusätzlich im Wege der Umsetzung des ARUG II mit hieran anknüpfenden Informationspflichten erweitert. Die diesbezüglich neu geschaffenen §§ 67a–67c AktG n.F. sind auf Art. 3b der 2. ARRL zurückzuführen und beinhalten Pflichten, die börsennotierte Aktiengesellschaften und Intermediäre zur Übermittlung von Informationen verpflichten, welche Unternehmensereignisse betreffen.

Wo § 67d AktG als Herzstück der *know-your-shareholder*-Regelungen durch die Identifikation der Aktionäre die Kommunikation mit diesen in einem ersten Schritt überhaupt möglich macht, soll die Kommunikation zwischen der Aktiengesellschaft und den Aktionären in einem zweiten Schritt dadurch gesteigert werden, dass durch die §§ 67a–67c AktG der Informationsfluss von der börsennotierten Aktiengesellschaft hin zum Aktionär und gleichsam der Rückfluss der Informationen vom Aktionär zurück zu der Gesellschaft verbessert wird.[1112]

Dreh- und Angelpunkt der Informationspflicht sind „Unternehmensereignisse“, welche in § 67a Abs. 6 in Verbindung mit Art. 1 Nr. 3 ARRL-DVO näher definiert werden. Hiernach ist ein Unternehmensereignis eine vom Emittenten oder einem Dritten initiierte Maßnahme, die die Ausübung der mit den Aktien verbundenen Rechte beinhaltet und die zugrunde liegende Aktie beeinflussen kann, zum Beispiel die Gewinnausschüttung oder die Hauptversammlung. Im Gesetzesentwurf des ARGU II führt der Gesetzgeber neben den in der Durchführungsverordnung genannten Beispielen noch Umtausch-, Bezugs-, Einziehungs-, Zeichnungs- und Wahlrechte bei Dividenden mit auf.[1113] Auch die Einberufung zur Hauptversammlung stellt im Ergebnis ein Unternehmensereignis dar, jedoch erfolgt hier die Informationsvermittlung wegen der mit dieser verbundenen Besonderheiten nach § 125 AktG n.F.[1114]

1112 *Stiegler*, WM 2019, 620 (620 f.); s. auch *Kuntz*, AG 2020, 18 (Rn. 8ff, 11 ff.); Jung/Krebs/Stiegler-*Jung/Stiegler*, Gesellschaftsrecht in Europa, §30, Rn. 65 ff.; Henssler/Strohn-*Paul*, GesR, § 67a, Rn. 1 ff.; BeckOGK-AktG-*Cahn*, § 67a, Rn. 3.

1113 BT-Drs. 19/9739, S. 63; BeckOGK-AktG-*Cahn*, § 67a, Rn. 12; Henssler/Strohn-*Paul*, GesR, § 67a, Rn. 10; MüKo-AktG-*Bayer/Illhardt*, Nachtrag zum ARUG II, § 67a, Rn. 37; *Stöber*, DStR 2020, 391 (392); *Seulen*, DB 2018, 2915 (2919).

1114 BT-Drs. 19/9739, S. 63; BeckOGK-AktG-*Cahn*, § 67a, Rn. 14; Henssler/Strohn-*Paul*, GesR, § 67a, Rn. 10; MüKo-AktG-*Bayer/Illhardt*, Nachtrag zum ARUG II, § 67a, Rn. 36 und 45.

Die §§ 67a–67c AktG stellen insoweit sicher, dass in Bezug auf Unternehmensereignisse der Informationsaustausch zwischen der börsennotierten Aktiengesellschaft und den Aktionären in beide Richtungen reibungslos abläuft und funktioniert. Zur Förderung der Aktionärsdemokratie werden die Aktionäre so stärker in die tägliche Praxis ihrer Unternehmen eingebunden und können leichter und effizienter ihre mitgliedschaftlichen Rechte ausüben. Gemäß § 67a Abs. 1 Nr. 1 und 2 AktG werden bei der Ausgabe von Namensaktien die Informationen hierfür direkt an den im Aktienregister Eingetragenen weitergeleitet und, sofern die Aktiengesellschaft Inhaberaktien ausgegeben hat, werden die Informationen an die Intermediäre übermittelt, welche die Aktien der Gesellschaft verwahren. Bei Inhaberaktien und, sofern bei Namensaktien ein Intermediär in das Aktienregister eingetragen ist, auch bei Namensaktien sind die Informationen gemäß § 67a Abs. 3 und § 67b AktG seitens des Erstempfängers weiterzuleiten.[1115]

Eine Pflicht zur Übermittlung der Unternehmensereignisse entfällt gemäß § 67a Abs. 1 S. 1 AktG, wenn die in Rede stehende Information den Aktionären schon direkt oder von anderer Seite mitgeteilt wurde.[1116] In der Gesetzesbegründung werden hierfür insbesondere Medien oder Mediendienstleister, wie beispielsweise der Bundesanzeiger, angeführt.[1117] Als beauftragte Dritte kommen insoweit auch Intermediäre in Betracht, die zwar nicht Teil der Verwahrungskette sind, jedoch im Rahmen der Informationsübermittlung tätig sind.[1118] Im Ergebnis entscheidend ist somit lediglich, dass die Information die Berechtigten, bzw. bei Inhaberaktien die Letztintermediäre, tatsächlich erreicht.[1119] Dass bei einer bereits erfolgten Weitergabe der Information auf anderem Wege die Pflicht aus § 67a AktG entfällt, ist begrüßenswert. Die §§ 67a–67c AktG verfolgen in dieser Hinsicht keinen Selbstzweck, sondern stellen die Information der Aktionäre in den Vordergrund. Sofern eine Information ihren Weg somit bereits zu den Aktionären gefunden hat, bleibt der im Rahmen des ARUG II eingeführte neue Übermittlungsweg lediglich fakultativ.[1120]

1115 *Kuntz*, AG 2020, 18 (Rn. 39, 43); Grigoleit-*Rachlitz*, § 67a, Rn. 13 ff. und 19.

1116 Henssler/Strohn-*Paul*, GesR, § 67a, Rn. 4; MüKo-AktG-*Bayer/Illhardt*, Nachtrag zum ARUG II, § 67a, Rn. 46.

1117 BT-Drs. 19/9739, S. 61; *Kuntz*, AG 2020, 18 (66 f.); MüKo-AktG-*Bayer/Illhardt*, Nachtrag zum ARUG II, § 67a, Rn. 47.

1118 BT-Drs. 19/9739, S. 61; MüKo-AktG-*Bayer/Illhardt*, Nachtrag zum ARUG II, § 67a, Rn. 47.

1119 BT-Drs. 19/9739, S. 61.

1120 Grigoleit-*Rachlitz*, § 67a, Rn. 13 ff. und 22; Henssler/Strohn-*Paul*, GesR, § 67a, Rn. 4; MüKo-AktG-*Bayer/Illhardt*, Nachtrag zum ARUG II, § 67a, Rn. 46.

Eine gänzliche Nichtbeachtung der §§ 67a–67c AktG ist den börsennotierten Aktiengesellschaften in diesem Sinne jedoch entsprechend dem Regelungszweck nicht möglich. Sollte die Gesellschaft den neuen Vorschriften nicht nachkommen und gegen diese verstoßen, so kann dies eine Ordnungswidrigkeit im Sinne des § 405 Abs. 2a Nr. 2–4 AktG n.F. darstellen.[1121]

Mit den §§ 67a–67c AktG wurden neben der Möglichkeit der Aktionärsidentifikation in § 67d AktG neue Regelungen in das Aktiengesetz eingefügt, welche für die börsennotierte Aktiengesellschaft weitere Pflichten mit sich bringen. Insbesondere der neue § 67a AktG erweitert das aktienrechtliche Informationssystem und verpflichtet die betroffenen Gesellschaften zur Übermittlung von Informationen zu etwaigen Unternehmensereignissen. Nicht nur, dass die Rechtsanwender sich bei der primären Frage danach, was überhaupt unter Unternehmensereignissen zu verstehen ist, an der kryptisch formulierten Durchführungsverordnung orientieren müssen – welche ihrerseits selbst nur unzureichende Beispiele derartiger Ereignisse bereitstellt –, auch die neuen Pflichten zur Weiterleitung der Informationen belasten die börsennotierten Aktiengesellschaften. Neben den hierfür zu allozierenden finanziellen und personellen Mitteln droht bei einer etwaigen Nichtbeachtung stets die Begehung einer Ordnungswidrigkeit.

Die neuen Regelungen zur Förderung der Transparenz und eines möglichst weitreichenden Informationsflusses wurden insoweit wieder über die Köpfe der börsennotierten Aktiengesellschaften hinweg eingeführt, welche ihrerseits die in die Pflicht genommenen sind. Zur Erreichung der größtmöglichen Transparenz und bestmöglichen Aktionärsmitwirkung wurde die Stellung der Aktiengesellschaft als des wesentliche betroffenen Subjekts erneut mit weiterem bürokratischem Aufwand belastet, ohne dass hierfür eine Kompensation gleich welcher Art gewährt worden wäre. Dies ist gerade vor dem Hintergrund als zwiespältig zu bewerten, als dass zum einen die Attraktivität einer unternehmerischen Beteiligung gestärkt werden soll, den dahinterstehenden Unternehmen, an welchen sich beteiligt werden kann, jedoch mehr und mehr Steine in den Weg gelegt werden.

III. Say-on-pay

Neben den *know-your-shareholder*-Regelungen, der neuen Art der Übermittlung von Unternehmensereignissen und dem noch näher zu betrachtenden

1121 *Stöber*, DStR 2020, 391 (392); *Kuntz*, AG 2020, 18 (101).

related-party-transactions-Regime sind im Wege des ARUG II darüber hinaus unter dem Oberbegriff „*say-on-pay*" zahlreiche neue Bestimmungen zur Vorstands- und Aufsichtsratsvergütung in das Aktiengesetz implementiert worden.

Die die Art. 9a und 9b der 2. Aktionärsrechterichtlinie in deutsches Recht umsetzenden §§ 87a, 113 Abs. 3, 119 Abs. 1 Nr. 3, 120a und 162 AktG sehen neben der Festlegung eines Vorstandsvergütungssystems durch den Aufsichtsrat und eines hierüber zu fassenden beratenden Beschlusses der Hauptversammlung einen Hauptversammlungsbeschluss über ein Aufsichtsratsvergütungssystem sowie einen jährlichen Vergütungsbericht vor.[1122] Die Vorschriften rund um die Vorstands- und Aufsichtsratsvergütung gehen auf Regelungen des angelsächsischen Rechts – hier die ssec. 420 ff., 439 ff. des britischen *Companies Act 2006* – zurück.[1123] Die Zumvorbildnahme der britischen Vorschriften geht jedoch auch hier mit erheblichen systematischen Unstimmigkeiten einher, da der britische Gesetzgeber diese im Hinblick auf das in Großbritannien geltende monistische System entwickelt und zugeschnitten hat.[1124] In Deutschland ist die Einbeziehung der Aktionäre in die Bestimmung der Vorstandsvergütung jedoch nicht vorgesehen und im Ergebnis systemwidrig.[1125]

Wo das britische monistische System mit seinem einen *board of directors,* bei dem die Geschäftsleitung nicht institutionell von der Überwachung getrennt ist, von einer verstärkten Einbeziehung der Aktionäre profitieren kann, besteht im deutschen dualistischen System aufgrund der dem Aufsichtsrat obliegenden Kompetenz, die Vorstandsvergütung festzulegen, die Gefahr von vornherein nicht, dass der Vorstand zum „Richter in eigener Sache" hinsichtlich seiner eigenen Vergütung wird.[1126]

1. *Vorstandsvergütungssystem*

Das neue Vorstandsvergütungssystem ist in seiner neuen Fassung nunmehr so ausgestaltet, dass gemäß § 87a Abs. 1 S. 1 AktG der Aufsichtsrat einer börsennotierten Aktiengesellschaft ein klares und verständliches System zur Vergütung

---

1122 *Stöber*, DStR 2020, 391 (394); *Löbbe/Fischbach*, AG 2019, 373 (376 ff.).

1123 *Stöber*, DStR 2020, 391 (394).

1124 *Stöber*, DStR 2020, 391 (394); *Velte*, DStR 2018, 2445 (2448); *Bungert/Berger*, DB 2018, 2801 (2804 f.).

1125 *Velte*, DStR 2018, 2445 (2448); *Wentz*, WM 2019, 906 (910); *Stöber*, DStR 2020, 391 (394); *Bungert/Berger*, DB 2018, 2801 (2804 f.).

1126 *Wentz*, WM 2019, 906 (909 f.); *Bungert/Berger*, DB 2018, 2801 (2804 f.).

der Vorstandsmitglieder zu beschließen hat.[1127] Den Mindestinhalt dieses Systems bezüglich vorgesehener Vergütungsbestandteile schreibt der § 87a Abs. 1 S. 2 AktG in seiner nummerischen Aufzählung vor. Da hier jedoch allein die formellen Kriterien des Systems näher bestimmt werden, bleibt es in materieller Hinsicht bezüglich der inhaltlichen Ausgestaltung der Vergütung bei den Bestimmungen in § 87 AktG.[1128] Neben der Erstellung des Vorstandsvergütungssystems durch den Aufsichtsrat hat die Hauptversammlung gemäß den neu eingeführten § 119 Abs. 1 Nr. 3 AktG und § 120a Abs. 1 AktG mindestens alle vier Jahre einen unverbindlichen Beschluss über dessen Billigung zu fassen. Dem Beschluss der Hauptversammlung kommt insoweit zwar nur ein beratender Charakter zu, mit der Folge, dass dieser keine zu befolgende Rechtswirkung für die Aktiengesellschaft entfaltet, die Einholung ist jedoch nichtsdestotrotz zwingend.[1129] Sofern das Vergütungssystem nicht gebilligt wird, sieht § 120a Abs. 3 AktG vor, dass in der darauffolgenden ordentlichen Hauptversammlung ein überprüftes System der Hauptversammlung vorzulegen ist, über welches sodann erneut abgestimmt wird. Im Vordergrund steht hier tatsächlich lediglich die Überprüfung. Dass das Vergütungssystem nach einer verweigerten Billigung tatsächlich geändert wird, ist nicht vorgeschrieben.[1130] Wie auch der Beschluss bei der ursprünglichen Vorlage hat auch der Beschluss über das überprüfte Vergütungssystem nur beratenden Charakter.[1131]

2. *Aufsichtsratsvergütungssystem*

Neben den Bestimmungen zu dem Vorstandsvergütungssystem ist im Rahmen der *say-on-pay*-Regelungen darüber hinaus gemäß § 113 Abs. 3 AktG bestimmt

1127 Die Beurteilung, ob das System hinreichend klar und verständlich ist, hat aus der Perspektive eines durchschnittlich informierten, situationsadäquat aufmerksamen und verständigen Aktionärs zu erfolgen, BT-Drs. 19/9739, S. 72 f.; *Florstedt*, ZGR 2019, 630 (640 f.); *Bungert/Wansleben*, BB 2019, 1026 (1026); *Stöber*, DStR 2020, 391 (394); *Löbbe/Fischbach*, AG 2019, 373 (376); *Bayer*, DB 2018, 3034 (3037).

1128 *Stöber*, DStR 2020, 391 (394); *Löbbe/Fischbach*, AG 2019, 373 (377); *Bayer*, DB 2018, 3034 (3037).

1129 *Stöber*, DStR 2020, 391 (394); *Löbbe/Fischbach*, AG 2019, 373 (378); *Bachmann/Pauschinger*, ZIP 2019, 1 (1); *Bungert/Berger*, DB 2018, 2801 (2805 f.); *Bayer*, DB 2018, 3034 (3038).

1130 BT-Drs. 19/9739, S. 93; *Stöber*, DStR 2020, 391 (395); *Bayer*, DB 2018, 3034 (3038); *Löbbe/Fischbach*, AG 2019, 373 (378 f.); *Bachmann/Pauschinger*, ZIP 2019, 1 (6).

1131 *Behme*, BB 2019, 451 (455); *Stöber*, DStR 2020, 391 (395); *Löbbe/Fischbach*, AG 2019, 373 (375); *Bayer*, DB 2018, 3034 (3038).

worden, dass entsprechend dem Beschluss über das Vergütungssystem hinsichtlich des Vorstandes bei einer börsennotierten Aktiengesellschaft in sinngemäßer Anwendung des § 87a Abs. 1 S. 2 AktG selbiges auch für die Aufsichtsratsvergütung zu erfolgen hat. Auch hier hat die Hauptversammlung nunmehr über die Vergütung einen beratenden Beschluss zu fassen. Führt man sich hier vor Augen, dass die Hauptversammlung ohnehin gemäß § 113 AktG über die konkrete Aufsichtsratsvergütung beschließt, wird deutlich, welch inhaltlich absurde Regelungen ihren Weg in ein Gesetz finden können, wenn Regelungen aus anderen Rechtskreisen mit unterschiedlichen systematischen Grundlagen zum Vorbild genommen werden. Unter Berücksichtigung des deutschen dualistischen Systems ist diese Regelung überflüssig.[1132]

3. *Vergütungsbericht*

Die im Zuge der *say-on-pay*-Regelungen nunmehr vorgeschriebene Erstellung von Vergütungssystemen wird in § 162 AktG durch eine Berichtspflicht komplettiert. Hiernach sind Vorstand und Aufsichtsrat einer börsennotierten Aktiengesellschaft verpflichtet, einen Bericht über die Vergütung der amtierenden und ausgeschiedenen Verwaltungsmitglieder im letzten Geschäftsjahr zu erstellen und diesen gemäß § 162 Abs. 4 AktG zehn Jahre lang auf der gesellschaftseigenen Internetseite zu veröffentlichen.[1133] Es handelt sich insofern um einen nachgelagerten Vollzugsbericht über die nach §§ 87, 87a und 120a AktG zu erstellenden Systeme hinsichtlich deren Erfüllung.[1134] Der Sinn und Zweck des Vergütungsberichts besteht darin, dass die gemäß § 120a Abs. 4 S. 1 AktG zur Billigung des Berichts berufenen Aktionäre in die Lage versetzt werden, ex post die Umsetzung der Vergütungspolitik einschätzen und beurteilen zu können.[1135] Entsprechend dem übergeordneten Ziel des europäischen Gesetzgebers für

1132 *Bungert/Berger*, DB 2018, 2801 (2804 f.); *Florstedt*, ZGR 2019, 630 (642 f.); *Heldt*, AG 2018, 905 (907); *Stöber*, DStR 2020, 391 (395); *Bungert/Wansleben*, DB 2017, 1190 (1192).

1133 *Bachmann/Pauschinger*, ZIP 2019, 1 (9); *Bayer*, DB 2018, 3034 (3040); BeckOGK-AktG-*Bayer/Scholz*, § 162, Rn. 2.

1134 *Bayer*, DB 2018, 3034 (3040); Hüffer/Koch-*Koch*, § 162, Rn. 1; MüKo-AktG-*Spindler*, Nachtrag zum ARUG II, § 162, Rn. 1.

1135 BT-Drs. 19/9739, S. 34; vgl. *Löbbe/Fischbach*, AG 2019, 373 (384); *Bungert/Berger*, DB 2018, 2801 (2805); *Bayer*, DB 2018, 3034 (3040); BeckOGK-AktG-*Bayer/Scholz*, § 162, Rn. 2; Hüffer/Koch-*Koch*, § 162, Rn. 1; MüKo-AktG-*Spindler*, Nachtrag zum ARUG II, § 162, Rn. 3; Grigoleit-*Rachlitz*, § 162, Rn. 7.

mehr Unternehmenstransparenz, eine verbesserte Rechenschaftspflicht der Mitglieder der Unternehmensleitung sowie eine bessere Überwachung der Vergütung von Mitgliedern der Unternehmensleitung durch die Aktionäre zu sorgen, wird für die Aktionäre durch den Vergütungsbericht die Möglichkeit geschaffen, ihre Aktionärsrechte sinnvoll auszuüben und im Bereich der Vergütung mitzuwirken.[1136] Überdies sei die Veröffentlichung des Vergütungsberichts insofern entsprechend den Ausführungen in dem 33. Erwägungsgrund der 2. Aktionärsrechterichtlinie auch deshalb notwendig, um potenzielle Anleger und andere an der Gesellschaft interessierte Akteure über die Vergütung der Mitglieder der Unternehmensleitung zu informieren, damit auch diese in die Lage versetzt werden, die Frage zu beurteilen, inwieweit die Vergütung mit der Leistung der Gesellschaft korreliert und wie die Gesellschaft ihre Vergütungspolitik in der Praxis umsetzt.[1137] Hierbei handelt es sich jedoch lediglich um eine Reflexwirkung der Norm, welche durch die Information der Aktionäre und die Förderung der Unternehmens- und Vergütungstransparenz mit ihr einhergeht.[1138]

Als reine Publizitätspflicht führt die Erstellung und Offenlegung des Vergütungsberichts für die Aktiengesellschaften zu einer unnötigen Pflichtendoppelung. Bereits vor der Normierung der *say-on-pay*-Regelungen waren gemäß § 285 Nr. 9 lit. a HGB[1139] Angaben zur Vergütung in den Anhang zum Jahresabschluss mit aufzunehmen.[1140] Zusätzlich dazu waren börsennotierte Aktiengesellschaften dazu verpflichtet, gemäß § 289a Abs. 2 HGB aF[1141] im Lagebericht auf die Grundzüge des Vergütungssystems der Gesellschaft einzugehen.[1142] Um

1136 So Erwägungsgrund (33) der RL (EU) Nr. 2017/828 des Europäischen Parlaments und des Rates vom 17.05.2017, ABl. EU Nr. L 132, 1; BeckOGK-AktG-*Bayer/Scholz*, § 162, Rn. 2; Grigoleit-*Rachlitz*, § 162, Rn. 7; Hüffer/Koch-*Koch*, § 162, Rn. 1; MüKo-AktG-*Spindler*, Nachtrag zum ARUG II, § 162, Rn. 3.

1137 Erwägungsgrund (33) der RL (EU) Nr. 2017/828 des Europäischen Parlaments und des Rates vom 17.05.2017, ABl. EU Nr. L 132, 1; BeckOGK-AktG-*Bayer/Scholz*, § 162, Rn. 4; Grigoleit-*Rachlitz*, § 162, Rn. 7.

1138 MüKo-AktG-*Spindler*, Nachtrag zum ARUG II, § 162, Rn. 3; BeckOGK-AktG-*Bayer/Scholz*, § 162, Rn. 4; a.A Grigoleit-*Rachlitz*, § 162, Rn. 8, welcher den Vergütungsbericht auch als allgemeines Informationsinstrument begreift, welches dezidiert auch mit allgemein-öffentlicher Funktion konzipiert wurde.

1139 Für den Konzernlagebericht s. § 314 Abs. 1 Nr. 6 lit. a HGB.

1140 Zum Anhang s. o. 4. Teil, A, II, 1, b, aa; vgl. *Velte*, NZG 2019, 335 (336); *Florstedt*, ZGR 2019, 630 (657); *Löbbe/Fischbach*, AG 2019, 373 (383); Grigoleit-*Rachlitz*, § 162, Rn. 10; Hüffer/Koch-*Koch*, § 162, Rn. 1.

1141 Selbiges galt gemäß § 315a Abs. 2 S. 1 HGB aF für den Konzernlagebericht.

1142 Zum Lagebericht s. o. 4. Teil, A, II, 1, b, bb; vgl. *Velte*, NZG 2019, 335 (336); *Florstedt*, ZGR 2019, 630 (657).

die Redundanz eines eigenständigen Vergütungsberichts zu relativieren, wurde die Pflicht zur individualisierten Publikation der Vorstandsbezüge, welche bis dato in § 285 Nr. 9 lit. a S. 5–8 HGB geregelt war, gestrichen und ist nunmehr lediglich im Vergütungsbericht nach § 162 AktG vorzunehmen.[1143] Im selben Zug der Umsetzung des ARUG II wurde auch der § 289a Abs. 2 HGB gestrichen. Die Überschneidungen zu § 285 Nr. 9 lit. a HGB wurden insoweit zwar reduziert, jedoch nicht gänzlich ausgeräumt.

4. *Stellungnahme*

Vor dem Hintergrund, dass eine Mitwirkung der Aktionäre bei der Vorstandsvergütung bereits in einem Widerspruch zu dem deutschen dualistischen System steht, über die Aufsichtsratvergütung ohnehin durch die Aktionäre entschieden wird und das Vergütungssystem sowie die individuelle Vergütung der Mitglieder des Vorstands und des Aufsichtsrats bereits im Rahmen der Offenlegung der Rechnungslegungselemente publiziert wurden, sind die im Rahmen des ARUG II in das Aktiengesetz implementierten Vorschriften des *say-on-pay*-Regimes im Ergebnis als systembrüchig zu bewerten. Es wurden auch hier Vorschriften aus dem angelsächsischen Rechtskreis unbesehen übernommen, welche in ihren Grundzügen und ihrer Ausgestaltung mit dem geltenden deutschen Recht dogmatisch unvereinbar sind.[1144] Besonders unschön mit Blick auf das aktienrechtliche Informationssystem ist in dieser Hinsicht auch die Pflicht zur Erstellung des Vergütungsberichts aus § 162 AktG. Es handelt sich hierbei um eine weitere Publizitätspflicht, die Informationsasymmetrien abzubauen versucht, welche jedoch zum einen systematisch unbedenklich sind und zum anderen bereits durch eine hinreichende Offenlegung in den Rechnungslegungselementen flankiert wurden. Eine weitere Aufblähung und Bürokratisierung des aktienrechtlichen Informationssystems schmälert die Attraktivität des deutschen Aktienmarkts weiter, ohne einen entsprechenden kompensierenden Mehrwert zu bieten. Die sich mehr und mehr verstärkende Transparenz mit einhergehender Informationsflut fordert nicht nur von den verpflichteten Gesellschaften, sondern – aufgrund ihrer schieren Menge – auch von den Informationsadressaten einiges ab.

1143 *Velte*, NZG 2019, 335 (336); *Löbbe/Fischbach*, AG 2019, 373 (383 f.); *Bungert/Berger*, DB 2018, 2801 (2806); Hüffer/Koch-*Koch*, § 162, Rn. 1.

1144 So auch *Florstedt*, ZGR 2019, 630 (657); *Stöber*, DStR 2020, 391 (394 ff.); *Bungert/Berger*, DB 2018, 2801 (2804 f.)

IV. Related-party-transactions

Das finale Teilstück, welches im Rahmen des ARUG II seinen Weg in das deutsche Aktienrecht gefunden hat, stellen die in 111a–111c AktG n.F. eingefügten Regelungen dar, welche Vorgaben zu Geschäften der börsennotierten Aktiengesellschaft mit nahestehenden Personen enthalten. Auch in diesem Regelungskomplex finden sich weitere Informationspflichten, die die Aktiengesellschaft in ihrem täglichen Geschäftsbetrieb zu berücksichtigen hat. Im Wege der Einführung dieser Regelungen hat der deutsche Gesetzgeber den Vorgaben aus Art. 9c 2. ARRL entsprochen und hat die dort festgelegten Vorgaben umgesetzt. Die Vorschriften zu den Geschäften mit nahestehenden Personen werden im internationalen Kontext unter dem Oberbegriff der *„related party transactions"* geführt und bringen für das deutsche Aktienrecht einen bis dato nicht vorgesehenen Zustimmungsvorbehalt des Aufsichtsrats und eine neue Ad-hoc-Bekanntmachungspflicht in Bezug auf derartige Geschäfte mit sich.[1145]

Der europäische Gesetzgeber führt in seinen Erwägungsgründen zu den Vorgaben bezüglich der *related party transactions* aus, dass Geschäfte mit nahestehenden Unternehmen und Personen den Gesellschaften und ihren Aktionären abträglich sein können.[1146] Es wird hier das Risiko gesehen, dass bei derartigen Geschäften für Unternehmen oder Personen, die der börsennotierten Aktiengesellschaften nahestehen, eine Möglichkeit eröffnet wird, sich Werte der Gesellschaft anzueignen oder unlauter Einfluss auf den handelnden Vorstand auszuüben.[1147]

Um eben dieses Risiko – dass sich nahestehende Personen zu Lasten der Gesellschaft und ihrer Aktionäre Vorteile verschaffen oder aufgrund der Nähebeziehung unausgewogene Vermögensverlagerungen auf nahestehenden Personen durchgeführt werden (sog. tunneling) – zu minimieren, sind zur Prävention und zum Schutz der Gesellschafts- und Aktionärsinteressen die Vorgaben über die *related party transactions* festgelegt worden.[1148] Ein besonderes Augenmerk

---

1145 BT-Drs. 19/9739, S. 35; *Stöber*, DStR 2020, 391 (396); *Lieder/Wernert*, ZIP 2019, 989 (989 f.)

1146 Erwägungsgrund (42) der RL (EU) Nr. 2017/828 des Europäischen Parlaments und des Rates vom 17.05.2017, ABl. EU Nr. L 132, 1.

1147 Erwägungsgrund (42) der RL (EU) Nr. 2017/828 des Europäischen Parlaments und des Rates vom 17.05.2017, ABl. EU Nr. L 132, 1; BT-Drs. 19/9739, S. 35; Hüffer-*Koch*, § 111a, Rn. 1; Näheres zu dem gesamten Regelungskonzept *Florstedt*, ZHR 184 (2020), 10 (18).

1148 Erwägungsgrund (42) der RL (EU) Nr. 2017/828 des Europäischen Parlaments und des Rates vom 17.05.2017, ABl. EU Nr. L 132, 1; BT-Drs. 19/9739, S. 35; *Kleinert/*

hat der europäische Gesetzgeber hier auf den Schutz der Minderheitsaktionäre gelegt, welche entsprechend den Ausführungen in der 2. ARRL als besonders schutzbedürftig angesehen werden.[1149]

Die im Wege des ARUG II diesbezüglich neu geschaffenen Vorschriften der §§ 111a–111c AktG sind als zusammenhängende Trias ausgestaltet und systematisch in dem Abschnitt angesiedelt, welcher die Aufgaben des Aufsichtsrats enthält.

§ 111a AktG regelt, was in tatsächlicher Hinsicht alles in den Anwendungsbereich der neuen Regelungen fällt, indem er bestimmt, was Geschäfte mit nahestehenden Personen sind. § 111b AktG bestimmt sodann den sich in einem zweiten Schritt bei Vorlage der Voraussetzungen anschließenden Zustimmungsvorbehalt des Aufsichtsrats bei derartigen Geschäften und § 111c AktG sieht eine Ad-hoc-Informationspflicht vor, welche dann zu berücksichtigen ist, wenn nach § 111b AktG zustimmungsbedürftige Geschäfte durchgeführt werden.

1. *Anwendungsbereich der Vorschriften zu den related party transactions*

Das Einfallstor, welches stets passiert werden muss, damit die neuen Regelungen überhaupt zur Anwendung kommen, stellt somit der § 111a AktG dar. Im Mittelpunkt stehen hier die Geschäfte mit nahestehenden Personen. Ein solches Geschäft ist entsprechend der gesetzlichen Ausgestaltung die entscheidende Voraussetzung, damit überhaupt der Anwendungsbereich der darauf aufbauenden Paragraphen eröffnet ist.[1150]

a. *Geschäft*

Als ein Geschäft mit nahestehenden Personen, an welches die Vorschriften zu den *related party transactions* anknüpfen, definiert der § 111a Abs. 1 S. 1 AktG Rechtsgeschäfte oder Maßnahmen, durch die ein Gegenstand oder ein anderer Vermögenswert entgeltlich oder unentgeltlich übertragen oder zur Nutzung überlassen wird (Nr. 1) und die mit nahestehenden Personen gemäß S. 2 des

---

Mayer, EuZW 2019, 103 (103); *Stöber*, DStR 2020, 391 (396); *Seulen*, DB 2018, 2915 (2915 ff.); Hüffer/Koch-*Koch*, § 111a, Rn. 1.

1149 Vgl. Erwägungsgrund (42, 43, 55) der RL (EU) Nr. 2017/828 des Europäischen Parlaments und des Rates vom 17.05.2017, ABl. EU Nr. L 132, 1, sowie den gesamten Art. 9c der 2. ARRL; *Florstedt*, ZHR 184 (2020), 10 (42).

1150 Vgl. *Florstedt*, ZHR 184 (2020), 10 (20 ff.); *Lieder/Wernert*, ZIP 2019, 989 (990); BeckOGK-AktG-*Spindler/Seidel*, § 111a, Rn. 6.

§ 111a Abs. 1 AktG getätigt werden (Nr. 2). Der Gesetzgeber führt in der Gesetzesbegründung zu dem hier lediglich abstrakt definierten Begriff aus, dass der Begriff des Geschäfts in einem weiten und funktionalen Sinn zu verstehen ist.[1151] Neben rechtsgeschäftlichen Transaktionen sind hiernach auch bloße Anweisungen und die Veranlassung tatsächlicher Handlungen erfasst.[1152]

Unter den hier verwendeten Geschäftsbegriff fallen somit neben Käufen und Verkäufen von Waren und von Grundstücken entsprechend der gesetzgeberischen Auslegung auch der Bezug oder die Erbringung von Dienstleistungen, die Nutzung oder Nutzungsüberlassung von Vermögensgegenständen, Finanzierungen, die Gewährung von Bürgschaften oder anderer Sicherheiten sowie die Übernahme der Erfüllung von Verbindlichkeiten.[1153] Dabei wird neben dem schuldrechtlichen Verpflichtungsgeschäft auch das jeweilige dingliche Verfügungsgeschäft erfasst und sogar einseitige Rechtsgeschäfte, wie beispielsweise eine Kündigung, eine Anfechtung, eine Aufrechnung oder eine Ausübung von Optionen, fallen unter den weiten Geschäftsbegriff.[1154] Überdies wird auf die in Bezug auf den Geschäftsbegriff in § 285 Nr. 21 HGB entwickelten Grundsätze verwiesen.[1155]

Sofern die Gesetzesbegründung das Kriterium der Vermögensübertragung suggeriert, so ist dies missverständlich formuliert.[1156] Aus dem Sinn und Zweck der Regelung und den in der Gesetzesbegründung aufgeführten weiteren Beispielen für unter § 111a Abs. 1 S. 1 Nr. 1 AktG fallende Geschäfte sowie der Parallelvorschrift des § 285 Nr. 21 HGB, auf die explizit Bezug genommen wird,[1157]

1151 BT-Drs. 19/9739, S. 79; *Stöber*, DStR 2020, 391 (396); *Lieder/Wernert*, ZIP 2019, 989 (990); *Lieder/Wernert*, ZIP 2018, 2441 (2443); *Vetter*, AG 2019, 853 (855); Hüffer-*Koch*, § 111a, Rn. 1.

1152 *Lieder/Wernert*, ZIP 2019, 989 (990).

1153 BT-Drs. 19/9739, S. 79; *Stöber*, DStR 2020, 391 (396); *Vetter*, AG 2019, 853 (855); BeckOGK-AktG-*Spindler/Seidel*, § 111a, Rn. 13; MüKo-AktG-*Habersack*, Nachtrag zum ARUG II, § 111a, Rn. 10 f.

1154 BT-Drs. 19/9739, S. 79; *Lieder/Wernert*, ZIP 2019, 989 (990); *Stöber*, DStR 2020, 391 (396); *Grigoleit*, ZGR 2019, 412 (418 f.); *Vetter*, AG 2019, 853 (854); BeckOGK-AktG-*Spindler/Seidel*, § 111a, Rn. 8 ff.

1155 BT-Drs. 19/9739, S. 79; MüKo-AktG-*Habersack*, Nachtrag zum ARUG II, § 111a, Rn. 9; BeckOGK-AktG-*Spindler/Seidel*, § 111a, Rn. 7; *Grigoleit*, ZGR 2019, 412 (418).

1156 BT-Drs. 19/9739, S. 79; *Grigoleit*, ZGR 2019, 412 (418); Grigoleit-*Grigoleit*, § 111a, Rn. 22.

1157 BT-Drs. 19/9739, S. 79; *Vetter*, AG 2019, 853 (855); *Grigoleit*, ZGR 2019, 412 (418); zur Auslegung des § 285 Nr. 21 HGB s. BeckBilK-*Grottel*, § 285, Rn. 615 ff.

ergibt sich, dass nach der weiten Auslegung alle Transaktionen erfasst sein sollen, die für die Gesellschaft potentiell nachteilig sein können.[1158]

Hierbei sind die „Geschäfte" trotz des Umstandes, dass auch einzelne Maßnahmen und Rechtsgeschäfte innerhalb einer Transaktion bereits unter den Begriff fallen können, stets als Einheit zu betrachten.[1159] Eine Aufspaltung in viele einzelne Rechtsgeschäfte und Maßnahmen, welche sodann auch alle einzeln zu bewerten wären und den Zustimmungsvorbehalt und die Informationspflicht nach sich ziehen könnten, wäre im Hinblick auf den verfolgten Sinn und Zweck der Vorschriften widersinnig. Weder wäre hiermit dem Schutz der Gesellschaft selbst noch dem Schutz der Aktionäre gedient.[1160]

Eine Ausnahme bildet das bloße Unterlassen, welches gemäß § 111a Abs. 1 S. 3 AktG kein Geschäft im Sinne des § 111a Abs. 1 S. 1 darstellt. Diese Entscheidung des Gesetzgebers mag zunächst vor dem Hintergrund, dass grundsätzlich auch bei einem unterlassenen Geschäft ein ähnliches Risikopotential mit Blick auf die Nachteilszufügung besteht,[1161] verwundern, sie ist jedoch unter Berücksichtigung des aktienrechtlichen Kompetenzgefüges und der handelsrechtlichen Parallelvorschriften konsequent.[1162]

So sind unterlassene Rechtsgeschäfte und Maßnahmen auch im Rahmen der Angabepflicht des § 285 Nr. 21 HGB nicht zu berücksichtigen.[1163] Auch die IAS 24 schreiben Angaben nur bei Transaktionen vor, welche tatsächlich stattgefunden haben. Für unterlassene Geschäfte besteht hiernach auch gerade keine Angabepflicht.[1164] Als wesentliches Argument, weshalb Unterlassungen keine Geschäfte im Sinne des § 111a Abs. 1 S. 1 AktG darstellen und insofern

---

1158 *Grigoleit*, ZGR 2019, 412 (418); Grigoleit-*Grigoleit*, § 111a, Rn. 22.

1159 *Vetter*, AG 2019, 853 (855); *Lieder/Wernert*, ZIP 2019, 989 (990 f.); *Lieder/Wernert*, ZIP 2018, 2441 (2443); *Grigoleit*, ZGR 2019, 412 (420).

1160 *Vetter*, AG 2019, 853 (855); *Lieder/Wernert*, ZIP 2019, 989 (990 f.); *Lieder/Wernert*, ZIP 2018, 2441 (2443); *Grigoleit*, ZGR 2019, 412 (420).

1161 Vgl. hierzu *Lange*, DStR 2003, 376 (377); dies aufgreifend und darstellend auch *Vetter*, AG 2019, 853 (855 f.).

1162 *Lieder/Wernert*, ZIP 2018, 2441 (2443); *Müller*, ZIP 2019, 2429 (2430); BeckOGK-AktG-*Spindler/Seidel*, § 111a, Rn. 9; MüKo-AktG-*Habersack*, Nachtrag zum ARUG II, § 111a, Rn. 12; K. Schmidt/Lutter-*Vetter*, § 111a, Rn. 137 f.

1163 BeckOGK-AktG-*Spindler/Seidel*, § 111a, Rn. 9; K. Schmidt/Lutter-*Vetter*, § 111a, Rn. 137.

1164 MüKo-BilR-*Hennrichs/Schubert*, Band 1, IAS 24, Rn. 113; BeckOGK-AktG-*Spindler/Seidel*, § 111a, Rn. 9; K. Schmidt/Lutter-*Vetter*, § 111a, Rn. 137; *Lieder/Wernert*, ZIP 2018, 2441 (2443); *Schmidt*, NZG 2018, 1201 (1209).

auch nicht in die §§ 111a–111c AktG einbezogen werden können, ist zudem anzuführen, dass, sobald ein Unterlassen von der Zustimmung des Aufsichtsrats abhängig gemacht wird, eine Zustimmungsverweigerung im Ergebnis eine Weisung an den Vorstand darstellt, das in Rede stehende Geschäft doch durchzuführen.[1165] Eine solche Weisung würde jedoch einem Initiativrecht des Aufsichtsrats gleichkommen, welches mit dem grundsätzlich in Deutschland geltenden aktienrechtlichen Kompetenzgefüge, nach dem gemäß § 111 Abs. 4 S. 1 AktG der Aufsichtsrat weder Geschäftsführungsmaßnahmen vornehmen noch dazu ermächtigt werden darf, in Widerspruch steht.[1166]

b. Nahestehende Personen

Neben der weiten Voraussetzung eines Geschäfts stellt der § 111a Abs. 1 S. 1 Nr. 2 und S. 2 AktG die weitere Voraussetzung auf, dass das jeweilige Geschäft mit einer sogenannten „nahestehenden Person" getätigt werden muss, damit die weiteren Vorschriften des *related-party-transactions*-Regelungskomplexes, namentlich die §§ 111b, 111c AktG, zur Anwendung kommen. Dadurch, dass der § 111a Abs. 1 AktG kumulativ sowohl die Voraussetzung des Geschäfts als auch die Voraussetzung aufstellt, dass dieses Geschäft mit einer nahestehenden Person getätigt wird, verdeutlicht der europäische Gesetzgeber, dass die Rechtsgeschäfte und Maßnahmen erst dadurch in den als regelungsbedürftig angesehenen Bereich fallen, dass sie mit nahestehenden Personen durchgeführt werden. Die mögliche Abträglichkeit ergibt sich für den europäischen Gesetzgeber gerade erst daraus, dass ebendiese nahestehenden Personen bei durchzuführenden Geschäften ihre Position ausnutzen und so sowohl der Gesellschaft als auch den Aktionären schaden könnten.[1167]

1165 *Lieder/Wernert*, DB 2020, 882 (883 f.); *Lieder/Wernert*, ZIP 2018, 2441 (2443); BeckOGK-AktG-*Spindler/Seidel*, § 111a, Rn. 9; K. Schmidt/Lutter-*Vetter*, § 111a, Rn. 138.

1166 *Müller*, ZIP 2019, 2429 (2430); *Lieder/Wernert*, ZIP 2018, 2441 (2443); K. Schmidt/Lutter-*Vetter*, § 111a, Rn. 138; BeckOGK-AktG-*Spindler/Seidel*, § 111a, Rn. 9; dem widersprechend insoweit *Grigoleit*, ZGR 2019, 412 (419 f.), welcher den Fokus auf die potentiell anstößigen Geschäfte legt und bei einer Gleichstellung von Unterlassungen das Geschäftsführungsverbot aus § 111 Abs. 4 S. 1 AktG nicht beeinträchtigt sieht.

1167 Erwägungsgrund (42) der RL (EU) Nr. 2017/828 des Europäischen Parlaments und des Rates vom 17.05.2017, ABl. EU Nr. L 132, 1; so auch *Grigoleit*, ZGR 2019, 412 (427).

aa. Verweis auf die internationalen Rechnungslegungsstandards

(1) Dynamischer Verweis

Der neu eingeführte § 111a AktG greift diesbezüglich in dessen Abs. 1 S. 2 zwar den Begriff der nahestehenden Person auf, bleibt hierbei jedoch eine griffige Legaldefinition, welche dem Rechtsanwender einen einfachen, rechtssicheren Umgang mit der Voraussetzung ermöglichen würde, schuldig. Anstatt selbst eine Definition mit an die Hand zu geben, wurde ein dynamischer Verweis auf den Begriff der nahestehenden Unternehmen oder Personen im Sinne der internationalen Rechnungslegungsstandards – der *International Accounting Standards* (IAS) und der *International Financial Reporting Standards* (IFRS) – implementiert, wie dieser auch bereits in der 2. ARRL in dem zugrunde liegenden Art. 2 lit. h vorgenommen wurde.[1168] Der Begriff der „nahestehenden Personen" hat entsprechend dem Verweis demnach dieselbe Bedeutung wie der Begriff der „nahestehenden Unternehmen und Personen" nach den internationalen Rechnungslegungsstandards. Der § 111a Abs. 2 S. 1 AktG verweist diesbezüglich zudem lediglich pauschal auf die internationalen Standards, sodass sich erst unter Zuhilfenahme der Gesetzesbegründung annähernd zweifelsfrei ergibt, dass der IAS 24 und über diesen mittelbar auch die von diesem in Bezug genommenen IFRS 10 und 11, sowie IAS 28 die maßgeblichen Regelungen sind.[1169]

Die Sinnhaftigkeit eines derartigen dynamischen Verweises ist in der Literatur umstritten. Teilweise wird vertreten, dass die Tatsache, dass bereits der europäische Gesetzgeber einen Verweis in dieser Art vornahm, zur Folge hat, dass der Gestaltungsspielraum für den deutschen Gesetzgeber dementsprechend klein ausfiel bzw. ein Gestaltungsspielraum gar nicht eröffnet ist. Um den Anforderungen der Richtlinie zu entsprechen, musste somit entweder der Wortlaut entsprechend in die aktienrechtliche Vorschrift übernommen werden oder eben auch ein Verweis auf die maßgeblichen Vorschriften erfolgen.[1170] Aus Gründen der Übersichtlichkeit und zur Vermeidung von Fehlern, welche mit

---

1168 BT-Drs. 19/9739, S. 79; *Lieder/Wernert*, ZIP 2019, 989 (991); *Stöber*, DStR 2020, 391 (396); *Florstedt*, ZHR 184 (2020), 10 (20 f.); *Barg*, AG 2020, 149 (151); *Grigoleit*, ZGR 2019, 412 (427 f.); DAV-HRA, NZG 2019, 12 (17); *Lanfermann*, BB 2018, 2859 (2859).

1169 BT-Drs. 19/9739, S. 79 f.; *Barg*, AG 2020, 149 (151); *Lieder/Wernert*, DB 2020, 882 (885); *Paschos/Goslar*, AG 2018, 857 (866); DAV-HRA, NZG 2019, 12 (17); *Schmidt*, NZG 2018, 1201 (1208 f.).

1170 *Barg*, AG 2020, 149 (151); *Lieder/Wernert*, ZIP 2018, 2441 (2444); *Florstedt*, ZHR 184 (2020), 10 (21).

der Übertragung in das Aktiengesetz entstehen könnten, sei hier ein Verweis die einzig sinnvolle Lösung gewesen.[1171] Zudem sei es im Lichte einer Regelung auf europäischer Ebene angebracht und einer einheitlichen Rechtsanwendung zwischen den Mitgliedsstaaten zuträglich, wenn derartige zentrale Kriterien im Wege eines bereits im Europarecht sowie in den nationalen Rechtsordnungen etablierten Maßstabes bestimmt werden.[1172]

Gegen einen derartigen Verweis wurde berechtigterweise angeführt, dass ein sicherer Umgang mit den neuen Regelungen für den Rechtsanwender hierdurch deutlich erschwert wird.[1173] So erfolgt der Verweis auf die internationalen Rechnungslegungsstandards lediglich pauschal, sodass der Rechtsanwender im Umgang mit dem neuen Regelungskomplex bereits bei einer der grundlegendsten Tatbestandsvoraussetzungen gezwungen ist, mehrere Kodifizierungen zugleich heranzuziehen, um sich eine anwendbare Definition zusammenzupuzzeln.[1174]

Dieser Missstand wird zusätzlich dadurch erschwert, dass durch die implementierte Dynamik des Verweises nicht bloß ein einmaliger Umgang mit den komplexen internationalen Rechnungslegungsvorschriften vorausgesetzt, sondern zugleich die ständige Überwachung der Regelungen notwendig gemacht wird, da diese in der Vergangenheit Objekt ständiger Änderungen waren und voraussichtlich auch in Zukunft sein werden.[1175] Die rechtsanwendenden Gesellschaften sind somit gezwungen, stets nach etwaigen Änderungen Ausschau zu halten und ihre Praxis entsprechend anzupassen.[1176] Darüber hinaus sind die IAS/IFRS-Vorschriften weder selbst präzise noch sind diese mit Blick auf die

1171 BT-Drs. 19/9739, S. 80; Hüffer/Koch-*Koch*, § 111a, Rn. 5; *Barg*, AG 2020, 149 (151); *Lieder/Wernert*, DB 2020, 882 (885); *Lieder/Wernert*, ZIP 2019, 989 (991); Gänzlich unkritisch *Lieder/Wernert*, ZIP 2018, 2441 (2444), wonach gegen die gewählte Verweisungstechnik nichts einzuwenden sei.

1172 *Grigoleit*, ZGR 2019, 412 (428).

1173 Vgl. *Stöber*, DStR 2020, 391 (396); *Bungert/Berger*, DB 2018, 2860 (2861); *Heldt*, AG 2018, 905 (913); *Paschos/Goslar*, AG 2018, 857 (866); *Grigoleit*, ZGR 2019, 412 (428); *Selzner*, ZIP 2015, 753 (758).

1174 *Stöber*, DStR 2020, 391 (396); *Heldt*, AG 2018, 905 (913); *Paschos/Goslar*, AG 2018, 857 (866); *Selzner*, ZIP 2015, 753 (758); DAV-HRA, NZG 2019, 12 (17); *Florstedt*, ZHR 184 (2020), 10 (21 ff.); in diese Richtung zum Teil auch Hüffer/Koch-*Koch*, § 111a, Rn. 5.

1175 *Stöber*, DStR 2020, 391 (396); *Bungert/Berger*, DB 2018, 2860 (2861); *Heldt*, AG 2018, 905 (913).

1176 *Bungert/Berger*, DB 2018, 2860 (2861); *Paschos/Goslar*, AG 2018, 857 (866).

related-party-transactions-Vorschriften geschaffen worden.[1177] *Stöber* erkennt in diesem problematischen dynamischen Verweis eine klare Verletzung des auch auf der EU-Ebene geltenden[1178] rechtsstaatlichen Bestimmtheitsgrundsatzes.[1179]

(2) Stellungnahme

Hinsichtlich des dynamischen Verweises auf die sperrigen internationalen Rechnungslegungsvorschriften ist eine differenzierte Betrachtungsweise einzunehmen. Die zweite Ansicht ist insoweit zustimmungswürdig, als sie anführt, dass den Gesellschaften eine ordnungsgemäße und lückenlose Erfassung von Geschäften mit nahestehenden Personen durch die lediglich pauschale Bezugnahme enorm erschwert wird und das notwendige Zusammensuchen der relevanten Vorschriften und Regelungen im Hinblick auf eine rechtssichere Praxis eine Zumutung darstellt. Dies nicht zuletzt vor dem Hintergrund, dass die den internationalen Rechnungslegungsstandards zugrundeliegenden Paradigmen gänzlich andere sind als diejenigen, die das deutsche Aktienrecht formen. Die Maßgaben des Bestimmtheitsgrundsatzes, dass Regelungen klar und bestimmt sein und ihre Anwendung für den Einzelnen voraussehbar sein müssen,[1180] sind hier mithin als verletzt anzusehen.

Gleichwohl wird gesehen, dass es sich hierbei um eine Regelung handelt, welche im Wege der Umsetzung einer Richtlinie des europäischen Gesetzgebers ihren Weg in das Aktiengesetz gefunden hat. In dem Moment, in dem sich der europäische Gesetzgeber aufschwingt, einen Regelungsbereich einheitlich für alle Mitgliedsstaaten zu regeln und auch in Zukunft weiter anzupassen, ist ein dynamischer Verweis auch aus Verfassersicht die einzig sinnvolle Lösung. Es wäre zwar wünschenswert, wenn sich die Regelungen nahtlos in das Aktiengesetz einfügen würden und den Rechtsanwendern eine praxisorientierte Definition mit an die Hand gegeben würde. Sobald der europäische Gesetzgeber jedoch für alle Mitgliedstaaten bezüglich eines zu regelnden Komplexes Rechtsakte verabschiedet, welche sich ihrerseits wiederum an zahlreichen Vorbildvorschriften – zumeist solchen aus dem angelsächsischen Rechtskreis – orientieren,

---

1177 *Grigoleit*, ZGR 2019, 412 (428); *Paschos/Goslar*, AG 2018, 857 (866); *Selzner*, ZIP 2015, 753 (758).

1178 EuGH, NVwZ 2018, 567 (Rn. 46); EuGH, Urt. v. 16.01.2014, C-24/13, EU:C:2014:40, Rn. 32; Jarass-*Jarass*, Charta der Grundrechte der EU, Einleitung, Rn. 46.

1179 *Stöber*, DStR 2020, 391 (396).

1180 BVerfGE 141, 220 (Rn. 94); EuGH, NVwZ 2018, 567 (Rn. 46); EuGH, Urt. v. 16.01.2014, C-24/13, EU:C:2014:40, Rn. 32; *Degenhart*, Rn. 374 ff.

sind Umsetzungsschwierigkeiten und damit einhergehende Systembrüche nur schwerlich zu vermeiden.

Mit Blick auf die gewählte Art des Verweises muss jedoch auch der deutsche Gesetzgeber dahingehend kritisiert werden, dass nicht etwa ein sprachlich eindeutiger Verweis auf die internationalen Rechnungslegungsstandards in ihrer jeweils gültigen Fassung erfolgt ist, sondern sich für eine schwer leserliche Nennung der einzelnen EU-Verordnungen entschieden wurde.[1181] Dies erschwert die Rechtsanwendung zusätzlich und hätte vermieden werden können. Begrüßenswert ist diesbezüglich jedoch, dass der deutsche Gesetzgeber die börsennotierten Aktiengesellschaften nicht mit den internationalen Rechnungslegungsvorschriften alleine lässt, sondern – wenn schon keine systemkongruente Definition im Aktiengesetz selbst – zumindest in der Gesetzesbegründung zusätzliche Erläuterungen und Orientierungshilfen in Bezug auf den Begriff der nahestehenden Personen bereitstellt.[1182]

Die rechtliche Ausgestaltung mit dem dynamischen Verweis ist insoweit im Hinblick auf das deutsche Aktienrecht sehr unglücklich, in Anbetracht der europäischen Vorgaben jedoch rechtstechnisch der Lösungsweg, welcher das europäische Regelungsziel am besten und zukunftssichersten umsetzt. Eine bessere Ausgangslage für das Aktienrecht wäre nur dann zu erreichen gewesen, wenn bereits auf der Ebene der europäischen Gesetzgebung andere Wege eingeschlagen worden wären bzw. die Regelung gänzlich verhindert worden wäre.

bb. Definition der nahestehenden Personen

Entsprechend der in Bezug genommenen Regelungen der IAS und IFRS – hier insbesondere IAS 24.9 – und den dazu gemachten Ausführungen in den Gesetzesmaterialien des ARUG II kann eine nahestehende Person bzw. *related party* sowohl eine natürliche Person als auch eine juristische Person oder Personenhandelsgesellschaft sein.[1183] Im Konkreten unterfallen der Definition der nahestehenden Personen sowohl einerseits Mitglieder der eigenen Organe der Gesellschaft und sonstige Schlüsselpersonen – einschließlich der von ihnen beherrschten Unternehmen und ihrer nahen Familienangehörigen – als andererseits auch beherrschende Unternehmen und maßgeblich beteiligte Aktionäre sowie deren nahe Familienangehörige und auch alle sonstigen

1181 So auch DAV-HRA, NZG 2019, 12 (17).

1182 BT-Drs. 19/9739, S. 80.

1183 BT-Drs. 19/9739, S. 80; *Bungert/Berger*, DB 2018, 2860 (2860); *Stöber*, DStR 2020, 391 (396); *Schmidt*, NZG 2018, 1201 (1208 f.).

verbundenen Unternehmen.[1184] Ein im Anwendungsbereich der *related party transactions* berücksichtigungswürdiges Näheverhältnis kann mithin sowohl durch gesellschaftsrechtliche Verbindungen als auch durch dienstvertragliche und organschaftliche Verbindungen begründet werden.[1185] Von Relevanz ist hier insbesondere der wirtschaftliche Gehalt einer solchen Beziehung, sodass von der reinen formalrechtlichen Ausgestaltung der Beziehung nicht zwingend ein unumstößlicher Rückschluss auf die tatsächlich berücksichtigungswürdige Nähebeziehung gezogen werden kann.[1186]

c. *Ausnahmetatbestände*

aa. *Marktübliche Geschäfte*

Nicht in den Anwendungsbereich der *related party transactions* fallen gemäß § 111a Abs. 2 S. 1 AktG Geschäfte, die im ordentlichen Geschäftsgang und zu marktüblichen Bedingungen mit nahestehenden Personen getätigt werden. Dieser Ausnahmetatbestand stellt sicher, dass es Gesellschaften trotz einer gegebenen Nähebeziehungen möglich bleibt, übliche Geschäfte zu tätigen, ohne Gefahr zu laufen, gegen die neuen Vorschriften zu verstoßen. Solche Geschäfte können insbesondere typische, nach Inhalt und Umfang gewöhnliche und sich wiederholende Alltagsgeschäfte darstellen.[1187] Die Typizität wird hierbei im Wege eines Drittvergleiches festgestellt, indem prüfend die Frage gestellt wird, ob das in Rede stehende Geschäft auch zu den gleichen Bedingungen mit einem unabhängigen Dritten abgeschlossen worden wäre.[1188] Besondere Bedeutung kommt dieser Ausnahme vor allem für den normalen Leistungsaustausch im faktischen Konzern zu.[1189] Da mit jedem Beurteilungsspielraum jedoch neuer Raum für

---

1184 BT-Drs. 19/9739, S. 80; *Bungert/Berger*, DB 2018, 2860 (2860); *Stöber*, DStR 2020, 391 (396); *Schmidt*, NZG 2018, 1201 (1208 f.); *Paschos/Goslar*, AG 2018, 857 (866); *Florstedt*, ZHR 184 (2020), 10 (21 ff.).

1185 BT-Drs. 19/9739, S. 80; *Stöber*, DStR 2020, 391 (396); *Bungert/Berger*, DB 2018, 2860 (2860); *Paschos/Goslar*, AG 2018, 857 (866).

1186 BT-Drs. 19/9739, S. 80; *Bungert/Berger*, DB 2018, 2860 (2861); *Schmidt*, NZG 2018, 1201 (1208 f.); *Paschos/Goslar*, AG 2018, 857 (866).

1187 BT-Drs. 19/9739, S. 81; *Stöber*, DStR 2020, 391 (396); *Tarde*, NZG 2019, 488 (490); *Lieder/Wernert*, DB 2020, 882 (886); *Lieder/Wernert*, ZIP 2018, 2441 (2445); s. auch *Florstedt*, ZHR 184 (2020), 10 (32 ff.).

1188 BT-Drs. 19/9739, S. 81; *Lieder/Wernert*, DB 2020, 882 (886); *Bungert/Berger*, DB 2018, 2860 (2862); *Stöber*, DStR 2020, 391 (396); *Müller*, FS Vetter, 479 (480); *Schmidt*, NZG 2018, 1201 (1210); *Tarde*, NZG 2019, 488 (490).

1189 *Müller*, FS Vetter, 479 (480); *Tröger/Roth/Strenger*, BB 2018, 2946 (2950); *Florstedt*, ZHR 184 (2020), 10 (32 ff.); Hier tritt die Pflicht neben die Berichtspflicht

missbräuchliches Verhalten eröffnet ist, ist in § 111a Abs. 2 S. 3 AktG eine Rückausnahme normiert, durch die Gesellschafen durch Satzungsregelung sämtliche wesentliche Geschäfte mit nahestehenden Personen den neuen Schutzvorschriften unterwerfen können. Die Gesellschaften sollen diese Ausnahme nutzen können, um bei Entscheidungen ihre besondere Orientierung an den Aktionärsinteressen zu signalisieren und noch glaubhafter zu machen.[1190]

bb. Ausnahmenkatalog gemäß § 111a Abs. 3 AktG

Der § 111a Abs. 3 AktG enthält bezüglich weiterer Ausnahmen zusätzlich einen abschließenden Negativkatalog, in welchem fallgruppenartig Geschäfte normiert sind, die ebenfalls nicht als Geschäfte mit nahestehenden Personen zu werten und somit dem Anwendungsbereich des § 111a Abs. 1 S. 1 AktG entzogen sind. Die gemeinsame Besonderheit bei diesen numerisch aufgezählten Geschäften ist der Umstand, dass hier entweder ein besonderer Schutz der Minderheitsaktionäre nicht erforderlich ist – bzw. ein solcher Schutz bereits anderweitig hinreichend gewährleistet ist – oder dass die Geschäfte einem übergeordneten Ziel dienen.[1191] Besonders wichtige Fallgruppen stellen hier die Geschäfte mit Tochterunternehmen (Nr. 1) und solche dar, die ihrerseits bereits der Ermächtigung oder der Zustimmung der Hauptversammlung bedürfen (Nr. 2 und 3).[1192]

(1) Geschäfte mit Tochtergesellschaften

Der § 111a Abs. 3 Nr. 1 AktG stellt durch die Ausnahmeregelung sicher, dass die Aktiengesellschaft weiterhin ungehindert Geschäfte mit Tochterunternehmen vornehmen kann, welche unmittelbar oder mittelbar in 100-prozentigem Anteilsbesitz der Gesellschaft stehen oder an denen keine andere der Aktiengesellschaft nahestehende Person beteiligt ist.[1193] Dass hier die *related-party*-Regelungen nicht zur Anwendung kommen, ist insoweit begrüßenswert, als bei einer solchen Konstellation gerade kein Interessenkonflikt droht und insoweit auch

---

aus § 312 AktG und überschneidet sich mit dieser im Hinblick auf konzerninterne Geschäfte, *Tarde*, NZG 2019, 488 (490); Näheres dazu in *Müller*, ZGR 2019, 97 (113 ff.).

1190 *Tröger/Roth/Strenger*, BB 2018, 2946 (2950); *Tarde*, NZG 2019, 488 (490).

1191 BT-Drs. 19/9739, S. 81 ff.; *Stöber*, DStR 2020, 391 (397); *Bungert/Berger*, DB 2018, 2860 (2862 f.); *Lieder/Wernert*, DB 2020, 882 (887).

1192 *Lieder/Wernert*, DB 2020, 882 (887); *Müller*, FS Vetter, 479 (481).

1193 BT-Drs. 19/9739, S. 81 f.; *Bungert/Berger*, DB 2018, 2860 (2862); *Lieder/Wernert*, DB 2020, 882 (887); *Tröger/Roth/Strenger*, BB 2018, 2946 (2950 f.).

kein verhinderungsbedürftiger Schaden für die Gesellschaft und deren Minderheitsaktionäre aus derartigen Transaktionen zu befürchten ist.[1194]

(2) Geschäfte mit Hauptversammlungszustimmung

Selbiges gilt gemäß § 111a Abs. 3 Nr. 2 und 3 AktG auch für die Art Geschäfte, die einer Zustimmung oder Ermächtigung der Hauptversammlung bedürfen, sowie alle in deren Umsetzung vorgenommenen Geschäfte und Maßnahmen.[1195] § 111a Abs. 3 Nr. 3 AktG enthält in den Unterpunkten a) bis f) eine Aufzählung an Geschäften, bei denen ausweislich der Gesetzesbegründung ein ausreichender Minderheitenschutz bereits durch die Mitwirkung der Hauptversammlung, durch besondere Mehrheitserfordernisse, Informationspflichten und das Beschlussmängelrecht sichergestellt ist.[1196] Eines darüberhinausgehenden Schutzes durch das *related-party-transactions*-Regime bedarf es insoweit bei derartigen Geschäften gerade nicht. Das im Wege der 2. ARRL intendierte Schutzniveau ist in diesen Fällen bereits hinreichend durch die im Aktienrecht originär bestehenden Regelungen erreicht.[1197]

(3) Weitere Ausnahmen

Weitere Ausnahmen, bei denen bestimmte Arten von Geschäften auch nicht in den Anwendungsbereich des § 111a AktG fallen, sind darüber hinaus gemäß § 111a Abs. 3 Nr. 4 AktG Geschäfte, die die Vergütung betreffen, die den Mitgliedern des Vorstands oder des Aufsichtsrats im Einklang mit § 113 Abs. 3 AktG oder § 87a Abs. 2 gewährt oder geschuldet wird, sowie gemäß § 111a Abs. 3 Nr. 5 AktG Geschäfte mit Kreditinstituten, welche zur Sicherung ihrer Stabilität durch die zuständige Behörde angeordnet oder gebilligt wurden. Praktisch relevant ist zudem der in § 111a Abs. 3 Nr. 6 AktG normierte Fall, bei dem Geschäfte dann nicht in den Anwendungsbereich des § 111a Abs. 1 S. 1 AktG fallen und somit weder das Zustimmungserfordernis des § 111b Abs. 1 AktG noch die

---

1194 *Schmidt*, NZG 2018, 1201 (1210); *Bungert/Berger*, DB 2018, 2860 (2862); *Tröger/Roth/Strenger*, BB 2018, 2946 (2950 f.).

1195 BT-Drs. 19/9739, S. 82; *Lieder/Wernert*, DB 2020, 882 (887).

1196 BT-Drs. 19/9739, S. 82; *Bungert/Berger*, DB 2018, 2860 (2862); *Lieder/Wernert*, DB 2020, 882 (887).

1197 *Bungert/Berger*, DB 2018, 2860 (2862); *Florstedt*, ZHR 184 (2020), 10 (38); a.A. *Tröger/Roth/Strenger*, BB 2018, 2946 (2951), die durch die Mitwirkungsmöglichkeit des Blockaktionärs an der Abstimmung auf der Hauptversammlung die Möglichkeit des Missbrauchs durch eine „Quasi-Selbstermächtigung" sehen.

Bekanntmachungspflicht aus § 111c Abs. 1 AktG auslösen, wenn sie allen Aktionären unter den gleichen Bedingungen angeboten wurden. Dadurch, dass alle Aktionäre in das Geschäft mit einbezogen sind – etwa bei einem Übernahmeangebot –, ist eine besondere Benachteiligung der Minderheitsaktionäre nicht zu befürchten und eine zusätzliche Schutzebene nicht notwendig.[1198]

(4) Bewertung

Dass derartige Geschäfte, wie sie in den entsprechenden Ausnahmen in § 111a Abs. 3 Nr. 1 bis 6 AktG normiert sind, aus dem Anwendungsbereich der *related party transactions* ausgeklammert sind, ist für die Praxis von herausragender Bedeutung und sorgt dafür, dass das Aktienrecht nicht gänzlich „auf den Kopf gestellt wird".[1199] Es wird hierdurch insbesondere, unter voller Ausnutzung der in Art. 9cAbs. 6 2. ARRL eröffneten Ausnahme-Option, dem Umstand Rechnung getragen, dass das *related-party-transactions*-Regime aus aktienrechtlicher Sicht vorrangig das Schutzniveau von Minderheiten erhöhen soll und gerade keinen darüberhinausgehenden Selbstzweck verfolgt.

2. Der Zustimmungsvorbehalt aus § 111b Abs. 1 AktG

Sofern ein Geschäft als ein Geschäft mit einer nahestehenden Person zu qualifizieren ist, also die Tatbestandsvoraussetzungen der *related-party-transactions*-Vorschriften vorliegen und für das jeweilige Geschäft auch keine der dargestellten Ausnahmen in Betracht kommen, sieht der im Rahmen des ARUG II neu geschaffene § 111b Abs. 1 AktG einen Zustimmungsvorbehalt für derartige Geschäfte vor.

a. Regelungsgegenstand

Der § 111b Abs. 1 AktG stellt in dem rund um die *related party transactions* geschaffenen Regelungskomplex eine der wesentlichen Maßnahmen dar, mit denen das dem gesamten Regime zugrundeliegende Regelungsziel – das Schutzniveau für Minderheiten zu erhöhen, indem unlautere Geschäfte mit nahestehenden Personen erschwert und verhindert werden – erreicht werden soll.[1200]

1198 BT-Drs. 19/9739, S. 83; *Bungert/Berger*, DB 2018, 2860 (2863).

1199 *Bungert/Berger*, DB 2018, 2860 (2862).

1200 *Florstedt*, ZHR 184 (2020), 10 (18); Hüffer/Koch-*Koch*, § 111a, Rn. 1; Hüffer/Koch-*Koch*, § 111b, Rn. 1.

Um der Gefahr einer unausgewogenen Vermögensverlagerung durch unlautere Einflussnahme durch nahestehende Personen entgegenzuwirken, sieht die gesetzliche Ausgestaltung des § 111b Abs. 1 AktG vor, dass ab einer gewissen Relevanzschwelle der Aufsichtsrat oder der Aufsichtsratsausschuss gemäß § 107 Abs. 3 S. 4–6 AktG n.F. vor der Durchführung eines Geschäfts oder einer Maßnahme seine Zustimmung erteilen muss.[1201]

Zur Erreichung des Regelungsziels muss eine Zustimmung bereits vor Abschluss des Geschäftes vorliegen. Maßgeblich ist hierbei der Zeitpunkt des Verpflichtungsgeschäfts.[1202]

b. Aufsichtsrat als zuständiges Organ

Der deutsche Gesetzgeber hat sich bei der Umsetzung des Zustimmungsvorbehalts – trotz anfänglicher Überlegungen in diese Richtung – gegen die von der 2. Aktionärsrechterichtlinie eröffneten Option[1203] entschieden, anstatt des Aufsichtsrats die Hauptversammlung für eine Zustimmung heranzuziehen. Diese Entscheidung ist gleich aus mehreren Gesichtspunkten begrüßenswert. Nicht nur, dass die Heranziehung der Hauptversammlung einen enormen Mehraufwand bedeuten würde, äußerst impraktikabel wäre und für räuberische Aktionäre ein erhebliches Blockadepotential durch die Anfechtbarkeit derartiger Beschlüsse eröffnen würde, auch die Stellung der Hauptversammlung innerhalb der Organstruktur der Aktiengesellschaft lässt eine Hauptversammlungszuständigkeit ohne enorme Systembrüche nicht zu.[1204] Dass die Hauptversammlung über Fragen der Geschäftsführung entscheidet, kommt nur ausnahmsweise in den Fällen des § 119 Abs. 2 AktG oder bei restriktiv zu handhabenden ungeschriebenen Hauptversammlungskompetenzen in Fällen, in denen der Wert der Unternehmensanteile durch Entscheidungen des Vorstands massiv gefährdet wird,[1205] in Betracht.

1201 *Lieder/Wernert*, DB 2020, 882 (887 f.); Hüffer/Koch-*Koch*, § 111b, Rn. 1.

1202 BT-Drs. 19/9739, S. 83; *Kleinert/Mayer*, EuZW 2019, 103 (106); *Lieder/Wernert*, DB 2020, 882 (888).

1203 Vgl. Art. 9c Abs. 4 der 2. ARRL.

1204 *Wentz*, WM 2019, 906 (912); *Koch*, BB 2017, Heft 15/16, S. 1; DAV-HRA, NZG 2019, 12 (17); vgl. auch *Seibt*, DB 2014, 1910 (1914 f.); zu der Beziehung der Organe untereinander: Hüffer/Koch-*Koch*, § 76, Rn. 2.

1205 Vgl. zu ungeschriebenen Hauptversammlungskompetenzen die Holzmüller/Gelatine-Rechtsprechung des Bundesgerichtshofs, BGH, NJW 1982, 1703 (1703 ff.) und BGH, NJW 2004, 1860 (1860 ff.).

Die Stellung des Aufsichtsrats innerhalb der aktienrechtlichen Organstruktur macht diesen zum adäquaten Organ im Hinblick auf derartige Zustimmungen.[1206] Den grundsätzlich gemäß § 101 Abs. 1 AktG durch die Hauptversammlung gewählten Aufsichtsratsmitgliedern obliegt die Aufgabe der Überwachung des Vorstands als des alleinigen Leitungsorgans der Gesellschaft. Selbst wenn der Aufsichtsrat bei Geschäften mit nahestehenden Personen von der bloßen Überwachung nunmehr in den Entscheidungsprozess enger eingebunden wird, so handelt es sich bei dem Zustimmungsvorbehalt trotzdem um eine Aufgabe, welche im Sinne der Organadäquanz am besten von dem Aufsichtsrat wahrgenommen werden kann.[1207]

c. *Schwellenwert*

aa. *Zustimmungsvorbehalt nur bei „wesentlichen" Geschäften*

Der Zustimmungsvorbehalt gilt jedoch nicht uneingeschränkt für jedes Geschäft, welches als ein Geschäft mit einer nahestehenden Person zu qualifizieren ist. Er gilt vielmehr nur für wesentliche Geschäfte.

Der § 111b Abs. 1 AktG setzt zusätzlich zu den Tatbestandsvoraussetzungen des § 111a AktG voraus, dass der wirtschaftliche Wert des Geschäfts allein oder zusammen mit den innerhalb des laufenden Geschäftsjahres mit derselben Person zuvor getätigten Geschäften 1,5 % der Summe aus dem handelsbilanziellen Anlage- und Umlaufvermögen der Gesellschaft nach dem letzten Jahresabschluss bzw. bei einer Konzernmuttergesellschaft nach dem letzten Konzernabschluss übersteigt.[1208] Der Wert muss diesbezüglich nicht direkt im Rahmen eines Geschäfts den Schwellenwert übersteigen, dies kann auch durch eine Aggregation mehrerer einzelner Geschäfte mit derselben nahestehenden Person geschehen.[1209]

Relevant ist hier der wirtschaftliche Wert des Geschäfts, für den auf den am Markt zu erzielenden Zeitwert des zu übertragenden Gegenstandes abzustellen

---

1206 Hüffer/Koch-*Koch*, § 111b, Rn. 1; DAV-HRA, NZG 2019, 12 (17); *Wentz*, WM 2019, 906 (912).

1207 *Wentz*, WM 2019, 906 (912); Hüffer/Koch-*Koch*, § 111b, Rn. 1; vgl. *Lieder/Wernert*, DB 2020, 882 (888).

1208 BT-Drs. 19/9739, S. 83 f.; *Florstedt*, ZHR 184 (2020), 10 (30 f.); BeckOGK-AktG-*Spindler/Seidel*, § 111b, Rn. 2; *Stöber*, DStR 2020, 391 (397); *Florstedt*, ZIP 2020, 1 (6); Hüffer/Koch-*Koch*, § 111b, Rn. 2.

1209 *Schmidt*, EuZW 2019, 261 (262); *Lieder/Wernert*, ZIP 2019, 989 (992); *Kleinert/Mayer*, EuZW 2019, 103 (107); BeckOGK-AktG-*Spindler/Seidel*, § 111b, Rn. 8 ff.

ist.[1210] Zur Ermittlung des Wertes kann hier auf eine realistische Schätzung zurückgegriffen werden, eine Pflicht zur Einholung eines Wertgutachtens besteht nicht.[1211]

Im Regierungsentwurf war noch eine Wesentlichkeitsschwelle von 2,5 % vorgesehen, diese wurde jedoch im letztendlichen Gesetz nach einer Empfehlung des Ausschusses für Recht und Verbraucherschutz auf 1,5 % abgesenkt.[1212] Der Rechtsausschuss war diesbezüglich der Auffassung, dass die Regelungen zu den *related party transactions* dadurch wirkungsvoller werden würden, ohne dabei die Unternehmen mit zu hohen Bürokratielasten zu beschweren.[1213]

bb. Unstimmigkeit über die Höhe des Schwellenwertes

Hinsichtlich des Schwellenwertes enthielt die 2. Aktionärsrechterichtlinie keine näheren Vorgaben, sodass der deutsche Gesetzgeber hier dessen Höhe grundsätzlich nach eigenem Ermessen bestimmen konnte. Da die Festlegung, ab wann ein Geschäft als „wesentlich" zu begreifen ist, die maßgebliche Bedingung dafür ist, dass der Zustimmungsvorbehalt überhaupt zur Anwendung kommt und mit ihm die Modalitäten des Geschäfts sodann auch im Wege der Veröffentlichungspflicht aus § 111c Abs. 1 AktG bekannt gemacht werden müssen, hängt der gesamte Regelungskomplex rund um die *related party transactions* an dieser Prozentgrenze. Die Diskussion, wie hoch die quantitative Schwelle gesetzt werden sollte, wurde dementsprechend hitzig geführt.[1214] Insbesondere der Umstand, dass die Vorschriften nach fremdem Vorbild in Bezug auf die Geschäfte mit nahestehenden Personen von der im Aktien- und Konzernrecht etablierten sachverständigen, retrospektiven Prüfung – insbesondere im Wege der §§ 57 f., 62, 117, 302 ff. 311 ff. AktG – abweichen und nunmehr das Schutzniveau durch einen prospektiven Ansatz mit der vorherigen Zustimmung zu statuieren suchen, hatte rechtspolitische Differenzen zur Folge.[1215]

1210 BT-Drs. 19/9739, S. 83 f.; *Stöber*, DStR 2020, 391 (397); *Lanfermann*, BB 2018, 2859 (2861); BeckOGK-AktG-*Spindler/Seidel*, § 111b, Rn. 5; zur Bestimmung des Wertes anderer Rechtsgeschäfte und Maßnahmen wie die Erbringung von Dienstleistungen, Finanzierungen, Darlehen, Bürgschaften etc. bei denen keine Gegenstände übertragen werden, s. *Eisele/Oser*, DB 2019, 1517 (1520 f.).

1211 BT-Drs. 19/9739, S. 83 f.; *Lieder/Wernert*, ZIP 2019, 989 (991 f.); *Lanfermann*, BB 2018, 2859 (2861).

1212 BT-Drs. 19/15153, S. 16 und 57; *Florstedt*, ZHR 184 (2020), 10 (30 f.); BeckOGK-AktG-*Spindler/Seidel*, § 111b, Rn. 4.

1213 BT-Drs. 19/15153, S. 57; BeckOGK-AktG-*Spindler/Seidel*, § 111b, Rn. 4.

1214 Vgl. *Florstedt*, ZIP 2020, 1 (6); vgl. *Lieder/Wernert*, ZIP 2019, 989 (992).

1215 *Seibt*, DB 2014, 1910 (1914).

Eine Einigung darauf, welcher Schwellenwert im deutschen Aktienrecht tatsächlich vertretbar ist, gestaltete sich entsprechend schwierig. Dies nicht zuletzt wegen einer gänzlichen Ermangelung jedweder einheitlichen Diskussionsgrundlage. Wie hoch der Schwellenwert im Ergebnis anzusetzen ist, ist aus Verfassersicht maßgeblich davon abhängig, wie der jeweilige Betrachter den neuen Regelungen gegenübersteht.[1216]

(1) Eine Ansicht

Wird das *related-party-transaction*-Regime als ein weltweit akzeptierter – das deutsche Aktienrecht bereichernder – Schutzmechanismus begriffen, welcher ein bis dato unzureichendes System um eine neue Dimension aufwertet und Regelungslücken schließt, so wäre die Schwelle entsprechend niedrig anzusetzen. Je niedriger die Schwelle, desto eher kommen die neuen Regelungen zur Anwendung und können so ihre Wirkung entfalten.[1217] Im britischen Recht, welches zugleich als Vorbild für die *related-party-transactions*-Regelungen gedient hat, ist die Mindestgrenze gemäß Listing Rules (LR) 11.1.10 der britischen *Financial Conduct Authority* – bezogen unter anderem auf das Vermögen oder den Gewinn der Gesellschaft – lediglich bei 0,25 %.[1218]

(2) Andere Ansicht

Wird hingegen der gesamte Regelungskomplex als ein Fremdkörper im deutschen Aktienrecht begriffen, welcher lediglich einen ungeschickten britischen Regulierungsversuch darstellt und mit Blick auf die bestehenden aktien- und konzernrechtlichen Schutzmechanismen bloß statt sinnvoller Ergänzung einen unnötigen Systembruch mit sich bringt, wäre dem deutschen Aktienrecht mit einer niedrigen Schwelle gerade kein Gefallen getan. Die Schwelle wäre hiernach sodann möglichst hoch anzusetzen, um zwar einerseits richtlinienkonform die Vorgaben des europäischen Gesetzgebers umzusetzen, andererseits jedoch die börsennotierten Aktiengesellschaften in ihrer Geschäftspraxis nicht mit den

---

1216 So auch *Florstedt*, ZIP 2020, 1 (6).

1217 Sich in dieser Beziehung für unterschiedliche Bezugsgrößen aussprechend, damit neben kleinen Unternehmen auch Großunternehmen – welche aufgrund ihrer enormen Bilanzgröße ansonsten nur selten bei Transaktionen den Schwellenwert erreichen werden – entsprechend von der neuen Regelung erfasst werden: *Tröger/Roth/Strenger*, BB 2018, 2946 (2948 f.).

1218 *Florstedt*, ZIP 2020, 1 (6); *Engert/Florstedt*, ECGI Working Paper Series in Law 2019, Working Paper N° 440/2019, II.2; *Florstedt*, ZHR 184 (2020), 10 (30 f.).

fragwürdigen Regelungen zu belasten.[1219] Ein entsprechend hoch angesetzter Schwellenwert hätte zur Folge, dass die Praxisrelevanz der neuen Vorschriften äußerst gering ausfallen würde.[1220] Nach dieser Ansicht wäre dies bereits deshalb begrüßenswert, weil die nationalen kapitalerhaltungs- und konzernrechtlichen Schutzarten schon einen hinreichenden Schutz gewähren und eine Implementierung von fremdartigen Regelungskomplexen neben der zu befürchtenden systematischen Spaltung kaum weitere Vorteile mit sich bringt.[1221]

cc. Umsetzung

Der deutsche Gesetzgeber hat sich sodann mit der ursprünglichen Festlegung der Prozentgrenze auf 2,5 % für eine eher konservative Umsetzung der Richtlinie entschieden, um so den zu befürchtenden Systembruch mit den bestehenden aktien- und konzernrechtlichen Regelungen und den zu erwartenden bürokratischen Mehraufwand für die börsennotierten Aktiengesellschaften so gering wie möglich zu halten.[1222] In der Diskussion waren hier Werte von 1 % bis hin zu mehr als 5 %.[1223] Nach einer im Jahr 2017 durchgeführten Studie hätte eine Schwelle in der Höhe von 2,5 % zur Folge gehabt, dass circa 10 bis 20 %

1219 Sich in dieser Art für einen hohen Schwellenwert aussprechend, welcher sich am Maßstab des § 52 AktG orientiert und nicht darauf abzielt, einen Grund- bzw. Rundum-Schutz sicherzustellen: *Bungert/Wansleben*, DB 2017, 1190 (1194 f.).

1220 Dies bereits für einen Schwellenwert in Höhe von 2,5 % feststellend *Engert/Florstedt*, ECGI Working Paper Series in Law 2019, Working Paper N° 440/2019, IV.3.a); *Florstedt*, ZIP 2020, 1 (6).

1221 In dieser Art den neuen Regelungen skeptisch gegenüberstehend *Stöber*, DStR 2020, 391 (398); *Seibt*, DB 2014, 1910 (1914 f.); *Müller*, ZGR 2019, 97 (109); *Bungert/Wansleben*, DB 2017, 1190 (1194 f.); so auch *Müller*, welcher in Bezug auf das aus dem anglo-amerikanischen Rechtskreis importierte RPT-Regime den passenden Begriff eines *„legal tansplant"* verwendet, *Müller*, FS Vetter, 479 (487); die Reform der Informations- und Fragerechte der Aktionäre bereits im Jahre 2011 in den Kontext des „Imports" kapitalmarktorientierter Corporate Governance stellend, *Hellgardt/Hoger*, ZGR 2011, 38 (67).

1222 Hüffer/Koch-*Koch*, § 111b, Rn. 2; *Grigoleit*, ZGR 2019, 412 (417 und 422); vgl. *Müller*, FS Vetter, 479 (480); *Engert/Florstedt*, ECGI Working Paper Series in Law 2019, Working Paper N° 440/2019, IV.3.a); *Florstedt*, ZHR 184 (2020), 10 (30 f.).

1223 DAV-HRA, NZG 2019, 12 (18); *Lieder/Wernert*, ZIP 2019, 989 (992); vgl. *Schmidt*, NZG 2018, 1201 (1209 f.).

der Unternehmen mindestens einmal pro Jahr ein zustimmungserforderliches Geschäft abgeschlossen hätten.[1224]

Letztendlich wurde die Schwelle jedoch nach der Empfehlung des Rechtsausschusses auf 1,5 % abgesenkt, wodurch die empirische Bedeutung der neuen Regelungen im Vergleich zu dem vorherigen Schwellenwert erheblich erhöht wurde.[1225] Die deutsche Umsetzung stellt in Anbetracht des nunmehr relativ niedrigen Schwellenwertes mithin definitiv keine „Unter-Umsetzung“[1226] dar und hebt das *related-party-transactions*-Regime so auf eine Ebene mit den bereits vorhandenen Schutzmechanismen.

dd. Stellungnahme

Dass sich von Seiten des deutschen Gesetzgebers im letzten Moment, den Empfehlungen des Rechtsausschusses folgend, doch für die niedrigere 1,5 % Schwelle entschieden wurde, ist insoweit aus Verfassersicht – im Einklang mit sich eher zurückhaltend aussprechenden Ansichten im Hinblick auf das neue Regelungsregime – bedauerlich. Gerade die bereits bestehenden konzernrechtlichen Schutzvorschriften und der zusätzliche Umstand, dass gemäß §§ 285 Nr. 21, 314 Abs. 1 Nr. 13 HGB im Anhang zu den jeweiligen Jahresabschlüssen der Aktiengesellschaften umfassende Informationen über Geschäfte mit nahestehenden Personen bereitgestellt werden müssen, welche nicht zu marktüblichen Konditionen zustande gekommen sind, lassen die neuen Regelungen in gewisser Weise mit Blick auf das deutsche Recht redundant erscheinen.[1227] Der Bruch mit der eigentlichen aktienrechtlichen Ausgestaltung ist besonders vor dem Hintergrund als unnötig zu bewerten, dass selbst den britischen Vorbildvorschriften trotz des niedrigen Schwellwertes in Ansehung der sehr umfangreichen Ausnahmetatbestände im Annex 1 zu dem LR 11 – welche in dieser Art unverständlicherweise keinen Einzug in die geänderte Aktionärsrechterichtlinie gefunden haben – lediglich eine geringe praktische Bedeutung zukommt.[1228]

1224 *Engert/Florstedt*, ECGI Working Paper Series in Law 2019, Working Paper N° 440/2019, IV.3.a); *Florstedt*, ZIP 2020, 1 (7); *Florstedt*, ZHR 184 (2020), 10 (31); *Tarde*, NZG 2019, 488 (489); BeckOGK-AktG-*Spindler/Seidel*, § 111b, Rn. 3.

1225 *Florstedt*, ZIP 2020, 1 (7); vgl. die Grafiken in *Engert/Florstedt*, ECGI Working Paper Series in Law 2019, Working Paper N° 440/2019, IV.3.a); Hüffer/Koch-*Koch*, § 111b, Rn. 2.

1226 *Grigoleit*, ZGR 2019, 412 (461); *Florstedt*, ZIP 2020, 1 (7).

1227 Ausführlich hierzu auch *Grigoleit*, ZGR 2019, 412 (444 ff.); *Müller*, ZGR 2019, 97 (119 ff.); *Florstedt*, ZHR 184 (2020), 10 (30 f.).

1228 Vgl. *Seibt*, DB 2014, 1910 (1914).

Der Schwellenwert hätte nach der hier vertretenen Ansicht mithin eher höher angesetzt bleiben sollen, um die zu befürchtenden Auswirkungen so gering wie möglich zu halten und den Fokus weiterhin vorrangig auf den originär aktienrechtlichen Schutzvorschriften zu belassen.

d. Zustimmungsverfahren

Die Zustimmung des Aufsichtsrates oder des hierfür einberufenen Ausschusses muss gemäß § 111b Abs. 1 S. 1 AktG bereits vor dem rechtswirksamen Abschluss des Geschäfts vorliegen. Das Geschäft kann jedoch auch gemäß § 158 Abs. 1 BGB mit der aufschiebenden Bedingung der späteren Zustimmung vorgenommen werden.[1229]

Hinsichtlich des Zustimmungsverfahrens sieht § 111b Abs. 2 AktG vor, dass derartige Mitglieder des Aufsichtsrates von der Abstimmung ausgeschlossen sind, welche selber als nahestehende Personen an dem Geschäft beteiligt sind oder bei denen die Besorgnis eines Interessenkonfliktes aufgrund ihrer Beziehungen zu der jeweiligen nahestehenden Person besteht.[1230] Der Begriff der nahestehenden Person ist hier wie der in § 111a Abs. 1 AktG zu verstehen und eine Nähebeziehung kann durch geschäftliche, finanzielle oder auch persönliche Beziehungen begründet werden, welche dazu geeignet sind, das Urteilsvermögen des Aufsichtsratsmitglieds zu beeinträchtigen.[1231] Sofern der Aufsichtsrat die Zustimmung verweigert, besteht gemäß § 111b Abs. 4 AktG für den Vorstand die Möglichkeit zu verlangen, dass die Hauptversammlung über die Zustimmung beschließt.

Bezüglich eines inhaltlichen Maßstabs für die Zustimmung macht der § 111b Abs. 1 AktG keine Vorgaben. Ein systematischer Vergleich mit § 111c Abs. 2 S. 3 AktG lässt jedoch auch in Bezug auf die Zustimmung einen Maßstab vermuten, welcher sich an der Angemessenheit des Geschäftes orientiert.[1232] Im Rahmen der Veröffentlichungspflicht sind gerade solche Informationen zu publizieren, die erforderlich sind, um die Angemessenheit des Geschäfts aus Sicht

---

1229 BT-Drs. 19/9739, S. 84.

1230 *Stöber*, DStR 2020, 391 (397); *Lanfermann*, BB 2018, 2859 (2861); *Heldt*, AG 2018, 905 (917 f.).

1231 *Stöber*, DStR 2020, 391 (397); *Paschos/Goslar*, AG 2018, 857 (869); Hüffer/Koch-*Koch*, § 111b, Rn. 7.

1232 *Müller*, FS Vetter, 479 (481); *Lieder/Wernert*, BB 2020, 885 (888); *Lanfermann*, BB 2018, 2859 (2861); vgl. *Florstedt*, ZHR 184 (2020), 10 (53 f.); Hüffer/Koch-*Koch*, § 111b, Rn. 10.

der Gesellschaft und der außenstehenden Gesellschafter zu bewerten. Die Aktionäre und andere *stakeholder* sollen insoweit in die Lage versetzt werden, selbst beurteilen zu können, ob der Aufsichtsrat inhaltlich das Kriterium der Angemessenheit bei seiner Entscheidungsfindung hinreichend berücksichtigt hat.[1233] Wann ein Geschäft als angemessen zu bewerten ist, ist wiederum entsprechend den in § 111a Abs. 2 AktG gemachten Maßgaben hinsichtlich eines Geschäfts zu marktüblichen Konditionen zu bemessen.[1234]

e. *Rechtsfolgen einer fehlenden oder fehlerhaften Zustimmung*

aa. *Schadensersatzpflicht*

Eine fehlende oder fehlerhaft erteilte Zustimmung hat auf die Wirksamkeit des abgeschlossenen Geschäfts im Außenverhältnis keine Auswirkung.[1235] Der Gesetzgeber ist hier der zustimmungswürdigen Auffassung gefolgt, dass Unsicherheiten, welche aus einer Fehleinschätzung hinsichtlich der weiten Definition des Begriffs der nahestehenden Person, der Bewertung der Schwelle oder der aggregierten Geschäfte herrühren, nicht nach außen durchschlagen können sollen.[1236]

Gleichwohl bleibt eine fehlende oder fehlerhafte Zustimmung nicht folgenlos. Rückgewährungsansprüche kommen zwar konsequenterweise – außer in den Fällen der §§ 57, 62 AktG, § 52 AktG oder § 826 BGB – nicht in Betracht,[1237] der Vorstand handelt jedoch bei einem Abschluss eines entsprechenden Geschäfts ohne Zustimmung sorgfaltspflichtwidrig und kann sich unter Umständen gemäß § 93 Abs. 2 AktG schadensersatzpflichtig machen.[1238] Das hierfür erforderliche Verschulden kann bereits dann angenommen werden, wenn der Vorstand keine

---

1233 *Müller*, FS Vetter, 479 (481); vgl. *Florstedt*, ZHR 184 (2020), 10 (53 f.).

1234 S. o. 5. Teil, B, IV, 1, c, aa; Hüffer/Koch-*Koch*, § 111b, Rn. 7; *Lieder/Wernert*, BB 2020, 885 (888); vgl. *Florstedt*, ZHR 184 (2020); 10 (53 f.); so auch *Heldt*, AG 2018, 905 (918 f.)

1235 BT-Drs. 19/9739, S. 84; Hüffer/Koch-*Koch*, § 111b, Rn. 10: *Schmidt*, NZG 2018, 1201 (1212); *Heldt*, AG 2018, 905 (919); *Tröger/Roth/Strenger*, BB 2018, 2946 (2952); *Müller*, FS Vetter, 479 (481); *Tarde*, NZG 2019, 488 (493).

1236 BT-Drs. 19/9739, S. 84; *Schmidt*, NZG 2018, 1201 (1212 f.); *Müller*, FS Vetter, 479 (481).

1237 BT-Drs. 19/9739, S. 84; *Tarde*, NZG 2019, 488 (493); Hüffer/Koch-*Koch*, § 111b, Rn. 10; *Müller*, FS Vetter, 479 (481).

1238 BT-Drs. 19/9739, S. 84; *Tröger/Roth/Strenger*, BB 2018, 2946 (2952); *Tarde*, NZG 2019, 488 (493); Hüffer/Koch-*Koch*, § 111b, Rn. 10; *Müller*, FS Vetter, 479 (481); *Schmidt*, NZG 2018, 1201 (1212 f.).

hinreichenden prozeduralen Vorkehrungen dahingehend getroffen hat, dass vorgenommene Geschäfte mit nahestehenden Personen auch als solche zustimmungsbedürftigen *related party transactions* erkannt werden.[1239]

Selbiges gilt insoweit auch für Aufsichtsratsmitglieder, welche trotz einer Nähebeziehung und zu erwartender Interessenkonflikte entgegen § 111b Abs. 2 AktG doch an der Abstimmung teilnehmen. Auch ein solches Verhalten kann einen schadensersatzbegründenden Sorgfaltspflichtverstoß gemäß §§116 S. 1, 93 Abs. 2 AktG darstellen.[1240]

bb. Vorsorgliche Zustimmung

Um das Haftungsrisiko so gering wie möglich zu halten, wird sich in Teilen der Literatur bereits dafür ausgesprochen, dass, falls sich eine Kategorisierung eines möglicherweise in den Anwendungsbereich des § 111b Abs. 1 AktG fallenden Geschäfts als schwierig erweisen sollte, das Geschäft eher als wesentlich anzusehen und dementsprechend das *related-party-transactions*-Verfahren der §§ 111b f. AktG durchzuführen wäre.[1241] Selbiges ist auch bereits in der Gesetzesbegründung anheimgestellt.[1242]

Aus Verfassersicht ist ein derartiges Rekurrieren auf eine prophylaktische Zustimmung in Zweifelsfällen als bedenklich anzusehen. Einerseits gibt der Gesetzgeber vor, eine möglichst einfach verständliche und handhabbare Regelung anzustreben,[1243] andererseits entscheidet er sich gegen unmissverständliche Regelungen im Aktiengesetz und greift stattdessen auf eine Vielzahl unbestimmter Rechtsbegriffe und konfuse Verweise zurück. Gleichzeitig werden bei Nichtbefolgung oder fehlerhafter Befolgung für die rechtsanwendenden Organe Sanktionen in Aussicht gestellt. Mit der zusätzlich dazu noch im letzten Moment herabgesetzten Wesentlichkeitsschwelle ergibt sich für die Gesellschaften nicht nur nach den tatsächlichen Gegebenheiten öfter die Pflicht, den *related-party-transactions*-Vorschriften nachzukommen, auch die Zahl der Geschäfte, bei denen der Aufsichtsrat rein aus Sicherheitsgründen dem Geschäft im

---

1239 Hüffer/Koch-*Koch*, § 111b, Rn. 10.

1240 Hüffer/Koch-*Koch*, § 111b, Rn. 10; *Müller*, FS Vetter, 479 (481 f.); Näheres dazu und auch zu den Gegebenheiten mit Blick auf einen Abstimmenden Ausschuss *Markworth*, AG 2020, 166 (170).

1241 *Heldt*, AG 2018, 905 (914); DAV-HRA, NZG 2019, 12 (18); *Lanfermann*, BB 2018, 2859 (2861); BeckOGK-AktG-*Spindler/Seidel*, § 111b, Rn. 7.

1242 BT-Drs. 19/9739, S. 83 f.

1243 BT-Drs. 19/9739, S. 83 f.

Vorfeld zustimmt, dürfte ungesehen hoch ausfallen. Hierdurch wird der tägliche Geschäftsbetrieb der börsennotierten Aktiengesellschaft zusätzlich mit weiterem bürokratischem Aufwand, welcher im Ergebnis nicht notwendig ist, belastet.[1244]

3. *Veröffentlichung von Geschäften mit nahestehenden Personen gemäß § 111c AktG*

a. *Regelungsgegenstand*

Die neu in das deutsche Aktiengesetz implementierte Trias in Bezug auf die Geschäfte mit nahestehenden Personen wird komplettiert durch die Veröffentlichungspflicht aus § 111c Abs. 1 AktG. Neben dem den Anwendungsbereich festlegenden § 111a AktG und dem Zustimmungserfordernis aus § 111b Abs. 1 AktG enthält das finale Teilstück des *related-party-transactions*-Regelungskomplexes eine Ad-hoc-Publikationspflicht bezogen auf Geschäfte mit nahestehenden Personen, die dem Zustimmungserfordernis unterfallen.

Die Veröffentlichungspflicht aus § 111c Abs. 1 AktG ist Teil der Umsetzung des Art. 9c Abs. 2 der 2. ARRL und ergänzt den mit §§ 111a ff. AktG bezweckten Minderheitenschutz, welcher allein durch die Zuständigkeit des mit Mehrheitsmacht gewählten Aufsichtsrats nicht hinreichend gewährleistet werden kann, um einen weiteren Schutzmechanismus der Transparenz.[1245] Durch ebendiese gesteigerte Transparenz zusätzlich zu dem Zustimmungserfordernis wird bezweckt, dass bereits präventiv Vermögensverlagerungen auf die jeweils in Rede stehenden nahestehenden Personen gar nicht erst erfolgen.[1246]

Es handelt sich hierbei mithin um eine weitere Veröffentlichungspflicht im Aktienrecht, welche das aktienrechtliche Informationssystem um einen weiteren Baustein erweitert.

b. *Rechtliche Ausgestaltung der Publizitätspflicht*

In systematischer Hinsicht schließt sich die Veröffentlichungspflicht an die Zustimmungsbedürftigkeit aus § 111b Abs. 1 AktG an und statuiert, dass börsennotierte Gesellschaften Angaben zu Geschäften mit nahestehenden Personen, die gemäß § 111b Abs. 1 AktG der Zustimmung bedürfen, unverzüglich

---

1244 Vgl. auch in Bezug auf die „opt-in"-Möglichkeit aus § 111a Abs. 2 S. 3 AktG *Tarde*, NZG 2019, 488 (490).

1245 Grigoleit-*Grigoleit*, § 111c, Rn. 1; Hüffer/Koch-*Koch*, § 111c, Rn. 1.

1246 Vgl. *Florstedt*, ZHR 184 (2020), 10 (18); MüKo-AktG-*Habersack*, Nachtrag zum ARUG II, § 111c, Rn. 1.

zu veröffentlichen haben. Ein Geschäft mit nahestehenden Person nach § 111a Abs. 1 AktG ist mithin gemäß § 111c Abs. 1 AktG unverzüglich offenzulegen, sofern der in § 111b Abs. 1 AktG festgelegte Schwellenwert überschritten wird. § 111c AktG verzichtet hier insoweit auf eine eigene Definition der Wesentlichkeit und bedient sich hierfür der in § 111b Abs. 1 AktG festgelegten Schwelle. Das Zustimmungserfordernis und die Veröffentlichungspflicht laufen insofern parallel.[1247]

In prozeduraler Hinsicht ist die Veröffentlichungspflicht vom Vorstand zu erfüllen.[1248] Der für die Veröffentlichung maßgebliche Zeitpunkt bestimmt sich nach dem Abschluss des zustimmungspflichtigen Geschäfts. Da für Geschäfte mit nahestehenden Personen die vorherige Zustimmung erforderlich ist, führen die Gesetzesmaterialen diesbezüglich aus, dass durch den Gleichlauf mit § 111b Abs. 1 AktG eine Veröffentlichung regelmäßig erst nach Erteilung der Zustimmung in Betracht kommt.[1249] Zu beachten ist hierbei jedoch, dass nicht etwa die Zustimmung an sich die Veröffentlichungspflicht auslöst, sondern allein die Zustimmungsbedürftigkeit dem Grunde nach bereits eine Veröffentlichung notwendig werden lässt.[1250] Wäre die Veröffentlichung an die tatsächliche Zustimmung gebunden, hätten die handelnden Gesellschaftsorgane es allein in der Hand, wann ein Geschäft zu veröffentlichen ist und wann – mangels Zustimmung – nicht. Der § 111c Abs. 1 AktG wäre somit in dieser Ausgestaltung von vornherein nicht dazu geeignet, eine funktionsfähige zweite Schutzebene in Bezug auf die *related party transactions* zu gewährleisten.

§ 111c Abs. 1 S. 2 AktG sieht zudem vor, dass, sofern sich eine Zustimmungsbedürftigkeit erst durch eine Aggregation mehrerer Geschäfte ergibt,[1251] die Veröffentlichungspflicht erst mit dem letzten Geschäft, welches zur Überschreitung des Schwellenwerts führt, ausgelöst wird. Neben dem diesbezüglich für die Überschreitung maßgeblichen Geschäft sind jedoch auch die vorangegangenen Geschäfte zu veröffentlichen.[1252] In dieser Hinsicht

1247 BT-Drs. 19/9739, S. 86; *Guntermann*, ZIP 2020, 1290 (1290 f.); BeckOGK-AktG-*Spindler/Seidel*, § 111c, Rn. 3 und 6.

1248 Hüffer/Koch-*Koch*, § 111c, Rn. 2.

1249 BT-Drs. 19/9739, S. 86; Grigoleit-*Grigoleit*, § 111c, Rn. 6.

1250 BT-Drs. 19/9739, S. 86; *Guntermann*, ZIP 2020, 1290 (1291); Grigoleit-*Grigoleit*, § 111c, Rn. 6.

1251 S. o. 5. Teil, B, IV, 2, c, aa.

1252 *Guntermann*, ZIP 2020, 1290 (1290 f.); *Tarde*, NZG 2019, 488 (490); Hüffer/Koch-*Koch*, § 111c, Rn. 2; BeckOGK-AktG-*Spindler/Seidel*, § 111c, Rn. 4; Hennsler/Strohn-*Paschos*, § 111c, Rn. 3.

ergibt sich somit für alle aggregationsrelevanten Geschäfte eine nachträgliche Veröffentlichungspflicht.[1253]

Sobald die Voraussetzungen der Veröffentlichung vorliegen, sieht § 111c Abs. 1 S. 1 AktG vor, dass die Veröffentlichung unverzüglich zu erfolgen hat. Da es sich hier – anders als bei der Ad-hoc-Publizitätspflicht aus Art. 17 MMVO, welche auch eine unverzügliche Veröffentlichung vorsieht – um eine Vorschrift im deutschen Aktiengesetz handelt, kann zu dessen Auslegung auf die im deutschen Rechtssystem hierzu festgelegten Grundsätze ohne Weiteres zurückgegriffen werden.[1254] Unverzüglich meint hier mithin entsprechend der Legaldefinition in § 121 Abs. 1 BGB, dass eine Veröffentlichung „ohne schuldhaftes Zögern" zu erfolgen hat. Die Gesetzesmaterialien führen hierauf bezugnehmend aus, dass eine Veröffentlichung innerhalb einer Frist von vier Handelstagen noch als auseichend anzusehen ist.[1255] Hierdurch wird ein Gleichlauf mit anderen Fristen aus dem WpHG (bspw. § 33 Abs. 1 S. 1 WpHG) hergestellt.[1256]

Die Veröffentlichung hat gemäß § 111c Abs. 2 S. 3 und 4 AktG inhaltlich alle wesentlichen Informationen zu enthalten, die erforderlich sind, um zu bewerten, ob das Geschäft aus Sicht der Gesellschaft und der Aktionäre, die keine nahestehenden Personen sind, angemessen ist.[1257] Umfasst sind hierfür nach dem Gesetzeswortlaut mindestens Informationen zur Art des Verhältnisses zu den nahestehenden Personen, die Namen der nahestehenden Personen sowie das Datum und der Wert des Geschäfts. Gemäß § 111c Abs. 2 S. 1 AktG hat die Veröffentlichung in der Art und Weise zu erfolgen, dass nicht nur eine passive Kenntnisnahme – beispielsweise durch eine bloße Veröffentlichung auf der unternehmenseigenen Internetseite – ermöglicht wird, sondern die Information der Öffentlichkeit leicht zugänglich ist und so eine aktive Information bewirkt wird.[1258] In § 111c Abs. 2 S. 2 AktG wird diesbezüglich entsprechend auf § 3a

---

1253 *Bungert/Wansleben*, BB 2019, 1026 (1029); *Paschos/Goslar*, AG 2019, 365 (372); *Guntermann*, ZIP 2020, 1290 (1290 f.); *Zipperle/Lingen*, BB 2020, 131 (136); BeckOGK-AktG-*Spindler/Seidel*, § 111c, Rn. 4.

1254 *Guntermann*, ZIP 2020, 1290 (1291); Hüffer/Koch-*Koch*, § 111c, Rn. 2.

1255 BT-Drs. 19/9739, S. 86; *Guntermann*, ZIP 2020, 1290 (1291); *Paschos/Goslar*, AG 2019, 365 (372); *Bungert/Wansleben*, BB 2019, 1026 (1029); vgl. *Lanfermann*, BB 2018, 2859 (2862).

1256 BT-Drs. 19/9739, S. 86; *Bungert/Wansleben*, BB 2019, 1026 (1029).

1257 *Zipperle/Lingen*, BB 2020, 131 (136); *Guntermann*, ZIP 2020, 1290 (1292); *Lanfermann*, BB 2018, 2859 (2862); Hüffer/Koch-*Koch*, § 111c, Rn. 3.

1258 BT-Drs. 19/9739, S. 86; *Bungert/Wansleben*, BB 2019, 1026 (1029); vgl. *Lanfermann*, BB 2018, 2859 (2862); Hennsler/Strohn-*Paschos*, § 111c, 10; Hüffer/Koch-*Koch*, § 111c, Rn. 3.

Abs. 1–4 WpAV verwiesen, welcher vorsieht, dass die zu veröffentlichenden Informationen Medien zuzuleiten sind, bei denen davon ausgegangen werden kann, dass sie die Informationen in der gesamten Europäischen Union sowie dem Europäischen Wirtschaftsraum verbreiten.[1259] Insoweit decken sich die zu verwendenden Medien mit denen, die auch im Rahmen der Ad-hoc-Publizitätspflicht nach Art. 17 MMVO heranzuziehen sind.[1260]

Entsprechend den zu verwendenden Medien und der bezweckten Information der gesamten Öffentlichkeit sollen mit der Veröffentlichungspflicht aus § 111c Abs. 1 AktG nicht bloß der vorhandene Kreis der Aktionäre geschützt, sondern auch und insbesondere andere *stakeholder* – wie Arbeitnehmer und Gläubiger – sowie alle anderen interessierten Parteien in den Schutzbereich mit einbezogen werden.[1261] Diese kapitalmarkrechtliche Ausgestaltung mit der Öffentlichkeit als zu schützender Adressat lässt insoweit weitere Parallelen zu Art. 17 MMVO erkennen. Wie bereits dargelegt, soll auch durch die unverzügliche Veröffentlichung von Insiderinformationen im Rahmen des Art. 17 Abs. 1 Unterabs. 1 MMVO gerade die allgemeine Öffentlichkeit bzw. der Kapitalmarkt als Ganzes geschützt werden.[1262] Dass auch der § 111c Abs. 1 AktG diese kapitalmarktrechtliche Prägung aufweist, ist insofern unverkennbar.[1263] Die Veröffentlichungspflicht im Rahmen des *related-party-transactions*-Regelungskomplexes war dementsprechend auch zunächst im Referentenentwurf noch in § 48a WpHG-E verortet und wurde lediglich aus Gründen des Sachzusammenhangs[1264] später bei den §§ 111a f. AktG geregelt.[1265]

1259 BT-Drs. 19/9739, S. 86; *Paschos/Goslar*, AG 2019, 365 (372); *Bungert/Wansleben*, BB 2019, 1026 (1029); *Zipperle/Lingen*, BB 2020, 131 (135); *Guntermann*, ZIP 2020, 1290 (1291); Hennsler/Strohn-*Paschos*, § 111c, 10; Hüffer/Koch-*Koch*, § 111c, Rn. 3.

1260 S. o. 4. Teil, A, III, 2, c, dd.

1261 BT-Drs. 19/9739, S. 86; *Tarde*, NZG 2019, 488 (493); Hüffer/Koch-*Koch*, § 111c, Rn. 1.

1262 S. o. 4. Teil, A, III, 2, b.

1263 *Bungert/Wansleben*, BB 2019, 1026 (1029); *Paschos/Goslar*, AG 2019, 365 (372); *Tarde*, NZG 2019, 488 (493 f.); MüKo-AktG-*Habersack*, Nachtrag zum ARUG II, § 111c, Rn. 1; BeckOGK-AktG-*Spindler/Seidel*, § 111c, Rn. 2; Hennsler/Strohn-*Paschos*, § 111c, Rn. 2.

1264 Kritisch hier *Tarde*, welcher bezweifelt, dass das Einfügen eines kapitalmarktrechtlichen Fremdkörpers in das Aktiengesetz einem besseren Verständnis zuträglich ist, *Tarde*, NZG 2019, 488 (493).

1265 *Bungert/Wansleben*, BB 2019, 1026 (1029); *Paschos/Goslar*, AG 2019, 365 (372); *Tarde*, NZG 2019, 488 (493); MüKo-AktG-*Habersack*, Nachtrag zum ARUG II, § 111c, Rn. 1; Hennsler/Strohn-*Paschos*, § 111c, Rn. 3; BeckOGK-AktG-*Spindler/Seidel*, § 111c, Rn. 2.

c. *Verhältnis des § 111c AktG zu der Ad-hoc-Veröffentlichungspflicht aus Art. 17 MMVO*

aa. *Einheitliche Veröffentlichung gemäß § 111c Abs. 3 S. 1 AktG*

Die neu in das Aktienrecht eingeführte Publikationspflicht aus § 111c Abs. 1 AktG weist weitreichende Parallelen zu der in Bezug auf das Insiderrecht in der Marktmissbrauchsverordnung verorteten Ad-hoc-Publikationspflicht aus Art. 17 Abs. 1 Unterabs. 1 MMVO auf. Beide Informationspflichten sind dazu bestimmt, dass der Öffentlichkeit bzw. dem Kapitalmarkt unverzüglich zentrale Informationen bereitgestellt werden. Beide Vorschriften sind in dieser Hinsicht kapitalmarktrechtlicher Natur und inhaltlich so ausgestaltet, dass sie in erster Linie durch die durch sie geschaffene Transparenz eine präventive Schutzwirkung in Bezug auf bestimmte möglicherweise abträgliche Geschäfte entfalten.

Wo die Ad-hoc-Publikationspflicht durch die unverzügliche Information der Öffentlichkeit bei dem Vorliegen einer Insiderinformation dazu bestimmt ist, den Insiderhandel zu erschweren bzw. zu verhindern,[1266] bezweckt der § 111c Abs. 1 AktG, dass nachteilige Geschäfte mit nahestehenden Personen erst gar nicht vorgenommen werden.[1267] Beiden Informationspflichten ist insoweit gemein, dass sie durch ein Mehr an Transparenz den Raum für unerwünschtes Verhalten bereits von vornherein so klein wie möglich halten sollen.

Die erheblichen Gemeinsamkeiten dieser beiden Pflichten haben den Gesetzgeber dazu veranlasst, das Verhältnis des § 111c AktG als Veröffentlichungspflicht im Rahmen des *related-party-transactions*-Regimes und der insiderrechtlichen Ad-hoc-Publizitätspflicht aus Art. 17 MMVO rechtlich auszugestalten und sich die Gemeinsamkeiten im Sinne einer vereinfachten Rechtsanwendung zunutze zu machen.

Im Grundsatz sind die beiden Veröffentlichungspflichten zunächst so ausgestaltet, dass sie hinsichtlich ihrer Voraussetzungen und ihrer Anwendungsbereiche voneinander unbeeinflusst sind und eigenständig nebeneinander stehen können.[1268] § 111c Abs. 3 S. 1 AktG sieht diesbezüglich jedoch vor, dass, sofern es sich bei dem Geschäft nach § 111a Abs. 1 AktG um eine zu veröffentlichende Insiderinformation im Sinne des Art. 7 Abs. 1 MMVO[1269] handelt, die eigentlich

1266 S. o. 4. Teil, A, III, 2, a, bb.

1267 S. o. 5. Teil, B, IV, 3, a.

1268 *Tarde*, NZG 2019, 488 (493 f.); Grigoleit-*Grigoleit*, § 111c, Rn. 15.

1269 Im Gesetzestext wird bezüglich der Insiderinformation etwas ungenau auf Art. 17 MMVO verwiesen. Dieser nimmt jedoch wiederum auf Art. 7 Abs. 1 MMVO Bezug, welcher letztendlich im Rahmen der Markmissbrauchsverordnung definiert, was alles unter Insiderinformationen zu verstehen ist.

im Rahmen des § 111c Abs. 1 AktG zu veröffentlichenden Informationen entsprechend in die Ad-hoc-Mitteilung zur Erfüllung des Art. 17 Abs. 1 Unterabs. 1 MMVO mit aufzunehmen sind. In diesen Fällen besteht dann sogar die Pflicht, dass die beiden eigentlich eigenständigen Veröffentlichungen zu einer einzigen verbunden werden,[1270] wobei dann die vorrangige zeitliche Vorgabe der Ad-hoc-Veröffentlichungspflicht zu wahren ist.[1271] Gemäß § 111c Abs. 3 S. 2 AktG entfällt sodann mangels eines eigenständigen Bedürfnisses und zur Vermeidung eines unnötigen Mehraufwands die Pflicht, eine zusätzliche Publikation nach § 111c Abs. 1 AktG vorzunehmen.[1272]

In umgekehrter Richtung greift die Vorgabe der gemeinsamen Veröffentlichung dementsprechend denklogisch nicht. Wenn bereits vor dem Abschluss eines Geschäfts ein Zwischenschritt vorliegt, welcher eine veröffentlichungspflichtige Insiderinformation darstellt, hat dies nicht zur Folge, dass die Ad-hoc-Mitteilung auch die nach § 111c Abs. 2 AktG geforderten Informationen zu enthalten hat. Erst bei Abschluss des Geschäfts kommt die Veröffentlichungspflicht des *related-party-transactions*-Regimes zum Zug. Eine gemeinsame Veröffentlichung käme sodann in dieser Konstellation nur in Betracht, wenn die Veröffentlichung nach § Art. 17 Abs. 1 Unterabs. 1 MMVO gemäß Art. 17 Abs. 4 Unterabs. 1, 2 MMVO bis zum Abschluss des Geschäfts aufgeschoben wurde.[1273]

bb. Entsprechende Anwendung der Selbstbefreiungsoption, Art. 17 Abs. 4 und 5 MMVO

Die Nähe zu Art. 17 MMVO hat daneben zusätzlich zur Folge, dass gemäß § 111c Abs. 3 S. 3 AktG die Selbstbefreiungsoption aus Art. 17 Abs. 4 und 5 MMVO sinngemäß Anwendung findet, um auch bei der Pflicht zur unverzüglichen Bekanntmachung aus § 111c Abs. 1 AktG einen Schutz sensibler Informationen

---

1270 BT-Drs. 19/9739, S. 87; *Tarde*, NZG 2019, 488 (494); Grigoleit-*Grigoleit*, § 111c, Rn. 16; *Guntermann*, ZIP 2020, 1290 (1292); MüKo-AktG-*Habersack*, Nachtrag zum ARUG II, § 111c, Rn. 16; K. Schmidt/Lutter-*Vetter*, § 111c, Rn. 47.

1271 BT-Drs. 19/9739, S. 87; *Guntermann*, ZIP 2020, 1290 (1292); BeckOGK-AktG-*Spindler/Seidel*, § 111c, Rn. 15; Hüffer/Koch-*Koch*, § 111c, Rn. 4; K. Schmidt/Lutter-*Vetter*, § 111c, Rn. 50.

1272 *Zipperle/Lingen*, BB 2020, 131 (136); *Bungert/Wansleben*, BB 2019, 1026 (1029); *Tarde*, NZG 2019, 488 (494); Hennsler/Strohn-*Paschos*, § 111c, Rn. 12; MüKo-AktG-*Habersack*, Nachtrag zum ARUG II, § 111c, Rn. 16; Hüffer/Koch-*Koch*, § 111c, Rn. 4; BeckOGK-AktG-*Spindler/Seidel*, § 111c, Rn. 15; Grigoleit-*Grigoleit*, § 111c, Rn. 16; K. Schmidt/Lutter-*Vetter*, § 111c, Rn. 47.

1273 *Guntermann*, ZIP 2020, 1290 (1293).

zu gewährleisten.[1274] Sofern das zu veröffentlichende Geschäft als Insiderinformation ohnehin als Ad-hoc-Mitteilung veröffentlicht wird, liegt die Anwendungsmöglichkeit der Selbstbefreiung auf der Hand, jedoch gilt die Möglichkeit des Aufschubs selbst dann, wenn das in Rede stehende zustimmungsbedürftige Geschäft keine Insiderinformation darstellt und somit nicht ad hoc nach Art. 17 Abs. 1 Unterabs. 1 MMVO veröffentlicht werden muss.[1275]

Die systematische Stellung des § 111c Abs. 3 S. 3 AktG legt in Bezug auf die durch ihn eröffnete Selbstbefreiungsmöglichkeit zwar den Schluss nahe, dass ebendiese auch nur in den Fällen Anwendung finden soll, in denen ein zustimmungsbedürftiges Geschäft gleichzeitig auch eine Insiderinformation darstellt, jedoch wäre der § 111c Abs. 3 S. 3 AktG bei diesem Verständnis redundant. Sofern ein zustimmungsbedürftiges Geschäft mit in eine Ad-hoc-Mitteilung aufgenommen wird, kann die Möglichkeit des Aufschubs nach Art. 17 Abs. 4 und 5 MMVO ohnehin bei einem Vorliegen der Voraussetzungen zur Anwendung kommen. Das systematische Argument greift insoweit zu kurz.[1276] Dementsprechend spricht auch der Wortlaut des § 111c Abs. 3 S. 3 AktG nicht davon, dass die Art. 17 Abs. 4 und 5 MMVO lediglich „in diesem Fall", also in dem Fall, dass ein zustimmungsbedürftiges Geschäft mit in eine Ad-hoc-Mitteilung aufgenommen wurde, Anwendung finden können.[1277] Vielmehr eröffnet § 111c Abs. 3 S. 3 AktG generell die sinngemäße Anwendbarkeit auch in Fällen, in denen isoliert nach § 111c Abs. 1 AktG veröffentlicht wird.[1278] Dieses Verständnis entspricht auch dem Willen des deutschen Gesetzgebers, welcher in den Gesetzesmaterialien verdeutlicht hat, dass die Selbstbefreiungsmöglichkeit nicht auf die Fälle einer einheitlichen Veröffentlichung begrenzt ist, sondern auch in den übrigen Fällen des § 111c AktG sinngemäß anwendbar ist.[1279]

1274 *Tarde*, NZG 2019, 488 (493 f.); *Guntermann*, ZIP 2020, 1290 (1293); Hüffer/Koch-*Koch*, § 111c, Rn. 4.

1275 *Tarde*, NZG 2019, 488 (494); MüKo-AktG-*Habersack*, Nachtrag zum ARUG II, § 111c, Rn. 18 f.; Hüffer/Koch-*Koch*, § 111c, Rn. 4; BeckOGK-AktG-*Spindler/Seidel*, § 111c, Rn. 18.

1276 K. Schmidt/Lutter-*Vetter*, § 111c, Rn. 52 ff.; MüKo-AktG-*Habersack*, Nachtrag zum ARUG II, § 111c, Rn. 18; sich im Hinblick auf die Systematik eine gesetzgeberische Klarstellung wünschend: *Tarde*, NZG 2019, 488 (494); BeckOGK-AktG-*Spindler/Seidel*, § 111c, Rn. 18.

1277 MüKo-AktG-*Habersack*, Nachtrag zum ARUG II, § 111c, Rn. 19.

1278 *Tarde*, NZG 2019, 488 (494); *Guntermann*, ZIP 2020, 1290 (1293); MüKo-AktG-*Habersack*, Nachtrag zum ARUG II, § 111c, Rn. 19; BeckOGK-AktG-*Spindler/Seidel*, § 111c, Rn. 18.

1279 BT-Drs. 19/9739, S. 87.

In dieser Beziehung gelten jedoch die im Rahmen des Art. 17 MMVO entwickelten Grundsätze auch bei der entsprechenden Anwendung, sodass die Selbstbefreiung keine vollständige Aufhebung der Veröffentlichungspflicht nach sich zieht, sondern die Pflicht zur Veröffentlichung lediglich aufgeschoben ist.[1280] Anderes – im Sinne einer dauerhaften Selbstbefreiung – ergibt sich jedoch dann, wenn ein sinnvoller Schutz nur durch eine gänzliche Aufschiebung erreicht werden kann und die Hinderungsgründe in Bezug auf die Veröffentlichung dauerhafter Natur sind.[1281]

Zu berücksichtigen ist bei einem Aufschub im Rahmen des § 111c AktG jedoch, dass die vorzunehmende Abwägung der Gesellschaftsinteressen, anders als es eine Ansicht bei Art. 17 MMVO vornimmt, nicht mit den Interessen des Kapitalmarktes zu erfolgen hat,[1282] sondern entsprechend den unterschiedlichen Schutzrichtungen der beiden Vorschriften hier eine Abwägung mit den Interessen der zu schützenden Aktionäre und der Öffentlichkeit vorzunehmen ist.[1283] Diese Interessen werden in der Praxis tendenziell geringer zu werten sein als das Interesse des Kapitalmarktes an einer unverzüglichen Offenlegung von Information, die dazu geeignet sind, Börsenkurse von entsprechenden Aktien oder anderen Finanzinstrumenten erheblich zu beeinflussen.[1284]

cc. Fehlende weitere Ausnahmetatbestände

Der Gesetzgeber hat insoweit über die Zusammenführung der beiden Informationspflichten deren Gleichlauf verstärkt und zudem im Rahmen des § 111c AktG als Veröffentlichungspflicht eine bis dato fehlende Möglichkeit für die börsennotierten Aktiengesellschaften geschaffen, auch ihre eigenen Interessen entsprechend zu wahren. Wo in Bezug auf andere Informationspflichten umfangreiche Ausnahmetatbestände normiert sind, um auch die Interessen der Gesellschaft bei einer Veröffentlichung von Informationen nicht zu kurz kommen zu lassen, kennt das *related-party-transactions*-Regime derartige Veröffentlichungsgrenzen – über die im Wege des § 111c Abs. 3 S. 3 AktG Anwendung findende Selbstbefreiungsoption hinaus – nicht.

1280 S. o. 4. Teil, A, III, 3, a; *Guntermann*, ZIP 2020, 1290 (1293 f.); Hüffer/Koch-*Koch*, § 111c, Rn. 4.

1281 Hüffer/Koch-*Koch*, § 111c, Rn. 4.

1282 S. o. 4. Teil, A, III, 3, a, bb, (1), (a).

1283 K. Schmidt/Lutter-*Vetter*, § 111c, Rn. 57; MüKo-AktG-*Habersack*, Nachtrag zum ARUG II, § 111c, Rn. 20

1284 K. Schmidt/Lutter-*Vetter*, § 111c, Rn. 57.

Der deutsche Gesetzgeber hat sich hier ausdrücklich dagegen entschieden, einen allgemeinen Ausnahmetatbestand für derartige Informationen zu schaffen, die als Betriebs- oder Geschäftsgeheimnisse zu qualifizieren sind. Als Begründung hierfür wird sich darauf berufen, dass ein solcher auch nicht in der umzusetzenden 2. Aktionärsrechterichtlinie enthalten ist.[1285] Auch hier sei bezüglich der Veröffentlichungspflicht aus § 111c AktG einzig auf die Selbstbefreiungsoption aus Art. 17 Abs. 4 und 5 MMVO verwiesen worden.[1286] Weitere Ausnahamen als die, die überdies bereits im *related-party-transactions*-Regime auf der Ebene der überhaupt in deren Anwendungsbereich fallenden Geschäfte gemäß § 111a AktG normiert wurden, seien weder in der Richtlinie vorgesehen gewesen noch wurde die Möglichkeit gesehen, einen solchen allgemeinen Ausnahmetatbestand eigenständig zu normieren.[1287] Die Selbstbefreiungsoption ist mithin die einzige Möglichkeit für die betroffenen Gesellschaften, eine Veröffentlichung im Rahmen des § 111c AktG aufzuschieben und so einer unverzüglichen Veröffentlichung entgegenstehende eigene Interessen zu wahren – wenn auch im Regelfall nur zeitlich begrenzt.

dd. Geringe praktische Bedeutung der Selbstbefreiungsoption

Führt man sich die unterschiedlichen Gegebenheiten innerhalb der Pflichten nach § 111c AktG und der Ad-hoc-Publizitätspflicht vor Augen, wird jedoch deutlich, dass der tatsächliche praktische Anwendungsbereich der Möglichkeit des Aufschubs im Rahmen des § 111c AktG nicht besonders groß ist und deren Bedeutung mithin eher von geringer Natur sein dürfte.

Im Rahmen der Ad-hoc-Publizität stellt es sich so dar, dass die Selbstbefreiungsoption nach Art. 17 Abs. 4 MMVO ihre maßgebliche Bedeutung im Rahmen der Veröffentlichung von Zwischenschritten entfaltet, welche für sich genommen bereits gemäß Art. 7 Abs. 3 MMVO die Kriterien einer Insiderinformation erfüllen können.[1288] Es ist somit nicht unüblich, dass bei zeitlich gestreckten Vorgängen bereits einzelne Zwischenschritte zu veröffentlichen sind, obwohl die letztendliche Transaktion sich noch in der Schwebe befindet.[1289]

1285 BT-Drs. 19/15153, S. 52.

1286 BT-Drs. 19/15153, S. 52.

1287 BT-Drs. 19/15153, S. 52; BeckOGK-AktG-*Spindler/Seidel*, § 111c, Rn. 19.

1288 S. o. 4. Teil, III, 3, a, aa; MüKo-AktG-*Habersack*, Nachtrag zum ARUG II, § 111c, Rn. 20; Grigoleit-*Grigoleit*, § 111c, Rn. 19.

1289 Vgl. *Guntermann*, ZIP 2020, 1290 (1294); Grigoleit-*Grigoleit*, § 111c, Rn. 19.

Dieser höchst relevante Anwendungsbereich der Selbstbefreiungsoption bei zeitlich gestreckten Vorgängen ist jedoch bei Geschäften mit nahestehenden Personen von vornherein gar nicht eröffnet.[1290] Eine tatsächliche Veröffentlichungspflicht greift hier gemäß § 111c Abs. 1 AktG grundsätzlich erst mit dem Zeitpunkt des Wirksamwerdens des in Rede stehenden Geschäfts ein.[1291]

Wo als Insiderinformationen zu qualifizierende Zwischenschritte – wie beispielsweise eine Kreditaufnahme oder erste Einigungen über Unterpunkte einer Transaktion – durch eine vorschnelle Veröffentlichung bedeutende Nachteile für die Gesellschaft mit sich bringen können, die es durch die Aufschiebung der Veröffentlichung gerade zu verhindern gilt, sind solche Nachteile bei einem bereits wirksamen Geschäft nicht zu befürchten. Ein vergleichbares Vertraulichkeitsinteresse wird insoweit im Rahmen des § 111c AktG bereits von vornherein deutlich seltener zu bejahen sein.[1292]

d. *Rechtsfolgen bei Verstoß*

Wie auch bei dem Zustimmungserfordernis des § 111b AktG drohen auch bei der Pflicht zur unverzüglichen Veröffentlichung von Geschäften mit nahestehenden Personen erhebliche nachteilige Rechtsfolgen, sofern die Veröffentlichung gänzlich versäumt oder verzögert wird.

Ein Transparenzverstoß lässt – ähnlich wie bei einer fehlenden Zustimmung – die Wirksamkeit des Geschäfts zwar unberührt, der Vorstand handelt jedoch pflichtwidrig, was bei dem Vorliegen der weiteren Voraussetzungen eine Schadensersatzpflicht der Vorstandsmitglieder nach § 93 Abs. 2 AktG begründen kann.[1293]

1290 *Guntermann*, ZIP 2020, 1290 (1294); MüKo-AktG-*Habersack*, Nachtrag zum ARUG II, § 111c, Rn. 20.

1291 *Guntermann*, ZIP 2020, 1290 (1294); Grigoleit-*Grigoleit*, § 111c, Rn. 19; MüKo-AktG-*Habersack*, Nachtrag zum ARUG II, § 111c, Rn. 20.

1292 MüKo-AktG-*Habersack*, Nachtrag zum ARUG II, § 111c, Rn. 20; Grigoleit-*Grigoleit*, § 111c, Rn. 19; Fälle nach Abschluss des Geschäfts, in denen ein Aufschub auch bei § 111c AktG in Betracht kommt, sind beispielsweise solche, bei denen *Closing Conditions* (vertraglich vereinbarte Bedingungen, die für den Vollzug des Vertrages vorliegen müssen) vereinbart wurden, deren Eintritt ungewiss ist und welche im Falle der Veröffentlichung bereits bei Abschluss des Geschäfts möglicherweise beeinträchtigt werden könnten, s. *Guntermann*, ZIP 2020, 1290 (1294).

1293 *Seidel*, AG 2018, 423 (429); Hüffer/Koch-*Koch*, § 111c, Rn. 6; K. Schmidt/Lutter-*Vetter*, § 111c, Rn. 74; BeckOGK-AktG-*Spindler/Seidel*, § 111c, Rn. 26; ausführlich zur Schadensersatzpflicht von Vorstands- und Aufsichtsratsmitgliedern: *Kleinert/Mayer*, EuZW 2019, 103 (107 f.).

Darüber hinaus drohen der Gesellschaft empfindliche Sanktionen in Form von Bußgeldern bei Verstößen gegen die Veröffentlichungspflicht. Gemäß § 405 Abs. 2a Nr. 6 AktG handelt ordnungswidrig, wer entgegen der Pflicht aus § 111c Abs. 1 S. 1 AktG eine Veröffentlichung nicht, nicht richtig, nicht vollständig oder nicht rechtzeitig vornimmt. Der Sanktionsahmen sieht gemäß § 405 Abs. 4 AktG Geldbußen bis zur Höhe von 500.000,00 € vor.[1294]

Der Gesetzgeber begründet diesen deutlich erhöhten Bußgeldrahmen in den Gesetzesmaterialien mit der hohen Wesentlichkeitsschwelle und den kapitalmarktrechtlichen Bezügen der Veröffentlichungspflicht. Eine wirksame, verhältnismäßige und abschreckende Sanktionierung, wie sie Art. 14b Abs. 2 der 2. ARRL vorschreibt, könne nur durch eine Bußgeldbewehrung in diesem wesentlichen Ausmaß sichergestellt werden.[1295]

Die eklatante Gefahr für die rechtsanwendenden Gesellschaften, dass mangels eines rechtssicheren Umgangs mit der Veröffentlichungspflicht versehentlich strafbewehrte Ordnungswidrigkeiten begangen werden, wird dadurch abgemildert, dass gemäß § 10 OWiG lediglich vorsätzliches Handeln geahndet werden kann.[1296] Bloße Leichtfertigkeit bei der isolierten Veröffentlichung von Geschäften mit nahestehenden Personen reicht für eine tatsächliche Belastung mit einem Bußgeld nicht aus.

Eine solche Ebene, bei welcher auch die reine Leichtfertigkeit ein Bußgeld nach sich ziehen kann, wird jedoch dann eröffnet, wenn das Geschäft mit einer nahestehenden Person zugleich eine Insiderinformation darstellt und in der Folge die Veröffentlichung allein nach den Maßgaben des Art. 17 MMVO erfolgt. Hier tritt sodann das Sanktionssystem des § 120 Abs. 15 Nr. 6–10 WpHG hinzu, welches im Unterschied zu der Bußgeldbewehrung des § 405 Abs. 2a Nr. 6 AktG in Verbindung mit § 10 OWiG keinen Vorsatz erfordert, sondern auch Leichtfertigkeit genügen lässt.[1297] Bei einer dementsprechend unterbliebenen, verspäteten oder

---

1294 *Tarde*, NZG 2019, 488 (494); *Guntermann*, ZIP 2020, 1290 (1295); *Florstedt*, ZHR 184 (2020), 10 (52); sonstige Geldbußen bewegen sich bei § 405 AktG in dem Bereich zwischen 25.000,00 bis maximal 50.000,00 €, K. Schmidt/Lutter-*Vetter*, § 111c, Rn. 79.

1295 BT-Drs. 19/9739, S. 117; K. Schmidt/Lutter-*Vetter*, § 111c, Rn. 77 ff.; BeckOGK-AktG-*Spindler/Seidel*, § 111c, Rn. 23.

1296 *Guntermann*, ZIP 2020, 1290 (1295); *Tarde*, NZG 2019, 488 (494); K. Schmidt/Lutter-*Vetter*, § 111c, Rn. 78; Hüffer/Koch-*Koch*, § 111c, Rn. 6; BeckOGK-AktG-*Spindler/Seidel*, § 111c, Rn. 23.

1297 *Tarde*, NZG 2019, 488 (494); *Guntermann*, ZIP 2020, 1290 (1295); Hüffer/Koch-*Koch*, § 111c, Rn. 6; K. Schmidt/Lutter-*Vetter*, § 111c, Rn. 78; BeckOGK-AktG-*Spindler/Seidel*, § 111c, Rn. 24.

nicht in der vorgesehenen Weise erfolgten Veröffentlichung kommt bei den Bußgeldvorschriften aus dem Wertpapierhandelsgesetz gemäß § 120 Abs. 18 WpHG sodann eine deutlich erhöhte Verhängung von Bußgeldern in Betracht, welche auch den Rahmen des § 405 Abs. 4 AktG deutlich übersteigen.[1298]

Eine Deckelung auf den Betrag von 500.000,00 € kann hier jedoch dann erfolgen, wenn die erfolgte Ad-hoc-Mitteilung nur im Hinblick auf die in ihr enthaltenen Informationen gemäß § 111c Abs. 2 AktG unrichtig oder unvollständig ist.[1299] Ist dies der Fall, ist der bußgeldbewehrte Umstand vorrangig auf die gemäß § 111c Abs. 3 S. 1 und 2 AktG mit der Ad-hoc-Mitteilung zusammengelegte Veröffentlichung des Geschäfts mit einer nahestehenden Person zurückzuführen. Fehler in deren Inhalt betreffen nicht die Ad-hoc-Mitteilung an sich, sodass hier lediglich auf den Sanktionsrahmen aus § 405 Abs. 4 AktG rekurriert werden kann, welcher für ebensolche Fälle vorgesehen ist.

Im Rahmen der Rechtsfolgen bei Verstößen gegen die Veröffentlichungspflicht gilt es jedoch zu berücksichtigen, dass der strenge Bestimmtheitsgrundsatz der Art. 103 Abs. 2 GG, Art. 49 Abs. 1 S. 1 GRCh auch für das Rechtsgebiet der Ordnungswidrigkeiten gilt.[1300] Da, wie festgestellt, das Tatbestandsmerkmal der nahestehenden Person den Bestimmtheitsgrundsatz verletzt,[1301] stellt es sich mithin so dar, dass die Verhängung eines Bußgeldes gegen Verfassungs- und Unionsprimärrecht verstoßen würde und selbiges im Ergebnis daher konsequenterweise als unzulässig zu bewerten ist.[1302]

4. *Effektivität der RPT-Regulierungen im Kontext der bereits vorhandenen Regelungen*

Die im Rahmen des ARUG II in das deutsche Aktienrecht implementierten Vorschriften, insbesondere der gesamte Regelungskomplex rund um die Geschäfte mit nahestehenden Personen, sind seit Beginn ihrer Umsetzung ein wesentlicher Teil der Agenda von Rechtspolitik und Wirtschaftspraxis. Der vorhandene Diskussionsbedarf bezieht sich gegenständlich mitunter auch auf die fragwürdige

---

1298 *Guntermann*, ZIP 2020, 1290 (1295); BeckOGK-AktG-*Spindler/Seidel*, § 111c, Rn. 24.

1299 *Florstedt*, ZHR 184 (2020), 10 (52); *Guntermann*, ZIP 2020, 1290 (1295).

1300 EuGH, Urt. v. 12.12.1990, C-172/89, EU:C:1990:457, Rn. 9; BVerfG, NJW 2016, 1229 (1229 f.); OLG Hamm, NJW 2020, 351 (351 f.); Jarass-*Jarass*, Art. 49, Rn. 7; Dreier-*Schulze-Fielitz*, Art. 103 Abs. 2, Rn. 19; vgl. von Münch/Kunig-*Kunig/Saliger*, Art. 103, Rn. 49.

1301 S. o. 5. Teil, B, IV, 1, b, aa.

1302 Ebenso *Stöber*, DStR 2020, 391 (398).

Stellung des *related-party-transactions*-Regimes im Hinblick auf bereits vorhandene aktienrechtliche Vorschriften, welche bereits vor dem Hinzutreten der neuen Regelungen ein entsprechendes Schutzniveau vermittelt haben. Die in dieser Beziehung unklare Stellung ergibt sich nicht zuletzt daraus, dass es sich bei dem *related-party-transactions*-Regelungskomplex um Vorschriften nach dem Vorbild des angelsächsischen Rechtskreises handelt, denen nunmehr nach den Vorgaben der Richtlinie des europäischen Gesetzgebers zwangsweise ein Weg in die Rechtssysteme der anderen Mitgliedstaaten gebahnt wurde.

Da es sich bei den supranational geregelten Regelungskomplexen jedoch bloß um Versatzstücke nach britischem Vorbild handelt, ist es nicht verwunderlich, dass diese, welche ihrerseits ein Teil eines im Ganzen ausgearbeiteten Systems darstellen, in Konflikt geraten mit bereits vorhandenen Vorschriften und Regelungen des jeweils anderen Rechtssystems. Sobald Vorschriften aus einem System übernommen werden, das seinerseits auf eigene Grundannahmen und Maximen aufbaut, lässt sich ein Zwiespalt dieser Art kaum vermeiden.

Diesen unterschiedlichen Systemen ist es insoweit auch immanent, dass im Hinblick auf unterschiedliche tatsächliche Gegebenheiten innerhalb der Praxis der Rechtsanwender - hier der Aktiengesellschaften - unterschiedliche Schutzmechanismen herangezogen werden.

Ob den *related-party-transactions*-Vorschriften somit überhaupt eine eigenständige funktionale Bedeutung im Lichte der bereits im deutschen Aktienrecht vorhandenen Schutzmechanismen zukommt, gilt es zu beleuchten.

a. Eingeschränkte funktionale Relevanz im Lichte der aktienrechtlichen Schutzmechanismen

aa. Zustimmungsvorbehalt des Aufsichtsrats gemäß § 111 Abs. 4 S. 2–4 AktG

Einen derartigen Schutzmechanismus, der bereits vor der Regulierung der *related party transactions* im deutschen Aktienrecht vorgesehen war und ebenfalls präventiver Natur ist, stellt das Recht und die Pflicht dar, dass Satzung oder Aufsichtsrat gemäß § 111 Abs. 4 S. 2 AktG Zustimmungsvorbehalte anzuordnen haben. Bestimmte gewichtige Vorstandsentscheidungen werden dementsprechend unter den Vorbehalt der Zustimmung des Aufsichtsrats gestellt. Sofern die Satzung zu Zustimmungsvorbehalten schweigt, ist der Aufsichtsrat verpflichtet, entsprechende Zustimmungsvorbehalte eigenständig im Beschlusswege festzulegen.[1303]

1303 BeckOGK-AktG-*Spindler*, § 111, Rn. 88; Hüffer/Koch-*Koch*, § 111, Rn. 61.

Dem dualistischen deutschen System mit Vorstand und Aufsichtsrat ist es insoweit immanent, dass dem Aufsichtsrat mit der ihm zukommenden Überwachungsfunktion bei bestimmten Maßnahmen der Geschäftsführung ein Vetorecht eingeräumt wird und insofern ein Zustimmungsvorbehalt nicht erst durch die Neuregelung der *related party transactions* Einzug in das deutsche Recht gefunden hat.[1304]

Es ist insofern nicht unüblich, dass Einzelgeschäfte, welche den maßgeblichen Schwellenwert einer zustimmungsbedürftigen *related party transaction* überschreiten, ohnehin bereits dem regulären, in der jeweiligen Satzung oder durch den Aufsichtsrat selbst statuierten Zustimmungsvorbehalt nach § 111 Abs. 4 S. 2–4 AktG unterfallen.[1305]

In derartigen Fällen kann aufgrund der weitreichenden Relevanz eines solchen Geschäfts mit einer nahestehenden Person zudem davon ausgegangen werden, dass der Aufsichtsrat dazu berechtigt ist, nach seinem pflichtgemäßen Ermessen einen Ad-hoc-Zustimmungsvorbehalt zu bestimmen.[1306] In Rechtsprechung und Literatur wird diesbezüglich sogar eine Pflicht des Aufsichtsrats dahingehend angenommen, wenn das von dem Vorstand beabsichtigte Geschäft zu Lasten der Gesellschaft unausgewogen und deshalb als rechtswidrig bzw. pflichtwidrig zu bewerten ist.[1307] Der Zustimmungsvorbehalt des § 111b AktG unterscheidet sich insofern von dem § 111 Abs. 4 S. 2–4 AktG lediglich dadurch, dass jener eine Zustimmung für jedes Geschäft mit einer nahestehenden Person vorschreibt, welches die Relevanzschwelle überschreitet. Eine derartige Erzwingung sieht der originär aktienrechtliche Zustimmungsvorbehalt nicht vor.

Dass hier im Rahmen der Umsetzung der 2. ARRL ein Zustimmungsvorbehalt auf einen ohnehin schon vorhandenen Zustimmungsvorbehalt aufgesattelt wird, zeigt noch einmal deutlich, dass hier fremde Regelungskomplexe aus einem anderen Rechtssystem von dem europäischen Gesetzgeber übernommen

---

1304 Hüffer/Koch-*Koch*, § 111, Rn. 1 ff., 31 ff.; BeckOGK-AktG-*Spindler*, § 111, Rn. 79; *Grigoleit*, ZGR 2019, 412 (444); K. Schmidt/Lutter-*Vetter*, § 111a, Rn. 11; Grigoleit-*Grigoleit*, § 111a, Rn. 13.

1305 *Grigoleit*, ZGR 2019, 412 (445); Grigoleit-*Grigoleit*, § 111a, Rn. 13.

1306 BGH, NJW 1994, 520 (524); *Grigoleit*, ZGR 2019, 412 (445); vgl. *Kau/Kukat*, BB 2000, 1045 (1047); GK-AktG-*Kort*, vor § 76, Rn. 12; MüKo-AktG-*Habersack*, Band 2, § 111, Rn. 130; Hüffer/Koch-*Koch*, § 111, Rn. 62; Grigoleit-*Grigoleit*, § 111a, Rn. 13.

1307 BGH, NJW 1994, 520 (524); OLG Düsseldorf, AG 2016, 410 (411); *Grigoleit*, ZGR 2019, 412 (445); *Kau/Kukat*, BB 2000, 1045 (1048 f.); *Boujong*, AG 1995, 203 (205 ff.); *Götz*, ZGR 1990, 633 (639); Grigoleit-*Grigoleit*, § 111a, Rn. 13; GK-AktG-*Kort*, vor § 76, Rn. 12; MüKo-AktG-*Habersack*, Band 2, § 111, Rn. 130.

worden sind. Dass britische Recht zeichnet sich durch ein monistisches System bezüglich der Organisation einer Aktiengesellschaft aus, wohingegen in Deutschland ein dualistisches System vorgesehen ist.[1308] Wo das deutsche System die Geschäftsleitung institutionell von der Überwachung trennt, sieht das britische monistische System mit dem *board of directors* lediglich ein Organ vor, welches sowohl die Leitung als auch die Überwachung der Gesellschaft übernimmt.[1309]

Wenn nunmehr das britische System in LR 11.1.7 Abs. 3 vorsieht, dass bei einer *related party transaction* im Vorfeld die Zustimmung der Aktionäre einzuholen ist, so ergibt sich der Sinn und Zweck im Wesentlichen bereits aus der damit einhergehenden Entzerrung der Kompetenzen und der Einbeziehung der Eigentümer der Gesellschaft bei besonders relevanten Geschäften. In dieser Weise wird so zum Schutz der Aktionäre sichergestellt, dass das *board of directors* nicht im Alleingang derartige Geschäfte abschließen kann und die Aktionäre in den Entscheidungsfindungsprozess mit einbezogen werden.

Im dualistischen System, in dem der von den Aktionären gewählte Aufsichtsrat ohnehin gemäß § 111 Abs. 1 AktG die Entscheidungen des Vorstands überwacht, kommt einem weiteren eigenständigen Zustimmungsvorbehalt mithin nicht die Relevanz zu, die ihm in einem System ohne diese organschaftliche Trennung und gesonderte Überwachung zukommt.

Eine eigenständige Bedeutung kann sich in Bezug auf die *related party transactions* lediglich dann ergeben, wenn die Wesentlichkeitsschwelle erst durch eine Aggregation vieler kleinerer Transaktionen überschritten wird, die für sich genommen nicht die Voraussetzungen des § 111 Abs. 4 S. 2–4 AktG erfüllen.[1310]

bb. *Punktuelle, originär aktienrechtliche Schutzvorschriften im Hinblick auf* related party transactions

Das neue *related-party-transactions*-Regime als besondere zusätzliche Schutzebene in Bezug auf Aktionärsinteressen wird jedoch nicht nur durch den bereits normierten allgemeinen Zustimmungsvorbehalt des Aufsichtsrats relativiert, sondern sieht sich im deutschen Recht zusätzlich einer ganzen Reihe von einzelnen Schutzvorschriften gegenüber, die die funktionale Relevanz des Regimes weiter schmälern.

Das deutsche Aktienrecht ist in dieser Beziehung so ausgestaltet, dass schädigenden Einflussnahmen auf die Gesellschaft grundsätzlich mit einer

---

1308 *Stöber*, DStR 2020, 391 (396); K. Schmidt/Lutter-*Vetter*, § 111a, Rn. 11.
1309 *Stöber*, DStR 2020, 391 (396).
1310 *Grigoleit*, ZGR 2019, 412 (446); Grigoleit-*Grigoleit*, § 111a, Rn. 14.

konsequenten Haftungssanktionierung begegnet wird. Es gilt der Grundsatz, dass sowohl die Organe der Aktiengesellschaft als auch deren Aktionäre ihre Einflussnahme auf die Gesellschaft ausschließlich am Gesellschaftsinteresse auszurichten haben.[1311] Wenn gegen diesen Grundsatz verstoßen wird, etwa dadurch, dass Geschäfte abgeschlossen werden, die für die Gesellschaft nicht vorteilhaft sind oder gar eine Vorteilsziehung zu Lasten der Gesellschaft vorgenommen wird, haften die Organmitglieder und die Aktionäre der Gesellschaft ex post für den dadurch entstandenen Schaden.[1312]

Die einschlägigen Vorschriften sind hier zum einen die §§ 93 Abs. 2, 116 AktG, welche einen Schadensersatzanspruch der Gesellschaft bei Pflichtverletzungen von Vorstands- oder Aufsichtsratsmitgliedern normieren, und zum anderen die §§ 57 f., 62 AktG, welche als Kapitalerhaltungsvorschriften der Gesellschaft die Möglichkeit einräumen, Leistungen, die Aktionäre in rechtswidriger Weise von der Gesellschaft erlangt haben, zurückzufordern.[1313] Neben diesem Verbot der Einlagenrückgewähr kann sich bei Pflichtverletzungen der Aktionäre ein Anspruch der Gesellschaft zudem aus § 280 Abs. 1 BGB in Verbindung mit der Treuepflicht ergeben.[1314]

Bei Geschäften mit nahestehenden Personen ist zudem der § 117 AktG von elementarer Bedeutung, welcher das Verbot schädigender Einflussnahme normiert und den Aktiengesellschaften einen Schadensersatzanspruch für die Fälle zuspricht, in denen jemand vorsätzlich unter Benutzung seines Einflusses auf die Gesellschaft ein Organmitglied oder einen anderen Handlungsbevollmächtigten dazu bestimmt, zum Schaden der Gesellschaft oder ihrer Aktionäre zu handeln.[1315]

Weitere situative, originär aktienrechtliche Regelungen, die ebenfalls bei Geschäften mit nahestehenden Personen zur Anwendung kommen können,

---

1311 *Grigoleit*, ZGR 2019, 412 (450); Grigoleit-*Grigoleit*, § 111a, Rn. 18; K. Schmidt/Lutter-*Vetter*, § 111a, Rn. 9.

1312 *Grigoleit*, ZGR 2019, 412 (450); Grigoleit-*Grigoleit*, § 111a, Rn. 18; K. Schmidt/Lutter-*Vetter*, § 111a, Rn. 9.

1313 *Stöber*, DStR 2020, 391 (396); *Kleinert/Mayer*, EuZW 2019, 103 (103); *Bungert/Berger*, DB 2018, 2860 (2860); *Grigoleit*, ZGR 2019, 412 (450); Grigoleit-*Grigoleit*, § 111a, Rn. 18; Hennsler/Strohn-*Paschos*, § 111a, Rn. 2; K. Schmidt/Lutter-*Vetter*, § 111a, Rn. 11 f.

1314 *Bungert/Berger*, DB 2018, 2860 (2860); *Kleinert/Mayer*, EuZW 2019, 103 (103); *Grigoleit*, ZGR 2019, 412 (450); Grigoleit-*Grigoleit*, § 111a, Rn. 18.

1315 *Stöber*, DStR 2020, 391 (396); *Kleinert/Mayer*, EuZW 2019, 103 (103); *Bungert/Berger*, DB 2018, 2860 (2860).

finden sich in § 52 AktG, welcher bei wesentlichen Geschäften mit Gründern einen Zustimmungsvorbehalt der Hauptversammlung und eine Eintragungspflicht des Geschäfts in das Handelsregister vorsieht,[1316] und in § 112 AktG, der möglicherweise abträglichen Eigengeschäften des Vorstands mit der Gesellschaft aufgrund von Interessenkonflikten entgegenwirkt,[1317] indem er normiert, dass der Aufsichtsrat die Gesellschaft bei Geschäften mit Vorstandsmitgliedern diesen gegenüber vertritt.[1318]

Darüber hinaus beinhaltet das deutsche Aktienkonzernrecht als eigenständiger, auf verbundene Unternehmen zugeschnittener Regelungskomplex mit den §§ 291 ff., 311 ff. AktG, § 285 Nr. 21 HGB und § 314 Abs. 1 Nr. 13 HGB eine Hand voll weiterer Vorschriften, welche in bestimmten von §§ 111a–111c AktG erfassten Konstellationen eingreifen.[1319]

Sofern dem deutschen Aktienrecht mithin ein nicht hinreichend konsequenter Umgang mit den *related party transactions*[1320] vorgeworfen wird,[1321] so ist dem nur insoweit zuzustimmen, als dass das deutsche Aktienrecht keinen einheitlichen Begriff der *related party transactions* als *terminus technicus* kennt und nicht selbst ein eigenständiges Regelungskonzept, speziell zugeschnitten auf diese, entwickelt hat.[1322] Anders als teilweise in den internationalen Vergleichen dargestellt, stellen die unter *related party transactions* fallenden Transaktionen

---

1316 Näheres dazu in *Fleischer*, BB 2014, 2691 (2692).

1317 BAG, NZG 2017, 69 (75); BGH, NJW 1988, 1384 (1384 f.); Hüffer/Koch-*Koch*, § 112, Rn. 1.

1318 *Kleinert/Mayer*, EuZW 2019, 103 (103); *Fleischer*, BB 2014, 2691 (2691); *Bungert/Berger*, DB 2018, 2860 (2860); K. Schmidt/Lutter-*Vetter*, § 111a, Rn. 11; Hennsler/Strohn-*Paschos*, § 111a, Rn. 2; Grigoleit-*Grigoleit*, § 111a, Rn. 18.

1319 *Stöber*, DStR 2020, 391 (396); *Bungert/Berger*, DB 2018, 2860 (2860); *Fleischer*, BB 2014, 2691 (2692); *Kleinert/Mayer*, EuZW 2019, 103 (103); Hennsler/Strohn-*Paschos*, § 111a, Rn. 2; K. Schmidt/Lutter-*Vetter*, § 111a, Rn. 13 f.

1320 Vgl. Studie der Weltbank aus dem Jahr 2020, bei der Deutschland in der Kategorie „protecting minority investors“ mit Blick auch auf den Umgang mit *related party transactions* lediglich Rang 61 der insgesamt 190 untersuchten Staaten erreicht hat (im Jahr 2019 noch Rang 72), abrufbar unter: https://www.doingbusiness.org/content/dam/doingBusiness/country/g/germany/DEU.pdf, S. 34 ff. [zuletzt abgerufen am 08.05.2023].

1321 S. *Enriques*, European Business Organization Law Review 2015, Volume 16, Issue 1, 1 (24, 27); *Tröger*, SAFE Working Paper No. 202, S. 1 ff., 22 f.; Kraakman [u.a.]-*Enriques/Hertig/Kanda*, The Anatomy of Corporate Law, S. 157.

1322 *Fleischer*, BB 2014, 2691 (2691 f.); *Bungert/Berger*, DB 2018, 2860 (2860); K. Schmidt/Lutter-*Vetter*, § 111a, Rn. 8, 9 ff.

jedoch mitnichten einen blinden Fleck im deutschen System dar, bei dem den entsprechenden Akteuren Tür und Tor für missbräuchliches Verhalten geöffnet wäre.[1323] Wo beispielsweise die britischen Vorbildvorschriften zu den *related-party-transactions*-Regelungen zu Transaktionen mit Organmitgliedern und deren nahestehenden Personen einerseits und Transaktionen mit einflussreichen Großaktionären andererseits in einem eigenen Regelungskomplex zusammenfassen,[1324] ergibt sich im deutschen Recht ein Schutz vor den Gefahren der *related party transactions* erst durch ein Bündel von Maßnahmen.[1325]

Diese Art der lediglich punktuellen Regelungen mit materiell-rechtlichen Schutz- und Kontrollmechanismen, welche anders als die verfahrensrechtlichen internationalen Vorbildvorschriften eine ex-post-Durchsetzung vorsehen,[1326] ist dem deutschen Aktienrecht immanent und ermöglicht es den Rechtsanwendern, einer Vielzahl denkbarer Sachverhalte rechtssicher zu begegnen. Die verschiedenen im deutschen Recht vorgesehenen Haftungssanktionen bilden in ihrer Gesamtheit ein austariertes System, welches – auch in Bezug auf *related party transactions* – immer dann eingreift, wenn das Geschäft zu Lasten der Gesellschaft unausgewogen ist.[1327] Der regulatorische „Flickenteppich" ist unter Betrachtung seines gesamten Spektrums mithin derart dicht gewebt, dass es eines zusätzlichen, engmaschigen Korsetts an kleinteiligen Regelungen, die das Aktienrecht zu überfrachten drohen und stets neue Reformen erforderlich machen, um auch auf neue Gegebenheiten entsprechend reagieren zu können, in dieser Art nicht bedarf.[1328]

b. Die Veröffentlichungspflicht unter Berücksichtigung überschneidender Informationspflichten

Der neu im Rahmen des ARUG II in das Aktiengesetz implementierte Regelungskomplex weist jedoch nicht nur Überschneidungen mit den bereits vorhandenen

---

1323 *Fleischer*, BB 2014, 2691 (2691); K. Schmidt/Lutter-*Vetter*, § 111a, Rn. 8.

1324 S. LR 11.1 ff., welche unter dem Oberbegriff „Related party transactions" zusammengefasst sind.

1325 *Kleinert/Mayer*, EuZW 2019, 103 (103); *Heldt*, AG 2018, 905 (906); *Stöber*, DStR 2020, 391 (396); K. Schmidt/Lutter-*Vetter*, § 111a, Rn. 8.

1326 *Enriques*, European Business Organization Law Review 2015, Volume 16, Issue 1, 1 (24 f.); *Hellgardt/Hoger*, ZGR 2011, 38 (78 ff.); Grigoleit-*Grigoleit*, § 111a, Rn. 18.

1327 Grigoleit-*Grigoleit*, § 111a, Rn. 18.

1328 *Heldt*, AG 2018, 905 (906); *Fleischer*, BB 2014, 2691 (2691 f.); vgl. *Grigoleit*, ZGR 2019, 412 (451, 461); vgl. K. Schmidt/Lutter-*Vetter*, § 111a, Rn. 8; vgl. Hüffer/Koch-*Koch*, § 111a, Rn. 1.

materiellen aktien- und konzernrechtlichen Schutzvorschriften auf. Auch die in diesem Zuge neu in das Aktiengesetz eingefügte Veröffentlichungspflicht aus § 111c AktG, welche die *related-party-transactions*-Regelungstrias komplettiert, trifft auf ein bereits bestehendes aktienrechtliches Informationssystem, dessen maßgebliche Bausteine in den vorherigen Teilen der Bearbeitung bereits dargestellt wurden und die eigenständige Relevanz der neuen Regelung stark relativieren.

aa. Offenlegung der Rechnungslegungselemente

In dieser Hinsicht von Bedeutung ist die bilanzrechtliche Pflicht zur Offenlegung der Rechnungslegungselemente aus §§ 242, 264, 285, 289, 325 HGB.[1329] Im Rahmen dieser Pflicht sind gemäß § 285 Nr. 21 HGB Informationen zu wesentlichen Geschäften mit nahestehenden Personen, welche nicht zu marktüblichen Bedingungen zustande gekommen sind, in den neben der Bilanz und der Gewinn- und Verlustrechnung bei Kapitalgesellschaften zu veröffentlichenden Anhang mit aufzunehmen.[1330] Selbiges gilt gemäß § 314 Abs. 1 Nr. 13 HGB auch im Rahmen des Konzernanhangs. Im deutschen Recht finden sich insoweit bereits Vorschriften, welche die Problematik der *related party transactions* aufgreifen und diesbezüglich eine Publizität vorschreiben. Die Bilanzierungspflichten überschneiden sich mit der Veröffentlichungspflicht aus § 111c AktG mithin in erheblichem Umfang.

Eine tatsächlich eigenständige Bedeutung der Pflicht zur Offenlegung der *related party transactions* ergibt sich daneben nur insoweit, als in § 111c AktG auf den Vorbehalt fehlender Marktüblichkeit verzichtet wurde.[1331] Durch ebendiesen Verzicht kommt der Pflicht aus § 111c AktG – anders als der bilanzrechtliche Offenlegungspflicht – die Aufgabe einer anlasslosen Veröffentlichung von wesentlichen Geschäften zu. Ob und inwiefern die Geschäfte für die Gesellschaft vor- oder nachteilig sind, ist für das Ob der Veröffentlichungspflicht nicht von Relevanz. Ein Korrektiv besteht insoweit nur dahingehend, dass mit dem Ausnahmetatbestand aus § 111a Abs. 2 S. 1 AktG ein Geschäft mit einer nahestehenden Person aufgrund marktüblicher Konditionen erst gar nicht als eine *related party transaction* zu werten ist. Mangels eines Geschäfts mit einer nahestehenden Person werden sodann auch die Folgepflichten aus §§ 111b und 111c AktG nicht ausgelöst.

1329 S. o. 4. Teil, A, II.

1330 S. o. 4. Teil, A, II, 1, b, aa; *Lanfermann*, BB 2018, 2859 (2860).

1331 *Grigoleit*, ZGR 2019, 412 (448); Grigoleit-*Grigoleit*, § 111a, Rn. 16.

Wo im Rahmen der bilanziellen Pflichtangaben reaktiv im Zusammenhang mit dem vorgelegten Zahlenwerk auch Geschäfte, die zu unüblichen Konditionen zustande gekommen sind, mit in die Veröffentlichung aufgenommen werden müssen, zielt die Pflicht aus § 111c AktG auf eine proaktive Publizität ab. Um von vornherein etwaigem Missbrauch im Zusammenhang mit *related party transactions* entgegenzuwirken, wird sich hier an der insiderrechtlichen Maxime orientiert. Hiernach ist die Publizität – entsprechend dem Statement von *Brandeis* – das probate Mittel gegen soziale und industrielle Krankheiten bzw. gegen Missbrauch jedweder Art.[1332] Diese proaktive Ausrichtung wird entsprechend, im Unterschied zu der bilanziellen Offenlegungspflicht, zudem dadurch verdeutlicht, dass eine zeitliche Aktualität durch eine „unverzügliche" Veröffentlichung hergestellt wird und die verfahrensmäßige Reichweite der Veröffentlichung durch den in § 111c Abs. 2 AktG vorgeschriebenen Veröffentlichungsmodus so ausgestaltet ist, dass sie über die der Veröffentlichung der Rechnungslegungselemente hinausgeht.[1333]

bb. Ad-hoc-Publizität

Eine weitere wesentliche Überschneidung ergibt sich mit der insiderrechtlichen Ad-hoc-Publizität aus Art. 17 MMVO. Beide Pflichten sehen eine unverzügliche Veröffentlichung vor, welche entsprechend den Konkretisierungen in § 3a WpAV zu erfolgen hat.[1334] Der nicht unerhebliche Schwellenwert von 1,5 % des bilanziellen Aktivvermögens hat zur Folge, dass, wenn Transaktionen durchgeführt werden, welche in den Anwendungsbereich des *related-party-transactions*-Regimes fallen, diese in den meisten Fällen auch die nach Art. 7 Abs. 1 lit. a MMVO erforderliche Kursrelevanz aufweisen und somit auch eine Insiderinformation darstellen.[1335] Der Anwendungsbereich der sich hieran anschließenden Pflicht zur Veröffentlichung von Insiderinformationen und derjenige der Pflicht nach § 111c AktG sind folglich in vielen Fällen weitestgehend kongruent.[1336] Oft wird die Pflicht aus Art. 17 MMVO aufgrund der Tatsache, dass gerade auch gemäß

1332 S. o. 4. Teil, A, III, 2, a, aa; *Louis D. Brandeis*, Other people's money and how the bankers use it, S. 92.

1333 *Grigoleit*, ZGR 2019, 412 (448); *Lanfermann*, BB 2018, 2859 (2863); Grigoleit-*Grigoleit*, § 111a, Rn. 16.

1334 S. o. 4. Teil, A, III, 2, c, dd.

1335 S. o. 4. Teil, A, III, 2, c; Grigoleit-*Grigoleit*, § 111a, Rn. 15; anders, wenn das Geschäft weder eine strategische Neuausrichtung indiziert, noch für die Gesellschaft nachteilig ist, K. Schmidt/Lutter-*Vetter*, § 111c, Rn. 48.

1336 Vgl. K. Schmidt/Lutter-*Vetter*, § 111c, Rn. 47 ff.; Grigoleit-*Grigoleit*, § 111a, Rn. 15.

Art. 7 Abs. 2 S. 2 und Abs. 3 MMVO bereits Zwischenschritte einer Transaktion ad hoc veröffentlichungspflichtig sein können, zudem zu einem der Pflicht aus § 111c AktG vorgelagerten Zeitpunkt ausgelöst werden.[1337]

Den Umstand, dass die Veröffentlichungspflicht aus der *related-party-transactions*-Regelungstrias und die Pflicht zur Ad-hoc-Publizität weitreichende Überschneidungen aufweisen, hat der Gesetzgeber insoweit bereits durch die Regelung in § 111c Abs. 3 AktG anerkannt und entsprechend gewürdigt.[1338]

Der wesentliche dem § 111c AktG noch zukommende Aufgabenbereich beschränkt sich auf die zusätzliche Normierung der formalen und inhaltlichen Anforderungen der Veröffentlichung.[1339] Von eigenständiger Relevanz sind hier insbesondere die von § 111c Abs. 2 S. 3 und 4 AktG geforderten Informationen, welche aus Sicht der Gesellschaft und der Aktionäre, die keine nahestehenden Personen sind, eine Bewertung dahingehend ermöglichen, ob das Geschäft angemessen ist oder nicht. Derartige Informationen sind gerade nicht Bestandteil der Pflicht aus Art. 17 MMVO. Überdies auch von Bedeutung ist bei den *related party transactions* die Möglichkeit der Aggregation von mehreren – dem Wortsinne nach – unterschwelligen Geschäften, welche erst in einer gemeinsamen Betrachtung die Veröffentlichungspflicht aus § 111c AktG auslösen.[1340] Durch diese Möglichkeit wird der feste Schwellenwert relativiert mit der Folge, dass der ansonsten erhebliche Überschneidungsbereich der beiden Pflichten ein Stück weit geschmälert wird.[1341]

c. *Funktionales Gewicht und Systemkohärenz der* related-party-transactions-*Regelungen*

Die *related-party-transactions*-Vorschriften treffen im Aktienrecht auf ein bereits bestehendes System, welches nach näherer Betrachtung keine offensichtlichen Lücken für die neuen Regelungen bereithielt. Sowohl auf der Ebene der Schutzvorschriften als auch in Bezug auf die Veröffentlichungspflichten kommt den neuen Vorschriften insoweit nur bedingt eine eigenständige Bedeutung zu.

Der Mehrwert durch die zusätzliche Veröffentlichungspflicht ist aus der verfahrensmäßigen Perspektive nicht von gewichtiger Bedeutung und auch in materieller Hinsicht wird den Geschäften mit nahestehenden Personen im deutschen

1337 Grigoleit-*Grigoleit*, § 111a, Rn. 15.
1338 S. o. 5. Teil, B, IV, 3, c.
1339 K. Schmidt/Lutter-*Vetter*, § 111c, Rn. 52 ff.; Grigoleit-*Grigoleit*, § 111a, Rn. 15.
1340 K. Schmidt/Lutter-*Vetter*, § 111c, Rn. 48; Grigoleit-*Grigoleit*, § 111a, Rn. 15.
1341 Grigoleit-*Grigoleit*, § 111a, Rn. 15; K. Schmidt/Lutter-*Vetter*, § 111c, Rn. 48.

Recht bereits durch ein ganzes Bündel von Maßnahmen begegnet, welche ex post eine schädigende Einflussnahme sanktionieren.[1342]

Der fragwürdige zusätzliche Effekt, den die Vorschriften mit sich bringen, ist somit im Wesentlichen darauf zurückzuführen, dass durch die Zumvorbildnahme der britischen Vorschriften ein Versatzstück aus einem anderen Rechtskreis auf das vorhandene deutsche Aktienrecht aufgesetzt wurde. Insoweit fügt sich das neue Regime nicht in das vorhandene Regelungssystem ein, sondern läuft vielmehr parallel. *Heldt* spricht in dieser Beziehung von einem „*legal transplant*“, welches der deutsche Gesetzgeber nach den Vorgaben der 2. ARRL durchführen musste.[1343]

Ebendiese Parallelität – der nunmehr in einem System zusammengeführten Regelungsansätze – ist es, welche das gesamte *related-party-transactions*-Regime nicht zuletzt aus dogmatischer Sicht inkohärent erscheinen lässt. Das deutsche Aktienrecht ist auf eine abstrakte Erfassung von Sachverhalten über die Zuhilfenahme zahlreicher Einzelinstrumente ausgerichtet[1344] und hat neben dem Minderheitenschutz auch den Schutz der Gesellschaft und den Gläubigerschutz im Blick.[1345] Das sich ergebende Spannungsverhältnis wird durch die schonende, punktuelle Ausgestaltung aufgelöst.

Die neuen Vorschriften zu den Geschäften mit nahestehenden Personen verfolgen jedoch lediglich einen Zweck, nämlich den Schutz der Minderheitsaktionäre. Eben dieses Schutzniveau zu erhöhen war das oberste Anliegen des europäischen Gesetzgebers.[1346] Andere Belange spielen im Rahmen der *related-party-transactions*-Regelungen nur eine untergeordnete Rolle. Genau hieraus ergibt sich die gegenständliche Problematik. Es wurde im Vorfeld der Schaffung der Richtlinie die Problematik eines unzureichenden Minderheitenschutzes herausgearbeitet, welche es aus Sicht des europäischen Gesetzgebers aufzulösen galt. Anstatt jedoch bei der Festlegung der Richtlinie Raum für bereits bestehende Regelungen in den unterschiedlichen Rechtssystemen zu lassen, die es den nationalen Gesetzgebern ermöglichen, eine umfassende Evaluation ihres vorhandenen Systems durchzuführen und entsprechend sich herausstellenden

---

1342 Grigoleit-*Grigoleit*, § 111a, Rn. 19.

1343 *Heldt*, AG 2018, 905 (906).

1344 S. o. 5. Teil, B, IV, 4, a, bb.

1345 *Heldt*, AG 2018, 905 (906).

1346 S. o. 5. Teil, B, IV; vgl. Erwägungsgrund (42, 43, 55) der RL (EU) Nr. 2017/828 des Europäischen Parlaments und des Rates vom 17.05.2017, ABl. EU Nr. L 132, 1 und den gesamten Art. 9c 2. ARRL.

Unzulänglichkeiten gezielte Anpassungen vorzunehmen, wurde ein Regime aus einem Vorbildrechtssystem entnommen und für alle Mitgliedsstaaten verbindlich gemacht. Der deutsche Gesetzgeber musste in der Folge bei der Umsetzung der Vorschriften zu den *related party transactions* einen Spagat zwischen einer Umsetzung entsprechend den internationalen Standards und einer solchen vornehmen, welche die vorhandenen Gegebenheiten und Maximen des deutschen Rechtssystems berücksichtigt. Trotz gewährter Spielräume in den Detailfragen der Umsetzung waren übergeordnete Unstimmigkeiten in Bezug auf die Systemkohärenz hier bereits mit der Verabschiedung der europäischen Richtlinie vorprogrammiert.[1347]

Die Forderung nach einer Umsetzung entsprechend den internationalen Standards geht mithin im Rahmen der 2. Aktionärsrechterichtlinie zu weit. Selbst in der aktuellen Gesetz gewordenen Umsetzung stellt es sich so dar, dass sich die neuen Regelungen nicht in das bestehende Bündel von Einzelregelungen im deutschen System einfügen, sondern vielmehr eine weitere Ebene eröffnen, die neben einem Mehr an bürokratischem Aufwand und einer Verstärkung der Informationsflut lediglich einen fragwürdigen zusätzlichen Nutzen im Hinblick auf den Schutz der Aktionärsinteressen mit sich bringen.

Der Umgang mit der Gefahr etwaiger Interessenkonflikte im Rahmen von Geschäften mit nahestehenden Personen, so wie ihn das *related-party-transactions*-Regime statuiert, liegt mithin quer zum deutschen System.[1348] Nicht nur, dass hier Vorschriften aus einem auf anderen Leitgedanken aufbauenden Rechtskreis unreflektiert von dem europäischen Gesetzgeber übernommen wurden, auch die Tatsache, dass hier eine Umsetzung vorgeschrieben wird, welche keinerlei Rücksicht auf bereits bestehende Regelungselemente nimmt, ist als äußerst besorgniserregend zu bewerten. Für das dem dualen System folgende deutsche Aktienrecht stellt die Abkehr von der als hinreichend engmaschig anzusehenden punktuellen Ausgestaltung einen besonders gewichtigen Systembruch dar.[1349]

1347 So auch *Stöber*, DStR 2020, 391 (398); die systematischen Spannungsverhältnisse auf den legislatorischen Mehrebenenhintergrund zurückführend Grigoleit-*Grigoleit*, § 111a, Rn. 19.

1348 *Kleinert/Mayer*, EuZW 2019, 103 (103); *Stöber*, DStR 2020, 391 (398).

1349 *Stöber*, DStR 2020, 391 (398); *Heldt*, AG 2018, 905 (906); *Kleinert/Mayer*, EuZW 2019, 103 (103).

d. *Offenlegungspflicht bei* related party transactions *als ein Fremdkörper im deutschen Recht*

Im deutschen Aktienrecht bestand mithin aufgrund des bereits vorhandenen ausgewogenen Bündels an Maßnahmen kein Bedarf für eine explizite rechtliche Ausgestaltung im Hinblick auf Geschäfte mit nahestehenden Personen. In diesen wurde nicht vor der explizit vorgeschriebenen Normierung per se ein Problem gesehen, da diese erst dann bedenklich werden, wenn sich eine Unausgewogenheit zu Lasten der Gesellschaft ergibt. Die engmaschigen Schutzvorschriften sowie die Veröffentlichungen im Rahmen des Jahresabschlusses und der Ad-hoc-Publizität sind im Rahmen des deutschen dualistischen Systems als ausreichend anzusehen, sodass es einer weiteren systemfremden Schutzebene von vornherein nicht bedurfte. Das duale System mit dem Aufsichtsrat als eigenem Überwachungsorgan in Verbindung mit den vorhandenen Vorschriften stellt einen hinreichenden Schutz mit Blick auf die *related party transactions* dar.

aa. *Schadet ein Zurückbleiben hinter internationalen Standards Deutschland als Wirtschaftsstandort?*

Dem deutschen System und der erfolgten Umsetzung wird aus der Literatur in dieser Hinsicht mitunter vorgeworfen, dass die Absicht, deutsche Aktiengesellschaften vor Gefahren eines überbetonten Investorenkapitalismus zu schützen, zu kurzsichtig sei und jegliches Zurückbleiben hinter internationalen Standards dem Standort Deutschland im globalen Wettbewerb um anlegersuchendes Kapital schaden würde.[1350]

Dieser Kritik ist jedoch entgegenzuhalten, dass die Attraktivität eines Wirtschaftsstandortes für ausländische Investoren sich nicht danach bemisst, inwiefern er blind ergeben etwaigen „internationalen Standards" hinterhereifert, sondern vielmehr, wie stabil und reliabel das Wirtschafts- und Rechtssystem in seiner Gesamtheit ist. Dies erst recht vor dem Hintergrund, dass auch die *related-party-transactions*-Regelungen selbst lediglich ein Versatzstück aus anderen zusammenhängenden Systemen darstellen. Erst aufgrund der dortigen Rahmenbedingungen, wie beispielsweise der Ausgestaltung der Organstruktur nach dem monistischen System, kann das *related-party-transactions*-Regime seine volle Bedeutung entfalten.

Deutschland spielt als Wirtschaftsstandort innerhalb Europas und im internationalen Vergleich seit vielen Jahren eine zentrale Rolle. In einer von der

---

1350 *Tröger/Roth/Strenger*, BB 2018, 2946 (2952).

Wirtschaftsprüfungsgesellschaft Ernst & Young jährlich durchgeführten Studie zu der Attraktivität europäischer Investitionsstandorte für ausländische Investoren bewegt sich Deutschland neben Frankreich und Großbritannien kontinuierlich unter den besten drei.[1351] Wesentlicher Treiber der Attraktivität eines Landes als Wirtschaftsstandort ist entsprechend den Studien neben einer Ausrichtung der Wirtschaft auf zukunftsträchtige Branchen auch ein Fokus auf die Digitalisierung, eine Förderung des Unternehmertums und eine ansprechende Unternehmensbesteuerung. Gerade in diesen Punkten hat Deutschland aus Sicht ausländischer Investoren jedoch noch deutlichen Nachholbedarf.

In einer im Jahr 2019 von der American Chamber of Commerce in Germany (AmCham Germany) durchgeführten Befragung, in der US-Unternehmen Deutschland als Wirtschaftsstandort bewerten und vice versa, wurden insbesondere die deutschen Rahmenbedingungen für Start-ups und Unternehmertum, die Wirtschafts- und Industriepolitik, die Qualität der digitalen Infrastruktur, die Unternehmensbesteuerung und die Energiekosten mehrheitlich als neutral oder weniger gut bewertet.[1352] Die Kernpunkte, die Deutschland im internationalen Vergleich zurückhalten, sind mithin nicht in erster Linie in dem Schutz der Minderheitsaktionäre und dem Umgang mit den *related party transactions* zu suchen. Die Investitionsfreudigkeit ausländischer Investoren wird vielmehr

---

1351 *Barth/Lorenz*, Europas Top-3-Standorte für Investoren, abrufbar zusammen mit der Marktstudie von EY zum Standort Deutschland im Jahr 2020 unter: https://www.ey.com/de_de/growth/studie-auslaendische-investitionen-in-europa [zuletzt abgerufen am 08.05.2023]; EY Attractiveness Survey Europe 2020, abrufbar unter: https://assets.ey.com/content/dam/ey-sites/ey-com/en_gl/topics/attractiveness/ey-europe-attractiveness-survey-2020-v3.pdf [zuletzt abgerufen am 08.05.2023]; vgl. EY Attractiveness Survey Europe 2019, abrufbar unter: https://www.ey.com/en_gl/attractiveness/19/how-can-europe-raise-its-game-ey-european-attractiveness-survey-2019 [zuletzt abgerufen am 08.05.2023]; vgl. auch die Studie aus dem Jahr 2017, in der Deutschland hinter Großbritannien die zweit attraktivste Destination für ausländische Investitionen war, abrufbar unter: https://www.google.com/url?sa=t&rct=j&q=&esrc=s&source=web&cd=&cad=rja&uact=8&ved=2ahUKEwj1pLX7zuX-AhXM_rsIHTT_COIQFnoECBAQAQ&url=https%3A%2F%2Fassets.ey.com%2Fcontent%2Fdam%2Fey-sites%2Fey-com%2Fen_gl%2Ftopics%2Fattractiveness%2Fey-european-attractiveness-survey-may-2017.pdf%3Fdownload&usg=AOvVaw0V3gzpNyd42tCjw15RbkhP [zuletzt abgerufen am 08.05.2021].

1352 AmCham Germany, Transatlantic Business Barometer 2019, abrufbar unter: https://www.amcham.de/fileadmin/user_upload/Publications/Business-Barometer/2019/AmCham_Germany_Transatlantic_Business_Barometer_2019_DE.pdf [zuletzt abgerufen am 08.05.2023].

dadurch getrübt, dass bereits die anderen angesprochenen wesentlichen Faktoren nicht auf höchstem Niveau erfüllt werden. Ein Wirtschaftsstandort ist mithin nur so gut wie seine Zukunftsträchtigkeit im Zusammenspiel mit den gegebenen wirtschaftlichen und rechtlichen Rahmenbedingungen.

bb. Stellungnahme

Eine Förderung des Standorts Deutschland im globalen Wettbewerb ist mithin aus Verfassersicht nicht dadurch zu erreichen, dass das vorhandene deutsche Rechtssystem mit weiteren Regelungen belastet wird. Insbesondere aufstrebende Unternehmen werden von den neuen *related party transactions* und der hier festgelegten Relevanzschwelle überproportional benachteiligt. Aufgrund des geringen Bilanzvermögens werden bei börsennotierten KMUs die Pflichten aus dem neuen Regelungsregime weitaus öfter zur Anwendung kommen als bei ausgewachsenen Großunternehmen.[1353] Gerade bei kleinen Unternehmen, welche noch am Anfang ihrer Wachstumsphase stehen, ergibt sich neben dem eklatanten Haftungsrisiko die weitere Gefahr, dass im Rahmen der Veröffentlichungspflicht wettbewerbsrelevante Informationen preisgegeben werden müssen, deren Bekanntwerden der Gesellschaft und ihrer zukünftigen Entwicklung schadet.[1354] Wünschenswert wäre hier vielmehr, anstatt die Leistungsfähigkeit der betroffenen Aktiengesellschaften durch systembrüchige Pflichten und damit einhergehende Haftungsrisiken zu belasten,[1355] bürokratische Fallstricke abzubauen und unter Rückbesinnung auf schonende, punktuelle Regelungen Anreize für unternehmerische Betätigungen in Deutschland zu schaffen.

Die letztendliche Bewertung der Vorschriften zu den Geschäften mit nahestehenden Personen wird zusätzlich durch den Umstand getrübt, dass hier Vorschriften ihren Weg in das deutsche Aktiengesetz gefunden haben, die sich nicht nur mit bereits vorhandenen Regelungen überschneiden, sondern auch die dem deutschen Aktienrecht immanente punktuelle Ausgestaltung teilweise unterlaufen. Den mit Blick auf die *related party transactions* bestehenden Informationsasymmetrien standen bereits entsprechende Kontroll- und Haftungsmechanismen gegenüber, sodass weitere Pflichten, welche eine weitergehende Transparenz kompensationslos auf dem Rücken der Interessen der Aktiengesellschaften statuieren, insofern als entbehrenswert zu bewerten sind.

1353 *Heldt*, AG 2018, 905 (906 f.); vgl. *Tarde*, NZG 2019, 488 (489).

1354 *Heldt*, AG 2018, 905 (906 f.).

1355 So auch *Koch*, BB 2017, Heft 15/16, S. 1.

In seiner jetzigen Ausgestaltung stellt das *related-party-transaction*-Regime mithin einen Fremdkörper im deutschen Aktienrecht dar.

e. Vereinbarkeit mit höherrangigem Recht

Dieser Feststellung schließt sich die Betrachtung der Vereinbarkeit mit höherrangigem Recht an. Eine Prüfung dahingehend, ob die in das deutsche Aktiengesetz implementierten Vorschriften mit höherrangigem Recht vereinbar sind, hat hier anhand des Unionsprimärrechts zu erfolgen. Die Umsetzung der Vorgaben in der 2. Aktionärsrechterichtlinie zu den Geschäften mit nahestehenden Personen war aufgrund ihrer Regelungsintensität unionsrechtlich determiniert, sodass es sich trotz eines gewährten Umsetzungsspielraums nicht um Vorschriften handelt, die als autonom nationale Regelungen zu verstehen sind, bei welchen das Grundgesetz als Prüfungsmaßstab heranzuziehen wäre.

Neben einer Verletzung des Bestimmtheitsgrundsatzes durch den dynamischen Verweis in § 111a AktG hinsichtlich der Definition der nahestehenden Personen auf die internationalen Rechnungslegungsstandards ist auch die materielle Verfassungsmäßigkeit der Veröffentlichungspflicht aus § 111c AktG fraglich, bei deren Schaffung möglicherweise der Verhältnismäßigkeitsgrundsatz verletzt wurde.

Als Teil des *related-party-transactions*-Regimes wird mit der Veröffentlichungspflicht aus § 111c AktG durch ein Mehr an Transparenz maßgeblich der Schutz von Minderheitsaktionären bezweckt. Es wird diesbezüglich das Risiko gesehen, dass nahestehende Personen bei Geschäften mit der Gesellschaft durch unlauteren Einfluss auf den handelnden Vorstand ihre Nähebeziehung zu Lasten der Gesellschaft und der anderen Aktionäre ausnutzen könnten. Dieses Risiko durch eine präventive Schutzebene zu minimieren, stellt grundsätzlich einen legitimen Zweck dar. Legitime Zwecke von Seiten der Europäischen Union, die mit der Normierung einer solch gegenständlichen Veröffentlichungspflicht verfolgt werden, können mitunter zudem in der Schaffung eines EU-weiten vertrauenswürdigen Kapitalmarkts gesehen werden, welcher den Teilnehmern ein größtmögliches Maß an Sicherheit und Chancengleichheit bietet und in dem durch zusätzliche präventive Informationsvermittlung kein Raum für Missbrauch bleibt. Die Normierung einer Ad-hoc-Offenlegungspflicht, die bei Abschluss eines Geschäfts mit einer nahestehenden Person die unverzügliche Veröffentlichung vorsieht, ist auch grundsätzlich dazu in der Lage, diese verfolgten Zwecke zu fördern, sodass sie auch als geeignet anzusehen ist.

Fraglich ist jedoch, ob die Veröffentlichungspflicht auch erforderlich ist. Dies wäre der Fall, wenn es keine milderen Maßnahmen gibt, die in der Lage wären, denselben Erfolg mit gleicher Sicherheit zu erzielen. Gegen die Annahme der Erforderlichkeit der unionsrechtlichen Regelungen spricht indes schon, dass auf der Ebene des Unionsrechts selbst längst Regelungen existieren, die bereits ein Maß an Schutz vermitteln und somit eine zusätzliche Schutzebene als nicht erforderlich erscheinen lassen. Entsprechende Regelungen finden sich insofern in Art. 9 der Aktionärsrechterichtlinie aus dem Jahr 2007 mit dem dort normierten Fragerecht der Aktionäre sowie in der MMVO vorgesehenen Pflicht zur Veröffentlichung von Insiderinformationen. Darüber hinaus gilt es entsprechend dem in Art. 5 Abs. 3 EUV normierten unionsrechtlichen Subsidiaritätsgrundsatz zu berücksichtigen, dass an zusätzlichen unionsrechtlichen Regelungen dann kein Bedarf besteht und ein Tätigwerden der Union ausgeschlossen ist, wenn auf der Regelungsebene des autonomen nationalen Rechts die in den Blick genommenen Probleme bereits ausreichend geregelt sind.[1356] Diesbezüglich sind insbesondere die im Aktienrecht vorgesehenen umfangreichen Kontroll- und Haftungsmechanismen anzuführen, welche mit ihrer punktuellen Ausgestaltung bereits einen hinreichenden und umfassenden Schutz bezüglich vorgenommener Geschäfte mit nahestehenden Personen vermitteln. Es existieren somit sowohl auf der Ebene des Unionsrechts als auch auf der Ebene des autonomen nationalen Rechts in Verbindung mit dem unionsrechtlichen Subsidiaritätsgrundsatz insoweit bereits mildere Regelungen, die der Schaffung einer weiteren systemfremden Schutzebene entgegenstehen. Die Erforderlichkeit ist insoweit zu verneinen. Einzig der Umstand, dass mit der Veröffentlichungspflicht aus § 111c AktG auch ein präventiver Schutz vermittelt wird, welcher so bisher lediglich in der MMVO vorgesehen war, lässt den Schluss zu, dass hierdurch der verfolgte Zweck möglicherweise besser und mit höherer Sicherheit gefördert wird, als dies allein durch die bereits vorhandenen Schutzmechanismen der Fall ist.

Würde man mit dieser Argumentation das Kriterium der Erforderlichkeit bejahen, so müsste die Regelung jedoch darüber hinaus auch angemessen bzw. verhältnismäßig im engeren Sinne sein. Der Gesetzgeber müsste mithin die Zweck-Mittel-Relation bei der Schaffung der gesetzlichen Pflicht gewahrt haben. Die Schwere des Eingriffs durch die herangezogenen Mittel darf nicht außer Verhältnis zu dem verfolgten Zweck stehen.[1357] Die Komprimierung der den Aktiengesellschaften in dieser Hinsicht Schutz gewährenden Charta-Grundrechte

1356 Vgl. Calliess/Ruffert-*Calliess*, Art. 5 EUV, Rn. 31 ff.; vgl. von der Groeben/Schwarze/Hatje-*Kadelbach*, Art. 5 EUV, Rn. 25 ff.; vgl. Streinz-*Streinz*, Art. 5 EUV, Rn. 26.

1357 Schwarze/Becker/Hatje/Schoo-*Becker*, Art. 52 GRCh, Rn. 6.

ist zwar grundsätzlich möglich, sofern der Gesetzgeber die beschränkende Regelung jedoch mit Blick auf den verfolgten Zweck zu ausufernd ausgestaltet und hierbei schützende Grundrechte über Gebühr einschränkt, wäre die Maßnahme als unangemessen anzusehen, sodass der Verhältnismäßigkeitsgrundsatz verletzt wäre.

Vorliegend stellt es sich so dar, dass dem verfolgten Zweck in Form der zusätzlichen präventiven Schutzebene hinsichtlich Geschäften mit nahestehenden Personen lediglich ein geringes Gewicht zukommt. Aufgrund der bereits vorhandenen Regelungen kommt es zu unschönen Überschneidungen, sodass der letztendliche Mehrwert der neuen Veröffentlichungspflicht lediglich von geringem Umfang ist. Die Schaffung eines EU-weiten vertrauenswürdigen Kapitalmarkts hingegen ist ein legitimes Ziel, welchem grundsätzlich ein höheres Gewicht zukommt. Demgegenüber steht durch die Veröffentlichungspflicht, die den Gesellschaften zwingend vorschreibt, Geschäfte mit nahestehenden Personen unverzüglich zu veröffentlichen, eine Beschränkung der Grundrechte aus Art. 8 und 16 der EU-Grundrechtecharta. Um insbesondere die Einschränkung des Art. 16 GRCh zu relativieren, welcher den Schutz von Betriebs- und Geschäftsgeheimnissen gegenüber Offenlegungspflichten zum Gegenstand hat, wurde zwar im Wege des § 111c Abs. 3 S. 3 AktG bestimmt, dass der Ausnahmetatbestand der Selbstbefreiungsoption aus Art. 17 Abs. 4 und 5 MMVO auch bei den *related party transactions* zur Anwendung kommen kann; weitere Ausnahmetatbestände, um den betroffenen Grundrechten weiterhin größtmögliche Geltung zukommen zu lassen, wurden jedoch ausdrücklich nicht normiert. Der deutsche Gesetzgeber hat sich diesbezüglich nach eigener Aussage an die Vorgaben in der 2. Aktionärsrechterichtlinie gehalten, nach welchen weitere Ausnahmetatbestände auch nicht vorgesehen waren.[1358] Wenngleich die Selbstbefreiungsoption im Rahmen der Ad-hoc-Publizität durchaus dazu geeignet ist, die Geltung der entgegenstehenden Interessen der Aktiengesellschaften zu wahren, so ist sie jedoch nicht dazu in der Lage, selbiges im Rahmen des § 111c AktG zu leisten. Ihre besondere Relevanz erlangt die Selbstbefreiungsoption erst im Hinblick auf die eigenständig als Insiderinformation zu qualifizierenden Zwischenschritte, deren Veröffentlichung entsprechend aufgeschoben werden kann, um der Gesellschaft nicht zu schaden. Derartige Zwischenschritte gibt es bei den zu veröffentlichenden Geschäften mit nahestehenden Personen jedoch nicht. Die Offenlegung wird erst mit dem Zustandekommen des Geschäfts erforderlich, sodass das Vertraulichkeitsinteresse im Rahmen des § 111c AktG ein

---

1358 S. o. 5. Teil, B, IV, 3, c, cc.

gänzlich anderes ist. Diese Tatsache, verbunden mit dem Umstand, dass darüber hinausgehende Ausnahmetatbestände zur Wahrung der Interessen der Gesellschaften nicht normiert wurden, führt dazu, dass der Eingriff letztendlich als schwerwiegend anzusehen ist. Es werden hier weitestgehend kompensationslos grundrechtlich geschützte Interessen komprimiert, ohne dass bei der Schaffung der Regelung die Belange der Aktiengesellschaften hinreichend berücksichtigt worden wären.

Die Schwere des Eingriffs steht insofern nicht im Verhältnis zu dem beabsichtigten Zweck. Auch das grundsätzlich legitime Anliegen, den europäischen Kapitalmarkt zu stärken, kann die Schwere des Eingriffs in diesem Fall nicht aufwiegen. Wenngleich es sich um einen legitimen Zweck handelt, kann dessen Förderung eben nicht um jeden Preis bzw. nicht unverhältnismäßig erfolgen. Die Veröffentlichungspflicht aus § 111c AktG ist mithin unangemessen, sodass hier eine Verletzung des Verhältnismäßigkeitsgrundsatzes vorliegt. Die Norm ist in der Folge materiell unionsrechtswidrig.

Im Ergebnis ist somit festzuhalten, dass das *related-party-transactions*-Regime nicht nur dogmatisch als Fremdkörper im deutschen Aktienrecht zu begreifen, sondern aufgrund von einer Verletzung von höherrangigem Recht überdies auch als unionsrechtswidrig einzustufen ist.

6. Teil: Fazit

A. Rechtspolitische Würdigung

Der umfassenden Betrachtung des aktienrechtlichen Informationssystems und der Neuregelungen durch das ARUG II schließt sich in einem finalen Schritt eine rechtspolitische Würdigung an, welche die im Rahmen der Bearbeitung gewonnenen Erkenntnisse mit den bereits unternommenen Bestrebungen und den sich abzeichnenden Tendenzen des nationalen und vor allem des europäischen Gesetzgebers zusammenführt.

Das aktienrechtliche Informationssystem, anders als es die teilweise zusammenhangslos anmutende Ausgestaltung in den unterschiedlichsten Kodifizierungen und Rechtsakten im Rahmen eines Querschnittsrechts vermuten ließe, ist für die Funktionsfähigkeit der Aktien- und Kapitalmarktpraxis von unerlässlicher Bedeutung. Informationen haben sich mit der Zeit zu einer der wichtigsten Ressourcen im Aktien- und Kapitalmarktrecht entwickelt. Sie sind es, die den Aktionär dazu befähigen, sinnvoll seine mitgliedschaftlichen Rechte auszuüben, Gläubiger und Schuldner in die Lage versetzen, eine vertrauensvolle geschäftliche Beziehung zu unterhalten und existenziell zu der Funktionsfähigkeit des Kapitalmarktes beizutragen. Informationen aus vertrauenswürdigen Quellen sind im wirtschaftlichen Miteinander das Zentrum einer jeden fundierten Entscheidung sowie der Kraftstoff, welcher die Apparatur Aktiengesellschaft im nationalen und internationalen Kontext funktionsfähig hält.

Die besondere Bedeutung von Informationen sowohl für die verschiedenen Informationsempfänger auf der einen als auch für die Aktiengesellschaften als Informationsgeber auf der anderen Seite hat sich wie ein roter Faden durch die hier vorgenommene Bearbeitung gezogen. Das bereits eingangs beschriebene Spannungsverhältnis zwischen Kommunikation, Informationsfluss und Transparenz einerseits und Systemkohärenz, Handlungsfähigkeit und Vertraulichkeit andererseits lässt sich nicht nur innerhalb der einzelnen Pflichten feststellen, sondern auch bereits in einer höheren Abstraktionsstufe auf der den Informationspflichten zugrundeliegenden Systemebene. Das aktienrechtliche Informationssystem ist in dieser Hinsicht als Spielball der verschiedenartigen Maximen rund um den wünschenswerten Grad der Informationsvermittlung anzusehen, welche im Rahmen der europäischen Rechtsetzung auf die vorhandenen nationalen Paradigmen treffen.

Ein Großteil der sich ergebenden Unstimmigkeiten in Bezug auf das aktienrechtliche Informationssystem lässt sich auf ebendiese systembedingte

Unvereinbarkeit mit nach angelsächsischem Vorbild ausgestalteten Regelungen zurückführen. Sobald der europäische Gesetzgeber sich die einheitliche Ausgestaltung eines Regelungskomplexes für alle Mitgliedstaaten vorgenommen hat, kann im Ergebnis nur noch auf europäischer Ebene einer systembrüchig umzusetzenden Vorgabe entgegengewirkt werden. Im Vordergrund der Umsetzung steht hier nämlich zumeist die Frage, was mit Blick auf einen bestimmten Umstand in allen Mitgliedstaaten wünschenswert wäre und nicht, wie sich eine entsprechende Regelung in bereits vorhandene, sorgfältig unter Berücksichtigung der nationalen Gegebenheiten austarierte Systeme einfügen kann. Es wird hier insofern vom Ziel ausgehend auf die notwendige Regelung geschlossen und nicht andersherum vom System ausgehend versucht, das Ziel entsprechend zu erreichen.

Besonders besorgniserregend ist diese Entwicklung zudem dann, wenn sich die unterschiedlichen Maximen vor Augen geführt werden. Ein vorrangig zurückhaltend und punktuell ausgestaltetes Regelungssystem mit materiell-rechtlichen Schutz- und Kontrollmechanismen, welches besonderen Wert auf Systemkohärenz, Handlungsfähigkeit und Vertraulichkeit legt, trifft auf die Grundannahme, dass ein gesteigerter Informationsfluss und größtmögliche Transparenz die entscheidenden Faktoren eines guten Informationssystems darstellen.

Insbesondere die dem angelsächsischen System zugrundeliegende Prämisse – welche verstärkt die Funktionsfähigkeit des Kapitalmarkts im Blick hat – beruht in ihrem Kern auf grundverschiedenen Annahmen. Nach diesen wird davon ausgegangen, dass eine bloß selektive Weitergabe von Informationen durch die Aktiengesellschaften als Emittenten dazu führen kann, dass das Vertrauen der Anleger in die Integrität des Finanzmarktes geschwächt wird. Allein eine unverzügliche Offenlegung von Informationen könne die Integrität des Finanzmarktes hinreichend fördern. Wenngleich diese Grundannahme speziell im Rahmen der Insiderinformationen zur Anwendung kommt, so lässt sie sich dennoch auch als eine grundlegende Annahme im Zusammenhang mit der europäischen Rechtsetzung ausmachen.

In den offiziellen Erwägungsgründen und Begründungen der neuen Regelungen, hier insbesondere in denen der 2. ARRL und des ARUG II, wird insoweit zwar von einem Zuschnitt auf die Verbesserung der Aktionärsinformation im Interesse der Aktionäre gesprochen, jedoch drängt sich zusehends die Annahme auf, dass die vermehrte Informationsvermittlung von Seiten der Aktiengesellschaften lediglich Mittel zum Zweck ist, um im öffentlichen Interesse auf eine nachhaltige und verantwortungsvolle Unternehmensführung hinzuwirken.[1359] Indizien, die im Rahmen der Umsetzung des ARUG II für eine derartige Zielsetzung sprechen, sind beispielsweise in der Rückausnahme in § 111a Abs. 2 S. 3 AktG zu erkennen, welche den Gesellschaften eine Satzungsänderung eröffnet, mit welcher sämtliche wesentlichen Geschäfte mit nahestehenden Personen den neuen Schutzvorschriften unterworfen werden können. Die Nutzung dieser Ausnahme solle gerade die besondere Orientierung an den Aktionärsinteressen signalisieren und noch glaubhafter machen.[1360] Zudem wird in der Gesetzesbegründung zu § 111b AktG eine vorsorgliche Zustimmung in Zweifelsfällen anheimgestellt, um den eklatanten Haftungsrisiken zu entgehen.[1361] Zuletzt lassen auch die ausgeprägten Bußgeldvorschriften im Zusammenhang mit den *related-party-transactions*-Vorschriften einen Zuschnitt dahingehend erkennen, dass eben nicht bloß auf die Aktionärsinformation, sondern vor allem auch auf eine – nach der Auffassung des Gesetzgebers – wünschenswerte Unternehmensführung hingearbeitet wird.[1362]

Im Hinblick auf die bestehende aktienrechtliche Ausgestaltung ist diese gesetzgeberische Tendenz besonders alarmierend. Es ist insoweit eine Sache, vermehrt fragwürdige Informationspflichten zu kodifizieren, die in systematischer Hinsicht zwar zweifelhaft erscheinen, jedoch einen nachvollziehbaren Zweck verfolgen, eine andere Sache ist es, unter dem Deckmantel der Aktionärs- und Kapitalmarktinformation ein auf Transparenz aufbauendes Corporate-Governance-System einzuführen.

Das Hinwirken auf eine verantwortungsvollere Unternehmensführung durch ein Mehr an Transparenz durch zusätzliche Informationspflichten kann insofern bei einem monistischen System durchaus Sinn ergeben, bei welchem die Geschäftsleitung nicht institutionell von der Überwachung getrennt ist und einem etwaigen Missbrauch daher nur durch die vorgeschriebene präventive Veröffentlichung von Informationen aller Art beigekommen werden kann. Ohne eigenständigen von den Aktionären gewählten und von der Geschäftsleitung getrennten Aufsichtsrat kann eine gute Unternehmensführung nur dadurch gefördert werden, dass die Aktionäre als Gesamtheit als zusätzliches Überwachungsorgan instrumentalisiert werden. Durch einen stetigen, nicht abreißenden Informationsstrom werden die Aktionäre selbst in die Lage versetzt, die

1359 So auch BeckOGK-AktG-*Cahn*, § 67a, Rn. 6 und 61.
1360 S. o. 5. Teil, B, IV, 1, c, aa.
1361 S. o. 5. Teil, B, IV, 2, e, bb.
1362 S. o. 5. Teil, B, IV, 3, d.

Entscheidungen der Geschäftsleitung auf ihre Sinnhaftigkeit und Angemessenheit hin zu untersuchen und diese zu bewerten.

Dieser Umstand verdeutlicht anschaulich, wo das Problem mit den aktuell vermehrt in das deutsche Aktienrecht eingefügten Informationspflichten liegt. Das bestehende hinreichend ausgeformte System wird mit Pflichten erweitert, die nach außen als ein Mehr an notwendiger Aktionärsinformation anmuten, nach innen jedoch bisweilen andere Stoßrichtungen verfolgen. Besonders perfide wird die gesetzgeberische Entwicklung dann, wenn sich in das Gedächtnis gerufen wird, dass dem deutschen Aktienrecht von den einschlägigen Institutionen und *assessment teams* eine unzureichende rechtliche Ausgestaltung im Hinblick auf die Aktionärsinformation attestiert wird und derartige Einschätzungen dann zur Grundlage genommen werden, um das Aktienrecht anzupassen. Die gänzlich verschiedenen Schutz-, Kontroll- und Überwachungssysteme werden hierbei völlig außer Acht gelassen.

Diese missliche Entwicklung wird zusätzlich dadurch verstärkt, dass die letztendlich als Fremdkörper zu bewertenden und kaum eigenen Mehrwert im Hinblick auf die Aktionärsinformation bringenden Pflichten mit einem hohen bürokratischen und finanziellen Aufwand aufwarten und unüberschaubare Haftungsrisiken mit sich bringen. Die unternehmerische Tätigkeit der Aktiengesellschaften in Deutschland wird mithin ohne nennenswerte Kompensation beeinträchtigt. Viel eher wünschenswert wäre es hier, wenn sich der europäische Gesetzgeber auf die Förderung der europäischen Union als Wirtschaftsstandort rückbesinnen und, anstatt unreflektiert transparenzfördernde Versatzstücke des britischen Rechts als der Weisheit letzten Schluss darzustellen und über die unterschiedlichen zur Verfügung stehenden Rechtsakte verbindlich zu machen, eine gezielte Deregulierung vorantreiben würde.

In seiner aktuellen Situation befindet sich das aktienrechtliche Informationssystem insoweit in einer misslichen Lage. An die Aktienrechtsreform in Permanenz[1363] schließt sich, überspitzt gesagt, seit einigen Jahren die Aktienrechtsreform in Transparenz an. Durch die Abkehr von partiellen Regelungen, die dazu in der Lage waren, einer Vielzahl unterschiedlicher Sachverhalte effektiv Herr zu werden, sorgt die neuartige Ausgestaltung durch die explizite Regelung einzelner eng abgesteckter Regelungsbereiche dafür, dass für eine wirklich effektive Regelung immer mehr Pflichten eingeführt werden müssen, die sodann auch andere Regelungsbereiche umfassen. Es entsteht so eine Informationspflichten-Spirale zu Lasten der Aktiengesellschaften, welche in

1363 S. hierzu *Zöllner*, AG 1994, 336 (336 ff.).

ihrem täglichen Geschäftsbetrieb mehr und mehr Zeit, Arbeitskraft und finanzielle Mittel in die Erfüllung der zahlreichen Pflichten investieren müssen. Neben den Aktiengesellschaften sind insbesondre auch die eigentlich als schutzwürdig herausgearbeiteten Aktionäre die Leidtragenden. Die zunehmende Informationsflut droht auch diese allmählich zu überrollen.[1364]

Der Anordnung von immer neuen Informationspflichten hat daher eine strenge Erforderlichkeitsprüfung vorauszugehen, die nicht mit einem bloßen Verweis auf eine gesteigerte Transparenz als erfüllt angesehen werden kann.[1365] Dem von *Louis D. Brandeis* geprägten Aphorismus „*Sunlight is said to be the best of disinfectants*"[1366] entschieden entgegentretend, statuiert *Wolfgang Schön* in zustimmungswürdiger Weise, dass man sich eben auch einen Sonnenbrand holen kann.[1367]

B. Gesamtfazit

Zu Beginn der durchgeführten Betrachtung des aktienrechtlichen Informationssystems und der neuen Regelungen des ARUG II wurde die Frage aufgeworfen, inwieweit sich die Informationspflichten, welche über die Jahre das aktienrechtliche Informationssystem ergänzt und ausgeformt haben, im Hinblick auf ihre Systemkohärenz in das bestehende System einfügen oder ob sie Fremdkörper darstellen, welche dem eigentlichen Grundgedanken eines austarierten Informationssystems mit seinen immanenten Informationsasymmetrien zuwiderlaufen.

Um diese Frage beantworten zu können, wurden in der vorliegenden Bearbeitung eine umfassende Betrachtung des aktienrechtlichen Informationssystems unternommen und dessen Eigen- und Besonderheiten systematisch herausgearbeitet.

Nachdem zunächst ein grober Überblick über die Thematik der Informationspflichten gewährt wurde (1. Teil), wurde im zweiten Teil der Bearbeitung auf die verfassungs- und unionsrechtlichen Grundlagen eingegangen (2. Teil). Die Betrachtung des aktienrechtlichen Informationssystems erfolgte sodann zunächst durch die Aufarbeitung der aktienrechtlichen Grundkonzeption im Hinblick darauf, wie mit Informationen im Aktienrecht umgegangen wird. Insbesondere das Zusammenspiel von Schweigepflicht und Fragerecht wurde hier

1364 Ebenso *Stöber*, DStR 2020, 391 (398).
1365 *Schön*, FS K. Schmidt II, 391 (394 ff.).
1366 S. o. 4. Teil, A, III, 2, a, aa.
1367 *Schön*, FS K. Schmidt II, 391 (395).

näher betrachtet (3. Teil). Auf diesen Erkenntnissen aufbauend, schloss sich in einem vierten Teil die systematische Untersuchung der einzelnen wesentlichen Informationspflichten an, welche maßgebliche Säulen des aktienrechtlichen Informationssystems darstellen (4. Teil). Die erfolgte Betrachtung der einzelnen Pflichten mündete sodann im fünften Teil der Bearbeitung in die Untersuchung und Bewertung der einzelnen Neuregelungen durch das ARUG II, welche das Aktienrecht und vor allem das aktienrechtliche Informationssystem jüngst maßgeblich modifiziert haben (5. Teil).

Die wesentlichen Ergebnisse der durchgeführten Bearbeitung können entsprechend in der Form von Thesen wie folgt zusammengefasst werden:

1. Bei dem aktienrechtlichen Informationssystem handelt es sich um ein Querschnittsrecht. Die einzelnen das Informationssystem ausformenden Pflichten sind nicht in einem zusammenhängenden System normiert, sondern finden sich aufgrund ihrer unterschiedlichen Stoßrichtungen und der uneinheitlichen Handhabung des nationalen und vor allem des europäischen Gesetzgebers in zahlreichen Kodifizierungen und Rechtsakten wieder.
2. Aktiengesellschaften können Träger des Rechts auf informationelle Selbstbestimmung, gestützt auf Art. 2 Abs. 1 GG, sein, ohne dass der eigentlich vorhandene Bezug zur Menschenwürde einer Grundrechtsträgerschaft hier entgegensteht. Dieses wird mit Blick auf die Schutzgewährung auch nicht von Art. 12 oder Art. 14 GG im Rahmen des *lex specialis*-Grundsatzes verdrängt.
3. Unionsrechtliche Rechtsakte sowie die nationalen Umsetzungsnormen sind anhand der Grundrechte der EU-Grundrechtecharta zu prüfen. Diese stellt als Teil des Unionsprimärrechts einen tauglichen Prüfungsmaßstab bei der Frage um die Rechtmäßigkeit, hier insbesondere der Verhältnismäßigkeit in Bezug auf entgegenstehende Grundrechte wie Art. 8 und 16 GRCh, dar.
4. Die aktienrechtliche Grundkonzeption in Bezug auf die Gewährung und Vermittlung von Informationen ist in wesentlichem Maße von systembedingten Informationsasymmetrien geprägt. Im deutschen System stellen diese Asymmetrien jedoch keinen regelungsbedürftigen Missstand dar, sondern sind lediglich die Konsequenz des deutschen dualistischen Systems und einer Besinnung auf punktuell ausgestaltete materiell-rechtliche Schutz- und Kontrollmechanismen.
5. Die Pflicht zur Verschwiegenheit markiert den Ausgangspunkt in der aktienrechtlichen Diskussion rund um die Informationspflichten. Über Betriebs- und Geschäftsgeheimnisse sowie vertrauliche Angaben ist von Vorstand und Aufsichtsrat grundsätzlich Stillschweigen zu bewahren. Es handelt sich hierbei um den wesentlichen Schutzmechanismus im Hinblick auf die

Gesellschaftsinteressen, welchen anderweitig lediglich eine untergeordnete Geltung im aktienrechtlichen Informationssystem zukommt. Die überragende Bedeutung insbesondere für die Interessen der Gesellschaft wird zudem dadurch untermauert, dass ausdrücklich kein Selbstzweck durch die Verschwiegenheitspflicht verfolgt wird, sondern diese dort zurücktritt, wo den Interessen der Gesellschaft durch eine Informationsweitergabe besser gedient ist als durch das bloße Schweigen.

6. Der Auskunftsanspruch aus § 131 Abs. 1 S. 1 AktG stellt einen elementaren Baustein im aktienrechtlichen Informationssystem dar. Durch ihn wird sowohl den individuellen Aktionärsinteressen als auch den Interessen der Aktiengesellschaft zu einer größtmöglichen Geltung verholfen. Den Aktionären wird in ihrer systembedingt informationsarmen Position ein Werkzeug an die Hand gegeben, sich selbst effektiv mit Informationen zu versorgen, ohne hierbei, aufgrund der zahlreichen Grenzen des Auskunftsanspruchs, die Interessen der Aktiengesellschaft übermäßig zu strapazieren. Durch das Zusammenspiel von Schweigepflicht und Fragerecht hat der Gesetzgeber ein sich in einem sensiblen Gleichgewicht befindendes System im Hinblick auf die Aktionärsinformation geschaffen.
7. Ergänzt wird dieses Zusammenspiel durch eine Vielzahl zusätzlicher Informationspflichten, welche das aktienrechtliche Informationssystem auf horizontaler Ebene in die Breite erweitern. Die maßgeblichen, im Rahmen der Bearbeitung näher betrachteten Pflichten sind, neben der handelsrechtlichen Pflicht zur Offenlegung der Rechnungslegungselemente aus §§ 242, 264, 285, 289, 325 HGB, die Informationspflichten bei Veränderung der Unternehmensstruktur gemäß §§ 8, 127, 192 UmwG und § 293a AktG sowie die Pflicht zur Ad-hoc-Publizität aus Art. 17 Abs. 1 Unterabs. 1 MMVO.
8. Die Pflicht zur Offenlegung der Rechnungslegungselemente ergänzt das aktienrechtliche Informationssystem in fundamentaler Art und Weise. Sie dient der Veröffentlichung von Unternehmensinformationen grundlegender Art, welche insbesondere als Ausgangsmaterial und Bezugsrahmen für darauf aufbauende Fragestellungen im Rahmen des Auskunftsanspruchs herangezogen werden können. Sie stellt insofern trotz sich verstärkender internationaler Einflüsse keinen Fremdkörper im deutschen aktienrechtlichen Informationssystem dar.

9. Den Berichtspflichten bei der Veränderung der Unternehmensstruktur kommt neben der Offenlegung der Rechnungslegungselemente und dem Fragerecht der Aktionäre eine eigenständige Bedeutung im Hinblick auf die Aktionärsinformation zu. Ähnlich wie die offengelegten Rechnungslegungselemente ermöglichen die Berichte einen gezielten Einsatz des Auskunftsanspruchs im Rahmen der Hauptversammlung. Das aktienrechtliche Informationssystem wird durch die Berichtspflichten sinnvoll erweitert, ohne die Gesellschaften hierbei übermäßig zu belasten. Fremdkörper sind in diesen dementsprechend nicht zu erkennen.
10. Die kapitalmarktrechtliche Pflicht zur Ad-hoc-Publizität erweitert das aktienrechtliche Informationssystem in weitreichender Art und Weise. Durch sie wurde eine punktuelle Informationspflicht etabliert, welche zum Gegenstand hat, dass Insiderinformationen ad hoc mit ihrer Entstehung veröffentlicht werden, um für missbräuchliches Verhalten keinen Raum zu lassen. Mit der Pflicht zur Ad-hoc-Publizität geht zwar eine erhebliche Mehrbelastung für die Aktiengesellschaften einher, welcher jedoch ein entsprechender informationeller Mehrwert für die Kapitalmarktteilnehmer gegenübersteht. Eine Präzisierung der Pflicht bleibt zwar wünschenswert, eine Überregulierung ist hier gleichwohl nicht zu erkennen. Durch sie wird überdies aufgrund der mit ihr verfolgten gewichtigen Zwecke nicht gegen den Verhältnismäßigkeitsgrundsatz verstoßen.
11. Das aktienrechtliche Informationssystem erlangt in seiner aktuellen Ausgestaltung erst durch das Zusammenspiel der unterschiedlichen Informationspflicht seinen idiosynkratrischen Charakter. Es ist heutzutage weit mehr als die Verschwiegenheitspflicht auf der einen und das Fragerecht auf der anderen Seite. Ein Großteil der maßgeblichen Informationen wird den jeweiligen Interessierten heute durch die ergänzenden Informationspflichten bereitgestellt.
12. Es ist in Bezug auf die Informationspflichten der Trend hin zu mehr Transparenz zu erkennen. Informationsasymmetrien werden großflächig abgebaut, selbst da, wo das Aktienrecht nach seinen Grundkonzeptionen mit diesen gut leben kann.
13. Zur Erreichung eines höheren Transparenzniveaus werden neue Informationspflichten vermehrt nach dem *push*-Verfahren ausgestaltet und nicht mehr nach dem für die Aktiengesellschaften weniger einschneidenden *pull*-Verfahren.
14. Die Umsetzung der 2. Aktionärsrechterichtlinie durch das ARUG II hat einige Neuerungen für das Aktiengesetz im Allgemeinen und das aktienrechtliche Informationssystem im Speziellen mit sich gebracht. Bei den neuen

Vorschriften handelt es sich jeweils um transparenzfördernde Regelungen, welche auf angelsächsische Vorbildvorschriften zurückzuführen sind.

15. Die Zumvorbildnahme fremder angelsächsischer Vorschriften durch den europäischen Gesetzgeber ist besonders deshalb besorgniserregend, da durch die notwendige Umsetzung in das deutsche Recht Vorschriften ihren Weg in die nationale Ausgestaltung finden, welche bereits dem Grunde nach auf gänzlich verschiedenen Paradigmen und Maximen bezüglich eines wünschenswerten aktienrechtlichen Systems beruhen. Wo das deutsche Recht punktuell geregelte Schutz- und Kontrollmechanismen vorsieht, mit denen einer Vielzahl denkbarer Sachverhalte zufriedenstellend begegnet werden kann, regelt das angelsächsische Vorbildsystem unerwünschte Gegebenheiten sehr viel kleinteiliger und greift aufgrund der monistischen Organstruktur in der Aktiengesellschaft vermehrt auf transparenzschaffende Informationspflichten zurück, die die Aktionäre als Gesamtheit stärker in die Überwachung der Geschäftsführung einbinden.
16. Das Zurückdrängen der Inhaberaktie durch die *know-your-shareholder*-Regelungen ist für das deutsche Recht äußerst unglücklich. Ohne hinreichende evidenzbasierte Grundlage und Begründungen wurde hier die Satzungsautonomie der Aktiengesellschaften weiter eingeschränkt. Der Inhaberaktie kommt neben der Namensaktie nunmehr kaum noch eine eigenständige Bedeutung zu. Der aktuelle Status quo ist in dieser Hinsicht unbefriedigend, es besteht Nachbesserungsbedarf.
17. Die das *know-your-shareholder*-Regime ergänzenden Pflichten zur Übermittlung von Unternehmensereignissen verfolgen allein den Zweck der Steigerung der Transparenz. Die Interessen der Aktiengesellschaften wurden bei der Schaffung der Vorschriften nicht hinreichend berücksichtigt.
18. Der neue *say-on-pay*-Regelungskomplex steht in einem Widerspruch zu dem deutschen dualistischen System. Er ist in Gänze als systembrüchig zu bewerten. Mit Blick auf das aktienrechtliche Informationssystem besonders ärgerlich ist die Pflicht zur Erstellung eines eigenständigen Vergütungsberichts aus § 162 AktG. Zum einen ergibt sich eine redundante Pflichtendoppelung im Hinblick auf die bereits im Anhang mit aufzunehmenden Angaben zur Vergütung, zum anderen wird dort versucht, Informationsasymmetrien abzubauen, wo sie jedoch im deutschen System mit dem Aufsichtsrat als eigenständigem Überwachungsorgan systematisch unbedenklich sind.
19. Das *related-party-transactions*-Regime stellt im aktienrechtlichen Informationssystem einen Fremdkörper dar. Ihm kommt im Lichte der bereits im deutschen Aktienrecht vorhandenen Kontroll- und Schutzmechanismen

keine eigenständige gewichtige Bedeutung zu. Im Aktienrecht besteht ein derart dicht gewebter „Flickenteppich“, dass es einer weitestgehend parallel laufenden zusätzlichen systemfremden Schutzebene mit Blick auf die Interessen der Aktiengesellschaften nicht bedarf. Darüber hinaus ist der *related-party-transactions*-Regelungskomplex auch unvereinbar mit primärem Unionsrecht. Er verstößt zum einen gegen den Bestimmtheits- und zum anderen gegen den Verhältnismäßigkeitsgrundsatz.

20. Ein Großteil der sich ergebenden Unstimmigkeiten in Bezug auf das aktienrechtliche Informationssystem lässt sich auf das Zusammentreffen der unterschiedlichen Systeme durch die vorrangig zielorientierte Rechtssetzung des europäischen Gesetzgebers zurückführen. Durch die Schaffung von mehr und mehr Informationspflichten wird hier quer zum deutschen System ein größtmögliches Maß an Transparenz gefördert, welches neben der vorgegebenen Verbesserung des Informationssystems zugleich ein auf Transparenz aufbauendes systemfremdes Corporate-Governance-System zu etablieren versucht.

Unter Berücksichtigung der in dieser Bearbeitung gewonnenen Erkenntnisse lässt sich die eingangs aufgeworfene Frage, inwieweit sich die Informationspflichten im Hinblick auf ihre Systemkohärenz in das bestehende System einfügen oder ob sie Fremdkörper darstellen, so beantworten, dass die Majorität des aktienrechtlichen Informationssystems ein kohärentes System darstellt, in welchem die bestehenden Pflichten sich parallel laufend gegenseitig ergänzen, ohne hierbei eine Redundanz zu erzeugen. Einzig die im Rahmen des ARUG II neu in das Aktiengesetz eingefügten Pflichten fallen aus dieser doch recht positiv ausfallenden Bewertung heraus, da auf Kosten der Systemkohärenz und auf dem Rücken der unternehmerisch tätigen Aktiengesellschaften hier Vorschriften normiert wurden, welche lediglich einen fragwürdigen Mehrwert für die Informationsempfänger einerseits sowie das aktienrechtliche Informationssystem andererseits mit sich bringen.

www.ingramcontent.com/pod-product-compliance
Ingram Content Group UK Ltd.
Pitfield, Milton Keynes, MK11 3LW, UK
UKHW021830290926
8980IPUK00004B/363

9 783631 921319